PRESIDIO

La historia documentada de 300 años en la Frontera Norte

PRESIDIO

La historia documentada de 300 años en la Frontera Norte

Jorge Luis García Ruiz

www.edaf.net

MADRID - MÉXICO - BUENOS AIRES - SANTIAGO
2024

© 2024. Del texto, Jorge Luis García Ruiz
© 2024. De esta edición, Editorial Edaf, S.L.U., Jorge Juan, 68 — 28009 Madrid.

Fotografías y mapas de interior: Cedidas por el autor
Diseño de cubierta: Manuel García Pallarés
Diseño de interior y maquetación: Diseño y Control Gráfico, S.L.

© Todos los derechos reservados

Editorial Edaf, S.L.U.
Jorge Juan, 68,
28009 Madrid, España
Teléf.: (34) 91 435 82 60
www.edaf.net
edaf@edaf.net

Ediciones Algaba, S.A. de C.V.
Calle 21, Poniente 3323 - Entre la 33 sur y la 35 sur
Colonia Belisario Domínguez
Puebla 72180, México
Telf.: 52 22 22 11 13 87
jaime.breton@edaf.com.mx

Edaf del Plata, S.A.
Chile, 2222
1227 Buenos Aires (Argentina)
edafadmi@gmail.com

Edaf Chile, S.A.
Huérfanos 1178 - Oficina 501
Santiago - Chile
Telf: +56 9 4468 05 39/+56 9 4468 0597
comercialedafchile@edafchile.cl

Septiembre de 2024

ISBN: 978-84-414-4331-0
Depósito legal: M-15220-2024

PRINTED IN SPAIN   IMPRESO EN ESPAÑA
COFÁS

Papel 100 % procedente de bosques gestionados de acuerdo con criterios de sostenibilidad.

A Iryna
y a nuestros hijos, Alexey y Anastasia,
por su sacrificio, apoyo y amor.
Sin ellos no habría sido posible
ni habría merecido la pena.

ÍNDICE

* Para este apellido existen varias grafías correctas: Carvajal, Carbajal y Carabajal. (*N. del A.*)

PRÓLOGO

Los momentos trascendentales de la historia universal tuvieron cronistas, escritores que recopilaron hechos dignos de ser recordados. Bernal Díaz del Castillo relató la conquista de México, haciéndonos sentir parte de las huestes de Cortés en aquella fascinante aventura humana en la que el mundo, tal como se conocía, cambió para siempre. Otros acontecimientos, quizá no tan relevantes en un primer momento, tuvieron también sus cronistas, narradores que incluso participaron en los hechos y que bien fueron soldados, geógrafos, legistas o religiosos, mestizos o indios, que transmitieron, con más o menos arte, la difícil conquista que siguió a La Conquista. La relevancia de esta eclipsó totalmente a la que vino después. Pero fue solo gracias a un esfuerzo épico, continuado y sostenido a lo largo de varios siglos que España logró avanzar en la conquista, la colonización, la pacificación y la cristianización de los pueblos nativos al norte de la ciudad de México.

En este esfuerzo, titánico y ambicioso, muchos hombres y mujeres fueron protagonistas anónimos a quienes les tocó vivir momentos en lugares difíciles en los que cualquier actividad, por peregrina que fuera y que hoy realizamos casi de manera inconsciente, supuso para ellos un sacrificio trascendental. La ciudad de Santa Fe, hoy capital del estado de Nuevo México, se encontraba a casi 2.500 kilómetros de la capital de la Nueva España, una distancia similar a la que existe hoy entre Madrid y Berlín, trayecto en el que se empleaban no menos de cinco meses, a lomos de una mula o caminando por los territorios más peligrosos que se conocían, pudiendo perder la vida en cualquier momento, ya fuera por el ataque de los indios o por cualquier enfermedad o accidente. A veces, dormían confortablemente, si se puede hoy describir como tal, en los camastros de una misión o en un puesto de soldados presidiales, pero, las más de las veces, lo hacían a la intemperie, expuestos e indefensos frente a los más variados peligros.

Aquellas hazañas anónimas e históricamente silenciosas supusieron un coste incalculable en vidas humanas. Vidas que los cronistas contribuyeron a recordar con mayor o menor éxito pero que, en muchas ocasiones, quedaron opacadas por la comparativa irrelevancia de sus actos frente a los grandes eventos trascendentales de la historia del continente. Así, decenas de crónicas, llenas de vida y de muerte, de fe y de ambición, de alegrías y de tristezas, quedaron olvidadas en inmensos y dispersos archivos, perdidas entre la ingente cantidad de documentación que generó el Imperio español, de la misma manera que el Arca de la Alianza, el arca perdida, se extravió en un infinito almacén.

Jorge Luis García Ruiz sintetiza en *Presidio* algunos de estos documentos y lo hace de manera disciplinada y rigurosa, sin separarse un centímetro de lo escrito por los cronistas. Pero al mismo tiempo que refleja su contenido, desea dejar constancia de los términos, expresiones o palabras que los autores eligieron en su momento porque, como bien dice, muchos de ellos son insustituibles.

Y así, de este modo, desde las fuentes y a través del estudio de los documentos originales, nuestra lectura, a lo largo de sus páginas, nos convierte en testigos de los más diversos avatares de la enorme empresa que fue la conquista del territorio norteamericano. Una aventura casi quijotesca en la que los soldados de las compañías presidiales ejercieron un papel determinante.

Sin ellos no hubiera habido conquista ni colonización ni tampoco pacificación, condición previa y necesaria para la posterior cristianización. Sin duda, nada de esta última se hubiera logrado sin el trabajo pacificador, negociador y conciliador en muchos casos, de los presidiales frente a las múltiples tribus indias, indómitos habitantes de las Indias occidentales.

De esta manera, y a través de esos documentos perdidos, el autor consigue hilvanar una narrativa cronológica y lo hace con un lenguaje sencillo, asequible, cercano y a veces llano, como el que utilizaban las gentes de la época. Desea, y es de admirar, mantener el mismo tono de los que nos cuentan su historia y, al mismo tiempo, alcanzar a todos los públicos, no solo a una élite erudita a la que parece ir destinada gran parte de la producción historiográfica. En definitiva, estamos ante una narrativa rica en anécdotas, retratos, incidentes y conclusiones agudas y oportunas que cambiará, seguramente, la perspectiva de los lectores sobre muchos aspectos de nuestra historia, aspectos estos que, lamentablemente, han sido tergiversados en demasiados casos en el imaginario colectivo que la industria de Hollywood ha venido imponiendo.

El cine que nos ha llenado de estereotipos, de superhéroes y de supervillanos, que nos ha mostrado un mundo en el que todo es blanco o negro, bueno o malo, no contempla la realidad como fuente de inspiración ni a la realidad humana, con sus heroicidades y con sus miserias.

No obstante, estoy segura de que con la lectura de esta obra no tendremos que recurrir a la inventiva fantástica. En *Presidio* están todos los personajes representados. Unos personajes que, además, fueron seres reales, de carne y hueso, que muy bien podrían ser protagonistas estelares en la más taquillera de las obras cinematográficas.

Dicen que entre prologuista y autor puede o debe existir una relación, al menos, de cierta complicidad. En esta ocasión me ha correspondido escribir estas líneas, pero además, estoy convencida como lectora y amante de la historia, de que la obra de Jorge Luis García Ruiz, a la que *Presidio* viene a sumarse desde estas páginas, contribuirá, sin duda, a un mejor y más amplio conocimiento de la historia de España en este continente y servirá para poner un significativo grano de arena en la preservación de nuestro legado histórico y cultural, una herencia que no solo enriquece nuestro pasado y nuestro presente como nación sino que también ilumina la comprensión del complejo mundo en el que vivimos.

Julia Olmo, Cónsul General de España en Houston.

AGRADECIMIENTOS

Una obra de esta envergadura se realiza únicamente tras alcanzar una madurez y un conocimiento que solo dan los años y la interacción con otras personas, quienes van modulando nuestra visión y capacidad analítica.

Algunos llegaron ya al final de su camino, dejando tras de sí enseñanzas y recuerdos imborrables y, sobre todo, un modelo a seguir. Mis buenos amigos Jesús Zabala Salcedo y José Luis Estevas-Guilmain, de quienes aprendí que la mesura y la empatía son dos grandes herramientas para el análisis. No me olvido del profesor Gilberto Cruz, quien no hacía diferencias en el origen de las personas sino en su valía, ni de Víctor Tapia, gran persona, todo positivismo, con quien el tiempo compartido nunca habría sido suficiente.

Pero como creo firmemente que los homenajes se deben hacer en vida, quiero agradecer a dos compañeros y sobre todo amigos, investigadores e historiadores con mayúsculas, por su apoyo constante y desinteresado. Con ambos comparto mucho, sobre todo el compromiso con la verdad histórica que nos revelan los documentos, lejos de la inventiva interesada. La investigación histórica es un trabajo enorme y extenuante, y de no ser por el intercambio de ideas y documentos, el resultado se quedaría siempre muy corto.

A Robert García Jr. por sus investigaciones previas en el mismo espacio físico y temporal, quien solo puede ser calificado de guía para todos nosotros. He compartido con él charlas y desayunos, ideas y debates, siempre disfrutando, no solo de su conocimiento sino también de su buen humor y cariño. Y a Eric Negrón, quien, con habilidad única, es capaz de encontrar documentos imprescindibles en el inabarcable mundo de la archivística informatizada. No solo encontrarlos, sino compartirlos, que es lo mejor que podemos hacer en este mundo, transmitir el conocimiento. La labor de Eric, totalmente desinteresada e imprescindible es algo que le honra, y es regalo y bendición para todos los que hemos tenido la gran suerte de conocerle.

A Martha Vera, Cónsul honoraria de España en El Paso, por su apoyo desinteresado. A Cindy Medina, genealogista, a la investigadora Elvia Arbizu Carrasco de Chihuahua, y al ingeniero Manuel Jesús Alderete Muñoz, cuyo aporte se verá en futuras publicaciones.

A la Asociación Cultural «Héroes de Cavite» y a su presidente Ángel Benzal, en representación de todas las personas que, desinteresadamente, trabajan en la Asociación por un futuro mejor para la Hispanidad.

Y finalmente a la Cónsul General de España en Houston, Julia Olmo, no ya un aire sino un viento fresco que ha venido a apoyar a todo aquel con algo que decir en la defensa de España y de su historia, precisamente cuando menos apoyo se recibe de las instituciones públicas. Necesitamos muchas personas como ella, ojalá cunda el ejemplo.

INTRODUCCIÓN

Solo unos pocos académicos norteamericanos conocen el inmenso volumen de la documentación que el Imperio español generó a lo largo de su historia. La realidad es que son pocos porque la tónica siempre ha sido la de ignorar su existencia, a veces de forma consciente y otras también inconsciente, apoyando con ello la política de no reconocer la presencia hispana en la zona, lo que justificaría el «destino manifiesto» de expansión hacia el oeste por parte de los Estados Unidos de América en territorios vírgenes de posesión europea, siempre según la narrativa por ellos creada.

En aquellos momentos de expansión, en lo que ellos denominan «la conquista del oeste», la existencia de indios era ignorada, siendo considerados como una parte más de la animalia del continente, sin derechos ni títulos de propiedad, una especie invasora que debía ser erradicada. El gran problema para consumar tal aniquilación era que, casi desde el momento de la conquista española a principios del XVI, pero sobre todo en las décadas siguientes, la legislación española otorgaba derechos a los indios y, aunque algún conquistador con nombres y apellidos incumplió las leyes, siempre fue perseguido, enjuiciado y encarcelado. La aplicación de las leyes produjo una enorme cantidad de documentos y escritos, digna de la más alta burocracia que los tiempos hayan visto.

Al inicio de la población de la frontera norte, los presidios se establecían en un punto cercano a las misiones, un lugar próximo desde el que poder auxiliar rápidamente en caso de necesidad. Aunque los frailes nunca aceptaron la interferencia militar en sus establecimientos, reduciéndose a un soldado o a lo sumo dos, que vivían dentro de los muros de la misión y a los que se llamaba mayordomos. Su misión era la de servir de enlace entre el presidio y la misión, inspeccionar las defensas del recinto, e instruir a los residentes en el manejo de las armas y la defensa de la posición.

Esta política de misiones y presidios fue un éxito en la consolidación de los territorios próximos a la ciudad de México, pero cuando el sistema expandió su red hacia el norte, se inició el contacto con naciones indias menos civilizadas, mucho más agresivas y activas, que causaron enormes problemas al crecimiento de la Nueva España. Problemas que alcanzarían su máximo al norte del río Grande con los apaches, quienes frenaron totalmente la expansión. Los primeros años de contacto se saldaron con infinitos escarceos y enfrentamientos. Durante la segunda mitad del siglo XVIII el único progreso territorial se produjo en la Alta California, precisamente donde los apaches no tenían presencia.

Los apaches estaban en guerra con todas las demás naciones indias, aunque su máximo enemigo fue la nación Comanche. Tras sufrir una sangrienta derrota frente a estos, no tuvieron más remedio que buscar otros territorios más al sur, adentrándose en la Nueva España, aumentando el contacto y el conflicto con los españoles. Para mediados del siglo xviii la situación era insostenible. La política de conversión de los apaches había fracasado completamente y todos los territorios al norte del río Grande estuvieron a punto de perderse. Los indios campaban a sus anchas y los soldados presidiales poco podían hacer frente a esto, mal equipados, peor pagados y siempre en escaso número, no podían hacer más que defender poblaciones y ranchos, haciendas y misiones. Para colmo de males, todo esto sucedía en un momento en el que otras potencias europeas comenzaban a expandirse por América dando lugar, a finales de siglo, a la Guerra de Independencia de los Estados Unidos, lo que vendría a modificar la geopolítica de la zona.

La presencia española en Norteamérica se mantuvo durante trescientos años, y durante gran parte de ese tiempo el presidio fue la piedra angular de la defensa del territorio, no solo de la amenaza interior representada por los indios hostiles, sino de la exterior, de las potencias que ansiaban los territorios españoles de ultramar. Tres siglos en los que la institución presidial pasó, de una primera fase en la que la milicia popular era el elemento dominante, a una segunda de ejército profesional, y a una tercera dominada por los diferentes reglamentos impulsados por la dinastía borbónica, que intentaban equiparar a los soldados de la Nueva España con el resto de los ejércitos españoles en Europa. El primer reglamento impulsado por el brigadier general Rivera en 1729 fue un desastre, y causó más problemas de los que solucionó. Habría de esperarse a los últimos años de ese siglo, con diferente situación geopolítica, para que el último reglamento tuviera un efecto mayor.

La evolución del presidio se muestra a lo largo de esta obra, estructurada de forma cronológica en los documentos que relacionan, tanto la hispanización del territorio entre la Ciudad de México y la actual frontera internacional, como el paso al actual territorio de los Estados Unidos de Norteamérica en los tres ejes principales que se siguieron. El primero en el Nuevo México a finales del siglo xvi, el segundo en Tejas, con inicio cien años después y consolidación a principios del xviii, y el último en la Alta California como continuación natural de lo hecho en Sonora, Arizona y la Baja California.

En la realización de esta obra se ha contado con los documentos originales existentes en los archivos más grandes como el Archivo General de la Nación en Ciudad de México, el Archivo General de Indias en Sevilla, y otros no menos importantes como el Archivo Franciscano y el Jesuita. La mayoría de los documentos han sido extractados, teniendo en cuenta la verborrea formal y legal que caracterizó siempre a los documentos españoles de época, y que es de poco uso e interés para el lector. En otros casos han sido resumidos, cuando la claridad expresiva del escribano no era una de sus cualidades, no hay que olvidar que la formación de quienes escribían estos documentos no siempre era la mejor.

En cuanto a la bibliografía, son varias las obras que tratan este particular capítulo de la historia española, si bien es cierto que la mayoría ahonda en unos pocos documentos, principalmente del siglo xviii ya conocidos por todos. En este libro, se muestran otros documentos menos conocidos sobre los inicios del sistema presidial en América, que aportarán diversidad al conocimiento que se tiene sobre él y sobre la importancia que tuvo para la hispanización y cristianización de Norteamérica.

Por lo que respecta a la parte técnica, la transcripción literal de los documentos originales se representa con el uso de cursiva. La necesidad de espacio ha requerido el extractado de dichos documentos y la eliminación de algunas partes de ningún valor histórico o narrativo, sustituyéndolas por puntos suspensivos. En los documentos de difícil lectura por su gramática, ortografía o coherencia, se ha optado por hacer un resumen actualizando al español moderno, con el fin de hacerlos comprensibles.

LAS PRIMERAS EXPLORACIONES

L as primeras exploraciones al territorio continental fueron en su práctica totalidad marítimas. Los escasos contactos con los indios se producían cuando los navíos echaban el ancla y bajaban a tierra en busca de agua dulce. Estos primeros años tras el descubrimiento de Colón se dedicaron al asentamiento en las islas, La Española, Cuba, Puerto Rico, Jamaica, amén de otras más pequeñas en el Caribe.

Los portugueses también realizaban sus exploraciones y seguramente cartografiaron la Florida,[1] aunque gracias al tratado de Tordesillas entre las dos naciones peninsulares, no pudieron reclamarla como suya. El mapa de Cantino realizado en 1502 *(Fig. 1 Cuadernillo)* tiene una enorme similitud con el que Juan de la Cosa hizo dos años antes. Probablemente el portugués copió el mapa español y añadió la Florida, en cualquier caso, ambos mapas recogen la existencia de la América continental. Parece un poco arriesgado otorgarle el descubrimiento a Ponce de León en 1513 cuando esta había sido recogida en la cartografía once años antes, y cuando el mismo Ponce de León lo reconocía en el cuaderno de bitácora[2] de su primer viaje, donde nos dice que *«había nuevas de hallarse tierras en la banda del norte»* y era necesario ir a reclamarlas para la Corona.

Por parte de algunos historiadores contemporáneos, es demasiado suponer que Ponce de León se hizo a la mar en 1513 y se encontró de bruces y por sorpresa con un muro que impedía su paso a la especiería, al que daría el nombre de La Florida, casi tanto como pensar que iba buscando la fuente de la eterna juventud, o que fue el descubridor de la Corriente del Golfo, mérito que puede corresponderle a otro buen marino español, Juan Bermúdez, quien en 1505 se benefició de ella por azar, para llegar a las islas Bermudas a las que dio nombre. Como también es altamente improbable que Ponce de León llegase más arriba de la actual ciudad de Miami por el Atlántico, o la aún más descabellada idea de llegar a Pensacola cuando se internó en el seno mexicano.

Todo ello se desprende de la lectura atenta de su bitácora y unos mínimos conocimientos geográficos. Al día siguiente de partir ya tenía un error de dos grados en

---

[1] Planisferio de Cantino, 1502. *(Fig. 1 Cuadernillo)*
[2] Antonio de Herrera, *Década I, libro IX*, págs. 311-316.

su estima, lo que le situaría 120 millas náuticas[3] más al sur de lo que él pensaba y el error se mantenía cuando más tarde avistaron la costa floridana. No es extraño que la historiografía norteamericana, no teniendo en cuenta este error de estima, localizase su llegada en varios lugares a lo largo de la costa atlántica, algunos tan al norte como la desembocadura del actual río Jackson o en la bahía donde se encuentra San Agustín de la Florida. En cualquier caso, su primer viaje sirvió para que reclamase aquellas tierras en nombre de la Corona hispánica y las bautizase como La Florida, no estando claro aún si lo hizo en honor a la Pascua Florida o a la espesa vegetación que tendría en aquellos tiempos.

En 1519 se produce el desembarco en lo que, en aquellos momentos, se llamaba Tierra Firme. Hernán Cortés inicia la conquista de México[4]-Tenochtitlán que finaliza en 1521. Ese mismo año, Juan Ponce de León regresaría a La Florida intentando el establecimiento de una población, seguramente en la bahía de Gasparilla, la cual no tuvo éxito por lo insalubre del lugar y la agresividad de los naturales, y que le acabaría costando la vida tras una escaramuza.

Tras la conquista de la capital azteca se produce la estabilización del territorio que estos habían dominado, proceso que se alarga durante dos décadas para después comenzar una expansión al norte en territorios mucho menos receptivos. Por esos años se llevan a cabo expediciones importantes que buscan encontrar culturas tan desarrolladas como la mexica, aunque lo que encuentran es un yermo cultural con gentes, grupos sociales, poco más avanzados que los cazadores recolectores, en continua guerra unos con otros.

Expediciones como la de Pánfilo de Narváez, cuyo fatídico destino quedaría inmortalizado por uno de sus lugartenientes, Alvar Núñez Cabeza de Vaca, en su libro *Naufragios y Comentarios*. La de Hernando de Soto, y Luis Moscoso, quien se hizo cargo de ella tras la muerte del primero. O la de Francisco Vázquez de Coronado, quien se internó muy al norte, muy lejos de los territorios dominados por España en esos momentos. Expediciones que trajeron mucho conocimiento, pero pocas expectativas cumplidas.

La tierra era inmensa para lo que acostumbraban a ver los exploradores, y el entorno variaba enormemente. De las montañas rocosas a los pantanos floridanos, pasando por los desiertos, los grandes planos, y los bosques tejanos, pero ni rastro de una cultura predominante como las existentes en Mesoamérica. Todo lo que se escuchaba de los indios era cercano a la mitología, con nombres de lugares mágicos como la Gran Quivira, la ciudad de las nubes, o las siete ciudades de Cíbola.

En 1513 Vasco Núñez de Balboa había encontrado el mar del sur, o como lo llamaría Magallanes, el Pacífico. Por allí también se enviaron expediciones, las más conocidas las del marqués del Valle de Oaxaca, Hernán Cortés, quien construyó barcos en su propio astillero para explorar la costa hacia el norte, donde encontraron una isla, o eso creían ellos, a la que dieron el nombre de California, y al mar que se encontraba entre esta y

---

[3]   222 kilómetros.
[4]   México tenía en esos momentos la pronunciación Meshico. DRAE.

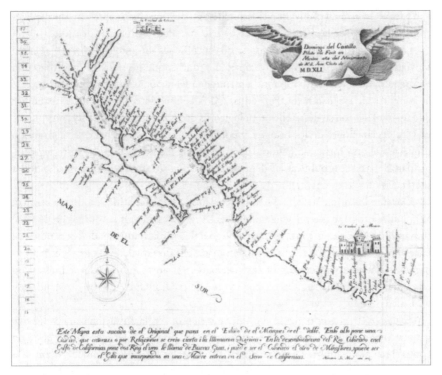

Mapa elaborado por Domingo del Castillo, con los datos obtenidos por la última
expedición marítima enviada por Cortés al mando de Francisco de Ulloa, en 1539-1540.

el continente lo llamaron mar de Cortés o mar Bermejo, por el tono rojizo de las aguas
del río Colorado, que desemboca al norte. Hasta allí llegó la última expedición de las
cuatro que envió Cortés, la de 1540, para descubrir que la California no era isla, sino
península unida al continente. En cuanto al mar de Cortés, hoy se conoce como golfo
de California.

Desde el primer momento de la llegada española a América, las luchas intestinas
entre los llamados conquistadores fueron constantes. Fueron sonados los enfrentamientos de Cristóbal Colón y su descendencia con la Corona, que buscaba limitar su poder,
y después con otros conquistadores que también querían su parte del pastel. Las luchas
que después mantuvo Vasco Núñez de Balboa con Pedro Arias de Ávila, más conocido
por Pedrarias, que le terminaron costando la cabeza. O las de Hernán Cortés con Diego
Velázquez de Cuellar y con Nuño Beltrán de Guzmán.

La lista se haría interminable, tanto como los juicios de residencia. Las acusaciones
de maltrato y abuso a los indios eran las más comunes, y la mejor forma de eliminar a los
rivales políticos, teniendo en cuenta la sensibilidad que la Corona tenía hacía los indios.
Se buscaron sistemas para limitar los abusos, como los repartimientos y las encomiendas,

aunque por lo general obtuvieron el resultado opuesto. También aparecieron personajes como Bartolomé de las Casas, que pasó de encomendero a protector de indios.

La leyenda negra se ha alimentado de estas luchas durante siglos, y de su constancia documental en denuncias y contra denuncias, que no siempre aportaban una descripción de la realidad, sino muy a menudo exageración e incluso mentira para que la sentencia cayese a su favor. Por tanto, todo debe ser cotejado con diversas fuentes documentales o con su desarrollo cronológico, es decir, la denuncia debe ser confrontada con las declaraciones de los testigos, y por supuesto con la sentencia que cierra todo proceso. De otra forma, la manipulación se antoja fácil apoyando las tesis negro-legendarias, basta con publicar las denuncias con toda su carga negativa, olvidando las sentencias que las desmienten.

Durante las primeras décadas tras la conquista de Tenochtitlán, todo era caótico. Para poner orden se fueron generando leyes. A las ya existentes de Burgos en 1512 se sumaron las Nuevas en 1542, incluso se llegó a debatir la humanidad de los indios en la célebre Controversia de Valladolid, pero nada resultó tan efectivo para el orden y la organización como la creación de los virreinatos. Al norte, por ser el que interesa en esta obra, se creó el de la Nueva España y su primer virrey fue Antonio de Mendoza y Pacheco en 1535.

El nuevo virrey contó, desde el primer momento, con la oposición clara de los que habían manejado las riendas a su conveniencia. El primero Hernán Cortés, que veía cómo el rey ponía límites a sus anhelos de gobernar las Indias occidentales. Aunque la primera acción del virrey Mendoza libró a Cortés de uno de sus más enconados rivales, Nuño de Guzmán. Cortés obtuvo también el apoyo del virrey en las distintas expediciones que envió por mar a la descubierta de la Baja California, una buena compensación que le hizo ver con menos aprensión el incremento del control real en los que él creía sus dominios.

Nuño Beltrán de Guzmán, originario de la Guadalajara peninsular, parece ser que fundó la primera Guadalajara novohispana en los territorios al norte de Tenochtitlán, aunque este punto no está del todo claro. Desde allí conquistó, no sin dificultad, una gran zona que incluía el Nayarit, Michoacán, Jalisco, Zacatecas, Sinaloa, San Luis Potosí, Durango, Colima y Aguascalientes, estados del México actual. El rey lo había nombrado para poner límite a Cortés, pero su voracidad conquistadora fue incluso mayor que la del extremeño. Estos territorios se daban por conquistados, pero no estaban pacificados. Se englobarían después en lo que se llamó el Reino de la Nueva Galicia.

El objetivo de Nuño de Guzmán era el de fundar poblaciones de españoles, pero en las primeras décadas tras la conquista de Tenochtitlán, no había españoles suficientes en la Nueva España, y los pocos que allí había no estaban dispuestos a abandonar la seguridad de la ciudad y cambiarla por una vida difícil en la frontera, desde la que llegaban noticias de continuas guerras entre indios, y de estos con españoles. La población de las nuevas fundaciones se hacía con indios como los tlaxcaltecos, ya hispanizados y fieles a la Corona.

La controversia sigue sobre la fundación de ciudades como Compostela, Jalisco, Mazatlán, Culiacán, Tepic o Nayarit, sobre las que los historiadores no se ponen de acuerdo en dónde o quién las fundó. Siendo este un apunte contextual dentro de esta obra no es el objetivo dirimir la autoría de estas fundaciones. Estas ciudades serían la base de las conquistas al norte en las décadas siguientes.

La rivalidad entre Cortés y Guzmán los llevó a denunciarse mutuamente en repetidas ocasiones. Guzmán, como presidente que era de la Audiencia, inició un juicio de residencia a Cortés por la muerte de su esposa Catalina Suárez, quien murió en circunstancias poco claras, aunque Cortés resultó exonerado. Y Guzmán fue juzgado por abuso sobre los indios, cuyo juicio de residencia inició el virrey Mendoza y resultó en su arresto y traslado a España para hacer frente a tres juicios de residencia, lo que no llegó a producirse, siendo únicamente condenado al ostracismo, como él mismo reconoce en su testamento, al que este investigador ha tenido acceso.[5] Dicho documento desmiente la crónica errónea, ampliamente difundida, de que fue condenado y murió encerrado en la torre de Torrejón de Velasco. En efecto murió en 1558, la casa en la que pasó sus años finales en España, y los dineros que el rey le debía, fueron lo único que repartió entre sus herederos. Si el rey llegó a hacer honor a la deuda no está nada claro.

El virrey Mendoza estuvo al frente quince años, tiempo en el que se produjo el alzamiento de los indios en los territorios conquistados por Guzmán, principalmente en la Nueva Galicia. Rebeliones que dieron en llamarse Guerra del Mixtón y que, según algunos historiadores, fueron la consecuencia de los previos abusos de Nuño de Guzmán. Cierto es que su conquista terminó en 1531 y la sublevación se produjo nueve años después, lo que pondría en duda la relación entre ambos eventos, pero también es cierto que la brutalidad empleada, recogida en numerosos documentos, fue mucha y a menudo innecesaria.

Mendoza tuvo tiempo para poner orden en la Nueva España con éxitos como la creación de la Casa de la Moneda en México, el establecimiento de la primera imprenta de América, y el inicio de las gestiones para la fundación de la Real y Pontificia Universidad de México. También dio un impulso vital a las actividades de las hermandades religiosas, que empezaban a establecer misiones fuera de la ciudad y que serían parte fundamental de la hispanización de América. Estos primeros años fueron empleados también en la fundación de poblaciones a lo largo del Camino Real que iba al norte.

En 1540 se iniciaba la resistencia de algunos pueblos. La primera revuelta fue la de los tarascos de Michoacán y Jalisco, que vieron una oportunidad para echar a los españoles cuando se formó la expedición de Vázquez de Coronado, en esos momentos gobernador de la Nueva Galicia. Muchos españoles se alistaron en dicha expedición, dejando sin defensa amplios territorios del norte de la Nueva España. En ausencia de Coronado el mando recayó en el teniente de gobernador Cristóbal de Oñate, quien ya estuviera a las órdenes de Nuño de Guzmán, y que, en la pacificación de esta revuelta,

---

[5] *Testamento de Nuño Beltrán de Guzmán* (1973). Centro de Estudios de Historia de México. Condumex.

ejecutó a nueve de los cabecillas consiguiendo el efecto contrario, de revuelta se pasó a guerra abierta, la guerra del Mixtón, en 1541.

En los prolegómenos de esta guerra los indios atacaron la encomienda de Juan de Arce, asesinado para después ser asado y consumido. Lo que parecía un hecho aislado de los muchos que se producían a diario, sirvió para que los indios fuesen conscientes de su poder y se aliasen en contra de los españoles. Los mensajeros indios recorrían el norte, consiguiendo que más grupos se sumasen a la asonada. Se intentaron métodos pacíficos para apaciguarlos, con el único resultado de la muerte de los religiosos que lo intentaron.

Escasos de militares, los españoles enviaron una expedición desde Guadalajara que, como era habitual, iba acompañada de indios aliados. Este primer intento fue baldío, un grupo muy grande de rebeldes se había hecho fuerte en el peñol o montaña del Mixtón. Los españoles fueron derrotados, retirándose y buscando reorganización y apoyos. Se envió mensaje al virrey Mendoza, que en esos momentos se encontraba con Pedro de Alvarado, una de las figuras principales en la conquista de México-Tenochtitlán, conocido y temido por los mexicas, quienes le llamaban *Tonatiuh*, «el sol», por su rubia cabellera.

Alvarado iba camino a las Californias y enterado de la noticia se ofreció voluntario para la batalla. Llegó con sus hombres a Guadalajara y se entrevistó con Cristóbal de Oñate, y sin hacer caso a su consejo de esperar más refuerzos, se encaminó al Mixtón, una cornisa inaccesible en la que, uno tras otro, se fueron estrellando los asaltos españoles. En uno de ellos, un caballo asustado cayó sobre Alvarado aplastándolo y rompiéndole varias costillas. Trasladado a Guadalajara, moría unos días más tarde.

Los indios se vieron con fuerzas y dos meses después estaban asediando Guadalajara. Cristóbal de Oñate, al mando de las fuerzas españolas, decidió romper el cerco, concentrando la artillería y la caballería en uno de los frentes, y tras desbaratarlo, volver a entrar a la ciudad para, saliendo por otra puerta, cargar en otro frente haciendo pensar a los indios que había mucha más fuerza de la real. Tras recibir un daño importante, los indios al mando de Francisco Tenamaztle y Don Diego levantaron el cerco retirándose.

El fuego de las revueltas se extendía por la Nueva España, amenazando incluso a la ciudad de México. El propio virrey, Antonio de Mendoza, se puso al frente de una fuerza aliada compuesta por tlaxcaltecos, mexicas y otras naciones, y de camino pararon en Michoacán a recoger a los purépechas. Con una fuerza que algunos historiadores cifran en 50.000 guerreros, se pusieron en camino, atacando y sometiendo uno por uno todos los pueblos alzados. Como ordenaba la ley española, antes de cada asalto se daba a los indios rebeldes la opción de rendirse, acción con la que serían perdonados sin tomar represalias. Táctica que se venía practicando en la península ibérica al menos desde la época romana. Se buscaba el sometimiento del enemigo y la aceptación de la ley, no su aniquilación.

El último asalto de Mendoza tuvo lugar en 1542. Sirvió para debilitar y desmoralizar al enemigo, aunque la guerra no cesó hasta 1551, en que Francisco Tenamaztle se entregó a las autoridades, siendo deportado a España y llevado a Valladolid, donde conoció a fray Bartolomé de las Casas, que fue su defensor en las audiencias y juicios que tuvo.[6]

La guerra del Mixtón fue tremendamente sangrienta, pueblos enteros fueron destruidos y cientos de personas murieron. Andrés Pérez de Ribas, fraile jesuita y excelente cronista, referenció un tema[7] que tendría gran impacto en la posterior interacción de españoles e indios, a propósito de la odisea norteamericana de Alvar Núñez Cabeza de Vaca y sus tres compañeros *(Fig. 2 Cuadernillo)*:

> *...comienza la provincia de Sinaloa en sus poblaciones, cuyo primer descubrimiento sucedió con la ocasión que sigue: un capitán en ese tiempo, llevado de su codicia y sin atender a rey ni ley (que la codicia todo lo atropella) sabiendo estaba esta provincia poblada de muchas gentes bárbaras, determinó entrar a ella con todos compañeros a hacer presas de esclavos que vender... Andando en esta caza de hombres, sucedió uno de los casos más raros de cuantos se cuentan en historias...*
>
> *Fue el caso que aquellos cuatro compañeros que fueron reliquias que habían quedado de cuatrocientos hombres con que el año de mil y quinientos y veinte y siete entró en descubrimiento de la Florida el gobernador Pánfilo de Narváez, habiendo muerto todos los demás en guerras, hambres, trabajos y enfermedades, escapándose solos cuatro llamados Alvar Núñez Cabeza de Vaca, Andrés Dorantes, Bernardino del Castillo Maldonado y un negro llamado Estebanico.*
>
> *Y reservándolos la Divina Providencia por tiempo de diez años, que vinieron caminando por medio de innumerables naciones bárbaras y obrando entre ellas prodigios y milagros con la señal de la Santa Cruz, sanando innumerables enfermos, haciendo esa divina señal sobre ellos y diciendo alguna oración. Con ocasión de tales maravillas, las naciones por donde venían pasando les cobraron un tan grande respeto y reverencia, que los miraban como hombres del cielo o hijos del sol. Y con tal amor y temor para no matarlos y comérselos, que antes les daban el sustento y comida, y les pedían que se quedasen en su compañía. Y ya que no lo podían alcanzar, porque los dichos peregrinos siempre les llevaba el deseo de verse en tierra de cristianos, pero los indios de la nación donde llegaban se iban con ellos hasta llegar a la otra.*
>
> *Con estos siempre anduvieron los cuatro peregrinos acompañados y defendidos de tropas de indios... llegando a Sinaloa, se toparon con el capitán Alcaraz[8] (que así se llamaba el que había entrado a hacer presas de esclavos) quien divisó algo lejos a Alvar Núñez con sus compañías y pensando habían topado con los que buscaban para cautivar, tocó alarma y apresuró el capitán Alcaraz. Aquí los cuatro peregrinos desconocidos, que en su traje y vista no se diferenciaban de indios, porque vestidos, ya había años que no los alcanzaban y estaban tan tostados del sol y criado el cabello como los bárbaros en cuya compañía habían peregrinado, y en particular Alvar Núñez Cabeza de Vaca, reconociendo a los soldados españoles por las armas y hábito, pasando a la delantera de los indios de su compañía, y con deseo de defenderlos, se puso de rodillas y usando del lenguaje que se pudo acordar para ser conocido,*

6   Somera narrativa elaborada a partir de León Portilla, Miguel (1995), *Francisco Tenamaztle*. México, 2005. Editorial Diana. Y de García Icazbalceta, Joaquín (1858), *Colección de documentos para la historia de México*, (1866) México. Biblioteca Virtual Cervantes.

7   Pérez de Ribas, Andrés (1645), *Historia de los triunfos de nuestra santa fe entre gentes las más bárbaras, y fieras de nuestro orbe*. Ed. Alonso de Paredes, Madrid.

8   Lugarteniente de Nuño Beltrán de Guzmán.

habló en mal castellano, que ya lo tenía casi olvidado, él y sus compañeros declararon quienes eran y de donde salían.

Valioles la plática para no caer en las cadenas y collares de esclavos, pero no para que parase la codicia del capitán, que prosiguió su intento de cautivar indios. Este abuso se prohibió por los años de mil y quinientos y treinta y uno, y fue condenado por injusto, siendo presidente de la Real Audiencia de México y gobernador de la Nueva España el ilustrísimo arzobispo de Santo Domingo, don Sebastián Ramírez de Fuenleal, que fue leal a las leyes divinas y a su rey, dando por libres a los que habían nacido tales y el rey católico recibía debajo de su amparo y protección.

Como se ve por la crónica del padre Pérez de Ribas, en cuanto las autoridades españolas tuvieron conocimiento de la inmoral esclavización de los indios, la hicieron también ilegal, incluso sin haber aún legislado sobre ella. Era el año 1531 y las nuevas leyes de indias que prohibían la esclavitud bajo cualquier concepto, se promulgaron en 1542. Leyes que sirvieron para el apresamiento del gobernador Nuño Beltrán de Guzmán, y su enjuiciamiento. No obstante, del buen trabajo de la Corona, hubo casos aislados de abusos y transgresiones, que fueron siempre perseguidas, como se verá también en el caso de Oñate en el Nuevo México.

El capitán Alcaraz, aunque ni recibió ni trató bien a los cuatro peregrinantes con su compañía, al fin los dejó pasar adelante al río de Petatlán, donde está hoy la villa de San Felipe y Santiago, cabecera de la provincia de Sinaloa. Aquí acertaron a topar los peregrinos al capitán Lázaro de Cebreros, vecino y conquistador de la provincia de Culiacán, que no dista de Sinaloa más de treinta leguas. Y conociendo que eran españoles los que en el traje no lo parecían, les salió a recibir con particular gusto y agasajo. Y así él, como los que en su compañía iban, partieron con los pobres derrotados de sus propios vestidos, y quiso llevarlos a la villa de San Miguel, como lo ejecutó.

Fueron allí muy bien tratados y regalados de la gente noble de aquella villa: y habiendo descansado y entendido su milagrosa peregrinación, les dieron caballos y todo avío para que pasasen a la ciudad de Compostela, cien leguas adelante donde, en aquel tiempo, tenía su Majestad la Audiencia Real… allí fueron así mismo muy bien recibidos por los oidores y ministros del rey… dándoles lo necesario para su viaje, los despacharon a la gran ciudad de México, que se presentasen a su excelencia.

Pero porque no se quede olvidada la tropa de indios, que venía la tierra adentro, acompañando a nuestros peregrinos, digo que cuando entendieron que ya sus benefactores se despedían para pasar a tierras tan distantes, les pidieron los dejasen acomodados y asegurados con los españoles que por aquella tierra andaban, para que no les privasen de su libertad, antes hallasen favor de ellos. Hízolo así Cabeza de Vaca, con sus compañeros, siendo agradecidos a los que les habían hecho fiel compañía y escolta en tan peligroso viaje.

Procuraron se les diese sitio donde poblasen y tuviesen sementeras, y en el río de Petatlán, cuatro leguas río abajo de donde hoy está la villa, en este puesto formaron un pueblo llamado Bamoa, que hoy persevera y es de lengua y nación poblada, cien leguas más la tierra adentro… su reducción, que fue maravillosa. Y porque tiene aquí su lugar y origen una singular devoción… quedó en estas gentes de Sinaloa, con la señal de nuestra redención la Santa Cruz, muy impresa.

…cuando la tropa de indios que acompañaba a los cuatro españoles, con grande sentimiento se apartaban de ellos, les pidieron remedio y señal con que se pudiesen amparar

de acometimientos de españoles, y la que les dieron Cabeza de Vaca y sus compañeros, fue que cuando tuviesen noticia de que españoles venían a su tierra, los recibiesen con una cruz en la mano y levantasen cruces a la entrada de sus pueblos, que viéndolas no recibirían daño. Quedóles impresa esta saludable señal y de esa se valen, muchos la traen colgada del cuello, o en la frente hecha de nácar, y la levantan en sus pueblos algunas naciones antes de ser cristianos.

Al llegar a México dio cuenta de todo al virrey Mendoza, quien poco después ordenó a fray Marcos de Niza que hiciese una entrada a la tierra adentro, para confirmar la existencia de las siete ciudades de las que hablaba Cabeza de Vaca, quien confirmaba las informaciones obtenidas previamente por Nuño Beltrán de Guzmán que, en su trato con los indios en la conquista de la Nueva Galicia, allá por 1530, ya había sido guiado por un indio llamado Texo, con la pronunciación jota tan característica que entonces tenía la equis, quien había relatado al de Guadalajara la existencia de aquellas ricas ciudades.

Fray Marcos inició esta expedición en 1539, acompañado del negro Estebanico, único de los peregrinos que aceptó volver al norte, ya que Cabeza de Vaca, Dorantes y Castillo seguramente tuvieron suficiente con los casi diez años que pasaron entre indios, sufriendo tantas calamidades. A su vuelta, el fraile relató[9] su viaje a Vázquez de Coronado, que por aquel momento era gobernador de la Nueva Galicia, y al propio virrey Mendoza en la Ciudad de México, por otro nombre conocida como *«Temixtitán»*.

El recibimiento de los locales allí por donde pasaron dice que fue siempre inmejorable, hasta que llegaron a la primera de las siete ciudades de Cíbola. El pueblo, como luego se vería en la expedición de Coronado, estaría localizado al este de la actual Flagstaff. Juan de Oñate dice en sus documentos que los de Cíbola eran pueblos de los zuñi. Hoy día los zuñi habitan una zona unos 300 kilómetros al este de donde se podría encontrar Cíbola, pero con pueblos seminómadas, y debido a la puesta en práctica de las reservas indias por parte del gobierno estadounidense en el siglo XIX, es muy difícil precisar si la diferente ubicación se debe a una recolocación o al error de los escribanos españoles.

En aquel pueblo, el primero de los de Cíbola, fue a donde Estebanico, que iba de avanzadilla junto a unos 300 indios, llegó para ser masacrado junto a todos sus acompañantes. Solo dos pudieron escapar y encontrarse con fray Marcos y los muchos indios que llevaba junto a él. Los supervivientes llegaban ensangrentados, habían sobrevivido haciéndose los muertos entre los cadáveres y escapando por la noche. Parece que el detonante fue la presencia de «los extranjeros» entre ellos, porque según relataron:

…Esteban envió su calabazo, con mensajeros, el calabazo llevaba hileras de cascabeles y dos plumas, una blanca y otra colorada; y como llegaron a Cíbola, ante la persona que el Señor tiene allí puesta, y le dieron el calabazo; como lo tomó en las manos y vido los cascabeles, con mucha ira y enojo arrojó el calabazo en el suelo, y dijo a los mensajeros

---

[9] *Descubrimiento de las siete ciudades*, por el padre fray Marcos de Niza. En Biblioteca Virtual Miguel de Cervantes. Colección de Muñoz, tomo LXXXI.

que luego se fuesen, que él conoscía qué gente era aquella, que les dijesen que no entrasen en la cibdad, sino todos los matarían;

Es posible que por Cíbola pasasen Cabeza de Vaca y sus acompañantes, entre los que estaba Estebanico. La experiencia pudo no ser buena para los indios de Cíbola que guardaron mal recuerdo de los caminantes o también pudo ser un error del cacique, lo cierto es que, según la crónica, el detonante fue el calabazo con los cascabeles, y estos fueron muy apreciados como regalo por los indios en numerosos lugares de América, seguramente la asociación de los cascabeles con los europeos[10] era cuasi automática. El cacique ordenó la matanza. Cuando los acompañantes de fray Marcos recibieron la dura noticia, la buena relación con el fraile cambió. Le hacían responsable de la muerte de más de trescientos de sus parientes y amenazaron con matarle, ante lo cual, abandonó la misión y regresó a la Nueva España.

Esta narrativa, realizada por el propio fray Marcos de Niza, confronta directamente con la proporcionada por Pedro Castañeda de Nájera en su relato de la *Relación de la Jornada de Cíbola*, obra que fue escrita por este cronista veinte años después de la expedición de Coronado, de la que formaba parte y que, como preámbulo, nos da un apunte contextual de lo que aconteció a fray Marcos de Niza y al negro Estebanico. El de Castañeda sobre este particular es un relato de oídas, ya que no formaba parte de esa jornada y por lo que, en este punto, no debe ser tenido en cuenta.[11]

En cualquier caso, esta experiencia con los indios de Cíbola dejó claro que las futuras expediciones a la zona iban a ser muy complicadas.

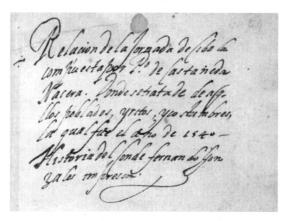

Relación de la Jornada de Cíbola. Compuesta por Pedro de Castañeda Nájera. Donde se trata de aquellos poblados, y ritos, y costumbres, la cual fue el año de 1540.

---

[10] El Señor de La Salle, francés, también llevaba un cargamento enorme de cascabeles en su barco «la belle», para ser regalados o intercambiados con los indios.
[11] Castañeda de Nájera, Pedro (1562), *La relación de la Jornada de Cíbola*. Este documento fue escrito unos veinte años después de los hechos como así referencia el autor en el Proemio.

CORONADO
(1540-1543)

Ellos tienen razón de querer saber la verdad porque como el vulgo muy muchas veces y cosas que han oído y por ventura a quien de ellas no tuvo noticia, ansi las hacen mayores o menores que ellas son, y las que son algo las hacen nada, y las no tales las hacen tan admirables que parecen cosas no creederas.[12]

La crónica de Pedro de Castañeda es imprescindible. La expedición de Vázquez de Coronado nada tiene que ver con los Presidios, se llevó a cabo en un momento en que estos aún no se habían implantado en América como medio de defensa territorial, pero lo que relata Castañeda transcurre por territorios que después serían habituales para los soldados presidiales en el norte novohispano, y sus experiencias repetidas en varias ocasiones.

Cuando fray Marcos de Niza regresó a la Nueva España relató lo acontecido y seguramente adornó su relato con algunas cosas de su propia cosecha. Contó acerca de siete ciudades con edificios muy altos de hasta diez plantas, en las que había oro y piedras preciosas en abundancia. Lo que entroncaba con los relatos ya mencionados por Nuño de Guzmán y de Cabeza de Vaca. Tras escuchar a fray Marcos, el virrey ordenó a Francisco Vázquez de Coronado que formase una gran expedición o jornada, para el descubrimiento de todas las tierras de las que se hablaba.

En 1540 se hizo una recluta de cuatrocientos hombres, unos de a pie, y otros de a caballo, *«porque en aquel tiempo no había para todos»*. Pedro Castañeda, sin embargo, nos habla de solo trescientos españoles, pero acompañados de ochocientos indios naturales de la Nueva España. Entre los españoles se encontraban algunos de los más renombrados, y que intervendrían en hechos históricos posteriores, Pedro de Tobar como alférez general, Lope de Samaniego como maestre de campo, Tristán de Arellano, quien después fundaría el efímero asentamiento de Pensacola, Pedro de Guevara, Garci López de Cárdenas, Juan de Zaldívar y Francisco de Ovando como capitanes.

Todos ellos fueron citados en la ciudad de Compostela para no salir en formación desde México y causar daños en las propiedades de los indios ya asentados. Allí fueron recibidos y hospedados por Cristóbal de Oñate, que entonces era el gobernador de la

---

[12] La narrativa para este capítulo proviene de Castañeda de Nájera, Pedro (1562), *La relación de la Jornada de Cíbola, op. cit.*

Ruta seguida por la expedición de Francisco Vázquez de Coronado entre 1540 y 1542. Mapa elaborado por el autor siguiendo la crónica de Castañeda que se reproduce en este capítulo.

Nueva Galicia. Y hasta allí se desplazó también el virrey Mendoza, quien los acompañó un par de jornadas antes de darse la vuelta a México.

Desde Compostela se encaminaron hacia el noroeste siguiendo la línea de la costa, enderezando poco a poco el rumbo al norte, cuando la orografía lo permitía. No había muchos soldados entre los españoles, pero sí muchos nobles, que según Castañeda no tenían la suficiente práctica en el manejo de los caballos ni costumbre de trabajar duramente, aunque el paso del tiempo y la solución de los problemas que se les iban presentando *los hizo maestros donde se pudiera ver muchos caballeros tornados arrieros, y que, el que se despreciaba del oficio, no era tenido por hombre.*

Llegaron a Chiametla, dónde encontraron las primeras dificultades:

> *...por faltar bastimentos fue forzado detenerse allí algunos días, en los cuales, el maestre de campo Lope de Samaniego, con cierta compañía fue a buscar bastimentos, y en un pueblo, por entrar indiscretamente por un arcabuz en pos de los enemigos,*

lo flecharon por un ojo y le pasaron el celebro de que luego murió allí, y flecharon otros cinco o seis compañeros, y luego, como fue muerto, Diego López veinte y cuatro de Sevilla, recogió la gente y lo envió a hacer saber a el general, y puso guarda en el pueblo y en los bastimentos. Sabido, dio gran turbación en el campo y fue enterrado e hicieron algunas entradas de donde truxeron bastimentos y algunos presos de los naturales, y se ahorcaron, a lo menos los que parecieron ser de aquella parte a donde murió el maestre de campo.

Llegaron a Culiacán, desde donde se envió la primera avanzadilla a unas doscientas veinte leguas sin que hallasen nada de lo que fray Marcos de Niza había prometido. El fraile fue puesto en tela de juicio, pero al ser la primera vez, supo defenderse diciendo que las ciudades estaban más lejos al norte.

Otra expedición partió en barco por el mar de Cortés, actual bahía de California, al mando de Hernando de Alarcón. Pretendían remontar el río Colorado llevando bastimentos para la expedición. Con los barcos que llevaban no pudieron llegar más allá de sesenta kilómetros río arriba. Esto demuestra sin ningún género de dudas que, en 1540, ya se sabía que la California no era isla sino península, al desembocar el Colorado en la parte más septentrional de la dicha bahía, que fue perfectamente cartografiada por Domingo del Castillo. La carga se enterró cuando el río dejó de ser navegable. Después, desde el Nuevo México, Coronado enviaría una escuadra a recuperarla.

Coronado llevaba todo el apoyo del virrey, quien surtió muy bien la expedición. Para ello, y aunque sabían de la existencia de los bisontes, ignoraban si se iban a poder abastecer de ellos, por lo que llevaron un gran rebaño de vacas y otros animales, una enorme recua de mulas bien cargadas y, según algunas fuentes, iban acompañados por cuatro mil indios auxiliares, número quizá exagerado si se tiene en cuenta la logística necesaria para alimentar a tantas personas durante dos años. Castañeda, en cambio, referencia únicamente ochocientos, lo que parece más acorde.

De Culiacán, Castañeda describe cómo era la vida de los indios y sus costumbres, y otras cosas que le resultaron de interés o extrañeza:

Culiacán es lo último del Nuevo Reyno de Galicia, y fue lo primero que pobló Nuño de Guzmán cuando conquistó este reyno. Está al poniente de México doscientas y diez leguas.[13]

En esta provincia hay tres lenguas principales, sin otras variables que de ella responden, la primera es de tahus que era la mejor gente y más entendida, y los que en esta sazón están más domésticos y tienen más lumbre de la fe. Estos idolatraban y hacían presentes al demonio de sus haberes y riquezas, que era ropa y turquesas. No comían carne humana ni la sacrificaban, acostumbraban a criar muy grandes culebras, y teníanlas en veneración. Había entre ellos hombres en hábito de mujeres, que se casaban con otros hombres y les servían de mujeres.

---

[13] En este caso, Castañeda calcula cada legua a unos 5,8 kilómetros, aunque veremos otros documentos en los que la cuenta es mucho más modesta, incluso cercana a 4 kilómetros.

Canonizaban con gran fiesta a las mujeres que querían vivir solteras[14] con un grande baile, en que se juntaban todos los señores de la comarca y sacábanla a bailar en cueros, y desque todos habían bailado con ella, metían la en un rancho que, para aquel efecto estaba bien adornado y las señoras la aderezaban de ropa y brazaletes de finas turquesas, y luego entraban a usar con ella los señores uno a uno y tras de ellos todos los demás que querían. Y desde allí adelante no habían de negar a nadie pagándoles cierta paga constituida para ello. Aunque después tomaban maridos no por eso eran reservadas de cumplir con quien pagaba.

Sus mayores fiestas son mercados, había una costumbre que las mujeres que se casaban los maridos las compraban a los padres y parientes por gran predio, y luego la llevaban a un señor que lo tenían como por sacerdote, para que las desvirgase y viese si estaba doncella, y si no lo estaba, le habían de volver todo el predio y estaba en su escoger si la quería por mujer o no, o dejarla para que fuese canonizada. Hacían grandes borracheras a sus tiempos.

La segunda lengua es de pacaxes que es la gente que habitan en la tierra que esta entre lo llano y las serranías, estos son más bárbara gente, algunos comen carne humana, que son los que confinan con las serranías. Toman muchas mujeres, aunque sean hermanas, y son grandes hechiceros.

La tercera lengua son acaxes.[15] Estos viven en gran parte de la tierra, por la serranía y toda la cordillera y así andan a caza de hombres como a caza de venados, comen todos carne humana, y el que tiene más huesos de hombre y calaveras colgadas alrededor de su casa es más temido. Viven a barrios y en tierra muy áspera, huyen de lo llano (…) a una grita se juntan quinientos hombres y por pequeña ocasión se matan y se comen. Estos han sido malos de sojuzgar por la aspereza de la tierra, que es muy grande.

…hay de punta a punta, según he oído a hombres que lo han navegado, treinta leguas, porque perdiendo de vista a esta tierra ven la otra.[16] Desde el río del tizón[17] da la vuelta la costa a el sur batiendo arco hasta la California… aquella punta, que otro tiempo se tuvo por isla, por ser tierra baxa y arenosa, poblada de gente bruta y bestial, desnuda, y que comen su mismo estiércol y se juntaban hombre y mujer como animales, poniéndose la hembra en cuatro pies públicamente.

Petatlán es una población de casas cubiertas con una manera de esteras hechas de caucho, congregadas en pueblos desde la sierra hasta la mar. Son gente de la calidad y ritos de los tahues culiacanenses. Dixose Petatlán por ser las casas de petates,[18] dura esta manera de casas por aquella parte doscientas y cuarenta leguas y más que hay hasta el principio del despoblado de Cíbola.[19] Desde allí adelante no hay árbol sin espina ni hay frutas sino tunas, mesquites y pitahayas.

Tras alcanzar lo que ellos llamaron como *el despoblado,* fundaron una población a la que pusieron por nombre Señora, en donde quedaron unos ochenta soldados, los menos capaces del grupo. Allí se quedó al mando Tristán de Arellano *(Fig. 3 Cuadernillo).*

---

[14] Por la descripción que se sigue parece que eran prostitutas.

[15] También conocidos como acaxees, tendrán importancia en un posterior capítulo.

[16] El mar Bermejo, mar de Cortés o golfo de California.

[17] El río Colorado.

[18] Esteras, usualmente de tiras de hoja de palma entrecruzada.

[19] Aproximadamente la actual frontera internacional, aquí parece que la cuenta salió mucho más corta, a unos 3,75 kilómetros por legua, posiblemente por ser terreno montañoso.

Hay desde Petatlán a el valle de señora[20] ciento y treinta leguas, hay entre medias muchos ríos poblados de gente de la misma suerte, como son Sinoloa, Boyomo, Teocomo, Aquimi y otros más pequeños. Están también Los Corazones que es nuestro caudal abajo del valle de Señora. Señora es un río y valle muy poblado de gente muy dispuesta... beben vino de pitahayas (Figs. 4 Cuadernillo) que es fruta de cardones, que se abre como granadas.[21] Hácense con el vino tontos.[22] Hacen conserva de tunas en gran cantidad consérvanse en su zumo sin otra miel, hacen pan de mesquites[23] como quesos conservase todo el año.

Desde allí continuaron viaje en dirección norte, siguiendo una ruta natural que fue muy transitada en los siglos siguientes. Desde la actual Hermosillo, zona en la que probablemente se encontraba el valle de Señora, sale un valle en dirección norte con el poco agua que en esa zona se puede juntar, valle que lleva hasta la actual Magdalena de Kino. Y desde allí se sigue otro valle, bastante más húmedo, que lleva por la actual Nogales hasta el Tucsón y el río Gila, al sur de Phoenix, lugar donde se encontraba Chichilticale.

Chichilticale dixose así porque hallaron los frailes en esta comarca una casa que fue otros tiempos poblada de gentes que venían de Cíbola, era de tierra colorada o bermeja, la casa era grande y bien parecía en ella haber sido fortaleza,[24] y debió ser despoblada por los de la tierra, que es la gente más bárbara de las que se vieron hasta allí. Viven en rancherías sin poblados, viven de cazar, y todo lo más es despoblado y de grandes pinales, hay piñones en gran cantidad... hay encinales de bellota dulce...
...en los ríos de este despoblado hay barbos y picones como en España, hay leones pardos que se vieron desde el principio del despoblado, siempre se va subiendo la tierra hasta llegar a Cíbola, que son ochenta leguas la vía del norte, y hasta llegar allí desde Culiacán se había caminado llevando el norte sobre el ojo izquierdo.

El recorrido más probable que siguieron desde Chichilticale hasta Cíbola, según el estudio geográfico, habría sido en dirección norte, pegados a las sierras que proveerían de abrevaderos, o bien siguiendo el curso del río Gila hasta su confluencia con el Salado, que remontarían a su vez para recuperar la derrota al norte, aunque esta ruta es menos probable por la gran guiñada al oeste que se verían obligados a dar y que aumentaría la jornada en tres o cuatro días. Desde allí remontarían el río Verde, hasta la actual Sedona, siempre en una derrota al norte.

---

[20] Por la distancia de ciento treinta leguas, entre 500 y 600 kilómetros, podría ser en los alrededores de la actual Hermosillo, Sonora, México.

[21] Todos ellos serán descritos más adelante en esta obra, las tunas son los frutos del nopal o chumbera, las pitahayas tienen un fruto a modo de granada, ambos son cactus.

[22] No hay referencia, pero en esa zona se encuentran las tierras ancestrales de los apaches tontos.

[23] El árbol del mesquite produce una vaina con unos granos que a final del verano maduran y caen, con su molienda se obtiene harina. Por otro nombre se conoce como árbol del pan.

[24] Al sureste de la actual Phoenix en el curso del río Gila, se encontraron las ruinas que describe Castañeda. En la actualidad se llama «Casa Grande National Monument».

Tanto la distancia desde Chichilticale hasta Cíbola, como de esta hasta Tusayan coincidirían con la ubicación de Sedona y, como se prueba en las fotografías, la descripción del cronista coincide con dicho lugar.

> *Cíbola son siete pueblos, son de tres y cuatro altos las casas y de siete. Estas gentes son bien entendidas, andan cubiertas sus vergüenzas y todas las partes deshonestas con palios a manera de servilletas de mesa, las mujeres se visten de mantas que las atan o añudan sobre el hombro izquierdo y sacan el brazo derecho por encima... esta tierra es un valle entre sierras, a manera de peñones,[25] siembran a hoyos el maíz, cada caña gruesas y grandes de a ochocientos granos, cosa no vista en estas partes. Hay en esta provincia osos en gran cantidad, leones, gatos, cervales, y nutrias. Hay muy finas turquesas, aunque no en la cantidad que decían. No tiene un hombre más de una mujer. Hay en los pueblos estufas[26] que están en los patios o plazas donde se juntan a consulta.*
>
> *...entre ellos no hay borrachera ni sodomía ni sacrificios ni comen carne humana ni hurtan. De común trabajan en el pueblo, es sacrilegio que las mujeres entren a dormir en las estufas. Por señal de paz dan cruz, queman los muertos y echan con ellos en el fuego los instrumentos que tienen para usar sus officios.*
>
> *Tienen a Tusayan entre norte y poniente a veinte leguas,[27] que es provincia de siete pueblos, de la misma suerte, trajes, ritos y costumbres que los de Cíbola. Habrá en estas dos provincias que son catorce pueblos hasta tres o cuatro mil hombres, y hay hasta Tiguex cuarenta leguas o más la vuelta del norte.[28]*

Con la llegada a Cíbola *(Fig. 5a y b Cuadernillo)*, las mentiras y exageraciones de fray Marcos quedaron al descubierto sin excusa posible. Coronado, realmente enfadado con el fraile, lo envió de vuelta a la Nueva España. En Cíbola no había ni metales ni ciudades con casas de ocho y diez alturas. Y es que posiblemente todo se debiera a un error de percepción, ya que el fraile no llegó a ver Cíbola, solo contó lo que sabía de oídas, y lo que los indios nómadas de América entendían por una impresionante ciudad con muchas casas no tenía nada que ver con lo que un europeo entendía, comparando con las grandes ciudades españolas y europeas.

Otro grupo de veinticinco soldados, a las órdenes de Melchor Díaz, y con indios guía, salió en demanda de la costa del Pacífico. A unas ciento cincuenta leguas llegaron a un poblado de indios muy altos, que hacían un pan de maíz tan grande *como hogazas de Castilla grandes.*

---

[25] Por la descripción documental y la inspección ocular de este autor, parece describir el valle de Sedona.

[26] Son también conocidas como kivas. Construcciones comunitarias enterradas casi por completo, en las que se podían superar los rigores del frío, al incorporar un hogar en su interior. El humo se evacuaba al exterior.

[27] Según el cronista, Cíbola se encontraba a unas veinte leguas de Tusayan. Siendo generoso con la medida probablemente se situaría en los llanos al este de la actual Flagstaff, o en la zona de Sedona, donde el río surtiría de agua a la expedición.

[28] Esta medida hasta Tiguex se ve mucho menos precisa que las anteriores a Tusayan.

Según relata Castañeda, era un lugar muy frío y los indios, para caminar de un lugar a otro, llevaban un tizón en las manos e iban calentándose las manos y el cuerpo con él. En su lengua, que no especifica Castañeda, llamaban al río más grande de la zona como río del Tizón, que no es otro que el actual Colorado. Allí le dijeron los indios que a tres jornadas habían visto dos navíos remontar el río, a más de quince leguas de su boca, hasta donde les era posible la navegación, y allí encontraron una inscripción tallada en un árbol, *hasta aquí llegó Alarcón*. Al pie del árbol encontraron las cargas enterradas y unas cartas:

> *…y por ellas vieron el tiempo que estuvieron aguardando nuevas de el campo y como Alarcón había dado la vuelta desde allí para la Nueva España con los navíos, porque no podía correr adelante porque aquella mar era ancón.[29] Que tornaba a volver sobre la isla del marqués que dicen California y dieron relación como la California no era isla sino punto de tierra firme de la vuelta de aquel ancón.*
>
> *…había gran cantidad de tunas que los naturales hacen conserva de ellas en cantidad, y de esta conserva presentaron mucha, y como la gente del campo comió de ella, todos cayeron como amodorridos con dolor de cabeza y fiebre, de suerte que si los naturales quisieran hicieran gran daño en la gente. Duró esto veinte y cuatro horas naturales.*
>
> *Después que salieron de allí un día, los de la guardia vieron pasar una manada de carneros y yo los vi y los seguí, eran de grande cuerpo, en demasía. El pelo largo, los cuernos muy gruesos y grandes, para correr enhiestan el rostro y echan los cuernos sobre el lomo. Corren mucho por tierra agra que no los pudimos alcanzar y los hubimos de dexar.*
>
> *…aquel campo iba una jornada de Cíbola, comenzó sobre tarde un gran torbellino de aire frigidísimo y luego se siguió gran lluvia de nieve, que fue harta contrición para la gente de servicio. El campo caminó hasta llegar a unos peñascos de socarreñas, donde se llegó bien noche y con harto riesgo de los amigos que, como eran de la Nueva España y la mayor parte de tierras calientes, sintieron mucho la frialdad de aquel día, tanto que hubo harto que hacer otro día en los reparar y llevar a caballo, yendo los soldados a pie. Y con este trabajo llegó el campo a Cíbola, donde los aguardaba su general hecho el aposento, y allí se tornó a juntar, aunque algunos capitanes y gente faltaba que habían salido a descubrir otras provincias.*

Desde allí se envió a Pedro de Tovar con varios compañeros a investigar un poblado al que los indios se referían como Tusayan, que hoy día mantiene su nombre y es la población más cercana al Gran Cañón del río Colorado.

> *…como don Pedro de Tovar no llevó más comisión volvió de allí y dio esta noticia al general, que luego despachó allá a don Garci López de Cárdenas con hasta doce compañeros para ver este río, que, como llegó a Tusayan siendo bien recibido y hospedado de los naturales, le dieron guías para proseguir sus jornadas, y salieron de allí cargados de bastimentos porque habían de ir por tierra despoblada hasta el poblado que los indios decían que eran más de veinte jornadas, pues como hubieron andado veinte jornadas*

---

[29] El ancón es una ensenada pequeña donde un barco puede echar el ancla, fondear.

llegaron a las barrancas del río, que puestos a el lado de ellas parecía al otro bordo que había más de tres o cuatro leguas por el aire, esta tierra era alta y llena de pinales bajos y encorvados, frigidísima debajo del norte, que con ser en tiempo caliente no se podía vivir de frio.

En esta barranca estuvieron tres días buscando la bajada para el río que parecía de lo alto tendría una brazada de travesía el agua, y por la noticia de los indios tendría media legua de ancho. Fue la baxada cosa imposible porque, a cabo de estos tres días, pareciéndoles una parte la menos dificultosa, se pusieron a bajar por más ligeros el capitán Melgosa y un Juan Galeras, y otro compañero... y volvieron a hora de las cuatro de la tarde, que no pudieron acabar de bajar por grandes dificultades que hallaron, porque lo que arriba parecía fácil no lo era, antes muy áspero y agro.

Dixeron que habían baxado la tercia parte y que, desde donde llegaron parecía el río muy grande, y que conforme a lo que vieron era verdad tener la anchura que los indios decían. De lo alto determinaban unos peñolillos desgarrados de la barranca, al parecer de un estado de hombre, juran los que baxaron que llegaron a ellos que eran mayores que la torre mayor de Sevilla.[30]

No caminaron más arrimados a la barranca porque no había agua, y hasta allí cada día se desviaban sobre tarde una legua o dos la tierra adentro en busca de las aguas, y como anduviesen otras cuatro jornadas las guías dixeron que no era posible pasar adelante porque no había agua en tres ni cuatro jornadas, porque ellos cuando caminaban por allí sacaban mujeres cargadas de agua en calabazos, y que, en aquellas jornadas, enterraban los calabazos del agua para la vuelta, y que lo que caminaban los nuestros en dos días lo hacían ellos en uno.

Este río era el del Tizón, mucho más hacia los nacimientos del que por donde lo habían pasado Melchor Díaz y su gente. (...) y de camino vieron un descolgadero de aguas que baxaban de una peña, y supieron de las guías que unos racimos que colgaban como sinos de cristal era sal, y fueron allá y cogieron cantidad de ella que trujeron y repartieron cuando llegaron en Cíbola, donde por escrito dieron cuenta a su general de lo que vieron, porque había ido con don Garçi López un Pedro de Sotomayor que iba por coronista del campo...

De acuerdo al cronista, los indios de Tusayan guiaron a Garci López de Cárdenas hasta el borde del cañón, situado en línea recta a doce kilómetros de la población, y seguramente vería un paisaje parecido al de la siguiente fotografía tomada desde el actual *Pipe Creek Vista*, por este autor, en la que se comprueba que la descripción no exageraba en lo más mínimo. *(Fig. 5c Cuadernillo)*

Hasta Cíbola llegó un grupo de indios que decían venir de Cicuye, situado a setenta leguas,[31] hacia el oriente, venían, según ellos decían, a dar la obediencia al rey, al haber recibido noticias de la llegada de los españoles:

[30] Efecto visual que hace el Gran Cañón por el que es imposible de calcular correctamente las medidas y distancias. Lo que desde arriba parece pequeño se convierte en inmenso con la proximidad.
[31] Aproximadamente 300 kilómetros. Por las descripciones podría ser el pueblo de Pecos en Nuevo México o alguno de las proximidades.

…por los cueros no se podía entender a causa de que el pelo era merino y burelado, tanto que no se podía saber de qué eran aquellos cueros, ordenó el general que fuese con ellos Hernando de Alvarado con veinte compañeros y ochenta días de comisión…

…este capitán Alvarado prosiguió su jornada, y a cinco jornadas llegaron a un pueblo que estaba sobre un peñol decíase Acuco.[32] (Fig. 8 Cuadernillo)

Era de obra de doscientos hombres de guerra, salteadores temidos por toda la tierra y comarca, el pueblo era fortísimo porque estaba sobre la entrada del peñol, que por todas partes era de peña tajada en tan grande altura que tuviera un arcabuz bien que hacer en pechar una pelota en lo alto de él. Tenía una sola subida de escalera hecha a mano que comenzaba sobre un repecho que hacia aquella parte hacía la tierra.

Esta escalera era ancha, de obra de doscientos escalones hasta llegar a la peña, había otra luego angosta, arrimada a la peña, de obra de cien escalones, y en el remate de ella habían de subir por la peña tres estados por agujeros donde hincaban las puntas de los pies y se asían con las manos. En lo alto había una albarrada de piedra seca y grande, que sin se descubrir podían derribar tanta que no fuese poderoso ningún exército a les entrar. En lo alto había espacio para sembrar y coger gran cantidad de maíz, y cisternas para recoger nieve y agua.

Esta gente salió de guerra abajo en lo llano y no aprovechaba con ellos ninguna buena razón, haciendo rayas y queriendo defender que no las pasasen los nuestros, y como vieron que se les dio un apretón luego dieron la paz, antes que se les hiciese daño. (…) dieron gran cantidad de gallos de papada muy grandes,[33] mucho pan y cueros de venado adobados, y pinoles, y harina, y maíz.

De allí en tres jornadas llegaron a una provincia que se dice Tiguex, salió toda de paz viendo que iban con bigotes,[34] hombre temido por todas aquellas provincias. De allí envió Alvarado a dar aviso al general, para que se viniese a invernar aquella tierra que no poco se holgó el general con la nueva que la tierra iba mejorando…

Tiguex es provincia de doce pueblos riberas de un río grande y caudaloso.[35] Unos pueblos de una parte y otros de otra, es allí espacioso, de dos leguas en ancho tiene a el oriente una sierra nevada muy alta y áspera, al pie de ella por las espaldas hay siete pueblos, cuatro en llano y los tres metidos en la falda de la sierra.

Tiene al norte a Quirix, siete pueblos, a siete leguas tiene a el nordeste la provincia de Jemes, siete pueblos, a cuarenta leguas tiene al norte o leste a Acha, a cuatro leguas al sueste a Tutahaco, provincia de ocho pueblos.

Labran los edificios del pueblo, de común las mujeres entienden en hacer la mezcla y las paredes, los hombres traen la madera y la asientan no hay cal pero hacen una mezcla de ceniza de carbón y tierra que es poco menos que de cal, porque con haber de tener cuatro altos la casa, no hacen la pared de más gordor que de media vara.[36] Juntan gran cantidad de rama de tomillos y carrizo y pónenle fuego, y como está entre carbón y ceniza, echan mucha tierra y agua, y hacen la mezcla, y de ella hacen pellas redondas que ponen en lugar de piedra después de seco, y traban con la misma mezcla, de suerte que después es como argamasa.

---

[32] Se refiere a Acoma.

[33] Pavos, en ocasiones se refieren a ellos también como gallinas de la tierra.

[34] Así apodaron los españoles al cacique de Cicuye, por lo prominente de estos.

[35] El principal para ellos estaba en la actual Albuquerque, pero está describiendo a los indios pueblo.

[36] Una vara mide 83 centímetros.

...en las estufas que son en los patios del pueblo, debajo de tierra, los suelos de losas grandes y lisas como los baños que se usan en Europa, tienen dentro un fogón a manera de una bitácora de navío, donde encienden un puro de tomillo con que sustentan la calor, y pueden estar dentro como en baño, lo alto en pareja con la tierra, alguna se vio tan espaciosa que tendrá juego de bola.

Cuando alguno se ha de casar ha de ser por orden de los que gobiernan, ha de hilar y texer una manta el barón, y ponerle la mujer delante y ella cubre con ella y queda por su mujer. Las casas son de las mujeres, las estufas de los hombres... las mujeres en la estufa ni entrar a ningún negocio más de meter de comer al marido o a los hijos. Los hombres hilan y texen, las mujeres crían los hijos y guisan de comer. La tierra es tan fértil que no desyerban en todo el año más de para sembrar, porque luego cae la nieve y cubre lo sembrado, y debajo de la nieve cría la mazorca, cogen en un año para siete.

Hay grandísimo número de águilas y de ánsares y cuervos y tordos que se mantienen por los sembrados, y con todo esto, cuando vuelven a sembrar para otro año, están los campos cubiertos de maíz que no lo han podido acabar de encerrar. Había en estas provincias gran cantidad de gallinas de la tierra y gallos de papada, sustentábanse muertos sin pelar ni abrir sesenta días sin mal olor, y los hombres muertos lo mismo, y más tiempo siendo invierno. Los pueblos son limpios de inmundicias porque salen fuera a estercolar y desaguan en vasijas de barro, y las sacan a vaciar fuera del pueblo.

Tienen bien repartidas las casas en grande limpieza, donde guisan de comer y donde muelen la harina, que es un apartado o retrete donde tienen un canal con tres piedras asentado con argamasa, donde entran tres mujeres cada una en su piedra que la una frangolla y la otra muele y la otra remuele. Antes que entren dentro, a la puerta se descalzan los zapatos, y cogen el cabello, y sacuden la ropa y cubren la cabeza. Muelen de una vez mucha cantidad, porque todo el pan hacen de harina desleída con agua caliente a manera de obleas. Cogen gran cantidad de yerbas y secanlas para guisar todo el año. Para comer no hay en la tierra frutas salvo piñones.

No se halló en ellos sodomía ni comer carne humana ni sacrificarla, no es gente cruel porque en Tiguex estuvieron obra de cuarenta días muerto a Francisco de Ovando, y cuando se acabó de ganar el pueblo, lo hallaron entero entre sus muertos, sin otra lesión más de la herida de que murió, blanco como nieve sin mal olor.

De un indio de tos nuestros que había estado un año cautivo entre ellos alcancé a saber algunas cosas de sus costumbres, en especial preguntándole yo que por qué causa en aquella provincia andaban las mujeres mozas en cueros haciendo tan gran frío, dixome que las doncellas habían de andar ansi hasta que tomasen maridos, y que en conociendo varón se cubrían. Traían los hombres por allí camisetas de cuero de venado adobado y encima sus pellones. Hay por todas estas provincias loza vidriada de alcohol y jarros de extremadas labores y de hechuras que era cosa de ver.

Desde allí a Cicuye llegaron en cuatro jornadas. Los del pueblo salieron a recibir a Hernando de Alvarado y a su capitán con muestras de alegría y lo metieron en el pueblo con tambores y gaitas que allí hay muchos a manera de pífanos, y le hicieron grande presente de ropa y turquesas, que las hay en aquella tierra en cantidad.

Cicuye es un pueblo de hasta quinientos hombres de guerra, es temido por toda aquella tierra. En su sitio es cuadrado, asentado sobre peña en medio un gran patio o plaza con sus estufas, las casas son todas parejas de cuatro altos. Por lo alto se anda todo el pueblo sin que haya calle que lo estorbe. A los dos primeros poblados es todo cercado de corredores, que se anda por ellos. Todo el pueblo son como balcones que salen a fuera y debajo de ellos se pueden amparar. No tienen las casas puertas por lo bajo, con escaleras levadizas se sirven y suben a los corredores que son por de dentro del pueblo…

…la gente de este pueblo se precia de que nadie los ha podido sojuzgar. Son de la misma condición y costumbres que los otros pueblos, también andan las doncellas desnudas hasta que toman maridos, porque dicen que si hacen maldad que luego se verá y así no lo harán, ni tiene de que tener vergüenza pues andan cual nacieron.

…adelante había otro pueblo grande, todo destruido y asolado, en los patios de él muchas pelotas de piedras tan grandes como botijas de arroba, que parecía haber sido echadas con ingenios o trabucos con que destruyeron aquel pueblo, lo que de ello se alcanzó a saber fue que habría dieciséis años que unas gentes llamados teyas,[37] en gran número habían venido en aquella tierra y habían destruido aquellos pueblos, y habían tenido cercado a Cicuye y no lo habían podido tomar por ser fuerte… llaman estas gentes teyas por gentes valientes…

Allí holgaron algunos días y tomaron lengua de un indio esclavo, natural de la tierra de aquella parte que va hacia la Florida, que es la parte que don Fernando de Soto descubrió en lo último de la tierra adentro.

Este dio noticia que no debiera de grandes poblados, llevolo Hernando de Alvarado por guía para las vacas, y fueron tantas y tales cosas las que dixo de las riquezas de oro y plata que había en su tierra, que no curaron de buscar las vacas más de cuanto vieron algunas pocas. Luego volvieron por dar al general la rica noticia. A el indio llamaron turco porque lo parecía en el aspecto.

A esta sazón, el general había enviado a don Garci López de Cárdenas a Tiguex con gente a hacer el aposento, para llegar allí a invernar el campo… allí descubrió noticia de muchos pueblos debajo del norte que creo fuera harto mejor seguir aquella vía que no al turco, que fue causa de todo el mal suceso que hubo.

El turco fue también el causante de la enemistad con el bigotes y su pueblo. Aquel afirmó que, cuando lo tomaron preso y esclavo los de Cicuye le quitaron unos brazaletes de oro que llevaba. Fue un error de Hernando de Alvarado que, creyendo al turco más que a la gente del pueblo, que porfiaba diciendo que todo era mentira y que no le habían quitado nada al turco, ocasionó un problema diplomático que acabó en una guerra al sentirse los indios traicionados en su confianza. El resultado, doce de los trece pueblos Tiguex, en la zona del actual Bernalillo y Albuquerque, se alzaron contra los españoles.

La gestión del conflicto fue caótica, las medidas que se tomaron no hicieron sino encender aún más los ánimos de los indios. Se apresó al capitán Cicuye y al gobernador de su pueblo, un hombre muy anciano. Tras lo cual, se exigió a los indios la entrega de 300 prendas de ropa para los soldados, los fríos y las nieves habían llegado y los españoles, provenientes de tierras mucho más al sur, no estaban preparados para ello.

…algunos soldados de los que allí iban, que los cogedores les daban algunas mantas o pellones, sino eran tales y veían a algún indio con otra mejor trocábansela sin tener

---

[37] De lo poco que se sabe de ellos es que eran enemigos de los apaches, su principal fuente de recursos eran los bisontes, y no dejaron rastro después de esta crónica. Posiblemente serían conocidos por otro nombre, fueron aniquilados por los apaches, o serían absorbidos por otra nación.

más respeto ni saber la calidad del que despojaban, que no poco sintieron esto allende de lo dicho.

Del pueblo del aposento salió un sobresaliente que, por su honra, no le nombraré, y fue a otro pueblo una legua de allí, y viendo una mujer hermosa llamó a su marido que le tuviese el caballo de rienda en lo bajo, y él subió a lo alto, y como el pueblo se mandaba por lo alto, creyó el indio que iba a otra parte, y detenido allí hubo cierto rumor, y él bajó y tomó su caballo, y fuese el indio sabio y supo que había forzado o querido forzar a su mujer. Y juntamente con las personas de calidad del pueblo se vino a quejar diciendo que un hombre le había forzado a su mujer.

Otro día fue don Garci López de Cárdenas a ver los pueblos y tomar de ellos lengua, y halló los pueblos cerrados con palenques y gran grita dentro, corriendo los caballos como en coso de toros y flechándolos... luego ordeno el general que don Garci López de Cárdenas fuese a cercar un pueblo con toda la demás gente, y este pueblo era donde se hizo el mayor daño, y es donde acaeció lo de la india.

Fueron muchos capitanes que habían ido delante con el general, como fue Juan de Zaldívar, y Barrio Nuevo, y Diego López, y Melgosa, tomaron a los indios de sobresalto, les ganaron los altos con mucho riesgo porque les hirieron muchos de los nuestros por saeteras que hacían por de dentro de las casas. Estuvieron los nuestros en lo alto a mucho riesgo el día y la noche, y parte de otro día haciendo buenos tiros de ballestas y arcabuces, y la gente de a caballo en el campo con muchos amigos de la Nueva España.

Y daban por los sótanos, que habían aportillado, grandes humazos de suerte que pidieron la paz, bajáronse aquella parte Pablo de Melgosa y Diego López, y respondiéronles con las mismas señales que ellos hacían de paz, que es hacer la cruz y ellos luego soltaron las armas y se dieron, llevábanlos a la tienda de don García, el cual según se dixo, no supo de la paz y creyó que de su voluntad se daban como hombres vencidos, y como tenía mandado del general que no los tomase a vida porque se hiciese castigo y los demás temiesen mando que luego hincasen doscientos palos para los quemar vivos. No hubo quien le dixese de la paz que les habían dado, que los soldados tan poco lo sabían, y los que la dieron se lo callaron que no hicieron caso de ello.

Pues como los enemigos vieron que los iban atando y los comenzaban a quemar, obra de cien hombres que estaban en la tienda se comenzaron a hacer fuertes y defenderse con lo que estaba dentro, y con palos que salían a tomar la gente nuestra de a pie, dan en la tienda por todas partes estocadas que los hacían desmamparar la tienda. Y dio luego la gente de a caballo en ellos, y como la tierra era llana no les quedó hombre a vida sino fueron algunos que se habían quedado escondidos en el pueblo, que huyeron aquella noche y dieron mandado por toda la tierra como no les guardaron la paz que les dieron...

Como ya he contado, comenzó a nevar en aquella tierra, de suerte que en aquellos dos meses no se pudo hacer nada salvo ir por los caminos a les avisar que viniesen de paz, y que serían perdonados, dándoles todo seguro, a lo cual, ellos respondieron que no se fiarían de quien no sabía guardar la fe que daban, que se acordasen que tenían preso a bigotes y que en el pueblo quemado no les guardaron la paz.

Uno de los que fueron a les hacer estos requerimientos don García López de Cárdenas que salió con obra de treinta compañeros un día, y fue al pueblo de Tiguex... y salieron muchos de los nuestros mal heridos, y así se retiraron quedando algunos haciendo rostro. Don García López de Cárdenas con parte de la gente pasó a otro pueblo que estaba media legua adelante, porque en estos dos lugares se había recogido toda la más gente de aquellos pueblos, y como de los requerimientos que les hicieron no hicieron caso ni de dar la paz, antes con grandes

*gritos tiraban flechas de lo alto, se volvió a la compañía que había quedado haciendo rostro
al pueblo de Tiguex, entonces salieron los del pueblo en gran cantidad y los nuestros a media
rienda dieron muestra que huían, de suerte que sacaron los enemigos a lo llano y revolvieron
sobre ellos, de manera que se tendieron algunos de los más señalados....*

*El general, luego como esto pasó, ordeno de los ir a cercar, y salió un día con su gente
bien ordenada, y con algunas escalas llegado asentó su real junto al pueblo, y luego dieron el
combate, pero como los enemigos había muchos días que se pertrechaban, echaron tanta piedra
sobre los nuestros que a muchos tendieron en tierra, e hirieron de flechas cerca de cien hombres,
de que después murieron algunos por mala cura de un mal cirujano que iba en el campo.*

*El cerco duró cincuenta días en los cuales algunas veces se les dieron sobresaltos y lo que
más les aquejó fue que no tenían agua. Hicieron dentro del pueblo un pozo de grandísima
hondura y no pudieron sacar agua, antes se les derrumbó al tiempo que lo hacían, y les mató
treinta personas. Murieron de los cercados doscientos hombres de dentro en los combates, y un
día que se les dio un combate recio mataron de los nuestros a Francisco de Ovando, capitán y
maestre de campo, que había sido todo el tiempo que don García López de Cárdenas anduvo
en los descubrimientos ya dichos, y a un Francisco de Pobares, buen hidalgo.*

*A Francisco de Ovando metieron en el pueblo que los nuestros no lo pudieron defender,
que no poco se sintió por ser como era persona señalada... antes que se acabase de ganar, un
día llamaron a hablar y sabida su demanda fue decir que tenían conocido que las mujeres ni
a los niños no hacíamos mal, que querían dar sus mujeres e hijos porque les gastaban el agua.
No se pudo acabar con ellos que se diesen de paz diciendo que no les guardaría la palabra.*

*Y así dieron obra de cien personas de niños y mujeres que no quisieron salir más, y
mientras las dieron estuvieron los nuestros a caballo en ala delante del pueblo. Don Lope de
Urrea a caballo y sin pelada andaba recibiendo en los brazos los niños y niñas, y como ya
no quisieron dar más el don Lope les importunaba que se diesen de paz, haciéndoles grandes
promesas de seguridad, ellos le dixeron que se desviase, que no era su voluntad de se fiar de
gente que no guardaba la amistad ni palabra que daban, y como no se quisiese desviar salió
uno con un arco a flechar y con una flecha y amenazó lo con ella que se la tiraría si no se iba
de allí, y por voces que le dieron que se pusiese la pelada no quiso, diciendo que mientras allí
estuviese no le harían mal, y como el indio vio que no se quería ir, tiró e hincó le la flecha
por de las manos del caballo, y en arco luego otra, y tornó le a decir que se fuese, si no que le
tirarían de veras. El don Lope se puso su pelada y pasó, antes paso se niños a meter entre los
de a caballo sin que recibiese enojo de ellos, y como le vieron que ya estaba en salvo, con gran
grita y alarido comenzaron arreciar flechería.*

*El general no quiso que por aquel día se les diese batería por ver si los podían traer por
alguna vía de paz, lo cual ellos jamás quisieron. Desde a quince días determinaron de salir
una noche y ansi lo hicieron, y tomando en medio las mujeres salieron a el cuarto de la
modorra. Velaban aquel cuarto cuarenta de a caballo, y dando alarma los del cuartel de don
Rodrigo Maldonado, dieron en ellos. Los enemigos derribaron un español muerto y un caballo
e hirieron a otros, pero hubieron los de romper y hacer matanza en ellos, hasta que retirándose
dieron consigo en el río que iba corriente y frigidísimo, y como la gente del real acudió presto
fueron pocos los que escaparon de muertos o heridos.*

*Otro día pasaron el río la gente del real y hallaron muchos heridos que la gran frialdad
los había derribado en el campo, y traían los para curar y servirse de ellos. Y así se acabó
aquel cerco y se ganó el pueblo, aunque algunos que quedaron en el pueblo se recibieron en
un barrio y fueron tomados en pocos días.*

El otro pueblo grande mediante de cerco le habían ganado dos capitanes, que fueron don Diego de Guevara y Juan de Zaldibar, que yendo les una madrugada a echar una pelada para coger en ella cierta gente de guerra que acostumbraba a salir cada mañana a hacer muestra, por poner algún temor en nuestro real, las espías que tenía puestas para cuando los viesen venir, vieron como salió gentes y caminaban hacia la tierra, salieron de la pelada y fueron para el pueblo y vieron huir la gente, y siguieron la haciendo en ellos matanza, como de esto se dio mandado, salió gente del real que fueron sobre el pueblo y lo saquearon, prendiendo toda la gente que en él hallaron, en que hubo obra de cien mujeres y niños. Acabose este cerco en fin de marzo del año de cuarenta y dos...

Tras hallar las famosas siete ciudades de Cíbola, el siguiente paso en el plan de Coronado era encontrar la Gran Quivira *(Fig. 6 y 7 Cuadernillo)*, de la que todos hablaban, sobre todo el esclavo guía llamado el turco, que le había proporcionado el bigotes, cacique de Cicuye, y al que la historiografía norteamericana ha encumbrado como héroe de la resistencia indígena, haciéndole protagonista de un capítulo de sus libros de texto, donde la historia de Coronado y su expedición es tratada de pasada, poniendo al turco de personaje principal, cuando su participación es meramente anecdótica en las crónicas de aquella jornada. Su mérito fue poner en peligro la expedición española y retrasarla, tratando de perderlos por las grandes llanuras, así como ser la mecha que encendió la guerra con los de Cicuye y Tiguex.

...el general quiso ir a Cicuye, llevando consigo al gobernador para lo poner en libertad con promesas que, cuando saliese para Quivira, daría libertad a bigotes y lo dexaria en su pueblo, y como llego a Cicuye fue recibido de paz y entró en el pueblo con algunos soldados, ellos recibieron a su gobernador con mucho amor y fiesta. Visto que hubo el pueblo y hablado a los naturales, dio la vuelta para su campo, quedando Cicuye de paz, con esperanza de cobrar su capitán bigotes. También fueron a Quirix, provincia de siete pueblos, seis compañeros, y en el primer pueblo que sería de cien vecinos huyeron que no osaron a esperar a los nuestros, y los fueron a atajar a rienda suelta y los volvieron al pueblo, con seguridad, y de allí avisaron a los demás pueblos y los aseguraron.

Y así, poco a poco, se fue asegurando toda la comarca en tanto que el río se deshelaba y se dexaba vadear para dar lugar a la jornada.

Aunque los doce pueblos de Tiguex nunca, en todo el tiempo que por allí estuvo el campo, se pobló ninguno por seguridad ninguna que se les diese. Y como el río fue deshelado, que lo había estado casi cuatro meses en que se pasaba por encima del velo a caballo, ordenose la partida para Quivira, donde decía el turco que había algún oro y plata, aunque no tanto como en Arche.

Ya había algunos del campo sospechosos del turco, porque mediante el cerco tenía cargo de él un español que se llamaba Cervantes que juró con solemnidad que había visto al turco hablar en una olla de agua con el demonio...

Con todo esto se hizo alarde para salir de Tiguex, a este tiempo llegaron gentes de Cibola a ver al general y el general les encargó, el buen tratamiento de los españoles que viniesen de Señora con don Pedro de Tovar, y les dio cartas que le diesen a don Pedro, en que le daba aviso de lo que debía de hacer, y como había de ir en busca del campo, y que hallaría cartas debajo de las cruces en las jornadas que el campo había de hacer.

Salió el campo de Tiguex a cinco de mayo, camino de Cicuye que, son veinte y cinco leguas de allí, llevando a bigotes. Llegado allá les dio a su capitán, que ya andaba suelto con guardia. El pueblo se holgó mucho con él y estuvieron de paz y dieron bastimentos, y bigotes y el gobernador dieron al general un mancebete que se decía Xabe, natural de Quivira, para que de él se informasen de la tierra. Este decía que había oro y plata, pero no tanto como decía el turco...

Salió el campo de Cicuye, dexando el pueblo de paz y a lo que pareció, contento y obligado a mantener la amistad por les haber restituido su gobernador y capitán, y caminando para salir a lo llano que esta pasada toda la cordillera, a cuatro días andados de camino, dieron en un río de gran corriente, hondo que baxaba de hacia Cicuye, y a este se puso nombre el río de Cicuye, detuvieron se aquí por hacer puente para le pasar, acabose en cuatro días con toda diligencia y presteza. Hecho, paso todo el campo y ganados por él, y a otras diez jornadas dieron en unas rancherías de gente alárabe que por allí son llamados querechos.[38]

Había dos días que se habían visto vacas. Esta gente vive en tiendas de cueros de vacas adobados, andan tras las vacas haciendo carne. Estos aun que vieron nuestro campo no hicieron mudamiento ni se alteraron, antes salieron de sus tiendas a ver, y luego vinieron a hablar con la vanguardia y dixeron que si al campo, y el general hablo con ellos y como ya ellos habían hablado con el turco, que iba en la vanguardia, conformaron con él en cuanto decía.

Era gente muy entendida por señas, que parecía que lo decían y lo daban tan bien a entender que no había más necesidad de interprete, estos dixeron que baxando hacia do sale el sol había un río muy grande, y que iría por la ribera de él por poblados noventa días, sin quebrar de poblado en poblado. Decían que se decía lo primero del poblado Haxa, y que el río era de más de una legua de ancho, y que había muchas canoas.

Estos salieron de allí otro día con arrias de perros en que llevaban sus haberes. Desde a dos días que todavía caminaba el campo a el rumbo que habían salido de lo poblado, que era entre norte y oriente, más hacia el norte se vieron otros querechos rancheados, y grande número de vacas que ya parecía cosa increíble. Estos dieron grandísima noticia de poblados todo al oriente de donde nos hallamos. Aquí se quebró don García un brazo, y se perdió un español que salió a cazar y no acertó a volver al real, por ser la tierra muy llana.

Ahora diremos de los llanos que es una tierra llana y espaciosa, que tiene en anchura más de cuatrocientas leguas por aquella parte entre las dos cordilleras, la una la que atravesó Francisco Vázquez Coronado a la mar del sur, y la otra la que atravesó la gente de don Fernando de Soto a la mar del norte entrando por la Florida.

Lo que de estos llanos se vio todo era despoblado, y no se pudo ver la otra cordillera con andar doscientas y cincuenta leguas. No tiene arboleda sino en los ríos que hay en algunas barrancas, que son tan encubiertas que hasta que están a el bordo de ellas no son vistas. Por estos llanos andan gentes en pos de las vacas, haciendo caza y adobando cueros para llevar a vender a los poblados los inviernos... estas gentes que los llamo querechos y teyas, andan como alárabes con sus tiendas y arrias de perros aparejados con lomillos, y cuando se les tuerce la carga aúllan llamando quien los aderece, comen esta gente la carne cruda y beben la sangre, no comen carne humana, es gente amorosa y no cruel, tienen fiel amistad, son muy entendidos por señas, secan la carne al sol cortándola delgada como una hoja y seca la muelen como harina para guardar y hacer mazamorras para comer, que con un puro que echan en una olla se hincha por que crece mucho, guisan lo con manteca, que siempre procura traer.

---

[38] Los querechos o vaqueros pasarían después a llamarse apaches. Es probablemente el primer contacto entre españoles y apaches, corría el año 1541.

Cuando matan la vaca vacían una gran tripa e hínchenla de sangre y échenla al cuello para beber cuando tienen sed. Cuando han abierto la panza de la vaca, aprietan para abajo la yerba mascada, y el zumo que queda arriba lo beben, que dicen que esto da la sustancia del vientre. Abren las vacas por el lomo y deshacenlos por sus coyunturas con un pedernal grande como un dedo, atado en un palito, con tanta facilidad como si fuese con una buena herramienta, dándoles los filos en sus propios dientes es cosa de ver la presteza con que lo hacen.

Hay por estos llanos muy gran cantidad de lobos que andan tras de las vacas, tienen el pelo blanco. Los ciervos son remendados de blanco, el pelo ancho, y que muriendo así con la mano se pelan en caliente y quedan como puerco pelado.

...otro día salió por el mesmo rumbo, y fue tanto el ganado que se topó que los que iban en la vanguardia cogieron por delante un gran número de toros, y como huían y unos a otros se empujaban, dieron en una barranca y cayó tanto ganado dentro que la emparejaron, y el demás ganado paso por encima. La gente de a caballo que iba en pos de ellos cayeron sobre el ganado sin saber lo que hacían, tres caballos de los que cayeron ensillados y enfrenados se fueron entre las vacas que no pudieron más ser habidos.

...al general le pareció que sería ya de vuelta Diego López, ideó que seis compañeros siguiesen una ribera arriba y otros tantos la ribera abajo, y que se mirase por el rastro de los caballos en las entradas o las salidas del río, porque por la tierra no es posible hallarse rastro, porque la yerba en pisándola se torna a levantar. Hallóse por donde habían ido ... y dieron por nueva al general que, en veinte leguas que habían andado no habían visto otra cosa sino vacas y cielo.

Iba en el campo otro indio pintado, natural de Quivira, que se decía Ysopete, este indio siempre dijo que el turco mentía y por esto no hacían caso de él...

...desde aquí envió el general delante a don Rodrigo Maldonado con su compañía, el cual caminó cuatro días y llegó a una barranca grande como las de Colima, y halló en lo bajo de ella gran ranchería de gente. Por aquí había atravesado Cabeza de Vaca y Dorantes... envió compañeros que guiasen el campo hacia aquella parte porque no se perdiesen, aunque habían ido haciendo mojones de huesos y boñigas para que el campo se siguiese...

...llegó el general con su campo y como vio tan gran multitud de cueros pensó repartirlos con la gente e hizo poner guardas para que mirasen por ellos, pero como la gente llegó y ... en menos de cuarto de hora no dejaron sino el suelo limpio. Los naturales que vieron aquello también pusieron las manos en la obra las mujeres y algunos otros quedaron llorando, porque creyeron que no les habían de tomar nada sino bendecírselo, como habían hecho Cabeza de Vaca y Dorantes cuando por allí pasaron.

Aquí se halló una india tan blanca como mujer de castilla, salvo que tenía labrada la barba como morisca de Berbería que todas se labran en general de aquella manera...

Estando descansando el campo en esta barranca, una tarde comenzó un torbellino con grandísimo aire y granizo, y en pequeño espacio vino tan grande multitud de piedra, tan grandes como escudillas, y mayores y tan espesas como lluvia, que en parte cubrieron dos y tres palmos y más de tierra, y ningún caballo hubo que no se soltó... rompió la piedra muchas tiendas y abolló muchas celadas y lastimó muchos caballos y quebró toda la loza del campo y calabazos que no puso poca necesidad, porque por allí no hay loza ni se hace, ni calabazos ni se siembra maíz ni comen pan, salvo carne cruda o mal asada y frutas.

Desde allí envió el general a descubrir, y dieron en otras rancherías a cuatro jornadas... era tierra muy poblada adonde había muchos frijoles y ciruelas como las de Castilla, y parrales.

Desde aquí salieron con el campo algunos teyas porque así se decían aquellas gentes, y caminaron con sus arrias de perros y mujeres e hijos hasta la postrera jornada... dieron guías para pasar adelante, a donde fue el campo a una barranca grande, estas guías no las dexaban hablar con el turco y no hallaban las noticias que de antes decían que Quivira era hacia el norte y que no hallábamos buena derrota, con esto se comenzó a dar crédito a Ysopete.

Y ansí llego el campo a la postrera barranca, que era una legua de bordo a bordo y un pequeño rio en lo bajo... en este camino se vio a un teya de un tiro pasar un toro por ambas espaldas que un arcabuz tiene bien que hacer, es gente bien entendida, y las mujeres bien tratadas, y de vergüenza cubren todas sus carnes, traen zapatos de cuero adobado, traen mantas las mujeres sobre sus faldellines y mangas cogidas por las espaldas todo de cuero...

En esta barranca holgó el campo muchos días por buscar comarca. Hicieronse hasta aquí treinta y siete jornadas de camino, de a seis y de a siete leguas, porque se daba cargo a quien fuese tasando y contando por pasos.

Decían que habían al poblado doscientas y cincuenta leguas visto ya y conocido por el general Francisco Vázquez como hasta allí habían andado engañados por el turco, y que faltaban los bastimentos y que por allí no había tierra donde se pudiesen proveer, llamo a los capitanes y alférez a junta, para acordar lo que les pereciese se debiese hacer, y de acuerdo de todos fue que el general, con treinta de a caballo y media docena de peones, fuese en demanda de Quivira, y que don Tristán de Arellano volviese con todo el campo a Tiguex.

Sabido esto por la gente del campo y como ya se sabía lo acordado suplicaron a su general y que no los dejase de llevar adelante, que todos querían morir con él y no volver atrás, esto no aprovechó, aunque el general les concedió que les enviaría mensajeros dentro de ocho días si conviniese seguirle o no, y con esto se partió con las guías y con Ysopete, el turco iba arreando en cadena.

Partió el general de la barranca con las guías que los teyas le habían dado, hizo su maestre de campo a Diego López y llevó de la gente que le pareció más escogida y de mejores caballos. El campo quedó con alguna esperanza que enviaría por el general y tornáronselo a suplicar al general con dos hombres de a caballo a la ligera y por la posta.

El general luego dijo que se le huyeron las guías en las primeras jornadas, y hubo de volver Diego López por guías al campo, y con mandado que el campo volviese a Tiguex a buscar bastimentos y a aguardar al general. Dieron le otras guías los teyas de voluntad, aguardó el campo sus mensajeros y estuvo allí quince días haciendo carnaje de vacas para llevar. Túvose por cuenta que se mataron en estos quince días quinientos toros, era cosa increíble el número de los que había.

Perdiose en este comedio mucha gente de los que salían a cazar, y en dos ni tres días no tornaban a volver al campo, andando desatinados a una parte y a otra, sin saber volver por donde habían ido, y con haber aquella barranca que arriba o abaxo habían de atinar, y como cada noche se tenía cuenta con quien faltaba, tiraban artillería y tocaban trompetas y tambores, y hacían grandes hogueras, y algunos se hallaron tan desviados, y habían desatinado tanto que todo esto no les aprovechaba nada, aunque a otros les valió. El remedio era tornar adonde mataban el ganado y hacer una vía a una parte y a otra hasta que daban con la barranca o topaban con quien los encaminaba.

Es cosa de notar que, como la tierra es tan llana, en siendo medio día como han andado desatinados en pos de la caza a una parte y a otra, se han de estar donde la caza quedos hasta que decline el sol, para ver a que rumbo han de volver a donde salieron, y aún estos, habían de ser hombres entendidos, y los que no lo eran se habían de encomendar a otros.

El general siguió sus guías hasta llegar a Quivira, en que gastó cuarenta y ocho días de camino por la grande caída que habían hecho sobre la Florida, y fue recibido de paz.

Allí llegaron probablemente siguiendo el curso del río Rojo hasta el este del actual Texas, lo que está refrendado por recientes estudios arqueológicos. Otro lugar que clama ser la Gran Quivira se encuentra en el centro de Kansas, cerca del río Arkansas. Y, por último, recientemente la sitúan en la antigua población de las Humanas, en Nuevo México, aunque esta sea la menos probable de las ubicaciones, al haber sido los jumanos buenos aliados de los españoles durante décadas, y ser bien conocidos por la documentación. La ubicación exacta sigue siendo un misterio.

Quivira es al poniente de aquellas barrancas por el medio de la tierra algo arrimada a la cordillera de la mar porque hasta Quivira es tierra llana, y allí se comienzan a ver algunas sierras. La tierra es muy poblada, según el principio de ella se vio ser esta tierra muy aparente a la de España en su manera de yerbas y frutas, hay lino en gran cantidad no lo benefician porque no saben el uso de ello.

Del estudio geográfico de esta descripción y otras contenidas en este documento, este investigador concluye que la zona referida se encontraría entre la actual Texarkana y Shreverport, ancestrales territorios de la nación Caddo. Nación muy numerosa que habitaba en casas circulares como las descritas.

La gente es casi de la manera y traje de los teyas, tienen los pueblos a la manera como los de la Nueva España, las casas son redondas, sin puerta, tienen unos altos a manera de barbacoas por bajo la techumbre adonde duermen y tienen sus haberes. Las techumbres son de paja. Hay en su contorno otras provincias muy pobladas en grande número de gente.

Por las guías que llevaba preguntaron al turco que por qué había mentido y los había guiado tan avieso, dijo que su tierra era hacia aquella parte, y que allende de aquello, los de Cicuye le habían rogado que los trujese perdidos por los llanos, porque faltándoles el bastimento se muriesen los caballos, y ellos flacos cuando volviesen los podrían matar sin trabajo y vengarse de lo que habían hecho,

y que por esto los había derrumbado, creyendo que no supieran cazar ni mantenerse sin maíz, y que lo del oro que no sabía adónde lo había, esto dijo ya como desesperado, y que se hallaba corrido que habían dado crédito al Ysopete y los había guiado mejor que no él. Y temiéndose los que allí iban que no diese algún avisó por donde les viniese algún daño, le dieron garrote, de que el Ysopete se holgó porque siempre solía decir que el Ysopete era un bellaco, y que no sabía lo que se decía, y siempre le estorbaban que no hablase con nadie.

No se vio entre aquella gente oro ni plata ni noticia de ello. El señor traía al cuello una patena de cobre, y no la tenía en poca. Los mensajeros que el campo envió en pos del general volvieron como dije, y luego, como no trujeron otro recaudo que el que el maestre había dicho, el campo salió de la barranca la vuelta de los teyas, a donde tomaron guías que los volvieron por más derecho camino.

Y aquí, en esta provincia, quedó un fraile que se decía fray Juan de Padilla, y un español portugués, y un negro, y un mestizo, y ciertos indios de la provincia de capotan de la Nueva España. Al fraile mataron porque se quería ir a la provincia de los guas, que eran sus enemigos, el español escapó huyendo en una yegua y después aportó en la Nueva España, saliendo por la vía de Panuco, los indios de la Nueva España que iban con el fraile lo enterraron con consentimiento de los matadores, y se vinieron en pos del español hasta que lo alcanzaron, este español era portugués, había por nombre Campo.

Los teyas dieron las guías de voluntad, porque como es gente que no para por aquellas tierras en pos del ganado, todo lo saben. Guiaban desta manera, luego por la mañana miraban a donde salía el sol, y tomaban el rumbo que habían de tomar y tiraban una flecha, y antes de llegar a ella tiraban otra por encima y desta manera iban todo el día hasta las aguas adonde se había de hacer jornada, y por este orden, lo que se había andado a la ida en treinta y siete jornadas, se volvió en veinte y cinco.

Halláronse en este camino muchas lagunas de sal, que la había en gran cantidad, había sobre el agua tablones della, mayores que mesas de cuatro y de cinco dedos de grueso. Debajo del agua, sal en grano más sabrosa que la de los tablones, porque esta amargaba un poco, era cristalina. Había por aquellos llanos unos animales como ardillas en gran número, y mucha suma de cuevas de ellas.

Vino en esta vuelta a tomar el campo el río de Cicuye más de treinta leguas por bajo de la puente que se había hecho a la ida y subiose por él arriba. Decían las guías que se juntaba este río con el de Tiguex más de veinte jornadas de allí, y que volvían sus corrientes al oriente.[39] Créese que van al poderoso río del Espíritu Santo, que los de don Hernando de Soto descubrieron en La Florida.

En esta jornada a la ida, se juntó una india labrada al capitán Juan de Zaldívar, y fue las barrancas abajo huyendo que recorrió la tierra por que en Tiguex donde se hubo era esclava. Esta india hubieron a las manos ciertos españoles de los de La Florida, que habían entrado descubriendo hacia aquella parte, yo les oí decir cuando volvieron a la Nueva España, que les había dicho la india que había nueve días que se había huido de otros, y que nombro capitanes, por donde se debe creer que no llegamos lejos de lo que ellos descubrieron, aunque dicen que estaban entonces más de doscientas leguas la tierra adentro. Créese que tiene la tierra de travesía por aquella parte más de seiscientas leguas.

Como digo, el río arriba fue el campo hasta llegar al pueblo de Cicuye, el cual se halló de guerra que no quisieron mostrarse de paz ni dar ningún socorro de bastimiento. De allí fueron a Tiguex, que ya algunos pueblos se habían tornado a poblar que luego se tornaban a despoblar de temor.

Luego que don Tristán de Arellano llegó en Tiguex, mediado el mes de julio del año de cuarenta y dos, hizo recoger bastimentos para el invierno venidero, y envió al capitán Francisco de Barrio Nuevo con alguna gente el río arriba debajo del norte, en que vio dos provincias que la una se decía Leines, de siete pueblos y la otra yuqueyunque, los pueblos de Leines salieron de paz y dieron bastimentos, los de yuqueyunque en tanto que el real se asentaba, despoblaron dos muy hermosos pueblos que tenían el río en medio, y se fueron a la sierra, a donde tenían cuatro pueblos muy fuertes en tierra áspera que no se podía ir a ellos a caballo. En estos pueblos se hubo mucho bastimiento y loza muy hermosa y vidriada, y de muchas labores y hechuras. También se hallaron muchas ollas llenas de metal escogido, reluciente con que vidriaban la loza, era señal que por aquella tierra había minas de plata si se buscaran.

Veinte leguas adelante, el río arriba había un poderoso y grande pueblo que se decía Braba, a quien los nuestros pusieron Valladolid, tomaba el río por medio, pasábase por puentes de

---

[39] La descripción del río Pecos, que nace en las altas montañas al norte del actual pueblo de Pecos.

madera, de muy largos y grandes pinos cuadrados, y en este pueblo se vieron las más grandes y bravas estufas que en toda aquella tierra, porque eran de doce pilares, que cada uno tenía dos brazas de altura. Este pueblo había visitado Hernando de Alvarado cuando descubrió a Cicuye y es tierra muy alta y frigidísima. El río iba hondo y de gran corriente, sin ningún vado. Dio la vuelta el capitán Barrio Nuevo dexando de paz aquellas provincias.

Otro capitán fue el río abajo en busca de los poblados que decían los de Tutahaco. A algunas jornadas de allí este capitán bajó ochenta leguas y halló cuatro pueblos grandes que dexó de paz, y anduvo hasta que halló que el río se sumía debaxo de tierra como Guadiana en Extremadura. No pasó adelante donde los indios decían que salía muy poderoso por no llevar más comisión.

Como se llegaba el plazo en que el capitán había de volver de Quivira y no volvía, don Tristán señaló cuarenta compañeros, y dejando el campo a Francisco de Barrio Nuevo, salió con ellos a buscar al general, y como llegó a Cicuye, los del pueblo salieron de guerra, que fue causa que se detuviesen allí cuatro días por les hacer algún daño, como se les hizo, que con tiros que se asentaron al pueblo, les mataron alguna gente, porque no salían al campo a causa que el primer día les mataron dos hombres señalados.

En este comedio llegaron nuevas como el general venía, y por esto también hubo de aguardar allí don Tristán para asegurar aquel paso. Llegado el general fue bien recibido de todos con grande alegría. (…) el general no entró la tierra adentro, que no osó por ser muy poblado y no se hallar poderoso, y dio la vuelta por llevar sus gentes pasadas las aguas, porque ya por allá llovía. …tardó en la vuelta cuarenta días con buenas guías con venir a la ligera como volvieron. Decía el turco cuando salió de Tiguex el campo que para qué cargaban los caballos tanto de bastimentos, que se cansarían y no podrían después traer el oro y la plata, donde parece bien andaba con engaño.

Llegado el general con su gente a Cicuye luego se partió para Tiguex, dexando más asentado el pueblo, porque a él luego salieron de paz y le hablaron. Llegado a Tiguex procuró de invernar allí para dar la vuelta con todo el campo, porque decía traía noticia de grandes poblaciones y ríos poderosísimos y que no venían satisfechos de creer que no había oro, antes traían sospecha que lo había la tierra adentro, porque puesto que lo negaban entendían que cosa era y tenía nombre entre ellos que se decía acochis.[40]

Francisco Vázquez de Coronado, regresando de Quivira, había establecido su campamento para el invierno en Tiguex, y aprovechó los meses invernales para conocer bien el territorio en los alrededores de este pueblo.

El capitán Pedro de Tovar había ido a buscar gente de la villa de San Jerónimo, y con ellos iba llegando a Tiguex con bastante alegría y expectación, pensando que Coronado había encontrado la riquísima ciudad de Quivira, en donde el turco decía que el oro prácticamente corría por las calles. Ya en las primeras conversaciones conocieron que no existía tal quimera, y que se estaba planteando seriamente el regreso a Ciudad de México. Después de dos años infructuosos por el norte, la posibilidad de regresar no era del todo mal vista, el único problema para todos, pero sobre todo para Coronado, era el de tener

---

[40] Oro.

que regresar con las manos vacías, principalmente tras haber gastado todos ellos sus haciendas y fortunas. Pero no era esto lo que rondaba la cabeza a Coronado, convencido de que aquella provincia tenía metales, y de que para hallarlos había de investigarse más, pensó en un plan para regresar a la provincia durante la primavera siguiente.

Con Pedro de Tovar llegó también el correo de la Nueva España. A Garci López de Cárdenas le llegó una con el anuncio de la muerte de su hermano mayor, quien detentaba el mayorazgo en su familia, por lo que debía embarcarse con destino a España para recibir su hacienda. El general le dio licencia para ello y partió primero hacia México con otras personas que habían recibido permiso también. Mientras, el grupo se dedicó a:

> *…buscar alguna ropa de la tierra, porque andaban ya los soldados desnudos y mal tratados llenos de piojos y no los podían agotar ni despechar de sí. El general Francisco Vázquez Coronado había sido entre sus capitanes y soldados el más bien visto y obedecido capitán que podía haber salido en indias, y como la necesidad carece de ley y los capitanes que recogían la ropa la repartiesen mal, tomando para sí y sus amigos y criados lo mejor, y a los soldados se les repartiese el deshecho, comenzó a haber algunas murmuraciones y desabrimientos, unos por lo dicho y otros por ver que algunos sobre salientes eran reservados del trabajo y de las velas, y mejor repartidos en lo que se repartía así de ropa como de bastimentos…*
>
> *…pasado que fue el invierno, se publicó la vuelta para Quivira, y la gente se comenzaba a percibir de las cosas necesarias y como ninguna cosa está en esta vida a la disposición de los hombres, sino a la ordenación de dios todo poderoso, fue su voluntad que los planes no se efectuasen, y fue el caso que el general un día de fiesta se salió a holgar a caballo como solía, y corriendo parejas con el capitán don Rodrigo Maldonado, él iba en un poderoso caballo, y sus criados habían le puesto una cincha nueva que del tiempo debía de estar podrida, en la carrera reventó y vino a caer de lado a la parte que iba don Rodrigo, y al pasar él, causole el caballo con el pie en la cabeza de que llego a punto de muerte, y su cura fue larga y temida.*
>
> *En este comedio que él estaba en la cama, don Garci López de Cárdenas, que había salido a la Nueva España, volvió de Suya huyendo, que halló despoblada la villa y muerta la gente y caballos y ganados, y llegó a Tiguex y sabida la triste nueva, como el general estaba en los términos ya dichos, no se lo osaron decir hasta que estuviese sano, y al cabo ya que se levantaba lo supo y lo sintió tanto que hubo de tornar a recaer.*

Castañeda nos cuenta que, estando Coronado en Salamanca, un amigo suyo matemático le dijo que había tenido un mal presagio, había visto el futuro y la muerte de Coronado. Le veía en tierras extrañas, *señor y poderoso*, y sufriendo una caída de la que no se iba a poder levantar. Con este presagio, al general le urgió volver a morir donde tenía mujer e hijos, y con el beneplácito de toda la tropa se ordenó el regreso a la Nueva España.

> *Ya que el general Francisco Vázquez vio que todo estaba pacífico y que sus negocios se habían encaminado a su voluntad, mandó que para entrado el mes de abril del año de quinientos y cuarenta y tres, estuviesen todos apercibidos para salir la vuelta de la Nueva España. Viendo esto, un fray Juan de Padilla y otro fray Luis, lego, dixeron al general que ellos querían quedarse en aquella tierra.*

> *El fray Juan de Padilla en Quivira, porque le parecía haría allí fruto su doctrina, y el*
> *fray Luis en Cicuye, …y como su celo era convertir aquellas gentes y traerlos a la fe, y como*
> *tuvieron licencia que para esto no era menester, envió el general con ellos una compañía que*
> *los sacasen hasta Cicuye, donde se quedó el fray Luis, y el fray Juan pasó la vuelta de Quivira*
> *donde fue martirizado, como ya lo contamos. El fray Luis se quedó en Cicuye, no se ha sabido*
> *de él más hasta hoy.*
>
> *…el campo salió de Tiguex la vuelta de Cíbola, aconteció en este camino una cosa no*
> *poco de notar y fue que, con salir los caballos ejercitados a el trabajo gordos y hermosos, en*
> *diez días que se tardó en llegar a Cíbola murieron más de treinta, que no hubo día que no*
> *muriesen dos y tres y más, y después hasta llegar a Culiacán murieron gran número de ellos*
> *cosa no acontecida en toda la jornada.*
>
> *Llegado que fue el campo a Cíbola se rehízo para salir por el despoblado. Por ser allí*
> *lo último de los poblados de aquella tierra, quedando toda aquella tierra pacífica y llana,*
> *y que se quedaron algunos amigos entre ellos de los nuestros.*

Siempre había gente de las expediciones españolas, tanto de españoles como de indios amigos, que se quedaba atrás, por diferentes motivos, algunos de forma intencionada, otros por accidente, perdidos o secuestrados, en la mayoría de los casos no quedaron registrados en ningún documento, salvo en pequeños apuntes como este, por lo que no se puede conocer su número ni su identidad, pero en otros documentos posteriores sí se ve reflejada su presencia, por ejemplo en casos como el de la niña blanca a la que se refería Castañeda en uno de los pasajes, relacionada con el paso de los cuatro peregrinos de Cabeza de Vaca por aquella población.

> *Dexando ya por popa, podemos decir, los poblados que se habían descubierto en*
> *la tierra nueva que, como tengo dicho, eran los siete pueblos de Cíbola, salió el campo*
> *caminando por el despoblado, y en dos o tres jornadas nunca dexaron los naturales de*
> *seguir el campo tras la retaguardia, por coger algún fardaje o gente de servicio, porque,*
> *aunque quedaba de paz y habían sido buenos y leales amigos, todavía como vieron que*
> *se les dexaba la tierra libre, se holgaban de ver en su poder gente de la nuestra.*

Por el camino se le fueron desertando a Coronado los soldados, tanto que cuando finalmente se presentó ante el virrey solo llevaba consigo cien hombres. El general llegaba mermado físicamente y mucho más en su autoridad. En el viaje de retorno y una vez en Culiacán, en zona cristiana como relata Castañeda, Coronado recuperaba también su función de gobernador de la Nueva Galicia, autoridad civil que ejerció recompensando a los soldados con bastimentos y otras regalías, obtenidos al paso por las distintas poblaciones, lo que no fue suficiente para evitar su deserción.

No solo perdió el cargo de general, una vez finalizada la expedición poco quedaba que mandar. Al presentarse ante el virrey Mendoza, este se mostró distante. La inversión había sido muy grande y había que buscar a alguien que expiase las culpas. Poco tiempo después el virrey se hacía cargo de la gobernación de la Nueva Galicia, desplazando a Coronado de ella.

A Coronado se le hizo Juicio de Residencia. El licenciado Lorenzo Tejada, en 1545,[41] tras recoger las declaraciones de muchos testigos e incluso del propio Coronado, concluyó que este debía ingresar en prisión. La acusación formal por parte del fiscal Cristóbal Benavente también lo creía, pero la investigación fue remitida a la Audiencia, donde los oidores estimaron finalmente que no había pruebas suficientes para condenar a Coronado, siendo exonerado por el virrey Antonio de Mendoza, aunque sí descargaron la culpa sobre sus capitanes y su maestre de campo, Garci López de Cárdenas, a quien en aquellos momentos no pudieron encarcelar por encontrarse en España. También recayeron penas sobre Hernando de Alvarado. Aunque parece evidente que Coronado estaba al corriente de todo y sus subalternos seguían las órdenes. El documento, de gran importancia, corrobora en líneas generales lo relatado por el cronista Pedro de Castañeda, visto en este capítulo.

Los cargos que se imputaron se resumían en:

> *Primeramente, en la provincia de Chiametla sin causa que legítima fuese, estando los indios de paz, tomó ocho indios e Indias poco más o menos y a los unos cuarteó y a los otros ahorcó.*
>
> *Y también, habiendo poblado una villa de españoles en el valle de los Corazones y debiendo dexar en ella persona de recaudo y de confianza para que administrase justicia y apaciguase la dicha provincia, por no lo haber hecho y por las malas obras y tratamientos que la persona y personas que allí dexó hicieron a los dichos indios e naturales de la dicha provincia, toda ella se rebeló y mataron muchos españoles, y la villa se despobló y la gente de la dicha comarca se alzó por haber sido el dicho general remiso en no dexar persona suficiente para gobernar la dicha villa y gente.*
>
> *Y también, llegando que llegó a la provincia de Cíbola, la gente de la cabecera le salió de paz a él y a la gente que consigo llevaba dándoles comida y mantenimientos necesarios, sin causa que legitima fuese, el dicho general y sus capitanes les hicieron la guerra y les quemaron el pueblo adonde mataron mucha gente, de donde mucha parte de la provincia se rebeló y alzó.*
>
> *Y también, yendo el dicho general con su gente adelante sesenta o setenta leguas llegado a la provincia de Tiguex y estando muy poblada de gente y comida, y muchos edificios al modo de España hechos, le salieron de paz y dieron la obediencia a su majestad, y dándoles mucha comida de maíz y aves, y otros mantenimientos para todo el dicho exército, y estando de paz sin haber causa legitima, el dicho general y sus capitanes por su mandado, aperrearon los caciques del dicho pueblo y de los comarcanos a él, echándoles los perros que los mordiesen, los cuales les mordieron, de cuya causa a los dichos caciques y gente de los dichos pueblos se rebelaron y alzaron, y para tornarlos a hacer guerra, de nuevo destruyeron muchos de los dichos pueblos y quemaron, y en otros se hicieron fuertes por manera que la dicha provincia, estando de paz, se volvió de guerra, y lo está el día de hoy, y sobre ello murieron muchos españoles y estuvieron todos a punto de perderse.*
>
> *Y también, el dicho general prosiguiendo su camino, más adelante llego a la provincia de Quivira, y llevando por lengua y guía un indio que se decía el turco, habiendo descubierto la dicha provincia, que era muy rica y poblada y abundante de comida, y saliéndole de paz y*

41 Archivo General de Indias, Sevilla, Justicia 267, fols. 814r-938v.

dándole mantenimientos para toda la gente que llevaba consigo, le mando matar a la dicha guía que se decía el turco, sin haber causa, y a que la hubiera, había de ser el castigo público y no secreto como se hizo.

Y también, siendo las dichas provincias muy pobladas y abundosas de comida y de muchos ganados de vacas salvajinas y de otros, y muchos mantenimientos, y pudiendo poblar las dichas provincias no solamente no lo hizo, más a algunos españoles que querían poblar la dicha provincia se les detuvo e impidió que no poblasen y dexasen desamparadas y despobladas las dichas provincias, alborotadas y de guerra, habiendo consumido y gastado todos los aderezos, rescates, y municiones y armas que le fueron dados para la dicha guerra, en lo cual el dicho general Francisco Vázquez y sus capitanes cometieron delito y delitos graves.

Los hechos son los que son, independientemente de si se hizo justicia o no. Lo acontecido en la expedición de Coronado tendría unas repercusiones enormes en las siguientes expediciones, principalmente en las que llegarían a los territorios que hoy se encuentran en Arizona y Nuevo México, pero también en otros. Se cometieron errores que se pagarían de forma brutal, y se consiguieron aprendizajes que se aplicarían a todos los ámbitos de la presencia española en las Américas, incluyendo la cuestión legal.

Por allí llegaría, casi cuarenta años después, la expedición de Espejo y Chamuscado, después la de Umaña y Leyva, más tarde Gaspar Castaño de Sosa, y finalmente Juan de Oñate. En todas ellas tuvieron enfrentamientos con los indios pueblo. El sitio de Coronado a los Tiguex y sus consecuencias con seguridad dejaron huella en toda la zona. Todo ello se irá viendo en los siguientes capítulos de esta obra.

Volviendo a la crónica de Castañeda, y teniendo en cuenta que la escribió unos veinte años después de los sucesos, no es de extrañar que al final de ella recordase algún pasaje que, a modo de anexo, incorporó al final de esta. Estos apuntes son de importancia para el entendimiento de posteriores documentos y crónicas de otras expediciones.

Los indios, en no pocos lugares, conocían y usaban una «yerba» de la que extraían el veneno con el que impregnaban sus flechas. Según el cronista, el veneno era de tan gran potencia que con solo el roce podía matar en menos de doce horas. Se refiere a este tema en varias ocasiones a lo largo de la crónica, relata que, en el lugar de la herida, se producía la necrosis de los tejidos, quedándose a la vista huesos y tendones, en otros casos los hombres morían hinchados y rabiando:

> *…en esta jornada se probó del agua del membrillo ser buena contra la yerba de estas partes, porque en un paso algunas jornadas antes de llegar a el valle de Señora, los indios enemigos hirieron a un español llamado Mesa, y con ser la herida mortal de yerba fresca y tardarse más de dos horas en curar, con el agua no murió, puesto que quedó lo que la yerba había inficionado, podrido y se cayó la carne hasta dexar los huesos y nervios desnudos, con pestilencial hedor, que fue la herida en la muñeca y había llegado la ponzoña hasta la espalda, cuando se vino a curar y todo esto desamparo la carne.*
>
> *…no perdió compañero, si se lo hirieron, salió uno que por despojar a un indio que casi estaba muerto le hirió en el parpado del ojo cuando le rompió el pellejo, y por ser con yerba hubiera de morir sino fuera socorrido con el agua del membrillo, y perdió el ojo.*

…quien podrá creer que caminando por aquellos llanos mil caballos y quinientas vacas de las nuestras, y más de cinco mil carneros y ovejas, y más de mil y quinientas personas de los amigos y servicio, que acabando de pasar no dexaban más rastro que si nunca por allí hubiera pasado nadie, tanto que era menester hacer montones de huesos y boñigas de vacas a trechos, para que la retaguardia guiase tras del campo y no se perdiesen. La yerba, aunque menuda en pisándola se enhiestaba tan limpia y derecha como de antes lo estaba.

El gran rio del Espíritu Santo, que descubrió don Fernando de Soto en la tierra de la Florida, lleva sus corrientes de esta tierra, pasa por una provincia que se dice Arache, según allí tuvo por noticia verdadera porque no se vieron sus nacimientos porque, según decían, vienen de muy lejos tierra de la cordillera del sur, de la parte que desagua a los llanos y atraviesa toda la tierra llana, y rompe la cordillera del norte y sale adonde lo navegaron los de don Fernando de Soto, esto es, más de trescientas leguas de donde va a salir a la mar, y por esto y por las grandes acogidas que tiene, sale tan poderosa a el mar que han perdido la vista de la tierra y no el agua de ser dulce.

Alvar Núñez Cabeza de Vaca también hace referencia al ímpetu del Mississippi en su libro *Naufragios*. Aquel momento en que los cuatro precarios bergantines que habían construido fueron arrojados varias leguas mar adentro cuando transitaban por la desembocadura. Solo uno de los cuatro, el que gobernaba Cabeza de Vaca, pudo regresar a vista de la costa, adonde fue a embarrancar días después *(Fig. 9 Cuadernillo)*.

EL PRESIDIO

*Hay también otros presidios en lo más interior de las provincias de la Nueva Vizca-
ya, Nueva México, Coahuila y Nuevo Reino de León, en parajes confinantes de indios
no reducidos, cuya barbaridad suele arrojarse a las poblaciones y hacer correrías en los
caminos, de notable horror; éstos aunque vulgarmente se nombran presidios, no lo son en
lo formal porque no son plazas, fortalezas ni castillos, sino una compañía de montados
de número prefijo que están rancheados en aquel paraje con su capitán y oficiales, y ellos
tienen obligación de mantenerse con caballos, armas y municiones por el salario que cada
año les está asignado, que en unas partes es algo más que en otras según las distancias.[42]*

Con esta clara definición, el virrey duque de Alburquerque dejaba claro que los
presidios en la Norteamérica española eran un grupo de soldados, una unidad militar
que, para el desempeño de sus funciones, se desplegaba o ubicaba en cualquier tipo de
establecimiento. Por derivación, también se conoció como Presidio al lugar en el que
estos se asentaban, ya fuese de forma permanente o temporal. Esto desmiente la creencia
popular, muy extendida en nuestros días, de que presidio es sinónimo de fuerte o castillo.

En ocasiones, la permanencia y el enemigo hacía necesaria una fortificación del
lugar, pero no siempre era necesaria y construida. Son muchos, quizá la mayoría, los presidios norteamericanos en los que no se construyó muro defensivo. Tres claros ejemplos,
y todos establecidos en territorios aislados y peligrosos, son los de San Juan Bautista,
establecido en 1702 en el río Grande, el de San Antonio de Béxar, en 1718, y el de Santa
Fe en 1607, que nunca se fortificaron. En el mapa adjunto se puede ver cómo las casas
de los soldados y el cuerpo de guardia se sitúan en los laterales de un cuadrado al que
se llamaba plaza de armas, y que este no se encuentra fortificado. En raras ocasiones los
indios atacaban un presidio, era menos arriesgado robar por la noche los caballos, o el
ganado de las misiones o haciendas, por lo que la fortificación, además de costosa en
tiempo, trabajo y dinero, se veía innecesaria.

---

[42] *Relación del estado de la Nueva España en los ocho años de su gobierno que hace el duque de
Alburquerque al Excelentísimo señor duque de Linares su sucesor en los cargos de virrey, gober-
nador y capitán general de este reino, de que tomó posesión en 27 de noviembre de 1702.* AGI,
México 485.

En el Presidio de San Antonio de Béxar sucedía algo parecido, como demuestran los distintos informes elaborados por las autoridades que visitaron la villa de Béxar a lo largo del siglo XVIII. Al momento de establecerse allí, los indios de la zona eran pacíficos y la amenaza real no llegó hasta varios años después con los apaches. Simplemente no se vio la necesidad de fortificarlo y después, faltó la motivación y el dinero.

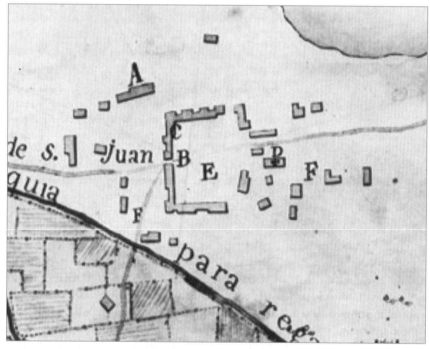

Mapa del Presidio de San Juan Bautista del río Grande realizado en 1767 por José de Urrutia. Fuente: Universidad de Berkeley.

En 1722 el marqués de San Miguel de Aguayo, dejó pagados varios miles de ladrillos de adobe para la fortificación del presidio de San Antonio, cuyo cuerpo de guardia estaba en una simple casa de adobe, mientras los soldados vivían en chozas de paja en torno a la plaza de armas. Pero el marqués no permaneció allí el tiempo suficiente para ver que la obra se realizaba. En el informe de Rivera de 1726 se recomendaba la fortificación del presidio, señal de que no se había hecho. Igualmente sucedió con los informes de Menchaca en 1763 y del marqués de Rubí en 1772, recomendaciones que no fueron vinculantes. En 1803 la segunda compañía volante de San Carlos de Parras se estableció en la cuasi abandonada Misión de Valero, al ser el único edificio amurallado en la ciudad.[43]

---

[43] García Ruiz. J.L. (2019), *The Foundation of San Antonio. May 5th, 1718*, pág. 86.

La villa de Béjar y el Presidio de San Antonio de Béjar. Mapa capitán Joseph de Urrutia, 1767. A: Casas de los soldados. B: Palacio del gobernador.

En el caso de Santa Fe, en Nuevo México, presidio establecido en 1607, la plaza de armas se encuentra aún más expuesta. Se dibujaba la plaza de armas, se ubicaba en un lado la gobernación, en otro la iglesia, otro lateral para el cuerpo de guardia y demás dependencias, y en torno a la plaza se iban construyendo las casas de la villa o ciudad.

Varios documentos incluidos en esta obra apoyan la definición de presidio como el grupo de soldados, y algunos autores extranjeros llegaron a parecida conclusión, *soldados profesionales acuartelados en instalaciones fijas*.[44] Otras veces el presidio fue itinerante, como en el caso del Presidio de Sinaloa, compañía que estuvo ubicada en cuatro lugares diferentes y nunca dejó de ser conocida con tal nombre.

[44] Lockhart, J. y Schwartz, S. (1983), *Early Latin America*. Cambridge, pág. 292.

Villa de Santa Fe. Mapa de Urrutia 1767.
A: Catedral. B: Palacio Real. C: Capilla militar.

Por otro lado, el marqués de Branciforte, virrey en 1795, emitió una orden[45] para la fortificación de los presidios de la California, lo que lingüísticamente nos llevaría a una reiteración: la fortificación de las fortificaciones, lo que carece de sentido.

Los diversos diccionarios militares refrendan esta idea de unidad militar por encima de fuerte. En el de 1863[46] el Presidio son *las tropas destinadas a la defensa de una plaza u otro punto fortificado*, o *la misma plaza que recibe guarnición*, y presidiar es *custodiar o guarnecer con soldados alguna plaza o fortaleza para defenderla y conservarla*.

El diccionario militar de 1869 va mucho más allá en la definición:

> *Hasta hace poco esta voz, latina y puramente militar, era técnica y genérica de Guarnición de una plaza, y aún de esta misma. También se extendió alguna vez a significar ayuda, auxilio, socorro. En todos los clásicos militares de los dos siglos se encuentra en la primera acepción: «conviene, pues, que estén aparejados para dos usos, es a saber: de los soldados que están en campaña, y para los presidios y fortalezas».[47]*

[45] *Fortificación presidios. California.* En Archivo General de Simancas, SGU, LEG,7242,38
[46] J. D'W. M. *Diccionario militar* (1863), Imprenta de Luis Palacios. Madrid.
[47] Almirante, José (1869), *Diccionario militar*. Imprenta del depósito de la guerra. Madrid.

Toda esta información queda soportada por el Estado Mayor del Ejército y su Servicio Histórico Militar, que en 1954 publicaba el *Nomenclátor Histórico Militar,* repitiendo lo ya aportado por los anteriores diccionarios militares sin cambiar una coma.

El sistema de presidios, tanto en su nomenclatura como en su estructura es heredero del que tenían los romanos, de modo que no está de más revisar el diccionario universal latino español de 1793[48] por ser esta una fecha en la que todavía estaban los presidios americanos plenamente vigentes. De las tres acepciones más corrientes de *Castellum, Castrum y Praesidium,* solo esta última se refiere a la guarnición de soldados. Las otras dos, *Castellum y Castrum,* se refieren a castillo, fuerte, fortaleza, alcázar o ciudadela.

Es interesante ir más allá y hacer referencia al diccionario de la Real Academia Española, el cual nos dice que Presidio proviene del latín *praesidium,* lengua en la que tenía el significado de guarnición militar, protección o ayuda, aunque en español tiene diversos significados actualmente:

1. Establecimiento penitenciario. Conjunto de presidiarios de un mismo lugar. O pena consistente en la privación de libertad.
2. Guarnición de soldados que se ponía en las plazas, castillos y fortalezas para su custodia y defensa.
3. Ciudad o fortaleza que se podía guarnecer de soldados.
4. Auxilio, ayuda, socorro, amparo.
5. Pena de servir forzado en las guarniciones de castillos y fortalezas, que se imponía a ciertos reos. Condenado a presidios.

El verbo Presidiar vendría del latín tardío *praesidiāri: Guarnecer con soldados un puesto, plaza o castillo para que estén guardados y defendidos.* Y teniendo en cuenta que la Academia referencia el presidio como guarnición, no está de más recoger el significado de esta: *Tropa que guarnece una plaza, castillo o un buque de guerra. También del latín Praesidio munire. «Determinó de hacer la empresa en Petrina, aunque sabía que estaba bien presidiada de gente». «Fiado en la fortaleza de Marsella, y en su presidio, dexó ocupados allí los Imperiales».*

Pero en historia, de poco sirve que tomemos en cuenta las acepciones que las palabras tienen en la actualidad, ya que la lengua tiene su propia evolución histórica y los significados y el uso pueden variar, por lo que es necesario referirse al *Diccionario de Autoridades de la Real Academia Española,* Tomo V, de 1737, con la siguiente definición:

> 1 Presidio: *La guarnición de soldados que se pone en las Plazas, Castillos y Fortalezas, para su guarda y custodia. Sale del Latino Praesidium. «Desta manera cobró la Ciudad, y la fortaleció con nuevo Presidio de la gente que llevaba», «Mas ni esto, ni el general sentimiento fue bastante para que el Reino allanasse la Ciudad de Teruel, enviando a ella al Duque de Segorbe y Cardona, que renovó un fuerte y puso en la Ciudad Praesidio».*

---

[48] *Diccionario Universal Latino Español* (1793). Madrid, imprenta de D. Benito Cano.

2 Presidio: *Se toma también por la misma Ciudad o Fortaleza, que se puede guarnecer de soldados. «Se apoderó de sus Presidios y Fortalezas, haciendo prissioneros a la Reina Madre y al Rey niño».*

En el mismo diccionario, en su tomo III de 1732 existe la siguiente definición: *Desfortalecer: Demoler, desmantelar, arruinando y deshaciendo las fortalezas, o sacando de ellas el presidio y guarnición.*

En el tomo IV de 1734 la definición de guarnición se relaciona con el presidio: *Se llama assimismo el Presidio de soldados, para defensa y manutención de alguna Plaza o Castillo. Latín. Militum praesidium.*

No fue el único cambio o evolución que el nombre experimentó en su significado. Las cárceles en España parece que se reservaban a gente de relevancia, teniendo en cuenta que allí los presos no trabajaban y había que mantenerlos. El sistema judicial español tenía básicamente tres lugares a los que se condenaba por algún delito: las galeras, las minas, y servir en presidios, como así lo recoge el *Diccionario histórico o de autoridades*:

Presidiario: *El condenado a servir en el Presidio, en pena de algún delito. Es formado del nombre Presidio.*

Rematado a galeras o presidio: *Sentenciado a estas penas, sin recurso ni apelación.*

Muy pronto, los condenados a servir en presidios, casi siempre como soldados, se conocieron como presidiarios y el lugar donde cumplían su condena adoptó un nuevo significado, el de penal. Después, con la extinción del modelo defensivo de presidios en el siglo XIX, el nombre ya se quedó ligado, casi de forma exclusiva, al significado de cárcel o prisión. Si se revisan los diccionarios anteriores a este periodo, e incluso los diccionarios latinos, se ve que ninguno asocia, ni remotamente, los presidios con instituciones penitenciarias, lo que explicaría el cambio en el significado de la palabra debido a los presidios militares.

Pedro Baptista Pino,[49] en 1812, decía que *«siempre que en esta exposición se citen presidios, entiéndase que son reuniones de gente armada para su defensa, y no lugares destinados al castigo de delincuentes».* Se ve que el nombre siempre causó confusión.

En conclusión, parece que las diferencias entre los presidios norteamericanos y los existentes en otras partes del Imperio eran sustanciales en cuanto a su función, misión y estructura, no pudiendo compararse entre ellos. Para la Norteamérica española, se debe aceptar la definición de presidio como el grupo de soldados, siendo totalmente errónea la asociación directa y automática de esta unidad militar con un fuerte o castillo.

Fue el virrey Martín Enríquez de Almansa, a partir de 1568, quien impulsó el presidio como sistema defensivo de frontera en la Nueva España. Los romanos también habían utilizado ampliamente las compañías presidiales, estableciéndolas en un *castrum* o *castellum*. Algo parecido se usó también en la península ibérica, en donde

---

[49] Pino, P.B. y López Cancelada, J. (1812), *Exposición sucinta y sencilla de la provincia del Nuevo México.*

la frontera entre cristianos y musulmanes estaba cubierta por destacamentos militares, habitualmente establecidos en castillos o puestos, y continuó en uso por los españoles, con bastante éxito, en otras fronteras del Imperio como el norte de África.

En la Nueva España, la Guerra del Mixtón fue para los españoles un nuevo tipo de enfrentamiento, para el que los puestos de frontera parecían ser la solución. El nada nuevo «invento» de la línea de fortificaciones de frontera se mostró tan funcional que pervivió, adoptado por los norteamericanos en sus peliculeros fuertes del «lejano Oeste».

El presidio, por sus características, un corto número de soldados y establecimiento en áreas aisladas, era una herramienta de pacificación y defensa, nunca de ataque y conquista. A pesar de la extendida creencia de que la conquista española de América empleó una fuerza devastadora, lo cierto es que el escaso número de soldados dedicados a ella requería el empleo de mucha persuasión, continua negociación con los indios, alcanzar acuerdos, crear alianzas, y finalmente, la conversión al cristianismo como elemento integrador en una cultura compartida. Pero, por encima de todo, requería de un uso muy limitado de la fuerza, y siempre como último recurso.

El territorio se expandía y los recursos humanos escaseaban. Los pueblos se fundaban cada vez más espaciados según se avanzaba hacia el norte. Las haciendas y reales de minas crecían en extensión y aislamiento, y los indios eran cada vez más agresivos. La necesidad de crear presidios que protegiesen a pobladores, mineros y misioneros se hizo indispensable. Protección que llegaba de la combinación de soldados profesionales, milicia popular e indios amigos. Indios a quien se pagaba en especie o dinero, mientras que a los soldados profesionales les ofrecían tierras, un sueldo y a veces el título de hidalguía.

Los primeros presidios en 1560 eran pequeñas guarniciones de cinco soldados mandados por un cabo o caudillo, como se le llamaba al principio. Superaban a sus enemigos por el uso de los caballos y las armas de fuego, pero siempre estaban en inferioridad numérica. Esto fue útil hasta que los indios comenzaron a usar el caballo, y muy pronto, con mayor pericia que los propios españoles.

Para hacer frente a la nueva amenaza se incrementó la tropa del presidio hasta los veinticinco hombres, todos a las órdenes de un capitán, dos suboficiales con el grado de alférez[50] o sargento, que a su vez mandaban pequeños grupos de soldados, cada uno de ellos con un cabo. Las escoltas al correo y otras misiones se hacían con pequeñas escuadras de cuatro o cinco soldados mientras que en las expediciones punitivas se podían juntar hasta cien, pertenecientes a varios presidios próximos, o reclutados ex profeso. Según fueron pasando los años, los presidios también incrementaron su personal, a veces hasta los 50 soldados, y en los últimos años del siglo XVIII hasta cien soldados.

---

[50] El alférez era teóricamente el nivel más bajo en la escala de oficiales, aunque en aquellos momentos y en los documentos se confundían las escalas porque en relación a la misma persona a veces se la nombraba por su rango real y a veces por el rango que desempeñaba en funciones en determinado destino o campaña.

Algunos soldados recibían misiones individuales de protección, asignados a algún pueblo o misión, a los que se conocía con el título de mayordomo. Con los Borbones esta asignación se regularizó, llegando incluso a no permitir a los frailes abandonar la misión sin escolta, lo que no era del gusto de algunos religiosos.

No había una regla fija para la distribución de fuerzas en el presidio, unos tenían más soldados y otros menos, dependía de las misiones asignadas, de la agresividad de los indios en su territorio y de otras variables. En 1724, el inspector Rivera trató de compensar las diferencias entre presidios, ya que la organización le parecía caótica, aunque no fue una medida acertada ya que cada uno había tenido distinta evolución y necesidades.

En cuanto a la organización interna nada tenían en común los presidios del siglo XVI o el XVII con los posteriores. Los presidiales no eran profesionales a tiempo completo, la tropa se basaba en los españoles que vivían en la zona o se alistaban como pobladores en los nuevos presidios que se creaban. Atendían al servicio a la Corona, pero su sustento principal venía de las tierras que se les asignaban y en algún caso de las inversiones que hacían comprando alguna mina u otro negocio, ya que el sueldo de soldado servía para poco más que comprar los caballos, el equipamiento y la munición para el servicio.

El escalafón comenzaba por el soldado, que se formaba en una escuadra de cuatro o cinco soldados mandados por un cabo. Por encima estaba el sargento al frente de varios pelotones, encargado de la instrucción, la disciplina, el equipamiento, y las cuentas. Más arriba se encontraba el alférez, que en ocasiones era llamado también teniente o capitán ya que, sobre todo en campaña, realizaba las funciones de estos sin tener su graduación. Por encima de todos ellos estaba el capitán que mandaba el presidio. A veces, cuando se juntaban fuerzas de varios presidios, habiendo varios capitanes de presidio dentro de la misma fuerza, se designaba uno como cabo o caudillo, que mandaba sobre el resto.

Por lo que respecta al mando político, el título de capitán general se le daba al virrey o al gobernador de la provincia, quien podía tener uno o varios tenientes generales para delegar cuando el tamaño de la provincia o las necesidades del servicio lo requerían. Bajo ellos había uno o varios sargentos mayores cuya función era encargarse de temas relativos a la gobernación bajo las órdenes de los tenientes generales. El gobernador, que solía ser militar de carrera, no dudaba en ponerse al mando de la fuerza cuando era necesario, de forma que el capitán cedía el mando del presidio al gobernador.

En este tema, el reparto de funciones era en realidad tremendamente difuso, y cada gobernador hacía como le placía, provocando gran confusión en los documentos, ya que muchos eran, además, soldados del presidio con su propio escalafón militar. Es muy común encontrar a tenientes generales de gobernador a los que se refieren como capitanes o maestres de campo, recibiendo varias denominaciones en el mismo documento, incluyendo las civiles como la de alcaldes, regidores, o incluso alguaciles de la villa en la que vivían.

Tratando de arrojar algo de luz sobre este tema se puede poner como ejemplo el Presidio de Santa Fe, en el Nuevo México, que en 1680 tenía cien plazas de soldado presidial más un capitán, que mandaba el presidio. En el censo que se hizo sobre los pobladores de la Villa de Santa Fe, se encontraron unas 155 personas de armas, lo que suponía el total de pobladores españoles. El gobernador Otermín disponía de dos tenientes de gobernador que eran también soldados del presidio, el cual contaba entre su fuerza con:

6 Maestres de Campo
13 Sargentos Mayores
29 Capitanes
12 Alféreces
4 Ayudantes
1 Sargento
33 Soldados
3 presidiarios

Tal reparto demuestra que, de haber tenido mando todos ellos, habría sido demasiado para tan poco soldado, y que las graduaciones militares se alcanzaban por méritos y tiempo de servicio, independientemente de su función y el mando que ejercían. Una vez acabado su servicio activo seguían manteniendo su equipamiento y respondiendo a la llamada al servicio si era necesario, conservando su graduación como en este caso concreto de Santa Fe, en que había algún capitán con muchos más años de los deseados.

Queda claro, por lo tanto, que no todos los capitanes tenían el mando de la tropa, ya que capitán que mandase en el presidio solo había uno, aunque en este presidio se contaban hasta 29 capitanes entre su tropa, situación común en todos los presidios.

Los diferentes usos del término capitán han creado cierta confusión. En castellano, la palabra jefe se adaptó del francés *chef* relativamente tarde, para denominar lo que, hasta ese momento, los españoles identificaban como capitán o cabeza, la persona que tenía responsabilidad sobre un grupo humano, independientemente del rango militar, algo similar a los actuales capitanes de equipos deportivos. Dado que a los jefes indios también se les llamaba capitanes, ya fuesen aliados o enemigos, no es de extrañar que se confunda unos con otros y se crea que los indios eran capitanes del ejército español. Por regla general, en los documentos que forman esta obra, los jefes indios son llamados caciques, cabezas, gobernadores o capitanes de una nación india. Por otra parte, las alianzas que se alcanzaron con distintas naciones indias nunca llegaron al punto de nombrar capitanes del ejercito español a los indios.

En relación al sueldo, el salario que recibieron a lo largo de todo el periodo español fue de entre 300 y 450 pesos y el capitán recibía unos 600, que supuestamente debía ser destinado a la compra y mantenimiento del equipo. A modo de comparación, se encuentra en diversos documentos el precio medio de algún artículo de uso común, como la fanega de maíz[51] que alcanzaba los cinco pesos, la res que se pagaba a cuatro,

---

[51] 75 kilos de maíz en grano sin moler.

la reja de arar tres pesos, la pólvora a cincuenta pesos el quintal,[52] la resma[53] de papel a dos pesos y medio, o una manta que alcanzaba los dos pesos, ya que el tejido y la ropa eran artículos muy caros.[54] Precios que vienen a demostrar que la paga de los soldados era realmente escasa. Idea reforzada por la existencia de condenas a criminales, forzados a servir en presidios *«con el mismo sueldo que los soldados regulares»*, lo que se puede ver en algún documento. Escasez mucho más evidente cuando, en el siglo XVIII la tropa se hizo profesional a tiempo completo, produciéndose casos de presidios mal equipados o inoperantes, por encontrarse los soldados trabajando en otros empleos o vendiendo su equipamiento para subsistir.

Por no hablar de la uniformidad que, sobre todo en este primer periodo y hasta finales del XVII, fue de lo más dispar. La cuera no se hizo predominante hasta entrado el XVIII, en que desbancó a la cota de malla, preferida por muchos soldados por su efectividad contra las flechas. Es posible que la inexistencia de profesionales que pudieran confeccionar las cotas, y la pérdida de estas, cuando los indios se las quitaban a los soldados que caían en combate, provocase su escasez, y se fuera optando por la cuera. En ese momento el equipo era un objeto hereditario que pasaba de padres a hijos, o se vendía a buen precio. La coraza, aunque existía, no se usaba por ser peligrosa e ineficaz contra las flechas, estas rebotaban e impactaban en otras partes del cuerpo como el cuello o la cara. La protección se completaba con la tradicional adarga castellana heredada de la árabe, aunque en los primeros tiempos la mayoría de los soldados portaban chimales de origen indio *(Figs. 15, 16 y 17 Cuadernillo)*.

En cuanto a la protección de la cabeza se vieron celadas, morriones y hasta sombreros chambergos, tal fue la disparidad, hasta que los reglamentos optaron por el tradicional sombrero negro de cinta roja, que se hizo obligatorio en el siglo XVIII. Si se habla de uniforme, hasta 1700 no se había establecido aún su uso, cada uno llevaba lo que podía y tenía. Más tarde, las circunstancias de cada presidio fueron determinantes, viendo a los soldados vestir pieles de bisonte en 1734, en el Presidio de los Adaes en el este de Tejas, o defenderse prácticamente desnudos en el Presidio de El Paso, debido a la falta de suministros, en ambos casos por su lejanía de los centros neurálgicos de la Nueva España.

Espadas, arcabuces, dagas y lanzas tampoco eran uniformes, cada uno adquiría lo que podía permitirse, siendo las pistolas realmente escasas, como se demuestra en las diferentes revistas que se hicieron y documentaron, incluidas en esta obra.

---

[52] 45 kilos.
[53] En la actualidad vendría a ser 1.000 hojas de papel tamaño folio.
[54] Datos extraídos de *Autos Tocantes al alsamiento de los yndios de la provinçia de la Nueba Mexico*, en Juan A. Sempere-Martínez y Damián Bacich. San José State University.

LA GUERRA CHICHIMECA
(1547-1590)

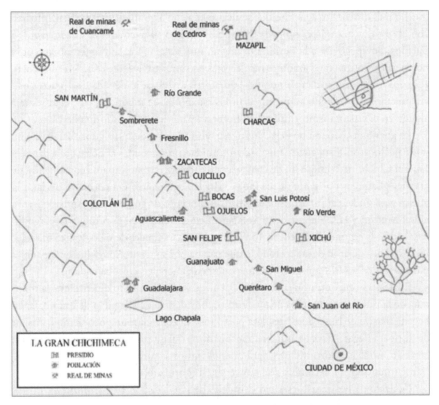

Poblaciones establecidas en el territorio denominado La Gran Chichimeca,
a finales del siglo XVI. La distancia que separaba el Presidio de San Martín
y la Ciudad de México por el Camino Real era de casi 800 kilómetros o 200 leguas.

L a conquista de la capital azteca por las tropas de Hernán Cortés fue relativamente
fácil, teniendo en cuenta lo que esperaba a los españoles en el resto del territorio
norteamericano. Este éxito tenía mucho que ver con el nivel cultural que los aztecas
habían alcanzado. En realidad, no fue una invasión sino un golpe de estado, los gobernantes aztecas fueron suplantados por nuevos gobernantes españoles, quienes tomaron

el control de amplias zonas del territorio en el centro de Mesoamérica. Las poblaciones locales, que ya eran sedentarias, habían sido previamente subyugadas por la potencia azteca y vieron, en la llegada de los extranjeros y en su religión, una liberación. No en vano, la nueva religión abolía los sacrificios humanos y no pedía nada a cambio, lo que comparado con los requerimientos en bienes y vidas humanas que exigía la gran Tenochtitlán precolombina,[55] los llevó a aceptar la nueva administración sin demora. La conquista de la Nueva Galicia por parte de Nuño de Guzmán vino a cambiar esta percepción tan positiva que algunos indios tenían, como ya veíamos en un capítulo anterior.

Más al norte, los grupos indios tenían un nivel cultural inferior y la conquista fue mucho más difícil. Los acuerdos que se alcanzaban con algunos grupos no se mantenían con el resto, y su carácter nómada dificultaba mucho su pacificación y reducción[56] a pueblos. Su apego era a la tierra, y lo mismo que obtenían en un lugar sabían cómo obtenerlo en otro, eran cazadores recolectores en su máxima expresión. No construían edificios ni poseían nada que no pudieran acarrear, y el estilo de vida que practicaban era exactamente opuesto al que ofrecían los españoles, de modo que no veían ventaja alguna en el sedentarismo y utilizaban la guerra para defender su forma de vida.

La guerra del Mixtón no llegó a terminar, los indios perdieron algunas batallas, pero no se pacificaron. Esta guerra tuvo su continuidad un poco más al norte en la llamada Guerra Chichimeca que, a fin de cuentas, tampoco era guerra sino una consecución de ataques y saqueos por parte de los indios. Por la ley española era necesario declarar la guerra y así poder capturar prisioneros bajo el concepto de guerra justa. Ambas guerras, la del Mixtón y la Chichimeca, se solaparon en el tiempo. Si la primera se extendió hasta 1551 la segunda se inició en 1547, llegando hasta finales de siglo. En realidad, los indios nunca dejaron de atacar todo lo que pasaba por su territorio, ya fuesen españoles u otros indios ya cristianizados, era una guerra de guerrillas en toda regla.

En 1546 se encontraron las minas de plata en Zacatecas, en lo que se llama la montaña de la Bufa, una montaña de pico rocoso, hoy dentro de la ciudad de Zacatecas. La llegada masiva de buscadores de plata pobló toda la zona en muy poco tiempo, a pesar de que para llegar a Zacatecas había que ir al norte y pasar por el territorio chichimeca, creando muchas oportunidades para que los indios saqueasen la creciente marea de transeúntes que por el camino real atravesaba su territorio.

Gonzalo de las Casas[57] escribió el tratado de la *Guerra de los Chichimecos*[58] donde hace un relato bastante esclarecedor sobre la provincia, sus habitantes y la guerra que hicieron a los españoles:

---

[55] Para ampliar el estudio de esa parte de la historia remitirse a Thomas, Hugh (1993), *La Conquista de México*. Aims international, México.

[56] Concepto empleado para la congregación de una nación de indios en una misión o pueblo.

[57] Toledano, nacido hacia 1510, emigró a la ciudad de México y fue alcalde mayor en la Mixteca.

[58] Se atribuye también a fray Guillermo de Santa María. La fuente aquí utilizada es de Gonzalo de las Casas.

Este nombre Chichimeca es genérico, es compuesto de chichi, que quiere decir perro y mecatl, cuerda o soga, como si dijesen perro que trae la soga rastrando. Estos Chichimecas se dividen en muchas naciones y parcialidades y en diversas lenguas y siempre, unos con otros, han traído y traen guerras sobre bien livianas causas, aunque algunas veces se confederan y hacen amigos por hacerse más fuertes contra otros sus enemigos, y después se tornan a enemistar...

Lo primero, ellos son dados, muy poco o nada, a la religión, digo a idolatría, porque ningún género de ídolos se les ha hallado ni uno ni otro altar, ni modo alguno de sacrificar, ni sacrificio, ni oración, ni costumbre de ayuno, ni sacarse sangre de la lengua, ni orejas, porque esto todo usaban todas las naciones de la Nueva España. Lo más que dicen hacen es algunas exclamaciones al cielo mirando algunas estrellas, que se ha entendido, dicen lo hacen por ser librados de los truenos y rayos. Y cuando matan algún cautivo bailan a la redonda, y aún al mismo le hacen bailar, y los españoles han entendido que ésta es manera de sacrificio, aunque a mí parecer es modo de crueldad que el diablo, o sus malas costumbres, les ha mostrado para que no tengan horror en la muerte de los hombres, sino que los maten con placer y pasatiempo, como quien mata una liebre o venado.

Son por todo extremo crueles, que es la mayor señal de su brutalidad. A la persona que prenden, ora sea hombre o mujer lo primero que hacen es hacerles la corona quitando todo el cuero y dejando todo el casco mondo[59]... tanto como toma una corona de un fraile... y yo vi un español sin él a quien ellos le quitaron, y a la mujer del Copoz también se lo quitaron, y ha vivido sin él muchos días, y aún creo que viven hoy. Quítanles asimismo los nervios para con ellos atar los pedernales en sus flechas. Sácanles las canillas,[60] así de las piernas como de los brazos, vivos, y aun a las veces las costillas, y otras cien crueldades hasta que el mísero entre ellos despide el ánima.

Traen colgadas por detrás las cabelleras de las coronas que quitan y algunas han sido de mujeres hermosas, con cabellos rubios y bien largos, y asimismo traen los huesos de las canillas para mostrarlos como insignias de trofeos, y aún no perdonan a los cuerpos muertos, porque todas cuantas crueldades pueden o se pueden imaginar hacen en ellos, colgándolos de árboles. Flechándolos y metiéndoles flechas por los ojos, orejas, lengua, sin perdonar las partes vergonzosas, como no ha muchos días que un capitán que yo envié halló un cuerpo colgado de una encina con todas estas crueldades y un brazo menos, lo cual se entendió ser español...

Es su manera de pelear con arco y flechas, desnudos; y pelean con harta destreza y osadía y si acaso están vestidos se desnudan para el efecto. Traen su aljaba siempre llena de flechas y cuatro o cinco en la mano del arco para proveerse más pronto de ellas, y con ellas y el arco rebatir las que le tira su enemigo hurtándole el cuerpo; y a esta causa pelean apartados unos de otros...

Los más acometimientos que hacen es de sobresalto, estando escondidos y salen de repente y así los toman desapercibidos y descuidados o a prima noche o de madrugada, cuando ellos entienden los hallarán más descuidados; y cuando hallan resistencia, aunque sea poca, siempre huyen. Son, como tengo dicho, por todo extremo crueles en la guerra; que ni perdonan sexo ni edad, que al niño que mama le deshuesan en una piedra y a la madre desuellan la cabeza y matan, y a los demás hacen todo lo que está dicho, aunque de tomar algunos por cautivos y

---

[59] Primeros casos documentados de corte de cabellera.
[60] Los huesos largos de las extremidades, en teoría la tibia, pero podría ser también el peroné y el fémur.

servirse de ellos, y éstos como no fuesen muchachos o mujeres mozas, porque a hombre nunca se ha visto perdonar.

De otra arma, más que de arco y flecha, no usan. Sus pasatiempos son juegos, bailes y borracheras. De los juegos el más común es el de la pelota que acá llaman batey, que es como una pelota tamaño como las de viento, sino que es pesada y hecha de una resina de árbol,[61] muy correosa, que parece nervio y salta mucho. Juegan con las caderas y rastrando las nalgas por el suelo hasta que vence el uno al otro. También tienen otros juegos de frijoles y canillas, que todos son sabidos entre los indios de estas partes, y el precio que juegan es flechas y algunas veces cueros. Sus bailes son harto diferentes de todos los demás que acá se usan, hácenlos de noche; alrededor del fuego encadenados por los brazos unos con otros, con saltos, y voces... No tienen son ninguno y en medio de este baile meten al cautivo que quieren matar...

Tienen matrimonios y conocen mujer propia... También tienen repudios, aunque por la mayor parte ellas los repudian, y no al contrario. Todo el trabajo cae sobre ellas, así de guisar, de comer como de traer los hijos y alhajas a cuestas cuando se mudan de unas partes en otras, porque a los varones no les es dado cargarse ni se encargan de otra cosa más que su arco y flecha, pelear o cazar, y las mujeres les sirven como si fuesen esclavas, hasta darles las tunas mondadas.

Crían sus hijos con harto trabajo, porque como no tienen casa y andan de unas partes en otras, muchas veces les acontece parir caminando, y aún con las pares colgando y corriendo sangre caminan como si fuesen alguna oveja o vaca, lavan luego sus hijos, y si no tienen agua los limpian con unas yerbas. No tienen otro regalo que darles más que la propia leche, ni los envuelven en mantillas porque no las tienen, ni cuna, ni casa donde se alberguen, sino una manta o peña, y con toda esta aspereza viven y se crían.

Su comida es fruta y raíces silvestres, no siembran ni cogen ningún género de legumbres, ni tienen ningún árbol cultivado. De los frutos que más usan son tunas, y hay las de muchas maneras y colores y algunas muy buenas. También comen la fruta de otro árbol que llaman mesquite, que es un árbol silvestre bien conocido que lleva unas vainas como algarrobas, las cuales comen y hacen pan para guardar y comer cuando se acaba la fruta ...

...para que con guarniciones de gente los tengan pacíficos y seguros, que son los medios con que los reinos y provincias se usa castigar y tener en paz. Hay otros medios, aunque contrarios a éstos, con que los chichimecas se sustentarían en paz y perseveración en ella, que son:

Poblarlos en tierra llana, doctrinarlos en la ley de Dios y buenas costumbres, dándoles todos los medios para que consigan este fin, que algunos de ellos son proveerlos de las cosas necesarias al sustento de la vida humana, que es de comer y vestir, y esto hasta que lo sepan hacer, y bastaría por sólo un año...

Y sin esto sería necesario poner entre ellos quien les muestre a cultivar la tierra y a otros oficios mecánicos como olleros, carpinteros, albañiles, y quien muestre a sus mujeres a hacer pan o tortillas, hilar y tejer, porque ni ellas ningunas de estas cosas hacen ni saben hacer. Compelerlos a que hagan casas y a que vivan y duerman en ellas, y desusarlos de sus comidas silvestres, porque sin duda estas cosas son las que los aferran y hacen tan brutos. Enseñarles a mantener justicia y castigar delitos y que ellos entre sí mismos lo hagan...

...con maña se amansan y se muestran a servir y dar contento y provecho a los hombres que han trabajado con ellos en amaestrarlos, y cuando lo dicho no aprovechare, tornarlos a hacer guerra castigándoles más ásperamente hasta conseguir el mismo fin,

---

[61] Probablemente el árbol del chicle o chicozapote, también *Manilkara Zapota*.

que así lo demuestra el maestro Soto en el Libro 4o. de Justicia et Jure, q. 2. porque la manera que ahora se lleva, jamás se conseguirá al fin de asentarlos y aquietarlos, puesto que con justicia se pueden hacer esclavos por serles menos dañoso y pena más piadosa que matarlos o marcarlos, porque por la mayor parte se huyen y se vuelven peores y más ladinos y la tierra es larga, donde siempre hallarán gente con quien juntarse para hacer daño...

Este relato muestra cuán difícil fue la conquista, pacificación y cristianización de estos pueblos. Se puede concluir que no hubo conquista pacífica porque la población local no cooperó, en algunos casos no estaba interesada, y cuando lo estuvo fue buscando que los españoles les defendieran de otros grupos más agresivos.

Parecido relato hacía el justicia y regimiento de la ciudad de Compostela en el Nuevo Reino de Galicia, que en una carta al rey[62] dijo:

Desde la Provincia de Pánuco corre una cordillera de sierras por la cumbre de los llanos de los chichimecas y minas de los zacatecas, ciudad de Guadalajara y Compostela, y hasta pasar de Culiacán a la tierra nueva... en la qual serranía ay gentes muy bestiales, desnudas, que parecen apartarse de la razón humana, y ansi los unos matan y comen a los otros... salen por diversas partes a las gentes e pueblos que están de paz e los queman, roban, matan e comen sin dexar cosa viva... y por ser como es gente fiera, belicosa y estar en tan áspera serranía y en la parte más fragosa de todas las yndias, divididos sin pueblo ni policía, más como venados e fieras por los montes, nunca se les ha hecho guerra ni han sido conquistados... que siéndoles amonestado y requerido no quisieren salir sean castigados con mano armada y hechos esclavos o naborías por fuerza y que salgan a poblar a lo llano...

Otro documento relata lo sucedido en 1569, cuando el virrey de la Nueva España comisionó a Juan Torres de Lagunas, alcalde mayor de Guanajuato, para que dirigiese una expedición contra los indios guachichiles, que habían saqueado poblados, asesinado a mucha gente y secuestrado a tres españolas. En aquel momento, San Luis Potosí se encontraba inexplorada, y en completa posesión de los indios:

Salió, en efecto, Torres de Lagunas con cuatro compañías de soldados y trescientos indios amigos. Al cabo de quince días de continua marcha, llegaron a un puesto donde encontraron el cadáver de una española (la de más edad, pues pasaba de los sesenta), tan cuajada de flechas como un erizo de espinas. Doloridos, cual es de creer, enterraron el cuerpo y siguieron adelante.

Iban por lo fragoso y áspero de la sierra, fatigados del hambre y atormentados de la sed al grado de beber los orines de los caballos; que como a tiento y sin guía, no daban con los aguajes, además de que en muchas partes la tierra era seca y estéril. Bajando de la sierra a un estrecho valle, hallaron, al fin, una lagunilla, pero el agua era tan ponzoñosa, que apenas bebió de ella un caballo, se cayó muerto, y uno de los indios amigos que comió cruda una rana cogida en la orilla, quedó también muerto. Viendo esto, prohibió el capitán a su gente

---

62 «Carta de la Ciudad de Compostela del Nuevo Reino de Galicia al rey, 1 de noviembre de 1549». Archivo General de Indias, Sevilla, en Guadalajara 51, número 1.

que bebiera de aquella agua, y para estorbárselo se puso delante, representándoles el daño y animándolos a pasar de ahí con la esperanza de que Dios les ayudaría, como sucedió, pues a poco los socorrió en tanta necesidad.

De ahí a treinta días, dieron con una ranchería de los indios salteadores: al reír del alba los acometieron, y como los hallaron desapercibidos, prendieron y mataron más de quinientos. Aquí encontraron otra de las mujeres españolas robadas, quien les dio aviso de que con la tercera y un niño de tres años había pasado adelante una cuadrilla de bárbaros. Tras de ellos continuaron la marcha, llevando en collera[63] a los indios prisioneros, y al cabo de treinta días más de vagar por aquellas serranías, dieron en las rancherías que buscaban, con la misma buena suerte que en la primera. Rescataron a la otra mujer española y a su hijo, ambos rayados de la cara y otras partes del cuerpo, como lo tenían por costumbre los Guachichiles.

Pensaron volver entonces al punto de partida, más considerando lo despoblado de la tierra y su aspereza y sequedad, prefirieron ir adelante, de común acuerdo, y por consejo de los indios presos, quienes les dijeron que de allí a tantos soles los llevarían adonde estaba un fraile y un capitán con gente como ellos. Siguieron su camino, en efecto, mas no sin grandes trabajos, que duraron cuarenta días. Al cabo de ellos llegó un indio chichimeca con una flecha en la mano en señal de paz: portaba una carta del padre fray Andrés de Olmos, misionero de la Huaxteca, quien por los indios fugitivos había sabido la llegada de los castellanos, y así lo decía, noticiándoles, además, que don Martín Enríquez le había encomendado abrir un camino por las partes por donde ellos habían venido, para la comunicación de las provincias. Los invitaba, asimismo, al puesto donde se hallaba, distante cuatro o cinco días.

Indecible alegría tuvieron y muchas gracias dieron los expedicionarios a Dios, por haberles abierto la puerta para salir a tierra poblada y de cristianos. Pero hallando por los informes del mensajero estar más cerca de la villa de Valles, fueron a ella y encontraron una segunda carta del padre Olmos, dándoles razón de la incomodidad del puesto y falta de bastimentos para tanta gente como ellos eran. Así que prosiguieron en busca del gobernador y, después de descansar y repartir los cautivos, por lugares más apartados de la Huaxteca, tornaron a Guanajuato. De esta expedición se cogió muy rico fruto: los niños y niñas menores de ocho años enviados al virrey Enríquez para su educación y policía en doctrina cristiana, los cuales fueron distribuidos entre las familias acomodadas.[64]

La crónica[65] de Juan Alonso Velázquez, cura de la villa de San Miguel de los Chichimecas que, en 1582, envió una carta a Felipe II donde deja una descripción clara de los chichimecos en su conjunto:

Tienen todas estas naciones sus tierras y demarcaciones conocidas y se guardan sus términos y cuando sucede que los unos entran a cazar en las tierras de los otros o a comer los frutos sin licencia por esto suelen tener guerras… quizá por ser pocos como es de creer se

---

[63] Encadenados por el cuello.

[64] En Robles, Vito A. «Francisco de Urdiñola y el Norte de la Nueva España». Ed. Porrúa. México 1981. Sacado de Primo Feliciano Velázquez. *Colección de Documentos para la Historia de San Luis Potosí.* San Luis Potosí. 1897. Tomo X, págs. XXXVII-XXIX, y a su vez basado en «Torquemada, Monarquía Indiana», págs. 640 y siguientes.

[65] *Relación de Juan Alonso Velázquez al rey sobre los chichimecas.* (1582) AGI, México, L 110, 86.

procuran conservar y no venir a menos con suma diligencia y tanto que se entiende de ellos
que dejan de acometer e intentar muchas empresas por no perder ningún hombre de guerra...

Según Velázquez, los indios en la Chichimeca se organizaban en pequeños grupos que, en el más optimista de los casos, no superaban las dos centenas. Eran nómadas y pasaban la vida entre los asentamientos de las llanuras en que construían chozas de escaso porte y los peñoles en las sierras, donde, abrigándose en cuevas, pasaban los tiempos en que requerían de mayor refugio. En aquellas alturas desarrollaron un sistema de comunicación a base de señales de humo. Las mujeres se encargaban de la recolección, principalmente frutos silvestres, insectos, raíces, la caza menor, y una agricultura muy rudimentaria, así como de la cestería y el cuidado de los niños, mientras los hombres se centraban en la caza y la defensa con el uso del arco y las flechas.

Coincidiendo en el relato con otras crónicas, el cura refiere que los indios de la Chichimeca elaboraban bebidas alcohólicas mediante la fermentación, usando los frutos del nopal, también conocidos como chumberas, las tunas, y también el mesquite y el mezcal, obtenido del maguey. Conocían el efecto alucinógeno del peyote, con el que elaboraban una bebida. Vivían desnudos, cubriéndose las mujeres con piel de venado en su mitad inferior. Desconocían el uso de la cerámica y la confección de telas. Practicaban el corte de cabelleras y el canibalismo de forma nada ritual, iniciando el descuartizamiento de los infelices previamente a su muerte con una brutalidad no conocida para este cronista.

Velázquez relata la evolución experimentada por los chichimecos[66] en su enfrentamiento con los cristianos, evolución percibida tanto en sus estrategias como en su vida cotidiana. Atacaban las recuas por sorpresa, mataban a los hombres y secuestraban a las mujeres, se hacían con el ganado y toda la carga, tanto para uso propio como para comerciar con ella con otros grupos. Habían dominado el caballo y empezaban a hacer uso extensivo de él, así como del perro, incluso aprendieron a usar los arcabuces que recogían de los soldados caídos, comprando la pólvora a otros indios ya cristianizados que, además, espiaban para ellos a los españoles.

Refería también que le habían cogido el gusto a la carne de vaca, de caballo, e incluso de las mulas, que mataban en sus asaltos a las poblaciones, y que habían empezado su crianza en lugares apartados, lo que refrendaría la idea de que el canibalismo practicado por ellos antes de la llegada española era algo mucho más que simplemente ritual, el aporte de proteína era mayor con los nuevos animales llegados. En cuanto a la estrategia militar, desarrollaron un tipo de flecha más fina en su punta, capaz de penetrar las cotas de los soldados, lo que aumentaba el riesgo de estos en los enfrentamientos, unido a la práctica de lo que Velázquez llamaba el «empeñolamiento» o combate desde las rocas de las montañas, donde el uso del caballo era imposible y la posición dominante desde las alturas convertía el ataque en una auténtica temeridad.

---

[66] Juan Alonso Velázquez (1582).

Esta situación de guerra se mantuvo durante todo el virreinato. Cuando se pacificaba algún grupo, el proceso colonizador continuaba al norte, y otro grupo de nativos suplía a los anteriores con la misma o mayor fiereza, lo que llevó a poner sobre el terreno el sistema de presidios. El trabajo de los presidiales era más policial que militar, control del territorio, mantenimiento de la paz, protección de personalidades y bienes, en los caminos y en el entorno rural. Eran parecidas asignaciones a las que hoy en día tiene la Guardia Civil. Cuando las misiones eran de más entidad, se reclutaba temporalmente a la población con capacidades militares y, sobre todo, a indios aliados también llamados flecheros o auxiliares. En los primeros tiempos en que la fuerza de los presidios era extremadamente corta, el peso de las operaciones lo llevaban los indios, y en el caso de la Guerra Chichimeca, este trabajo les fue encargado a los otomíes.

El siguiente documento, escrito en español y otomí, del que aquí se reproduce la página más importante *(Fig. 10 Cuadernillo)*, no muestra referencia alguna ni cita el lugar ni la fecha donde fue elaborado. Pudo escribirse entre 1650 y 1700 y en sus líneas habla de la localidad de San Francisco Chamacuero. Su autor fue probablemente uno de los descendientes del personaje central en el dibujo, Pedro Martín de Toro, con el que trataba de demostrar la pertenencia a la nobleza otomí y su condición de descendiente en un par de litigios en Zacatecas y Ciudad de México, en los que solicitaba más dinero. En él se relatan las hazañas de conquista de este personaje otomí que era descendiente de los señores de Jilotepec, y formó parte del ejército de Nicolás de San Luis y Fernando de Tapia. En la mitad superior y en su parte central vemos a Pedro Martín derrotando al jefe chichimeca. Se puede apreciar también cómo los otomíes luchaban portando una armadura en la parte superior de su cuerpo hecha con tablillas de madera, mientras los chichimecas llevaban únicamente taparrabos.

La acción de los otomíes castigando a los enemigos en sus propios territorios, y de los presidiales en sus labores de escolta, consiguió sujetar bastante a los chichimecos que, aunque seguían causando destrucción y muerte, se produjo un decaimiento de sus ataques que motivó la expansión sin precedentes de poblaciones españolas al norte. Tras la Nueva Galicia, más al norte se fundó la Nueva Vizcaya, y después el Nuevo León, las minas aparecían por doquier, así como las fundaciones de nuevas poblaciones. A Zacatecas le siguió Durango, y más tarde Saltillo.

Entre los capitanes que combatieron en la guerra destaca Francisco de Ibarra,[67] quien inició las exploraciones al norte de Zacatecas, fundó la villa de Durango, y el Nuevo Reino de Vizcaya, del que fue nombrado primer gobernador, explorando el territorio en su totalidad y haciendo posible nuevas expediciones. La vida y andanzas de Ibarra[68] son merecedoras de todos los libros que se quieran escribir sobre ello. Los hechos

---

[67] Nacido en Éibar, Guipúzcoa, se cree que hacía 1539 emigró a América y murió en 1576 en la Nueva Vizcaya.

[68] Fueron registradas en: Obregón, Baltasar de (1584), *Historia de los Descubrimientos Antiguos y Modernos de la Nueva España*. México, 1924. Secretaría de Educación Pública.

tuvieron lugar en un momento, justo al comienzo del establecimiento de los presidios, en el que la aportación de estos a la conquista de Ibarra fue prácticamente nula. Baste con hacer referencia a sus hitos en estas páginas para completar el relato cronológico sin extenderse mucho en un personaje que, si en algo destaca, es precisamente en su olvido historiográfico.

Con tan solo 20 años de edad y sin tiempo para acumular experiencia ya le había enviado el virrey a descubrir y conquistar las nuevas tierras al norte de Zacatecas. Corría el año 1554 y con él iba Baltasar de Obregón que, años más tarde, escribiría con todo lujo de detalles su aventura. Documento etnográfico imprescindible para conocer la verdad sobre los pueblos conquistados en esos territorios.

Ocho años más tarde, en 1562, encabezaría una nueva expedición para la que reclutó a 170 soldados, expandiendo la frontera hacía el noreste, en lo que después se llamaría el Nuevo León. Salió una vez más en 1564 a conquistar y fundar ciudades en el sur de la actual Sinaloa como Copala o Panuco, empresa a la que se dedicó durante los siguientes cinco años. Pretendió la conquista del Nuevo México y las siete ciudades de Cíbola, pero no fue autorizado a ello, muriendo unos años después, precisamente en el pueblo de Panuco que él había fundado en Sinaloa. Varios de sus incondicionales fueron después protagonistas en la épica labor de mantener y ampliar el territorio para la Corona. Rodrigo del Río de Loza, capitán de presidio, fundaría la localidad de Santa Bárbara, cruce de caminos de gran importancia en las futuras exploraciones al territorio que se daría en llamar el Nuevo México.

A Ibarra, tras su muerte, le sucedió Alberto del Canto,[69] que había compartido expediciones con él, la primera de ellas en 1662, en la que se expandió la Nueva Vizcaya hacia el noreste. Del Canto fundaría la villa de Santiago de Saltillo, llamada en la actualidad Saltillo, como acredita el historiador Vito Alessio Robles,[70] y dieciséis años más tarde, Francisco de Urdiñola fundaría la muy próxima villa de San Esteban de la Nueva Tlaxcala, lo que parece que motivó alguna confusión en la historiografía acerca del año y el quién había fundado qué, ya que, en la actualidad, ambas forman la ciudad de Saltillo.

En 1562 había llegado Luis de Carbajal, nuevo cristiano de origen portugués, con unas capitulaciones con Felipe II que le daban la posesión de un enorme territorio que iba desde el sur del actual Texas, el noreste de la Nueva España, y que incluía zonas que ya formaban parte de la Nueva Vizcaya como la de Saltillo, lo que originaría no pocos enfrentamientos entre unos y otros. La región se daría en llamar Nuevo Reino de León, y Carbajal era su dueño plenipotenciario.

Carbajal fundó muchas poblaciones en el norte al son de los hallazgos de minas, sin preocupar mucho lo que sucedía alrededor, ni a las autoridades ni a los empresarios. Se fundó la ciudad de Monterrey, en ese momento llamada Santa Lucía. La Monclova, que tendría una importancia fundamental en la siguiente expansión al norte, y que en ese

---

[69] De origen portugués, nacido en las Azores, posiblemente en 1546.
[70] Robles, Vito Alessio (1938), *Bosquejos Históricos*. Ed. Polis. México.

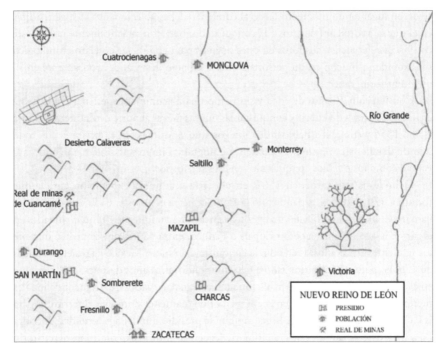

Poblaciones establecidas en el Nuevo Reino de León al norte de Zacatecas
a finales del siglo XVI. La distancia entre Zacatecas y Monclova era de 140 leguas
o 570 kilómetros.

momento recibió el nombre de la Nueva Almadén, por la cantidad de metales encontrados en sus minas. Y también se fundaron las localidades de Cerralvo y la de Potosí.

Esta expansión generó un resentimiento en los indios, quienes vieron que sus tierras ancestrales eran transitadas por una nueva cultura que no entendían. La llegada de los frailes fue otra novedad a la que debieron hacer frente, y no todos lo aceptaron con agrado.

Toda esta gran zona al norte de la Nueva España parecía estar en calma, la Nueva Vizcaya y el Nuevo León progresaban sin demasiados problemas, pero para llegar a ellos desde Ciudad de México se debía atravesar la Gran Chichimeca, la zona que se expandía hasta ochocientos kilómetros al norte de la Ciudad de México. Los chichimecas dominaban el territorio y como se veía por las crónicas, tenían un atraso cultural significativo con respecto al resto de pueblos mesoamericanos. Eran temibles guerreros acostumbrados a sobrevivir en las áridas montañas que jalonaban su territorio, cazadores, recolectores, nómadas, y caminaban desnudos, lo que les daba una apariencia feroz. Estaban formados por dos grupos principales, los guachichiles al sur y los zacatecos al norte.

El rápido desarrollo de estas zonas mineras empujó a la mejora de los caminos que las unían con la Ciudad de México. Es el momento en que se establecen los caminos reales,[71] arterias principales del Imperio español en América, y que no eran sino los caminos ya utilizados por los nativos para surtir los mercados aztecas, pero ampliados y mantenidos por las autoridades españolas, a pesar de ello, no en todo su recorrido se podía hacer uso de carruajes, por lo que el modo de transporte más extendido era el de las recuas de mulas que, formando trenes al cuidado de arrieros, acarreaban las cargas entre Zacatecas y Ciudad de México. Se debe recordar que las culturas precolombinas no hacían uso de la rueda, aun conociéndola, posiblemente por no disponer de animales de tiro, su transporte se limitaba a lo que acarreaban a hombres.

Al camino principal que unía México con Zacatecas pronto se añadieron otros caminos que confluían en este. A las minas había que llevar materiales y herramientas para la extracción de los minerales, entre ellos el mercurio, que era traído desde España. Por otra parte, Zacatecas y la zona donde se encontraban las minas era y es una zona árida, que necesitaba abastecimiento de diferentes productos para la subsistencia de la población, por lo que las cargas iban y venían en ambas direcciones convirtiendo el camino real en una vía muy transitada. El camino atravesaba el territorio chichimeca, y los indios no tardaron en atacar las caravanas y saquearlas. La ropa y la comida eran de gran interés para ellos *(Fig. 11 Cuadernillo)*.

De este modo dio comienzo la Guerra Chichimeca, que se alargó durante cuarenta años, la más larga y costosa de cuantas enfrentaron los españoles en América. Las prácticas de los chichimecas eran aterradoras, las víctimas eran destripadas y desmembradas en vida, y su cabellera arrancada como trofeo. Algunos eran secuestrados y su final no era más leve. La acumulación de ataques y su terrible resultado extendió el pavor entre los habitantes locales, y resultó en enormes pérdidas económicas. Para solucionarlo se intentaron estrategias pacíficas sin resultado, llegando a mandar una expedición para ofrecerles el perdón total a cambio de la paz, lo que tampoco tuvo efecto.

Los españoles que habitaban la región idearon diferentes estrategias como la Casa Fuerte,[72] que empezó siendo un recinto para la protección de sus habitantes, pero pronto se convirtió también en parada y fonda para los viajeros, que además de cama encontraban armas con las que defender la plaza. Las caravanas empezaron a protegerse con escolta privada, y algunos de los carruajes más grandes se fortificaron también para responder a los ataques. No parece que alguna de estas iniciativas privadas tuviera éxito *(Fig. 12 Cuadernillo)*.

La llegada del cuarto virrey, Martín Enríquez, cambió las tornas. Su proposición fue clara, guerra sin cuartel, *«guerra a sangre y fuego»*. El Camino Real a Zacatecas y la protección de los convoyes fue la prioridad. En el camino se construyeron dos casas fuertes, la de Ojuelos y la del Portezuelo. De la Hacienda Real en México se pagaron los sueldos de los primeros soldados adscritos a ellos, doce hombres cuya primera misión fue la de escoltar las caravanas *(Fig. 13 Cuadernillo)*.

---

[71] Caminos principales. Corrían a lo largo y ancho de los virreinatos a semejanza de los que existían en España.

[72] Elemento que ha originado algunos topónimos tanto en América como en España.

Los indios también aprendían nuevas estrategias de ataque, por lo que esta primera fuerza de choque tuvo que evolucionar y adaptarse. Fue necesario el establecimiento de cinco fuertes más en partes delicadas del camino. El diseño de los fuertes era clásico y sencillo, cuatro muros formando un cuadrado con cuatro bastiones en las esquinas. En el interior y contra los muros se construían las casas de los soldados, los establos y talleres y, por supuesto, una capilla. El centro se dejaba libre como plaza de armas en la que se protegían los carros y recuas por la noche.

El virrey declaró la guerra total ante el riesgo de perderlo todo, y como siempre fue costumbre en España, la guerra debía ser legal y justificada. Para ello, el toledano Gonzalo de las Casas, elaboró un estudio[73] utilizado por el virrey como base legal para declarar la guerra. Se pidió consulta a los capitanes de los presidios existentes quienes se reunieron en el fuerte de Cuicillo cercano a Zacatecas, junto al representante del virrey, Gerónimo de Orozco, que era presidente de la Audiencia[74] de Guadalajara. Las conclusiones alcanzadas fueron que hacía falta incrementar el número de presidios y muchos más soldados para enfrentar a los indios. También se debía triplicar el sueldo de los soldados para reclutar a gente más capaz.[75] Todo fue aceptado sin discusión por el virrey.

Desde la finalización de la conquista los tlaxcaltecos habían pasado a formar parte importante de la fuerza militar española, por otra parte, todos los que vivían en la Nueva España se denominaban a sí mismos españoles, no siendo posible diferenciar por los documentos, qué soldados eran peninsulares y cuáles americanos, contándose entre ellos criollos, mestizos y nativos hispanizados. Hacia el final del siglo XVI, sesenta años después de la conquista de México-Tenochtitlán, y tras al menos tres generaciones de mestizaje, se puede concluir que la soldadesca estaba formada por gente de toda procedencia étnica.

Conviene tenerlo en cuenta y no equivocarse pensando que los españoles eran extranjeros llegados a conquistar las tierras americanas, y que regresaron a su España natal después de la conquista, o pensar que fueron expulsados con la independencia. Muy al contrario, su viaje fue solo de ida y si alguno regresaba no era por voluntad propia ni era buena señal, a menudo volvía arrestado, o para tratar asuntos oficiales. Teniendo más y mejores oportunidades en América, nadie estaba dispuesto a regresar a la Península.

Aclaración necesaria, ya que la denominación de españoles se emplea con profusión por la historiografía pasada y presente. Como herederos naturales del Imperio romano, en el que los pueblos conquistados pasaban a denominarse romanos, los españoles pusieron en práctica la misma política de denominar a los conquistados como españo-

---

[73] Gonzalo de las Casas (1936), *Noticia de los chichimecas y justicia de la guerra que se les ha hecho por los españoles.*

[74] Audiencia. Poder judicial y legislativo que representaba al rey en una amplia zona geográfica. Estaba subordinada al Consejo de Indias y actuaba en consonancia con el virrey.

[75] Primera referencia al que sería el verdadero talón de Aquiles del sistema presidial.

les, independientemente de su origen, ya fuese mestizo o indio hispanizado. De alguna forma había que diferenciar a los indios, entre los que ya estaban cristianizados, y los que aún no lo estaban. Extrapolar este concepto básico a las nacionalidades actuales resultantes de las independencias carece de sentido. En la Nueva España no había mexicanos, salvo los residentes en la capital. Tras el bautismo y aceptación de un nombre español todos eran novohispanos, el resto eran indios gentiles[76].

Volviendo a los acontecimientos, para 1580 el nuevo sistema de presidios era a todas luces insuficiente. Era un sistema defensivo muy limitado, no se había ideado para el ataque y la conquista, y se necesitaba una fuerza mucho mayor en hombres y armas. Para ese momento los chichimecas habían aprendido a cabalgar con mayor destreza incluso que los españoles, y a usar las armas que robaban en sus ataques. Siguiendo el liderazgo de los guachichiles y, ante la presencia amenazadora de los españoles, los chichimecas formaron alianzas con otros grupos, incluso con los que habían tenido enfrentamientos en el pasado.

Se establecieron más de veinte nuevos presidios en el Camino Real a Zacatecas, aunque muchos soldados hubieron de ser estacionados en los pueblos, fuera de sus establecimientos, ya que la osadía de los indios los llevaba a atacar las poblaciones, y para frenarlos uno de los presidios se estableció en el valle de San Fernando, el bastión guachichil. Por otra parte, los españoles contaban con una fuerza auxiliar nativa formada por tarascos, otomíes, tlaxcaltecos y mexicas, otrora enemigos y ahora aliados, práctica empleada anteriormente en otros conflictos como la propia conquista de México.

A pesar de que el virrey Enríquez dijo a su llegada que conseguiría el éxito mediante la guerra a sangre y fuego, esto requería emplear recursos humanos y económicos que la Corona no tenía ni los quería invertir, por lo que se optó por medios pacíficos, como la religión, sin duda el arma más eficaz que los españoles emplearon. De esta labor se encargaron básicamente dos órdenes religiosas, Franciscanos y Jesuitas. Hubo otras, pero minoritarias. Misioneros para evangelizar a los indios hostiles, así lo vio el virrey Enríquez, quien informaba a su sucesor sobre la Guerra Chichimeca y le instaba a seguir sus pasos:

> *Unos indios que acá llaman chichimecos, a los cuales se juntan otros de otras naciones,[77] que todos quedaron por conquistar, y andan alzados y rebelados contra Dios y contra su majestad, ha sido una plaga que ha dado mucho que hablar en este reino, porque estos habitan en la tierra más larga y fragosa[78] que hay en él, por lo que pienso que si para castigarlos se juntasen todos los españoles que hay acá, no bastarían, porque como ellos nunca tienen asiento ni lugar cierto donde los puedan hallar, sino que con sus*

---

[76] Los que aún no habían recibido el bautismo cristiano.

[77] El término *nación* que en la actualidad tiene una connotación diferente, sirvió durante la época virreinal para definir a los grupos humanos que posteriormente pasaron a denominarse tribus.

[78] La tierra más amplia y montañosa.

arcos y flechas, que son las armas que usan, andan de una parte a otra, y como venados sustentándose de solo yerbas, y raíces y polvos de animales que traen en unas calabazas, saben bien esconderse de los que suelen buscarlos; y cuando los españoles piensan dar sobre ellos, están bien lejos de allí, y tienen mil astucias para buscar y hallar a los españoles y emboscarlos en pasos forzosos y caminos, y así han hecho y hacen por ordinario robos y muertes en ellos con crueldades increíbles (Fig. 14 Cuadernillo).

Y aunque para remediarlo se ha hecho siempre lo que se ha podido por mí y por las audiencias Reales de aquí y de la Huaxteca, gastando mucho dinero así de su majestad como de personas que tienen por allí haciendas, e incluso de la mía, nunca ha sido remedio bastante, ni creo ha de bastar ninguno, si su majestad no se determina a mandar que sean asolados a fuego y a sangre. Y así vuestra señoría podrá hacer en el entretanto lo que todos hemos hecho, que es ir asegurando los caminos con soldados, para que los daños no sean tantos, y castigar los salteadores que se capturen.

Y advierta vuestra señoría que Luis de Carvajal, que vino en esta flota[79] para gobernador del Nuevo Reino de León, es la persona que, a mi entender, podrá ayudar mejor en esto, porque como se ha criado entre estos indios y sabe sus entradas y salidas, y conoce las más cabezas de ellos[80] y lo mesmo ellos a él, tiene con esto andado mucho camino, especial en lo que con ellos se ha de procurar que es tratarlos de paz, y por verlo inclinado a esto más que a beberles la sangre, me valí yo siempre de él, yo creo que acertará en hacer lo mismo.[81]

En 1585 llegó el sucesor de Enríquez, el Marqués de Villamanrique, quien en su inexperiencia en las Américas pensó que la acumulación de presidios y soldados era la causa de que la frontera estuviese en guerra. Sus intenciones eran abolir cualquier forma de esclavitud y suprimir los presidios. Buenos propósitos convertidos en despropósito, como así pensaban civiles y militares, quienes se opusieron a estas intenciones alegando que esa política desastrosa sería vista por los indios como una claudicación, ante lo cual, el virrey tuvo que retractarse y mantener los presidios, aunque sí es cierto que había algo inasumible, el coste de la guerra para la Hacienda Real, y había que buscarle solución.

Ya en 1584 el obispo de Guadalajara, Domingo de Alzola, había ofrecido una alternativa,[82] según la cual, la labor misional podía hacer mucho en la pacificación de las naciones rebeldes, algo que ya se había intentado anteriormente con profusión, pero sin resultados. Los religiosos muertos habían sido muchos a lo largo de los años.

---

[79] La flota española que unía España con las Américas en viaje de ida y vuelta, al menos uno por año.

[80] Conoce a sus jefes.

[81] «Instrucción y advertimientos que el virrey Martín Enríquez dejó a su sucesor en el cargo en la Nueva España, el Conde de Coruña, Lorenzo Suárez de Mendoza. 25 de setiembre de 1580». En Marqués de Pidal y Miguel Salvá (1855). *Colección de documentos para la Historia de España*. Tomo XXVI. Madrid, págs. 383 – 384.

[82] Archivo General de Indias. Indiferente General 1092, «Copia del memorial que el Obispo de Guadalajara dio al arzobispo de México, gobernador de Nueva España, acerca de la guerra de los Chichimecas» (1584).

El obispo vino a ofrecer la creación de asentamientos de paz en la zona de guerra, establecimientos neutrales gestionados por varios frailes, con grupos de indios cristianos llegados del sur, que servirían de modelo para el resto. Sin saberlo estaba proyectando el futuro modelo de misiones que se aplicó a partir de entonces. Parece que no iba muy desencaminado el obispo cuando encontró el apoyo de gente influyente, que tenía experiencia en el trato con los indios, como el capitán Rodrigo del Río de Loza, un veterano de la Guerra Chichimeca desde su inicio.

El virrey Villamanrique acogió de buen grado el plan del arzobispo, teniendo en cuenta que seguía empecinado en acabar con los presidios, y para quien los soldados no eran sino esclavistas. Por otra parte, con ello se recortaría el coste militar, y su esperanza era que la medida encaminase a la tan deseada paz.

El plan se puso en práctica encomendado a determinados capitanes de frontera como Río de Loza, Francisco de Urdiñola, Miguel Caldera y Ortiz de Fuenmayor, quienes iniciaron conversaciones con los principales capitanes y gobernadores indios. La oferta era clara, si los indios se reducían pacíficamente a pueblos los españoles les darían los productos que antes robaban en las caravanas, sin pedirles nada a cambio. Fue una paz comprada, y su coste, aun siendo altísimo, fue muy inferior al de la guerra.

En 1590, Luis de Velasco, hijo del anterior virrey con el mismo nombre, sucedió a Villamanrique como virrey, continuando con el plan que ya se había puesto en marcha, aunque, en lo que atañe a los presidios, no siguió las instrucciones de su antecesor de liquidarlos por la desconfianza que le producían los chichimecas.

Esta fue la primera vez que se empleó la donación como estrategia de pacificación de los nativos y no sería la última, aunque no siempre se consiguió el éxito deseado. Los presidios pasaron a ser agencias de paz, y los capitanes almacenaban los productos que debían repartir entre los pacificados chichimecas. Los utensilios para la cocina y la ropa eran los regalos más apreciados. No teniendo que guerrear más, los capitanes presidiales se convirtieron en protectores de indios, alejándolos de la influencia de otros grupos aún belicosos y de algunos mineros que intentaban esclavizarlos.

Con la llegada de la paz también regresaron los frailes, quienes establecieron misiones entre los indios, era el compromiso de la Corona, convertirlos en cristianos y españoles de provecho. A esto colaboraron en gran medida los tlaxcaltecos ya totalmente hispanizados, los otomíes y otras naciones de indios, que sirvieron de modelo para los neófitos. Con este plan, un par de familias de la Tlaxcala se establecían en cada asentamiento indio, relativo sacrificio para ellos con el que, a cambio, obtuvieron exenciones en el pago de impuestos y otras prebendas.

El tema de los impuestos tampoco fue regular a lo largo de los años. Teóricamente todas las actividades debían pagar el quinto real, pero en la práctica y en regiones tan depauperadas como el norte de la Nueva España esto solo afectaba a los mineros, a pesar de que el rendimiento de las minas era muy dispar. Salvo algunos puntos de gran abundancia como Zacatecas, la media general no era para hacerse rico, lo que retraía a otros mineros de poblar el territorio. Se introdujeron descuentos en el impuesto real, pasando del quinto habitual al décimo y en algunos casos al vigésimo. En la Nueva

Vizcaya no comenzaron a pagar ese impuesto hasta el descubrimiento de las minas de Indé y Santa Bárbara en 1567.[83]

Otras actividades como la ganadería o la agricultura eran poco menos que de subsistencia, salvo en el caso de los grandes terratenientes, pero con los continuos ataques de los indios era difícil para las autoridades gravar a los ricos hacendados, quienes, en muchos casos, mantenían de su bolsillo cuerpos militares que sujetaban la frontera, y lo que no querían las autoridades era que estos también despoblasen el territorio.

Esa era básicamente la situación económica en el norte de la Nueva España, de los impuestos recaudados había que mantener misiones, presidios y los regalos de pacificación a los indios, quienes eran los principales beneficiarios de los ingresos de la Caja Real, sin colaborar en el incremento de esta por ningún concepto. Con el paso de los años, el aumento de las necesidades en defensa y misionales, y la multiplicación de los enemigos, agravó la situación económica. El norte de la Nueva España fue deficitario a lo largo de todo el periodo español.

---

[83] Datos extraídos de Robles, Vito A., *Francisco de Urdiñola y el norte de la Nueva España*, Ed. Porrúa, pág. 24.

MIGUEL CALDERA
(1548-1597)

Las minas de San Luis descubrió un vecino de este reyno llamado el capitán Miguel Caldera…

Así reza el breve documento que nos da la primera noticia del capitán Caldera, un caso especial por distintas razones. De origen mestizo, su figura ha sido objeto de olvidos tan injustificados como posibles excesivos homenajes, sobre todo a destiempo y motivados por su origen americano y mestizo. El virrey Luis de Velasco y Castilla lo elevaba a los altares, los mismos a los que después elevaría a otros capitanes como Francisco de Urdiñola, del que hablaremos en breve. De Caldera, en concreto, dijo que fue

Carta de la Audiencia de Guadalajara dando nuevas de los sucesos en la Nueva España. Documento en el Archivo General de Indias, en Guadalajara,6, R.24, N.139BIS.

el hombre más necesario para la pacificación de los chichimecos, adulaciones que también prodigó al resto de capitanes. No se debe tomar en excesiva cuenta lo escrito por el virrey, ya que llegó a la gobernación en 1590, procedente de España, cuando la paz ya se había materializado.

Tal como demuestra el previo documento, el capitán Caldera descubrió las minas de San Luis Potosí, y a él se atribuye, por tanto, la fundación de la población, necesaria para el mantenimiento y extracción de los metales. Corría el año de 1592. Aunque de acuerdo a los documentos que se estudian a continuación, con el descubrimiento se refiere a que el oficial real, en este caso el capitán Caldera, fue a tomar posesión de ellas tras ser informados por los locales de la existencia de las vetas.

Caldera era hijo de otro capitán, Pedro Caldera, y de una india chichimeca, lo que le daba conocimiento del lenguaje y de la forma de lucha de los enemigos. Alguna crónica se refiere a él como en exceso valiente y siempre apresto al combate, al que se lanzaba desnudándose al estilo de los enemigos, surtiéndose de arco, flechas y chimal, y escalando los montes en busca del enfrentamiento.

Pudo nacer en 1548 y morir en 1597 en San Juan del Río. Tuvo dos hermanos, Melchor y Francisco, también soldados, que murieron en la Guerra Chichimeca, y una hermana que permaneció a su lado hasta el final. En 1582 recibió el nombramiento de capitán con un sueldo de 600 pesos y la facultad de reclutar soldados que recibirían 450 pesos de sueldo anual. Con esta facultad reclutó una compañía de 30 soldados, la mayoría de ellos criollos de la tierra que, junto a los habituales indios flecheros, en este caso cazcanes, formaron el grupo principal de Caldera, con los que acometió la pacificación del Gran Tunal y sus habitantes guachichiles. Intento de pacificación que dio lugar a incontables batallas, en las que el capitán Caldera se distinguió, pero que no produjeron avance alguno en su objetivo inicial de pacificación.

No fue hasta la puesta en práctica de la paz por compra en 1586, impulsada desde el virreinato, que se consiguió la paz definitiva. Labor en la que también destacaría al ser conocedor de la lengua guachichil, facilitando con ello las negociaciones para alcanzar la pacificación. Quién sabe si su condición de mestizo ayudaría a su olvido como parte fundamental de la pacificación, o esta se produjo por el efecto conjunto de otros capitanes, como iremos viendo en las páginas siguientes.

Su regreso a los anales de la historia puede ser también una fabricación, realizada con poco rubor por historiadores modernos, respondiendo a necesidades propagandistas muy claras. La primera de ellas por parte de historiadores en el México independiente, ávidos de encontrar figuras que separasen claramente la línea española de la mexicana. Personajes a encumbrar con origen indígena, o al menos en parte, como en el caso de Caldera. La segunda, complementaria con la anterior, tiene que ver con la actividad posterior, ya en el siglo XX, de historiadores norteamericanos a la búsqueda de esas excepcionalidades que validasen las teorías antiespañolas tan habituales, incluso en nuestros días, en los que cualquier crónica o documento es denostado y ridiculizado junto con sus autores, si no apoya sin fisuras las tesis indigenistas.

Es difícil en este caso llegar a valorar el peso real en la historia del capitán Caldera, al haber sido producto de la idealización, aunque un repaso a algunos documentos[84] nos puede dar una idea general:

> *Muy poderoso señor, el capitán Miguel Caldera y justicia mayor de todas las nuevas poblaciones de chichimecas y taxcaltecas (sic), digo que con toda rectitud y cuidado e servido al Rey nuestro señor en la guerra de las chichimecas y otras partes desta Nueva España. Y en ella, de más de aver aventurado diversas veces mi vida como buen soldado, he gastado mi hacienda y patrimonio que a sido en mucha suma y millares de pesos de oro, hasta tanto que los dichos indios chichimecas se ubiesen puesto de paz como de presente lo están y porque yo pretendo ocurrir ante su Majestad y su superior consejo de las indias a pedir remuneración y paga de los dichos mis méritos y servicios. Y de lo mucho que he trabajado y en ello consumido mi hacienda, de cuya causa estoy pobre, para que de los dichos méritos y servicios conste habilidad y suficiencia de mi persona conviene se me reciba información...*

Así se iniciaba la prolongada *Información recibida por mandado de esta real audiencia de México cerca de la calidad y méritos del capitán Caldera*, que se prolonga a lo largo de 92 páginas. Un documento como este, en el que el propio interesado hace relación de sus méritos, no es el mejor para sacar una descripción del personaje y su historia, toda vez que las exageraciones y los aderezos fueron muy habituales entre todo aquel que anhelaba el reconocimiento real y la consiguiente paga, aunque, con la requerida cautela, lo referido puede ser suficiente para obtener una descripción de lo acontecido.

A lo largo de su vida, Caldera tuvo relación con lo más granado de la milicia y de los capitanes presidiales:

> *Primeramente sean preguntados si conocen las dichas partes al Marqués de Villamanrique visorey que fue desta Nueva España, y si tienen noticia de la razón que se funda esta información y si conocieron a Juan de Rentería difunto alcalde mayor que fue de las minas de los zacatecas, Alonso López de Lois difunto capitán que fue contra los dichos salteadores chichimecas, a Roque Núñez así mismo capitán difunto y Fernando Días de agüero, y a Vicente de Zaldivar, al doctor Don Guillermo de Orozco y residente que fue de Guadalaxara, y al doctor Juan Bautista de Orozco oidor que fue de esta Nueva España, y a Don Luis Ponce de León así mismo capitán, y a Gregorio Berrio, y a Don Diego Fernández de Velasco capitanes que así mismo fueron contra los dichos indios chichimecas, si tienen noticia de la razón en que se funda este pleito y causa.*
>
> *Si saben, creen, vieron, oyeron decir que estando amotinados y alterados los dichos indios chichimecas, pamies, copuses, guaxabanes y copuses, y otros indios de diferentes naciones, los cuales a modo de guerra andaban salteando y matando y despoblando muchos pueblos de indios cristianos con gran cruel, degollando y matando muchos españoles trayendo consigo arcos y flechas, caballos y desjarretaderas, que hacían notables desagravios contra la nación cristiana, y en de servicio de la Real Corona de Castilla puede*

---

[84] *Informaciones: Miguel Caldera*. Archivo General de Indias, Sevilla, en México, 220, N.30.

haber años que dicho capitán Miguel Caldera en servicio del reino salió en compañía del dicho Vicente de Zaldivar, fue nombrado por general contra la guerra de los dichos indios chichimecas, e habiendo habido con ellos muchos encuentros y peleas, el dicho capitán Caldera en servicio de Dios nuestro señor y de la dicha Corona, peleó como buen soldado haciendo hechos dignos de eterna memoria...

Caldera refería que, durante los veintitrés años que había estado al servicio de su majestad, había sido herido muchas veces en los distintos enfrentamientos contra los chichimecos, que había hecho presa de incontables indios de guerra y salteadores, no perdiendo soldados españoles en los enfrentamientos, y que los enemigos le temían en tal forma que *ya no esperaban, antes huían de él.*

...que en diferentes días y tiempo, teniendo noticia el dicho capitán Caldera que los dichos indios chichimecas salteadores muchos españoles e mujeres para los degollar, flechar y sacrificar, continuando sus servicios salió en seguimiento de muchas diferentes cuadrillas de indios y en verles, les quitó más de cuatrocientos cristianos españoles e mujeres, indios y mulatos que los llevaban presos para los matar y quitar la vida.

... tenía consigo sus soldados que eran mucho y a su costa unas veces les daba de comer y otras veces por tenerlos gratos de sus propios bienes les daba dineros, ropa, caballos, armas e otras preseas de valor y estima.

...estando el dicho capitán Caldera en una frontera y fuerte que dicen de Colotlán, algunos de los dichos indios contrarios de diferentes naciones, gobernando esta tierra y Nueva España el marqués de Villamanrique, los dichos indios se le vinieron de paz y el dicho capitán Caldera, arriesgando su vida diversas veces, recibió los dichos indios mostrándoles amor y regalo, y de su propia hacienda para acariciarlos les dio camisas, capitos y sombreros, y caballos de que los dichos indios quedaron contentos.

Los indios que se habían puesto de paz y aceptado vivir en los poblados eran en total más de dieciséis mil y, según cuenta, ya habían construido las iglesias y recibían la doctrina de parte de los religiosos. Valoraba el ahorro anual para la Caja Real en doscientos mil pesos de oro, defendiendo también que el coste de la paz era mucho menor a pesar de los muchos pesos gastados en la compra de los regalos a los indios. Precisamente por lo mucho gastado de su personal hacienda en el mantenimiento de los cien soldados, armas y caballos, se quejaba, y por ello pedía que se le abonase la cantidad de veinte mil pesos de oro por él invertida *que le tenía pobre y necesitado.*

El documento aporta las declaraciones de una serie de testigos, como Alonso de Salazar Tarazona, que decía lo siguiente:

El capitán Miguel Caldera ha servido a su majestad en la guerra contra chichimecas e indios alzados así de soldado como de capitán, alguna vez a su costa sin sueldo y otras con él, y que ha tenido en las jornadas que se han dicho buenos sucesos y que se acuerda que, de una de ellas salió herido, y que esto ha sido así en la gobernación de esta Nueva España como en la Nueva Vizcaya y en el Reino de Galicia y distrito de Zacatecas, y que habiendo hecho algunas jornadas a su costa el dicho Miguel Caldera le vio venir con presas de los dichos salteadores que andaban infestando y salteando las provincias comarcanas.

Y oyó decir que la prisión de ellos habían quedado muchos muertos por ser indios belicosos, y que se defendía y que oyó decir, por ser notorio a los soldados que habían ido con él en esta compañía, que habiéndose empeñolado los indios y no pudiéndose aprovechar los españoles de ellos a caballo, se apeaba el dicho Miguel Caldera y se armaba y tomaba arco y flechas como los indios, y con los indios amigos iba a pelear con los indios que estaban empeñolados, y que por su valentía y ánimo las más de las veces las jornadas en que iba había buenos sucesos, y que era público e notorio que los indios de guerra tenían gran miedo al dicho capitán Caldera y se lo tienen, y que se entiende que la causa principal que les movió a los indios a venir de paz fue el miedo que tenían al dicho capitán Caldera.

Y así estando en esta ciudad el dicho capitán Caldera, sobre la serranía de San Felipe la quebrada del día vinieron los indios alzados a traer de paz, y salió a ellos y a hablarles un Fulano de Torres, soldado, y otro mestizo con él que de nombre no se acuerda, y habiendo entendido la voluntad de los indios se dio noticia al marqués de Villamanrique, y le dio comisión a Juan Bautista de Lomas y al capitán Caldera para que tratasen de la paz, y así partió el dicho Juan Bautista de Lomas.

…el dicho capitán Miguel Caldera se fue a los capitanes principales de los chichimecos que eran Juan Tenso, Juan Vaquero, Perico de Torres Ascanami y otros muchos capitanes, y solo con ellos se entró la tierra dentro para entenderse de todas las naciones alzadas, y anduvo con ellos quince o veinte días sin bastimento, comiendo de lo que ellos comían, y salió al cabo del dicho tiempo a las minas de las charcas con los mismos capitanes y mucha gente de las que habían conocido que trataban de la paz, y los trajo de paz a Zacatecas y pidiendo a los oficiales reales, entre los cuales era uno este testigo, que les diesen comida y vestuario para que los indios que tenían de paz, este testigo y sus compañeros, por no tener orden del marqués de Villamanrique, que a la sazón gobernaba, no se atrevieron a dárselo, y el dicho Miguel Caldera se lo dio de su propia hacienda, tantas veces que el dicho marqués dispensó que se le pagase, y esto lo hizo otras muchas veces el dicho capitán Caldera, y por su medio entiende este testigo, y por haber gastado la hacienda se a conservado y conserva la paz hasta ahora.

Y que entiende este testigo que si el dicho Miguel Caldera estuviera allá dentro cuando los indios de San Andrés, ahora últimamente hicieron daño de los indios comarcanos, cree para si que no los hicieran y que entienda que con su ida se allanara todo aunque estuviesen rebelados…

Los indios alzados se han congregado y tienen sus pueblos formados y sus iglesias y cruces por los caminos, y tienen consigo religiosos y en las dichas congregaciones se les administra los santos sacramentos, y ellos acuden a los oficios divinos. Y que durante la guerra se gastaban en cada un año casi cien mil pesos de oro común y que con esta paz, con ser ahora a los principios en que se les da a los indios alzados lo que ha menester de comidas e bastimentos, se gasta muy mucho menos como parecerá por las cuentas que, aunque el dicho capitán Caldera ha gastado de su hacienda en la guerra, lo que ha dado a los indios mientras se a tratado de la paz, se le a pagado y que sabe este testigo que en esta guerra le han muerto los indios al dicho Miguel Caldera un hermano suyo.

El testigo capitán Agustín de Sotomayor decía:

…trae muchas partes visto este testigo como iba el dicho capitán Miguel Caldera unas veces por soldado y otras veces por caudillo por ausencia de los capitanes, y en las dichas

entradas acudía con mucha diligencia y cuidado así a esperar y reconocer los puestos de los indios a pie y a caballo, como para otras ocasiones de pelear con ellos, y vio como en muchos encuentros que tuvo con los dichos indios chichimecos salió muy bien de ellos, hiriendo y matando y prendiendo a muchos de los dichos indios y rebelados, y que esto fue tiempo de cuatro años y poco más o menos.

Y que sabe que siendo capitán aventurero entró a Valparaíso y en la sierra de Tepex de San Andrés y sacó más de cuarenta cristianos que habían llevado los indios de los pueblos de paz de Tlaltenango y Tequaltiche, y en otras entradas que ha hecho asimismo ha sacado cantidad de cristianos, y en otra entrada lo hizo cuando mataron los indios a Cristóbal de Aguilar, se vio en este mismo paraje sacó otra cantidad de cristianos y más de unos ciento y cincuenta caballos de arrieros y de estancieros, que habían llevado y de esta entrada y las otras dos que hizo las hizo a su costa convidando para ello a soldados y amigos suyos.

El largo documento prosigue con otras cartas relacionadas que fueron agregadas al mismo legajo:

…El presidente e oidor de la audiencia real del nuevo reino de Galicia, a vos Miguel Caldera, vecino de la villa de Xerez de la Frontera, sabed que habiendo tenido noticia que algunos indios de algunos pueblos de la provincia de Guaynamota se han alzado y rebelado del servicio de Dios nuestro señor y de su majestad y muerto a fray Andrés de Ayala, guardián del convento del señor San Francisco de la dicha provincia, y a fray Francisco Gil su compañero, y a otros tres soldados españoles y a cantidad de indios e indias que con ellos estaban, y quemado las iglesias y casa del dicho convento, y por ser el caso tan grave y atroz, para que los dichos indios sean castigados, tenemos proveído y mandado que el capitán Juan de Sayas con otros capitanes y soldados vayan al dicho castigo.

Y habiéndose noticia que los dichos indios son muchos y haberse confederado con otros de otras provincias, y el número de los españoles ser pocos, y conviene que haya competente número para el dicho castigo, y confiando de vos el dicho Miguel Caldera, por la presente os nombramos por capitán y como tal os mandamos que, con la cantidad de soldados españoles, bien aderezados de armas y caballos que pudiere haber, e indios amigos que pudiere despachar por la parte de Tepeque a la dicha provincia de Guaynamota, y allí os juntéis con el dicho capitán Juan de Sayas y los demás, aguardéis la orden e instrucción que le está dada por nos, y Rodrigo del Rio de Loza, teniente de capitán general por su majestad en este reino, y acudáis a lo que el capitán Juan de Sayas os ordenare y mandare…

Las órdenes que recibió el capitán Caldera se desgranan a lo largo del documento:

…están los indios de los dichos pueblos despoblados y los persuadas y atraigas con buen orden, y sus asientos y casas que antes tenían, reduciéndolos a sus poblazones y formas de república de manera que se vuelvan y quieten, certificándoles que se les dará merced en lo que se les ofrezca, y serán favorecidos y amparados y reservados de tributo por algún tiempo, y asegurándolos es lo que se pretende de su conservación y aumento, y que vivan como cristianos y salven y remedien sus almas, dándoles a entender por interpretes de sus lenguas lo mucho que les importa venir en ello, y el riesgo y daño que se causaran…

La siguiente carta incorporada al legajo prosigue:

> *…los indios que han bajado de paz de San Andrés, y los de Juan Vaquero, Perico de Tunas y consortes, y los podáis poblar y asentar en la parte que os pareciere sin que ninguna persona ose o pueda impedir, y para que os juntéis con Rodrigo del Río, y en presencia de los oficiales reales de la Zacatecas confiráis lo que será necesario dar de una vez a los indios que han venido de paz, y lo que se acordare os lo entreguen para que lo distribuyáis con cuenta y ración, y también ordeno a los dichos oficiales y a Rodrigo del Río que lean lo que habéis gastado con estos indios del portechuelo así de maíz, vestuario y os lo paguen…*

El legajo incluye varias e interesantes cartas del monarca Felipe II:

> *Don Felipe por la gracia de Dios, rey de Castilla, de León, de Aragón, de Portugal, de las dos Sicilias, de Jerusalén, de Navarra, de Granada, de Toledo, de Valencia, de Galicia, de Mallorcas, de Sevilla, de Cerdenia, de Cordona, de Córcega, de Murcia, de Jaén, de los Algarves, de Algesira, de Giblaltar, de las Islas de Canaria, de las indias orientales y occidentales, islas y Tierra Firme del mar océano, conde de Barcelona, señor de Vizcaya y de Molina, duque de Atenas y de neopatria, conde de Rusellón y de Cerdeña, marques de Oristán y del Gosiano, archiduque de Austria y de Brabante y Milan, conde de Flandes y de Tirol, etcétera, por cuanto en el nuevo reino de Galicia de esta Nueva España de muchos años a esta parte se han hecho y hacen muchos daños los indios que en ella andan alzados y rebelados contra mi real servicio, chichimecos, zacatecas, guachichiles, guamaes, pamies, maticoyas, tepeguanes, y de otras naciones, y los daños, robos y muertes que estos indios hacen van cada día en crecimiento…*
>
> *…Mando que de aquí adelante no consintáis ni deis lugar a que el dicho Don Diego de los Ríos ni sus criados ni persona alguna no inquieten los dichos naturales, ni les quiten sus tierras que estuvieren sembradas ni fueren sembrando, si no que los dejen sembrarlas y cultivarlas para su sustento, y al que lo contrario hiciere le castigareis con todo rigor y los enviaréis presos a la cárcel Real de esta misma corte para que sean castigados conforme a sus delitos…*

FRANCISCO DE URDIÑOLA
(1572-1618)

Nacido en Oyarzun, San Sebastián, en 1552, llegó a la Nueva España muy joven, tan solo veinte años, con lo puesto y poco más. Se instaló en la Nueva Vizcaya, pues no podía ser de otra manera siendo español de Guipúzcoa. No se sabe nada de sus primeros pasos salvo que ingresó en el ejército y fue subiendo en el escalafón hasta 1582, en que fue nombrado capitán. Paralelamente, y al igual que otros soldados, trabajó e invirtió su dinero, tiempo y esfuerzo. Empezó con una mina y después con otra y otra, llegando a ser uno de los mineros más ricos y afortunados de la Nueva Vizcaya. La suerte siempre fue una de las variables más importantes para los mineros, si la mina daba poco, se sacaba lo invertido y a veces menos, había que invertir en la compra, pagar a los mineros, sin contar con el riesgo que, para el transporte, suponían los indios y sus ataques y saqueos.

Con los beneficios compró tierras y las puso en producción, llegando a ser el propietario de uno de los latifundios más grandes de América, con más de tres millones de hectáreas en gran parte del actual estado mexicano de Coahuila. También aplicó sus tierras a la ganadería. Diversificó sus inversiones, en la producción de metales, la industria, en fábricas textiles empleando el algodón y la lana que él mismo producía, y sin dejar de lado otro lucrativo negocio como era el transporte, siendo propietario de numerosas recuas.

Participó en la Guerra Chichimeca y en la defensa del Real de minas de Indé, donde lo hirieron estando cerca de morir. Pacificó a los rebeldes de la villa de Santiago del Saltillo levantando tropa y equipándola, casi siempre a su propia costa. Lo mismo hizo en la defensa de Mazapil, en la Nueva Galicia. En aquellos momentos los presidios eran muy pequeños, de no más de ocho o diez soldados en el mejor de los casos, y servían para la protección de los caminos, con lo que la recluta de tropas se hacía entre los pobladores que voluntariamente querían ir a la defensa. De esa forma tuvo en su nómina una compañía de 30 soldados a los que, en aquel momento, pagaba 450 pesos de oro anuales, haciéndose cargo también del pago a los indios auxiliares que toda compañía y expedición de soldados llevaba consigo, siendo pagados y mantenidos como cualquier otro soldado.

> …el dicho Capitán Urdiñola siendo soldado, procuró con mucha diligencia y solicitud de juntar los amigos soldados que pudo, y con sus armas y caballos, y ayudando a los dichos soldados con cosas de que tenían necesidad, de su propia hacienda y a sus propias expensas y gastos, fue al socorro…

El coste de las mariscadas, como solían llamar a las expediciones de castigo, era muy grande, mucho más que el pago de los sueldos, ya que la parte más importante de cualquier ejército es la logística. Para soportar las campañas de varios meses, los soldados debían llevar con ellos rebaños de animales, cargas de harina y otros productos para su manutención, lo que no era algo banal, saliendo todo de la hacienda del capitán, sin coste alguno para la Corona. Como también iban de su cuenta los muchos regalos que hacía a los indios para que se pacificasen y aceptasen vivir como españoles.

En estas labores empleó unos cinco años, combatiendo a los sublevados allí donde se requería. Llegado el momento sustituyó al capitán Alonso López de Lois al mando de su compañía por orden del general Rodrigo del Río de Losa, enfrentándose a la nación chanala y a su líder Machoquía. Otro tanto hizo con los guachichiles, y sus diversos capitanes. A continuación, se reproduce su informe[85] sobre la pacificación guachichil:

> *En las minas del Mazapil, a cuatro días del mes de marzo de mil quinientos ochenta y siete años, el excelentísimo señor Francisco de Ordiñola, capitán por su majestad en este reino de Galicia…*

Así comienza el informe en el que relataba el incremento de los ataques indios en la zona, a pesar de las expediciones de castigo que se habían enviado por parte de los pobladores, y que, a tenor de lo visto, no habían hecho sino avivar el fuego.

> *Teniendo consideración de esto su merced ha procurado por todos los medios posibles traer esta paz de los dichos indios (…) soltó de la prisión a un indio su esclavo, de nación guachichil llamado Cristóbal, que dijo ser del valle del Pedregosso, al cual mandó que fuese a su tierra o rancherías[86] y que mandase al señor capitán, llamase o recogiese de paz todos los indios de su nación que hallase, y mandase de su majestad y después del señor capitán les asegurase de que serían bien recibidos y amparados de paz, y que de sus tierras ni fuera de ellas serían presos ni maltratados de ninguna persona. Antes el dicho señor capitán les ayudaría y defendería de sus enemigos…*

El indio Cristóbal fue a su tierra y habló con los suyos en las sierras de Rocamonte y con otros grupos vecinos. La oferta de paz que llevaba consigo fue bien recibida, viniendo de vuelta acompañado por cinco gandules[87] quienes usando como intérprete[88] a Francisco, un indio ladino,[89] ante Urdiñola declararon que aceptaban la paz que este les ofrecía junto con el perdón de todos los delitos cometidos, siempre que no volvieran

---

[85] Documento en el Archivo General de Indias, Sevilla, en Guadalajara 28 R.5.N.18 b (261).
[86] Campamentos indios.
[87] Miembro de una banda o tribu. Esta palabra no tenía el sentido peyorativo que tiene en la actualidad.
[88] Era la forma en que se decía «por boca de». En este caso con la intermediación de un intérprete.
[89] Los indios que hablaban castellano.

a delinquir. La oferta incluía también el amparo y defensa ante sus enemigos, a condición de que se asentaran y poblaran donde se les indicase.

> *Poblaron en la Concepción, donde antiguamente, antes que se alzasen solían estar poblados, por ser como es lugar más cómodo que hay para los suyos asienten y pueblen, a lo cual los dichos indios mediante el dicho interprete respondieron que son muy contentos y que así lo cumplirán.*
>
> *El dicho señor capitán mandó que hasta de su merced,[90] se les dé de vestir a los dichos indios para que, vistos por sus compañeros el buen tratamiento que se les ha dado, se les obligue a que, con más voluntad acudan a la dicha paz, y por presencia de mí, el dicho escribano, el capitán dio a cada uno de los dichos indios seis varas de sayal y un sombrero, hilo y agujas para que hagan su vestido.*

Tras cuarenta años de encarnizada guerra se alcanzó una paz que terminó siendo definitiva. Los enormes esfuerzos bélicos de la corona y de los distintos virreyes quedaron en nada con un simple cambio de actitud y de estrategia, un ofrecimiento de paz y la promesa de cuidarlos, protegerlos y alimentarlos. Días más tarde, al capitán Urdiñola le llegó la contestación del virrey:[91]

> *Excelentísimo señor: ...el Jueves Santo recibí la de vuestra merced y con ella otra del señor Juan Morlete, las nuevas del Mazapil. Me han dado mucho contento. Plega a nuestro señor llevar adelante la paz para que se estorben tantos daños como cada día se hacían. Yo he escrito al padre custodio (de la orden franciscana), sea servido de enviar allá un religioso para dar asiento a aquellos miserables.[92] ...Y siendo necesario, proveeré ellos, a costa de su majestad, de maíz, poblando ellos en parte que puedan ser doctrinados....*
>
> *Por carta de Rodrigo del Río de Loza, teniente de capitán general en ese reino y entendido como mediante vuestra buena diligencia y cuidado, se han venido de paces más de trescientos indios de los de guerra, guachichiles y cavanos y algunos natajes[93] de los de la sierra de Rocamonte, Pedregoso y Potosí y Mahuatena.[94] Y que están de manera que no solo se entiende permanecerán en la paz, sino que se ofrecen a llamar y traer a ella a los de Matehuala (al norte de San Luis del Potosí) y a los demás que quedaren por venir*

---

90 Los vistió y abasteció de su bolsillo.

91 Documento en el Archivo General de Indias, Sevilla, en Guadalajara 28 R.5.N.18 c (266).

92 En la actualidad el significado de esta palabra tiene más de insulto, pero en ese momento hacía referencia a la situación en la que vivían a ojos del escribano, de absoluta miseria por su pobreza.

93 Todos ellos habitaban al oeste de San Luis Potosí. Los guachichiles eran de lejos los más numerosos, vivían en Zacatecas y Coahuila, su nombre podría significar cabeza pintada de rojo, teniendo reputación de fieros y de caníbales. Los natages eran una rama de los apaches, confirmando la interacción de los apaches con los españoles a mediados del XVI.

94 Montañas en el extremo noroeste de Zacatecas a unos 25 kilómetros al noreste de Concepción del Oro. Las montañas del Potosí están en el oeste de Nuevo León, 90 kilómetros al sur de Monterrey.

en otra comarca.[95] Habéis hecho en éste un muy grande servicio a Dios y al rey nuestro señor. … Nuestro Señor os guarde. De México, 29 de julio de 1587. El Marqués [de Villamanrique], al capitán Francisco de Urdiñola.

En total, en diez años, Urdiñola hizo frente a cuatro revueltas en la villa de Saltillo, otra de los indios pachos, dos alzamientos generales en la provincia, amén de otros varios intentos en diversas partes de la Nueva Vizcaya y la Nueva Galicia. Las primeras las sofocó con dureza, mientras que en las últimas hizo uso de la diplomacia y los regalos, notándose en él una propensión a evitar las medidas sangrientas en el manejo de la población india.

En 1586 Urdiñola Se casó con Leonor López de Lois, la hija del capitán Alonso López de Lois a quien había sustituido, quien era ya un rico minero. Él tenía 34 años y ella 14, nada estridente en aquellos años. Por el traslado de los tlaxcaltecos a Saltillo para el establecimiento de San Esteban de la Nueva Tlaxcala, fue ascendido a teniente de gobernador de la Nueva Vizcaya. Todo iba sobre ruedas para él, tanto que se propuso para la conquista del Nuevo México, algo a lo que podía aspirar por sus capacidades, y por el apoyo del virrey Velasco.

Pero la competencia política era tan inhumana como lo ha sido siempre. En el año de 1594 el virrey Velasco había capitulado dicha conquista con Urdiñola, y este gozaba de todo el favor virreinal. En ese momento, de México llegaron cargos contra Urdiñola ordenando su arresto y la confiscación de todos sus bienes. La confusión fue enorme y la repercusión del caso también. Urdiñola era un hombre muy poderoso al que las autoridades habían arrestado, la comidilla se esparció por toda la Nueva España, por lo que, antes incluso de ser juzgado ya había perdido la carrera por el Nuevo México, aun contando con el apoyo del virrey.

En 1593 la mujer de Urdiñola había muerto de una larga enfermedad, erisipela, que había hecho de sus últimos treinta días un calvario. En su enfermedad recibió los cuidados de su madre y hermanas, mientras que Urdiñola se encontraba en Mazapil haciéndose cargo de una nueva revuelta. El matrimonio tenía dos hijas.

Una denuncia anónima llegó a la audiencia de Guadalajara contra Urdiñola, pero por cosas de la burocracia no se le dio curso hasta un año después. En ella se le acusaba de haber matado a su mujer envenenándola. La causa esgrimida era una supuesta infidelidad con un criado negro, el cual también habría sido asesinado. La denuncia se sustentaba en la declaración de cuatro «imparciales» testigos que apoyaron la narrativa, lo que llegaba justo después de firmar las capitulaciones con el virrey Velasco sobre el Nuevo México. De repente todo funcionaba a gran velocidad en el virreinato, de la audiencia de Guadalajara partieron los correos con la orden de arresto, los seiscientos

---

[95] Una vez que los primeros indios aceptaron las ofertas de la Corona y comprobaron cómo se vivía en las misiones, y que los españoles cumplían su palabra, se ofrecieron a traer al resto de naciones belicosas.

kilómetros entre esta ciudad y la Ciudad de México fueron recorridos en tan solo cinco días por el correo.

La denuncia contra Urdiñola provenía de Juan Bautista de Lomas y Colmenares, que era vecino de Urdiñola y el hombre más rico de la Nueva Galicia, quien también pretendía la conquista del Nuevo México. Al parecer, era hombre de pocos escrúpulos y gran ambición, Urdiñola y él eran enemigos acérrimos después de años de rivalidad económica, denuncias y contradenuncias por lindes de tierras y otras cuestiones.

El proceso se alargó, la audiencia de Guadalajara estaba absolutamente corrompida por Lomas y Colmenares, siendo juez su propio yerno. Incluso llegaron a condenar a Urdiñola en ausencia, quien se encontraba en prisión en Ciudad de México por el virrey, que lo había apresado siguiendo la requisitoria de la Audiencia de Guadalajara, pero que no tenía la mínima intención de entregarlo, estando en su protección. Y como tenía derecho, Urdiñola solicitó ser juzgado por la Santa Inquisición, la cual le garantizaba un juicio justo.

El tribunal de la Santa Inquisición pidió la inhibición de la Audiencia de Guadalajara en repetidas ocasiones. Tan claro era el caso de corrupción que llegaron a amenazar a los magistrados de esa audiencia con la excomunión, pero en Guadalajara había intereses muy fuertes para no soltar su presa. Desde México se envió al capitán Juan Morlete para interrogar a todos los posibles testigos. Las cartas que Morlete envió desde allí fueron demoledoras, todos apoyaban sin reparos a Urdiñola.

Fueron enviadas cartas al rey por ambas audiencias para que fallase en favor de una u otra. El rey falló a favor de la Audiencia de Guadalajara, aunque la respuesta llegó cuatro años después del inicio del litigio. Para ese momento, el yerno de Lomas ya no estaba en la Audiencia, con lo que el denunciante había perdido todo su poder sobre ella. El juicio se llevó a cabo y la misma Audiencia de Guadalajara absolvió a Urdiñola. Aunque su tiempo de acometer la conquista del Nuevo México había pasado.

De la cárcel a la absolución y el ascenso. En 1603, el virrey Conde de Monterrey le nombró gobernador de la Nueva Vizcaya y máximo responsable de pacificar la revuelta de los indios acaxees y xiximes, lo que se verá más adelante. Finalmente, Urdiñola murió en Zacatecas en 1618 *(Fig. 18 Cuadernillo)*.

LUIS DE CARBAJAL
Y GASPAR CASTAÑO DE SOSA
(1562-1593)

Ambos portugueses, ambos con el mismo proyecto, y ambos compartiendo destino. Carbajal había llegado a la Nueva España en 1562, habiendo dejado una hermana en la Península. Los padres pertenecían a lo que se llamó cristianos nuevos o judíos conversos. En aquellos días América estaba prohibida para los judíos, con lo que, para conseguir el billete al Nuevo Mundo tuvieron que pasar por un examen inquisitorial sobre su condición de cristianos, y no estar envueltos en actividades judaizantes.

Carbajal y Castaño de Sosa pasaron a la historia como esclavistas. Según lo que se dice y oye, se dedicaban al lucrativo negocio de asolar sus territorios, capturar a cuantos indios podían, y venderlos a los mineros. Lo dicen varios historiadores estadounidenses quienes, en este caso, les achacan su condición de españoles y a España la responsabilidad de una práctica esclavista que dicen habitual entre los españoles. Y en caso de mencionar su origen portugués no se otorga a Portugal sino a España la comisión de las tropelías.

En la historiografía estadounidense España es fustigada también debido a la persecución que sufrieron nuestros protagonistas por la Santa Inquisición, en su condición de nuevos cristianos. No se entiende que, a ojos de esos historiadores, la responsable última sea siempre España, y sobre todo la actual, la que salió tras las independencias americanas, cuando precisamente fue España la que legisló para evitar los abusos y condenó a los transgresores.

Pero no solo los historiadores estadounidenses, ya que el principal dedo acusador en esta trama fue el afamado historiador mexicano Vito Alessio Robles, autoproclamado adalid del rigor histórico y la honestidad documental, quien supuestamente hace una actualización de los datos que se conocían hasta 1938.[96] En su libro, dedicado a la historia del Nuevo León, hace continuas referencias y dice estar apoyado totalmente por el relato de los hechos que hizo Alonso de León el viejo en 1649.[97] Es tal el prestigio

[96] Robles, Vito Alessio (1938), *Bosquejos Históricos*. Ed. Polis. México.
[97] *Historia de Nuevo León, con noticias sobre Coahuila, Tejas y Nuevo México, por el capitán Alonso de León. Escritas en 1649 y publicadas en 1909 por Genaro García en sus documentos inéditos o muy raros para la historia de México*, tomo XXV.

de Vito A. Robles que, si él lo dice, los integrantes de la trama judío-portuguesa están sentenciados y no es preciso acudir a las fuentes bibliográficas de las que bebe.

Es fácil creerlo si se cuenta, además, con algún documento como las órdenes de arresto promulgadas por el virrey Luis de Velasco y Castilla, documentos que se verán a continuación y en los que claramente se habla de las prácticas esclavistas de Carbajal y Castaño. Aun con todas las pruebas en contra, hay algo que no termina de encajar para este investigador, y para aclararlo se debe saltar atrás en el tiempo unos treinta años.

Por aquellos días gobernaba la Nueva España el virrey Luis de Velasco y Ruiz de Alarcón, que había llegado desde España junto a su familia, incluido su hijo Luis de Velasco y Castilla, de unos quince o dieciséis años, que también sería virrey a finales de ese siglo, y su hija Ana de Velasco y Castilla. La Guerra Chichimeca estaba en su mayor apogeo y en las huestes españolas había dos hermanos vascos provenientes de una familia de abolengo, Miguel y Diego de Ibarra. Al poco tiempo llegaría también un sobrino de estos, Francisco de Ibarra, muy joven, pero al parecer muy capaz.

Las dos familias emparentaron. Diego de Ibarra se casó con la hija del virrey, Ana de Velasco y Castilla. Por otra parte, y a pesar de su juventud, Francisco de Ibarra fue encargado por el virrey de la conquista de grandes zonas al norte, y de la fundación de las ciudades más importantes de lo que se dio en llamar la Nueva Vizcaya, nombre muy apropiado para sus conquistadores, todos vascos. No cabe duda de que los Ibarra conquistadores fueron beneficiados por sus nuevos familiares, los Velasco, la autoridad virreinal. Luis de Velasco padre estuvo gobernando catorce años hasta que murió en 1564, tiempo suficiente para asentar el poder en un territorio muy productivo por sus minas.

La llegada del nuevo virrey, en sustitución de Velasco padre, seguramente no fue óbice para que la familia Ibarra-Velasco siguiera enriqueciéndose y acaparando poder. Poder que no pensaban compartir con nadie más, algo que quedó claro cuando, años más tarde, el hijo de Luis de Velasco y Castilla, es decir, nieto del que fuera virrey, se casaba con la hija de Ana de Velasco y Castilla y Diego de Ibarra, un matrimonio de primos hermanos para que todo quedase en familia.

En cambio, sobre el terreno todo empezaría a torcerse con la prematura muerte de Francisco de Ibarra, que era el hombre fuerte. Aunque su ausencia tardaría en notarse porque su sustituto, un portugués llamado Alberto del Canto, se haría cargo de todo, llegando a fundar la villa de Santiago de Saltillo. Por otra parte, otro vasco entraba en escena, Francisco de Urdiñola, que era favorito del nuevo virrey Velasco, hijo del anterior.

Como veíamos, en 1562 había llegado Luis de Carbajal, quien fue encargado por el virrey para la conquista de la Huasteca, lo que realizó con bastante éxito. Eso le dio un conocimiento bastante amplio de la zona, sobre todo en el norte, en esos momentos inexplorado. Con este impulso viajó a España, y en 1579 consiguió unas capitulaciones del rey Felipe II para la exploración y conquista del dicho territorio, al que se daría el nombre de Nuevo Reino de León.

No parece que en esos momentos hubiese sobre Carbajal la más mínima duda acerca de su compromiso católico. En cualquier caso, consiguió unas capitulaciones realmente generosas, ya que le daban los derechos sobre un cuadrado de doscientas leguas de lado al norte del río Pánuco. Con ello, tenía derechos sobre territorios que ya tenían «dueño», entrando en los límites de la Nueva Vizcaya, encontrándose el recién fundado Saltillo, propiedad de los Ibarra-Velasco, en la concesión otorgada a Carbajal.

De repente, a los vascos les salía un competidor y, además, con soporte real. Carbajal formó a su alrededor un grupo fuerte con Diego de Montemayor y Gaspar Castaño de Sosa. Unos años más tarde, el desequilibrio se acentuaba con Alberto del Canto pasándose al bando portugués de Carbajal, después de todo, eran lusos y nuevos cristianos, y aunque por líos de faldas Del Canto y Montemayor no se podían ni ver, ya que el primero había tenido relaciones con la mujer del segundo, Carbajal medió y consiguió un matrimonio de conveniencia que firmaba las paces entre ambos: Del Canto se casaría con la hija que Montemayor había tenido con una mujer anterior.

Desde el bando de Ibarra y Velasco se movió ficha, las denuncias contra los portugueses arreciaron, y como era habitual, por actividades judaizantes, pero también por la esclavización de los indios, el motivo recurrente. En 1589 Carbajal era apresado y conducido a Ciudad de México, y sus lugartenientes tomarían el relevo, principalmente Castaño de Sosa, que muy pronto sería acusado también. Un año después, en 1590, Luis de Velasco y Castilla accedía al poder como nuevo virrey, permaneciendo hasta 1595. Ese era el principio del fin para los portugueses, los días como gobernador en el Nuevo León estaban contados para Castaño de Sosa.

La Corona perseguía sin descanso a los esclavistas. Las leyes de indias hacía décadas que estaban vigentes y el virrey las aplicaba a través de los capitanes presidiales. Como veíamos en el caso de Urdiñola, todo valía en las continuas luchas por el poder político que los españoles mantenían entre sí. Era habitual denunciar al rival por maltrato a los indios, sabiendo que las audiencias iban a fallar siempre contra el supuesto maltratador, aun sin pruebas. Y también veíamos cómo las audiencias y los virreyes tenían intereses no confesados en el territorio, por eso, muchas de las sentencias condenatorias americanas eran anuladas cuando el recurso subía al Consejo de Indias y al rey que, sin dichos intereses, tomaba decisiones ajustadas a derecho.

Después, la lentitud de la justicia hacía el resto, ya que los autos y recursos viajaban a España para su vista en la Corte y, aunque las causas fuesen archivadas y las sentencias revocadas, la absolución llegaba tras un lustro en el mejor de los casos, cuando los condenados habían pasado a mejor vida y sus rivales políticos habían logrado su objetivo.

Ese parece haber sido el caso de Luis de Carbajal. Su condición de nuevo cristiano ponía las cosas fáciles a los denunciantes. En España, su hermana fue acusada de judaísmo, implicándole a él. Aquello fue suficiente para encausarle, apartarle de su cargo y encarcelarle. Después, el recurso al rey fue aceptado, su causa revisada, los cargos retirados y el reo absuelto, pero cuando la cédula real con la absolución llegó a México, Luis de Carbajal había muerto en prisión, dicen que de tristeza.

El mismo destino siguió Gaspar Castaño de Sosa, que sufrió las mismas acusaciones que su predecesor. No hay documento que pruebe estas acusaciones, pero a pesar de ello y gracias a la historiografía norteamericana, ha pasado a ser conocido como «reputado esclavista». Fue arrestado, enjuiciado y condenado al destierro en China, donde poco después una revuelta de presos chinos acabó con su vida. Al igual que Carbajal, su recurso viajó a Madrid donde fue absuelto, pero la absolución llegó tras su muerte.

Esto ha sido un filón inagotable para los interesados en esparcir la leyenda negra española, ya que las ingentes cantidades de documentos creados, entre los que también se incluyen multitud de denuncias falsas, acusaciones exageradas y sentencias interesadas, han sido utilizadas por la historiografía de las otrora potencias rivales para denostar la historia de España.

El caso de Castaño de Sosa es en el que se desvela finalmente el complot organizado por el clan Ibarra-Velasco. En julio de 1590, Gaspar Castaño de Sosa, perseguido por el nuevo virrey Velasco, decide probar suerte en un nuevo territorio, lejos de la Nueva Vizcaya y sus gobernantes. Emprende una expedición al Nuevo México saliendo de Nueva Almadén, actual Monclova, junto con 170 pobladores, multitud de carros y ganado. La conquista del Nuevo México era algo muy codiciado por todos, ya que aún se creía en la existencia de grandes riquezas al norte. Con esta expedición, el portugués se adelantaba a los planes del virrey de entregar la conquista a su protegido Urdiñola, por lo que de ninguna manera podía autorizar la expedición, o al menos eso se lee en la acusación y orden de arresto, en la que el virrey Velasco le pedía al capitán Morlete la detención de Castaño.

> *Gaspar Castaño de Sosa y su gente han sido malconsiderados en exceder de lo que por orden y mandado mío les notificasteis y aconsejasteis, y he sentido mucho su desorden y más que puedo encarecer el haber ocasionado a los indios de ese nuevo reino a inquietarse y ponerse de guerra como decís que lo están, y sobre todo el haber hecho tantas presas injustas y tan contra el servicio de Dios Nuestro Señor y de su majestad. Y lo peor es que demás del mal suceso y muertes de que me dais noticia, se puede esperar lo mismo en él y sus compañeros, y el gran daño que van haciendo en cautivar indios libres y hacerlo como fin principal y granjería para pagar sus deudas y mercaderes que llevan consigo. Y no es de menos consideración lo que de esto puede resultar en la paz de los indios que se han reducido y van congregando. (…) aunque la rebeldía e inobediencia de esos hombres perdidos lo amenaza, vuestra cordura y buen orden prometen lo contrario. Y también, he querido que os partáis con mucha brevedad en su seguimiento sin que desistáis del camino y trabajo hasta hallarlos, prenderlos y traerlos todos ante mí sin parar ni torcer camino. E iréis prevenido de bastimentos de suerte que la falta de ellos no impida la prosecución de la jornada…*
>
> *Y porque a esto no será pequeña ayuda el buen consejo de Domingo Martínez de Cearreta,[98] me ha parecido que para este efecto le llevéis en vuestra compañía y tendréis*

---

[98] Domingo Martínez de Cearreta era un antiguo tesorero real que acompañó a Luis de Carbajal en la población del Nuevo León. Conocía a Castaño de Sosa. El virrey le envió con una carta para Castaño de Sosa, para que se remitiese a México a discutir la expedición que pretendía.

con él toda buena correspondencia. También os envío comisión para que deis libertad a los indios todos de las presas del Nuevo Reino de León, ejercer leyes con todo rigor, aunque sea contra los jueces, y daréis les libertad, volviéndoles con ellas a sus tierras. Y para este efecto mando que Alonso Ruiz y su compañero os lleven todos los indios que estaban en Zacatecas para que los llevéis y los soltéis libremente según se os avisa por la instrucción, demás de la cual estaréis advertido a dar relación de lo que os fuere sucediendo a Rodrigo de Río de Loza, a quien obedeceréis en las órdenes que os enviaré para que mejor se consiga lo que yo mando. Guarde nuestro señor, etc. México, 1 de octubre de 1590. Virrey Don Luis de Velasco al capitán Juan Morlete.[99]

Según el virrey Velasco, parece haber una comunicación previa con el capitán Juan Morlete en la que este le avisa sobre las actividades esclavistas de este grupo, aunque este investigador no ha tenido acceso a dicha carta, si es que la misma existe y aún se conserva.

Dado que lo de organizar la expedición lo hizo en contra del «consejo» del virrey, pero no contravenía la ley ni hay pronunciamiento de la audiencia en contra, el virrey tenía que buscar otra excusa para la detención de Castaño, y la encontró en sus supuestas actividades esclavistas, de las que no había encontrado pruebas salvo lo que decía Morlete. Y lo ordena en octubre, haciéndose el sorprendido, pero Castaño inicia su expedición en julio de aquel año, de modo que el virrey no podía saber si Castaño había esclavizado indios en su viaje, o si este era un viaje exclusivamente con ese objetivo, como lo refiere en su carta, por lo que se concluye que el virrey Velasco claramente se inventó las causas.

De haber tenido conocimiento anterior de las actividades de Castaño, no se puede explicar por qué no ordenó su detención en el momento en que lo supo, cuando Carbajal fue apresado un año antes por la misma causa. Decidió detenerlo justamente cuando Castaño se propuso la conquista del Nuevo México, lo que iba en contra de los intereses personales del virrey. Tras la orden y sin dilación, el capitán Juan Morlete preparó una escuadra y salió en la búsqueda de Castaño de Sosa, al que dio alcance unos meses después, en marzo de 1591.

Después vendría Vito Alessio Robles, en 1938, a apoyar ciegamente la versión del virrey, perpetuando la imagen de esclavistas desalmados de Castaño de Sosa y Luis de Carbajal, diciendo que basaba sus acusaciones en lo declarado por el capitán Alonso de León «el viejo»[100] en 1649. En palabras de Vito Alessio Robles:

Eran muy pocos los pobladores del Nuevo Reino de León, y muy vastas las tierras por labrar y muy abundantes las minas ricas de metales. Los indios no acudían voluntariamente ni a los trabajos agrícolas ni al laboreo de las minas, y de allí surgió una industria

---

[99] Todos los documentos incluidos en este capítulo se encuentran en el Archivo General de Indias, Sevilla, en Contaduría, 851.

[100] Alonso de León, 1649, *op. cit.*

y un comercio reprobables: el apoderamiento, por parte de los españoles, de grupos de indios por medio de la astucia o de la fuerza para ser vendidos después.

Dice el cronista Alonso de León que desde la ciudad de León se hacían incursiones para aquella finalidad y sacaban gente, que se vendía bien, cebo con que acudían más soldados que llovidos aventureros... Los cautivos indios recibían el nombre curioso de «piezas», como si se tratase de animales muertos en cacerías. Era en realidad una caza del hombre por el hombre. En estas actividades intervenía también el capitán Alberto del Canto, como se desprende de un jugoso párrafo del cronista Alonso de León, que pinta maravillosamente el carácter altivo del fundador de Saltillo y los procederes de los hombres de pelo en pecho, de los primeros vecinos de la ahora capital de Coahuila.[101]

Y si bien es cierto que los párrafos anteriores son de Alonso de León, se ve que en ellos culpa a Alberto del Canto, que en aquel momento todavía pertenecía al grupo de la familia Velasco-Ibarra y a los españoles que vivían en la ciudad de León, sin mencionar a Carbajal o a Castaño. Alonso de León también dice muchas otras cosas en las páginas siguientes que, de forma interesada, Vito Alessio Robles ocultó:

Mientras pasaba lo que en el capítulo antecedente se ha dicho,[102] acudían a la ciudad de León muchos soldados, que la codicia de las piezas que se sacaban los traía; llegó a haber en ella ducientos hombres; hacían muchas entradas y sacaban cantidad de piezas. Túvose en la Nueva España por gran exceso, y mandó el Virrey, que era D. Pedro Moya de Contreras, arzobispo de México, que no se sacaran ningunas, y como no tenían otro entretenimiento ni de qué comer, iban saliendo a fuera, y a cuatro, y a diez...[103]

Sobre Carbajal, Alonso de León dice lo siguiente:

El Gobernador D. Luis de Carabajal y de la Cueva fue portugués, hijo de cristianos nuevos, natural del pueblo de la Megodonio... Es, desde su tierna edad, un caballero de la Corte en Castilla, donde aprendió la lengua y buenas costumbres, con que mostró siempre ser buen cristiano. Fue muy devoto de Nuestra Señora, a quien rezaba todos los días el oficio menor. Como no había impedimento que se lo estorbase, pasa a las Indias, ya hombre, encomendado del caballero a quien servía, Martín Enríquez de Almanza, Virrey de la Nueva España, que le acomodó en muchas ocupaciones de importancia, en que se ejercitó, y hallando en él valor y capacidad, le encomendó la pacificación de la Huaxteca...

[101] Robles, Vito Alessio (1938), *Bosquejos Históricos*. Ed. Polis, México, pág. 51.
[102] Se refiere a la Conquista del Nuevo México por Castaño de Sosa, por tanto, el portugués ya no estaba en el Nuevo León cuando se producían estas sacas de esclavos y no se le puede culpar por ello.
[103] Con la prohibición de las capturas, finalizó el único sustento que tenían los recién llegados, y se fue despoblando la villa.

Capituló[104] la pacificación de este Reino… llegó a México, presentó sus papeles, salió a poblar y después de muchos trabajos, halló algunos impedimentos en algunos pueblos comprendidos en su capitulación,[105] por estar en posesión de ellos el Virrey de la Nueva España.[106] Se obligó a presentar una real provisión que para eso tenía, dada en Toledo a catorce de junio de mil y quinientos y setenta y nueve años…

Esto ocasionó su muerte, que, como dice el refrán, el peje grande traga al chico.[107] Fue forzoso que el Virrey se sintiera, siéndolo entonces el Conde de Coruña, D. Lorenzo Juárez de Mendoza,[108] y buscando modos para quitarle de la pretensión que tenía, rastreó su genealogía. Ayudó mucho el disgusto que llevó el religioso que trujo de la Huaxteca.[109] Dieron noticia a la Inquisición. Salió un juez con una compañía de soldados a prenderle. Entró por Tampico y, por su rastro, llegó a la ciudad de León, donde el teniente Diego de Monte Mayor, vistas las comisiones que traían, salió con ellos al Saltillo, y desde allí, guiando el capitán Morlete, fueron a la villa de Almadén, donde se dejó prender, nombrando por teniente de la provincia al capitán Gaspar Castaño, hombre de mucho corazón y ánimo. Y él, como obediente y leal vasallo de Su Majestad y buen cristiano, pues siempre se tuvo por tal, salió para la ciudad de México, con quienes lo llevaban.

En la prisión, de pesadumbre murió, acabando con eso los innumerables trabajos que en servicio de su Rey hizo, trabajando tantos años entre tanta gente bárbara, con mucha aprobación de los que le estimaban, querían y obedecían, con muy gran respeto, que no es poco llegar a ser querido el que gobierna. Según corrió voz pública, parece le acumulaban que, rezando el oficio que por devoción tenía en España, un día, presente su hermana, ignorante él de su ascendencia,[110] al tiempo que dijo, al fin de un salmo: Gloria Patri et Filio et Espíritu Santo le dijo la hermana: no digas eso, hermano, que el hijo no ha venido; a que reprendió y amenazó, y porque no dio noticia de ello, fue la causa de su prisión.[111]

Él daba muestras de buen cristiano, y como desde pequeño se crio en la Corte, pudo ignorar quienes fueron sus padres o, por lo menos, que seguían; que a saberlo, ni se quisiera encubrir tanto, ni buscara con un Virrey oposiciones, cuando no podía esperar sino precipicios; que es ordinario a los que se oponen a los poderosos, en el circulo mismo de su soberbia, hallar sus abatimientos. (…) Esto mismo sucedió a este pobre gobernador, cuando él y todos sus amigos se prometían buenos sucesos y grandes esperanzas. Muerto él, quedó todo este gobierno a cargo del Virrey…

---

[104] El ya mencionado viaje a España en el que capituló con el rey el Nuevo Reino de León.
[105] Se refiere a El Saltillo, que pertenecía a la Nueva Vizcaya, pero entraba dentro de los territorios que había capitulado con el rey.
[106] Alonso de León confirma la corrupción política del virrey Luis de Velasco y Castilla, que era dueño de amplios territorios al norte.
[107] Se enfrentó a la familia Velasco-Ibarra y salió perdiendo.
[108] Los Mendoza estaban también emparentados con los Velasco-Ibarra.
[109] Un fraile que había llevado a esa conquista y que testificó en su contra. Parece que también estaba resentido por alguna razón.
[110] Como aquí refiere Alonso de León, no está claro que conociese sus antecedentes judíos.
[111] Viene a decir que no denunció a su hermana por falso cristianismo. No parece que la causa por judaísmo tuviese mucho peso por sí sola.

Alonso de León prosigue su relato, clarificando tan complicada trama, con referencias a Gaspar Castaño de Sosa, pero también al capitán Juan Morlete, que parecía estar implicado en todos los tejemanejes de la familia Velasco-Ibarra. Continúa el relato en el momento en que Castaño se encuentra en el Nuevo México:

> *… Tomó posesión de todos los ríos, puestos y cerros por donde pasaba, por Su Majestad, asentándolo por auto, con día, mes y año, y asimismo del pueblo donde estaba. Y cuando más gustoso se hallaba y con esperanza de conquistar un nuevo mundo para el Rey Nuestro Señor, el demonio que nunca duerme y busca medios por donde se estorbe la predicación del Santo Evangelio, movió el corazón del capitán Morlete, hombre belicoso y no de buen natural, a que, luego que el capitán Castaño salió del Almadén, a escribir a la Real Audiencia de México que se había metido la tierra adentro, rebelado y hecho tirano: fue forma que, envidioso de su bien, quiso tomar venganza de él, por ese camino, de un disgusto leve que habían tenido antiguamente.*[112]
>
> *Pidió comisión para irle a prender, con cuya nueva se alteró la Audiencia, y teniéndola por cierta, se le despachó al capitán Morlete recaudos bastantes para prenderle. Salió del Saltillo, acompañado de veinte hombres, y, por el rastro de las carretas, fueron al pueblo donde estaban (…) Mas él, como hombre cuerdo y que no quería poner su crédito en contingencias (…) dijo que antes le convenía entregarse…*
>
> *Trujéronlo preso, despoblando todo lo que tanto trabajo les había costado; lleváronlo a México; tuvo pocos valedores, y como los jueces estaban en comodidad y no veían los trabajos que había pasado en servicio de su Rey, como constaba de los recaudos que presentó, pudo tanto la pasión, que lo condenaron a China; apeló al Consejo. En interín que fue y se vio en España el pleito, fue a la China donde fue tan estimado del gobernador, como sus méritos lo pedían…*
>
> *…y en una entrada que el Gobernador Gómez Pérez de las Marinas hizo a las Islas del Maluco, los chinos, buenas bocas que iban sin prisiones, los mataron una noche (…) Viose su causa en el Consejo, conociose su inocencia y la malicia de los deponedores, revocaron la sentencia y mandaron fuera vuelto a la parte donde lo prendieron, y dejasen en su gobierno; fue desgraciado, y cuando llegó esta nueva a México, ya estaba la de su muerte. Fue portugués de nación, de valeroso esfuerzo, agradable para con todos y liberal, que fue causa de que los corazones de sus súbditos los tuviese tan de su parte.*

Se desconoce el interés que tenía Vito Alessio Robles en mentir y manipular los acontecimientos en este caso, pero claramente referencia la crónica de Alonso de León como apoyo cuando esta es totalmente contraria a su tesis, por no hablar de la ocultación intencionada de parte de su contenido. Especialmente llamativo cuando este historiador repite hasta el cansancio, en todas sus obras, el autoelogio y la crítica hacia otros autores, por ser poco rigurosos con los hechos y los documentos.

---

[112] En referencia a la carta que el segundo virrey Velasco había recibido del capitán Morlete, en la que este denunciaba a los portugueses por esclavismo. Sin pruebas, con la sola denuncia, el virrey ordenó el arresto, después la audiencia los condenó y tras el recurso, el Consejo de Indias y el rey los absolvieron.

Es posible que, por los escritos de Vito Alessio, quien goza de gran consideración entre los historiadores norteamericanos, y la manida costumbre de estos a copiar de otros autores en detrimento del uso y estudio de los documentos originales, se haya producido tan burda manipulación de los hechos, con el fin de aumentar la leyenda negra española. La bibliografía consultada solo referencia la orden de detención del virrey, quien evidentemente tenía un interés político en eliminar a la competencia que su familia había tenido desde hacía varias décadas. Esa misma historiografía que oculta la crónica de la expedición de Castaño de Sosa a la conquista y población del Nuevo México, crónica que claramente actúa en descargo del acusado, y en la que, salvo dos casos puntuales, los indios fueron respetados, no mencionándose en ella ningún caso de esclavismo.

La crónica fue escrita en 1592 estando Castaño en custodia, y se titula *Memoria del Descubrimiento del Nuevo México*:[113]

> *… salió el dicho Gaspar Castaño de Sosa, de la Villa del Almadén, a veintisiete días de julio, con una cuadrilla de carretas, en ellas bastimentos y todos pertrechos tocantes a tales poblaciones, como más largamente se verá por los autos que el dicho Gaspar Castaño de Sosa hizo sobre el caso; y para que se sepa todos los pasajes y sucesos que en el viaje hubo hasta llegar a parte cómoda, para poder tomar a poblar. Se hace memoria en este libro de todo ello como Su Majestad lo manda…*

Encaminados al río de los nadadores, permanecieron varios días en su ribera, donde recibieron la visita de numerosos grupos de indios pacíficos que querían rendir pleitesía al gobernador al paso por sus tierras. Un grupo aprovechó la visita para robar unos caballos siendo descubiertos en su huida. Fue el propio gobernador quien salió en su captura con doce soldados, dándoles alcance al pie de una sierra y pudiendo capturar a tres. El castigo trató de ser ejemplar, dos fueron colgados y al tercero se le perdonó la vida por su juventud.

El camino siguió por los Charcos de Vaca, el pueblo de Tetipala, llegando al paraje llamado las Ciénagas del río de Salinas. A lo largo de todo el viaje, y siempre según el acusado, fueron muchas las naciones indígenas que salieron al paso de la expedición para rendir obediencia al rey, y todos ellos fueron agasajados con regalos.

Día tras día avanzaban por caminos áridos en los que los aguajes se volvían esquivos, hasta que un día pudieron avituallarse suficientemente gracias a varias tormentas que trajeron mucha agua. Más tarde, pasaron por el río de Roldán, el de Viruega y llegaron al Bravo, en todos ellos pudieron abastecerse de agua y abundante pesca.

En ese momento comenzaron los problemas para Castaño de Sosa, ya que el recuento de provisiones que se hizo no cubrió las expectativas que él tenía y, a pesar

---

[113] *Memoria del descubrimiento que Gaspar Castaño de Sosa, hizo en el Nuevo México, siendo teniente de gobernador y capitán general del Nuevo Reino de León*. En Biblioteca Virtual Miguel de Cervantes. (cervantesvirtual.com).

de ello, tomó la decisión de seguir adelante contra la opinión de todos sus oficiales y colonos. Posiblemente supiese que no quedaba otra opción. Tampoco sentó muy bien entre los expedicionarios que se racionase la comida a un almud[114] de trigo o maíz a la semana.

Atravesaron el río Bravo por un vado viable para las carretas y se encaminaron al río Salado, el cual se halló, pero iba tan encajonado entre acantilados que no lo pudieron atravesar por parte alguna. El viaje se iba alargando y se volvió a reducir la ración por orden de Castaño a medio almud semanal. Para completar la dieta empezaron a matar los bueyes que llevaban, lo que no fue sino otro foco de tensión con los propietarios de estos, quienes tuvieron fuertes discusiones con el portugués.

En las expediciones de colonización había gente de todo tipo, soldados, religiosos, indios aliados, y sobre todo familias que hacían el viaje a su propia costa. Era una inversión muy alta, no solo del establecimiento en destino, la construcción de la casa, la preparación de los campos, los aperos, las semillas, y los animales de crianza, sino también de los abastos para el viaje, el cual podía llegar a ser de varios meses.

Entre estos pobladores empresarios se encontraba Juan López de los Ríos, que ya había tenido sus más y sus menos con Castaño por el tema de los bueyes, y que veía que los avatares del camino, la demora y la obstinación del portugués, le iban a causar la ruina de su hacienda. Lo que más acuciaba continuamente a los expedicionarios era la falta de agua, y cuando no la encontraban, de seguido comenzaban las dudas en contra del gobernador, quien hablaba continuamente de Dios y de que a él le proveería en su misión, aquella que le había encomendado el rey.

Todos los días sin falta, al amanecer, se enviaba gente a inspeccionar el terreno en busca de agua, ya fuesen ríos, lagos o manantiales, hacía donde se encaminaba el real ese día para poder pasar la noche, bien provistos de agua y pastos para la caballada. No siempre lo conseguían y algunos días debían proveerse de los charcos que encontraban en el camino. La carencia era tal que alguna noche se les perdieron las cabras, y pensando que se las habían robado los indios, fueron en su búsqueda para comprobar que no había indio alguno, sino que los mismos animales se habían ido por propia voluntad en busca de agua.

...respecto del demasiado trabajo que hasta allí se trujo por la malicia de la tierra y de las pocas aguas y trabajo de la caballada, que era lo que se sentía, porque todos en general se desesperaban por la mucha piedra que había, andando, en demanda del río Salado,[115] que era el que deseábamos; gastose en esta sierra veinte e cinco docenas de herraje, porque de otra suerte no se podía andar, porque a muchos caballos en dos o tres

114 El almud era una unidad de medida con origen en al-Ándalus que se usaba para los productos sólidos y que se correspondía con 11 litros aproximadamente.
115 El río Bravo lo habían dejado atrás días antes. Se trataba del actual río Pecos. Hay un río Salado que está en México, es la confluencia de los ríos Sabinas y Nadadores. También descarga en el Bravo o Grande.

días se gastaban las herraduras, cosa no creída; y así se nos encogió mucha caballada;[116] fue cosa inmensa de ver, el mucho trabajo que toda esta compañía pasó hasta llegar a esta agua... (Fig. 19 Cuadernillo)

Al río llegaron, pero bajar hasta el agua no era cosa fácil porque iba muy encajonado. En la bajada se rompieron algunas carretas y canastas, entre ellas la que guardaba los dineros, la Caja Real con los reales quintos, de modo que pararon varios días a reparar, y enviando avanzadillas a inspeccionar, vino una con noticia de la existencia de una gran ranchería[117] de indios a los que nadie entendía, pero con los que finalmente se pudieron comunicar por naguatato[118] e intercambiaron regalos, al ser los indios muy amistosos.

A partir de aquí y según el relato, los indios que se iban encontrando eran menos amistosos. En un lance mataron a uno de los indios amigos que iban en la expedición, y poco más tarde trataron de robar una boyada,[119] lo que ocasionó un enfrentamiento al comenzar los atacantes a flechar a los soldados y responder estos con sus armas. El resultado fue la muerte de varios indios. Otros cuatro fueron apresados, ahorcaron a uno, entregando los otros tres, que eran muy jóvenes, a sus oficiales para que les enseñasen castellano y poder utilizarlos en el futuro como intérpretes.

Los días fueron pasando y una noche se perdió parte de la caballada. Al día siguiente, y mientras andaban en su búsqueda, se dieron de frente con unas salinas muy grandes de sal fina y muy pura.

Ese mismo día se encontraron un grupo muy numeroso de indios que llevaban perros cargados, algo llamativo para los españoles que por primera vez lo veían.

La inopia de agua y alimentos se salvó ese día mediante el excavado de un abrevadero en el lecho seco de un río, en el que afloró el agua somera que en el subsuelo había, y en la elaboración de panes a base de mesquite, del que encontraron mucho en los alrededores *(Fig. 21 Cuadernillo)*. La dieta la completaban con pesca y caza, cuando había, entre la que no se escatimaban los buitres, *«los mejores que en todo el camino se habían comido»*.

Algunas desgracias ensombrecieron las jornadas, una niña de los colonos españoles murió, y algunos indios se perdieron por el camino sin llegar al campamento, con lo que se dedujo que fueron muertos por otros indios enemigos. También se sufrió el ataque de lobos que hicieron estragos en los rebaños de cabras, y no faltaron las continuas roturas de los ejes de las carretas, atrasando el caminar de la expedición.

Era ya 1 de diciembre cuando comenzaron los fríos, que se hicieron notar entre la expedición que seguía moviéndose al norte, remontando el río Salado, hoy llamado Pecos, el cual tenía a ambos lados buenos llanos por los que poder caminar, aunque

---

[116] Los caballos morían por el duro trabajo.

[117] Poblado indio.

[118] Así se refiere el escribano al náhuatl, idioma de los aztecas hablado por otras naciones mesoamericanas.

[119] Conjunto de bueyes.

también una gran cantidad de meandros que hacían muy lenta la marcha. En la escasa dieta que llevaban hubo de introducirse otro producto, las gramíneas silvestres que se iban encontrando *(Fig. 20 Cuadernillo)*:

> ... *fuimos a dormir en una alameda a la orilla del río, donde se halló gran çacatal, e la gente de las espigas del çacate[120] cogieron gran cantidad, e la tostaban e molían para comer. (...) se cogió gran suma de semilla de çacates atrás referida; y porque ya no había más de doce fanegas de trigo que el teniente de Gobernador llevaba para sembrar; y vista la gran necesidad que se pasaba, iba dando algún poquito de trigo a las personas que le parecía más lo había menester, porque las demás se pasaban con carne, mesquite y semilla de çacate.*

La escasez y los fríos provocaron algunas enfermedades, uno de los lugartenientes, Pedro Flores, amaneció desorientado, probablemente sufriendo alucinaciones. Se procuró darle descanso en una de las carretas y a mediodía parecía recuperado, pero con mucha hambre ya que llevaba varios días sin comer. A pesar de la falta de vituallas que se padecía se le dio abundantemente de comer, pero al día siguiente se le echó en falta, se ordenó su búsqueda, saliendo varios hombres a ver si lo encontraban, aunque sin resultado. Se revisó la caballada «*y se halló menos un caballo del dicho Pedro Flores, y silla y arcabuz, cota, porque todo esto llevaba*».

El día veintitrés de diciembre se encontraron por el camino a la partida de soldados que días antes habían enviado a explorar. Venían desvencijados, los caballos sin silla, agotados, y los soldados a pie. Según contaron, habían encontrado un poblado indio:

> ...*y al otro día de mañana fueron al dicho pueblo, y llegado a él les fue forzoso entrar en él, porque eran grandes los fríos y nieves, porque estaba toda la tierra cubierta de nieve; y los indios del dicho pueblo los recibieron bien y les dieron aquel día de comer, y obra de ocho a diez fanegas de maíz; el otro día, de mañana, queriéndose volver, mandó a algunos soldados que fuesen por el pueblo a pedir más maíz, los cuales se fueron a lo que les era mandado; e para más seguridad de los indios e que no tuviesen miedo, iban sin armas ningunas, de modo que todos andaban por el pueblo con esta seguridad por la que los indios les habían dado...*
> ...*cuando de repente empezaron a dar un grandísimo alarido y, juntamente con él, mucha piedra e flechería; visto por los dichos compañeros el rebato que les daban, se fueron retirando como pudieron adonde tenían las armas, las cuales habían bajado algunos de los indios que en las azuteas estaban, por ser las casas de a tres e cuatro soberados;[121] y abajando dellas llevaron algunas de las armas, de modo que no pudieron haber más de cinco arcabuces, con los cuales se fueron retirando y saliendo de una plaza donde estaban alojados, quedándoseles los indios*

---

[120] Hoy día se escribe "zacate" y es un término usado en el norte de México para referirse al pasto o césped.
[121] Pisos de altura.

con cinco arcabuces y once espadas, y diez y nueve sillas, y nueve pares de armas de caballos, y mucha ropa, así de vestir como de cama; visto por el Maese de Campo el estrago que los dichos indios le habían hecho, determinó de volver a encontrar el Real y carretas que venían marchando por el río arriba, trayendo a tres compañeros heridos…

…y luego este propio día se volvió viniendo todos en pelo[122] y con barbiquejo[123] y sin capotes ni género de ropa, ni ningún bastimento, caminando tres días sin comer bocado; al cabo de los cuales les deparó Dios una india en una sábana, la cual les dio una poca de harina de maíz y unos frijoles, y fue tan poco que apenas cupo a puñado a cada uno, que si no fuera por aquello perecieran de hambre y de frío, y de nieves y aires, que lo hacía en extremo.

Ya todos juntos, buscaron un lugar seguro para pasar la noche y se demoraron tres días más para descansar y hablar sobre lo sucedido. Tras escuchar a todos se tomó la decisión de formar dos escuadras, con las que ir al poblado indio a recuperar las armas y otros bastimentos. Para esta incursión se repartió alguna carga de trigo y se mataron tres bueyes, aunque esto ya salía de lo que llevaban para realizar el asentamiento, el trigo que se gastaba era semilla de menos para la siembra y los bueyes de igual forma para su crianza. De modo que, cuando se acabó esta provisión, hubo de matarse algún caballo también.

El día treinta y uno de diciembre llegaron al poblado indio. Castaño tenía confianza en que los indios le iban a recibir en paz, y que los iba a poder reducir a la obediencia real. Para ello pretendió hacer una entrada triunfal en el poblado, con la bandera en alto y haciendo tocar todas las trompetas que llevaban. Pero nada más lejos de sus expectativas, al llegar a vista del pueblo vio a todos los indios en orden de batalla, hombres y mujeres parapetados en las azoteas, con las armas en la mano.

Visto lo cual, el teniente de Gobernador de la suerte que estaba mandó al Maese de Campo hiciese alojar el Real a tiro de arcabuz del pueblo, de aquella parte donde parecía ser más fuerte el pueblo; e se hizo ansí, e mandó dos tiros de bronce[124] los asestase…

Se trataba de impresionar, por ver si eso daba algún resultado, que no lo dio. Se pasó entonces a otra táctica, la de intentar comprarlos con regalos. Para ello, el teniente y varios de los oficiales tomaron algunos cuchillos y otros artículos, y montados a caballo se introdujeron en el poblado y lo recorrieron en varias direcciones, tratando de convencer a los indios de sus pacíficas intenciones. La respuesta de los indios fue la de subir pedrería a las azoteas con mucha prisa, labor que hacían las mujeres mientras los hombres no abandonaban sus puestos, manteniéndose en tono amenazante y profi-

---

[122] A caballo y sin silla de montar.
[123] Es probable que se refiera a las riendas del caballo.
[124] Pequeña pieza de artillería.

riendo alaridos. Dieron varias vueltas al pueblo, tratando de convencerlos sin resultado y recibiendo a cambio un considerable lanzamiento de piedras.

Cinco horas duraron las fallidas negociaciones. Parece que Castaño tenía alguna intención de evitar el daño a los indios y a los españoles. Para ello se hizo acompañar del secretario, para que diese fe de que había hecho todo lo posible por conseguir la rendición de manera pacífica. Después pidió la opinión del resto de oficiales, quienes le dijeron que no había otra solución más que la militar.

Se enviaron dos soldados a la parte de atrás del pueblo, a comprobar que nadie salía de él e intentaba una emboscada en el Real, después, se dio orden de hacer una salva con el cañón para tratar de intimidar, a lo que los indios respondieron con más alaridos, burlas y lanzamiento de piedras a mano y con onda. La siguiente orden fue la de batir el pueblo con la artillería y los arcabuces. No se achicaron los indios, que bien parapetados se defendían sin problemas de los arcabuces. Más éxito tuvieron los indios auxiliares, que con sus flechas fueron socavando las defensas y ganando terreno al interior del poblado.

Por la parte de atrás se retiraban sin control gran parte de los defensores. El indio que parecía dar las órdenes había sido alcanzado por un disparo de arcabuz y yacía en el suelo sin vida. Después, parece que el teniente dio orden de no disparar a los que se retiraban, para no causar más daño. Pero aún quedaban defensores parapetados en las alturas de las casas, y el teniente ordenó a algunos soldados que, con la protección de sus compañeros desde abajo, escalasen a las terrazas y los redujesen. A pesar de los pocos defensores que iban quedando, la tarea no se antojaba sencilla.

> *…porque no se pudiese subir si no era por escalera que tienen hechas de palillos, que no puede subir más de una persona, e para entrar e subir de un aposento a otro no hay puertas, sino unos escotillones, cuanto quepa una persona; y así los nuestros, para poder entrar por estos escotillones y subir a los altos de las azoteas, era menester entrar por ellos sin espada y adarga, y para poderla llevar se las iban dando los unos a los otros como iban subiendo; y visto el dicho teniente el riesgo que los nuestros tenían, mandó al maese de campo y a otros muchos compañeros que apuntasen su arcabucería en los contrarios, porque, de antes, les había mandado que no tirasen a matarlos, porque sin matarlos, esperaba en Dios que habíamos de salir con la nuestra, como fue Dios servido; y así visto lo mandado, el maese de campo, de un arcabuzazo, derribó a uno, e Joan de Contreras derribó otro, Joan López, criado del dicho teniente, derribó otro; y así dejaron aquel pretil e fuerza, e los nuestros subieron a lo alto;*
>
> *Tras tomar las alturas los trompeteros comenzaron a tocar en señal de victoria, e las gentes que en el pueblo había en este tiempo se asomaban todos a los corredores que tenían hechos de maderas, por todos las calles, plazas, cuarteles; e todos se mandan por ellos de unas casas a otras, y algunas puentes de maderas que tenían en los altos de las azoteas, de una a otra, donde había calle en medio; y así se mandaban por todas partes con mucha seguridad, aunque de los nuestros no se les hizo más daño de lo dicho; porque el dicho teniente de gobernador querrá llevar más por amistad que no por guerra; y este daño que se les hizo le pesó en extremo, respeto de que no pudo hacerse de otra suerte*

para seguridad de los nuestros, tanto que de antes desto se pegó fuego en un corredorcillo de madera, y el dicho teniente, visto pegado el dicho fuego, mandó con mucha instancia que se apagase; el cual acudió a ello con mucha diligencia, Diego de Viruega, como los suele tener en otras muchas cosas; y así lo apagó, de que el dicho teniente se holgó mucho, diciendo que pues éramos cristianos, habíamos de usar de cristiandad como lo debemos hacer en todas cosas tocante al servicio de Dios e del Rey; y a este tiempo, andando el dicho teniente con algunos compañeros por de dentro del pueblo, no hubo indio que más tirase piedra ni flecha, más antes todos procuraban por señas de querer nuestra amistad, y haciendo la cruz con sus manos, diciendo: «Amigos, amigos, amigos»…

Castaño de Sosa fue a una plaza donde estaba el jefe indio y estuvo hablando con él por señas, diciéndole que venían en paz y que no debían temer nada, pese a ello, los indios no se atrevieron a bajar y desde las pasarelas elevadas ofrecieron comida a los españoles en señal de amistad. Alguno hizo ademán de bajar, pero otros evitaron que lo hiciera reprendiéndole. Entonces Castaño pidió al jefe indio las sillas, arcabuces, y toda la ropa que les habían quitado, y él respondió que las sillas las habían quemado, junto con los arcabuces y las guarniciones de las espadas, y que el resto lo habían llevado a otro pueblo.

La situación era tensa porque se veía la desconfianza de unos y otros, los indios superaban en número a los españoles y en esa parte del pueblo no había cobertura, de modo que el teniente envió a uno de sus oficiales con algunos soldados por otra parte del pueblo a capturar algunos indios a los que poder interrogar, y ver si el jefe estaba diciendo la verdad sobre las armas. Mientras tanto, le volvió a requerir al jefe lo robado, y le urgió a encontrarlo, pero como ya era tarde, le emplazó a que se lo llevase al día siguiente por la mañana. Los españoles se retiraron a la casa que tenían tomada y el teniente tuvo noticia de que la captura de alguno de los indios no tuvo éxito:

…porque eran tantas las portiñuelas y escutillones que en el dicho cuartel había minas e contraminas[125] por debajo de tierra, que era un laberinto de ver; y así, por ser ya noche, lo dejaron. Mandó el teniente al maese de campo que en aquel cuartel e las azoteas de él pusiese vela e guarda bastante, para que los indios e gente no saliese de allí, para que el otro se pusiese a sacarlos, para que entendiesen no se les hacía ni queríamos hacerles ningún mal ni daño.

En las afueras del pueblo también se estableció vigilancia de hombres a caballo. Con todas estas medidas, al día siguiente, el pueblo se despertó muy apacible, aun así, el teniente ordenó que algunos hombres fuesen a los pasadizos y catacumbas, donde los indios se habían ocultado el día anterior a intentar sacarlos, llevando consigo candelas.[126]

---

[125] Pasadizos excavados en el suelo.

[126] Velas con las que iluminarse en la oscuridad de los subterráneos.

La inspección del subsuelo no dio resultado, allí no quedaba indio alguno, pero sí se pudo comprobar la complejidad del sistema de pasadizos, similar al de las pasarelas en altura, que comunicaba todas las casas y tenía muchas salidas y entradas a la superficie, llegando a encontrar hasta dieciséis habitaciones con estufas[127] en una especie de pueblo subterráneo. Las estufas las mantenían con brasas que encendían en el exterior para no recargar de humo las habitaciones, a las que entraban por una pequeña escotilla por donde solo podía pasar una persona *(Fig. 22 Cuadernillo)*.

Las casas no tenían puerta a la altura de la calle, se entraba subiendo por una escalerilla de palos a la segunda planta, en caso de necesidad la escalerilla era retirada aislando a la población de los atacantes. La completa descripción también incluye los interiores, en los que vieron todas las habitaciones perfectamente encaladas y limpias, cuatro habitaciones por planta, en las que había hasta cuatro piedras de moler con las que obtenían la harina para hacer pan en diferentes formas, la bebida de atole[128] y los tamales.

Encontraron habitaciones a modo de graneros, dos o tres en cada casa, repletas de maíz de muchos colores, también tenían abundancia de frijoles. En un cálculo aproximado, quizá exagerado, Castaño dijo haber hasta treinta mil fanegas de grano, pareciendo proceder el grano de varias cosechas. También vieron herbolario muy diverso en las cocinas, calabazas de todos los tamaños que utilizaban como envase, y aperos de labranza para sus milpas.[129] Había también mucha leña almacenada para el invierno.

Se protegían del frío con manta de algodón y un cuero de bisonte por encima, por debajo llevaban un taparrabos con vistosos colores bordados. Mientras, las mujeres se cubrían con una manta fina anudada al hombro, y otra sobre ella más gruesa, y en el lado por el que se abría la manta vestían una faja de un palmo de ancho en la cintura, que les tapaba *«las vergüenzas»*. A ambos lados del pueblo tenían dos charcas que usaban para bañarse, y a unos doscientos metros otros ojos de agua que utilizaban para beber. El uso de la cerámica era abundante, hecha de arcilla roja y algunas pintadas de negro, en forma de platos, cuencos, ensaladeras y otros muchos tipos, arcilla que obtenían del río Salado o Pecos, que transcurría apacible a un cuarto de legua, y que ya no era salado.

Aunque ningún indio salió de su casa para tratar con los españoles, la paz con la que se comportaban dio confianza a Castaño, que aquella noche mandó retirar la guardia dejándola solamente en el Real, acampado a las afueras del pueblo. A la mañana siguiente los españoles encontraron el pueblo desierto, todos se habían ido en la noche. Castaño dio orden de buscar en las casas las armas que les habían robado, pero no se encontró gran cosa y lo que se halló estaba hecho pedazos. También se dio orden de recoger un poco de maíz y frijoles de cada casa, con los que se completaron veintidós fanegas.

---

[127] Se refiere a las llamadas *kivas*, habitaciones circulares en el subsuelo con hogar para calentarse.

[128] Bebida caliente hecha con harina de maíz.

[129] Campos de cultivo para el maíz.

En el pueblo se dejó un destacamento de guardia por si los indios regresaban y allí permanecieron varios días. Viendo que no volvían se decidió levantar el Real y abandonar el pueblo para permitir a los indios regresar a sus casas. El tiempo era muy frío en aquella zona y no paraba de nevar, con vientos fuertes y heladas en la noche. De allí se partió, no sin antes dejar plantada una cruz hecha de troncos a la salida del pueblo. Fue en ese momento cuando aparecieron dos indios, que fueron capturados para hacer de guías hasta el siguiente pueblo. Uno de ellos resultó ser hijo del jefe del poblado que dejaban, y por señas se le indicó que no le harían daño, y le dejarían regresar una vez los hubiese guiado.

Y así partieron, siguiendo el río corriente arriba. El frío era tan intenso que después de un par de leguas encontraron el río congelado, al punto de que lo podían atravesar con los caballos sin que se quebrase el hielo. Finalmente llegaron a otro pueblo en el que los indios se mostraron muy amistosos. Les dejaron acampar el Real a las afueras del pueblo, y les dieron abundante leña para calentarse, además de comida como tortillas y gallinas.

El teniente ordenó la construcción de otra cruz y en el pueblo se nombró gobernador, alcalde y alguacil, todo en nombre de su majestad. La operación se repitió en los demás pueblos, que se encontraban a una legua[130] unos de otros, siendo el recibimiento de los indios muy parecido. En todos ellos se hizo nombramiento y se levantó cruz. Según la crónica, la población de indios iba en aumento de un pueblo a otro, y aunque en alguno eran recibidos con más timidez que en otros, en todos ellos se les daban bastimentos y comida con generosidad.

En uno de los pueblos apareció un indio con arco y flechas, y Castaño decidió hacer una demostración de poder ante toda la congregación, le pidió al indio el arco y lo quebró delante de todo el pueblo, haciéndoles entender que ninguno podía portar armas en su presencia. Quién sabe si por el intenso frío o por naturaleza no era este un pueblo amistoso. Nadie salió de las casas, ni tras el ofrecimiento de regalos, principalmente cuchillos muy apreciados por los indios en otras ocasiones. Hicieron campamento donde pudieron y una vez asentados aparecieron por allí veinte «*gandules*».

Castaño les pidió algo de leña y comida, pero volvieron con poca cosa, apenas nada. De modo que, viendo que no eran bien recibidos, se decidió doblar la guardia aquella noche, en la que nada sucedió. Al amanecer vieron que toda la gente se encontraba en la azotea de las casas, que eran de siete y ocho pisos de alto, también vieron que, con mucha prisa, se estaba recogiendo a los niños y subiendo piedras a las terrazas, donde había gran cantidad de gente.

---

[130] La legua ha tenido diversas medidas a lo largo de la historia. Podía ir de 4.000 a 5.572 metros, pero siempre fue una medida relativa. Al no tener instrumentos de medida, se calculaba por la distancia que se recorría caminando en una hora, y no se caminaba la misma distancia al inicio que después de varias horas de camino.

> *Castaño de Sosa ordenó que todos se pusiesen a caballo para ir al pueblo a ver la determinación dellos; y estando de esta suerte, sus compañeros le dijeron que estaban de parecer que no se fuese al pueblo, porque aquellos indios estaban de mal arte, y que mejor sería dejarlos con aquella poca amistad que habían mostrado, que no ir como dicho Teniente al pueblo, porque ellos no dan la obediencia como los demás la han dado; ha de ser forzoso estarnos aquí, algunos días, para que por los mejores medios que se pudiere los traigamos a nuestra amistad; e la tierra toda está cubierta de nieve, que caballo ninguno, como será causa nuestra estada de que se pierda la caballada; y siendo Dios servido, que alza este tiempo tan recio e de tantos fríos, y estas nieves se derretirán, pudiendo volver a hacerlo que agora se ha de haber con menos trabajo; y así, visto el parecer de todos, se volvió de allí sin ir al pueblo…*

Se volvieron al pueblo anterior donde habían sido recibidos amistosamente, y allí se establecieron hasta que se pasó el temporal. Los ríos eran transitables incluso por las carretas debido al grosor que tenía el hielo. Mientras los hielos y nieves seguían no perdieron el tiempo y recorrieron los valles cercanos, donde había poblaciones de indios muy próximas unas de otras. En todas ellas siguieron el mismo ritual, pedir la obediencia a Dios y al rey, nombrar gobernadores, alcaldes y alguaciles, y poner una cruz.

Las nieves no cesaban sino aumentaban, por ello, la escasez de agua había dejado de ser un problema, para beber derretían la nieve, pero el movimiento del Real se hacía penoso, tanto que una legua se recorría en cuatro días con numerosas roturas de las carretas. El primero de marzo, casi tres meses desde el comienzo de los fríos, aún nevaba a diario.

Entre pueblos seguía Gaspar Castaño de Sosa buscando las minas de plata que se le resistían, cuando a mediados de mes regresó a su campamento el capitán Juan Morlete acompañado de cincuenta soldados,[131] estaba allí con orden de arrestarlo. Le leyeron la provisión real emitida por el virrey Luis de Velasco que ordenaba su apresamiento, parece que la acató sin el menor reparo y le fueron puestos grilletes.[132]

Castaño no cita en ningún momento la expedición de Coronado, es posible que no conociera los pormenores, pero seguro que los relatos propagados por los hombres de Coronado recorrieron la Nueva España por décadas. Aun así, Castaño se refiere a su jornada como la del descubrimiento de las tierras al norte. Las similitudes en la descripción de lugares y personas indican que Castaño llegó a la zona norte de los indios pueblo y tuvo contacto con los de Tiguex, lo que explicaría el comportamiento belicoso de estos hacia los españoles. Los cuarenta años pasados entre ambas expediciones no habrían sido suficientes para que los indios olvidasen los sucesos con los hombres de Coronado, el registro oral seguramente lo transmitió de una generación a otra.

No hay duda de que llegaron a los valles en los que vivían los indios pueblo, con sus cultivos de regadío, la abundancia de sus graneros, y sus típicas construcciones de

---

[131] Morlete había salido con veinte, pero en el camino recogió otros treinta.
[132] A pesar de entregarse sin oposición, Morlete le hizo pasar la humillación de llevar grilletes.

varias alturas, muy bien descritas en el texto. El intenso frío que padecieron, las continuas nevadas y los ríos helados, describen el territorio que actualmente se encuentra entre Santa Fe y Taos, en el estado norteamericano del Nuevo México, siendo muy improbable que estas condiciones climáticas tan severas y continuas se produjeran más al sur *(Fig. 23 Cuadernillo)*.

Por tanto, aunque no fuera consciente de ello, la expedición de Castaño de Sosa no iba a descubrir nuevas tierras sino a poblar las ya conocidas. Conocidas desde 1539 por fray Marcos de Niza, en 1542 por Coronado, por fray Agustín Rodríguez y Francisco Sánchez «el Chamuscado», apelativo que recibió por la roja barba que tenía.

Agustín Rodríguez y Chamuscado salieron hacia el norte en 1581, cuando el grupo salió de la población minera de Santa Bárbara en el actual estado mexicano de Chihuahua, y fueron hacia el norte en búsqueda del río Conchos, bajando por sus riberas hasta la confluencia de este con el río Grande, en lo que ya se llamaba la Junta de los Ríos. Desde allí remontaron la corriente del río Grande hasta llegar al conjunto de pueblos que se alineaban en la corriente del río Grande, donde cultivaban con sistema de regadío. Exploraron la zona al este, donde encontraron bisontes, y al oeste, donde se hallaba el pueblo de Acoma, aunque sin llegar a contactar a los indios hopi que se encontraban más lejos. En la expedición iban tres frailes, ocho soldados más el capitán, y diecinueve indios cristianos que iban a ayudar a los tres frailes en la conversión de los indios pueblo. El grupo salió en 1581 y llegaron a su destino aquel invierno.

Mapa del Nuevo México con la ruta seguida por Rodríguez y Chamuscado en 1581 y la que siguió Castaño de Sosa en 1590-1591.

Uno de los frailes decidió abandonar el grupo y regresar en solitario a Santa Bárbara, pero nunca llegó, tan solo tres días después fue asesinado por los indios.

Los meses hasta el verano se dedicaron a la exploración, y llegado junio, los militares iniciaron el retorno a Santa Bárbara, dejando en el pueblo de Tiwa, conocido en aquel momento como Tiguex, a los dos frailes junto a los indios cristianos y la mayoría de las provisiones, como así lo pidió fray Agustín.

En el camino de vuelta murió «Chamuscado», que ya contaba setenta años. Mientras, en Tiwa, los indios acabaron muy pronto con las misiones, los frailes y sus ayudantes, de los que solo escaparon dos, quienes llegando a Santa Bárbara contaron lo sucedido. La experiencia de los indios con Coronado pudo ser lo que provocó el rápido fin de los frailes.

Solo unos meses después del regreso de los soldados de «Chamuscado», otro acaudalado aventurero, Antonio de Espejo, preparó una expedición a la misma zona, ya que pretendía rescatar a los frailes que allí se habían quedado, sin saber en aquel momento que habían sido asesinados. Cuando llegaron los dos supervivientes de la matanza, la expedición ya estaba preparada y a punto de salir, y a pesar de las malas noticias se decidió emprender la marcha, en cualquier caso, el gasto ya se había hecho y los expedicionarios siempre esperaban sacar algún beneficio de las entradas a territorio indio. En este caso la ruta seguida a la ida fue la misma que la de Rodríguez-Chamuscado, por el río Grande, y a la vuelta regresaron por el río Conchos, llegando a San Bartolomé en septiembre de 1583.

Cuando Castaño de Sosa emprendió su empresa de colonización casi diez años después, el trágico destino de los frailes ya se conocía y así lo refieren en la memoria de su expedición. Las cuatro expediciones españolas que llegaron a esa zona tuvieron serios problemas con las naciones de indios que allí vivían, lo que desmiente la creencia de que el Nuevo México se conquistó sin oposición de los indios que allí poblaban.

LOS ZUAQUES. SINALOA
Y EL PADRE TAPIA
(1563-1596)

El gobernador de la Nueva Vizcaya, el ya conocido Francisco de Ibarra, entró a la provincia de Sinaloa que pertenecía al dicho reino para fundar una villa. Corría el año 1563. En esta jornada llevaba *«un buen número de soldados»* y atravesando las altas sierras y valles de Topía llegó a Culiacán, entrando a Sinaloa desde allí.

> *Andúvola toda y visitó sus naciones, recibiéronle de paz y él se las prometió. Y viéndola poblada de tanta gente, y que gozaba caudalosos ríos, y que los colores con que se embijaban y pintaban los indios, daban señales de minas (porque esos colores los sacan de ellas) determinó dejar poblada una villa, en el río que llaman de Zuaque y en un puesto llamado Carapoa, y con título de San Juan Bautista la dejó asentada. En esta villa poblaron como sesenta vecinos españoles, de los que habían venido en su compañía, pocos de ellos casados y los demás solteros. A los cuales repartió tierras y aguajes, y encomendó algunos pueblos de los indios cercanos.*
>
> *Dejó por capitán y justicia mayor, a un soldado de grande valor, llamado Esteban Martín Bohórquez. Los vecinos, casas e iglesias, todo era muy pobre, como población tan nueva y tierra tan apartada (…) con ellos se quedó un cura y tres franciscanos. (…) Después Ibarra salió con la demás gente que le acompañaba, apresurando la partida, por una nueva que le llegó de que en Chiametla se habían descubierto unas minas muy ricas de plata. Salió a poblarlas y fundó junto a ellas otra villa que llaman de San Sebastián.[133]*

En la recién fundada villa de Carapoa también aparecieron minas, y con ellas los problemas entre indios y españoles. Unos y otros se echaban las culpas y posiblemente los dos tenían razón. Los indios de la nación Zuaca recibieron la visita de los principales vecinos de la villa, que fueron a pedirles maíz. En principio los recibieron de paz e incluso les prepararon un banquete sin pedirlo, mucha caza y frutos de la tierra, y estando sentados comiendo, los mataron y descabezaron. Uno de los españoles

---

[133] Narrativa de este capítulo extractada de Pérez de Ribas, Andrés (1645), *Historia de los triunfos de nuestra santa fe entre gentes las más bárbaras, y fieras de nuestro orbe*. Ed. Alonso de Paredes, Madrid.

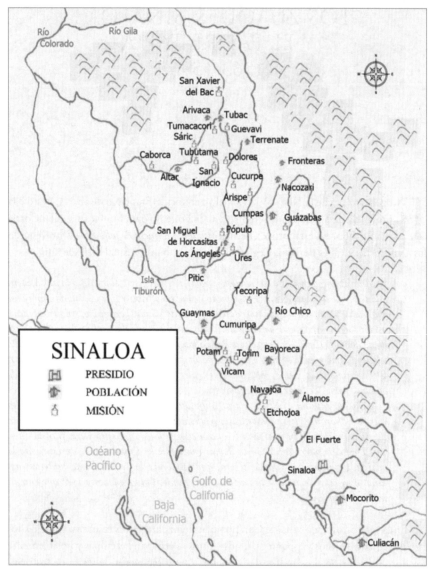

Sinaloa y su progresivo poblamiento de sur a norte.

consiguió escapar y dar la alarma en la villa, y otro, que los indios mantuvieron con vida, fue amarrado, y puesto en el centro del habitual círculo de baile con el que los indios celebraban las victorias, fue finalmente martirizado y despedazado, y seguramente también consumido.

Se protegieron en un pequeño fuerte que hicieron de palizada y fagina[134] *(Fig. 24 Cuadernillo)*. Después fueron a dar aviso a Culiacán, de donde salió una escuadra de veinte vecinos que en camino hacia Carapoa se encontraron a los supervivientes de la matanza, que abandonaban definitivamente la población para instalarse en la dicha San Miguel de Culiacán. No llegaron a consumar esto último y fundaron una nueva población donde hoy está la villa de Sinaloa de Leyva, en el río Sinaloa, a treinta leguas de Culiacán. En los enfrentamientos que siguieron durante meses, fueron asesinados también los tres frailes franciscanos, quienes andaban caminando la provincia a la búsqueda de indios que aceptasen la cristianización.

Al gobernador Ibarra le sucedió Hernando Bazán, quien determinó entrar a Sinaloa a castigar a los Zuaques, y para ello reclutó a una compañía de cien soldados, lo que no fue nada fácil por la escasez de españoles que había por aquellos tiempos en el territorio. Los armó y nombró capitán de ellos a Gonzalo Martín, y todos se encaminaron a la provincia de Sinaloa. Por el camino sufrieron muchos ataques de otras naciones de indios sin sufrir más que algún herido. Al llegar a territorio de los Zuaques instaló el Real y ordenó al capitán que con una escuadra de veinte se adentrase para ver dónde estaban los enemigos.

> *Salieron a un llano pequeño escombrado de arboleda, aunque cercado de ella, y por las partes que estaba abierto de árboles, lo habían atajado con muchas ramas cortadas. En este cercado se había fortalecido la gente de guerra de los Zuaques, y luego que sintieron que venían los soldados españoles, con grande alborozo, algazara y gritería convocándose, los cercaron para que no se les pudiesen escapar, y descargaron lluvia de flechas sobre ellos.*
>
> *Súpose que muchos de estos soldados anduvieron muy valerosos en defenderse, e hicieron mucha riza con sus arcabuces en los enemigos, mientras les duró la pólvora, y esa acabada, metieron mano a sus espadas y embrazaron sus chimales[135] determinando de morir peleando, como valerosos soldados. Los indios acudieron a cortar palos largos, y con ellos unos, y otros con sus flechas, acabaron de darles la muerte. De suerte que por gran ventura escaparon dos con la vida, quedando los demás de la escuadra allí muertos.*
>
> *Cortáronles los indios las cabezas, y con ellas celebraron después sus mitotes[136] y bailes. Y aún fue tal la avilantez y orgullo de los Zuaques victoriosos, que en los troncos de los árboles de aquel paraje, donde cercaron a los españoles, por triunfo grabaron en las cortezas de los árboles los cuerpos,[137] troncos y sin cabeza de los que mataron, de que fui testigo de vista, porque pasado este tiempo (…) entré a doctrinar y bautizar esta nación, cuando ella pidió la doctrina del evangelio, y vi muchas veces las dichas figuras, que permanecían en los árboles, todavía esculpidas.*

---

[134] Diccionario de la RAE: Pared formada por haces de ramas, paja o cañas unidos y recubiertos de barro, que se utiliza en la construcción de ranchos.

[135] Escudos indios redondos de pequeño tamaño parecidos a las adargas españolas.

[136] Fiestas.

[137] La frase tiene su significado literal, con sus cuchillos grabaron la forma de los cuerpos en la corteza.

Pero no será razón pasar en silencio lo que merece el valor del capitán Gonzalo Martín, de que fueron testigos los mismos enemigos, y no acababan de celebrarlo, diciendo de él, que cuando se vio cercado de enemigos y sus soldados muertos, se arrimó a un tronco de un árbol grande, para asegurar las espaldas de las flechas, y allí estuvo por muchas horas peleando con su espada y rodela, con los que se le arrimaban. Y aún dicen que, cortando brazos y cabezas, no obstante que recibía flechazos de los que desde afuera las tiraban, hasta que cayó muerto de las heridas.

Y añadían los indios, que peleó y se defendió por tan largo espacio de tiempo, que apretados ellos del calor, mientras duraba la pelea, a tropas se iban remudando, para ir a apagar la sed y refrescarse al río, que estaba algo distante, y proseguir en la batalla que con un solo español tenían.

Luego que con las muchas heridas le derribaron, llegaron los enemigos, y no se contentaron con solo cortarle la cabeza, como a los demás, sino que, por haberle visto tan valiente, le descarnaron el cuerpo, sin dejarle más que los huesos mondos. Porque todos los pueblos y rancherías querían celebrar sus bailes con alguna presa de hombre tan valiente, y aún se la comían y bebían la sangre para ser valientes, como ellos decían.

Cuando las noticias llegaron al Real del gobernador Bazán, armó el resto del campo y con rabia y espíritu de venganza entró a recorrer la tierra, pero los indios ya habían tenido tiempo de huir a los impenetrables bosques y no los pudieron encontrar. Sí llegó hasta el lugar donde se encontraban los cuerpos de los soldados y los huesos del capitán, a los que dieron sepultura. En el camino pasaron por los sembrados de los Zuaques, cortando todo lo que allí había:

Llegaron a la despoblada Carapoa, y parado poco en ella, quiso correr la provincia, por ver si podía hacer alguna facción de reputación en los enemigos o sus confederados. Llegó hasta el río de Mayo, distante de Carapoa veinte leguas,[138] recibiéronle de paz los Mayos. Con todo hizo algunas presas en ellos, y los echó en colleras, pareciéndole habían sido cómplices en los tratos con los Zuaques. Pero después, llegando estas presas a México, en tiempo del Marqués de Villamanrique, se examinó su causa y justificación de ella, negocio muy encargado de nuestros católicos reyes, que con cristianísimo celo mandan se proceda en los descubrimientos que Dios les ha encargado de este nuevo mundo, con toda rectitud en sus facciones, y hallando libres a los indios Mayos, los mandó poner en su libertad.

Los pobladores no quisieron seguir en la provincia, algunos se fueron a Culiacán y otros a México, con lo que el territorio se despobló de españoles. Solo cinco soldados aceptaron el reto de quedarse a vivir en Sinaloa. Bartolomé de Mondragón, Juan Martínez del Castillo, Tomás de Soberanis, Antonio Ruiz y Juan Caballero.

---

[138] Demostración de la variabilidad en el cálculo de las distancias, estos lugares están separados por 220 kilómetros que, en el mejor de los casos, son 45 leguas en lugar de las veinte declaradas.

…Estos, haciendo buen trato a los indios vecinos en el río de Sinaloa, conservaron amistad con ellos… Los pobres españoles vivían como tales en casas de paja, y de la misma hechura era una iglesia que levantaron. Sustentábanse de caza que mataban, y otras veces de la que con ellos repartían los indios amigos, y de maíz y frijol que sembraban. El vestido era el que llevaban en la tierra, de gamuzas de venado, y camisas de manta de algodón.

Los indios estaban muy contentos con su compañía, porque cuando se les ofrecía algún acometimiento de enemigos, los buenos amigos españoles los ayudaban con sus arcabuces y armas, haciendo el mismo oficio los indios amigos con españoles.

El enemigo común de todos ellos seguían siendo los zuaques, que periódicamente volvían a atacar y, aunque su territorio estaba a unos 80 kilómetros al norte, formaban cuadrillas que se presentaban en Sinaloa, salteando y matando caballos. Entre ataque y ataque, los cinco valientes trabajaban en sus campos o en alguna de las minas cercanas, *«y con la poca platilla que sacaban, remediaban sus necesidades»*. Dinero que gastaban en Culiacán cuando allí iban una vez al año por semana santa, que era la fiesta más importante para los católicos, ya que los sacerdotes no subían hasta ellos por miedo a los indios.

En 1590 entraron los primeros jesuitas a Sinaloa. El primer objetivo eran las naciones indias que habitaban los tres primeros ríos, el Mocorito, el Sinaloa, y el Fuerte. Según el padre Andrés, el asentamiento de estas naciones requirió de un trabajo ímprobo, pero una vez cristianizadas, el ejemplo que dieron fue fundamental para la cristianización de otras zonas mucho más populosas. Ese año entró a gobernar Rodrigo del Río de Loza, que haría un gran trabajo en la pacificación y población de Sinaloa. Fue él quien pidió padres para comenzar la cristianización, y el provincial de la Compañía le envió a Gonzalo de Tapia y Martín Pérez.

Los padres llegaron a Culiacán y de allí entraron en la provincia de Sinaloa donde los esperaban los cinco soldados ya mencionados, a quienes se les envió un correo porque los padres querían entrar sin escolta alguna. Desde Sinaloa dos de los soldados se pusieron en camino y se encontraron con los padres antes de que estos llegasen a Mocorito. Después los escoltaron hasta Sinaloa donde pusieron en orden la pequeña iglesia de paja en la que poder dar misa. Allí también se repartieron el trabajo, mientras el padre Martín se ocuparía de los pueblos indios situados corriente abajo del río Sinaloa, entre los que estaba el pueblo de Bamoa, el que habían establecido los indios que llegaron acompañando a Cabeza de Vaca, el padre Tapia se encargaría de los situados río arriba.

Las misas eran cantadas en español y en náhuatl, al haber algunos indios que lo entendían, aunque la lengua de los que allí vivían era muy distinta. En todas estas poblaciones pidieron a los indios que construyeran iglesias y unos aposentos donde alojarse cuando pasasen a darles misa. La comida era maíz, frijol y calabazas, rara vez pescado del río o alguna caza del bosque, y de tanto en tanto chapulines, conocidos como langostas, que cocinaban tostadas al fuego, *«y por la novedad del manjar (al que ya el padre, por la necesidad estaba acostumbrado) o por lo mal sazonado, la naturaleza lo rehusaba, hasta que el gusto con que se lo veía comer al compañero despertó el mío a lo mismo».*

La primera tarea era la de bautizar a los niños, porque con las epidemias y la falta de defensas, eran los que con más facilidad perdían la vida. Después se aplicaron a aprender la lengua de los indios, conocimientos con los que traducían los catecismos, que fue la forma en que muchas de aquellas lenguas se preservaron. Los cinco soldados que allí vivieron durante tantos años hicieron labor de intérpretes y traductores. Tras esto, se pudo enseñar el catecismo a los indios en sus propias lenguas, requisito sin el cual no podían bautizarse. Los primeros adultos en bautizarse fueron mujeres o maridos que se habían casado o, mejor dicho, «amancebado con cristianos» sin serlo ellos, celebrando luego los casamientos *in facie ecclesiae*, es decir, por la Santa Iglesia. Después de esto se fueron haciendo bautismos de veinte en veinte o de treinta en treinta, según los veían de preparados y motivados los padres, de lo que se desprende que los dichos bautismos o conversiones no se hicieron de forma forzosa.

Los bautismos iban en aumento, pero todo cambió en 1593, cuando aterrizó en la región una epidemia que no perdonó ni a chicos ni a grandes, la cuenta que hizo el padre Tapia fue de unas trescientas personas muertas tan solo en el primer envite. Por momentos no se encontraba ni gente que pudiera enterrar los cadáveres. El clima caliente y húmedo de la región acrecentó los efectos de la epidemia, a los indios se les pudrían los cuerpos en vida, cuando las moscas hacían su trabajo. Además, aquel año tuvo lugar un terremoto muy violento que, en el pueblo de los orgullosos Zuaques, partió en dos un monte próximo del que brotó un río de agua y barro. Los indios creyeron que había sido obra del dios católico, lo que hizo menguar la agresividad hacia los españoles por el temor y respeto a los frailes.

En uno de los pueblos indios cerca de Sinaloa, el chamán vio en peligro su negocio al ver que el cristianismo iba calando en sus vecinos. Intentó captar a todos ellos para una revuelta, pero solo fue capaz de juntar nueve hombres entre sus familiares. Una noche, llegaron a la cabaña del padre Tapia y lo mataron con sus macanas. Después le cortaron la cabeza y un brazo, lo asaron en una barbacoa y se lo comieron. El cuerpo del padre lo desnudaron y lo dejaron en el cementerio de la iglesia.

Al conocer la noticia, se formó escuadra de veinte hombres en el pueblo de Culiacán, y fueron a Sinaloa a tratar de capturar a los atacantes, que para ese momento habían huido a la sierra cercana. Algunos pueblos, por miedo a las represalias de los soldados, aunque no estaban implicados en el asesinato, también huyeron y se internaron en los bosques, otros como los pueblos en los que el padre Tapia había trabajado, se armaron y fueron a buscar venganza contra los asesinos, pero ni ellos ni los soldados pudieron capturarlos.

Algunas semanas después y cuando los soldados se habían retirado a Culiacán, los discípulos del padre Tapia dieron caza a unos indios, alegando que eran los asesinos, lo que no se pudo confirmar. El padre Martín, que los asistía, fue testigo de que tenían colgadas las cabelleras de todos ellos y estaban haciendo un baile a su usanza para festejar la venganza que sobre ellos habían alcanzado. Tiempo después se supo que entre los linchados no estaban los asesinos, que fueron identificados con la ayuda de los indios de varios pueblos. Se trataba de un indio llamado Nacabeba y su cuadrilla, en la que se encontraban sus hijos, un yerno y otros familiares. Tuvieron que dejar su captura para otro momento más favorable.

Poco a poco y con mucho sufrimiento se iba logrando la paz en Sinaloa, aunque quedaban rescoldos de sublevación aquí y allá, en alguno de esos rescoldos, los indios osaban incluso dar asaltos a la villa y pretendían abrasarla. Y cuando no podían hacer daño a los vecinos, lo hacían en los caballos y el ganado, flechándolos, cortándoles las crines y colas, y por escarnio las colgaban de los árboles, y con otras insolencias inquietaban a los bautizados cercanos a la villa… Esto obligó a los pocos españoles de la villa a dar parte y noticia del estado de la provincia al virrey, Conde de Monterrey, y a Rodrigo del Río de Losa, gobernador de la Nueva Vizcaya, suplicándoles se sirviesen de enviar algún socorro de gente española que poblase, o presidio de algunos soldados con que se asegurase aquesta provincia, y se reprimiese el orgullo de los que la alborotaba e impedían el poder pasar adelante en ella la predicación del evangelio. Obra muy encargada por nuestros Reyes Católicos a sus virreyes y gobernadores.

El virrey dio orden al gobernador de la Nueva Vizcaya de que estableciese un presidio de veinticuatro soldados pagados, es decir, profesionales, en la villa de Sinaloa, que como sabemos ya contaba con varias misiones en los alrededores. Al mando iba Alonso Díaz con título de teniente general. «*Muy pocos soldados y fuerza parecerá esta que aquí se dice, para una provincia de tantas naciones. Llegó el teniente a Sinaloa por los años de mil y quinientos y noventa y seis*». Por otra parte, los soldados nunca iban con carta blanca para hacer lo que quisieran, la política real era muy clara, siempre lo fue:

En prueba de esta verdad pondré aquí lo que la Majestad del invictísimo emperador Carlos Quinto, de gloriosa memoria, escribió en instrucciones despachadas a los gobernadores de estos nuevos descubrimientos: Si los indios maliciosamente pusiesen impedimento, o dilación en admitir las personas que les van a tratar de la enseñanza de la fe o en estorbar que estén entre ellos y no se pase adelante con la predicación e instrucción de buenos usos y costumbres o que no se reduzcan o conviertan los que de los suyos o de los vecinos buenamente lo quisieren hacer, o si se armaren o si vinieren de guerra a matar, robar, o hacer otros daños a los dichos descubridores o predicadores. En tales casos se les pueda hacer guerra con la moderación que conviene, y consultando primero la justificación y forma de ella con los religiosos o clérigos que se hallaren presentes, o con las reales audiencias, si hubiere comodidad para ello y haciendo los demás autos, protestaciones y requerimientos que se entendiere convenir.

Aunque las leyes y órdenes reales estaban sujetas al «*se acata, pero no se cumple*», que a veces aplicaban las autoridades españolas y los habitantes de la Nueva España, lo cierto es que la Corona empleaba estrategias para limitar esta mala costumbre, como la de implicar a los religiosos, no solo en la toma de decisiones que incumbían a los indios, sino también darles el trabajo de controlar que se aplicasen las leyes y órdenes reales.

La evangelización costó muy cara en sangre, vidas y sufrimiento. Muchos aceptaban la cristianización, pero en todas las naciones había algún grupúsculo que se resistía, o porque los frailes les hacían perder su autoridad, o porque la hispanización conllevaba abandonar costumbres ancestrales muy arraigadas como el canibalismo, la poligamia, el alcoholismo o la violencia con otros grupos o entre los integrantes del mismo grupo.

Se comenzó a adoctrinar a la nación Guazave sin haber llegado a pacificarla. Para ello se contó con una gran ayuda, una india cristiana que años antes fue esclava de españoles en la villa de Culiacán, quien tomó con mucho fervor el enseñar la doctrina cristiana a su gente, tanto que les hacía acudir dos veces al día a la iglesia a este ejercicio. A veces, aun de noche se juntaban de propia voluntad para escucharla cantar la misa, que para aquella época era cantada, algo que enamoraba a los indios.

Una noche, el padre a cargo de la misión salió acompañado del soldado de su escolta a visitar otros pueblos, por lo que los indios, que se quedaron sin cuidado en la misión, vieron la ocasión para hacer fiesta y emborracharse. El chamán aprovechó la oportunidad para alborotar a los indios y recuperar así su influencia perdida. El resultado fue que la india doctrinera fue asesinada. Tras esto, y como tantas veces pasaba, y por temor a la represalia y castigo de los españoles, abandonaron la misión regresando al bosque donde vivían antes de la llegada española.

Al enterarse del suceso, el padre pretendía adentrarse en solitario en el bosque para convencerlos de volver a la misión, el capitán del presidio se opuso frontalmente y le acompañó con dieciocho soldados presidiales. Consiguió el padre sosegarlos y llevarlos de vuelta a la misión, pero ese era el precio que había que pagar por un beneficio supuestamente superior, el de la pacificación, aunque en la gran mayoría de los sucesos eso suponía que los asesinos se fuesen sin castigo y a veces con premio.

No solo los hostiles. Los indios pacíficos tampoco aceptaron de forma rápida el cristianismo y el abandono de sus idolatrías y supersticiones previas. En una ocasión, el padre que se encargaba de los guazaves, tras la pequeña revuelta que acabó con la vida de la india doctrinera, iba caminando en compañía de los soldados hacía la villa de Sinaloa, viendo que unos metros por delante iba un indio, al que vio abandonar el camino e introducirse por una senda al bosque. Le siguieron y vieron que se paraba en frente de una piedra con forma de pirámide que tenía esculpidas unas toscas figuras, a las que el indio hacía reverencias. El padre le increpó y pidió que derribase la piedra, *«que ni tenía sentido ni le podía ayudar en nada»*. El indio respondió que no se atrevía a tocarla por no morir en el instante. El padre, con los soldados que le acompañaban, echaron mano a la piedra, y aunque pesaba mucho, la pudieron llevar hasta la plaza de la villa, donde maltrataron la piedra con el objeto de mostrar a los indios que era una simple superstición.

Muchos indios se sintieron ofendidos y ultrajados por la acción del padre, y con gran drama vaticinaron la ruina de la población y la muerte de los españoles. Añadiendo que aquella noche vendría un huracán que se llevaría las casas de todos. El padre los recogió a todos en la iglesia para seguir con la doctrina y demostrar que todo era superstición. Estando allí y ya de noche, llegó al pueblo una tremenda tormenta de viento y agua que dejó en muy mal lugar al padre.

El Presidio de Sinaloa era, a ojos del padre Pérez de Ribas, totalmente necesario, y servía no solo a la protección de los españoles sino preferentemente a la de los indios.

Si estos consideraban que los soldados no les protegían de otros grupos violentos, terminarían por abandonar las misiones y alzarse en armas también. Además, el padre consideraba que la cantidad de soldados era insuficiente. Unos años después de su establecimiento, el presidio estaba formado por cuarenta y seis soldados, mientras que enfrente había, en caso de unirse todas las naciones con sus indios de guerra, entre veinte y treinta mil hombres.

> Por otra parte, obligar al rey nuestro señor a sustentar siempre en estas conversiones grandes presidios parece es en detrimento de sus reales haberes y grande gasto de su hacienda real, a que deben tener atención todos sus leales vasallos. A esta propuesta respondo. Lo primero, que cuando se ofrece alguna de las empresas en que es necesario ayudarse de presidios de soldados, para entradas de pacificaciones, castigos de rebeldes, etc., no salen solos los soldados españoles, sino conforme los pide la facción, con ayuda y leva de mayor o menor cantidad de indios amigos, que nunca faltan. Y aunque estos solos ni se atrevieran a cometer la tal facción, ni supieran gobernarse en ella, pero en compañía de los soldados españoles, ayudados y gobernados de ellos no la temen.
>
> También se debe atender a que el soldado armado y sobre un caballo de armas, es un castillo incontrastable a las flechas para defenderse. Y si la batalla es en campaña rasa, y donde el soldado a caballo puede acometer y dar alcance al enemigo, lo puede ofender mucho y desbaratar. Y cuando el puesto es montuoso y los caballos hacen alto en puesto acomodado, sabiendo los indios amigos que tienen seguras las espaldas, y la retirada para ponerse debajo de los arcabuces de los españoles (cuyos tiros alcanzan más que las flechas de los enemigos), no dudan entrarse tras de ellos por el monte y selva como gente de a pie y darles alcance. Y cuando se ven apretados, retirarse al abrigo de los arcabuces que tienen en su defensa. Y esta es la razón porque los indios amigos se atreven a salir a campo en compañía de pocos españoles, contra un ejército grande de bárbaros. De lo que claramente se infiere la importancia de estos presidios, aunque no sean de mucho número de soldados.
>
> Y es cierto que ha mostrado la experiencia, que en estas empresas viene a estar la principal fuerza y defensa en los soldados y caballos de armas. De estos no usa sino al tiempo de la pelea, porque como van cargados de armas, por no cansarlos los llevan de diestro.
>
> Las armas de estos caballos están ya muy diestros en hacerlas los españoles, las cuales aderezan de cueros doblados de toros, aunque si el brazo del que despide la flecha es valiente y el tiro de cerca, tal vez peligra el caballo. O si se atrevió el indio (como lo suele hacer) a arrojarse debajo de las armas del caballo y con un machete desjarretarlo, o muchos se juntan a volcarlo, asiéndole de la cola, o acertó a caer en piedras u hoyos, riesgos todos que pasan en estas, como otros en las demás guerras y batallas del mundo. En tales casos es muy grande el peligro que corre el soldado y el caballo. Porque el indio es muy suelto en hacer el salto y el caballo y caballero muy pesados con las armas para levantarse, y cuando menos se piensa, descarga sobre la cabeza y casco que lleva en ella tal golpe de macana o de palo rollizo (de que también usan en las guerras) que allí queda sin más levantarse.
>
> ...es cierto que sin auxilio del cielo, imposible hubiera sido tan poco número de soldados rendir, amansar, y poner en paz tanto número de gentes bárbaras y fieras, como hoy tienen reducidas a la iglesia. Y de esta verdad puedo decir que soy testigo de vista en muchas ocasiones, y de lo dicho se hallarán no pocos casos y pruebas en esta historia, que juntamente son señales de que Dios aprueba los presidios de soldados, que los reyes católicos ponen y levantan para tan justificados fines e intentos.

Y es justo añadir aquí, que para estas empresas se ha conocido también la Divina Providencia en dar esforzados y valerosos soldados y capitanes, que parece los escogió para hazañas dignas de memorias obradas en amparo de la fe y predicación evangélica.

…de los gastos que se recrecen a la hacienda de Su Majestad en estos presidios, y se entienda cuán bien empleados están, aunque fueran menester tesoros para sustentarlos, respondo que este empleo no solo es glorioso en la conversión de millones de almas convertidas y de otros innumerables que se quieren valer del amparo de la iglesia…

y añado que está muy bien hecho el gasto, porque a no contener en paz estas naciones los presidios, imposible fuera el poderse labrar muchos reales de minas que están en sus comarcas o en sus fronteras ni descubrirse las que cada día se van hallando en sus tierras. Porque cuando esta alborotada alguna nación de las cercanas, cada mañana podrían aguardar los reales de minas los españoles y gente que las labran, albazos de los indios enemigos, y cada noche ver abrasados a fuego sus ingenios y flechadas las bestias del campo y de servicio, y finalmente el asolamiento y ruina de todas las haciendas que los vasallos del rey van poblando, y Su Majestad y ellos, la pérdida irreparable de las riquezas que Dios les ha dado en las indias.

De todo lo cual claramente se infiere que no es gasto superfluo, ni excusable el de los presidios, sino ganancia grande temporal el sustentarlo.

El padre Andrés Pérez de Ribas parecía tener muy claro el camino a seguir y en este mismo sentido se pronunciaron muchas personas entre los soldados y los frailes que, a fin de cuentas, eran los que estaban sobre el terreno y conocían de primera mano los problemas y las soluciones. Lástima que, como es habitual, los administradores, que no conocían ni el terreno ni las gentes que lo habitaban ni los problemas, eran los que proponían o asesoraban a la Corona en la aplicación de soluciones *«que se acataban, pero no se cumplían»*, en muchos casos, debido a la obsesión de practicar la austeridad y el recorte en los gastos, algo muy arraigado en la cultura hispana y sin planificación a largo plazo.

Según fray Andrés, esta falta de planificación y de inversión, unido a la política de compasión, moral cristiana y seguimiento de los mandatos de la iglesia por encima de cualesquiera otras consideraciones, tuvo un coste tremendo en vidas, de cualquier sector de la población. La Corona enviaba a sus religiosos a predicar como ovejas en medio de lobos, pero guardando la mansedumbre de las palomas en la predicación, y al mismo tiempo les pedía que se aprovechasen de la astucia y prudencia de las serpientes para, entre otras cosas, salvar sus vidas en caso de verse en peligro, y de ser este el caso, la recomendación era la de que huyesen a otra ciudad.

¿A qué ciudad de refugio han de apelar o huir? No habiendo puesto seguro, en tierras tan remotas y apartadas, sino el presidio de los soldados españoles, sin hallarse, otras poblaciones suyas, y si la hay esa también necesita del presidio en tales ocasiones para su seguridad y guarda. Añádese que nuestros misioneros no se ayudan de los soldados, ni los traen en su compañía en los puestos donde residen, y por donde andan, sino raras veces y en trances apretados. Que lo ordinario es andarse solos, sin escolta en sus partidos, y muchos de ellos distantes del presidio treinta y cuarenta y aún ochenta leguas, donde pueden estar muertos y comidos antes que tengan noticia de ello el capitán y los españoles. Y en casos que tienen necesidad de escolta, esa es por algunos días y de solos cuatro o seis soldados, que son suficientes para enfrentar algunos inquietos.

No era habitual encontrar un religioso que hablase bien de los presidiales, la continua rivalidad entre ambos estamentos llevaba a los religiosos a despotricar de los soldados, a quien de costumbre veían como personal de servicio y no de seguridad.

Acababa de establecerse el presidio en Sinaloa cuando tuvieron ocasión de mostrar su utilidad. Los guazaves andaban revueltos y algunos de ellos trataron de matar a los dos padres que los adoctrinaban, pero como entre infieles también había fieles, algunos de estos alertaron del complot al capitán, que despachó con urgencia quince soldados para que prendieran a los cabecillas. Salió al paso el jefe con doscientos guerreros y, aunque el enfrentamiento parecía inevitable, los soldados se las ingeniaron para capturar al instigador principal perdonando al resto. Le llevaron a la villa de Sinaloa donde recibió castigo.

En el pueblo aún quedaba algún revoltoso que soliviantaba al resto, y habiendo abrasado las iglesias de madera que tenían se fueron al bosque, pero pasados unos días y cansados de la mala vida que llevaban en el bosque, apartados de sus casas y tierras, entraron en razón y volvieron a su pueblo, y nunca volvieron a rebelarse. Una vez acostumbrados a la vida en el pueblo y sus comodidades no podían prescindir de ello.

Volvió a entrar en escena el indio Nacabeba, asesino del padre Tapia que, refugiado en los montes, se dedicaba a atacar y saquear a cuantos pasaban cerca de su escondite. Tuvo noticia de su guarida el capitán del presidio, mandando sin demora un grupo de soldados e indios auxiliares. Llegados al lugar no pudieron capturarle porque escapó raudo, pero no tuvieron tanta suerte algunas indias de su grupo que capturaron, entre ellas la mujer de Nacabeba, que fue degollada por uno de los indios auxiliares. Esta india se vestía con el hábito que había quitado al cuerpo sin vida del padre Tapia el día que le mataron, y con él bailaba en las fiestas que organizaban en su refugio, en las que se emborrachaban hasta perder el conocimiento con el típico vino de miel, que elaboraban todos los pueblos indios en la zona. Los indios auxiliares que acompañaban a los presidiales aún andaban buscando venganza por la muerte del padre Tapia al que tenían gran aprecio.

Prometiose seguro a todos los demás, que no habían sido cómplices en el delito, y entremetiose con ellos disimulado un indio apóstata, de los principales agresores de la muerte del Padre Tapia, y a quien él había hecho mucho bien y traía ordinariamente en su compañía. Conociéronle los indios de su mismo pueblo, avisaron al capitán, el cual lo prendió y apretó los cordeles para que declarase a dónde se habían acogido los demás delincuentes con Nacabeba, y aunque el primer día estuvo pertinacísimamente negativo, viendo que le querían apretar segunda vez, dijo que sabía dónde estaban y que los entregaría al capitán.

Fiado de su respuesta salió una noche con doce soldados y llevando al indio por guía, este los llevó a un cerro y despeñadero muy alto, de donde quiso arrojarse, si los soldados no estuvieran tan prestos en detener su desesperación. Pero cuando le volvían al Real, conoció una yerba ponzoñosa, echole mano y comiósela, y adormeciose con ella, de suerte que no fue posible hacerle volver en sí, y finalmente murió dentro de veinte y cuatro horas, habiendo él mismo castigado la muerte tan merecida de la culpa que había cometido. No obstante que el capitán le había prometido, que si descubriese a los delincuentes le daría libertad.

Viendo Nacabeba con estos sucesos que no tenía seguridad en los montes, determinó acogerse con la gente que le quedaba a la belicosa nación Zuaca, que era la que se preciaba de matadora de españoles.

Otro día los indios amigos encontraron en el bosque al hijo de Nacabeba y otro de la banda. A los dos los mataron sin dilación, con tal brío que les cortaron las cabezas y las presentaron al capitán, contento de ir reduciendo la banda de Nacabeba, único con vida y en libertad. El capitán del presidio no se atrevía a entrar al territorio zuaque por tener tantos guerreros y ser tan pocos los soldados del presidio. La captura se produjo cuando los teguecos, que eran vecinos y acérrimos enemigos de los zuaque, los atacaron.

El ataque se produjo muy temprano en la mañana cuando se encontraban desprevenidos, estaban todos concentrados en la plaza principal de su pueblo escuchando una arenga que un jefe de los dichos zuaques les estaba dando para atacar a los españoles. El jefe de los teguecos, llamado Lanzarote, disparó una fecha a su homónimo zuaque, con tan buen tino que cayó al suelo, después corrió hacia él con la intención de cortarle la cabeza, el herido clamó y rogó que le perdonase la vida, tanto que conmovió a Lanzarote y «*no le tronchó la cabeza, que lo hacen con grande facilidad y destreza, torciéndola y desencajado el hueso del cerebro, la tronchan, y si no tiene cuchillo para cortar la carne, lo hacen con la uña del pulgar, que traen muy crecida. En esos momentos ya tenía sobre el varios zuaques con lo que Lanzarote tuvo que retirarse herido, y dejar la presa que tenía el valeroso indio*». Este Lanzarote, capitán de los teguecos, fue fundamental para la conversión de toda su nación, aunque antes de bautizarse y para dar ejemplo a su gente, debió renunciar a cuatro de sus cinco mujeres, al ser estos indios polígamos, nada extraño conociendo la tendencia a morir en combate que tenían los hombres nativos.

Los teguecos continuaron atacando a los zuaques con el fin de capturar a Nacabeba, de manera que los zuaques lo expulsaron de su pueblo junto a sus pocos seguidores y familia, con el fin de tener un poco de paz. Viéndose indefenso, un día se presentó en la puerta de los teguecos con los que le quedaban. Los teguecos le admitieron con la condición de entregar todas las mujeres e hijas que llevaban. Nacabeba aceptó sin tener otra opción, aunque con ello no evitó ser traicionado después por los teguecos:

Cuando lo tuvieron en su poder lo amarraron a un árbol y enviaron mensajero al presidio para que viniesen a buscarlo, cuando llegó este aviso a la villa estaba ausente el capitán Alonso Díaz, habiendo dejado en su lugar al cabo del presidio, que lo era Diego Martínez de Hurdaide, quien tendría una importante influencia en los siguientes años en la Nueva Vizcaya, mandó aprestar doce caballos de armas, con otros tantos soldados y sin aguardar a hacer más gente de indios amigos, partió con ellos a toda diligencia para uno de los pueblos de Tegueco, donde ya que llegaba le salió a recibir el cacique Lanzarote.

Y viendo tan pocos soldados en su tierra, donde antes no se atrevía a entrar tan corta escuadra, porque había más de mil indios de guerra que eran gentiles, extrañando escuadra de tan pocos soldados, preguntó al caudillo: ¿no traes contigo más gente que esta? De esta pregunta el animoso caudillo que sabía muy bien cuán importante es no mostrar cobardía con los indios y recelando por otra parte, si acaso había sido estratagema de los teguecos el sacarle a campo en sus mismas tierras para romper la guerra, la respuesta que le dio fue decirle con ánimo arriscado: perro indio, si me has llamado con falsedad y ficción de que quieres entregar a Nacabeba y tu intento es pelear y matar españoles, llama luego a toda tu gente, que con toda pelearé yo solo, aunque no me ayuden los soldados que aquí traigo.

El indio viendo alterado al caudillo, le sosegó diciendo: no te enojes, que la verdad es que te quiero entregar a Nacabeba, y señalando con la mano cierta casa del pueblo, le dijo: allí está amarrado, ven y lo verás y te lo llevarás. Apeóse el caudillo y algunos soldados, quedándose otros a caballo para cualquier suceso entre gente de poca fidelidad. Llegó el caudillo a vista de Nacabeba, el cuál en viendo a los españoles, exclamó a los indios presentes: ¡Ah teguecos! ¿No os había pedido, que vosotros me matáraes antes que entregarme a españoles? Halláronle transido y sin haber comido en tres días. El caudillo le sosegó e hizo que le alentasen con algo de comida y le desatasen del palo y, asegurándole con otras amarras, dio vuelta con él a la villa, concluyó su causa y proceso, sentenciando a ahorcar y hacer cuartos a Nacabeba con otro sobrino suyo, cómplice de sus delitos, condenó a la hija a servicio perpetuo y destierro de la provincia, remitiéndola a México.

Los padres, cuando supieron de la sentencia, fueron a ayudar a los dos condenados y disponerlos para aquel trance. A Nacabeba lo catequizaron para bautizarle… El sobrino se confesó, porque era bautizado, y acabado de bautizar el uno al pie de la horca, y confesado el otro, se les ejecutó.

La provincia de Sinaloa iba viento en popa, dentro de lo que se podía esperar en un territorio muy joven. Pero los años pasaban y el capitán Alonso Díaz se encontraba muy mayor y pedía el retiro, no creía estar en condiciones de ir a México a ver al virrey, por lo que envió al cabo Diego Martínez de Hurdaide, quien al llegar dio cuenta al virrey del estado de la provincia y del deseo del capitán Díaz de dejar la gobernación.

El virrey escuchó atentamente y después, nombró por sustituto de Díaz al propio Martínez de Hurdaide, que regresó a Sinaloa como capitán y con la autorización virreinal para aumentar la tropa en veinte puestos hasta alcanzar los cuarenta y seis. Era el año de 1599. No todo fue alegría por la promoción, ya que llegando al presidio le dieron cuenta de la sublevación de los guazaves en la que quemaron las iglesias que habían construido. El nuevo capitán del presidio armó a sus soldados y caballos, y llevando algunos indios de los amigos en su compañía, salió en busca de los rebeldes dándoles alcance en sus bosques. Prendió a sus cabecillas y los ajustició, pero perdonó la vida al cacique principal por ser muy estimado entre los suyos. El capitán pensó que podría ser un buen apoyo en el futuro si conseguían cristianizarle, y no se equivocó.

El dicho cacique ordenó a su gente la vuelta a los pueblos y la reconstrucción de las iglesias. Después se bautizó eligiendo el nombre de Pablo Velázquez, y dirigió a su pueblo y lo mantuvo en paz hasta el fin de sus días. Los guazaves se mantuvieron pacíficos para siempre y fueron un modelo y ejemplo para el resto de las naciones que habitaban en los alrededores, las que de vez en cuando se envalentonaban por alguna causa de poca importancia, siendo apaciguadas por el presidio.

OTROS CAPITANES
(1589-1601)

Juan Morlete

De acuerdo a lo que dijo de él el cronista Alonso de León,[139] tan oscuras fidelidades cultivó como oscuras fueron algunas de sus actividades. Morlete estaba en la nómina de la familia Velasco-Ibarra, y todo le venía de cara cuando Luis de Velasco hijo fue nombrado virrey de la Nueva España, cargo que desempeñó en un primer mandato entre 1590 y 1595. En esos años, Morlete tuvo mando en lugares de la Nueva Vizcaya como Saltillo y otros, y las cosas no cambiaron mucho con la llegada del nuevo virrey Gaspar de Zúñiga, conde de Monterrey que, aunque de forma indirecta, también era un Velasco.

No cambiaron mucho hasta que, con tanta impunidad se vio, que en 1596 hizo desaparecer las actas de fundación de la villa de Monterrey, y falsificó una comisión para administrar justicia en la nueva fundación. Monterrey había sido fundada por Diego de Montemayor, y Morlete quería usurpar dicha gobernación. Su burda maniobra fue descubierta y llegó la denuncia hasta el virrey, quien, sin mucho margen de maniobra, le reprendió. La riña no pasó a mayores porque le mantuvieron como gobernante en la villa de Saltillo. Para tapar el escándalo y que no fuese a mayores, el virrey no tuvo más remedio que aceptar que la villa de Monterrey fuese legalmente reconocida, a pesar de haberse fundado sin expreso permiso del rey. Poco después de aquello Morlete moría.

En 1600, la paz en la Gran Chichimeca iba en progreso, la zona estaba bajo control, el trabajo de los diferentes capitanes daba sus frutos, aunque a ojos de la Corona los gastos estaban siendo muy altos. A los sueldos había que sumar el coste de las provisiones que compraban la paz, de modo que los oficiales fueron presionados para reducir costes. El virrey buscaba recortar gastos sin afectar la seguridad. Para conocer si esto era posible envió a un inspector con amplios poderes, Diego Infante del Águila,[140] y junto a él fue el capitán Juan de Vergara Osorio.

---

[139] Alonso de León, 1649, *op. cit.*

[140] Uno de los cuatro veedores que originalmente se asignaron para controlar las cuentas reales y recolectar los impuestos en las minas, el conocido quinto real.

Durante tres años recorrieron todo el territorio chichimeca, lo que da una idea de su amplitud. Sus investigaciones podían alcanzar personas e instalaciones relacionadas con la Corona o el dinero invertido por esta, aunque fuera mínimamente. Llegaban sin avisar y con amenazas de cárcel, y los capitanes tuvieron que reportar detalladamente en qué se habían gastado los dineros. Pocos pensaron que, en algún momento, se les pudiera reclamar por los bienes entregados a los indios, y muchos ni sabían que iban a necesitar los comprobantes de gasto. Eran hombres de guerra, no administradores. A menudo, alcanzaban acuerdos con los proveedores de forma verbal, sin constancia registral alguna, pero el inspector era inflexible y los militares recibieron una enorme presión.

El capitán Juan Morlete, que había sido protector[141] de los guachichiles en Mazapil, ya había fallecido a la llegada de los inspectores, por lo que se tuvieron que contentar con sus libros de cuentas, aunque en este caso, Morlete había hecho sus deberes y sus cuentas se encontraban en orden. Tras su muerte, le sucedió el capitán Duarte[142] quien, a requerimiento de los inspectores, presentó las cuentas de su predecesor. Dichos libros reflejaban que a los indios se les proveía de carne, maíz, judías, sal y telas, entre otras muchas cosas. Los proveedores fueron principalmente Diego Fernández de Velasco[143] y Juan de Monroy, aunque hubo otros de México y Zacatecas.

De estos proveedores recibió 4.700 fanegas[144] de maíz entre octubre de 1590 y enero de 1596. El reparto que hizo fue de 4.432 fanegas en raciones para los indios y 268 para los frailes franciscanos.[145] También se compraron 172 fanegas de judías, de las que 151 se repartieron entre los indios guachichiles en periodos en que estos no tenían más que comer.

---

[141] El primero en tener el título de protector de indios fue Bartolomé de las Casas en 1516. Los protectores se hacían cargo de la protección contra la explotación de los indios por españoles o por sus propios caciques, así como de la resolución de conflictos entre los indios. Se hacían cargo de grandes comunidades de indios.

[142] Gaspar Duarte actuó como escribano en el acto de fundación del asentamiento Tlaxcalteca de San Esteban y fue el asistente de Morlete en el área de las minas de Mazapil, Hacienda los Cedros y Concepción del Oro, desde 1592 hasta la muerte de Morlete, a quien sucedió como protector de indios.

[143] Español de la Península, sirvió en Portugal y Flandes antes de ir a México. Su primer destino fue de comandante en la fortaleza de San Juan de Ulúa. Después fue nombrado capitán general para la Nueva Vizcaya, Nuevo León y Nueva Galicia. Más tarde gobernador de la Nueva Vizcaya.

[144] La fanega castellana equivalía a 55 litros y se utilizaba para medir productos sólidos de pequeño tamaño, usualmente la capacidad de un saco de lona grande.

[145] Los franciscanos tenían presencia en Saltillo, donde establecieron un convento en 1582 por fray Lorenzo de Gavira, pero tuvo que abandonarlo a causa de la hostilidad india, tras eso se refugió en Topía hasta 1590 cuando las condiciones permitieron su regreso. Hasta ocho frailes del Colegio de Guadalupe fueron desplazados por el virrey a la zona para asistir en la pacificación de los indios.

En 1595 recibió 274 cabezas de ganado que se repartieron íntegramente junto con otras raciones. Las reses venían de Diego de Mesa, un ganadero local que también actuó como capitán a cargo de la pacificación chichimeca, entre 1595 y 1602. Los indios apreciaron no solo la carne sino también los cueros, que utilizaron para fabricar sandalias y tapetes para dormir sobre ellos. También recibieron 8.489 arrobas[146] de carne y 152 terneras que fueron repartidas entre los guachichiles de Mazapil.

En las cuentas también figuran productos que no eran para los indios, como diecisiete libras[147] de pólvora que, en enero de 1596, se destinaron a los colonos de las minas de Mazapil para su protección ante los rumores de una rebelión que nunca tuvo lugar. Otros productos como la sal o la ropa fueron también muy apreciados por los indios. Hasta cincuenta fanegas de sal se repartieron entre 1594 y 1595. Además de la tela, también se compró ropa ya confeccionada para mujeres, hombres y niños. 280 varas[148] de paño de la tierra, 7.267 varas de sayales de todas suertes, 619 huipiles de muicle,[149] 272 naguas de telar,[150] 1.064 frazadas congas,[151] 12 sombreros finos de color y 296 sombreros comunes, 293 pares de zapatos de vaqueta, camisas, mantos, botines para mujer, y otros artículos como siete libras de seda y nueve libras de hilo, además de 1.000 agujas y otros útiles para que cosieran su propia ropa. 300 cuchillos, 11 petacas, 120 lías,[152] un fardo de chile, comales de cobre, 200 gargantillas y 300 morillos o vigas de madera de pino para la construcción de los tejados de las casas, material que salió del almacén real *(Fig. 25 Cuadernillo)*.

Duarte presentó otros documentos, como las cartas que el fallecido Morlete recibió de los virreyes a modo de agradecimiento, por su excepcional servicio en la pacificación de los pueblos, y en su protección contra las influencias de otros grupos menos pacíficos. En su escrito, el capitán Duarte decía que su predecesor había servido a la Corona con diligencia, sin recibir emolumento o salario alguno, consiguiendo la pacificación del reino de los guachichiles en la región de Pedregosa.[153]

También hizo referencia a la misión al Nuevo México, siguiendo las órdenes del virrey Luis de Velasco de arrestar a Gaspar Castaño de Sosa, donde Morlete gastó una gran suma de pesos de oro de su propio bolsillo. Por otra parte, y además de los artículos a cargo de la Corona que habían repartido entre los guachichiles, *«el capitán había invertido una cantidad grande de su propio dinero en darles regalos, ropa, pan y otros artículos*

---

[146] Una arroba castellana tiene un peso de 11,5 kilogramos.
[147] 460 gramos aproximadamente.
[148] La vara castellana era una medida de longitud que equivalía a 84 centímetros.
[149] El huipil es una blusa para mujer, y el micle es un tipo de planta.
[150] Falda mesoamericana.
[151] Mantas.
[152] Cuerdas.
[153] Las montañas Pedregosas, a unos 25 kilómetros al noreste de la Concepción del Oro en Zacatecas.

para mantenerlos en paz y que no atacasen a los españoles. Todo esto lo había hecho a lo largo de su vida, lo que se probaba por el amor que le profesaban todos los indios». Tras esta declaración de Gaspar Duarte, los inspectores concluyeron que las cuentas de Morlete estaban en orden y no se tomaría acción alguna contra él.

Una de las cartas elogiando su labor vino de parte de su superior Rodrigo del Río de Loza,[154] que fue designado capitán general de la Nueva Galicia en 1581 y fue uno de los principales valedores de la estrategia de pacificación mediante donaciones. Como superior de Urdiñola y Morlete, supervisó la pacificación de los chichimecas y el establecimiento de las poblaciones tlaxcaltecas en la zona. Su larga carta de nombramiento a Morlete como capitán es resumida aquí para obviar los muchos formalismos de la época:

> *Rodrigo del Río de Loza, teniente de capitán general en este nuevo reino de Galicia, por el rey nuestro señor, etc.*
>
> *… Y porque Juan Morlete, vecino de las minas de Mazapil, es persona muy honrada y de mucho crédito y satisfacción y hace muchos años que con mucha aprobación de su persona ha servido a su majestad en todas las ocasiones que se le han ofrecido, así de teniente de alcalde mayor[155] de las minas de Mazapil, como en la guerra contra los indios sirviendo muchos años en ella, armas y caballos a su propia costa y mención sin sueldo alguno, y a que él, en compañía del capitán Francisco de Urdiñola, con mucho trabajo y solicitud de su persona y costa de su hacienda, ha procurado traer como ha traído él los indios de paz al Mazapil…*
>
> *…por la presente, nombro a vos (…) capitán de su majestad para que como tal capitán acudáis a todas las cosas y casos que por mí en su real nombre os fueren cometidos. Y que los soldados que se os asignen os obedezcan y cumplan vuestros mandamientos y vengan a vuestros llamamientos. Y si por servicio debáis poner penas, las podáis ejecutar en sus personas y bienes excepto en las que fueren de calidad que se haya de proceder contra ellos a pena de muerte y efusión de sangre o mutilación de miembro, que en estos tres casos hechas las averiguaciones y presos los culpados, los castigue yo conforme a su calidad…*
>
> *Y porque como sabéis el capitán Francisco de Urdiñola de muchos a esta parte ha servido y está sirviendo a su majestad en las minas y comarcas de Mazapil, así en la guarda de aquellos vecinos como de los caminos y personas que por ellos van y vienen. Y por la paz que se ha asentado en los indios salteadores que él y vos habéis traído de paz a aquellas minas, de presente hay tan solamente ocho soldados de presidio y muchas veces el dicho capitán Francisco de Urdiñola hace ausencia de las dichas minas, ocupándose fuera de ellas en otras cosas del servicio de su majestad, y estando él ausente, conviene que haya persona que capitanee y gobierne los soldados del Mazapil y les mande lo que han de hacer.*

---

[154] Caballero de la Orden de Santiago, fue capitán con Francisco de Ibarra en 1554 cuando se establecieron las minas de Indé y Santa Bárbara. Estuvo en el intento de población de Pensacola que hizo Tristán de Luna y Arellano en 1559, volviendo a la frontera chichimeca, donde fue capitán del presidio de Fresnillo.

[155] El alcalde mayor gobernaba un distrito compuesto por varios pueblos. Hacía también las funciones de juez de apelación en los casos juzgados por los alcaldes ordinarios de los cabildos. Su autoridad estaba supeditada al gobernador de la provincial.

Y os encargo mucho y tengáis especial cuidado de la paz, conservación de ella que está puesta con los indios que ahora están poblados en aquella comarca y los demás que vinieren, no consintiendo que los vecinos y otras personas les hagan molestias, ni vejaciones, ni se sirvan de ellos contra su voluntad porque la paz se conserve, pues tanto importa esto al servicio de su majestad, bien y quietud de este reino. Fecho en Zacatecas a 19 de septiembre de 1588.

El trato a los indios por parte de cualquier persona parecía estar en el centro de la política desarrollada por la Corona en las Américas. La siguiente carta del virrey Velasco ahonda en esta idea:

Don Luis de Velasco, virrey, por cuanto yo di comisión al capitán Juan Morlete de 23 de abril, que pasó de este presente año para que a los indios de La Concepción[156] de nación chanalas[157] y zacatecos que tenía juntos y congregados en sus haciendas del Mazapil los tuviese en administración, guarda y defensa, alimentándoles de todo lo necesario, defendiéndoles y amparándoles de cualesquier agravios que se les pretendiese hacer, dándoles doctrina de suerte que viviesen en policía cristiana y no se volviesen a alterar ni alzar.

Y porque he sido informado que, entre los dichos indios que así tiene de paz y congregados el dicho Juan Morlete en las dichas sus haciendas, andan algunas personas, así españoles como mestizos, negros y mulatos de mal vivir, cometiendo delitos, causando mal ejemplo a los dichos indios, haciéndoles agravios y malos tratamientos, ocasionándoles con esto a que se vuelvan a desasosegar y alzar contra el servicio de su majestad, y para que esto no suceda y los tales sean castigados de sus excesos, por el presente doy comisión y facultad al dicho capitán Juan Morlete para que pueda proceder y proceda contra los dichos españoles, mestizos, negros y mulatos[158] que se entremetieren entre los dichos indios, saliendo en su seguimiento a dondequiera que fuere, aunque sea a otras jurisdicciones.

En lo demás guarde el tenor de la primera comisión que le tengo dada y como por ella se le manda no se entremeta a conocer de las causas de delitos entre los dichos indios, dejando el castigo y conocimiento de ellas al principal y mandón que entre ellos hubiere.[159] Fecho en México a 15 días del mes de mayo de 1592 años. Don Luis de Velasco.

Otra carta del virrey Velasco hace una panorámica de la situación en la región. El temor a desandar lo andado y que los indios volviesen a guerrear estaba muy presente:

Don Luis de Velasco, virrey, por cuanto teniendo noticia que los indios del nuevo reino de Galicia que andaban alzados y rebelados de servicio de su majestad venían de paz y

---

156 Se refiere a la Concepción del Oro, un asentamiento de indios pacíficos fundado por Urdiñola en 1588.
157 Los Chanalas fueron recolocados desde Colima.
158 El virrey parece no hacer diferencias cuando en el listado incluye a todos los grupos étnicos.
159 La autoridad conferida a los soldados los excluía de forma expresa de intervenir en los contenciosos en que las dos partes eran indígenas.

se ofrecían a poblar en algunas partes señaladas, se ha acordado admitirlos a la dicha paz y que se les dé de la Real Hacienda alguna ropa para que se vistan, y maíz para su mantenimiento hasta que siembren y cosechen. Y ordenado se nombren cuatro personas que lo reciban y repartan con parecer del religioso que entendiere en la doctrina de ellos, y que un almacén esté en las Charcas,[160] y otro en las minas del Mazapil, y otro en las minas de Chalchihuites,[161] y otro en Colotlán.[162]

Y teniendo confianza de la persona del capitán Juan Morlete que hace mucho tiempo que sirve en la guerra que se ha tenido con los dichos indios, por la presente en nombre de su majestad le proveo y nombro para que asista en el dicho asiento y minas del Mazapil y allí esté y reciba en amistad todos los indios que se han venido y vinieren de paz y los ampare y defienda de todas las personas que les quisieren hacer daños, y tenga la jurisdicción de ellos sin que en ella se entremetan justicias ni otra persona ninguna.

Y por la confianza que de él tengo por sí solo sin hallarse religioso ni otra persona, les dé y reparta el maíz y ropa que se le enviare por los jueces oficiales del dicho nuevo reino, y ha de tener a cargo la labor y sementeras que se han de hacer para el sustento de los dichos indios, en la parte más cómoda que le pareciere, y hacer y haga recoger el maíz que de las tales sementeras hubiere, y llevar cuenta de los ganados que se mataren, hierros y señales que tuvieren para que se pague a los dueños, y tenga libro y memoria de los indios capitanes que vinieren de paz y de los demás macehuales[163] que tuvieren debajo de su obediencia y cargo, para que por esta orden se sepa los indios que se vienen de paz y se pueblan. Para todo lo cual, le doy poder y facultad cual en derecho se requiera.

Y por el trabajo y cuidado que en lo susodicho ha de tener, se le gratificará lo que sirviere y se le hará merced en lo que se ofreciere con mucha consideración. Fecho en México a 30 de marzo de 1590. Don Luis de Velasco.

Es evidente en estos documentos la gratitud que el virrey Luis de Velasco y Castilla tenía hacia el capitán Morlete, que le había servido en todo lo que había pedido como se veía en el anterior capítulo dedicado a Luis de Carbajal y Castaño de Sosa.

Gabriel Ortiz de Fuenmayor

Habiendo terminado las pesquisas sobre el capitán Morlete, los inspectores Infante de Águila y Vergara Osorio pusieron el foco sobre otro capitán, Gabriel Ortiz de Fuenmayor, que había tomado el cargo dejado por el capitán Miguel Caldera, fallecido en 1597. El objetivo para ellos era demostrar que Ortiz se había quedado con parte de los artículos que debía repartir entre los indios. Se tomaron muchas molestias y buscaron testigos por doquier. Los que encontraron apoyaron sin discusión el trabajo de Ortiz,

---

[160] Charcas se encuentra al norte de la ciudad de San Luis Potosí, en el estado mexicano del mismo nombre.

[161] Chalchihuites se localiza cerca de la actual frontera oeste de Zacatecas.

[162] Colotlán está al oeste de Aguascalientes, en el extremo norte de Jalisco.

[163] Población llana. Por encima de los esclavos, por debajo de los nobles.

haciendo ver que incluso había puesto mucho de su propia hacienda y regalado a los indios de sus almacenes cuando los del rey se agotaban.

El interrogatorio constaba de varias preguntas que se repetían a los distintos testigos. Preguntas como si conocían al capitán Ortiz, desde cuándo y si le habían visto servir en su cargo como protector y justicia mayor[164] de los indios chichimecos y guachichiles. Si había dejado de cumplir con las obligaciones de su cargo, como visitar las fronteras o atender en las causas de particular interés o los juicios por delitos comunes. La principal pregunta era sobre si los testigos habían visto o sabían si el capitán Ortiz se había quedado con alguna prenda o artículo para su uso personal o de sus haciendas, y si así era, en qué cantidad.

El capitán Ortiz había estado a cargo de los almacenes en San Luis Potosí, San Miguel Mezquitic, Santa María del Río, Santiago del Armadillo, Bocas de Maticoya, Espíritu Santo y Sebastián del Agua del Venado desde 1592 a 1599. El interrogatorio tuvo lugar en la hacienda de minas del Espíritu Santo, situada unos kilómetros al norte de San Luis Potosí en 1603, y el primero en declarar fue Alonso de Nieva, vecino de San Luis Potosí. Dijo que conocía al capitán desde hacía dieciocho años y le había visto servir en diferentes cargos tanto en tiempo de paz como de guerra. Su apoyo al capitán no tuvo fisuras, declarando que siempre le había visto responder al servicio rápidamente y proteger a los indios cuando fue necesario, teniendo el cariño y el respeto de estos.

> *Preguntado por la tercera pregunta, dijo que lo que sabe y ha visto este testigo es que el dicho capitán Gabriel Ortiz ha dado y repartido siempre y a los tiempos que se ha ofrecido, puntualmente, toda la ropa y otras cosas que ha tenido a su cargo, y por cuenta de su majestad para distribución de los dichos indios, y antes sabe de esto este testigo y lo ha visto que demás de la dicha ropa que les repartía de su majestad, les daba el dicho capitán Gabriel Ortiz de su hacienda como eran huipiles, naguas, fresadillas, maíz y otras cosas compradas por su dinero, en temporadas que no lo tenía de su majestad en el almacén, y por tener gratos y contentos a los indios. Y con buenas palabras y con estas obras, ha procurado siempre inducirles a la conservación y quietud de la paz, para que sean cristianos y que trabajen, cultiven y siembren, y que vayan a trabajar con los españoles y que paguen jornales, y no sabe ni ha oído decir cosa en contrario.*
>
> *Preguntado por la cuarta pregunta, dijo que no sabe ni ha entendido cosa ni parte de lo que contiene esta pregunta, antes sabe y ha visto muy al contrario de lo contenido en ella, porque el dicho capitán Gabriel Ortiz tiene estancia[165] de ganado mayor y ha tenido y tiene mucha cantidad de ganado, y de ello antes les ha dado y los indios se lo han muerto, que no quitándoselo ni aprovechándose de ello como la pregunta dice. Y que el sebo y cueros tampoco ha tenido necesidad el dicho capitán Gabriel Ortiz de ello por tenerlo él sobrado de su ganado. Que sabe y ha visto que el dicho sebo es ordinario*

---

[164] Juez miembro de un cabildo o ayuntamiento que actuaba como representante del gobernador.

[165] Finca, hacienda, granja.

llevárselo los dichos indios, el sebo para comer y los cueros para hacer cacles[166] y para
dormir y cubrir sus rancherías.[167]

El capitán Ortiz había sucedido en el cargo al capitán Miguel Caldera, que era
mestizo, mitad español, mitad guachichil. Caldera fue el principal arquitecto de la paz
Chichimeca, desarrollando el programa que llevó a los chichimecas a asentarse pacíficamente a cambio de la distribución regular de productos y provisiones. Caldera se
había alistado para la Guerra Chichimeca en 1582, y en 1589 el virrey Villamanrique
lo nombró alcalde mayor, dándole poderes civiles y militares mucho más amplios que
los típicos de su empleo con el fin de que continuase con la pacificación. Su trabajo
fue fundamental para el asentamiento de las familias tlaxcaltecas entre los guachichiles,
sobre todo en Charcas y San Luis Potosí. Murió en San Juan del Río en 1597 sin haber
finalizado completamente su labor, pero dejando sentadas las bases para que otros
capitanes terminasen el trabajo, como bien hizo el capitán Ortiz.

Otro testigo fue el capitán Juan de la Hija, nombrado por el virrey Velasco en 1590
como uno de los nueve que llevarían a cabo el esfuerzo de pacificación en Nueva Galicia,
estando en activo como protector de los guachichiles en Charcas, San Sebastián del Agua
del Venado, y en el Río Verde desde la muerte del capitán Caldera.

El interrogatorio transcurrió sin mucha novedad, fue el mismo que al anterior
testigo y con las mismas preguntas. El testigo conocía al capitán Ortiz desde hacía
catorce años, y al igual que el anterior declaró muy positivamente sobre el capitán
Ortiz, diciendo que siempre repartió todas las prendas y cuando sobraban las dejaba
consignadas a Francisco Beltrán, que era el protector en esa zona, y cuando faltaban las
ponía él de su bolsillo. Dijo que tenía a Ortiz por persona honrada y de conciencia, no
ofreciendo nada diferente a lo que había declarado el anterior testigo.

Con posterioridad a esta declaración se tomó juramento y declaración a los jefes
indios para los que fue necesario recurrir a un intérprete, al que también se tomó juramento. El documento presenta un proceso que no se diferencia mucho del que se lleva
a cabo en la actualidad:

En la dicha población del Agua del Venado a 10 días del mes de julio de 1603, el
dicho juez visitador para la dicha información y averiguación hizo parecer ante sí a los
indios principales y capitanes guachichiles y chichimecos y a Juan Mejía,[168] intérprete,

---

[166] Sandalias de cuero, de uso común entre los indios.

[167] Extendían los cueros mediante soportes rectangulares hechos con ramas de árboles, utilizándolos a modo de tejados.

[168] Juan Mejía fue uno de los nueve hombres que, en 1590, nombró el virrey Velasco para
gestionar el programa de pacificación en Nueva Galicia. Era un hombre de mucha experiencia, había trabajado como ganadero cerca de San Felipe. En concreto se encargó
de la puesta en marcha y desarrollo de los campos de siembra para los indios pacíficos
chichimecas asentados en San Sebastián del Agua del Venado.

al cual se tomó juramento en forma de derecho de que interpretaría de su lengua en español lo que fuere preguntado por el dicho juez y los dichos indios fuesen declarando. El cual juró a Dios y a una cruz hacerlo legal y fielmente, sin poner, trocar ni quitar cosa ni parte de lo que por el dicho juez fuese pidiéndole y diciéndole por las preguntas, y los dichos indios respondiesen a ellas lo que supiesen y entendiesen acerca de ellas so cargo del juramento…

Y luego… hizo parecer ante sí a los dichos indios capitanes y principales a los cuales tomó y recibió juramento en forma de derecho. Y por medio del dicho Juan Mejía, intérprete, el dicho juez les dijo que declarasen si el dicho Gabriel Ortiz les había hecho malos tratamientos de obras y de palabras o de alguna injusticia, y si ha dejado de acudir a las obligaciones de su cargo como es a visitarlos y hacerles y guardarles justicia. De haber y saber y entender si el protector Francisco Beltrán y el capitán Juan de la Hija acuden puntualmente a darles y distribuirles la carne, maíz, legumbres, ropa y otras cosas que su majestad les manda dar para su vestuario y sustento y si reciben daño de ellos u otros agravios y dejan de darles lo que les toca que su majestad les manda dar.

Dijeron y declararon en su lengua y el dicho intérprete lo declaró en español, y dijo y declaró que decían que el dicho capitán Gabriel Ortiz ha acudido a sus obligaciones visitándolos cada año, y algunas veces ha venido dos o tres veces en un año acudiendo a entender y saber todo lo que la pregunta dice y que se han hallado y hallan bien y agradablemente con el dicho capitán Gabriel Ortiz porque les ha guardado y guarda justicia y les ha amparado y ampara y mira por ellos y por sus causas y que no sabe que haya hecho cosa en contrario del servicio de su majestad, y que esta es la verdad so cargo del juramento que tiene fecho en que se afirman y ratifican. Y por ser muchos los principales y capitanes no se pusieron las edades de ellos y no saben firmar. Lo firmó por ellos el dicho Juan Mejía y asimismo declaran que el padre guardián y demás religiosos han acudido y acuden a la doctrina de ellos y administrarles los sacramentos y en sus necesidades con mucha voluntad y cristiandad y mucho cuidado y que no hay otra cosa en contrario…

Este mismo proceso se repitió en otras comunidades indígenas que estaban a cargo del capitán Ortiz. En la población de San Miguel de Mezquitic con habitantes guachichiles y tlaxcaltecas, y en la población de Tlaxcalilla, a medio kilómetro de San Luis de Potosí, habitada por guachichiles, tlaxcaltecas y tarascos. En ambos casos se obtuvo el mismo resultado, un apoyo incondicional al capitán por parte de los indios.

Finalmente se tomó declaración a un fraile franciscano, fray Marcos Rodríguez, al cuidado del convento de San Luis de Potosí:

Preguntado por la primera pregunta, dijo que hace que conoce al dicho capitán Gabriel Ortiz de tiempo de diez años… siempre le ha visto ejecutar el dicho oficio de capitán, protector y justicia mayor de la paz teniendo a los indios con mucha sujeción sin permitir que hubiesen hecho los indios cosas indebidas. Y aunque la primera vez que estuvo en el dicho convento siendo guardián, por ser los indios recién venidos de paz, se querían atrever a algunas cosas en agravio de españoles e indios naboríos,[169] y que entonces

---

[169] Los indios que estaban a cargo de los encomenderos.

vio este testigo al dicho capitán Gabriel Ortiz castigarlos con grande brío y severidad y después atraerlos en mansedumbre, usando en esto de rigor cuando era menester y de benignidad cuando se requería, y usando en todo con mucha prudencia.

Y que en una rebelión que hubo en este pueblo, oyó decir que habiendo juntado con una india hechicera más de trescientos indios para destruir este pueblo y los circunvecinos a él, y estando todos los dichos indios en la población, entró la india en dos iglesias que tienen indios y tarascos y arrancó las imágenes y las arrastró por el suelo, poniendo con esto ánimo a los chichimecos para que no temiesen a los españoles ni al Dios que ellos adoraban. Por lo cual todos los indios tarascos, mexicanos y tlaxcaltecos, desamparando sus casas y dejándolas, se vinieron a este dicho convento a retraer, llorando.

Y estando todo este pueblo en gran confusión, así hombres como mujeres entendiendo que ahora la tierra estaba alzada y no tener seguras las vidas, sólo el dicho capitán se determinó, sin querer más que solamente fuese en su compañía un criado suyo, mulato, de ir a la dicha población de Tlaxcalilla[170] a prender a la dicha hechicera, y demás de trescientos indios chichimecos, los cuales la temían y obedecían como oráculo. La sacó arrastrando por los cabellos y la trajo presa a este pueblo, y luego la sacó a ahorcar con lo cual quedó la tierra quieta y sosegada, de lo cual se colige el miedo y temor que los dichos indios le tienen no solamente en esta tierra pero a religiosos que han vivido en el pueblo de Colotlán[171] y de Saltillo, ha oído este testigo decir que para poner freno a las libertades de estos dichos indios basta solamente decirles que ha de ir allá el dicho capitán Gabriel Ortiz, y con esto le tienen el temor y esto responde.

Preguntado por la segunda pregunta, sabe que no ha habido falta por su parte, antes en teniendo noticia de cualquier rebelión, acude con mucha presteza y cuidado hasta dejarlo quieto y pacífico y castigar los que se hallan culpados.

Preguntado por la tercera pregunta, dijo que sabe este testigo y ha visto que toda la ropa que se le ha enviado y maíz y carne siempre se les ha dado a los dichos enteramente sin haberse quedado ni aprovechado de cosa alguna, antes bien sabe que el dicho capitán de su casa y hacienda les ha dado muchas cosas y por estas buenas obras le quieren y temen los dichos indios y esto responde.

Preguntado por la cuarta pregunta, sabe este testigo que el dicho capitán Gabriel Ortiz no se ha aprovechado de ningún maíz, sebo, ni cueros porque antes, como dicho tiene, de su hacienda les ha dado mucha cantidad de maíz y carne y sabe este testigo que el sebo y cueros de las dichas reses se los llevaban los indios y esto es la verdad para el juramento que tiene fecho en que se afirma y ratifica. Y dice ser de edad de cuarenta años, y lo firmó de su nombre.[172]

---

[170] Asunción Tlaxcalilla fue un asentamiento pacífico de Chichimecas cerca de San Luis Potosí, a él llegaron las familias Tlaxcaltecas en 1591 seguidos por los Tarascos unos años después.

[171] Era un asentamiento pacífico de Chichimecas y convento franciscano al que llegaron familias Tlaxcaltecas. Después, los Tlaxcaltecas fundaron su propia comunidad separada, San Esteban de la Nueva Tlaxcala, que se encontraba al este de la población española y apartada del pueblo Chichimeca.

[172] Todos los documentos incluidos en este capítulo se encuentran en el Archivo General de Indias, Sevilla, Contaduría, 851.

A pesar de que en un principio el juez y visitador Infante del Águila trató de encontrar pruebas de la culpabilidad del capitán Ortiz, quizá de forma un tanto agresiva, la declaración de los testigos fue determinante, quedando las cuentas del capitán en regla.

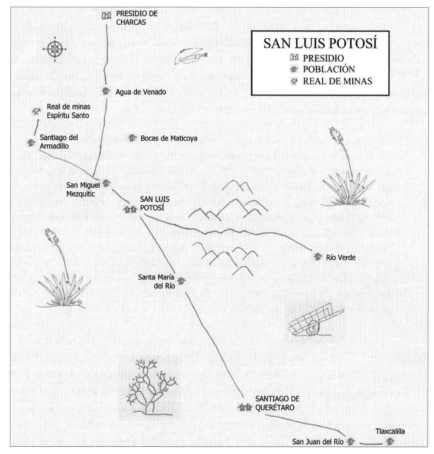

Mapa de San Luis Potosí y alrededores. Desde Santiago de Querétaro hasta el Presidio de Charcas hay 325 kilómetros, unas 80 leguas de le época.

Francisco Beltrán

También fue veterano de la Guerra Chichimeca, elegido protector de los indios en Charcas entre 1590 y 1601. Cuando se abrieron las minas en San Pedro de Zacatecas se convirtió en uno de los primeros mineros allí.

Estuvo a cargo del almacén de las minas de Santa María de las Charcas al noroeste de San Luis Potosí. Las Charcas se fundó en 1574 pero hubo de ser abandonado varias veces al ser objetivo continuo de los guachichiles. Después se estableció un convento franciscano en 1582, y finalmente el presidio dos o tres años más tarde. Una vez alcanzada la paz, se convirtió en un importante lugar de distribución de artículos para los indios pacificados. Allí llegaron a establecerse también un grupo de tlaxcaltecos en 1591, y un año después se construyó otro convento franciscano.

En el momento de la inspección, el capitán Beltrán, se encontraba en el puesto de San Sebastián del Agua de Venado, que en la actualidad se llama Venado, en San Luis Potosí. La importancia de ese lugar radicaba en las minas de sal, elemento básico en la industria minera en aquel momento. Allí también se fundó un convento franciscano en 1574, y en 1590 se convirtió, por orden del virrey Velasco, en un centro de pacificación de guachichiles. La declaración del capitán requiere de una atenta lectura y de una explicación posterior sobre algunos aspectos no conocidos:

En la ciudad de Nuestra Señora de los Zacatecos[173] a 2 de diciembre, 1602.

El capitán Francisco Beltrán, persona a cuyo cargo estuvo el almacén de las minas de Las Charcas y de presente está en el puesto de San Sebastián del Agua de Venado, digo que de las cuentas que de vuestra majestad me ha tomado, resulta cargo contra mí de cantidad de cueros y sebo de las reses que allí se mataron para los indios guachichiles, de lo cual tengo de ser dado por libre porque al tiempo que yo repartí a los dichos indios el dicho ganado eran recién venidos de paz, y como bárbaros se llevaban el dicho sebo y cueros de las dichas reses sin que yo fuese parte para lo poder resistir, por ser como dicho tengo gente bárbara, de los cuales estoy presto de dar información a vuestra majestad. Pido y suplico me la mande recibir y constando de ella lo susodicho me mande vuestra majestad dar por libre el dicho cargo de sebo y cueros pues es justicia la cual pido que en ello bien y merced. Francisco Beltrán.

El cuero y el sebo se habían convertido en un bien preciado en España, la producción local de cuero no daba abasto para el consumo de la Península, y el sebo, utilizado básicamente en la producción de jabón, era un producto en continua escasez. El coste de la paz con los chichimecas, aunque no alcanzaba ni de lejos a las pérdidas ocasionadas por la guerra, no era tampoco una cantidad desdeñable. Además, la Corona creía ser suficiente el alimentar a los indios con la carne y pretendía, y al final lo puso en práctica, importar a la metrópoli el sebo y el cuero para cubrir parte de los gastos originados por la manutención de las comunidades indígenas. Si el capitán Beltrán sabía o no que le iban a reclamar por esto, es algo que se desconoce, pero parece que el requerimiento le causó sorpresa.

En total se le reclamaban 559 cueros, y 213 arrobas y 9 libras de sebo.[174] No había forma de demostrar documentalmente sus alegaciones, de modo que tuvo que presentar

---

173 Las minas en Zacatecas empezaron a trabajarse en 1546, aunque la primera gran veta se encontró dos años después. El enclave empezó llamándose Nuestra Señora de los Zacatecos para pasar después a ser conocido simplemente como Zacatecas.

174 2.500 kilos, aproximadamente.

testigos. El primero fue fray Pedro de Heredia, guardián del convento de San Francisco en la misma ciudad, Zacatecas. Era un veterano de la frontera que se ordenó franciscano en 1570 y que habiendo sido custodio en el convento de Las Charcas, había participado muchas veces del reparto de los artículos de paz entre los nativos, algo lógico por otra parte, ya que la Corona buscaba que los frailes, y no solo los capitanes, tuviesen una buena imagen a ojos de los indios. Fray Heredia también participó en el reparto de tierras entre los pobladores tlaxcaltecos que se efectuó en 1591. El segundo testigo fue también fraile del mismo convento de San Francisco, fray Bartolomé Ortiz, quien había coincidido con el capitán en los mismos destinos.

Al momento de tomarles juramento para su declaración, ambos frailes llevaron su mano derecha al pecho jurando, siempre *in verbo sacerdotis*,[175] que iban a declarar la verdad de lo que sabían:

> *Los frailes veían que todo el ganado mayor de vacas y novillos que se mataban para su sustento y provisión de los dichos indios, los cueros y sebo se lo llevaban los dichos indios porque las mataban y hacían cuartos con los dichos cueros y si algunas veces sacaban los cueros enteros de ellas se los llevaban para cubrir sus rancherías y para cacles,[176] y el sebo era muy poco y ellos se lo llevaban para comer, sin poderlo resistir por ser los dichos indios recién asentados de paz, además de que entre ellos había algunos indios ladinos en español[177] que en caso que las querían quitar los cueros y sebo se alteraban y decían que aquella era todo suyo porque el rey se lo daba.*
>
> *Y que las cardas y una caja de madera y cartillas las distribuyó el padre fray Bartolomé Ortiz entre los dichos indios tlaxcaltecos y guachichiles que así no se debe hacer alcance de esto al dicho Francisco Beltrán, y que esto que dicho tienen es la verdad...*
> *Y dijeron ser de edad el padre guardián fray Pedro de Heredia de cincuenta y cinco años poco más o menos y el dicho padre fray Bartolomé Ortiz de otros tantos y lo firmaron de sus nombres...[178]*

Con posterioridad se tomó declaración al capitán Rodrigo Quintero y a Juan Ríos de la Fuente, quienes también apoyaron la versión del capitán Beltrán. Añadieron que el capitán Beltrán siempre acudió con puntualidad a atender a los indios, a menudo junto a su mujer que hablaba la lengua guachichil y la chichimeca, y que incluso los atendían en sus enfermedades.

Finalmente se tomó declaración al capitán Beltrán, advirtiéndole que, en caso de hallársele culpable, tendría que pagar el valor de los productos multiplicado por cuatro, de acuerdo a la ordenanza de la contaduría mayor de cuentas de la Real Corte de Su

---

[175] «En palabra de sacerdote». No tenían permitido jurar por Dios.

[176] Sandalia de cuero.

[177] Los indios que hablaban español y habían sido hispanizados, con toda probabilidad cristianizados también.

[178] Todos los documentos incluidos en este capítulo se encuentran en el Archivo General de Indias, Sevilla, en Contaduría, 851.

Majestad. El caso es que al capitán Beltrán no se le reclamaban todos los cueros porque, probablemente tras la primera entrega, ya no habría permitido a los indios hacer la matanza. En total habría entregado 276 cueros a un exportador, 56 a otro, 330 a un tercero, y 40 más a un cuarto, todo ello registrado en los libros con recibos para justificar.

Otra actividad que el capitán Beltrán acometió fue la de enseñar a los indios a trabajar la tierra. Para ello, llevó a Las Charcas diez o doce bueyes y unos arados con sus rejas, más una carreta, que se quedaron en poder de los indios. Dos veces intentaron la siembra del maíz, pero este vegetal no se dio en aquella zona, probablemente por la falta de agua y la aridez del terreno, de modo que se llevaron los arados al Agua del Venado, donde se consumieron y quebraron arando con ellos, junto con la carreta. Parece que la inexperiencia de los indios fue la causa del estropicio. En cuanto a los bueyes quedaron solo ocho, ya que los otros se los comieron los indios chichimecos *(Fig. 26 y 27 Cuadernillo)*.

Parece que la intención de los jueces era la captura de un criminal que robaba dinero de la caja real, en lugar de conocer la verdad de lo que sucedía en la frontera. Finalmente, el buen capitán pudo justificar su administración y los testigos presentados, tanto frailes como capitanes, que eran gente de peso ante los jueces, apoyaron su declaración, siendo exonerado de cualquier culpa.

Al menos el proceso sirvió para descubrir que los protectores de indios se preocupaban por ellos, incluso cuidando de sus enfermedades. Los capitanes llegaban a gastar su propio dinero para cubrir las necesidades de los indios que no cubría la Hacienda Real, sin recibir sueldo alguno por su dedicación y trabajo. De modo que este celo inquisitorial que mostró la autoridad puede que no fuese bien recibido por los capitanes, tampoco parece que fuera la mejor manera de motivarlos a seguir en sus desvelos y gastos.

Continuando con el tema de la graduación militar, aunque casi todos fueron militares, el cargo que tenían de capitán no se refería al escalafón militar sino al civil, de protector de indios.

LA CONQUISTA
DEL NUEVO MÉXICO
(1598-1607)

Habíamos dejado el Nuevo México explorado y visitado por última vez en 1592 con la expedición de Gaspar Castaño de Sosa. Por allí habían pasado previamente Coronado, quien reclamó el territorio en nombre de la Corona, aunque sin establecimiento alguno que lo sostuviese. Rodríguez y Chamuscado, que establecieron misión en lo que hoy es Albuquerque en 1580, misión arrasada poco después por los indios. Y finalmente Antonio de Espejo que pretendía salvar a los frailes que allí murieron.

Poco tiempo después, en 1595, un miembro de una de las familias más poderosas de México, criollo nacido en Zacatecas e hijo de Cristóbal de Oñate, pidió autorización para ir a la conquista y poblamiento de lo que ya se llamaba el Nuevo México, su nombre era Juan de Oñate y ha pasado a la historia como el último conquistador *(Fig. 35 Cuadernillo)*. La documentación existente en todos los archivos sobre la Conquista del Nuevo México es abundantísima, tanto como su bibliografía. El relato a continuación se encuentra en el *«Memorial sobre el descubrimiento del Nuevo México y sus acontecimientos. (Años desde 1595 a 1602)»*[179].

La expedición de Oñate tardaría casi dos años en salir, ya que a este le salió un competidor, Pedro Ponce de León.[180] A Oñate lo respaldaba el virrey, y a Ponce de León el Consejo de Indias. La carrera parecía tener un claro ganador, pero la fortuna cambió en poco tiempo. Entre finales de 1596 y 1597, cuando Ponce de León tenía todo listo para embarcarse, le sobrevino una enfermedad, y con ello su fortuna sufrió un severo varapalo teniendo que hipotecar sus bienes, siendo incapaz de afrontar los requerimientos reales para la conquista, viendo suspendidas sus capitulaciones y perdiéndose su rastro para siempre.

A Oñate las autoridades lo mantuvieron retenido durante interminables meses con todo el gasto que ello conllevaba esperando la señal de partida, que podría no haber llegado si finalmente Ponce de León hubiese hecho frente a las capitulaciones.

---

[179] Documento en el Archivo General de Indias en Patronato, Est. 1º Caja I.
[180] Documento en el Archivo General de Indias en Indiferente, 416, L.5, F.22R-22V.

En 21 de setiembre de 1595. Don Joan de Oñate, vecino de la ciudad de Nuestra Señora de los Zacatecas del Nuevo Reino de Galicia en la Nueva España, ante el visrey don Luis de Velasco, por petición, ofreció servir a Su Majestad con su persona para el descubrimiento del Nuevo México y llevar de ducientos hombres para arriba, aderezados de todo lo necesario, y bastimentos, hasta haber llegado a las poblaciones; todo a su costa y de los dichos soldados, sin que Su Majestad diese sueldo a ninguno, más del que don Joan de Oñate quisiere darles de su voluntad; y asimismo llevaría bastimentos, armas, pertrechos y municiones, caballos, mulas, carretas, carros, y otras cosas. El Visrey aceptó el ofrecimiento a las márgenes de los capítulos, en 15 de diciembre de 1595.[181]

Para junio de 1596 Oñate ya tenía gran parte de la recluta dispuesta para la partida en Zacatecas, y en agosto llegaba el jarro de agua fría, se revocaban los permisos y capitulaciones. Oñate protestó, ya que no era cosa baladí:

…que, aunque por los grandes y notables daños que a él y a sus soldados se le seguirán de la suspensión de la jornada, ansí en bastimentos, pérdidas de caballos, bueyes, mulas, ganados mayores y menores, que estaba todo junto, como que se ausentarían y huirían muchos soldados, si lo entendiesen o sospechasen.

En octubre, el Real[182] estaba estacionado en las minas de Caxco, en el Nuevo Reino de Vizcaya. Hasta allí llegaron las nuevas comunicaciones del virrey con la prohibición de iniciar «la jornada»[183] bajo penas y multas. En noviembre Oñate escribió al virrey:

Estaba con el Real en las minas de Caxco pero tenía mucha parte en Santa Bárbara, y para poner la jornada en aquel punto había gastado y consumido mucha suma de hacienda; porque habiendo capitulado que el sustento del Campo[184] fuese a su costa, desde Santa Bárbara hasta llegar a las poblaciones del Nuevo México, había más de seis meses que sustentaba el Campo y gente de paz y guerra, de que se le seguía notable desavío, porque los bastimentos se le acababan y consumían, y los soldados y gente de servicio se le huían; y los vestidos y calzado se gastaban; y los caballos, mulas, ganados mayores y menores, se perdían y huían; que le pedía y requería hiciese luego cala y cata de la gente, pertrechos y otras cosas que capituló, y fuese a Santa Bárbara a hacer lo mismo, para que se viese y entendiese había cumplido con lo capitulado con muy crecidas ventajas; y protestó lo que le convenía y los daños etc.
Notificósele a don Lope de Ulloa y dijo que lo oía.

El mismo requerimiento fue enviado al virrey el 28 de noviembre de 1596. El virrey respondió *«que lo oía».* El 2 diciembre Oñate hizo otro requerimiento, el virrey

---

[181] Documento en Archivo General de Indias, Sevilla, en Audiencia de México 26, 48-D, fol. 27-28.
[182] Denominación que se daba al campamento principal en las expediciones.
[183] Forma en la que se denominaba a las expediciones.
[184] Otra forma de referirse al campamento o Real.

dijo *«que lo oía»*. En 5 de diciembre un requerimiento más protestando en forma, y la respuesta fue *«que la oía, y respondería en el tiempo que era obligado»*. El 27 de enero de 1597 Oñate envió otro requerimiento y la respuesta fue la ya sabida.

El 30 de enero Oñate por fin recibió al visitador del virrey, que venía a comprobar si era cierto lo declarado, en ese momento había doscientos cincuenta soldados armados y pertrechados, con doscientos caballos, cuatrocientos bueyes, sesenta mulas y había gastado más de ocho mil ducados en bastimentos y otros ocho mil en necesidades varias para el Campo. Había que sumar los dos mil caballos que tenían los particulares que con él pretendían poblar el Nuevo México, seiscientas mulas y ochocientos bueyes. Oñate protestaba ante el visitador porque, por haberle detenido se había huido mucha gente con robos en el ganado, y que las pérdidas sumaban miles de pesos. Le respondieron *«que no habían ido a recibir tales informaciones»*. En las minas de Santa Bárbara, el otro lugar donde se encontraba el resto de la fuerza de Oñate, había doscientos soldados más.

A finales de febrero de 1597 todavía no se había autorizado su salida. Sumado a todo lo anterior llevaba gastados *«otros cuarenta mil pesos en esclavos negros y chichimecos, vestidos, ropa, plata labrada y otros muchos géneros; y de más de otros ciento cincuenta mil escudos que llevaban sus capitanes y gente, de cosas importantes a la jornada»*

El 18 de septiembre de 1597 el virrey comunicó a Oñate la Cédula Real de 2 de abril de 1597, en la que se decía que, si Oñate tenía lista la gente y todo lo demás necesario para la jornada, se le permitiese iniciarla si cumplía con un requisito más, la llegada de otro visitador más, que comprobaría que todo se encontraba de acuerdo a las capitulaciones, lo que finalmente se produjo el 22 de diciembre de 1597, quince meses después de la orden de parar la expedición. Nadie dijo nunca que la burocracia española fuera sencilla y rápida.

Por otra parte, Oñate había capitulado muy ventajosamente con el virrey Velasco, excesivamente en comparación con otros conquistadores, y el nuevo virrey, Conde de Monterrey, limitó dichas capitulaciones, por lo que el retraso se debió también a esta causa. Oñate nombró procurador a su hermano Alonso, quien en 1600 se encontraba en España defendiendo sus intereses. En primer lugar, pedía compensaciones y mercedes por *«el coste y los sufrimientos»* que tuvo que afrontar durante la larga espera, en la que gastó gran parte de su fortuna. También, pedía más pobladores para reforzar la conquista, además de darles las mismas prebendas que a los primeros[185] para motivarlos a poblar. Y finalmente, y el más importante, litigaba por el recorte capitular que había hecho el nuevo virrey.[186]

En las primeras capitulaciones se incluía la independencia total del Nuevo México sobre el virreinato, los futuros virreyes no podrían entrometerse en las decisiones que Oñate tomase. Esto era absolutamente inaceptable para el nuevo virrey, que subordinó el Nuevo México a su autoridad, teniendo Oñate que acatar lo que le fuese ordenado.

---

[185] Se refiere al título de hidalgo.

[186] Documento en el Archivo General de Indias, Sevilla, en Patronato, 22 R 13, fol. 1266. Expediente de Juan de Oñate: Nuevo México.

También tenía concedida y le fue derogada la posibilidad no solo de cobrar los tributos a los indios sino de establecer la tasa, lo que hubiera generado conflictos desde el primer momento. Las órdenes reales eran que el virrey estableciera, con el mejor criterio, una tasa moderada, nunca superior a 12 reales,[187] en caso de que los indios pudieran hacerle frente y esto no ocasionase altercados dicho control sería ejercido por los religiosos.

Los corruptos manejos de los dos virreyes Velasco de los que ya hemos tratado en un capítulo anterior, no se acabaron con Ibarra, Urdiñola o Morlete, seguían con otro vasco más, Oñate. Sabiendo el virrey Velasco que los virreinatos eran empleos por un tiempo muy limitado, pretendió blindar a Oñate contra la contingencia de que su sucesor u otros virreyes cambiasen lo capitulado. Por desgracia para Oñate, el virrey Velasco fue relevado por el Conde de Monterrey antes de que el primero iniciase la jornada, por lo que el nuevo virrey solo le autorizó a salir con el recorte capitular. Oñate pasó el resto de su vida porfiando y litigando con el Consejo de Indias por el dicho recorte.

Otras pretensiones fueron también cercenadas:

> *(Oñate) Pide también que por cincuenta años no se pague más que el veinteno en lugar del quinto del oro y plata y otros metales que se sacaren en aquel descubrimiento. Y al Consejo parece que por veinte años no paguen más que el diezmo.*

En cambio, al Consejo le pareció justa la petición para los primeros pobladores, siempre y cuando, y de acuerdo a la ley, los conquistadores perdurasen en su conquista al menos cinco años, y en caso de ser muertos en ella, se les diese el título de hidalguía a sus descendientes, siendo este hereditario. También se mantuvo la concesión del título de adelantado para Juan de Oñate y se incluía el gobierno de lo conquistado por cuatro vidas, es decir, se respetarían los derechos a gobernar a su descendencia por tres generaciones.

Otras peticiones de Oñate parecieron excesivas y no fueron concedidas.

> *Así mesmo se pide por su parte que en aquel descubrimiento se le den treinta leguas de tierra y vasallos, con título de Marqués perpetuamente por vía de mayorazgo, en consideración de lo mucho que ha trabajado y la grande suma de hacienda suya, y de sus hermanos y deudos que ha gastado en esta jornada.*
> *Y al Consejo parece se le responda que lo recuerde adelante y conforme a sus servicios y al suceso de la jornada se verá.*

El artículo 11 de este documento se refiere a uno de los temas que más ríos de tinta han hecho correr entre los historiadores modernos, el de las encomiendas, que Oñate pretendía ampliar:

---

[187] El salario regular de los indios que trabajaban para los españoles era de dos reales diarios.

> *Pide también que las encomiendas que den a los conquistadores sean por seis vidas, y se entienda con los segundos y terceros que entrasen a la pacificación.*
>
> *Y al Consejo parece que en esto no hay que hacer novedad, sino que se cumpla lo capitulado y que, conforme a ello, y lo que disponen las ordenanzas de nuevos descubrimientos y poblaciones que hablan en ello haga don Juan las encomiendas.*
>
> *Y también parece al Consejo que se ordene al dicho don Juan de Oñate, que no introduzca en aquellas provincias el servicio personal de los indios ni le consienta que las encomiendas que hiciere sean con aditamento de que por ningún caso admita servicio personal.*

Demostración de que, en el Nuevo México, durante este primer periodo español, existió y fue aplicado un sistema de encomiendas que, con la recalcitrante población india allí presente, generó no pocos problemas durante los años en que estuvo vigente.

Por las capitulaciones que firmó parece que Oñate planteó esta conquista como si los indios del Nuevo México fueran similares a los cazadores recolectores que habían encontrado más al sur, sin tener en cuenta que los del Nuevo México estaban más avanzados culturalmente, con poblaciones permanentes y cultivos, y que no estaban dispuestos a ceder tanto en favor de los recién llegados. El sistema de vasallaje que pretendía Oñate encontró la oposición local tanto como la de las autoridades españolas. También parece que la justicia, aunque lenta, era impartida desde la Corona y su Consejo de Indias con bastante sabiduría, limitando los poderes y el abuso que Oñate pretendía.

Volviendo a la expedición, tras la dilatada espera, a Oñate solo le quedaban ciento treinta soldados, el resto había ido desertando, y con los que quedaban inició la jornada. Más tarde, en 1599, de la Nueva España llegarían otros setenta, alcanzando los doscientos, muy lejos de los que había listos en 1596.

Oñate tuvo finalmente la autorización para la partida.

> *Salí Señor Ilustrísimo, del Río de Nombre de Dios, a diez y seis de marzo, con la gran máquina de carretas, mujeres y niños…*

Según cuenta Villagra[188] la expedición era enorme, ochenta carretas cargadas, recuas de mulas, caballada, rebaños de vacas, ovejas, cabras y cerdos. A lo que había que sumar las familias de soldados, y civiles mayormente artesanos, que iban a poblar el territorio. Cuando se pusieron en marcha, la longitud era de más de cinco leguas.[189] Ni siquiera la de Vázquez de Coronado tuvo tal dimensión, era la más grande expedición hasta la fecha.

---

[188] Hizo un relato muy interesante de la conquista del Nuevo México, en forma de poema que, aunque en algún punto requiere de alguna interpretación, es por lo general bastante claro en el relato de lo sucedido. El capitán Gaspar de Villagra formó parte de la expedición de conquista de Juan de Oñate. Editora: Junquera, Mercedes (1989), *Gaspar de Villagra. Historia de Nuevo México*. Ed. Historia 16. Madrid.

[189] Entre veinte y veinticinco kilómetros.

Algunos días pasaban sin movimiento alguno, simplemente esperando a que el grupo se juntase en un mismo campamento. En algunos pasos complicados, la retaguardia alcanzaba el campo al día siguiente o con dos días de retraso, separados de la vanguardia por varias leguas. Los días de más provecho se recorrían tres leguas, a veces solo una legua.

De acuerdo con el diario[190] que celosamente se escribía cada día:

> El día doce a las bocas de los Médanos (de Samalayuca) tres leguas, allí estuvimos hasta diez y nueve porque los dos aguajes sobredichos no eran bastantes para los bueyes y ganado, y así hubieron de bajar al Río del Norte. Enterramos un indio mozuelo.
>
> A diez y nueve de abril descabezamos los Médanos y anduvimos tres leguas, dormimos sin agua, con sola la mitad de la cuadrilla, poco más, y las demás carretas quedaron esperando boyada reforzada en la dicha boca de los Médanos.
>
> A veinte anduvimos tres leguas hasta el Río del Norte y puntualmente le recogimos en treinta y un grados y medio de altura. Es río mayor que el de Conchas y aún demás agua que el de las Nasas… Turbio por pasar por tierra muerta, es de gran frescura y alameda, muchísimo pescado… hay sauces, mesquite grande y pequeño, jarales espesos y algunas salinas de muy buena sal como la del Guadalquivir… Aquí estuvimos hasta veintiséis que se juntó todo el Real y se despachó al capitán Aguilar a explorar el camino. Vino con buenas nuevas. Andadas diez y seis leguas.
>
> A veintisiete caminamos legua y media río arriba. A veintiocho anduvimos media legua. A veintinueve anduvimos una legua y en estos parajes hay salinas de grano y costra…
>
> A treinta de abril, día de la Ascensión del Señor, año de mil y quinientos noventa y ocho, tomó el señor gobernador don Juan de Oñate, ante Juan Pérez de Donís, escribano real y secretario de esta gobernación y jornada, la posesión de todos los reinos y provincias del Nuevo México, en este río del Norte, en nombre del Rey don Phelipe nuestro señor.

El lugar, de acuerdo con el diario, se encontraba a cinco leguas y media del vado del río, aproximadamente la distancia que hay hasta el lugar donde se estableció la misión de Ysleta ochenta años después. Teniendo en cuenta que el curso del río fue modificado en el siglo xx, el «lugar apropiado para la ocasión» al que se refieren las crónicas estaría situado en un meandro del río que, a pesar de las nuevas construcciones, aún se puede apreciar muy cerca de dicha misión, en su parte norte. No se debe olvidar que las misiones también se ubicaban en lugares apropiados por la calidad del terreno y su orientación.

> Hubo sermón, gran solemnidad eclesiástica y seglar, gran salva y alegría, y a la tarde comedia. Bendíxose el estandarte real y entregose a Francisco de Sosa Peña Cossa, alférez real.

Villagra refiere que allí hicieron una capilla con unas ramas, donde cantaron misa solemne, después organizaron un baile, un torneo y una representación teatral. Las

---

[190] Incluido en el expediente Oñate del AGI, en Patronato, 22.

discrepancias entre las dos fuentes pueden deberse a que Villagrá adornó su relato con cosas de su propia cosecha o que el diario de Oñate fue más parco en la descripción de los hechos olvidando el baile y el torneo.

Según reza la leyenda, el grupo celebró la primera comida de acción de gracias en suelo de los actuales Estados Unidos de América, y lo hizo junto a los indios locales que se mostraron muy amistosos, pero el diario desmiente esto último, ya que los indios no aparecieron hasta el día 4 de mayo, el día en que se vadeó el río. Por tanto, en caso de existir la comida de acción de gracias, esta no se hizo junto a los indios locales.

> *A primero de mayo anduvimos río arriba dos leguas. A dos, anduvimos legua y media. A tres, anduvimos dos leguas y aquí, se truxeron al Real los primeros indios del río, por mano del sargento mayor, y vestidos, los enviaron a avisar y llamar a sus compañeros, y vinieron aquel día como ocho indios de su voluntad, son los que llamamos arreadores porque para decir si arrean con la lengua al paladar como nosotros a las bestias.*
>
> *A cuatro de mayo no anduvimos más del paso del río y el vado, y vinieron al Real cuarenta de los dichos indios arco turqueses,[191] cabelleras cortadas como gorrillas de Milán, copetes largos, o con sangre o con color para atesar el cabello, sus primeras palabras fueron manxo manxo micos micos por decir mansos y amigos y hacen la cruz con el dedo y la levantan en alto.[192] Dieron relación con señas bien claras que a seis días estaban las poblaciones, y que a ocho de camino, el día señalan por el curso del sol, estaban españoles como nosotros.[193]*

El lugar en que se quedaron estaba muy próximo al vado del río, que era también donde venían a caer las montañas que había en la banda norte.[194] Villagrá dice que, para cruzar el río, hicieron un puente de carretas, y de carreta en carreta lo cruzaron todos, en la otra orilla se les unieron once misioneros con fray Alonso Martínez al frente, aunque esto no se menciona en el diario de Oñate *(Fig. 28 Cuadernillo).*

> *Regalamos mucho y ayudaron nos a pasar las ovejas por el río. El general se pasó este día por el vado que llamamos de los puertos, por que ellos le dan en este paraje para entrar la tierra adentro y en muchas leguas no hay otro camino para carretas.*
>
> *El vado está en treinta y un grados puntualmente, de suerte que desde veinte de abril que llegamos al dicho río hasta cuatro de mayo en los días que fuimos caminando las ocho*

---

[191] Parece que portaban un tipo de arco similar al de los turcos.
[192] La similitud en la pronunciación y el uso de la cruz indica que estos indios habían tenido amplio contacto con españoles antes de la llegada de Oñate.
[193] Posiblemente gentes que se quedaron en el Nuevo México cuando Morlete se llevó encadenado a Castaño. En los documentos no se hace referencia a la gente que iba con Castaño ni lo que pudo ser de ellos. Tampoco se ha encontrado mayor referencia en otros documentos posteriores.
[194] El lugar de paso del río era también el paso de las montañas hacia el oeste.

Mapa con el recorrido de la expedición de Juan de Oñate en las proximidades de El Paso del Río del Norte con indicación del lugar donde se produjo la toma de posesión. *Elaboración propia.*

leguas y media sobredichas, poco más o menos decaímos de altura medio grado.[195] *Este día se pasaron las rodadas de las tres carretas que Castaño y Morlete sacaron del Nuevo México.*[196]

---

[195] Cuando hacían cálculos de latitud la precisión no era la mejor. En este caso los 31 grados se encuentran a cien kilómetros al sudeste del lugar de paso del río. Por otra parte, en días anteriores habían registrado «de forma exacta» los 31,5 grados que estarían al norte de este lugar, lo que los llevaría al sur en lugar del norte.

[196] Prueba documental de que Oñate conocía sobre las expediciones anteriores.

A cinco anduvimos una legua entre los puertos de camino dificultoso para tiempo de aguas y de secano muy bueno. Allí holgamos a seis y otro día siete anduvimos como media legua, todavía de algún portezuelo y mal camino, y paramos a ocho por quebrarse algunas carretas hasta medio día, y aquella tarde anduvimos casi una legua.

A nueve anduvimos dos leguas, víspera de pascua del Espíritu Santo, y el día paramos por la solemnidad de la fiesta. A once anduvimos dos leguas y paramos casi el mismo paraje donde dicen ahorcó el capitán Morlete cuatro indios porque les hurtaban unos caballos.[197]

A doce anduvimos casi tres leguas, despachose al capitán Aguilar por explorador y anduvimos estas tres leguas el dicho río arriba. A trece anduvimos dos leguas, el río a mano izquierda y la sierra del Olvido a mano derecha, llamose así porque ninguno de los que habían pasado por ella se acordó de ella.[198]

A catorce y quince caminamos legua y media, dividiose la cuadrilla por el mal camino. A dieciséis paramos por pérdida de bueyes y a diecisiete anduvimos casi una legua, día de la Santísima Trinidad, y enterramos a un niño.

A dieciocho se ahogaron dos caballos en el río del Norte, y no caminamos por pérdida de bueyes. Y a diez y nueve anduvimos una legua. A veinte anduvimos media, poco más. Vino el capitán Aguilar.

A veintiuno, día del Santísimo Sacramento enterramos a Pedro Robledo. A veintidós partimos el señor gobernador, nuestro señor padre comisario y fray Cristóbal de Salazar, el sargento mayor, el maese de campo a las poblaciones que distaban como veintidós leguas de dicho paraje, así por proveer el Real de bastimentos como por asegurar la tierra y no alborotar los indios con tanta máquina y anduvimos dos leguas. Dormimos sin agua. Las bestias fueron casi una legua al río.[199] (Fig. 30 Cuadernillo)

A veintitrés anduvimos cuatro leguas y todos lo pasamos mal por falta de agua, porque íbamos fuera del río cinco o seis leguas desviados hacia el oriente a la mano derecha. Este día con ocasión de un perro que vino enlodados los pies y mano, se buscaron aguajes y el capitán Villagran halló uno y Cristóbal Sánchez otro, no lejos de nosotros hacia el río, empezó a enfermar de gota padre comisario.

A veinticuatro anduvimos otras cuatro leguas por la misma derrota, siempre al norte y sin agua, hasta llegar a unos charcos pequeños junto a unas piedras de afilar, donde todos bebimos y descansamos. Y nuestra caballada bajó al río que estaba mas de seis leguas apartado sobre mano izquierda, y toda aquella su orilla va de muy áspera y grande lomería, casi de peña tajada, y así por poco perecieran de sed nuestros caballos y los que los llevaban, y después el Real y carretas. Este día se perdió Juan del Casso, Elena y su marido y al fin, después de algunos días vinieron a parar al río donde toparon parte de la gente de nuestra compañía.

A veinticinco bajamos al arroyo de los muertos o de las parras, dos leguas hay agua que corre aunque no bueno y así no paramos allí y pasamos una legua al sobredicho río del Norte.

---

[197] Esto podría indicar que entre los soldados había alguno que formó parte de la entrada de Morlete a la captura de Castaño de Sosa.

[198] Probablemente se refiera a que las anteriores expediciones no lo mencionaron en sus diarios.

[199] Estaban entrando en lo que hoy se llama La Jornada del Muerto.

Todo camino que íbamos descubriendo de nuevo y a tiento, y así padecimos mucho por no saberle.²⁰⁰

A veintiséis anduvimos poco más de dos leguas ya sin carrozas porque no eran posible pasar. A veintisiete anduvimos siete leguas, hasta la ciénaga de la Mesilla de Guinea, por ser de piedra negra. Y a veintiocho por la mañana se dijo misa y comulgamos por entrar con buen pie a las primeras poblaciones. Anduvimos casi cuatro leguas y dormimos frontero del segundo pueblo llamado Qualacu, hacia la banda del río por donde nosotros íbamos.

Estaba sin indios. Los indios recelosos y alborotados sosegáronlos con dixes, y por no ponerles miedo pasamos a la orilla del río, donde estuvimos en tendejones un mes así, proveyendo el Real de maíz como por la enfermedad del dicho padre comisario, que pasó muy adelante. Llevó el bastimento el proveedor general Diego de Cubia. En este tiempo padecían las carretas, así en disensiones de los que las traían a cargo como en falta de agua, que hubo de volver a ellas el gobernador y todo lo allanó con su prudencia. Tornó a dicho puesto a doce de junio, hizo socorro de bastimentos en que se perdieron los dos negros Luis y Manuel y su ida les dio la vida.

A catorce anduvimos tres leguas parando siempre en campaña, dormimos frontero de Teypana, pueblo que llamamos del Socorro, porque nos dio mucho maíz, y su capitán llamado Letoc nos dio noticia de los pueblos de la tierra, muy verdadera y cierta como lo hallamos después por experiencia. Solo el dicho pueblo y el primero y segundo hallamos con gente, los demás hallamos despoblados.

Según Villagra, allí les llamó la atención el comportamiento de los indios, como el que las mujeres no guardaran ningún tipo de castidad hasta su matrimonio, o que «*los hombres se entregaban a vicios feos*».

A quince anduvimos cuatro leguas y siempre paramos a la orilla del río. Anduvimos tres leguas al pueblecillo que llamamos la Nueva Sevilla, por su sitio y este fue el primero donde dormimos pareciendo mas acertado tener ganada la fuerza de las casas por si los indios de la tierra nos quisieren dar con traición. Allí estuvimos hasta veintiuno por el socorro de maíz que hizo Villagran y el descubrimiento de los pueblos de Abó que hicieron el maese de campo y sargento mayor. Anduvimos cuatro leguas al pueblo de San Juan Bautista, nuevo y despoblado, donde había gran cantidad de maíz y muchos idolos pintados, tantos que en solas dos piezas conté sesenta. Aquí estuvimos el día de San Juan Bautista y vinieron diversos indios de diversas partes a vernos y entre ellos, que eran como espías, vino el que llamamos Don Lope, enviado por Tomás y Cristóbal, indios que se quedaron de la expedición de Castaño.

El relato de la jornada que venimos viendo hasta este momento es uno más de los existentes, proviene del diario de la jornada escrito por el escribano de la expedición *(Fig. 29 Cuadernillo)*. Por el tamaño de la documentación dedicada a Oñate, se deduce que le apasionaba escribir y tener todo documentado. Otro relato se encuentra en una

---

²⁰⁰ Esta era la primera expedición que utilizaba esta ruta llevando carros, la de Castaño subió por el río Pecos y la de Coronado lo hizo mucho más al oeste.

Mapa con el recorrido de la expedición de Juan de Oñate con indicación de La Jornada del Muerto y los pueblos del río Grande del Norte (la Santa Fe, que se fundaría en 1610). *Elaboración propia.*

carta escrita por él mismo al virrey el día dos de marzo de 1599,[201] en la que decía haber encontrado «*camino carretero*»[202] para el río del Norte. Incluía datos interesantes, como la existencia de perlas en la Mar del Sur por las muchas conchas que había en los pueblos del Nuevo México, a más de 1.400 kilómetros de allí.[203]

Hace mención a que en el pueblo de Puaray encontraron a un indio que sabía algunas palabras en español, al menos sabía recitar los días de la semana, lo que dio ciertos ánimos a los expedicionarios. En este pueblo, en una habitación que acababan de blanquear encontraron que, debajo de la capa de cal, había una pintura que reproducía el martirio que les habían dado a los tres frailes que iban con Chamuscado, quienes fundaron las primeras misiones en el Nuevo México en 1580, y que eran representados muertos a palos y pedradas. No quisieron decir nada al resto de la expedición para no asustarlos.

Más adelante encontraron a dos indios de los que ya habían oído hablar, se llamaban Tomás y Cristóbal, que habían entrado con la expedición de Gaspar Castaño de Sosa siete años antes, habiéndose quedado allí al regresar el grupo tras la captura del gobernador. Fueron muy útiles porque habían aprendido la lengua local y trabajaron de intérpretes para el gobernador, guiando la expedición por los pueblos de la zona. Volviendo al diario de la expedición escrito por el escribano real:

> *Anduvimos seis leguas por la misma derrota en demanda del Puaray, dejando a la una y otra banda del río en todo este camino muchos pueblos, granjas y heredades. Las más, desamparadas de miedo nuestro. Anduvimos cinco leguas, llovionos este día, muy bien dormimos orilla del río.*
>
> *Anduvimos otras cinco leguas. Atolló el señor gobernador en una milpa, aunque salió luego y llegamos al Puaray, pueblo donde mataron a fray Agustín y a fray Francisco, primeros descubridores y padres del Nuevo México. Desde allí partió aquella noche el señor gobernador y maese de campo a prender a Tomas y Cristóbal en Santo Domingo seis leguas de allí, y así al Puaray se le dio por patrón a San Antonio de Padua.*
>
> *A veintiocho les dieron albazo y los truxeron al Puaray. A veintinueve se descubrió Zia y fueron allá el maese de campo, sargento mayor y el padre Salazar y así son sus patrones San Pedro y San Pablo. Pasamos a San Phelipe casi tres leguas. A Santo Domingo casi cuatro leguas en cuya provincia se eligió convento de la advocación de nuestra señora de la Asunción.*
>
> *A cuatro de julio del dicho año de noventa y ocho, por la gran tardanza de las carretas, las cuales no llegaron a las poblaciones hasta veintiséis de junio, día de San Juan y San Pablo, desde el mes de mayo que las dejamos en el sepulcro de Robledo.*

---

[201] *Copia de carta escrita al Virrey Conde de Monterrey, don Juan de Oñate, de la Nueva México, a 2 de marzo de 1599 años.* Documento en el Archivo General de Indias, en *Patronato*, Est. 1.ª, Caj. 1.ª.

[202] Transitable para carros y carretas. Muchos de los caminos eran caminos indios, apenas senderos para el tránsito de personas.

[203] Lo que reforzaría la idea de intercambio comercial y cultural entre poblaciones de indios muy distantes.

...aunque yo llegué a ellas a veinte y ocho de mayo, adelantándome con hasta sesenta soldados a sosegar la tierra (...) que todo esto, está lleno de pueblos muy continuados y juntos, grandes y pequeños, de manera que, a fin de agosto, empecé a acomodar la gente de mi Real, para el riguroso invierno, con que los indios y disposición de la tierra nos amenazaban...

A uno de estos pueblos le dio el nombre de San Juan de los Caballeros,[204] en donde estableció el cuartel general, fortificándolo después. Y tras el asentamiento, recorrió el territorio hablando con todos los caciques de la zona a los que pidió juramento al rey, y subordinación a la Santa Madre Iglesia, encargada de enseñarles la doctrina cristiana. Oñate adoraba la formalidad, y la obediencia de los pueblos a la Corona es recogida muy formalmente en numerosos y repetitivos documentos, cuya amplia verborrea resulta tediosa, reproduciéndose aquí solo mínimamente.

Fue por ese tiempo que se produjo un motín en el que había casi cincuenta soldados. La causa, según cuenta el propio Oñate, era que no habían encontrado las minas de plata que iban buscando, y también las continuas riñas que se les prodigaba en las ocasiones en que maltrataban a algún indio. Tras la paz, el gobernador arrestó a los supuestos cabecillas del motín, un capitán y dos soldados, y pretendía ajusticiarlos por ello, pero los religiosos y todo el ejército imploraron, y Oñate, para no agravar el problema, les perdonó la vida.

Se procedió a fundar la primera iglesia y repartirse los religiosos en diversas doctrinas o pueblos para que fueran haciendo misión, y como la ambición de Oñate no era la de administrar sino la de descubrir territorios, dedicó los siguientes meses a explorar los alrededores. Hacia el este estaba el pueblo de Pecos y los grandes llanos plagados de bisontes. Hacia el oeste trataba de descubrir un paso hacia el Mar del Sur, el estrecho hacia la especiería que tanto se anhelaba. Hacia el norte se encontraba el belicoso pueblo de Taos, que ya había dado dolores de cabeza a todos los españoles que por allí habían pasado. Y hacia el sur nada nuevo, de allí venían, comenzaba con la provincia de los jumanos. De todo ello daba cuenta al virrey, presentando las virtudes de la tierra con mucho colorido, porque lo que más necesitaba Oñate era la llegada de más soldados y más pobladores que asentasen los pueblos que se fundaban, de modo que todo lo calificó como maravilloso:

...en ella y en las demás sobredichas, habrá, acortándome en mi cuenta, setenta mil indios poblados a nuestro uso, casa con casa, y plaza cuadrada; no usan de calles, y en los pueblos de muchas plazas o cuarteles, se sale de una a otra por callejones; son de dos y tres altos destado y medio y destado y tercia el que menos en común; y de cuatro, cinco, seis y siete altos, algunas casas; y aun pueblos enteros vestir mantas de algodón muy pintadas, blancas o negras, y algunas de hilo, muy buena ropa; y otros visten pellejería de Cíbola, que hay grande abundancia y es de lindísima lana, de cuyo beneficio envío alguna muestra; es tierra abundante en carnes de vacas de Cíbola, carneros de disformes llaves, gallinas de la tierra; y en Mohoce caza de toda suerte; hay muchas salvajinas y

---

204 San Juan de los Caballeros tiene hoy día el nombre de Ohkay Owingeh.

fieras, leones, osos, lobos, tigres, penicas, hurones, puerco espín y otras; y adoban y usan sus cueros; hay abejas y miel bien blanca hacia el Poniente, de que envío muestra; demás hay, de legumbres, de salinas las mejores y más que el mundo tiene, hay grande abundancia, grandísima diferencia de metales y muy ricos (…) lindísimas parras; ríos, montes de mucha encina y algún alcornoque, de frutas, melones, uvas, sandías; ciruelas de Castilla, capulí, piñón, bellota, nueces de la tierra y el coralejo que es fruta regalada, y otras silvestres; pescado mucho y muy bueno en este Río del Norte…

En 1601 se tuvo noticia de la existencia de una población más al norte, de unos seis mil indios supuestamente amistosos. Hacia allí se encaminaron y comprobaron que la tierra era llana y muy fértil, con abundante agua y pastos. Estando allí, los indios les dijeron que no pararan, que siguieran adelante, ya que más al norte había otros pueblos mayores.

Así hicieron, llegando a un pueblo por el que, caminando, vieron que la población se retiraba abandonándolo. Además, le llegaban noticias de que lo mismo había hecho el pueblo por el que acababan de pasar, lo que les puso en guardia temiendo una trampa e iniciando el regreso sin demora *«por no ser su gente bastante para tanta infinidad»*. A la vuelta, los indios amistosos que les recomendaron seguir adelante estaban preparados para la guerra, recibiéndolos con lluvia de flechas y piedras de la que muchos salieron heridos.

Oñate también hablaba de los incontables *«apiches»* que vivían en pueblos no muy lejos de allí hacia el oriente. La referencia es de 1599, pero también los había referenciado Castaño de Sosa veinte años antes. Los apaches estaban tan extendidos por todo el territorio y tan fragmentados que los españoles tomaron contacto con ellos en las primeras expediciones al norte, de seguro en la de Cabeza de Vaca, pero también fray Marcos de Niza, y por supuesto Coronado y sus lugartenientes, que alcanzaron territorios de la actual Kansas y Colorado. Numerosas naciones que recibieron nombre distinto al de apaches, con el tiempo se descubrió que pertenecían al dicho pueblo como los querechos o los vaqueros. Gileños, chiricauas, lipanes, mescaleros, natages, jicarillas, faraones, ahijados, kiowas o navajos, son solo una pequeña muestra de los pueblos que formaban su etnia.

En un principio se pensó que tenían un territorio, al cual se llamó la Apachería, pero nada más alejado de la realidad, su territorio era todo lo que hoy está al norte de la frontera internacional entre México y los Estados Unidos, pero también al sur de esa marca, y se movían en él como pez en el agua. Sus tentáculos llegaban muy dentro en la Nueva España, extendiéndose entre los capitanes españoles la idea de que, si se lo propusieran, podrían llegar incluso a Ciudad de México. La llamada Apachería, un territorio al norte del actual estado de Texas, era precisamente el lugar en el que menos apaches había.

Era muy difícil negociar con ellos al encontrarse tan disgregados, y si se alcanzaba algún acuerdo con un grupo, el acuerdo no era respetado por los demás, y frecuentemente ni por los mismos con los que se había alcanzado. Vivían del saqueo de españoles, pero también de otros grupos indios, por lo que no tenían aliados, eran enemigos[205] de

---

[205] Dado que ellos se llamaban a sí mismos *Diné* «la gente», el nombre apache podría venir del zuñi «enemigo».

todos los demás. Años más tarde, con la presión de los comanches, pawnees y caddos, que formaban una alianza, fueron perdiendo territorio al norte, pero ganándolo al sur, donde el Imperio español trataba de contenerlos sin éxito, debido a la política de respeto y protección a los indios que se impulsaba desde España. Ellos lo sabían, y se aprovecharon de esta debilidad.

Vista sur de la meseta de Acoma, anterior a 1950. En primer plano se aprecia la iglesia de la misión de San Esteban del Rey, misión activa entre 1629 y 1641, y que aún sigue activa como parroquia. Fotografía de autor desconocido, National Park Service.

A unos setenta kilómetros al oeste de la actual ciudad de Albuquerque, había un poblado indio que marcaría para siempre el recuerdo de Oñate, su nombre Acoma, y sobre lo que allí sucedió Oñate decía:

> ...a mi Maese de Campo lo mataron con otros doce compañeros en un gran pueblo y fortaleza, llamado Acoma que sería de tres mil indios, poco más o menos, al cual, en castigo de su maldad y traición a Su Majestad, a quien había dado ya la obediencia por público instrumento; y para escarmiento a los demás, lo asolé y abrasé todo...

El capitán Gaspar de Villagra amplía la información en su crónica. No se sabe si los nombres eran reales porque no son mencionados en ningún otro documento, pero no por ello se debe descartar su aportación. Según este cronista, entre los indios había uno llamado Zutacapan quien, con mucho secreto conspiró para organizar una revuelta en la que acabar con todos los españoles. Zutacapan tenía un hijo de unos diecinueve años llamado Zutancalpo, que siempre demostró tener mucho más conocimiento que el padre, que era un hombre muy impulsivo. Ninguno de ellos era el único gobernador de Acoma, había varios, incluido uno de origen apache llamado Bempol. Zutacapan consiguió sumar a su revuelta a muchos guerreros de Acoma, mientras su hijo se oponía a las ansias guerreras del padre, teniendo también sus fieles, entre los que se encontraba un anciano que decía tener más de ciento veinte años, persona con gran peso en la comunidad.

Por tanto, las fuerzas en lo alto de la peña estaban divididas, y padre e hijo enfrentados duramente. El hijo quería respetar la alianza con los españoles, mientras que el padre quería matarlos a todos. En la disputa el padre ganó, por lo que el hijo y el anciano abandonaron el pueblo al no querer formar parte de la rebelión.

Villagra continua su especial narración cronológicamente, donde cuenta las desventuras padecidas por las fuerzas de Oñate en su contacto con los indios de Acoma:

> Llegó el gobernador con todo el campo, y admirado de ver la brava fuerza, grandeza y fortaleza que mostraban los poderosos muros levantados, torreones, castillos espantosos, baluartes y braveza nunca vista. Pasmado se quedó por un buen rato. (…) Llegó Zutacapan con todo el pueblo a ver al general y a todo el campo. Y si admirados todos estuvieron, mucho más admirados y espantados se quedaron los bárbaros de verlos, a todos tan cubiertos y vestidos de poderoso acero, y duro hierro. Y en ligeros caballos animosos, de fina piel curtida encubertados,[206] cuyos bravos relinchos les causaron un terrible pavor y sobresalto, medrosos de que aquellos animales alguna cosa grande les dijesen. Y porque el general así lo quiso, no más que por causarles más espanto, con gallarda destreza los probaron en ligeros manejos desenvueltos, y pasmados los bárbaros de verlos, los ojos no movieron ni hablaron.
>
> Y luego que don Juan en pie se puso, todos con gran presteza se pusieron en formato escuadrón, sin que ninguno allí los gobernase ni mandase, por la mucha destreza que tenían en ocupar sus puesto. Y notando los bárbaros el orden con que empezó a subir la gran cumbre, y guarda que quedaba en los caballos, aviso y prevención que en todo había, y que a retaguardia los pusieron[207] por llevarles el alto ya ganado, avergonzados se mostraban de ver en los castillas tanto aviso.
>
> Y con esto les dio también cuidado, que luego que llegaron a la cumbre, disparando y cargando una gran salva, a todos los del pueblo les hicieron, de más de esto advirtieron y notaron el orden con que fueron por las plazas, y como hechos todos una piña, en una de ellas, fueron reparando y conociendo el bárbaro[208] que aquello era por don Juan solo gobernado, y que si su persona les faltase, habían de ser todos rendidos.

---

[206] Los caballos también llevaban una cuera que les cubría al menos los cuartos traseros.
[207] Oñate y sus soldados iniciaron la subida al peñón dejando a los indios detrás.
[208] Se refiere a Zutacapan.

Vista de la subida tomada en 1904. Fotografía Edward Curtis.

Arrojose al intento comenzado, y por mejor salir del hecho, llegose al general y por el brazo con gusto le prendió, y rogó que fuese a ver una gran cosa que tenía metida en una estufa[209] bien guardada. Y luego el general, con buen semblante, por no dar de flaqueza algún indicio, con él fue junto sin perder de vista al formado escuadrón que allí dejaba.

Y así como llegaban a la estufa, alegre le rogó que dentro entrase, y visto el soterrano y boca estrecha, cual suele aquel que por camino incierto echa de ver, inopinadamente que de muy alta cumbre se despeña, y con prestas represas se retira, así se retiró, y con contento al bárbaro le dijo que quería bajar al escuadrón de aquella fuerza, y puesto abajo todo y alojado, daría luego vuelta a ver la estufa.

Con ellos se bajó para lo llano, donde don Juan le despidió diciendo que por venir cansado y ser ya tarde, ya no podía subir, que tiempo habría para poder volver a darle gusto.[210]

Villagra asegura en su crónica que, en la kiva, a Oñate le esperaba una trampa con varios guerreros escondidos que pretendían matarle una vez bajase las escaleras.

---

[209] La kiva, una construcción semienterrada a la que el único acceso se realizaba por un ventanuco en el techo con una escalera de palos. Los indios usaban las kivas para sus reuniones, se mantenían calientes en invierno por una lumbre que cuidaban en el centro.

[210] El extracto del documento y la narrativa proceden de Editora: Junquera, Mercedes (1989), *Gaspar de Villagra. Historia de Nuevo México*. Ed. Historia 16. Madrid.

Aquel fue el primer contacto de las fuerzas de Oñate con los pobladores de Acoma. Parece ser que Oñate les tomó juramento de obediencia al rey, algo que seguramente ni ellos mismos sabían en qué consistía, y desde luego no pensaban respetar, de acuerdo a como se desarrollaron los acontecimientos posteriores. Ser aliados y amigos de los españoles probablemente no tenía el mismo significado para unos y otros, ni de las obligaciones que comportaba. Para Oñate, hombre intransigente, la parte legal ya se había cumplido, les había leído a los indios los papeles que llevaba exigiéndoles la obediencia, en los que constaba que, de no seguirla, las consecuencias serían la guerra a sangre y fuego. Probablemente se olvidó de las capitulaciones en las que el virrey hablaba de atraer a los indios a la fe católica de forma suave, para convertirlos en súbditos productivos de la Corona. Después, el gobernador regresó con los soldados a San Juan de los Caballeros y se repartieron servicios a los distintos capitanes.

Gaspar de Villagrá fue encargado de la captura y ejecución de unos desertores que se habían vuelto a México, con parte de la caballada. Catorce días tardó en alcanzarlos en compañía de una escuadra, y lo hizo en los alrededores de Santa Bárbara, muy al sur incluso del río Grande. En el camino de regreso de esta misión el capitán se había adelantado a los demás soldados, que iban más despacio con los caballos rescatados a los desertores.

Habiéndose quedado sin provisiones hizo parada en Acoma, para que le dieran algo de comer con lo que cubrir las leguas que quedaban hasta la población española, pero cayó en una trampa que libró de milagro, no así su caballo que murió en la caída al gran agujero que los indios tenían excavado en el suelo y cubierto. Tuvo que dejar todo su equipo y parte de la ropa atrás, y escapar por la nieve con solo su espada y una daga. Según relata, de alguna forma pudo dar la vuelta a la suela de sus botas para confundir el rastro a los indios. Tras caminar durante cuatro días sin comer nada, y semidesnudo en el frío invierno del Nuevo México, encontró a tres soldados que andaban a la captura de unos caballos perdidos, y con su ayuda providencial al hallarse medio muerto, pudo escapar de Zutacapan y los indios de Acoma que aún le perseguían.

El sargento mayor Vicente de Zaldívar fue enviado al este a conocer a unos indios que habían sido bautizados como «*los vaqueros*»[211] por vivir en los llanos donde había multitud de bisontes. Mientras, Juan de Oñate salía con otra escuadra a descubrir el camino hacia la mar del sur, conocido hoy día como el océano Pacífico. Días más tarde salía detrás el maese de campo Juan de Zaldívar, hermano del anterior y también sobrino de Oñate, con el objetivo de alcanzar al gobernador en el camino. Este grupo iba corto de comida y se acercaron a la peña de Acoma buscando provisiones. Juan de Zaldívar subió con parte de sus hombres al poblado, dejando unos pocos soldados abajo con la caballada. Zutacapan les dijo que necesitaban un par de días para moler el maíz y preparar el bastimento, al cabo de los cuales, el maese de campo volvió a subir a la

---

[211] En otra parte de su documento, Oñate los referencia como querechos.

peña y el mismo indio les dijo que se repartiesen los soldados por las casas recogiendo las provisiones que en cada una les darían.

> *No bien señor los vieron divididos, propria y común dolencia de españoles, meterse en los peligros sin recato, sospecha, ni pasión de mal suceso. Cuyo grande descuido los bárbaros notaron y con esto advirtieron que solo seis soldados con el Maese de Campo habían quedado, y temiendo que presto se juntasen poniendo en aventura su partido, la furia popular fue descubriendo la fuerza del motín que estaba armado.*

Cuando más desprevenidos y repartidos andaban por las casas del peñasco, el capitán indio dio el grito de ataque. Algunos soldados cayeron en el primer envite, los pocos que llegaron a la plaza, donde se encontraba Zaldívar, hicieron piña tratando de defenderse de la lluvia de flechas y piedras. Así lo contaba Villagra, aunque al no estar presente en esta jornada probablemente lo haría de oídas de algún otro soldado:

> *Viendo el Maese de Campo sin remedio, el rigor de las armas levantadas, vuelto a los suyos dijo a grandes voces, no me dispare nadie, y solo apunten, que con solo apuntar será posible detener la gran fuerza que descarga, de la bárbara furia que arremete. (…) Así rabiosos todos embistieron, las poderosas mazas descargando. Viendo el Maese de Campo sin remedio, cosa de tanto peso y grave afrenta, y que por bien no pudo reducirlos… a los suyos mandó con grande prisa que las fogosas llaves apretasen y escupiendo los prestos arcabuces, las escondidas balas derribaron de la enemiga gente grande parte. Mas poco les valió tan buen efecto porque todos al punto se mezclaron sin que pudiesen darlos otra carga, y así la soldadesca en tanto aprieto… los fuertes españoles arrancaron las valientes espadas rigurosas de las gallardas cintas en que estaban. Y así revueltos, todos desenvueltos por medio la canalla se lanzaban, descuartizando a diestro y a siniestro, enormes cuerpos bravos y espantosos, con horribles heridas bien rasgadas, sangrientas cuchilladas desmedidas, profundas puntas, temerarios golpes.*

Menos poéticamente lo refería un testigo presencial, el capitán Gaspar López de Tabora, que confirma punto por punto lo que Villagra narra de oídas, lo que valida el relato de este cronista frente a determinados autores interesados que le tachan de fantasioso:

> *…este testigo, junto con el maese de campo y otros diez y siete compañeros fueron a Acoma a pedir a los indios que les diesen un poco de harina para pasar adelante, y en acabando de subir a lo alto del pueblo, el dicho maese de campo dixo a todos que ninguno se apartase de su presencia ni sus criados porque no hubiese lugar de hacerles a los indios ningún mal tratamiento, y así se hizo, porque con esto dixo el dicho maese de campo que les darían de buena gana la dicha harina a trueque de hachuelas y otro rescate que llevaba para darles,[212] y los dichos indios, mucha cantidad de ellos, andaban juntos con el dicho maese de campo, los cuales lo llevaron a una plazuela pequeña y angosta y de*

---

[212] Como era habitual y así se recoge en multitud de documentos, con los indios se empleaba el trueque, pocas veces se tomaban provisiones de ellos sin ofrecer nada a cambio.

ella a otra y a otra, hasta que los dichos indios tuvieron al dicho maese de campo y a sus soldados en una parte muy estrecha y despeñadero muy alto, donde no tenían lugar los españoles de pelear ni defenderse…

…mandó al capitán Diego Núñez de Chaves que con seis soldados fuese a buscar la harina necesaria, por donde los indios le guiasen, el cual fue. Y desde a poco el dicho maese de campo dixo a este testigo que fuese a ver lo que el dicho capitán hacía, y ese testigo fue a donde estaba el dicho capitán Diego Núñez, el cual le dixo que los indios no le querían dar nada, …y en este instante oyó la grita que en la parte donde andaba el dicho capitán Diego Núñez andaba, porque luego que los indios los vieron divididos y apartados empezaron a pelear y a matar, y visto por este testigo luego con los soldados que traía, se retiró a donde estaba el dicho maese de campo y los indios que habían ido con este testigo, que eran muchos porque andaban en juntas tras de todos los españoles, le empezaron a tirar muchas piedras, flechas y macanas desde el suelo y desde las azoteas, así indios como indias, por lo cual tiene por cierto este testigo que fue traición y caso pensado antes, pues que aguardaron a que estuviesen divididos…

…visto este testigo que el dicho maese de campo estaba con una flecha atravesada por una pierna, y otros soldados muertos y heridos a donde los indios con la muchedumbre que eran y con las piedras y flechas que tiraban, iban retirando a los españoles hacia un despeñadero grande, a donde mataron al dicho maese de campo y al capitán Felipe De Escalante y a Diego Núñez, y ocho soldados y dos indios de servicio, y este testigo se salvó por un despeñadero, dándole los dichos indios muchas pedradas con las cuales y desatinado de ellas, le hicieron dejar el arcabuz y espada con que se defendía.

La diferencia numérica era apabullante, y poco a poco los indios fueron acabando a los españoles. Algunos cayeron del acantilado tras la enconada lucha, muriendo en la caída. Solo unos pocos pudieron llegar hasta el acantilado, y lanzarse al vacío de mejor forma para no morir despeñados, casi de forma milagrosa, aunque muy malheridos, abajo llegaron con vida cuatro de ellos que, socorridos por los que cuidaban la caballada, los montaron y cabalgando escaparon a la matanza.

Unos llevaron la noticia del ataque a Oñate, que se encontraba en el Morro,[213] *(Figs. 31 y 32 Cuadernillo)* y otros fueron a avisar a los pueblos por el temor de que la asonada se propagase. Arriba en la peña, los cadáveres fueron despedazados y quemados. Las crónicas y testigos que hablan de este lance coinciden en que, los dos días que pidieron los indios para reunir provisiones, fueron en realidad empleados en preparar la emboscada.

Oñate no podía permitir la afrenta a riesgo de perder el respeto de sus propios soldados y pobladores, y después de todo, también le había afectado en lo personal, pues Juan de Zaldívar Mendoza era sobrino suyo. En prevención de que la revuelta se extendiera por toda la provincia, ordenó un reagrupamiento de toda la población española en San Juan de los Caballeros, ya que muchos soldados estaban repartidos en

---

[213] Macizo Rocoso, a unas pocas leguas al oeste de Acoma, conocido de los españoles por tener un aguaje a su pie. Numerosas inscripciones talladas en la roca a lo largo de los años se conservan hoy en día, entre ellas las del propio Oñate y la de Vargas, quien reconquistó el Nuevo México años después.

diferentes poblaciones, protegiendo a los frailes misioneros. Mientras Oñate se quedaba solo con treinta soldados en retaguardia, ordenó al resto atacar, como era la costumbre, a sangre y fuego. Al mando de la compañía iría el sargento mayor Vicente de Zaldívar, hermano del asesinado, quien recibió para este cometido el título de teniente de gobernador. Con él iban setenta y ocho soldados, que atacarían el reducto indio si se negaban a entregar a los culpables.

Como en todos los registros históricos, se debe tener precaución con los números. Algunos historiadores hablan de 9.000 habitantes en Acoma mientras que Oñate da la cifra de 3.000, que también puede ser exagerada. Y lo parece desde un punto de vista arqueológico, si se tiene en cuenta la escasa superficie disponible para una población tan grande. Oñate también da la cifra de 200 casas, que estaban construidas a la usanza de los indios pueblo, en varias plantas. Tantos habitantes divididos entre tal número de casas, da un resultado de cuarenta personas por espacio. Pero también parece desmesurada desde la logística, ya que la población bebía del agua llovediza que se acumulaba en una parte de la roca, y dar de comer a nueve mil personas habría requerido de un esfuerzo logístico enorme, teniendo en cuenta que en lo alto de la roca no crecía absolutamente nada. Ni siquiera la matemática lo apoya, porque en los distintos documentos se declaran unos aproximados 800 muertos y 600 prisioneros, incluyendo mujeres, niños y ancianos, con lo que la población real sería la mitad de la calculada por Oñate y mucho más baja que la aportada por la historiografía.

Otro tanto sucede con las distancias y medidas, tomando como referencia una fotografía actual, es posible que algunas referencias al tamaño y morfología de la roca sean exageradas. Villagra habla de dos grandes cerros escarpados, unidos entre sí por un pasamanos estrecho de trescientos pasos, cuando esa cantidad de pasos puede ser casi la medida total de la peña. También mide la altura de la roca en 100 estados que son en torno a 130 metros, medida también exagerada viendo la fotografía adjunta. Por otra parte, mediciones actuales del Servicio Nacional de Parques de los Estados Unidos dicen que la parte más alta de la meseta se encuentra a 60 metros sobre el llano que la circunda.

En cualquier caso, es seguro que después de matar a Zaldívar y sus soldados, los indios esperasen algún tipo de represalia, y por mucho que confiasen en sus posibilidades y en su inexpugnable bastión rocoso, hicieron acopio de provisiones para mucho tiempo.

Pocos días después de que la tropa seleccionada al mando de Vicente Zaldívar se encaminase a Acoma, apareció en el horizonte, frente al pueblo de San Juan de los Caballeros, un ejército indio. La población estaba desprotegida, allí quedaban únicamente treinta soldados y el pueblo tenía cuatro entradas, la defensa era insuficiente, de modo que las mujeres, con la mujer del alférez Peñalosa al frente, fueron al armero a pedir arcabuces para reforzar la defensa, y tras las primeras escaramuzas y descargas, los indios se retiraron pensando que la población estaba defendida por un número mayor de gente, y es que, en la frontera, todo el mundo arrimaba el hombro en la defensa. No parece casualidad este intento sobre la población española, o los indios controlaban los movimientos de la tropa o fueron avisados por los acomeños sobre la ocasión que se presentaba.

Único acceso al peñol de Acoma. Primera mitad del siglo xx. Cuando aún conservaba la forma que encontró Villagra. Fotografía South West Postcard co.

Al cabo de unos días y llegados al peñón, Zaldívar ordenó acampar en sus faldas, a distancia de seguridad de las flechas de los defensores. Se cantó misa, confesaron, y comulgaron, preparando sus almas para el ataque. Desde abajo del peñón ofrecieron a los sitiados la paz a cambio de entregar a los culpables del alzamiento. La respuesta fue una lluvia de flechas y piedras. Zaldívar preparó el ataque, y junto a Villagra y diez hombres se escondieron con la misión de escalar el muro, mientras el resto, montados a caballo, hicieron pensar a los indios que iban a atacar por el lado más complicado de escalar. La distracción tuvo éxito, los doce consiguieron coronar y apoyar la subida de más compañeros que les seguían, mientras, en el otro lado, la arcabucería mantenía ocupados a los defensores. Con unas cuerdas subieron dos pequeñas piezas de artillería que, cargadas con clavos, provocaron una gran masacre entre los indios.

Vicente de Zaldívar también contó su versión de los hechos:[214]

>...*por lengua de don Tomás, intérprete, dio a entender a los indios del dicho pueblo que estaban empeñolados y puestos en arma con muchos arcos y flechas, mazas, piedras, espadas y cotas que habían quitado a los españoles que habían muerto, y proponiéndoles por el dicho intérprete como él venía a hablarles de paz, para solo averiguar que fuese la causa y razón de haber muerto a don Juan de Zaldívar, maese de campo general y a diez compañeros suyos, capitanes y soldados, y a un mulato y un indio, e sin querer satisfacer a lo que se les proponía, todos a grandes voces decían, levantando las espadas en alto y mostrándose con las cotas y otras preseas que habían quitado a los españoles difuntos, que ellos habían muerto diez castillas y dos mexicos, y que todos eran unos bellacos putos, y con esto, haciendo grande algazara arrojaban y tiraban muchas flechas, piedras y tiros de palo arrojadizos a los dichos soldados, sin que ninguno de ellos hiciese más que repararse del daño que los indios les procuraban hacer, porque por mandato del dicho teniente de gobernador les era ordenado no tirasen arcabuz ninguno ni les ofendiesen con otra arma ni palabras de injuria, no obstante que los dichos indios, por la parte de abajo, tenían hechos cantidad de hoyos hondos cubiertos por encima para que cayesen los caballos y jinetes que en ellos fuesen, los cuales eran tantos que aunque se advirtió y anduvo con cuidado, cayeron algunos soldados, y con esto decían los dichos indios que ellos querían pelear.*
>
>*Y para provocar a la batalla mostraban muchas mantas y preseas que, como dicho es, a los españoles habían quitado, y diciéndoles muchas palabras de injuria les decían que a qué venían o a qué aguardaban, que por qué no peleaban, porque ellos estaban a punto de guerra, y que no aguardaban a más de matar a los españoles para venir luego a matar a los indios queres y a los indios tiguas,[215] y a todos los de compañía, porque no habían ellos muerto a todos los españoles.*

Los indios hacían la guerra parapetados en sus casas, y los soldados vieron que el fuego era lo mejor para hacerlos salir. Las casas estaban unidas unas con otras, por lo que el fuego se propagó rápido, y siendo los tejados de madera de pino, ardieron fácilmente.

Zutacapan, como suele acontecer con los instigadores, al ver que las tornas se volvían en contra de los rebeldes, se escondió junto a cuatro de sus fieles en unas cuevas que había en la peña. No se debe menospreciar el gran poder de convicción que tenía y ejerció sobre sus paisanos, ya que muchos prefirieron el suicidio antes de caer en manos de los soldados, arrojándose al fuego en las casas o lanzándose al vacío desde lo alto del peñol.

La cuenta final de muertos creció en gran medida por esta causa, principalmente de mujeres y niños que no estuvieron implicados en la lucha. Otro de los cabecillas acabó muerto en la batalla, desangrado. El segundo día, su madre y sus hermanas salieron a

---

[214] El documento está en el Archivo General de Indias, Sevilla, «Proceso contra los indios de Acoma», en patronato 22, Ramo 13. Fol. 1071-1072.

[215] Aliados de los españoles, viviendo en el valle del río Grande.

buscarlo entre los muertos, cuando lo encontraron lo arrojaron a una de las piras en las que se habían convertido las casas, y gritando de pena y dolor se inmolaron junto a él.

Antes del ataque, a Acoma había regresado el viejo Chumpo, del que los muchos años solo habían dejado piel y huesos. Tras el baño de sangre y después de día y medio de lucha, el anciano se acercó a Zaldívar pidiendo la paz, habida cuenta que el principal instigador, Zutacapan, había desaparecido del campo de batalla. Con su asistente fue pidiendo a todos los que aún se mantenían en la lucha que bajasen sus armas y se entregasen a los soldados. Más de seiscientas personas se rindieron, unos setenta hombres en edad de guerrear, y las mujeres y los niños, quienes se fueron congregando en la plaza. Parece ser que algunos indios estaban matando a sus propias familias, y en algunos casos los soldados tuvieron que emplearse para evitar el suicidio colectivo en el que había derivado la lucha.

Cuando todo parecía sosegado, un griterío enorme puso en guardia a los soldados nuevamente. Eran sobre todo mujeres, habían encontrado al escondido Zutacapan, y armadas con piedras y palos lo estaban acabando. Cuando terminaron con él no quedaban sino pedazos muy pequeños. Le culpaban de todas las muertes y de todos los familiares y amigos que allí yacían, inertes sobre el terreno.

Vicente de Zaldívar preguntó al anciano Chumpo dónde habían arrojado los huesos de su hermano Juan. Este le dijo que los soldados habían sido amontonados y quemados, acompañándole al lugar. Cuando llegaron solo quedaba una gran mancha negra de sangre, fuego y cenizas. Al verla, el joven Zaldívar rompió a llorar arrodillándose sobre ella. A pesar de la tristeza, aceptó las paces de Chumpo, acabando con la sangría.

Aún quedaba un último acto. Abajo del peñol, en el llano, encontraron a dos indios adultos con señas menores de lucha, que los soldados no sabían si iban o venían del peñol, cuando les interrogaron dijeron que fueron robados y heridos por la gente que huía del peñol, incluso llegaron a pedir de comer como hambrientos pobres, tratando de engañar a los soldados. De vuelta en Acoma los encerraron en la *kiva*, a la espera de tomar una decisión sobre qué hacer con ellos.

Dentro de la *kiva (Fig. 33 Cuadernillo)* encontraron palos y piedras, y con ello se hicieron fuertes en el interior, sin dejar que nadie entrase. Durante tres días mostraron su obstinación, hasta que, empujados por el hambre y la sed, pidieron cuchillos con los que cortarse la garganta. Parece que Zaldívar estuvo tentado de perdonarles, pero los mismos indios de Acoma le aconsejaron no hacerlo, a riesgo de desatar las pasiones otra vez. En lugar de cuchillos les lanzaron dos sogas para ponérselas al cuello. Según la crónica, fueron colgados en un árbol cercano, difícil de creer ante la inexistencia de vegetación en el peñol.

Aquí termina Villagra su relato, no haciendo mención alguna a castigos posteriores. Por otra parte, al frente de todo estaba Zaldívar, quien pareció propenso al perdón, no estando presente Oñate. En ese momento, los cabecillas habían muerto, y todo indica que Zaldívar hizo honor a la política de la Corona en aquellos momentos, la de hacer la guerra hasta alcanzar la paz. Después llegaba el perdón y el mantenimiento de la paz.

No lo vio así Oñate, quien, unos días después, proseguía la causa a los supervivientes de Acoma por la muerte de Juan de Zaldívar y otros once soldados y auxiliares, actuando él mismo como juez y fiscal.[216] Parece que Oñate andaba falto de la mesura que aplicaron y aplicarían otros capitanes y gobernadores en la historia hispana de América, y le sobraba intransigencia porque, a pesar de la rendición de los supervivientes, continuó el juicio contra ellos, medida innecesaria que, seguramente, alimentó el odio a los españoles en la región, y que perdura hasta nuestros días, en parte gracias al registro oral.

En el juicio se comprueban numerosas irregularidades. Para confirmar los hechos que provocaron la respuesta, la muerte de Juan de Zaldívar, se presentan más de veinte testigos entre los soldados, además de algunos indios auxiliares de los españoles, y todos por unanimidad dan contestaciones casi idénticas, sin matización o discrepancia alguna que los diferencie, lo que llama la atención porque de los diecisiete españoles que subieron a Acoma solo cuatro regresaron con vida. Oñate también llama a declarar a un par de frailes, y las preguntas que les hace son más para saber lo que puede considerarse como guerra justa, que para averiguar algo sobre los hechos.

El acta judicial se extiende por más de ochenta páginas en las que se repiten, una tras otra, las declaraciones de los testigos. Al final de la vista Oñate dictó sentencia, ejecutándose como se ve en el documento[217] siguiente:

> *…que debo condenar y condeno a todos los indios e indias que están presos de este pueblo, a los indios de veinte y cinco años para arriba a que se les corte un pie y en veinte de servicio personal, y a los indios de veinte y cinco años para abajo y hasta doce los condeno en estar veinte años de servicio personal. Y a las indias de doce años para arriba las condeno en otros veinte años de servicio personal. Y a dos indios de la provincia de Mohoqui que se hallaron y pelearon en este pueblo de Acoma y se prendieron, los condeno en que se les corten las manos derechas y se envíen sueltos a que den noticia en su tierra del castigo… y a todos los niños y niñas de doce años para abajo los doy por libres como a inocentes de grave delito…*

> *…vengo a mostrarle amparo, patronazgo y protección real a los dichos niños y niñas, dejo a todas las niñas de doce años para abajo a disposición de nuestro padre comisario fray Alonso Martínez, para que como persona tan calificada y cristiana les deposite y ponga en este reino y fuera de él en los monasterios y países que le pareciere para que consigan el conocimiento de Dios Nuestro Señor y salvación de sus almas. Y a los niños de doce años para debajo dejo a disposición de Vicente de Zaldívar Mendoza, mi sargento mayor, para que consigan el propio fin, y a los viejos y viejas ya decrépitos para poder pelear, sean sueltos y encomendados a los indios de la provincia de los querechos, para que los sustenten y no los dejen salir de sus pueblos.*

> *…Y la sentencia se ejecutó y cumplió como en ella se contiene en este pueblo de Santo Domingo y en otros pueblos sus comarcanos en los indios a quienes se cortaron los pies y manos en diferentes días y en lo que toca a los demás de indios e indias de servir depositose y ejecutó en este pueblo de San Juan Bautista que es a donde está el ejército…*

---

[216] El documento está en el Archivo General de Indias, Sevilla, «Proceso contra los indios de Acoma», en Patronato 22, Ramo 13. Fol. 1037-1085.

[217] Documento en el Archivo General de Indias, «Expediente Juan de Oñate», en Patronato 22 Ramo 13. Fol. 1130.

Desde aquí todo se emborrona por la historiografía moderna. La mayoría trata de descartar o desacreditar el relato de Villagra, en el que, a pesar de la inusual forma poética elegida para transmitirlo, destaca la honestidad con la que habla de algunos pasajes, como el ajusticiamiento de los desertores españoles. O de su huida de Acoma semidesnudo y en solitario, en la que, acuciado por el hambre, mata a un perro que le acompañaba. Pasajes que dan gran valor y veracidad a su relato y que podría haber omitido con total tranquilidad. Su versión de los hechos es apoyada por otros documentos y declaraciones.

Oñate le había dado permiso a Zaldívar para hacer justicia en los culpables como bien le pareciese, pero ni Zaldívar ni Villagra dicen nada sobre haber aplicado dicha justicia al final de la batalla, salvo a los dos instigadores capturados y ejecutados a petición de los indios. La sentencia parece clarificar la cuestión, los supervivientes habían sido llevados como prisioneros al pueblo de Santo Domingo, para ser juzgados y condenados por Oñate, lo que descarta las posibles medidas que hubiese tomado Zaldívar al final de la batalla. Por otra parte, las cifras bailan entre los diversos documentos, de los 24 hasta los 80 ajusticiados dependiendo de la fuente, a los que se amputó el pie o la mano como castigo.

La controversia historiográfica se basa principalmente en una carta de uno de los pobladores, Luis de Velasco que, desencantado del Nuevo México, quería regresar a México, lo que seguramente le impedían Oñate y Zaldívar, quienes no querían perder pobladores, dejando la colonia en precario y dando la excusa al resto de pobladores que estaban descontentos, algunos desde el primer día.

La carta, escrita en 1601, iba dirigida al rey, y parece que llegó a sus manos por las inscripciones que hay en su anverso. Velasco decía que a los indios se les cobraban los tributos en maíz o en mantas, al menos una manta de algodón por cada casa a modo de impuesto, y añadía que ni la dureza de aquel invierno de 1600 ablandó el corazón de Oñate que, viendo la escasez de comida que sufría la provincia, sin mucho que llevarse a la boca ni los indios ni los españoles, le movió a perdonar la recolección del maíz, yendo casa por casa ocasionando muchos dramas. Según el autor de la carta, si no llevaban la manta no le importaba dejar en cueros a la india con su niño en brazos. Por otra parte, los fríos eran terribles y era preciso recorrer varias leguas para conseguir leña con la que calentarse.

Sobre los acontecimientos de Acoma decía:

> *…el gobernador publicó contra ellos guerra a fuego y sangre, y envió al castigo al dicho sargento mayor con sesenta hombres, los cuales mataron más de seiscientos indios, y aunque ellos se rindieron después de haber durado algún tiempo la guerra, dándoles a los dichos españoles maíz, mantas y algunas gallinas que tenían, no bastó esto para que el dicho sargento mayor los dejase de prender y meter en unas estufas y presos, los mandó sacar uno a uno y un negro suyo y otros soldados los iban pasando a cuchillo y despeñando del peñol en que está situado el dicho pueblo.*
>
> *Otros indios y las indias con sus criaturas de medio se metían en otras estufas y en sus casillas, y ellos se mataban unos a otros por no caer en las manos de los españoles, y luego mandó pegar fuego en las estufas y cuarteles de las casas, donde se quemaron muchos indios e indias vivas con sus hijos en los brazos y se ahogaron con el humo y así mismo*

se quemó todo el bastimento que tenían excepto las mantas, gamuzas, cueros y gallinas,
que esto todo por mandado del dicho sargento mayor se saqueó y se prendieron más de
seiscientas piezas y se les cortaron los pies a veinticuatro, y se dieron por esclavos los de
veinte años arriba y los de menor edad en depósito por veinte años. Prometo a vuestra
merced que fue gran lástima.[218]

La carta presenta contradicciones en fechas y otros importantes detalles como, por ejemplo, la donación de provisiones que menciona, que se produce en la primera visita de Oñate al lugar, y no en las siguientes de los hermanos Zaldívar. Sin dejar de mencionar que esta es la única declaración discordante con el resto. Parece el relato de alguien que no estuvo presente en los eventos sino hablando de oídas.

Aunque denuncia otros hechos importantes que le dan alguna credibilidad, tanta que se tomó en cuenta por la Corona para retirarle la confianza a Oñate y relevarle de su cargo. Como el asesinato del capitán Alonso de Sosa Albornoz, quien habría sido muerto por Zaldívar y otros en medio del campo, y enterrado bajo una pila de piedras. Su delito, haber pedido permiso para abandonar la conquista y regresar a la Nueva España por no poder alimentar a su familia. Según Velasco, Oñate habría dado la orden.

O el capitán Pablo de Aguilar, que fue muerto por el propio Oñate y alguno de sus sirvientes. Mientras estos le apuñalaban, el gobernador le ensartó con su espada para después decapitarle. El fenecido se habría mostrado crítico con el liderazgo de Oñate en público, quien no quería que las deserciones se contagiasen al resto de los pobladores. Aunque tampoco parece que fuese testigo presencial de ello sino de oídas.

El autor de la carta también se hace eco del intento de ajusticiar a los líderes del motín, y de la sentencia de muerte que aplicó Villagra contra los cuatro desertores que se llevaron los caballos, y que consumó en dos de ellos, uno de ellos era de «Castilla» y tenía a su mujer e hijos en ciudad de México. Ambos fueron ejecutados a pesar de las súplicas, para después cortarles las manos y poniéndolas en sal, llevárselas al gobernador para demostrar sus muertes.

Otra de las cartas que se enviaron al Consejo de Indias denunciando los hechos fue escrita por fray Juan de Escalona, comisario de los religiosos franciscanos del Nuevo México.[219] La última carta, que también se incorpora en el expediente Oñate y escrita por:

> *Juan de Frías Salazar, vecino de México, que en las dos se han visto, se significan*
> *tantos excesos, crueldades y tiranías de don Juan de Oñate, capitán general de aquel*
> *descubrimiento, y de Vicente de Zaldívar, sargento mayor, su sobrino, que ha parecido al*
> *Consejo informar a la real conciencia de vuestra majestad, provea en el caso de manera*
> *que se atajen y castiguen tantos agravios y muertes y daños grandes de indios miserables…*

Ambas cartas se hicieron llegar al rey que, poco después, pedía al virrey que detuviese a Oñate y le apartase de su cargo como gobernador del Nuevo México. Es muy

---

[218] *Op. cit.*, fol. 1289-92.
[219] *Op. cit.*, folio 1.312.

difícil saber quién llevaba razón en este caso, algunas circunstancias pueden atenuar las decisiones de Oñate, pero otras lo inculpan gravemente.

En cuanto a la aniquilación y esclavización de toda la población de Acoma, lo cierto es que la ejecución de la sentencia por Oñate así lo dice, pero dado que Oñate fue destituido poco tiempo después, y su sustituto llevaba el encargo del virrey de ponerse a bien con los indios, parece probable que estos fuesen liberados de la esclavitud y regresasen a Acoma *(Fig. 34 Cuadernillo)*.

Finalmente, la declaración de Oñate de *«asolé y abrasé todo»*, punto en el que coincide con Villagra arrogándose la decisión, aunque por los distintos documentos queda claro que no estuvo presente en los eventos. Tampoco concuerda la destrucción total del poblado con el hecho de que la población quedó activa y habitada, hasta el punto de reconstruirse tan solo unos años después, en 1629, cuando se establecería una misión cuya iglesia se conserva hoy día en la parte sur de la peña.

Parece que los incendios se produjeron como consecuencia de la batalla y no por una acción de castigo posterior. La batalla comenzó a las cuatro de la tarde, y al día siguiente seguía activa. Los indios no habrían podido aguantar tanto tiempo, más de veinticuatro horas, a un enemigo tan superior, de no haberse parapetado en sus casas, de modo que se usaría el fuego para sacarlos de los parapetos desde los que asaeteaban a los soldados. De las declaraciones de Zaldívar y de Villagra se desprende que no asolaron ni abrasaron el pueblo tras la batalla. Zaldívar tenía el permiso de Oñate para aplicar los castigos que creyese oportunos y, sin embargo, llevó a todos los supervivientes a que fuesen juzgados por Oñate. Por otra parte, los soldados no tuvieron baja alguna, y la batalla finalizó cuando los indios quisieron pedir la paz. Por todo lo cual, parece que la responsabilidad de lo sucedido recae en los instigadores de la revuelta, en primer lugar, y después en Juan de Oñate, por enviar una expedición de castigo al mando de Vicente de Zaldívar, hermano del asesinado, quien probablemente se excedió en el castigo más de lo deseable.

Tras aquel suceso y pasado el tiempo, Oñate seguía estando mucho más interesado en la conquista y descubrimiento de nuevas tierras que en la administración de los territorios conquistados. En 1602 pedía más soldados a la Audiencia de México, no menos de trescientos soldados de socorro pagados, y otros cien que pagaría él mismo. Quería subir al norte a pacificar un territorio lleno de enemigos, ni más ni menos que los apaches.

Aunque no todo cuadraba para las autoridades virreinales ni para el Consejo de Indias. Oñate había escrito numerosas cartas a ambas autoridades con grandes dosis de edulcorante, sobre las bondades del territorio y los naturales de él, pero lo cierto es que el territorio era bastante pobre, las minas inexistentes, y la siempre difícil climatología, con inviernos duros y veranos secos, lo hacía todo muy complicado. Ni siquiera era apto para la ganadería sino para la agricultura. Oñate había invertido casi toda su fortuna y no había recuperado nada, necesitaba desesperadamente la implicación financiera de la Corona.

Vicente de Zaldívar Mendoza, Maestre de Campo de don Joan de Oñate, Adelantado Gobernador y Capitán General de los reinos y provincias del descubrimiento del Nuevo

México, por sí y en nombre del mismo Adelantado sobre que se prosiga el nuevo descubrimiento que hizo desde donde está poblado al norte; pagando Su Majestad trescientos soldados y los pertrechos de guerra necesarios a la expedición, y dándoles religiosos para la doctrina de los naturales; obligándose el Adelantado a pagar otros cien soldados, cuyo número de cuatrocientos basta para acabar el descubrimiento comenzado.

Oñate pretendía una huida hacia delante, y el virrey lo sabía. Lo primero que hizo fue enfriar los ánimos y ambiciones del gobernador:

Carta y parecer del Virrey y Audiencia a catorce de mayo. Dicen no conviene se prosiga el descubrimiento con tanta costa; pero tienen por conveniente que se sustente lo pacificado, aunque sea con alguna costa, por ser poca la que bastará y por lo que importaría perpetuarse allí, si fuese posible, alguna población de españoles por el buen natural y mansedumbre de los indios y la conversión de aquellas almas, y tener puerta para la noticia que se desea de las poblaciones que dicen hay al norte, tanta y tan larga tierra, que se puede decir con verdad es una gran parte del mundo…

La Audiencia, a través del fiscal, bajaba también el ego del gobernador y añadía que lo descubierto y pacificado por Oñate hacía muchos años que lo estaba y tomada posesión por el rey, y para ello hacía referencia a los documentos y libros en los que se registraba la expedición de Vázquez Coronado en 1540. Refirió también a fray Marcos de Niza y sus fantasías acerca de las siete ciudades de Cíbola, de la riqueza de las tierras hacia el oeste donde había mucho ganado lanar, y de la pobreza de la tierra al este donde se hallaba la Gran Quivira y sus muchas bestias corcovadas y carneros.[220]

En 1603, Vicente de Zaldívar viajó a España como procurador de Oñate y de la jornada del Nuevo México, tratando de sacar adelante el apoyo real para sus conquistas. El caso es que en el Consejo de Indias debieron de quedarse perplejos ante las futuras intenciones de Oñate, porque rápido le pasaron el tema al virrey marqués de Montesclaros, para que tomase las decisiones oportunas al estar más «*alumbrado de la materia*».

Vicente de Zaldívar, a quien el dicho Juan envió a esta corte sobre cosas de aquella jornada, y trata de volverse ahora en la flota, ha representado lo que importa que vayan en ella algunos soldados mosqueteros y carpinteros de viveza para hacer barcos, y descubrir puerto en las mares de aquellas provincias, porque la experiencia les ha mostrado la necesidad que hay de estos géneros de gente para la jornada, y que en la nueva Spaña (sic) no la hay y es toda gente de a caballo. Y así ha suplicado se le de licencia para levantar y conducir en Sevilla y San Lucar hasta número de sesenta personas de este género, y que Vuestra Majestad les mande dar embarcación y aviamiento en la flota para ellos.

Y que también conviene llevar de acá dos pilotos muy prácticos para la graduación de los rumbos por donde se caminare, en aquel descubrimiento y que a su costa quiere

---

[220] A tal punto llegaron las fantasías de fray Marcos de Niza que inventó la existencia de ganado ovino en Norteamérica, antes de ser llevado allí por los españoles.

llevar así mismo para la jornada algunas armas, como son cotas, escarcelas sobre vistas[221], arcabuces, y mosquetes…

Aún no se había tomado la decisión sobre los 300 hombres que había pedido antes y Oñate pretendía gente para construir barcos, y pilotos para gobernarlos. Hay que recordar que en las expediciones que Oñate dirigió desde el Nuevo México hasta el Pacífico, no había llegado ni cerca del dicho océano, y ahora intentaba vender la idea de hacer expediciones de conquista en aquel mar, sobre todo, teniendo en cuenta que aquella costa era recorrida por el galeón de Manila desde 1565 y estaba totalmente cartografiada. Aunque las dotes de persuasión de Zaldívar debían ser extraordinarias porque consiguió lo que pedía, eso sí, como siempre recortado, se autorizaron cuarenta hombres en lugar de sesenta.

No parece que estos hombres llegasen nunca a América, porque el mismo Consejo emitía otro escrito días después, en el que todas las esperanzas de Oñate y Zaldívar se ahogarían. No era solo una cuestión de coste, siempre presente para las autoridades españolas pasadas y presentes, había también un trasfondo político:

…y por haberse tenido entonces aviso, por cartas de religiosos y personas seglares que hicieron aquel viaje y estaban en el dicho Nuevo México, de algunos excesos, desordenes y delitos que se habían cometido por el dicho don Juan de Oñate y otros deudos suyos. De que se dio cuenta a Vuestra Majestad en consulta de 7 de julio del año pasado de 602. Vuestra Majestad mandó al conde de Monterrey que a la sazón era virrey de la Nueva Spaña (sic) que, informado primero secretamente, y si aquello era así, enviase persona a la averiguación y castigo de ello. Y que hallando a don Juan de Oñate tan culpado y las cosas de manera que no conviniese quedarse allí, pusiese cobro en la jornada para que se conservase lo descubierto y prosiguiese la conversión de los indios.

…el virrey hizo junta secreta de tres oidores, los más desasidos de amistad particular ni deudo de las partes, con asistencia del fiscal, y todos vieron los autos que pertenecían a culpas criminales, y que de lo que resultó de aquella junta, envía relación sumaria con el parecer, y la cual se ha visto en este Consejo y considerado el modo de proceder y los excesos y crímenes de don Juan de Oñate y su maese de campo, y algunos de sus capitanes, y la forma en que cumple el asiento que con él se tomó sobre el dicho descubrimiento.

Y que el Marqués de Montesclaros, escribe el poco fruto que hasta ahora ha sido, y que, de la poca riqueza y humilde y pobre traje de los naturales, se entiende de cuan poca sustancia sea aquella tierra, y que, del más rico metal, que en ella se ha hallado, se ha sacado la octava parte de cobre sin ninguna mezcla de plata. Y que la gente es muy rústica y miserable, sin oro ni plata, y los edificios que tienen son todos de paja y yerba, y por no tener algodón, hilan pelo de perro, y que le parece que el fin de los que han intentado esta empresa es la duración de ella, procurando que Vuestra Majestad meta prendas de su Real Hacienda para que, convirtiéndose en reputación sea preciso el gasto que ahora se podría excusar.

Ha parecido al consejo que conviene al servicio de Dios y de Vuestra Majestad que se orde-ne al Marqués de Montesclaros, precisamente, que no pase adelante el dicho descubrimiento

---

[221] Parte de la armadura que protegía la parte baja del abdomen y superior de los muslos.

y que, con maña y destreza envíe llamar a don Juan de Oñate con alguna causa suficiente para que venga, y no se altere, y que le detenga en México, y se desbarate la gente de guerra y ponga gobernador de satisfacción prudente y cristiano, que gobierne lo que esta descubierto del dicho Nuevo México, y lo tenga en justicia y paz, y ampare y acaricie a los indios naturales, y provea religiosos que los doctrinen, y si algunos de los dichos religiosos quisieran entrar la tierra adentro a doctrinar, con celo cristiano, se lo permita, para que se saque fruto y se tenga por este camino noticia cierta de lo que está por descubrir de aquella provincia sin usar de armas.

Y que se dé comisión al visitador que va a la Nueva España para que conozca de los excesos y crímenes del dicho don Juan de Oñate y su Maese de Campo y capitanes para que, llevando los papeles que hay contra ellos, fulmine procese y sentencie los culpables…[222]

El siguiente documento en el expediente Oñate, localizado en el Archivo General de Indias en Sevilla, es una petición al rey para que le otorgue tres hábitos de órdenes militares a los que creía tener derecho por sus méritos en la conquista del Nuevo México. Uno era para él mismo, el segundo para Vicente Zaldívar y el tercero para otro familiar. La petición fue desestimada, aunque en la contestación le decían estuviese agradecido porque aún mantenía el título de Adelantado. Era 1624 y se encontraba en España, donde tenía trabajo como inspector de minas para la Corona. En 1626 fallecía, olvidado de todos, aunque no dejó en ningún momento de reclamar por lo que creía le debía la Corona.

En el archivo general de indias hay un segundo expediente de Oñate[223] que básicamente refrenda la información contenida en el primero. En conjunto son más de 1.900 páginas. Los expedientes son ricos en otras informaciones, aunque debe ser aplicado el filtro que nos acerque a la realidad, al ser sus crónicas interesadas en la consecución de unos objetivos, aunque, si se consigue eliminar la grandilocuencia, autocomplacencia, y la exageración empleada por Oñate, es posible, por ejemplo, tener una de las primeras descripciones de los apaches y su forma de vida, gracias a este documento titulado «*Relación de la xornada de las bacas de zivola que hizo el sargento mayor a quince de setiembre del año de mil y quinientos noventa y ocho*»:

…fue con ellos hasta un río grandísimo, la derrota del oriente hacia La Florida, que todos entendemos ser el afamado río de la Magdalena, que entra en la dicha Florida y ser aquella vía la que trajeron Dorantes, Cabeza de Vaca y el negro, que de ella salieron a esta tierra y a las rancherías y sierras de los patarabueyes…

Llegaron a una ranchería, y antes de entrar, ya los indios iban saliendo de cuatro en cuatro y de seis en seis, gran suma de gente pidiéndoles su amistad, y el modo que tienen para pedirla es tender la palma de la mano derecha hacia él sol y luego volverla a la persona con quien quieren amistad, dioles así mismo rescates e importunáronle mucho… andan los más desnudos, algunos cubiertos con pellejos de cíbola y algunas mantas, y ellas con unos como calzones de gamuza y sus zapatos o botines a su modo…

222 Expediente Oñate, folios 1318-1328.
223 Solicitud: Juan de Oñate: socorro descubrimiento Nuevo México. AGI, Patronato 22, R.4.

...muchos indios vaqueros que venían de contratar con los picuries y taos, pueblos populosos de este Nuevo México, a los cuales venden carne, cueros, manteca, sebo y sal, a truco de mantas, algodón, loza y maíz, y algunos chalchiguitillos verdes[224] de que usan. (...) encontró una ranchería en que había cincuenta tiendas de cueros adobados, extremadísimamente colorados y blancos, en la forma de pabellón redondas con sus botones y portañuelas tan curiosos como en Italia, y tan grandes que en las muy ordinarias cabían cuatro colchones y camas distintas muy holgadamente... que, aunque llueva a cántaros no las pasa ni se endurece el cuero, antes en secándose queda tan blando y tratable como antes...

...rescató una el dicho sargento mayor y la trajo a este Real y con ser tan grande como dicho es, no pesaba más de dos arrobas, y esta carga y los palos con que la arman y una mochila de carne y su pinole o maíz, usan un perrillo mediado lanudo los dichos indios, que les sirve de mula y una gran recua de ellos cinchados por los pechuelos y anquillas, y con cuatro arrobas de peso por lo menos camina lo mismo que su amo, y es cosa de ver y mucho para reír verlos ir las puntas de los palos arrastrando y casi todos ellos matadillos en los encuentros unos tras otros haciendo su jornada y que para cargarlos les cogen las indias la cabeza entre las piernas y así los cargan o enderezan la carga... (Fig. 36 Cuadernillo).

También hace una descripción exhaustiva de los bisontes, el animal más importante y majestuoso que los españoles encontraron en América:

...diez mil reses, porque aquellos días veían tantas y andaban tan cerca de las tiendas y caballada, de que con esto y que cuando corren parece van maneadas y dando saltillos (...) y a poco rato revolvió con grande furia hacia dónde venía la gente y rompió por toda ella con ir bien apiñados sin que fuese posible resistirlos, porque es ganado del más terrible tesón y coraje que se puede encarecer, que si corren tras él corre y si se paran o van poco a poco, se para y se revuelca como si fueran mulas, y con este aliento torna de nuevo a su carrera.

Tentáronse mil modos en algunos días para encerrarlo o para hacer rodeo de él, y por ninguna vía fue posible, y no es de espantar porque está notablemente cimarrón y feroz, tanto que nos mató tres caballos y nos hirió cuarenta muy mal, porque tiene las aspas muy agudas y medianas, como de un palmo y medio, y retorcidas una contra otra a lo alto, y hiere de lado y bajando mucho la cabeza, de manera que lo que coje rasga muy bien.

Con todo eso se mató mucho de ellos y se hicieron de ochenta arrobas arriba de manteca, que excede sin ninguna duda a la del puerco con muchas ventajas, y la carne del toro a la de la nuestra vaca, y la de la vaca iguala con nuestra muy tierna ternera o carnero (...) los ojos pequeños, rostro y hocico y pezuñas de la misma forma de nuestras vacas, salvo que es muy barbado el toro y la vaca como cabrones, llenos de tanta lana que les cubre los ojos y cara y el copete, y llégales esta lana larga y muy tratable y blanda hasta casi el medio cuerpo... tienen tanta y sube tanto el lomo que parecen corcovados, aunque en realidad no lo son mucho.

Los cueros se les quita la corcova muy fácilmente, son mayores en común que nuestro ganado, la colilla de la misma manera que un puerco, con pocas cerdillas, al cabo muy

---

[224] Piedras de jade, color verde, muy corrientes en el Nuevo México, donde una localidad llamada Madrid tiene varias minas de extracción de ellas abandonadas.

corta, y que la retuerce arriba cuando corren, en las rodillas tienen unas naturales ban-
das de pelo muy largo de las ancas que son como de mula, son derrengados y cazcorvos
y así corren de la manera dicha, a saltos y mucho en especial cuesta abajo, son todos de
un color negros, algo leonados y a partes retinto el pelo, esta es su forma que a la vista es
harto más feroz que puede significar (Fig. 37 Cuadernillo).

En esta jornada iba de guía un indio de Culiacán llamado Jusepe, que conocía el territorio al haber formado parte de la ilegal expedición que comandaron Antonio Gutiérrez de Umaña y el capitán Leyva, quienes, huyendo de la persecución decretada por las autoridades virreinales, se adentraron en el territorio inexplorado al noreste del Nuevo México. Umaña reclutó gente sin autorización en el valle de Santa Bárbara, y según Jusepe, llegaron hasta el pueblo de Pecos continuando hacia el este donde encontraron a los indios vaqueros, y siguiendo al norte unos quince días, llegaron a dos ríos grandes para, siguiendo su corriente, encontrar rancherías muy pobladas, entre ellas un pueblo muy grande que ocupaba una extensión de diez leguas de largo por dos de ancho.

El río entraba por el pueblo dividiéndolo en dos, las casas estaban construidas con armadura de palizada y cubiertas de paja, y tenían grandes sementeras de maíz, frijol y calabaza. La descripción se corresponde con la de los indios de la confederación Caddo, por lo que el río por el que transitaron corriente abajo pudo tratarse del río Rojo.

Jusepe refirió también que tras un año de expedición los ánimos se caldearon en exceso en el grupo, tanto que Umaña mató al capitán Leyva de dos puñaladas, y en el desbarajuste que se generó, los indios auxiliares que viajaban en la expedición se escaparon, tratando de volver a sus lugares de origen, siendo Jusepe el único que pudo conseguirlo. Parece que todos, tanto españoles como indios, fueron acabados por la nación de los escanjaques, muy posiblemente primos de los apaches. Jusepe, desandando sus pasos pudo llegar al Nuevo México, donde primero los apaches y después los vaqueros lo tomaron cautivo, permaneciendo con ellos un año, hasta que pudo escapar y llegar al pueblo de Pecos, donde tuvo noticia de la llegada de españoles a la zona.

El relato de Jusepe es la única información sobre la expedición de Umaña y Leyva, tras lo cual, nada más se supo de ellos. Años más tarde, cuando los españoles tuvieron mayor contacto con los indios Asinais, también llamados Tejas, se dieron cuenta de la familiaridad que estos tenían con la cruz, la religión y los españoles, probable señal de que habían entrado en contacto con la expedición de Umaña.

ACAXEES Y XIXIMES EN LA SIERRA MADRE (1592-1611)

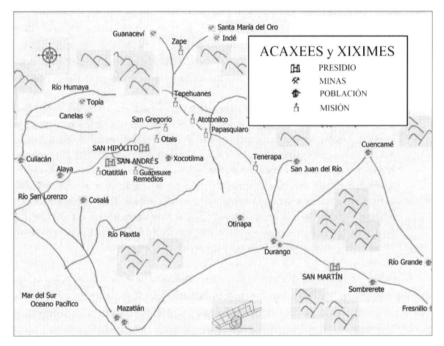

Territorio ocupado por acaxees, al norte del río San Lorenzo, y los xiximes al sur.

C on la paz chichimeca parecía que el tiempo para la guerra se había acabado, pero en 1592, una comunidad de indios tlaxcaltecas que estaba al cuidado franciscano fue masacrada en San Andrés. Dos años después, en 1594, Gonzalo de Tapia[225] es asesinado en Sinaloa. En 1602 los acaxees también se rebelaron en la sierra de Topía,[226] matando a siete españoles que, supuestamente, los estaban oprimiendo

---

[225] El padre Gonzalo de Tapia fue el fundador de la primera misión jesuita en Norteamérica.
[226] El pueblo y minas de la Veracruz de Topía está en la Quebrada de Topía, en la cuenca del río Tamazula.

en las minas. En menos de una década le siguió la rebelión de los xiximes. Para ellos se habían establecido misiones en la sierra de los acaxees, en San Andrés y Topía. Esta última fue fundada por Francisco de Ibarra en 1563 en una ranchería de indios.

La evangelización de los indios empezó con la llegada de los frailes franciscanos que acompañaban a Ibarra, que situaron el monasterio en el valle de Topía. Los jesuitas empezaron sus misiones en Sinaloa en 1591, y para 1598 ampliaron su trabajo a los acaxees. En 1600 establecieron la primera misión en la encomienda[227] del capitán Diego de Ávila, que era el juez y protector de los indios acaxees.

La crónica de fray Francisco Báez, larga en exceso y a menudo autocomplaciente, relata dichas revueltas, que llevaron a impulsar nuevamente la figura del presidio tras unos pocos años en los que el éxito de los asentamientos de paz había llevado al virrey Velasco, con gran satisfacción, a desmantelar muchos presidios establecidos durante la Guerra Chichimeca. El segoviano fray Francisco Báez, nacido en 1543, provincial jesuita de México, escribía en 1602 la crónica sobre lo acontecido en la Sierra Madre:

> Se puede brevemente decir que esta serranía es en grande manera áspera y dificultosa de andar, por la suma de picachos y puntas que en ella hay de tan alta profundidad, que unos de los mayores cuidados del que por ellos caminan ha de ser volver los ojos a un lado para que desvanecido de la altura de la parte contraria no se despeñe. Hay de travesía en esta misión de lo que está sujeto a dos pueblos fuera de lo mucho que resta por descubrir, cien leguas o más, todas ellas de serranía y montes agros donde, en solamente espacio de treinta leguas que uno de los padres anduvo, se le quedaron rendidas cinco bestias de remuda[228] con ser las más de ellas mulares,[229] que para semejante efecto suelen ser más fuertes, que no pudieron llegar adonde el pobre padre a pie, lloviendo, yendo lo más del camino asido de las colas de las mulas para poder subir las cuestas.

A pesar de lo escarpado del territorio no por eso dejaba de estar habitado, los indios que por allí vivían lo hacían con bastante aislamiento, incluso de los españoles, que rara vez se aventuraban por esas serranías, lo que propiciaba también la inexistencia de enfrentamientos. Eran guerreros realmente sangrientos, siempre enfrentados a otros grupos indios de la zona, de forma que se llegaban a comer unos a otros.[230] En cambio, frente a los españoles, y según la visión de fray Báez:

---

[227] Sistema español de administración del territorio y sus habitantes, empleado en América en los inicios. El beneficiado debía encargarse del cuidado e instrucción de los indios a su cargo, a cambio del trabajo de estos que debía ser remunerado. El sistema se abandonó debido a los abusos de algunos encomenderos.

[228] Animales frescos de reserva.

[229] El transporte de los soldados se hacía a caballo, llevando cada uno varios de repuesto, pero el resto de la población, y principalmente los frailes, lo hacían en mulas por ser un animal más resistente que el caballo.

[230] El canibalismo era practicado por varias naciones indígenas mesoamericanas.

*Se mostraban siempre como gente mansa, fácil y trabajadora. Hacen sus sementeras
y montes con grande trabajo y tienen su cosecha de miel razonable y otras comidillas, con
las cuales se sustentan. Andan desnudos, aunque poco a poco van gustando de vestirse,
y tienen el cabello largo y tanto que a uno se le midió, que puesto en pie con ser de muy
cumplida estatura, se arrastraba por el suelo diez palmos, de canas blancas como un
armiño, fuera de lo que le cubría el cuerpo. Traenle de ordinario recogido en la cabeza
por la fealdad y horror que causa el cubrirles de arriba a abajo cuando lo desenvuelven.*

Dos minas se habían encontrado en la tierra de los acaxees, las de San Andrés y las
de Topía. Cuando se habla de minas, hay que hablar también de poblaciones, ya que la
mano de obra necesaria para su explotación poblaba los alrededores de la mina, en lo que
se puede considerar pueblos formales. A veces estos indios acaxees bajaban a los pueblos
y minas e interactuaban con la población allí residente, aunque por mucho esfuerzo que
se había hecho, no se había conseguido evangelizarlos. Eso cambió a la llegada de fray
Hernando de Santarén,[231] que, con dedicación, caminó las serranías en su conversión.

Tan enorme trabajo se debía básicamente a la escasez de lo que ellos llamaban obre-
ros de la fe, es decir, otros frailes que aceptasen las fatigas y calamidades que proponía
el lugar. Alguno más llegó, como fray Alonso Ruiz:[232]

*Supo una vez el padre Alonso Ruiz como un pueblo se había subido a los picachos y
no había remedio de que bajasen a los ruegos del capitán, enojados por ciertos encuentros
que con él habían tenido. Fue el padre allá y sabiendo que estaba cerca, bajaron volando
y arrimaron sus armas antes de llegar a él cincuenta pasos y son sus armas arco, flecha,
lanza de Brasil y adargas, y todos le vinieron a abrazar. Quitóles los estorbos que tenían,
volviéronse a dar de paz con poco trabajo, que de otra manera dieran en que entender
a toda la tierra.*

Pronto comenzaron a entrenar a los indios más jóvenes y capaces, para que transmi-
tiesen la religión a los mayores, el sistema dio sus frutos y en breve tiempo se fundaron
doce pueblos, los más conocidos San Gerónimo, Atotonilco, Tamazula, el Frijolar,
Borrachos, Colutla el viejo, Zapotlán el grande, Birimoa y San José Canelas. San Juan
de Nasperez estaba habitada por los aymenes, que eran una rama de los acaxees. Eran
una parcialidad de la Misión de los Remedios, al sur del territorio acaxee.

*En el pueblo llamado San Juan de Nasperez, un indio que enseña a los demás a
quien los nuestros tienen instruido en las cosas de nuestra santa fe para este efecto, dio
noticia como entre su gente había muchos ídolos e idólatras y otros pecados enormes, lo
cual se procuró saber de raíz, y hallando ser verdad se dio traza como haber a las manos*

---

[231] Jesuita nacido en Huete, Madrid, en 1566, tenía una enorme facilidad para aprender las
lenguas indígenas, siendo figura fundamental de la expansión jesuita en Sinaloa. Murió
en 1616 asesinado por los tepehuanes.

[232] Fundó el pueblo de San Gregorio, donde trabajó con los acaxees del sur.

todos los huesos de personas humanas e idolillos de diferentes figuras delante de los cuales ofrecen maíz, frijoles y ollas con algunas cosas dentro. Rehusando un indio viejo de dar los que tenía, en fin los exhibió, quebrándolos todos el padre y los españoles que estaban en su compañía, y habiendo una grande hoguera hicieron cenizas, así los ídolos como los huesos de los hombres y calaveras que tenían, exhortándoles el padre, con un largo razonamiento, a creer en un solo y verdadero Dios, dándoles a entender la burlería de aquellos diosecillos y de las demás de sus hechicerías y supersticiones.

Los ídolos tenían forma humana y eran cuidados por los sacerdotes o curanderos, protegían las cosechas y los animales. Los acaxees tomaban las cabezas de los enemigos cuando no podían tomar todo el cuerpo, y celebraban la victoria bailando durante toda la noche con las cabezas en la mano. Tomar la cabeza como trofeo y practicar la antropofagia eran dos rasgos que compartían con los otros pueblos de la sierra. Este proceso de acabar con la previa religión de los acaxees tendría sus consecuencias en el futuro. Aunque por la crónica de fray Báez parece que los frailes estaban convencidos de tener todo bajo control:

En otra parte los padres y el capitán que andaba en su compañía, por ser este el orden que se tiene dado, así para la seguridad de los padres como para la disposición de las poblaciones, tuvieron noticia de que había muchos ídolos y huesos de la gente que habían muerto, con los cuales hacen muchas supersticiones cuando quieren sembrar frijol u otras legumbres, colgando los tales huesos e ídolos y calaveras de un árbol de çapote,[233] que es fruta muy ordinaria en las indias, invocando el favor de ellos para quien dicen siembran los primeros granos para que sean las cosechas copiosas…

Es cosa maravillosa ver los buenos y admirables efectos que causa la divina palabra en esta gente aunque tan bárbara, pues de tan buena gana entregan los ídolos ante quien solían pasar las noches y los días festejándoles con bailes y supersticiones, y una de las cosas que más les mueve a creer la verdad del evangelio, y lo que los nuestros les enseñan y predican, es (…) ver que ni los padres ni el capitán les pedían nada (…) Sería negocio muy largo querer poner por menudo todos los ídolos que los nuestros han destruido (…) Estos ídolos en varios géneros de animales cuyas fiestas celebran con bailes, borracheras y embijarse[234] el cuerpo, y otros vicios que comúnmente acompañan a éstos…

Tomando siempre con cautela los números que se dan, parece que los padres hicieron lista de los habitantes de la comarca cuya cuenta fue cercana a cinco mil, y eso sin contar a otro grupo vecino de estos que aún estaba en guerra. De ellos llegaron a bautizar, entre niños y adultos, a unas cuatrocientas personas, que después se fueron casando

---

[233] El nombre habría variado a Zapote que es el nombre actual de muchos árboles en la zona mesoamericana, es una palabra originaria del náhuatl, *tzapotl*, que podría traducirse por fruta esférica. El árbol descrito en el texto podría tratarse de la especie *Pouteria campechiana* o incluso del *Manilkara zapota*, el árbol del chicle.

[234] Pintarse el cuerpo.

in facie ecclesiae[235] los que estaban dispuestos a recibir la religión. Así como se fundaban pueblos y derribaban ídolos, se levantaban cruces y construían iglesias a las que acudían con frecuencia, y donde aprendían la doctrina en su propia lengua, impartida por los jóvenes que habían sido previamente adiestrados.

Pero los jóvenes no eran toda la población, y los mayores no les perdonaban a los frailes que les quemasen los ídolos. El día de la asonada mataron a cinco españoles y a los indios que los acompañaban mientras dormían en la iglesia. Siguiendo su antigua costumbre, despedazaron los cuerpos e hicieron uso y consumo de ellos.

Tras esto, y viendo la facilidad con que lo consiguieron, planearon continuar con la matanza. El siguiente puesto era la casa del fraile, que se encontraba a media legua, aislada de la población de San Andrés. Hasta allí llegó corriendo un superviviente que avisó al fraile para que se refugiara en el pueblo. A su llegada, el fraile dio la alarma y se tomaron precauciones, aunque no fueron necesarias ese día ya que una enorme tormenta truncó los planes de los indios aquella noche. No hubo tanta suerte en las sucesivas jornadas en las que pusieron sitio al pueblo.

Con la protección de las casas, los españoles no recibieron mucho daño y se defendieron bien con las armas, pero fuera del pueblo, en los caminos y el campo, no perdonaban la vida a nadie, ni español ni indio ni animal, cualquier cosa que pudiese servir a los habitantes del pueblo. De allí fueron a las minas de Las Vírgenes, donde acabaron con todos salvo un español que escapó herido y dio noticias de lo ocurrido. Más tarde llegaron a las minas de San Hipólito,[236] allí mataron a casi treinta personas, cuatro de ellos españoles y el resto esclavos negros.

La crónica refiere que allí se juntaron hasta mil guerreros y que, una vez terminaron, regresaron a San Andrés para acabar lo iniciado. El ataque dio comienzo al alba y a las cuatro de la tarde aún estaban las casas recibiendo flechas. El saldo fue de un único español muerto, los demás se parapetaron en la iglesia. Los indios prendieron fuego a la maquinaria de las minas para que, al verlo, los españoles salieran de su refugio a intentar apagar el incendio, pero nadie cayó en la trampa.

Día tras día los indios volvían a atacar el poblado, perdían atacantes por los disparos de los defensores, pero eran tantos que eso no suponía alivio alguno para los asediados, que tenían pocas armas, poca pólvora y menos provisiones. Los caminos se encontraban cercados sin posibilidad de dar aviso. Los únicos momentos de respiro llegaban con las frecuentes y terribles tormentas que asolaban la zona, *«como si las hubiese enviado el mismo Dios».* La desesperación y el abatimiento los alcanzó en su refugio:

> *Los nuestros estaban ya casi rendidos para entregarse a sus enemigos, más viéndolos el padre Alonso Ruiz sin ánimo, sin fuerza, ni brío, por estar quebrantados del trabajo*

---

[235] Casarse por la Iglesia.
[236] Estas minas empezaron a trabajarse en 1590 y un presidio se estableció en la misma década.

Simal, chimal o chimalli. Diccionario náhuatl de la UNAM.
MH: almoyahuacan - 387_517v Glifo - 387_517v_32.

pasado, tomó un crucifijo en la una mano y un simal[237] en la otra diciéndoles: ¡Ea cristianos! los enemigos están sobre nosotros y no es bien morir a manos de ellos con oprobio y afrenta de nuestra fe y religión sin salir a la defensa de ella. Si la fuerza de los contrarios os acobarda yo, confiado en estas armas de la cruz con el escudo de la fe saldré a hacer alarde de ella y morir a manos de aquellos que por mi medio la recibieron. Esto dijo el padre y a su voz, animados y esforzados tomaron las armas por no dejar al padre que ya solo salía. Hicieron rostro a los enemigos haciendo más daño en ellos que el que recibían.[238]

De alguna forma llegó la noticia del asedio al teniente de gobernador quien, con solo dos docenas de españoles y seiscientos indios amigos, llegó para salvar la plaza. El conde de Monterrey, virrey de la Nueva España, dio orden también al gobernador de la Nueva Vizcaya para que al día siguiente saliese al socorro de la sierra, abriendo para ello las cajas reales de Zacatecas y Guadiana[239] para reclutar a la gente que fuese necesaria.

Probablemente, por la relativa facilidad con que se llevó a cabo la conquista de México, se generaron expectativas de expandir el virreinato de forma rápida al resto del continente, pero tras la Guerra Chichimeca y los levantamientos en la Sierra Madre, la realidad cayó sobre las autoridades españolas. Lo que funcionaba con unos grupos indígenas para su pacificación e hispanización, como los chichimecas, resultaba nefas-

---

[237] Chimal sería su nombre correcto. Rodela defensiva de los indios, hecha de cuero curado.
[238] Documento en el Archivo General de Indias, en México 1254.
[239] Era el nombre de la actual Durango.

to con otros que tenían el mismo nivel cultural y estilo de vida, como los acaxees. La expansión al norte no iba a ser tarea fácil.

La Nueva Vizcaya se creó como una provincia más del virreinato de la Nueva España. En la planicie, al este de la Sierra Madre, los campos de cultivo se alternaban con la minería y las poblaciones españolas florecían con relativa paz. Al oeste de la sierra, las poblaciones españolas no se desarrollaron de igual forma, sino con un alto coste en vidas y poco resultado en la pacificación de los indios. Los enfrentamientos entre españoles e indios eran continuos, quizá la conquista de la Nueva Galicia, un poco más al sur, que a mediados del siglo XVI realizó Nuño de Guzmán, había dejado huella en los naturales y estos no querían relación alguna con españoles.

Con los transgresores, las leyes fueron aplicadas, los delincuentes apresados, los juicios celebrados y, finalmente, las sentencias ejecutadas. Esto no evitó que, como sucedió en otras partes de América, sus acciones y abusos condicionasen la política española en la zona, perjudicando gravemente los intereses de la Corona y dificultando la expansión. Los documentos demuestran que no era práctica generalizada, y las leyes promulgadas desde España perseguían estas actividades, pero los hechos puntuales tiraban por tierra la labor continua de frailes y soldados, y acarreaban un enorme peaje en sangre, motivo por el que los diferentes virreyes pusieron todo su empeño en erradicar el maltrato a los indios.

Por otra parte, la presencia de esclavos negros trabajando en las minas, como se ve en este documento, deja ver que los indios no estaban trabajando en ellas o bien no eran la principal fuerza de trabajo, o puede que su desempeño fuera insatisfactorio para los empresarios, que vieron más rentable comprar esclavos traídos de África.

Las minas, en las primeras estribaciones de la Sierra Madre, pronto se agotaron, y los mineros tuvieron que adentrarse en zonas menos seguras, como las profundas barrancas tan comunes en la sierra, siendo blanco fácil para los indios. Fueron ellos los que presionaron a las autoridades para que pacificaran a los correosos nativos. Al igual que se había hecho anteriormente, el trabajo se encargó a los frailes, en este caso jesuitas asistidos por los soldados presidiales.

Gonzalo de Tapia fue el pionero jesuita que inició la labor, aunque no por mucho tiempo ya que, en 1594, fue muerto por los indios en el río Sinaloa. Meses antes de su muerte pidió ayuda a su congregación, porque la inmensa tarea no podía ejecutarse con un único fraile. Dos frailes más fueron en su ayuda, y en los poblados que por entonces se fundaban sin descanso, se establecieron pequeñas guarniciones de soldados, que no eran profesionales sino milicia, con lo que su principal actividad y la que les daba de comer era la minería, la única que se ofrecía por la zona, no el ejército.

La población nativa se contaba por miles, de modo que, un puñado de soldados y unos frailes se hallaban indefensos ante ellos, y con una tarea descomunal por delante. Por otra parte, puede que tampoco ayudase la ortodoxa y estricta forma en la que los jesuitas entendían la religión. Fuera por la causa que fuera, los cadáveres fueron incontables por ambos bandos, las misiones y minas fueron destruidas, y los dos pequeños presidios resultaron insuficientes para detener la revuelta.

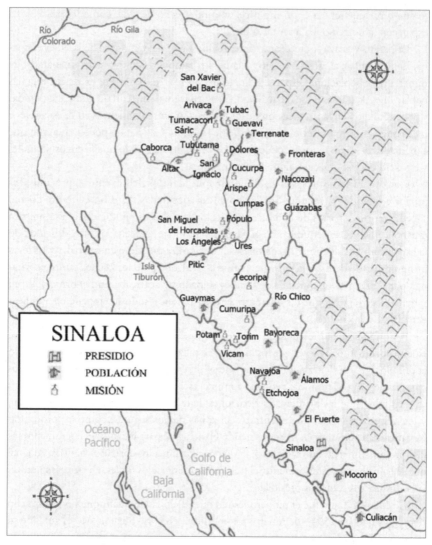

Mapa de Sinaloa mostrando la población de sur a norte que se produjo en ese territorio.

Para acabar con el alzamiento acaxee se levantó un ejército, al frente del cual se puso al gobernador Rodrigo de Vivero,[240] quien, después de varios meses batiendo los montes y barrancos, renunció a su cargo por la falta de resultados. Esta retirada no hizo

---

[240] Rodrigo de Vivero era criollo, hijo de Rodrigo del Vivero y Velasco, noble español al que le dieron una encomienda en Tecamachalco, cerca de Puebla. Fue el gobernador de la Nueva Vizcaya hasta que dimitió.

más que aumentar la moral y las fuerzas de los indios. Nuevas naciones se sumaron a la revuelta al ver la incapacidad de los españoles.

> …*por el mes de diciembre del año pasado de 1601, conspiraron y se rebelaron de su real servicio los indios de la nación acaxee de estas serranías y comarcas, y mataron al capitán Juan Ruiz y a sus compañeros, y quemaron, robaron, y destruyeron los reales y congregaciones de minas de Las Vírgenes, San Hipólito, San Andrés y Los Papudos, con muerte de muchos españoles y gente de servicio.*
>
> …*Y al castigo de los alzados vino el gobernador don Rodrigo de Vivero, y haciendo el que pudo con mucha gente y gran costa de la real hacienda, se salió de estas comarcas dejando asentada paz con mucha gente y caciques[241] de la dicha nación acaxee. Y a causa de no haber sido castigados los indios sobaibos de las serranías y pueblos de Alayá, San Miguel, Ayayepa, Coyatitlán y Amaculi, …éstos determinaron hacer otro mayor movimiento y conjuración.*[242]

Los rebeldes acudían a otros pueblos de indios para que se unieran a la rebelión, y a los que no se sumaban les quemaban las casas, pereciendo bastantes en su defensa. Tampoco se salvaron las recuas que encontraron, matando a los arrieros con inusitada crueldad. Al frente de los alzados estaba Perico, indio del pueblo de Chacala, que se nombraba «obispo» entre los alzados.

En 1603 estaban tan mal las cosas que el virrey conde de Monterrey nombró, como nuevo gobernador de la provincia, al capitán Francisco de Urdiñola, quien había conseguido un importante éxito con la pacificación de los chichimecas, y fue activado una vez más. El virreinato necesitaba su experiencia, poniéndose enseguida al frente de la fuerza que aún se mantenía en la Sierra Madre, bajo las órdenes del teniente de gobernador Juan de Castañeda.

El gobernador Urdiñola capturó a todos los cabecillas e instigadores y se realizaron juicios de acuerdo a derecho. Procedimientos que generaban documentos como la declaración de testigos. El capitán Romero de Arellano, vecino de las minas, dijo:

> …*siendo para ello su adalid un indio natural del pueblo de Chacala, llamado Perico, muy pernicioso inventor de grandes maldades. Y éste se mostró entre los rebelados y otros muchos de las naciones acaxees y sobaibos y les dijo e hizo creer que él era Dios Espíritu Santo, y que había bajado del cielo y se llamaba obispo, y venía a los doctrinar y enseñar como se habían de salvar porque la doctrina que les enseñaban los religiosos de la Compañía de Jesús era falsa y que él les enseñaba otra mejor. Y siendo éste creído de los indios de las dichas naciones, en mucho número de gente recibieron el bautismo de mano de este indio y les casó a muchos y descasó a muchos y les volvió a casar y mudar sus nombres y les decía misa y enseñábales otras oraciones de las católicas. Y para tener ayudantes que anduviesen por otras partes que él no podía entre estas gentes enseñando esta falsa doctrina, escogió algunos indios como discípulos suyos llamando al uno Santiago y a otro San Pedro…*

---

[241] Jefe de una tribu.
[242] El documento se encuentra en el Archivo General de Indias, Sevilla, en México 1254.

> *Vio este testigo que el gobernador Urdiñola vino a conseguir la prisión de dicho Perico de Chacala que se nombraba «obispo» y a otro indio que se llamaba Santiago. Y de ellos mandó hacer justicia, y luego entró la tierra adentro hasta las dichas serranías de Alayá, Coyatitlán y San Miguel, Ayayepa y Amaculi y pueblos de San Hipólito, Los Reyes, Nasperes, Tecayas y otras muchas serranías, y con buenas trazas y medios, sin derramamiento de sangre ni costa de la real hacienda, con gran cuidado y vigilancia, fue prendiendo a todos los caciques y capitanes y demás gente culpada del primero y segundo alzamiento de los dichos pueblos referidos, sin que se le escapasen tres personas.*
>
> *Y teniéndolos presos les hizo sus causas y procedió contra ellos criminalmente, y siendo sus causas conclusas por sus delitos a cuarenta y ocho capitanes belicosos y grandes corsarios mandó ahorcar, los doce por los caminos, y los demás en la parte y lugar donde sucedió la matanza y robo de los dichos Guillermo Beltrán y Antonio Pérez,[243] adonde entre los justificados acabaron los propios matadores que, con los demás prendió Urdiñola. Y a otros muchos hizo sacar de la comarca y vender su servicio por algunos años.*
>
> *Y con este castigo vio este testigo que todos los caciques y maceguales de la redonda de estas serranías de las naciones acaxees y sobaibos se le vinieron al dicho gobernador y le vinieron a ofrecer nueva paz haciéndole grandes caricias y diciendo que ahora sabían y conocían la fuerza del rey y sabían que estaban conquistados, lo que de antes no entendían. (…) Y todo esto sabe y vio este testigo porque fue a servir a su majestad en compañía del dicho Francisco de Urdiñola en esta jornada y visita que hizo donde lo vio ser y pasar, así como dicho tiene. Y de los muchos trabajos vio asimismo que al dicho gobernador se le abrió una pierna de que está muy enfermo y molesto.*

Los acaxees aceptaron la paz, regresaron a los poblados que para ellos estaban destinados, construyeron iglesias, y el sosiego retornó a la serranía de los acaxees. Urdiñola despidió a la mayor parte de soldados reclutados para esta revuelta.

Para 1604 todo había acabado, los misioneros regresaron, se reconstruyeron las iglesias, y los presidios de San Andrés y San Hipólito se reactivaron con diez soldados cada uno. En la costa se formó un nuevo presidio y tras el establecimiento de nuevas misiones por los jesuitas en esa zona, al sur del río Yaqui se vio la necesidad de establecer un presidio más. El nuevo virrey, Juan de Mendoza y Luna, Marqués de Montesclaros, dio la orden. Estaría al norte de Sinaloa y se llamaría fuerte Montesclaros, completado en 1610.

Los xiximes eran el otro grupo predominante en la zona, vivían en las montañas del oeste del actual estado de Durango y partes de Sinaloa, y estaban localizados al sur de los acaxees, sus enemigos tradicionales, y al igual que estos también eran antropófagos. Al ver a sus archienemigos flaquear bajo la pacificación emprendida por el capitán Urdiñola, no tardaron en abalanzarse sobre ellos. En 1610 los xiximes estaban en completa rebelión y al igual que hizo con los acaxees, Urdiñola tuvo que emplearse a fondo en su pacificación. La rebelión de los xiximes y su fin es recogida en un informe anual[244] elaborado en 1610.

---

[243] Los arrieros de la recua asaltada.

[244] Documento en el archivo jesuita: *Archivum Romanum Societatis Iesu*, en México 14, fojas 576-584.

La Misión de Parras, al suroeste del actual estado de Coahuila, abarcaba desde el río Nazas y la Laguna de San Pedro, hacia el norte, hasta el centro del estado. Los misioneros empezaron a trabajar allí en 1596, cuando el jesuita Juan Agustín de Espinosa llegó para hacerse cargo de los zacatecos y los laguneros. Parras se fundó en 1598 y tenía tres cabeceras:[245] Parras, San Pedro y San Ignacio. Para 1610 se habían fundado cinco misiones: Santa Ana, San Pedro, Aztla, San Francisco y las Cuatro Ciénagas.

Misión de las Parras

Tres partidos hay en esta misión y en ellos habrá cuatro mil indios tan cultivados y adoctrinados de los nuestros que con ser de suyo belicosos y montaraces están tan pacíficos que no hay español ni indio extranjero que se recele de ellos, antes sirven y ayudan a los españoles con tanto amor y respeto como si fueran sus hermanos, y los que están la tierra adentro en los picachos y quebradas con deseo de gozar de la paz y buena policía, de que saben gozan sus connaturales, van desamparando sus ranchos y bajándose a vivir en estas poblaciones porque dicen tener en ellas seguras sus honras, vidas y haciendas, de todo lo cual carecían en sus serranías y montañas.

Muchos niños se han bautizado en estos partidos este año, y los más de ellos se ha llevado el Señor de hacha, que dio una recia voz que corrió por esta tierra.[246] Y era cosa maravillosa y de no poca edificación el ver la conformidad que sus padres tenían con la voluntad de nuestro Señor, cuando oían a los nuestros que sus hijos se iban al cielo derechos como unos angelitos, por morir con el santo bautismo y sin pecados, y como a tales los coronaban de flores y de rosas para llevarlos a la sepultura. A los que han quedado vivos y tienen suficiente edad, se les enseña la doctrina cristiana cada día y algunos están tan diestros en ella que causaban admiración a quien los oían. A estos mismos niños se les da, en el patio de la iglesia adonde aprenden la doctrina, una comida muy buena el día de los santos inocentes para más acariciarlos. Y cada plato que los nuestros les sirven a la mesa tocan los músicos sus chirrionas trompetas para hacerles la salva...

Misión de Tepehuanes

Los Tepehuanes eran otro grupo importante en la zona, su evangelización comenzó en 1591, y se establecieron misiones en Santiago Papasquiaro, Santa Catarina, Atotonilco, Zape, Ocotlán y San Pablo Balleza.

En esta misión hay un real de minas[247] donde tienen su asiento algunos españoles, y a ellos y a sus hijos y criados han acudido los nuestros[248] este año, de cuando en cuando, para predicarles y confesarles, en lo cual gastaban dos padres las tres últimas semanas de

---

[245] Centro administrativo de un distrito, provincia o región.
[246] Figurativa forma de referirse a la incidencia de una epidemia.
[247] El distrito de Guanacevi, al noroeste de Zape, en Durango.
[248] Se refiere a uno de los frailes.

cuaresma (…) se han bautizado este año como ciento cuarenta adultos sin otros muchos párvulos, de los cuales se han ido algunos ya al cielo. En la serranía de Ocotlán[249] habrá como trescientas ochenta personas grandes y pequeñas, setenta serán cristianos y los demás gentiles, y aunque los nuestros van algunas veces a visitar a los cristianos, se procura que dejen aquella tierra tan fraguosa y se bajen a las poblaciones antiguas…

Misión de Sinaloa

En 1691 se estableció una misión jesuita en Sinaloa. Los frailes a cargo eran Gonzalo de Tapia y Martín Pérez. Veinte años después se habían hecho grandes progresos en la zona y la mayoría de los indios habían sido reducidos a pueblos sin demasiado trabajo. Lugares llamados San Pablo Mocorito, Ocoroni, Bamoa, Chicorato, Toro, Ahome, Vaca y Sivirijoa, se encontraban a lo largo de los ríos Mocorito, Sinaloa y Fuerte. El más importante era la villa de Nuestra Señora de Sinaloa, que había sido asentada originalmente en el río Fuerte con el nombre de San Juan Bautista, pero se movió en diversas ocasiones para quedarse en el río Sinaloa conocida como villa de San Felipe y Santiago.

Por ser la villa de Nuestra Señora de Sinaloa la cabeza de toda esta provincia reside la mayor parte del año en ella el capitán que aquí tiene su majestad con un presidio de soldados,[250] y fuera de ellos hay en la villa muchos españoles todos los cuales acuden a nuestra casa a confesar y a comulgar y a sermón con mucha devoción y frecuencia, particularmente en tiempo de jubileos, adviento y cuaresma y fiestas principales en las cuales se celebran los divinos oficios con mucha solemnidad y música de los indios del seminario[251] que aquí tienen los nuestros, adonde vienen de toda la provincia para aprender a leer, escribir, tañer y cantar, y a vueltas de eso, la doctrina cristiana y toda buena policía con la cual vuelven a sus tierras muy diferentes de los que vinieron y son de mucha importancia para ayuda a la conversión de sus connaturales…

Los pocos que quedan por bautizar es gente muy dura y mal dispuesta por tener casi todos a dos o a tres mujeres, pero con todo no cesan los padres que aquí están, de conquistarlos para Cristo, aunque con mucho trabajo, y no les sale su trabajo en balde, pues este año han convertido algunos, y hecho que con mucho gusto suyo se casen con la una mujer, dando de mano a las demás mujeres…

En este éxito tuvo mucho que ver la construcción del Fuerte de Montesclaros[252] que se situó en el centro de la provincia, en lo más alto de un cerro rodeado por un río y con

---

[249] La sierra de Ocotlán se encuentra en el noroeste del estado mexicano de Durango. Al noroeste de Guanacevi y cerca de la frontera con Chihuahua.

[250] Diego Martínez de Hurdaide era el capitán. Nacido en Zacatecas en 1564, fue nombrado alcalde mayor de la provincia de la Nueva Vizcaya.

[251] Establecido en la villa de San Felipe y Santiago, actual Sinaloa de Leyva.

[252] Construido en el río Fuerte, en el territorio de los tehuecos, ordenado construir por el virrey Juan de Mendoza y Luna, Marqués de Montesclaros.

buenos pastos para la caballada. El fuerte tenía una gran plaza de armas que, en caso de ataque, podía dar cabida a mucho ganado y caballos. En cada esquina un torreón que podía dar buena cobertura a los cuatro muros del fuerte. Por la provincia discurrían cuatro ríos, llamados Mayo, Yaqui, Petatlán y Sinaloa,[253] con una gran población de gente, que no se había podido convertir por estar en continua guerra con españoles y otros indios.

El año anterior había tenido lugar una gran batalla. De la parte española, al mando de Urdiñola iban cuarenta soldados y, según dice la crónica, cuatro mil indios amigos, quienes se enfrentaron a los que vivían a orillas del río Yaquimi o Yaqui. Salieron tantos enemigos que asustaron a los indios amigos y a la mitad de los soldados españoles, que se retiraron del campo de batalla.

> *…pero el capitán fue tan valeroso que con sólo veinte soldados que le quedaron mató gran número de los contrarios sin perder un solo soldado de los suyos, y alcanzó con el favor de Dios y su buena industria una victoria milagrosa, aunque con pérdida de algunos caballos, bagaje y hacienda, y con algunas heridas que él y los suyos sacaron de la guerra, de las cuales sanaron todos muy en breve.*
>
> *Esta victoria puso tan grande admiración y espanto a los indios enemigos que, dándose por vencidos, decían a voces a los nuestros que ellos y su capitán debían de ser grandes hechiceros.*

De regreso en Sinaloa, los enemigos enviaron dos indias con función de embajadoras para pedir la paz, ya que ninguno de los hombres había tenido el valor de venir a hacerlo. Las indias fueron muy bien recibidas y enviadas de vuelta, con la petición de que fuesen los caciques quienes fuesen a pedir las paces al capitán. En abril de 1610 llegaron todos los jefes indios, alcanzándose la paz con dos condiciones, que los indios no diesen acogida a otros indios cristianos que fuesen a sublevarlos.

> *La segunda que habían de traer y entregar a los indios Juan Lautaro y Babilomo que eran las cabezas y capitanes de todos ellos y los principales autores de las guerras, traiciones y daños que los españoles e indios cristianos habían padecido de los yaquis por tiempo y espacio de siete años, y que fuera de éstos habían ido a guarecer y defender entre ellos.*
>
> *Aceptaron con mucha voluntad los caciques estas condiciones y en señal de que las cumplirían y no tornarían jamás a violar las paces, presentaron al capitán mucha y muy rica plumería, las mulas, caballos, plata labrada y otras cosas que él y sus soldados habían perdido en la guerra, y lo que más fue, dejaron catorce niños en rehenes, sin pedírselos, de los cuales están cuatro en este seminario aprendiendo a leer, escribir y cantar y la doctrina cristiana en su lengua para que puedan ayudar a los padres en la conversión de los suyos….*

---

[253] Probablemente sean el mismo río. Habría un cuarto río con el nombre de Fuerte que en la actualidad es el río Sinaloa.

Al poco tiempo, llegaron de vuelta con Juan Lautaro y Babilomo y los demás cristianos fugitivos. Los dos principales fueron juzgados y sentenciados a muerte, siendo colgados a la mañana siguiente, mientras que los demás pidieron perdón al capitán, lo que les fue concedido. Después de aquello, otros indios cristianos fueron a intentar sublevarlos y ellos mismos los apresaron o mataron, por lo que parece que se tomaron muy en serio las paces con los españoles, además de ser premiados por el capitán Urdiñola con cosas de mucho interés para ellos cuando así lo hacían.

Menos voluntad tuvieron otros pueblos de esta nación que se dejaron convencer y atacaron a sus propios paisanos, pero viendo que se estaban haciendo mucho daño, pactaron hacerse de nuevo amigos entre ellos y con los españoles. Con la firma de estas paces y la presencia del Fuerte de Montesclaros se pacificó toda la provincia.

Misión de Topía

De propósito he dejado esta misión a lo último porque no creo podré ser tan breve en ella como lo he sido en las demás.[254] Respecto de serme fuerza dar cuenta a usted padre de la jornada que el señor Francisco de Urdiñola, gobernador de la Nueva Vizcaya, hizo el año pasado de 1610 contra los indios xiximes llevando en su compañía a dos sacerdotes de los nuestros de quienes haré mención adelante...

Estos indios xiximes son de los más belicosos de cuantos hasta hoy se han descubierto en este reino de la Nueva España, y siempre han tenido sus casas y poblaciones en el corazón de esta provincia sin haber podido jamás ser conquistados de los españoles ni de los indios cristianos que viven alrededor de ellos, y esto así, por la fiereza y bravidad de ellos como por la fragosidad y aspereza de las sierras y profundidad de las quebradas en que habitan, y la espesura de los montes de que están fortalecidos y guardados, todo lo cual los ha hecho hasta ahora tan insolentes y tan inexpugnables que no ha habido quien se les haya atrevido a hacer guerra de propósito, y si alguna vez han intentado hacérsela indios cristianos o españoles, ellos les han salido luego al encuentro y hécholes volver las espaldas presto, con harta pérdida no sólo de honra, sino también de gente.

Con estas victorias quedaban tan orgullosos y tan atrevidos que hacían cada día mil asaltos, y tan ser en los indios comarcanos, sin dejar piante ni mamante de cuantos les venían a las manos que no los matasen y comiesen, llevando los huesos y calaveras para triunfar con ellas en sus bailes, y colgarlas por insigne trofeo de sus victorias a sus puertas.

Quienes más sufrían los ataques de los xiximes eran sus vecinos del norte, los acaxees, que acababan de ser pacificados solo unos años antes. Estos pidieron ayuda al gobernador de la Nueva Vizcaya para que los españoles los defendiesen, y lo mismo hicieron los frailes.

Urdiñola pidió a sus hombres que le trajesen preso a uno o varios xiximes, y poco después los soldados capturaron a dos, aunque uno de ellos murió muy pronto a con-

---

[254] Como en anteriores cartas se han eliminado las partes superfluas. A pesar de lo que dice el fraile, su prosa no es ni mucho menos breve.

secuencia de las heridas que sufrió cuando le capturaron, lo que no sucedió sin lucha. El segundo llegó ileso hasta el gobernador, que lo trató con exquisita corrección y atención. Al cabo de unos días lo vistió como español, con las mejores galas, y lo envió a los suyos con el mensaje de que cesasen en sus incursiones y asesinatos, y se rindiesen a la obediencia del rey ya que, en caso contrario, entraría con un gran ejército a castigarlos duramente.

Con ese mensaje se fue el indio muy contento en compañía de uno de los frailes, primero hasta el Presidio de San Hipólito, donde el capitán del presidio recibió la orden de que, si los xiximes llegaban en paz, los recibiese en nombre del rey y les perdonase las muertes y crímenes que hasta ese momento habían cometido.

La estrategia tuvo éxito, al menos inicialmente. Los jefes xiximes se presentaron en el Presidio de San Hipólito[255] a pedir una paz que duró tres años. Hasta que volvieron a perder el respeto y el miedo, y rompieron las paces iniciando una nueva campaña de ataques y muertes entre los vecinos. Los ataques fueron coordinados ya que sucedieron al mismo tiempo en varias localidades.

Los tres años pasados en paz sirvieron para que los antaño rebeldes acaxees se hispanizasen y acostumbrasen a la vida en pueblos. Ya civilizados, se encontraban ahora sin defensa ante sus enemigos, y le dieron un ultimátum a Urdiñola, o los defendía con firmeza o abandonaban los pueblos y se echaban al monte.

> *El gobernador mandó al capitán de San Hipólito[256] que requiriese de nuevo con la paz a los xiximes, prometiéndoles otra vez perdón de lo hecho con tal que se enmendasen, donde no, que iría a castigarlos como su alevosía merecía, y el capitán lo hizo así varias veces, por medio de un cacique xixime que, desde que oyó las cosas de nuestra santa fe a los nuestros, se apartó de los suyos y se vino a poblar cerca de los acaxees cristianos, con veinte indios y otras tantas indias, los cuales se recogían en una iglesia que habían hecho al pie de una áspera y alta sierra, que los dividía de los otros xiximes, llamada Santo Tomé.*
>
> *Varias veces estuvieron en este tiempo los xiximes determinados de matar a este cacique y a su gente, por verlos tan amigos de los españoles, y fue mucho que no pusiesen por obra sus intentos esta vez que el cacique les llevó de nuevo esta embajada de parte del capitán de San Hipólito, a la cual respondieron con grande libertad y desvergüenza que se fuese y dijese al capitán y a sus soldados, que no querían paz con españoles sin guerra, y que viniesen luego a pelear con ellos, y si no que ellos irían presto a buscarlos a sus tierras y los matarían y se los comerían, porque les sabía bien la carne de los españoles.*
>
> *Y diciendo y haciendo, juntaron un buen escuadrón de gente y marcharon hacia un real de minas llamado Las Vírgenes, para destruirlo y matar a aquellos españoles que en él había, y una legua antes de llegar al real se encontraron con un pobre hombre, vecino de aquellas minas, que se había ido allí a una huerta que tenía, con un hijuelo suyo y otros cinco indios e indias, y a todos les mataron, sino fue a un solo indio que se les escapó y dio en el real aviso*

---

[255] Este fuerte fue destruido en 1602 durante la rebelión acaxee, siendo reconstruido en 1605.
[256] Bartolomé Suarez de Villalba.

de lo que pasaba, y como los xiximes se habían llevado los cuerpos de los difuntos a su tierra, exceptas las entrañas que allí habían dejado por testigo de lo que habían hecho.

Con esta nueva se atemorizó y alborotó toda la tierra, y el gobernador con deseo de que no hubiese algún alzamiento general, y de que se remediasen de una vez tan grandes desafueros, consultó con el Marqués de Salinas, virrey de esta Nueva España, de lo que había de hacer en este caso, y su excelencia con parecer y acuerdo de sus oidores[257] y de los otros letrados juristas y teólogos, así religiosos como seculares, determinó y mandó que el mismo gobernador en persona fuese, con la más gente de guerra que juntar pudiese, a castigar aquellos delitos y a enfrenar aquellas gentes, y así lo hizo, llevando consigo como doscientos soldados españoles y mil cien indios cristianos, amigos y flecheros.

Puesto todo este campo en el fuerte de San Hipólito entresacó el gobernador veinte soldados españoles y dejólos en guarda de los acaxees y de los padres que tenían cargo de ellos, y con la demás gente se fue para los xiximes llevando consigo a dos sacerdotes de los nuestros, uno de los cuales que fue el padre Alonso Gómez[258] me escribió todo el suceso de la guerra, muy a la larga, en una carta.

El relato de fray Alonso Gómez, aunque forma parte del larguísimo documento que venimos estudiando, es a veces enrevesado, motivo por el cual se ha resumido en aras de una mejor comprensión. Los xiximes vivían en dos lugares principalmente, uno se llamaba Xocotilma y el otro Guapisuxe. La estrategia seguida por la fuerza española siguiendo las órdenes del gobernador fue la de no dividirse e ir todos juntos hacia Xocotilma que, por otra parte, era donde parecía estar la mayoría de los xiximes. Parece que el camino fue muy complicado y tuvieron que hacerlo a pie, bajando quebradas muy profundas, escalando montes, y batallando con la espesura de los bosques a base de machetazos. Ya por el camino sufrieron algunos pequeños ataques que repelieron sin problema, haciendo huir a los atacantes, que fueron a dar aviso a los demás de que llegaba un ejército grande a sus tierras.

Poco después llegaron algunos cabecillas a hablar con el gobernador, a los que se recibió en paz, asegurándoles que no se venía a hacerles mal sino a castigar a algunos de entre ellos, y a establecer nuevamente las paces que habían quebrantado. Les despidió pidiéndoles que reuniesen a toda su población porque el gobernador quería hablarles, emplazándoles al día siguiente 18 de octubre, festividad de San Lucas.

El grupo, tanto los ciento ochenta españoles como los más de mil indios flecheros aliados que lo componían, llegaron al día siguiente a Xocotilma, bien preparados y armados. En frente tenían a 150 xiximes con todas sus armas, lanzas, chimales, arcos,

---

257 Era miembro de una Audiencia y hacía las funciones de juez, a veces administraba las residencias a los gobernadores u otros oficiales del rey.
258 Alonso Gómez de Cervantes, nacido en la ciudad de México en 1578, era hijo de una de las familias más pudientes de la Nueva España. Ingresó a la orden jesuita a los veinte años y en lugar de acomodarse en un destino burocrático decidió ir a misiones, en concreto a la de Topía.

aljabas, flechas, macanas, hachas y cuchillos. Todos traían pelo largo bien trenzado con cintas[259] y plumas de colores,[260] y el rostro pintado de color rojo.

El gobernador, en actitud muy amigable, les dijo que sabía que había muchos más indios que esos ciento cincuenta presentes, y que hasta que no se reuniesen todos no les iba a dar el mensaje que traía. Dándoles otros dos días de plazo para que se reuniesen todos. Llegado el día 21 se presentaron unos doscientos, incluyendo algunas mujeres. Antes de que llegasen delante del gobernador, el capitán del presidio los desarmó, o eso creía él, ya que algunas de sus armas las traían escondidas en sus ropajes.

Una vez más les dijo el gobernador que juntasen al resto de la gente, y que hasta que no lo hicieran se iban a quedar allí en su mismo campamento, porque lo que el pretendía era hacer la paz con todos y no con unos pocos. Para obligarles a traer a los demás les dijo que se quedaría con cuatro de ellos a modo de rehenes, y los demás serían libres de marcharse. El gobernador fue nombrando a los que ya eran conocidos por haber causado la mayor cantidad de muertes. Agarraron al primero y lo maniataron. Entonces nombró al segundo, pero este comenzó a forcejear con los soldados, momento en que uno de los mayores se levantó y, a voces, animó a los demás a rebelarse.

Los soldados tenían rodeado al grupo y en el forcejeo los indios trataron de romper el cerco, atacando a los soldados con las armas que llevaban ocultas. Ante la imposibilidad de parar a todo el grupo, los soldados se centraron en los más agresivos causando algunas muertes, con lo que se contuvo la rebelión. Once cabecillas fueron apresados e interrogados. Eran los que habían provocado una masacre de españoles e indios acaxees en fechas pasadas. Confesaron que tenían preparada una emboscada para acabar con el gobernador y con los soldados cuando emprendiesen la vuelta por las montañas del camino.

El gobernador ordenó ahorcar a los once cabecillas, aunque uno de ellos fue perdonado gracias a fray Francisco de Vera, que intercedió por él al ser muy joven, y cuyo único delito fue el de andar en compañía de los que habían matado a la familia española, quedando el resto del grupo en cautiverio por haber intentado la rebelión. Xocotilma fue asolado y las casas quemadas. De acuerdo al fraile, en las casas hallaron colgadas más de mil calaveras de las personas consumidas, además de trofeos como arcabuces y espadas.

Los soldados levantaron campamento dirigiéndose al siguiente poblado, Guapisuxe, transitando por un territorio dificultoso como el anterior. Al llegar, el gobernador envió un indio de los que se habían apresado en Xocotilma, para que hablase con los pobladores quienes, al verle, trataron de matarlo a flechazos, en muestra de la disposición que tenían.

El poblado estaba formado por diversas rancherías, al llegar a la primera, los soldados dispararon sus arcabuces, espantando a los indios que allí vivían. Al entrar en

---

[259] Las cintas eran elaboradas con algodón, material muy común en la zona.
[260] Las plumas de colores eran un bien escaso y muy apreciado, provenían principalmente de los loros.

las casas quedaron horrorizados. Ollas de carne humana al fuego, vísceras repartidas aquí y allí, y un infeliz empalado en el centro del poblado del que ya solo quedaba la osamenta.

El gobernador envió nuevamente a otro indio de los presos para que convenciese al reyezuelo de Guapisuxe[261] y viniese a hablar con él. Este era temido por los suyos, quienes lo tenían como si fuese un dios. Hasta diecisiete rancherías estaban bajo su mando. El rey vino finalmente a hablar con el gobernador, quien le preguntó si quería volver a la paz que había quebrantado. El indio andaba bastante temeroso, ya que las noticias de lo sucedido previamente en Xocotilma habían llegado hasta allí, asustando a muchos indios de esta población que, al ver un ejército tan grande de soldados e indios enemigos, que se aproximaba a su territorio, huyeron a refugiarse en los montes cercanos. Convencido de que los españoles no venían a matarlos sino a firmar las paces, fueron bajando de las montañas.

La paz fue definitiva, los indios de Guapisuxe fueron cristianizados, construyendo ellos mismos sus iglesias. Con el paso de los meses, los rebeldes de Xocotilma fueron liberados, regresando a sus poblados ya cristianizados. Tras la pacificación se procedió a la concentración de los indios, que pasaron de vivir en más de setenta y cinco pequeños asentamientos, a hacerlo en cinco grandes pueblos, en los que vivían de cinco a seis mil indios, incluyendo a los que estaban desperdigados por las montañas. La concentración era lo deseado por soldados y frailes, el control y la hispanización era así mucho más fácil.

Otro fraile jesuita, Rodrigo de Cabredo, natural de Nájera, fue asignado a México en 1609, donde recopiló las anteriores relaciones de otros frailes relatando la pacificación de las naciones indias de Sinaloa. Parte de su relato resulta de gran interés por lo descriptivo:

> Los indios xiximes tienen muy buena estatura y buenos rostros, viveza de ojos y de ingenio, aunque les falta el arte y la industria. Son enjutos de carne y andan cubiertos todo el cuerpo en tiempo de frío, y en tiempo de calor de la cintura abajo, así hombres como mujeres. Usan de cabello largo, y tráenlo muy bien trenzado, con cintas que las mujeres tejen de varios colores. Comían hasta ahora carne humana, y así hallaron los españoles cuando entraron en sus pueblos y casas, como arriba se tocó, colgadas mil setecientas veinticuatro calaveras, sin otros huesos innumerables que hallaron de hombres que habían muerto en las guerras, y después de comida la carne, los colgaban en las paredes y puertas de sus casas por insignias de sus trofeos y victorias, y los que habían muerto algún hombre con sus propias manos traían en el labio de abajo atravesado un huesesito de aquel que habían muerto.
>
> Sus casas eran en dos maneras, unas hechas de paja a manera de chozas o jacales y otras de piedra muy bien labradas y pintadas pues de fuera con diversos matices y colores, y éstas estaban edificadas en cuadro a modo de fortaleza y así tenía cada una cuatro o cinco viviendas

---

[261] La actual localidad de Remedios.

con su placita en medio y por las esquinas tenían sus troneras para flechar desde adentro, a su salvo, a los que quisiesen venirles a hacer guerra. Las puertas de estas casas eran tan pequeñas que cada una se podía tapar con una adarga y así cada puerta estaba bastantemente guardada y defendida con un indio.

Susténtase de maíz, frijoles, calabazas, patatas, o camotes, zapotes, tunas, guayabas y otras frutas propias de aquella tierra. Del maguey hacen una comida a modo de conserva a la cual llaman en su lengua, mexcale. Cogen mucho algodón y mucha pita de que hacen mantas muy curiosas con que se cubren. Crían muchas gallinas de castilla, y muchos pájaros hermosos que llaman guacamayas, y otros de plumas muy vistosas de las cuales hacen plumajes, y labran sus adargas y llenan de borlas sus lanzas cuyos astiles son de palo colorado como el del Brasil, y con estas lanzas, y adargas, y sus arcos, aljabas, y macanas salían a hacer guerra a las naciones comarcanas, por sólo matar y comer gente, pero esto era después de haber cogido las frutas de sus sementeras.

Y para tener feliz suceso en la guerra usaban de esta superstición y ceremonia: dejaban encerrada dentro de una grande cueva a una doncella de las que, para este efecto, tenían criadas con muy grande recato y vigilancia, y ésta ayunaba todo el tiempo que duraba la guerra, por la victoria y buen suceso de ella, sin comer más que una vez al día por la tarde, y la comida no será más de un poco de maíz molido y revuelto con una poquita de agua.

Y cuando los indios volvían de la guerra, si les había sucedido bien, saludaban a la doncella, en llegando a descubrir el puesto donde había quedado encerrada, y le hacían una señal, conocida entre ellos, con que le daban a entender como le traían allí a su marido, que era la calavera de alguno de los que habían muerto, y para cuando llegaban estaba ya esperando la doncella, acompañada de todas las demás indias e indios que habían quedado en la comarca, los cuales tenían mucha comida aparejada, y en llegando los de la guerra entregaban la cabeza o calavera a la doncella, y ella la adornaba y componía, regalándole que comiese y descansase, porque venía muerto de hambre y cansado de la guerra, y para más regalarlo le llenaba la boca de comida, y luego bailaba con los demás indios e indias trayendo la calavera en las manos, hasta que todos se cansaban, y acabado el baile, comían la carne cocida de los cuerpos muertos que traían de la guerra, que así engañaba el demonio a esta bárbara y mísera gente.

Pero si les había sucedido mal la guerra, no hacían nada de esto, antes reprendían y afrentaban a la doncella, diciéndole que, por no haber ella ayunado bien, o por haber conocido algún varón, habían perdido ellos la victoria, y de esto quedaba tan corrida y avergonzada la doncella que no se atrevía a aparecer más entre gente, su gente. En México, 18 de mayo de 1611 años. Rodrigo de Cabredo.

LOS TEPEHUANES
(1616-1618)

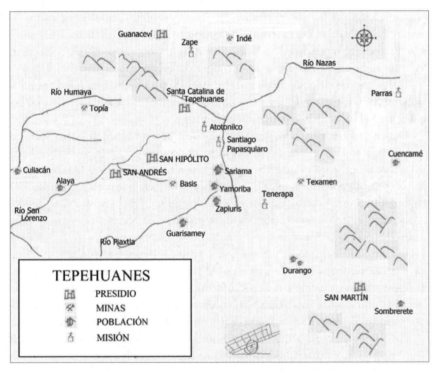

La campaña contra los tepehuanes, 1616-1618.

No tardó en rebelarse una tercera nación, los tepehuanes, que se mantuvieron en guerra entre 1616 y 1618. Su territorio estaba más al norte en la costa y no tenían relación con acaxees o xiximes. Sus enemigos tradicionales eran la nación Tarahumara y habían estado en guerra con ellos desde tiempos inmemoriales, sin saber el porqué, o eso contestaban cuando les preguntaban. El territorio tepehuán estaba al noroeste de Durango, en el río Nazas. El terreno era llano y la fundación de pueblos fue menos trabajosa y más exitosa que en la Sierra Madre.

Los tepehuanes pronto colaboraron con los frailes aceptando sus enseñanzas y ayudándoles en la construcción de las misiones. A pesar de ello, los frailes no consiguieron que los indios abandonasen sus creencias e ídolos, y aceptasen la nueva religión. En este caso el motivo de la sublevación no fue el maltrato sino el deseo que tenían de seguir con sus prácticas religiosas, en detrimento de la nueva religión importada. La llegada de los españoles y su religión católica no restaba poder a los capitanes indios, pero sí lo hacía con los chamanes, que perdían toda su influencia sobre los caciques y no estaban dispuestos a tolerarlo, soliviantando a los jefes para la sublevación.

La revuelta, desatada en noviembre de 1616, tuvo como objetivo principal a los misioneros. Ocho fueron asesinados en sus misiones o en los caminos. El ataque sorprendió a los españoles por su coordinación, que no permitió dar la voz de alarma. El más conocido de los frailes muertos fue Hernando de Santarén, que había sobrevivido a las dos revueltas anteriores, la de los acaxees y a la de los xiximes. El asentamiento de Santiago Papasquiaro fue destruido por completo y sus habitantes masacrados.

El siguiente objetivo fueron los pueblos. Numerosas comunidades fueron atacadas y destruidas hasta sus cimientos, cerca de doscientos españoles perdieron la vida. Los que consiguieron escapar se refugiaron en Durango.

Durante más de un año los rebeldes se hicieron con el control de buena parte del territorio, empujando a otras naciones a levantarse con ellos. El principal líder rebelde se llamaba Gogojito, y junto a sus seguidores se refugió en la Sierra Madre, montañoso e inaccesible territorio fuera de sus tradicionales asentamientos. En aquella zona estaban los xiximes ya cristianizados y los humes, que aún no lo habían sido, y todos ellos estaban siendo atemorizados por los tepehuanes con hacerles la guerra si no les daban refugio.

Las autoridades españolas, siempre lentas en sus decisiones, tardaron casi un año en organizar la respuesta a esta nueva rebelión. El gobernador de la Nueva Vizcaya, Gaspar de Alvear y Salazar,[262] hombre capaz, organizó una campaña cuyo objetivo principal eran las bandas rebeldes que se ocultaban en la quebrada tierra de los humes. Aquella expedición quedó recogida en una larga carta de fray Alonso de Valencia,[263] que aquí se resume.

Los humes hablaban la misma lengua que los xiximes y habitaban en la zona del actual río Piaxtla, en el estado de Sinaloa. Este territorio, en la zona de influencia climatológica del Pacífico, es montañoso en extremo y muy poblado de árboles, con lo que el acceso de las tropas siempre fue dificultoso. Junto a los humes habitaban algunos xiximes que habían renegado de los frailes y su religión, aunque ya tenían nombres españoles, tras su bautizo.

---

[262] Nacido en Santander, España, Caballero de la Orden de Santiago, fue gobernador y capitán general de la Nueva Vizcaya entre 1613 y 1618. Anteriormente había sido secretario de la Santa Inquisición, y después de esta conquista a los tepehuanes ayudó en la de Nayarit.

[263] Documento en el Archivo General de la Nación, México. En México 19.

Las tropas españolas iniciaron el viaje a la captura de Gogojito, saliendo de Guadiana, la actual Durango, el 25 de febrero de 1618, en un primer momento hacía Guarisamey, Humase y Cocorotame, pueblos de los humes. A la partida había sesenta soldados y doscientos indios amigos. El sistema utilizado era el habitual en las expediciones españolas en aquellos tiempos. Por delante, con un día de ventaja, iban las llamadas espías, la avanzadilla que protegía al grueso de la tropa de las emboscadas que pudieran preparar los enemigos. Estaba formada por doce soldados españoles y cuarenta indios amigos, laguneros,[264] xiximes y acaxees, y al mando un alférez, Gonzalo de Uría, todos ellos con experiencia en el territorio. Caminaban de noche y durante el día se escondían vigilando los movimientos de los indios *(Fig. 38 Cuadernillo)*.

Por su parte, los indios rebeldes hacían otro tanto, enviaban avanzadillas a comprobar que el camino estuviese despejado, aunque los expedicionarios indios solían ser únicamente dos. Una y otra avanzadilla se encontraron, y en el enfrentamiento uno de los indios, llamado Francisco, xixime ya bautizado, no dejó que lo cogieran vivo, que era el objetivo de los soldados para obtener información sobre la localización de los rebeldes.

El segundo, un viejo llamado Antonio, no confesó sino con tortura, que consistió en ponerle los pies en ascuas, aguantando el indio sin inmutarse durante largo tiempo. Finalmente dijo que venían en busca de los españoles para guiarles a las rancherías de los tepehuanes que estaban en Sariama, a dos días de camino de Yamoriba[265] y territorio de los xiximes rebeldes, y que está cerca también de Zapiuris,[266] otras dos localidades indígenas. También dijo que Gogojito, acuciado por el hambre, había bajado con su banda a los llanos de Texamé y Guatimapé,[267] para después dirigirse a la serranía de Maxitomé o Mojitomé, donde pretendía establecerse.

También les dijo que los tepehuanes de los pueblos de Tenerapa[268] y Santa Catarina,[269] se habían mudado a Samarina. Tanto insistió en que los soldados debían cambiar

---

[264] Indios que vivían en el Bolsón de Mapimí, al norte y al este de los tepehuanes. Los laguneros habían sido cristianizados en 1595 teniendo en su territorio la Misión de Santa María de las Parras, fundada en 1598.

[265] Río Piaxtla arriba desde Guarisamey. Los indios allí ya habían sido cristianizados por fray Santarén en 1614.

[266] Zapiuris era un pueblo xixime cerca de Yamoriba. Los jesuitas estuvieron trabajando con ellos hasta que fueron expulsados. Tras la paz de 1618, ellos mismos solicitaron el regreso de los frailes.

[267] Nombres que se dieron a una gran meseta a 100 kilómetros al norte de Durango, hoy laguna Santiaguillo.

[268] Población a 30 kilómetros al sur de Papasquiaro en el río Santiago. Fue el centro de la rebelión.

[269] Santa Catalina de Tepehuanes era un pueblo situado a 50 kilómetros al noroeste de Santiago Papasquiaro. Fue el primer lugar atacado durante la revuelta Tepehuán. En la villa había una misión que resultó devastada en la rebelión, y reconstruida después. También se estableció un presidio.

su rumbo a esa población y abandonar la primera idea de llegar a Guarisamey, que el gobernador empezó a sospechar.

El camino a Guarisamey se antojaba imposible, las altas sierras parecían infranqueables para la columna, con las mulas cargadas y los hombres a pie tirando de los caballos, incluso los indios flecheros tenían problemas para subir por las empinadas laderas. Todo el día caminaron hasta que el grupo alcanzó la posición de la avanzadilla, justo en la cumbre, donde llegaron a las cuatro de la tarde. Desde allí solo tenían que bajar la sierra para caer en el poblado de Guarisamey, empresa que iban a dejar para el día siguiente, preparándose para acampar allí donde se encontraban.

Fue en ese momento cuando vieron que, subiendo la montaña desde Guarisamey, venía Gogojito con treinta o cuarenta gandules. Hacia la mitad de aquella subida se encontraba emboscada la avanzadilla española, que sin ser vista dejó pasar a la tropa rebelde. Al frente iba Gogojito seguido de cuatro de sus capitanes, montando en unas muy bien alimentadas mulas, sin darse cuenta de la emboscada. Todo parecía suceder de acuerdo al plan establecido, pero fue él mismo el que se percató de una huella dejada por uno de los indios laguneros en medio del camino. Rápido dio la orden a todos los suyos de regresar por donde venían, evitando con ello el enfrentamiento con el ejército del gobernador, sin saber que se daban de bruces con la avanzadilla que les esperaba en la bajada.

Según el relato de fray Alonso de Valencia, al capitán de los laguneros, Francisco de Amaya, le alcanzó con una flecha en la garganta que no fue fatal, ya que desmontó de la mula e intentó refugiarse en una loma, momento en que otra flecha de otro Francisco también lagunero le alcanzó en la espalda. Gogojito siguió luchando, tratando de escapar, hasta que finalmente una tercera flecha de otro indio también llamado Francisco, pero en este caso xixime, lo frenó en seco acabando con sus fuerzas. Para ese momento el grueso del ejército había llegado al lugar, aunque no se habían atrevido a disparar por no herir a los indios amigos. Gogojito, cuyo nombre en la cristiandad era también Francisco, seguía respirando a pesar de las tres flechas que atravesaban su cuerpo. Finalmente, los indios terminaron su agonía clavándole su propia lanza.

Otros cuatro indios de la banda murieron, entre ellos otro de los más buscados por su agresividad, de nombre Agustinillo, hijo de Juan Soldado, vecino de la Sauceda.[270] Los demás consiguieron escapar a pie por la sierra. Sin un momento para el respiro, el gobernador seleccionó a treinta soldados y cien indios flecheros, dejando a los demás acampados, y se lanzó al ataque del poblado de Guarisamey, que se encontraba a ocho leguas de allí. Tenían que llegar antes de que los fugados pudieran dar la voz de alarma al resto de tepehuanes.

Allí llegaron a las tres de la mañana, pero los huidos, conocedores de sus montes, habían llegado antes. Las tres primeras rancherías se encontraban desiertas, ni un alma para recibir a los soldados, en la cuarta encontraron a un indio que los insultaba des-

---

[270] Unos 60 kilómetros al norte de Durango, también llamada Guadiana en esos días.

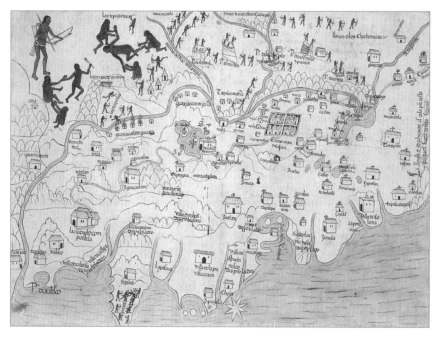

Mapa de la Nueva Galicia en 1550. A la izquierda, los tepehuanes realizando sacrificios humanos. Archivo General de Indias, Sevilla, en MP-México, 560.

de una loma, lanzándose a capturarlo sin éxito. Tras la extenuante noche, decidieron acampar y esperar al grueso del ejército.

Los tepehuanes se habían puesto en fuga, aunque sí encontraron humes, que dieron indicaciones de todo. Encontraron la ranchería de Gogojito, muy bien preparada para la defensa, con rutas de escape en varias direcciones, y corrales con yeguas de las que robaba en los poblados que saqueaba, y que le servían muy bien para sus ataques o escapadas. También le contaron, y siempre según el relato del fraile, que el indio tenía por costumbre enterrar vivos a los recién nacidos para que no estorbasen en la huida, o en los rápidos movimientos que hacía de un lugar a otro en sus ataques y correrías. Parece ser que, en el momento en el que se le dio muerte, iba en dirección a una de sus razias para robar ganado con el que alimentar a su pueblo, una vez habían acabado con sus anteriores botines.

Los humes, originales habitantes de ese territorio, fueron empujados a la rebelión por Gogojito y sus seguidores que, siendo tepehuanes, se refugiaron entre ellos, y por temor se vieron envueltos en una guerra que no deseaban con los españoles, así que una vez muerto Gogojito y desperdigada su banda, no tardaron mucho tiempo en negociar con el gobernador, para que los perdonase por la rebelión y estableciesen una nueva paz.

La desconfianza fue grande en los primeros momentos, los capitanes humes temían que los españoles los matasen por haber participado en la revuelta. Pidieron que a las conversaciones fuera únicamente uno de los capitanes españoles, Tomás García, y un indio xixime llamado Bautistilla, que iba a hacer de intérprete ya que xixemes y humes compartían lengua. El gobernador, que no se fiaba, envió a algunos indios amigos y entre ellos a una docena de españoles, disfrazados con quetzales y plumas para seguirles. Al verlos, los humes comenzaron a gritar desde donde estaban, diciendo que no bajarían de su refugio si el grupo seguía avanzando. De modo que no tuvo más remedio el capitán que armarse de valor, y con el solo apoyo del intérprete, bajar al encuentro de los indios, quienes le pidieron que dejase la escopeta apartada.

La razón de tanto miedo era que nunca habían salido de su ranchería, en lo más profundo de la montaña, ni visto a un soldado español. Además, los tepehuanes les habían contado que los españoles eran monstruos carnívoros, crueles y feroces, que mataban todo lo que encontraban a su paso. Los humes eran vecinos de los xixemes, y estos también les habían hablado de lo que pasó unos años antes en Xocotilma, cuando el mismo gobernador había acabado con la rebelión xixime.

El capitán García les aseguró que no iban contra ellos sino contra los tepehuanes, pero al haber acogido en su territorio a los rebeldes, temían que los españoles acabasen con ellos como represalia. Ofrecieron su amistad y la paz a cambio del perdón, el cual les fue concedido. En señal de acatamiento y juramento inviolable, los indios le dieron dos flechas al capitán, que era la forma en la que ellos lo hacían. En retorno, el gobernador les regaló un hábito de la Orden de Santiago. A pesar de ello seguían desconfiando, de modo que el gobernador bajó a su poblado acompañado por el capitán García, el fraile, y el intérprete, lo que impresionó a los indios por la valentía que mostró el gobernador en exponerse.

En las conversaciones explicaron la causa de no ser cristianos como sus vecinos xixemes, siendo esta muy simple, no había llegado hasta ellos fraile alguno para catequizarlos. Algo de lo que ya se había quejado en alguna ocasión el fallecido padre Santarén, la escasez de trabajadores de la fe, como él llamaba a los frailes jesuitas, causa de que los humes aún fueran gentiles. Así mismo, le dijo al gobernador que hacía poco tiempo que era gobernador de los humes, porque su padre y su hermano mayor habían muerto, y que por su inexperiencia en el mando los tepehuanes se habían establecido entre ellos mediante engaños, no pudiendo echarlos después sin entrar en guerra, pero que ya estaban hartos de sus traiciones, robos y extorsiones, por lo que, ante la subida de las tensiones entre ellos, los tepehuanes habían empezado a mudarse a Sariama y Yamoriba.

El joven capitán indio recibió con mucha alegría la noticia de la muerte de Gogojito, causante de los grandes problemas que había tenido su gente. Finalmente, el gobernador les perdonó por la rebelión, aunque les puso dos condiciones, que en adelante no permitiesen a ningún tepehuano la entrada a su pueblo, y que reuniesen a los guerreros que pudiesen, para acompañar a los españoles en su camino a Sariama, donde pensaban atacar al resto de tepehuanes. A ambas cosas convino, pidiendo unos días para reunir a su gente, repartida por las montañas. Se disculpó por no ofrecer regalos y comida a los españoles, como era la usanza con los ejércitos aliados, ya que los tepehuanes se habían comido su cosecha y no les habían dejado sembrar ese año, estando ellos también muy hambrientos.

Mehigua, que así se llamaba el joven capitán, tenía solamente veintidós años, era de buen porte e inteligente. Pasados los días llegó nuevamente al campamento español acompañado de mucha de su gente. Abrazó al gobernador y a los capitanes, en señal de amistad y agradecimiento, y confirmó su compromiso y alianza con los españoles, algo que, según él mismo, los convertía en un grupo importante y temido en ese territorio.

El plan era atacar las poblaciones de Sariama, Yamoriba y Zapiuris, donde se creía se escondían el resto de tepehuanes. Se concretó atacar primero el pueblo de Zapiuris, para ello los españoles tendrían que dar un rodeo importante y atacar por el frente, mientras los humes y su capitán Mehigua cubrirían la retaguardia del pueblo, que era por donde los indios escaparían al ataque español. Mehigua pidió una bandera para diferenciarse de los tepehuanes y no recibir fuego amigo, el gobernador se la dio y la recibió con mucha alegría.

Fue el propio indio quien calculó el tiempo para coordinar el ataque. Se necesitaban quince días en total para el viaje y los posibles retrasos. La cuenta se hizo con palitos, uno por cada día, que el jefe hume iría eliminando. Su previsión y planificación impresionó gratamente al gobernador español, que le dio una serie de artículos de necesidad para los humes, como herramientas y ropajes, por cada cabeza de tepehuano que le trajesen tras la batalla. De entrada, le dio cuchillos, pañuelos y otras cosas que ellos apreciaron mucho.

Con esta nueva alianza y plan de guerra se puso en marcha la columna española. El camino era harto complicado y los días gastados con los humes, sin otro alimento que los caballos que fueron matando, hicieron aún más difícil el movimiento. Para colmo, helaba y nevaba a diario en aquellos riscos por los que transitaban penosamente. A la noche solo tenían sus capas y algunas rocas en las que refugiarse del frío, ni cenaron ni pudieron comer al día siguiente. En estas condiciones, perdieron muchas mulas por las heladas y el camino.

Uno de los indios que viajaba en el grupo guardaba un poco de maíz para comer, con la mala fortuna que el caballo en el que iba se espantó y el maíz se derramó. El indio pretendía recogerlo, pero eso suponía perder de vista al grupo y arriesgarse a ser muerto por los enemigos, de modo que fray Alonso le convenció para que dejase allí el maíz derramado, con la excusa de que a alguien que transitase por allí le podía venir muy bien.

Aquello fue providencial para Dominguillo, un mulato de doce años, que el año anterior había sido esclavizado por los tepehuanes cuando atacaron y mataron al capitán Gaspar Dávila. El muchacho, al oír a sus captores que los españoles estaban en la zona, se escapó una noche y fue en busca de ellos. Estuvo vagando durante tres días por la sierra sin nada que llevarse a la boca. Finalmente encontró el rastro del grupo y fue siguiéndolo hasta dar con el maíz derramado, hallazgo que le salvó la vida. Siguiendo el rastro, se topó con una yegua cansada que los soldados habían abandonado, se subió a ella y el animal por sí solo le llevó hasta el campamento que esa noche habían establecido.

Al día siguiente el grupo se puso en marcha, y el gobernador en su hábito envió avanzadillas en todas direcciones para no ser sorprendido por el enemigo. Ninguna de ellas encontró rastro de los tepehuanes, y la jornada los llevó a un día de camino de Zapiuris, que era pueblo de xiximes rebeldes, aliados de los tepehuanes. Al amanecer se encargó a una avanzadilla de seis españoles y quince indios la búsqueda y captura de algún indio que pudiera dar indicaciones de la localización de los rebeldes. Al atardecer encontraron a dos indios y una india con una criatura de pecho, que estaban arando un campo para plantar maíz. Les llevó toda la noche y parte de la mañana regresar al campamento, mientras tanto, lo único que había de comer en la expedición era la carne de los caballos que iban matando. Al llegar los tres indios al campamento, en parte por el miedo y en parte por el hambre que también traían, se quedaron callados, así que fue necesario darles de comer y tranquilizarlos para que empezasen a hablar. Sin mucha dilación dijeron que el pueblo de Zapiuris era de xiximes, mientras que Yamoriba, a dos días de camino más adelante, era de tepehuanes.

Alguna otra información resultó de mucha utilidad, dijeron que los tepehuanes habían reforzado en gran medida la vigilancia, sobre todo desde que se habían enterado de la muerte de Gogojito a manos de los soldados, lo que les había causado gran temor. Sabiendo esto, y tratando de no perder el elemento sorpresa en el ataque, el gobernador encargó una avanzadilla al capitán Tomás García que tomó cuarenta españoles y ciento treinta indios amigos, quienes tenían que cubrir la distancia hasta Sariama en tres días.

Por el otro lado, el capitán Mehigua se había revelado como un muy fiel aliado, y por el camino hacia los montes que cubrían la retirada de los tepehuanes, había recalado en las poblaciones rebeldes de Humase y Zamoitua, donde consiguió que todos ellos se volvieran en contra de los tepehuanes y se aliasen con los españoles.

Todos cumplieron su parte del plan, y llegado el momento del ataque, los indios por un lado y los españoles por el otro entraron en el poblado tepehuán que, para decepción de todos ellos, encontraron vacío. Los tepehuanes, descabezados en su liderazgo por la muerte de Gogojito, hacía dos días que habían abandonado el poblado, y en el momento de partir habían dejado encendidos los fuegos para camuflar su huida. La ocasión perdida de tomar venganza sobre los tepehuanes quedó más que compensada con las nuevas alianzas conseguidas y su obediencia a la Corona.

El joven Mehigua resultó instrumental en la pacificación de este amplio territorio, en el que se produjo un efecto dominó con la consecución de nuevas alianzas, por la vecindad y lazos que unían a unos grupos indígenas con otros. La llegada de los frailes no se hizo esperar, los mismos indios la pedían y colaboraban en su establecimiento con la construcción de iglesias y misiones. La nueva actitud de los indios es comprensible. Tras décadas cuando no siglos de enfrentamientos fratricidas entre los diferentes grupos, que siempre acababan de forma sangrienta, los españoles proponían un sistema en el que todos eran aliados suyos y debían obediencia a una autoridad superior, que era la que mediaba en sus conflictos, evitando los derramamientos de sangre tan frecuentes. La cara visible de esta autoridad eran los frailes, a través de parroquias y misiones que se establecían en sus comunidades, regularmente apoyadas por un soldado al que se denominaba mayordomo, y que hacía las veces de correo o enlace con el presidio, el cual se encontraba en una posición dominante en el territorio, presto a apagar los fuegos que se originasen. Gracias a la paz que promovían los españoles las comunidades locales progresaban de forma perceptible.

También tenía gran efecto el miedo que estos grupos le tenían a los españoles. La pacificación de los xiximes en Xocotilma seis años antes había causado gran impresión y la noticia había corrido por todas las comunidades. El ajusticiamiento de los diez responsables de aquel levantamiento fue una acción dura pero mesurada, y de acuerdo a crónicas posteriores, como esta de fray Alonso, tuvo un buen efecto evitando otros levantamientos posteriores y reforzando el mantenimiento de la paz.

Prueba de la mesura en la fuerza que se aplicaba fue el perdón que el gobernador ofreció a los cabecillas de Zapiuris, quienes se libraron de la horca con un largo sermón del gobernador, en el que relacionó, incluso con exageración, las andanzas de estos dos indios y los delitos que habían cometido con el apoyo de los tepehuanes. El escarnio público y la humillación frente a los capitanes principales de todos los demás grupos, unido al perdón ofrecido por el gobernador, fue suficiente para conseguir la obediencia.

No por esto se dejó de perseguir a los tepehuanes. En los días posteriores una de las avanzadillas dio la voz de que habían encontrado rastro de ganado, y fue el propio gobernador quien seleccionó a diez soldados y se fue al galope siguiendo el rastro. No era para menos, llevaban días con escasez de alimentos y no podían consumir más caballos, a riesgo de tener que continuar la expedición a pie. A media legua encontraron dos vacas muertas, más adelante una mula flechada y más adelante otra ensillada. El rastro de los enemigos convirtió la incursión de caza en una de guerra, así que aceleraron el paso. A las siete leguas y tras bajar una ladera encontraron en un valle una partida de unas cien reses y con ella a un grupo de tepehuanes que, al ver bajar a los soldados, huyeron despavoridos.

El gobernador salió tras ellos con solo dos soldados mientras el resto se quedaba recogiendo el ganado encontrado. Dos horas estuvo buscando a los fugados por los montes con gran preocupación del resto de la partida, y cuando al final regresó dijo que los rebeldes se habían escapado. Siendo ya de noche acamparon en el poblado tepehuán y cenaron una muy buena ternera. Como refiere fray Alonso, entre los diez que acompañaban al gobernador en esta persecución había cinco vaqueros, dueños de estancias de ganado. No fue difícil para estos experimentados vaqueros conducir el ganado encontrado a donde estaba acampado el grueso del ejército. A esto ayudó también que, junto con el ganado, los soldados se incautaron de varias yeguas y caballos ligeros. Todo el ganado tenía marcado el hierro de Gaspar Dávila al que mataron los tepehuanes junto a toda su familia un año antes, cuando aquellos se rebelaron y atacaron su pueblo y hacienda.

Aquel mismo día llegaron al campamento, que celebró ampliamente la llegada de comida. Ya estaban todos muy hambrientos y sin nada que comer, no les quedaban más caballos que matar desde hacía varios días, ni maíz, ni tan siquiera pan. Al día siguiente, ya bien repuestos y alimentados, el gobernador mandó salir al capitán Tomás García con una escuadra de indios y soldados, en la busca y captura de los indios tepehuanes que hasta ese momento se les habían mostrado tan esquivos.

El resto del ejército al mando del gobernador se internó en los territorios de los tepehuanes, llegando en pocos días a Santiago Papasquiaro, o lo que quedaba del pueblo, que había sido el epicentro de la rebelión. Muchos soldados del grupo habían perdido a algún familiar en aquella revuelta. El pueblo completamente arrasado, y la iglesia, que estaba recién terminada, quemada hasta sus cimientos.

Los tepehuanes habían sido cristianizados por los frailes, muchos contaban con nombre español, y fueron llevados a la rebelión por sus cabecillas. El poder que ejercían sobre otras naciones y la lentitud del virreinato en actuar hizo que fueran cogiendo fuerza y ganando adeptos, aunque en realidad el apoyo que recibían era relativo, una vez corrió la voz del final de Gogojito dicho apoyo desapareció. Los tepehuanes se dispersaron y fue muy difícil para los presidiales dar con algún rescoldo de la revuelta.

El grupo abandonó Santiago Papasquiaro con mucha pena y siguió la búsqueda intensiva de los tepehuanes. Los muchos recovecos de la sierra fueron escudriñados hasta que, finalmente, encontraron ocho indios, de los que dos resultaron muertos tras ofrecer feroz resistencia, se llamaban Juan Vinagre y Cuscusillo, dos de los capitanes de Gogojito que escaparon al encontronazo donde murió su capitán. El resto fue hecho prisionero. Uno de ellos condujo la avanzadilla hasta la ranchería en la que estaban viviendo, y allí encontraron a seis indias y dos muchachos, todos fueron interrogados y concordaron en que la única ranchería existente en el contorno era la suya. Según lo que dijeron, la causa de la desaparición de los tepehuanes fue que, al acabar con Gogojito, al que creían poco menos que inmortal, la noticia corrió como la pólvora en todas las rancherías, entre cuya población cundió el pánico, y sin tiempo para nada, huyeron en todas direcciones. El mensaje que compartieron fue el de «sálvese quien pueda porque vienen los locos», que era como llamaban a los españoles.

Se organizó una última búsqueda y se enviaron a los distintos capitanes con sus respectivas escuadras a la captura de más fugitivos. Uno de los capitanes divisó en el llano de Texamé, como a dos leguas de distancia, a un grupo de gente que caminaba a la sierra de Coneto. El capitán envió soldados con caballos ligeros para darles alcance, pero como llevaban mucha ventaja no pudieron cogerlos. Los indios, al sentirlos cerca, se aligeraron de todo lo que llevaban, y cuando alcanzaron el pie de la serranía abandonaron sus caballos y siguieron la huida a pie por las montañas. Dos de los soldados consiguieron alcanzarlos y entablaron una reñida lucha, unos con sus flechas, otros con sus arcabuces, aunque los indios estaban más preocupados de la huida que de enfrentarse a los soldados.

No pudieron capturarlos, pero sí les quitaron dos mujeres, una era india y la otra mulata. Se envió a dos soldados a dar noticia al gobernador quien los recibió a las diez de la noche, y no esperando a la mañana por no perder un rastro fresco, ordenó a cinco soldados que le acompañaran, y a todo galope salieron los seis a encontrarse con la avanzadilla. No tardó mucho en llegar para hacerse cargo de la captura en persona.

No apuntaba el sol y ya estaban batiendo la serranía, siguiendo el rastro de los indios en fuga. Todavía con la luz de la luna dieron alcance a una india, y algo más adelante dieron muerte a un indio conocido como Juan Quequejol, natural de Santiago Papasquiaro, quien se defendió hasta su último aliento. Una legua más adelante, escucharon el llorar de niños en una quebrada muy profunda, y creyendo que era el grupo que estaba allí escondido, del que las mujeres antes capturadas dijeron ser, de doce hombres y seis mujeres. Decidieron esperar a la luz del día para entrar con más seguridad. Ya amaneciendo entraron y encontraron a un niño de corta edad abandonado a su suerte, niño que los indios utilizaron para despistar a sus perseguidores y conseguir más ventaja en la huida. La estratagema les funcionó ya que los soldados perdieron la pista definitivamente.

Algunos de los indios capturados en los largos días que duró esta expedición, fueron condenados a muerte y colgados en los caminos para que sirviesen de ejemplo. Los muertos en total fueron diecisiete, contando las muertes de Gogojito y sus capitanes, que fueron cayendo en lucha abierta. Tras esto, los tepehuanes desaparecieron como grupo, la diáspora los llevó con seguridad muy lejos, porque se pidió a todas las tribus que en ninguna ranchería se les diera cobijo y fuesen capturados para ser enjuiciados por el gobernador.

El rédito obtenido en la expedición de castigo fue enorme, no solo se acabó con la revuelta tepehuán, que era la mayor amenaza, sino que se consiguió la obediencia a la Corona de muchas naciones, los xiximes y los humes de forma directa, y de muchas otras de las que no se tenía conocimiento pero que, al ser amigos de estos, siguieron su ejemplo. Fray Alonso habla en su escrito de al menos dos mil indios flecheros, nuevos aliados de los españoles, que serían instrumentales en las siguientes décadas. La carta fue escrita el nueve de mayo de 1618 en los llanos de Guatimapé.[271]

Tras el fin de esta revuelta fue necesario evaluar las políticas y estrategias. Más importante que combatir a los rebeldes fue evitar que se sumaran a ellos otros grupos indios de las zonas vecinas. Para ello se estableció un presidio de soldados en el pueblo minero de Guanacevi, que fue crucial en el mantenimiento de la paz. Otro presidio se estableció en Santa Catalina de Tepehuanes, centro territorial de estos indios, presidio bien provisto y armado, que durante veinticinco años mantuvo la paz sin complicaciones. Los presidios volvían a ser parte fundamental en la estrategia de expansión, las autoridades vieron la necesidad de tener mayor presencia militar en prevención de futuras revueltas.

De lo sucedido en Sinaloa tanto con los acaxees y xiximes como con los tepehuanes hay una segunda narrativa escrita por Andrés Pérez de Ribas, cordobés nacido en 1576, que fue de los primeros jesuitas en llegar a la zona, mucho antes que el padre Kino, quien sería más conocido. Pérez de Ribas llegó a América en 1604 y se dedicó durante casi dos décadas a labor misional, aunque por encima de todo fue escritor, dejando varias obras imprescindibles para conocer Sinaloa y Sonora, y lo que luego sería el estado mexicano de Chihuahua, los indios que allí vivían, y lo sucedido entre ellos y los españoles.

---

[271] Una copia manuscrita del original, realizada en 1792, está en el Archivo General de la Nación en México, en Historia, volumen 19.

En su *Historia de los triunfos de nuestra santa fe*,[272] extensa obra de casi mil páginas, confirma lo referenciado en los dos últimos capítulos, desde la visión de los religiosos sobre el terreno. Mucho puede ser añadido sobre lo ya escrito porque mucho es lo que describe el padre Pérez de Ribas. Según él, los indios cargaban sus cosas sobre el hombro:

> *Atravesando en él un palo de madera lisa y muy fuerte, y cargando a las dos puntas dos redes largas a modo de balanzas, donde cabe una fanega de maíz, y con él incluso dos hijuelos, como si fueran en jaula. Carga a veces tan pesada que hace blandear el palo, por fuerte que sea, y con él caminará el indio tres y cuatro y más leguas (…) hoy usan menos de este género de carga por tener ya muchos caballos, que compran de los españoles y les sirven así de caminar en ellos…*

Puede que con este apunte se derribe otro mito de la presencia de España en las Américas, el de la prohibición a los indios de tener caballos, cuando en época tan temprana podían comprarlos y hacer uso de ellos. También hace referencia a otra cuestión importante, la de los chamanes o hechiceros y su función en cada nación:

> *Los tales ordinariamente son curanderos, y la gente entre ellos más viciosa y temida de todos, porque conocen que, con sus hechizos matan cuando quieren. Estos hechiceros como gente que tanto trata con el demonio son los que más se oponen a la publicación del evangelio y más lo persiguen y, por consiguiente, a los ministros que lo predican. De ellos sale la voz y fama que muchas veces han derramado, de que con el agua del bautismo se mueren los niños…[273] Y de aquí también nació que cuando las madres gentiles traían a bautizar sus hijos y cuando llegaba el tiempo de la ceremonia santa de ponerles la sal bendita en la boca, temían que la recibiesen los niños, porque los persuadían los hechiceros que era género de hechizos que usaban los padres para matar las criaturas.*
>
> *También de estos endemoniados curanderos salen ordinariamente las pláticas (que llaman Tlatollis) de alzamientos y rebeliones de pueblos y naciones, abrazamiento y asolamiento de iglesias. Porque cómo ve el demonio que con la luz del evangelio y doctrina que en ellas se les enseña, se deshacen y desvanecen todos sus embustes y enredos, y pierden autoridad e intereses en curar enfermos y se les atajan sus vicios (…) para persuadir a los pueblos que se levanten, abrasen las iglesias y se vuelvan a los montes y vivan a sus anchuras.*

---

[272] Pérez de Ribas, Andrés (1645), *Historia de los triunfos de nuestra santa fe entre gentes las más bárbaras, y fieras de nuestro orbe*. Ed. Alonso de Paredes, Madrid.

[273] Las epidemias se achacaban por los indios a la insistencia de los religiosos en bautizar a los moribundos.

LA FUNDACIÓN DE MONTERREY
(1596-1648)

En aquellos años de fin del siglo XVI, Diego de Montemayor, el único que quedaba de la cuadrilla portuguesa de Carbajal, estaba viviendo en Saltillo, tras la despoblación que se hizo del Nuevo Reino de León en años anteriores. Pero Saltillo no era lo que él esperaba y se decidió a repoblar de nuevo ese territorio, sin caer en la cuenta de que para regresar a población que se había despoblado necesitaba capitular de nuevo con el rey o el virrey. En la España de la época siempre hacía falta autorización. Desconociendo ese previo requisito hizo todos los preparativos y junto a doce «apóstoles», que también habían poblado el reino anteriormente, prepararon todos los pertrechos e iniciaron la jornada. Consigo llevaban a sus mujeres e hijos, y también ganados y otras propiedades, y como ya conocían la tierra se establecieron en el ojo de agua que hoy se encuentra en el centro de Monterrey, que decían era la mejor y más abundante agua de las indias.

Fundó en su ribera, banda del Norte, una ciudad que intituló Nuestra Señora de Monterrey, por gobernar en aquella sazón la Nueva España D. Gaspar de Zúñiga y Acevedo, Conde de Monterrey, que por otro nombre ya tenía el de Ojos de Santa Lucia y Valle de Extremadura, el año de quinientos y noventa y seis, en veinte de septiembre, la cual hizo cabeza del Reino, metrópoli a las demás que en él se hicieron, como consta de su fundación. (…) Nombró, el día de la fundación, alcaldes, regidores, procurador general, escribano. Señaló propios y ejidos y lo demás necesario a una población. Hecha la dicha población, el año de mil y seiscientos, hizo junta de todos los vecinos, asistiendo el padre Baldo Cortés, cura y vicario de la Villa del Saltillo, y fray Cristóbal de Espinosa, Guardian de aquel convento, y en ella se decretó la forma que se tendría para dar noticia al Virrey, salió de acuerdo fuese por cartas, haciendo pliego de cuatro: una del capitán, otra del Vicario, otra del Guardian, y otra de los vecinos. Cerrado y sellado, lo entregaron al capitán Juan Pérez de los Ríos, que era de los doce elegidos, para que lo entregase a su excelencia el virrey Conde de Monterrey.

Tuvo aviso Juan Morlete, que tenía comisión de la Vizcaya para gobernar al Saltillo. Salió de Mazapil y con engaño le quito el pliego y dio comisión para administrar justicia en Monterrey, y hecho exceso, el capitán Juan Pérez de los Ríos mostro su comisión y dijo lo que pasaba. Hizo nuevo despacho el capitán Monte Mayor al Virrey, dándole aviso de lo que pasaba, el cual le mandó hacer informaciones, por capítulo de carta, contra Juan Morlete. Y habiendo consultado en el Real Acuerdo, pareció notable exceso, más considerado lo que de ello podía resultar, lo entretuvo hasta dar aviso a su majestad…

En ese ínterin, Morlete moría de causa natural y el procedimiento contra él se archivó. Cuando llegó la cédula del rey años después, este pedía que se fomentase la población ya iniciada por Diego de Montemayor.

> *Año de mil y seiscientos despachó al padre Ciprián de Acevedo, clérigo presbítero de México; trujo, por mandado, del Virrey, a costa de su majestad, seis soldados de Presidio; cantidad de vacas, bueyes, rejas, ropa; pidió religiosos de Nuestro Padre San Francisco, como consta del mandamiento de su excelencia, fundaron convento. (…) Estaban dos religiosos en el convento de la ciudad, de buena vida y ejemplo, que eran los dichos fray Lorenzo y fray Martín. Este último salía a la tierra adentro a predicar y catequizar a los indios, que era su mayor consuelo, en medio del cual fue Dios servido pagarle su santo celo, llevándolo a la provincia de Coahuila, despoblada ya, por volver con su predicación a regar aquellas plantas que allí habían quedado, y ellos, como vieron al santo religioso vestido de tanta humildad, como si ganaran alguna honra, le mataron no más de porque les predicaba, hallando su alma en el cielo el precio de sus trabajos, y a tres nahuatlatos[274] que con él iban.*

Después de este ataque se hizo castigo en los agresores, lo que no condujo a la paz sino a la guerra. Los indios intensificaron los ataques a la población. Pedro Iñigo, primer alcalde ordinario de Monterrey, fue el siguiente en morir. Algunos días después, Domingo Manuel, que había ido a recuperar unas yeguas robadas junto al capitán Juan Pérez de los Ríos, tuvieron un enfrentamiento duro en el que hirieron al «*capitanejo de la ranchería*», quien no paraba de quejarse de que los españoles habían ido a maltratarlos. En compensación Iñigo Manuel dijo que le curaría sus heridas. Días después y ya curado, se presentó el indio en casa de Iñigo con otros dos acompañantes para que le dieran de comer, y cuando el español salía a la puerta con las tortillas, los indios le atacaron con macanas, le desnudaron y poniéndole una soga al cuello lo flecharon y colgaron, tras esto, robaron y destrozaron lo que pudieron. Iñigo ayudaba al que podía, y la gente que estaba pasándolo mal se acercaba a su puerta para que les diese algo de comer. Un vecino se acercó días después por si podía conseguir algo de comer y encontró el destrozo y el cuerpo. «*Faltando en breves días dos de los primeros pobladores, a manos de estos barbaros indómitos*».[275]

> *Era el gobernador[276] hombre de edad, trabajado, y no lo había pasado con el regalo que quisiera, porque la tierra estaba tan desproveída de todo lo necesario, cuanto abastecida de necesidad y enemigos. En medio de sus mayores cuidados, le salteó la muerte, como enemigo de los vivientes, y dio el alma a Dios. Enterraron su cuerpo en el convento de San Francisco, año de seiscientos y diez. Celebráronse sus obsequias conforme a la capacidad de la tierra, fue sentida su muerte y llorada de todos. El hijo fue a México, trujo confirmación de su título, admitiose al cargo y procedió con el reciente ejemplo de su padre.*

---

[274] Indios de lengua náhuatl.
[275] Alonso de León, 1649, *op. cit.*
[276] Diego de Montemayor.

El hijo no pudo disfrutar mucho tiempo del cargo, al año siguiente moría de enfermedad, y era enterrado junto al padre en el convento de San Francisco:

> *En este tiempo tenía poblado Juan Pérez de Lerma una labor, entre la que hoy tienen sus hijos y la del caudillo Diego de Solís. Sus propios indios dieron una noche en la casa, a él le dieron un flechazo en la boca del estómago y a su hijo, Esteban Martín, otro en los lomos; la mujer del viejo, varonilmente, lo estiró adentro y cerró la puerta, y le dieron dos flechazos a ella, uno en el rostro y otro en el tobillo; y los indios, no pudiendo hacer más daño, se fueron. Sanaron de tan penetrantes heridas.*

Un nuevo teniente de gobernador fue elegido para llevar las riendas de la villa, Diego Rodríguez. En el primer año de su mandato, las lluvias fueron tan fuertes que una inundación por la cañada donde se encontraba el ojo de agua arrasó las casas de adobe de media población. El Justicia Mayor decidió que la población se pasase a la banda del sur de la cañada, que se encontraba más alta. También se trasladó el convento de San Francisco y con él los cuerpos de los dos gobernantes, padre e hijo, que allí estaban enterrados.

> *Quiso el teniente reedificar la ciudad de León y labrar las minas que allí había, para lo cual vino alguna gente, que no pudiendo sufrir algunas hambres y demasías de los indios, siendo el interés de la plata tan poca, se volvieron, quedando un mulato llamado Francisco de Sosa que vino con el gobernador Luis de Carabajal en aquel puesto, solo, con su mujer e hijos.*
>
> *Crecieron las desvergüenzas de los indios, tanto cuanto la poca resistencia que hallaban, y una noche, estando fuera de su casilla Sosa, llegaron los indios flechando. Él huyó a guarecerse, estaba en camisa, tiraban al blanco, divirtió a los indios con sacar breve la camisa, que quedó en un espino, colgada. Ellos quedaron flechando la camisa, y él, como era prieto y hacía escuro, tuvo lugar de entrar en su casa, desde donde se defendió aquella noche. Diole la vida la estratagema y con ella libró su casa. Otro día, llegó Diego de Solís, enviado del Justicia Mayor, a ver cómo le pasaba, y vistos los atrevimientos, despoblaron de una vez, que las pocas fuerzas a todo eso obligan.*

La antigua ciudad de León se despobló definitivamente, la mina no daba para vivir y los indios no perdonaban la ocasión para atacar. En el reino no había gran cosa de la que vivir y algunos pobladores, desoyendo las órdenes del virrey, retomaron a capturar indios para venderlos en los mercados. No duró mucho el negocio ya que los indios pronto convocaron una revuelta, al frente de la cual se puso un indio llamado Cuaujuco, que ya había estado anteriormente en Ciudad de México donde el virrey lo hizo capitán de su nación y lo vistió. Era un indio muy listo, vendiendo él mismo los indios que iba a capturar al interior y en mucha mayor cantidad que los españoles. La revuelta cayó sobre Monterrey, la defensa de la ciudad fue buena, aunque hubo algunos muertos por ambas partes. En su huida los indios robaron todo lo que pudieron en animales y herramientas.

Tiempo después, salieron seis pobladores a la Boca de Leones a recoger piedras de yeso, y fueron atacados por los indios con resultado de cuatro muertos, mientras dos pudieron escapar y dar aviso. No se pudo hacer expedición de castigo ya que los habitantes estaban desprovistos de todo, incluso de armas defensivas, de modo que el Justicia Mayor que gobernaba la ciudad dio aviso al gobernador Agustín de Zavala. Este organizó la expedición poniendo al mando a Cristóbal de Irureta, al que entregó dinero para los soldados, pólvora y provisiones. Sesenta hombres se pudieron juntar con sus armas y caballos, se les pagó un mes por adelantado, treinta y siete pesos y medio, y además, se les dieron dos quintales de harina por cabeza y una res para hacer cecina, pólvora y munición.

Tres meses emplearon en los preparativos. La expedición llevaba sesenta cargas de provisiones en dos recuas que habían fletado. Llegaron a la Boca de los Leones, pasaron el río de Sabinas y allí cogieron a veinte indios, unos estaban pescando y otros cortando hierba. Uno de ellos pudo escapar cruzando el río a nado, aunque atravesado por una lanza, lo que causó algún pesar en la columna porque el huido daría la alarma en su ranchería.

Pensaron en soltar a un indio de los que tenían preso para que fuese a hablar a la ranchería y les pidiese a todos que bajasen al real, a hablar con el capitán. Eligieron uno que tenía un hijo entre los presos, para garantizar su regreso. Se dio la circunstancia que el liberado era hermano del capitán de la ranchería. Le dieron regalos y lo soltaron, y a la tarde regresó con el capitán, quien protestó porque le había llegado un indio herido.

Hablaron con el capitán a quien calmaron diciéndole que los soldados iban a una ranchería que estaba más lejos, pidiéndole que calmase a sus indios para que no huyesen buscando protección, porque no estaban interesados en su ranchería. El capitán también le dijo que a la mañana siguiente irían a su ranchería a repartir ropa y regalos, que tuviese a todos sus indios allí prevenidos. A la mañana siguiente cruzaron el río y establecieron el real a las afueras de la ranchería, que estaba muy concurrida.

Nada más llegar y como quien tiene curiosidad, unos pocos soldados se acercaron a la ranchería a hablar con los indios, quienes les ofrecieron algunas cosas propiedad de los asesinados, con lo que el capitán Irureta comprobó que estos eran los atacantes. Después otros soldados se acercaron a la población a pie, pretendiendo ir a comerciar con pieles, mientras otros más a caballo tomaron posiciones a la vera del río para impedir la huida, ya que al otro lado de la ranchería el terreno era llano y sin escondite posible.

Entonces comenzaron las discrepancias entre españoles. Los indios habían ofrecido a los soldados guiarles hasta otra ranchería más grande y acompañarlos con cien indios de arco y flecha. Alguno de los oficiales propuso acabar con ellos de una vez, mientras otros dijeron que podían hacer eso a la vuelta de la ranchería más lejana. No se sabe si por ambición de tener más pájaros de los que cabían en la palma o por ingenuidad, al final pudo la opción de visitar la segunda ranchería antes de dar un «albazo» en la presente.

Y otro día, por la mañana, salían en demanda de la ranchería que ofrecían guiar, y llevaron a cien indios de arco y flecha. Habiendo marchado el día y lo mas de la noche, los indios que habían salido se iban escurriendo, de manera que, al cuarto de alba, dije-

ron los que había que allí estaba la ranchería cerca. Despachó el Justicia Mayor a dos compañeros con algunos indios a espiar, los cuales, desde unos palos pequeños, se paraban agachados y mostraban la ranchería que, vista de los compañeros, que sin atender que podía estar vacía, (como lo estaba), volvieron a dar aviso. Y dando en vago, porque había días que estaba despoblada, advirtiendo el engaño y que de los indios no habían quedado más de veinte, los mataron a todos.

Y a vueltas, …vinieron a toda priesa a la ranchería que habían dejado atrás y no hallaron sino el rastro, porque luego que salieron del real, mataron a dos caballos que habían dejado cansados, y huídose. Visto el mal suceso, se dividieron en dos compañías: la una pasó al poniente, a salir por la popa, la otra, al oriente, a los picachos. En esta iba el Justicia Mayor, y al llegar a un arroyo, a las dos de la tarde (dos días no habían bebido), les dieron los indios alazapas: lleváronse a siete bestias y dejaron huidas otras muchas. Era muy montuoso, por cuya causa no las pudieron defender. Vinieron a Monterrey sin más acontecimiento. Este fin tuvo una compañía tan lucida, donde iba tanta gente y tan experta y con tanta prevención.

Cuaujuco volvió a hacer acto de presencia unos años más tarde, aunque nunca había salido del territorio, manteniéndose hasta entonces alejado de los españoles.

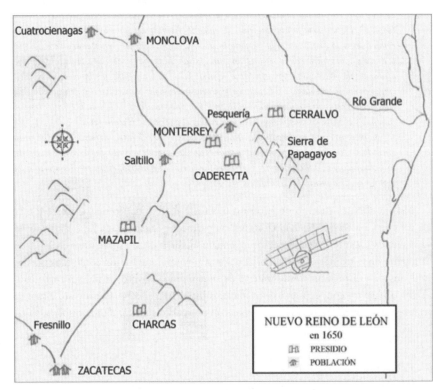

Mapa con el Nuevo Reino de León en 1650. Elaboración propia.

Estaban los indios ya quietos y asentados en Monterrey, en forma de pueblo, donde empezaban a doctrinarlos con fervor, cuando se presentó una vez más Cuaujuco. Era este un indio fuerte, de considerable altura, feroz de carácter, y hablaba muchas lenguas de los indios de la zona que le tenían un miedo atroz:

> ...tenía por mercadería el hurtar a muchachos y muchachas, y vendíalos. Entraba con tres o cuatro en la tierra adentro, y de su vista temblaban, dejándole sacar a los hijos, que ponía en collera,[277] sin ninguna resistencia. Duró algunos años. (...) Salió, pues, a sus acostumbrados ejercicios, a los fines del año de seiscientos y veinte y cinco, como quien va a montear fieras. Pasó del río del Pilar Chico, al que llaman del Potosí, y antes de llegar a él, estaba una ranchería, donde hicieron noche, él, un hijo suyo y un valiente indio guachichil. ...Estaban ya todos los indios tan hartos de él, tan ofendidos, y tan deseosos de venganza, que les fue forzoso, viendo sus tiranías, a poner en efecto lo que muchas veces habían en platica propuesto. Hicieron llamamiento de muchas naciones, ...y como el daño era común, no faltaron, que los tenía ya dispuestos la Divina Justicia para ejecutarla en aquel misero bárbaro....
>
> Viéronle una tarde venir con una gran presa...descansó y fue servido, más el miedo impidió a los congregados atacarle ese día. Al día siguiente, le trajeron las bestias, ensillaron, y ya que la presa comenzó a caminar, quiso subir a caballo, y los indios, tan faltos de vigor para ejecutar su intento, que ya se les iba deslizando el copete, había entre los convocados un bárbaro ferocísimo y de muy lejos, este, viendo la pusilanimidad de todos, dijo a los suyos, en lengua que no entendían todos, ni el Cuaujuco: ¿a qué nos trajeron? pues nos llamaron, hágase lo dicho, y fue llegando como a tener la bestia, y con la macana le dio al Cuaujuco un palo en el brazo derecho, que le quitó el movimiento de él: levantaron gran alarido. Él no pudo sacar la espada, al hijo suyo alcanzáronlo y mataron, el guachichil se defendió bien, no bastó para que muriera, ejecutaron con él enormes crueldades. El Cuaujuco, visto el atrevimiento y que estaba indefenso y que no podía esperar sino una muerte inhumana, volvió su corazón a Dios y, llamando a Jesús, anduvo huyendo por entre los jacalillos[278] hasta que rindió el espíritu... Este fin tuvo.
>
> Contome este caso el capitán Juan Cuencamé que, siendo bárbaro, se halló en la entrada de Monterrey y en diversas facciones de ellos, y era de la ranchería donde mataron al Cuaujuco y se halló presente, y después fue, hasta que murió, el más leal y afecto a los españoles, de cuantos ha habido en este Reino.[279]

No era el Nuevo Reino de León un territorio fácil. Cuanto más al norte y más alejados de Ciudad de México más difícil era pacificar y cristianizar a los indios. Como ya se veía en un anterior capítulo, los tepehuanes habían estado sublevados en 1616 en otra parte de la frontera. Tras la persecución sin éxito a que fueron sometidos por los soldados y su dispersión tras la muerte de su capitán Gogojito, se habían trasladado al este, a Nuevo León, causando aún mayores problemas si cabe. El proceso se repetía como en una rueda sin fin, los indios atacaban causando el mayor daño posible, al poco

---

[277] Encadenados por el cuello.
[278] Las chocitas.
[279] Alonso de León, 1649. *op. cit.*

tiempo los pobladores y los presidiales organizaban expediciones de castigo en las que, con bastante éxito, se castigaba oportunamente, aunque esto no hacía sino echar más leña al fuego, y la guerra crecía y se prolongaba en el tiempo.

En 1626 había sido nombrado como gobernador del reino Martín de Zavala, que con mucho ímpetu fundó ciudades y reforzó las existentes. En la despoblada León estableció un presidio que dio en llamarse San Gregorio de Cerralvo. *«En la villa de Cerralvo jamás han faltado conmociones de indios; son los de aquella comarca de pésima naturaleza».* Se refería precisamente a los tepehuanes, quienes una noche, llegaron con sus típicos alaridos y tirando una lluvia de flechas, matando a siete personas, dos españoles, un mulato, tres indios mexicanos y un mestizo. No hacían distinciones raciales en sus asaltos, como tampoco las hacían de género, llevándose a dos indias y dejando herida a una mestiza, mujer de uno de los muertos, que pudo salvarse al meterse en una tina grande de agua.

Se dio la alarma y salieron en su castigo, los alcanzaron y recuperaron un gran rebaño de cabras que habían robado y a la india que llevaban secuestrada. Se inició una refriega resultando muertos algunos indios, el resto huyó por los montes, y no pudieron perseguirlos por ir los soldados a pie, cargados con las armas y con poco o ningún bastimento, sin agua y por tierra de enemigos. Habían bajado la corriente del río desde la Pesquería unas cinco leguas, de modo que la vuelta a Cerralvo la tuvieron que hacer atravesando la sierra de los Papagayos.

> *Salió, después de esto, de San Gregorio, Juan de Sosa, su cuñado Juan de Fletes y un hermano suyo, de hasta doce años, llamado Diego de Ibarra, y un indio laborío muy valiente, llamado Juan Miguel, …Aquella noche le escondieron las bestias y les dieron; defendiéronse valientemente, arrimados a un árbol. El muchacho huyó, alcanzáronlo en una cieneguilla y allí lo mataron; murió el indio Juan Miguel, defendiéndose muy bien. Este había sido su temastiani,[280] y a cada flecha que le tiraban, mofando y haciendo burla de él, con que se muestra bien la muerte de este pobre, haber sido en odio de la fe y doctrina que él les enseñaba. El primero de los dos que batallaban, fue Juan de Sosa, lo cogieron vivo, mal herido; trujéronlo de ranchería en ranchería hasta que lo pusieron en una horcajadura de un árbol, y allí, con mofa, grita y burla, lo mataron, tirando al blanco de su desfigurado cuerpo.*
>
> *Llego la nueva al pueblo; se trató de hacer el castigo, que lo hicieron (…) ejecutose con rigor, no se perdonó a ninguno de los agresores: duro su castigo casi dos meses.*
>
> *Pasando, después de lo dicho, el año de treinta y dos, por el puesto de los Papagayos, con unos carneros para el Gobernador, Lázaro de Oluye, Juan Duran y seis indios cataras, dieron los tepehuanes y los mataron; hirieron a los seis indios, de que murieron tres; Salió de Cerralvo, con una compañía, el caudillo Bernardo Garcia, en seguimiento de estos ladrones, y habiéndoles dado en las faldas de la sierra, se resistieron valientemente; hirieron a un compañero, Vicente Guerra, y a ellos les mataron a Azadoncillo, con que subieron a la sierra y cesó el combate.*

---

[280] Temachtiani, palabra náhuatl que significa maestro.

Los soldados llevaban indios auxiliares de nación cataaras que siempre fueron fieles a la Corona, motivo por el que eran odiados por los demás. Estos vivían en un llano a unas tres leguas de la villa de Cerralvo. En el año 1633 una gran alianza de indios encabezada por los tepehuanes se presentaron en su ranchería, mientras sus guerreros estaban acompañando a los soldados en un castigo, allí mataron a cincuenta y seis personas de todos los sexos y edades. Un año más tarde atacaron una recua y rebaño que llegaba al puesto de la sierra de los Papagayos, donde mataron a dos soldados y al indio pastor que se habían apartado, allí dejaron los cuerpos desnudos.

Veinte días más tarde atacaban el Real de San Gregorio, donde mataron a catorce personas llevándose también mil ochocientas cabezas de ganado menor, que los cuatro arcabuceros que había de escolta intentaron defender sin éxito después de dos horas de combate. Aquella noche salieron catorce presidiales en su búsqueda, dándoles alcance al amanecer en la falda de la sierra, recuperando el ganado. Otros quince soldados salieron de relevo a dar caza a los indios, y en la batalla subsiguiente varios salieron heridos, uno de ellos con cinco flechazos de los que se recuperó.

Los ataques no paraban, de modo que en 1635 se juntaron sesenta hombres de varios presidios a las órdenes del sargento mayor Jacinto García. La sierra era impracticable para los caballos, de modo que se hicieron escuadras para atacar a pie. Pronto se les dio cerco en una de las barrancas, pero tuvieron que esperar a que se pasase una fuerte niebla. A las diez de la mañana, cuando la niebla se levantó, los soldados estrecharon el cerco, pero en la confusión, dos soldados se adelantaron sin saberlo siendo capturados, los mataron, desnudaron y decapitaron frente a la escuadra, que no pudo hacer nada por socorrerlos.

> *...dispararon dos veces los arcabuces, y como estaban a pie y por sierra, y no son los españoles tan agiles como los indios desnudos, se vieron algunos en peligro; huyeron los indios; trujeron los cuerpos troncos a enterrar. Prosiguiose al castigo, hasta que se consumió esta nación de tepehuanes, que tantos daños hacía en este Reino.*
>
> *Ya parecía con esto que la tierra estaba quieta y no se podía alterar cuando, por costumbre antigua que tenía Martin López, Alguacil Mayor del Saltillo, de hurtar a indiezuelos para vender, entraron a este Reino por la Boca del Pilón, él y Juan de Minchaca, y con la ayuda de sus indios, que eran los hualahuises, de la propia Boca, quitaban de estas rancherías los hijos a las madres y se iban; esta vez los habían cogido, según los indios dijeron en su disculpa. Vinieron muchas naciones, hostigadas de tantos daños y dijeron a los hualahuises que querían matar a los españoles, que les ayudaran, o si no, los matarían a ellos, consintieron en ello. Llegaron a medianoche, hallaron al Minchaca sentado, al otro durmiendo; atáronlos, soltaron la presa y dejaron desnudos, muriendo a manos de los liberados...*[281]

Fuera de las ciudades se construía en adobe, sin cimientos, y los pobladores construían cerca de los ríos por ahorrar esfuerzo en acarrear agua. Desgraciadamente, en

---

[281] Alonso de León, 1649, *op. cit.*

septiembre de 1636 el cielo se abrió sobre Monterrey. De la sierra se arrancaron árboles por el temporal y la corriente bajaba tan crecida que todas las casas y las iglesias de adobe se fueron con la avenida. En la villa de Cerralvo sucedió lo mismo, las casas desaparecieron y la iglesia se derrumbó. Todo se fue menos el almacén del gobernador, que era donde toda la población se proveía, y gracias a ello el desastre fue más llevadero. Estuvo jarreando durante quince días y las crecientes duraron otros quince, el río de la Pesquería arrancó una hacienda de sacar plata, el de la Silla mató siete mil ovejas y al pastor que las cuidaba. No llovía a gusto de nadie, durante varios años no cayó ni gota en época de siembra, cuando más se necesitaba, en cambio, en septiembre diluvió cuando lo poco que había crecido se iba a cosechar, echándolo a perder. A causa de esto las hambrunas se presentaron sin piedad. Los precios del maíz se desorbitaron, a doce pesos se vendía la fanega de un maíz ya podrido que no servía ni para dar de comer a los animales.

> *El año de cuarenta y seis, por noviembre, entró de fuera un mancebo, hijo de un vecino de esta villa, convaleciente de las viruelas que había tenido en la Nueva España; apestó la villa y todo el Reino, de manera que, en todo el año de cuarenta y siete, murieron más de quinientas personas de todos géneros y edades, españoles e indios; era compasión y lástima ver tantas muertes, que casi quien enterrara o llevara a las iglesias no había. De algunos que, heridos del mal, se fueron a sus tierras, cundió en ellas, que despobló rancherías enteras; duró hasta los principios de cuarenta y ocho, que purificó Dios los aires…*

El Nuevo León no encontró la paz. Hasta entonces aquella tierra fue muy hostil, especialmente dura entre 1637 y 1648, en que se produjeron varios alzamientos importantes y multitud de ataques por todo el reino. Tepehuanes, guachichiles, alazapas e icauras atacaban sin descanso a los españoles y a los indios cristianos. Hasta los más pacíficos coahuiltecos atacaban cuando podían. La nómina de muertos fue aterradora, intolerable.

El robo de toda propiedad, principalmente ganado mayor y menor, y caballada, era inasumible, y cuando empezaron los despueblos de los lugareños se encendió la alarma. La Corona era muy reacia a abrir las cajas reales para dar solución, y los gobernadores bastante hacían con adelantar el dinero para que el reino no se paralizase. Hasta 73.000 pesos se le debían al gobernador, solamente de su sueldo de varios años. A este dinero se le llamaba sueldo, pero no era para su bolsillo, era el dinero que anualmente debía administrar y con el que se pagaban muchos gastos, como las provisiones que daba a la población y también con los que compraba la paz a los indios.

> *Ya no bastaban razones al gobernador y a sus ministros para persuadir a los vecinos que continuasen su vecindad: su patrimonio estaba consumido, la ferocidad de los bárbaros se aumentaba; …y haciendo el último esfuerzo, dio a todos esperanzas de que su majestad le favorecería dándole algún pequeño socorro, aunque fuera temporal, de veinte soldados, doce con un capitán en la villa de Cerralvo, y ocho en esta villa de Cadereyta; municiones y algún dinero, a cuenta de setenta y tres mil pesos que se le deben de su sueldo, desde que entró a la ocupación de este Reino, con que suspendieron el desamparo, mandando sacar los testimonios.*

El gobernador Zavala envió al capitán Alonso de León como procurador a solicitar ayuda al virrey en México. Diez meses estuvo el capitán esperando el trámite burocrático, para conseguir los soldados y el dinero atrasado.

> ...caso es este cierto, en que se agota el entendimiento, considerando la poca atención que tienen estos señores a la conservación de lo adquirido, con orden y por mandado de su majestad, y que, si una vez se vuelve a despoblar, es forzoso mande su majestad abrir sus reales cajas para recobrar lo que se perdiere, y antes que se llegue a verse en el estado que hoy esta, se habían de consumir sus tesoros; ...remitiendo las cosas que piden breve y eficaz remedio, a partes tan remotas, solo a fin de dilatar los socorros: pestilencial costumbre de esta monarquía.
>
> Visto, pues, por el Gobernador el poco fruto que sacaba hizo llamar a algunos de los indios alzados, y con aventajados partidos, los agasajó y tiene en la villa de Cerralvo, donde van llevando a los demás, con sus mujeres e hijos, a costa de mucha ropa y bastimento, por obligarles a que cesen en sus insultos. Efectuaron esta paz, el agosto del año pasado de cincuenta, con que están quietos ellos, y sus parciales, asegurados, y las muertes que hacían han cesado; si bien daños en todo el Reino, no los ha dejado de haber, como una o dos compañías en campaña en la villa de Cerralvo y en esta de Cadereyta, para refrenar sus barbaros intentos.

No le duraría mucho la paz a Alonso de León. Un año más tarde se producía un nuevo alzamiento de indios en la sierra de Papagayos, que tuvo que sofocar personalmente en compañía de otro buen cronista, Juan Bautista Chapa, quien, según parece, siguió escribiendo las crónicas de Alonso de León cuando este ya no pudo hacerlo.

EL PRESIDIO DE CERROGORDO.
LOS TOBOSOS
(1643-1646)

La narración cronológica de lo sucedido en un territorio tan extenso como el norte de la Nueva España, con acontecimientos inconexos pero que se van solapando en el tiempo, nos obliga a dar un salto en el espacio para atender otro gran problema para la paz hispana. La paz trajo el desarrollo y la expansión, pero para expandir se necesitaba protección, para los españoles, para los religiosos, pero también para los indios que decidieron hispanizarse. Las revueltas, aunque aisladas en origen, podían ser contagiosas para todo el territorio y era preciso sofocarlas a la mayor brevedad.

La religión era un fenomenal método de control poblacional, para ello los indios debían congregarse en pueblos y así facilitar la labor de los misioneros, pero sin soldados la seguridad del sistema en su conjunto peligraba.

En el sistema de expansión progresiva se había hecho una arriesgada excepción con el establecimiento del Nuevo México, que penetraba en el norte desconocido más de mil kilómetros, cuando aún no se había controlado suficientemente la mayoría del territorio por el que había que transitar para llegar hasta allí. A pesar de ello, para 1640 el Nuevo México era ya una realidad.

Se encontraron nuevas minas de plata en Sonora, situada en la costa del Pacífico, y numerosas haciendas se habían establecido en el Camino Real de Santa Fe, en lo que era la Nueva Vizcaya. El Nuevo Reino de León también estaba completamente establecido, y allí aparecieron ricas vetas de plata, en San José del Parral, en 1631. Entre una y otro, entre Sonora y el Nuevo León, había la nada despreciable distancia de casi 1.500 kilómetros, abundantes en problemas con los indios, y la paz en la que se vivía no iba a durar mucho tiempo, hacían falta más presidios, y con más soldados para proteger las nuevas poblaciones y rutas de comunicación.

Desde el Parral y hacia el oeste se establecieron poblaciones que cubrieron el territorio que llegaba hasta la Sierra Madre, y hacia el este se hizo otro tanto con la zona de Saltillo, cubriendo el Nuevo León y Coahuila. Como veíamos en el capítulo anterior, un presidio de pocos soldados fue estacionado en Cerralvo en 1629 y otro en Cadereyta en 1639, pero la situación en la zona era realmente complicada y se necesitaban más presidios, para lo que el gobernador Zavala envió a su procurador Alonso de León a Ciudad de México, para conseguir del virrey el apoyo necesario.

En 1643, con la comarca del Parral y sus minas completamente pobladas, se alzaban los tobosos que la habitaban. Unieron fuerzas con los salineros para atacar las ricas haciendas y pueblos de la zona, y por momentos las poblaciones más importantes de ambas provincias quedaron aisladas del resto del virreinato. Para solucionarlo, el virrey ordenó el establecimiento de un presidio en Cerrogordo, que se encargaría de proteger las rutas.

Esta revuelta hizo que todo cambiara, los indios nómadas eran mucho más móviles con el dominio de la caballería, y lo hacían tanto o mejor que los propios españoles. Además, estaban perfectamente adaptados a sobrevivir en zonas desérticas, eran formidables guerreros y superaban en número a los soldados. El enemigo ya no temía a los soldados presidiales. Los tobosos atacaban por sorpresa, a larga distancia, y desaparecían rápido en zonas donde la caballería española se encontraba en desventaja. Las desérticas mesetas al este de la Sierra Madre no perdonaban el menor descuido y los soldados españoles lo aprendieron pronto en sus propias carnes.

La revuelta llegó después de años de tira y afloja con los capitanes tobosos y salineros. Los denodados esfuerzos de las autoridades españolas no pudieron evitar un enfrentamiento que no les interesaba en ningún caso. Se intentó lo que ya se venía practicando con otras naciones, se implantó una misión en Atotonilco,[282] especialmente dedicada a ellos, con el fin de que aprendiesen a vivir como españoles. Fue establecida en un lugar a orillas del río Florido donde todavía se podía practicar la agricultura, a una distancia asequible de Parral y del presidio de Cerrogordo.

En 1645 se firmó un tratado de paz con tobosos y salineros, uno de tantos. Por parte española, estaba el maestre de campo Francisco Montaño de la Cueva,[283] teniente de gobernador y capitán general de la Nueva Vizcaya. Montaño era natural de la Península y para el momento en que se tuvo que enfrentar a los tobosos ya era un experimentado comandante en la frontera. A él se le encargó la expedición de castigo contra los tobosos, nonojes, ococlames, coyomes, pimotologas, cabezas, gavilanes y otros aliados a ellos a los que se acusaba de muchas muertes y del robo de todas las caballadas de la provincia de Santa Bárbara.[284] Los más beligerantes eran sin duda los tobosos, uno de ellos, llamado Juan Largo, colaboraba con los españoles y se le envió con un enorme cargamento de ropa y utensilios que, como ya sabemos de anteriores pacificaciones,

---

[282] Hay muchos lugares que llevan el nombre de Atotonilco, que en náhuatl quiere decir fuentes termales. San Buenaventura de Atotonilco estaba situada en el Río Florido, al este de San Bartolomé y Parral. Se fundó en 1602 como misión franciscana para los tobosos.

[283] Capitán del Presidio de Tepehuanes y alcalde mayor de Santiago Papasquiaro. Maestre de campo bajo el gobernador Mateo de Vesga y teniente de gobernador con Luis de Monsalve. En 1639 fue gobernador interino y capitán general de la Nueva Vizcaya.

[284] Aquí se descubrieron vetas de plata y oro en 1560, lo que inició el desarrollo de la Nueva Vizcaya. El levantamiento toboso se inició en esta zona y el primer ataque tuvo lugar en la hacienda del valle de San Bartolomé en 1644, llegando después los ataques hasta Indé.

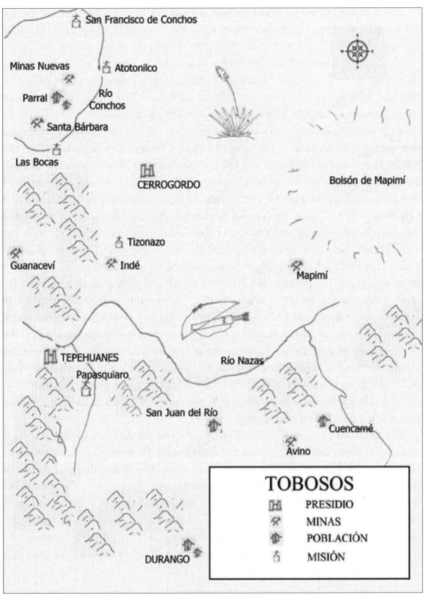

Mapa con el territorio frecuentado por los Tobosos, al norte el Bolsón de Mapimí.
Elaboración propia.

era el precio a pagar para mantener a los indios sujetos. Con él fue también el mensaje que había funcionado con los humes, el perdón de los crímenes si se reducían a pueblos y aceptaban la paz. Tres días después el capitán tuvo noticia de que Juan Largo había muerto en el camino por ser ya muy mayor, sin haber otro documento que certifique si había llegado a cumplir su misión. Parece ser que no, porque el 29 de mayo, Montaño escribía relatando su entrada a la tierra adentro, al castigo y pacificación de los indios.

Tobosos y salineros vivían en el inhospitable desierto del Bolsón de Mapimí, y fueron hostiles a los españoles desde el primer contacto. Eran una nación primitiva, nómada, de muy valientes guerreros. Sin ser numerosos, se aliaban con otras tribus como los cabezas, nonojes, y acoclames creando una fuerza temible.

A los tobosos se sumó poco después el levantamiento de los conchos que, aunque eran enemigos de los tobosos, vieron la ocasión para hacer daño a los españoles, que no podían enfrentar dos rebeliones a la vez. Los conchos eran aliados de varias naciones, como julimes, guachichiles, olozasmes, xiximbles y chisos, y en su alzamiento, el 25 de marzo de 1645, mataron a los frailes franciscanos en el pueblo de San Francisco de Conchos.[285] A fray Tomás de Zigarrán lo mataron con cinco flechas en el pecho para después cortarle la cabeza, y a Francisco Labado le dieron muerte con catorce flechazos.

También mataron al gobernador[286] del pueblo, Joseph Juan,[287] y a un hijo suyo. Este gobernador pudo haber encendido la mecha de la rebelión al dirigir a los indios de su misión con mano dura. Al iniciarse la revuelta se refugiaron en la iglesia y sus mismos conchos la prendieron fuego con ellos dentro, junto a ellos encontraron a un indio y a siete indias ancianas. En el río dieron muerte a Lorenzo Sotelo Montezuma, y a dos indios que estaban pescando con él. Después fueron a la misión de San Pedro donde quemaron la iglesia, no pudiendo matar a los dos franciscanos, que consiguieron escapar de milagro, llegando con vida a la misión jesuita de Satevó,[288] más arriba en el río. También en la hacienda del capitán Baltasar de Ontiveros, donde mataron a tres indios y robaron la mayor parte del ganado y la caballada, secuestrando a dos mulatas para matar a una de ellas poco después.

El capitán Montaño pasó orden al capitán del presidio de Santa Catalina de Tepehuanes, Juan Barraza, para que saliera a castigar a los Tobosos, y este lo hizo con 60 españoles, 200 tepehuanes aliados y un número no especificado de conchos amigos que estaban en guerra con los tobosos. Por otra parte, dejó a cargo del presidio de Atotonilco al capitán Luis de Escobar, que debía quedarse en previsión de que se produjese algún ataque rebelde. También debía buscar a Cristóbal el Gangoso, que era hijo del fallecido Juan Largo, para que continuase el trabajo de embajador ante los tobosos, que su padre no había podido completar. A su regreso dijo que los tobosos le

---

[285] Misión fundada en el río Conchos por fray Alonso de la Oliva en 1604, para la conversión de los conchos.

[286] Las misiones y poblados indios tenían su propio sistema de autogobierno, con cargos electos como gobernador, alcalde, regidor, fiscal, síndico o alguacil.

[287] Joseph Juan era hijo de padre mulato y de madre Concho.

[288] Satevó estaba a 85 kilómetros al norte de San Felipe. Se estableció en 1640 y fue abandonada 12 años después, finalmente reabierta en 1674.

habían recibido muy bien y le enviaron de vuelta con la respuesta de que aceptaban el ofrecimiento de paz.

A mediados del mes de junio y tras las preceptivas notificaciones entre mandos, el indio Cristóbal fue enviado por segunda vez a hablar con los tobosos y, a su regreso, trajo consigo al capitán indio Cristóbal Zapata, el cual vino a dar la paz en nombre de los tobosos y sus aliados. También venía un indio nonoje en nombre de su capitán Juan Casa Zavala, quien también aceptó los términos. Aunque ambos se mostraron un poco molestos al no encontrar a Montaño en el presidio de Atotonilco, y declararon su intención de volver cuando estuviese el maestre en el presidio, después de recoger las cosechas que tenían de calabazas, maíz, mesquite, tuna,[289] dátiles y pitahaya.

En garantía de su compromiso de paz dejaron en el presidio a dos indias con sus hijos.[290]

El 20 de agosto de 1645, el maestre de campo comunicó que se encontraba en San Francisco de Conchos. El indio Cristóbal había llegado hasta él para informarle de lo que había hablado con su gente. Los tobosos querían firmar las paces con el propio Montaño, ya que se fiaban de su palabra más que la de ningún otro, y para ello esperarían a que el maestre regresase a Atotonilco para formalizar la paz. El mensajero Cristóbal fue agasajado y acomodado en San Francisco, el objetivo era que se quedase unos días y viese a los conchos bajar a darle las paces, y que ello sirviera de ejemplo a los tobosos en Atotonilco.

A la cita con el maestre de campo Montaño aparecieron cien indios, indias y muchachos de nación concho de los que se habían alzado, quienes firmaron las paces y fueron perdonados de los crímenes cometidos. Esto lo vio el toboso Cristóbal, quien recibió el encargo de hablar con los suyos y los invitase a seguir el ejemplo de los conchos. Le dio provisiones para el camino y mensaje para los de su nación de que pronto pasaría a verlos.

Una vez de regreso en Atotonilco, a primeros de septiembre, el maestre de campo Montaño recibió a todos los caciques indios y sus representantes. También estaba presente Cristóbal el Gangoso, que hizo de intérprete, ya que hablaba la lengua de los tobosos y también el náhuatl, lengua de los mexicas que el maestre Montaño dominaba. Durante el largo y formal proceso en que estas conferencias de paz se convertían, sobre todo teniendo en cuenta las varias naciones de indios presentes, y con las que había que repetir todo el proceso una por una, salió a colación la existencia de una española que los ocomes tenían cautiva y que habían comprado de los cabezas, quienes fueron los que

---

[289] La tuna es el fruto del nopal, que en España se conoce como chumbera.

[290] Dejar algunos de los suyos junto a los españoles era algo habitual entre los indios, sin ser requerido por los capitanes de los presidios, que lo veían más como una nueva responsabilidad. Los indios sabían que los que se quedaban iban a ser bien tratados en cuanto a comida y atenciones, y en algunos casos servían como espías que, a su vuelta, daban toda la información a los caciques indios.

atacaron la recua de mulas en la que iba ella, matando a todos los demás españoles. El maestre les ofreció recomprarla con dos huipiles carreteros[291] y cuatro varas[292] de paño.

Fue esta una historia truculenta, que da idea del sacrificio que hacían los españoles perdonando a los indios los crímenes a cambio de la paz. Antonia Tremiño, mujer de Antonio Pérez de Molina, minero y transportista de origen portugués, viajaba en una caravana de transporte al pueblo de Mapimí, acompañada de cuatro de sus ocho hijos. Los ocho españoles que escoltaban la caravana fueron asesinados mientras la señora Tremiño y sus hijos fueron secuestrados por los atacantes. La familia fue llevada ante el capitán de los cabezas, Gerónimo Moranta, quien mató a dos de los hijos frente a la madre. El más joven se lo llevó uno de los guerreros y murió pocos días después, y la madre y la hija fueron separadas. Durante los siguientes meses la señora Tremiño, vestida como una india y con el pelo rapado, pasó de mano en mano como esclava, hasta que llegó a los tobosos, quienes, después de un tiempo, la mataron para evitar que testificara sobre el asesinato de su familia. La hija, por otro camino, terminó en poder de los ocomes, y tras el rescate pagado por el maestre de campo se pudo reunir con el resto de su familia.

Entre los tobosos había también un salinero llamado Domingo, que venía en representación de su capitán a preguntar si las condiciones de paz ofrecidas a los tobosos se ofrecerían también a los salineros, ante lo cual, el maestre no solo le dio su palabra, sino que junto a él, envió también al cacique Francisco Mamá, que era de la misma nación salinera y que había estado trabajando como soldado a las órdenes del Maestre de Campo en la expedición enviada a la pacificación de los conchos. La presencia de un soldado español de origen salinero daría mucha fuerza a la oferta de paz del maestre Montaño. Y con ese mensaje les dio toda la harina y carne que pudieron cargar y los envió a su poblado.

Domingo no tardó en regresar, anunciando que los de su nación venían todos en camino, pero que necesitaban alguna provisión porque no tenían nada y estaban muertos de hambre. Se le dieron diez arrobas de harina y una res. Tres días más tarde llegaban a Atotonilco tres salineros que se habían adelantado a su grupo, uno de ellos ciego, quienes también recibieron sustento. Unos días más necesitó el grueso de los salineros para alcanzar Atotonilco, aunque lo hicieron por la otra banda del río Florido, por lo que se les pasaron suficientes víveres para que pudieran comer, mientras el río se pudiera vadear.

Dio orden el maestre de campo para que, juntando todas las manos posibles, tanto de indios amigos como de soldados presidiales, se construyese una balsa con la que pasar el río a los salineros, operación que tuvo considerable riesgo. Finalmente, en Atotonilco se contaron ciento treinta y un salineros, incluyendo el mencionado Domingo, y el

---

[291] Camisa usada por las mujeres en México. Al ser carretero, probablemente se refiere a un tipo de poncho.

[292] La vara mide exactamente 0,83 centímetros.

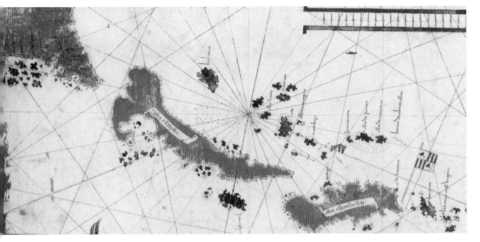

Fig 1. El planisferio de Cantino, realizado en 1502 (imagen parcial). A la izquierda arriba la península de la Florida, en la que parecen distinguirse las bahías de Tampa y Gasparilla. En la esquina inferior derecha, en azul, la isla de Borinquen, actual Puerto Rico. Biblioteca Estense Universitaria, Módena, Italia. *(Pág. 19)*

Fig 2. Representación de Alvar Núñez Cabeza de Vaca en el momento de realizar la primera operación a corazón abierto. Jason Scull, Briscoe Musem, San Antonio, Texas. *Fotografía del autor. (Pág. 25)*

Fig 3. El Despoblado, territorio al sur de Tucsón y al norte de la frontera internacional. *Fotografía del autor. (Pág. 32)*

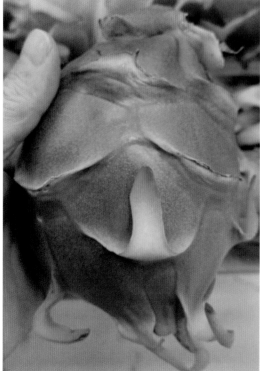

Fig 4. La pitahaya o pitaya es el fruto comestible de un tipo de cactus. *Fotografía del autor. (Pág. 33)*

Fig 5a. Valle de Sedona. *Fotografías del autor. (Pág. 34)*

Fig 5b. «Tanto la distancia desde Chichilticale hasta Cíbola, como de esta hasta Tusayan, coincidirían con la ubicación de Sedona y, como se prueba en las fotografías, la descripción del cronista coincide con dicho lugar».

Fig 5c. Gran Cañón del río Colorado, desde el Pipe Creek Vista. *Fotografía del autor. (Pág. 36)*

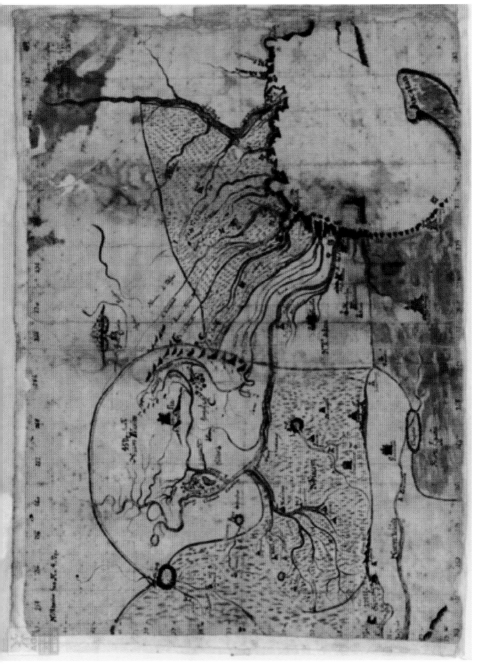

Fig 6. Mapa del Nuevo México y Tejas ca. 1730. La Gran Quivira al centro arriba. Archivo General de la Nación. Ciudad de México. *(Págs. 42 y 425)*

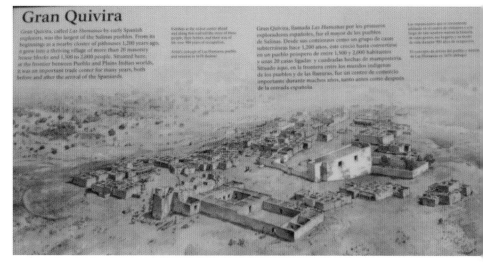

Fig 7. Arriba, reconstrucción pictórica de la población de las Humanas, Nuevo México. En el centro, restos de la iglesia de la Misión de las Salinas. Yacimiento arqueológico de las Humanas-Gran Quivira. Nuevo México. Fotografías del autor.
Abajo, fotografía cenital del yacimiento de las Humanas-Gran Quivira. Nuevo México. *Fotografía Google. (Pág. 42)*

Fig 8. El peñol y pueblo de Acoma, como lo vería el grupo de Alvarado *(Pag. 37). Fotografía del autor.*

Fig 9. Modelo de carro tirado por bueyes utilizado en la expedición, realizado por el método de arqueología experimental a partir de los restos encontrados en el yacimiento arqueológico de Coronado Campground, Bernalillo, Nuevo México. *Fotografía del autor. (Pág. 53)*

Fig 10. Indios aliados otomí se enfrentan a los chichimecas. Abajo se ve lo que parece una lanza con la Cruz de Borgoña. Códice de Chapa de Mota. Jilotepec. Estado de México 1703. En el Archivo General de la Nación. México. En Tierras, vol. 1783, exp. 1, f 19 y 29. *(Pág. 72)*

Fig 11. Representación de dos frailes decapitados. Vista parcial del Mapa de las villas de San Miguel y San Felipe de los Chichimecas. 1579-1580. Real Academia de la Historia: Sección de Cartografía y Artes Gráficas. Sig.: C-028-009. *(Pág. 75)*

Fig 12. Representación de la recua con sus arrieros escoltada por hombres armados. Vista parcial del Mapa de las villas de San Miguel y San Felipe de los Chichimecas. 1579-1580. RAH: Cartografía C-028-009. *(Pág. 75)*

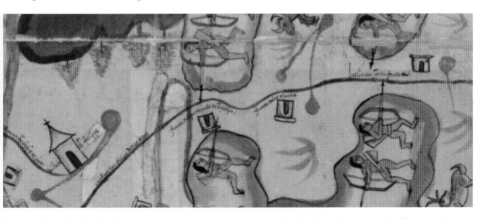

Fig 13. La villa de San Felipe a la izquierda y los fuertes de Ojuelos al centro y de Bocas a la derecha. Vista parcial del Mapa de las villas de San Miguel y San Felipe de los Chichimecas. 1579-1580. RAH: Cartografía: C-028-009. *(Pág. 75)*

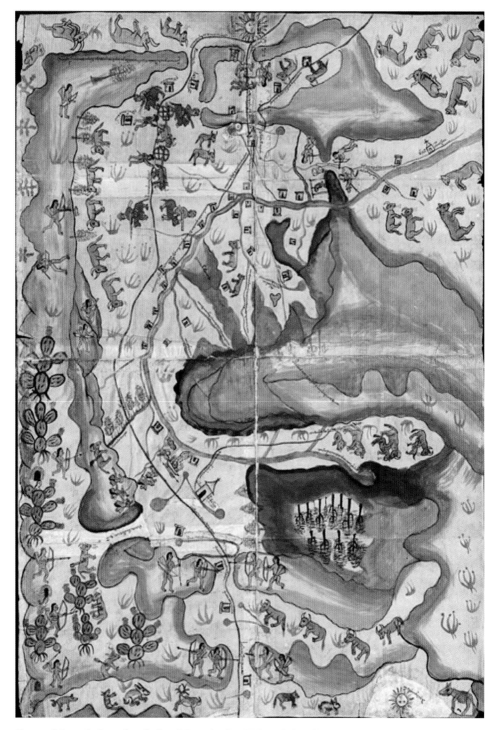

Fig 14. Mapa de las villas de San Miguel y San Felipe de los Chichimecas. 1579-1580.
RAH: Cartografía C-028-009. *(Págs. 78 y 425)*

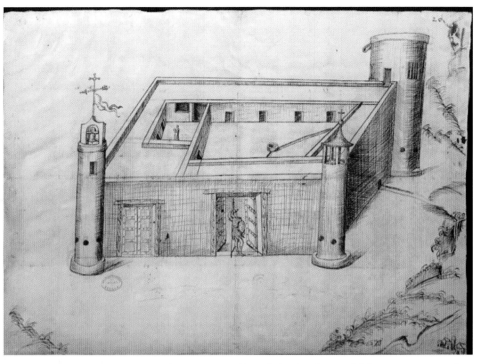

Fig 15. Arriba: diseño del fuerte y convento de Xalpa, en Querétaro. En mayo de 1576, el virrey Martín Enríquez de Almansa ordenó al capitán Luis de Carvajal de la Cueva la construcción de un fuerte en Xalpa, para asegurar la frontera contra los indios alzados y en guerra, y defender a los indios pacíficos. Se desconoce si el fuerte llegó a construirse y de hacerlo, si tuvo tal configuración, tampoco se sabe si llegaría a alojar una compañía presidial o solo un destacamento. *(Pág. 64)*

Fig 16. A la izquierda: detalle del centinela vestido a la romana, con lo que parece una cota y un morrión. *(Pág. 64)*
Archivo General de Indias. MP-MEXICO, 561.

Fig 17. Representación de un soldado presidial vistiendo lo que parece una cota, portando una celada con barbote, y disparando su arcabuz. Destaca la manta de protección del caballo. Vista parcial del Mapa de las villas de San Miguel y San Felipe de los Chichimecas. 1579-1580. RAH: Cartografía C-028-009. *(Pág. 64)*

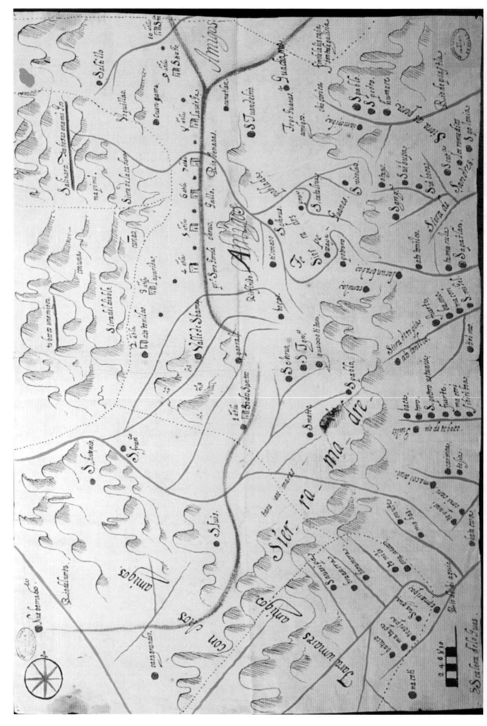

Fig 18. Mapa de la Nueva Vizcaya. 1667. Archivo General de Indias, Sevilla. MP-México, 615. *(Págs. 93 y 425)*

Fig 19. Los acantilados de más de 50 metros en el curso bajo del Pecos impedían a la expedición llegar al río. *Fotografía del autor. (Pág. 105)*

Fig 20. El desolado valle del río Pecos en su curso medio, por el que transitó la expedición de Castaño de Sosa. *Fotografía del autor. (Pág. 106)*

Fig 21. El fruto del mesquite, también conocido como el árbol del pan. *Fotografía del autor. (Pág. 105)*

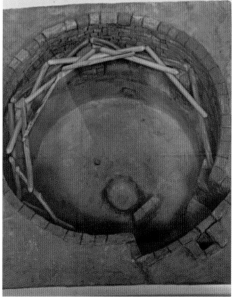

Fig 22. Reconstrucción a escala de una «estufa» o kiva circular. Museo del Mesa Verde National Park. *Fotografías del autor. (Pág. 110)*

Fig 23. El pueblo de Taos, Nuevo México, en 1878.
Fotografía: B.H. Guernsey. Princeton Digital Library. *(Pág. 113)*

Fig 24. Muro de Fagina. La Villita. San Antonio, Texas. *Fotografía del autor. (Pág. 117)*

Fig 25. Representación de Huipiles y Naguas. Códice Vaticanus. *(Pág. 131)*

Fig 26. Yunta de bueyes. Placa de bronce en el sarcófago vacío de fray Junípero Serra. Museo de la Misión de San Carlos Borromeo. Carmel by the sea. California. *Fotografía del autor. (Pág. 142)*

Fig 27. Carreta (reproducción). Museo de la Misión de San Carlos Borromeo. Carmel by the sea. California. *Fotografía del autor. (Pág. 142)*

Fig 28. En el lugar donde se pasó el río existe una estela conmemorativa del evento. Erigida en 1936, década en la que se reconocieron muchos hitos de la época hispana a lo largo de todos los Estados Unidos. *Fotografía del autor. (Pág. 149)*

Fig 29. La jornada de Oñate en 1598. Vista parcial del mapa. Documento en el Archivo General de Indias, MP-MEXICO, 49. *(Págs. 152 y 425)*

Fig 30. La Jornada del Muerto transcurre por un territorio inhóspito con temperaturas altísimas y sin abrevaderos. *Fotografía del autor. (Pág. 151)*

Fig 31. Macizo rocoso de El Morro. Nuevo México. *(Pág. 162)*

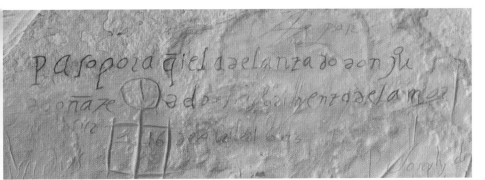

Fig 32. Inscripción grabada en la piedra caliza por Oñate: «Pasó por aquí el adelantado don Juan de Oñate al descubrimiento de la mar del sur, a 16 de abril de 1605». *Fotografías del autor. (Pág. 162)*

Fig 33. Interior de una kiva reconstruida, con su entrada superior y escalera. Spruce Tree House, Mesa Verde National Park. *Fotografía: Adam Baker. (Pág. 166)*

Fig 34. Corredores de Acoma. Circa 1909. El aspecto de los acomeños no sería muy diferente del recogido en esta fotografía. The Miriam and Ira D. Wallach Division of Art, Prints and Photographs: «Runners, Acoma». The New York Public Library Digital Collections. 1909. *(Pag. 170)*

Fig 35. La estatua de Oñate, de diez metros de alto y dieciocho toneladas de peso, adorna la entrada al aeropuerto de El Paso, en el actual estado de Texas. Obra titulada «The Equestrian» realizada por el escultor John Sherrill Houser en 2007. Había sido autorizada por el ayuntamiento en 1992. *Fotografía del autor. (Pág. 143)*

Fig 36. Representación de perros cargados a la manera de los indios. Autor desconocido. Imágenes obtenidas de www.godsdogs1.com/history-of-the-native-american-dog.html *(Pág. 174)*

Fig 37. Bisonte americano, conocido antiguamente como cíbola. Antelope island State Park, Salt Lake City, Utah. *Fotografía del autor. (Pág. 175)*

Fig 38. Las sierras al norte de Durango donde habitaban los tepehuanes. Salto del Sabinal, Tepehuanes, Durango, México. *(Pág. 199)*

Fig 39. Planta del Agave Lechuguilla, dentro de la familia del Maguey. Seminole Canyon, Texas. *Fotografía del autor. (Pág. 235)*

Fig 40. Flechas indias en el museo de la Sul Ross University, Alpine, Texas. *Fotografías del autor. (Pág. 244)*

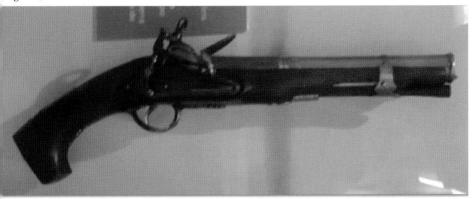

Fig 41. Pistola ca 1650. Museo Misión San Luis Rey, California. Abajo, adarga presidial. Museo del Ejército. Toledo. *Fotografías del autor. (Pág. 244)*

Fig 42. Adarga presidial. Museo del Ejército. Toledo. *Fotografías del autor. (Pág. 244)*

Fig 43. A la derecha, punta de lanza habitual en los soldados presidiales. Museo Witte. San Antonio, Texas. *(Pág. 244)*

Fig 44. Al lado de esta, daga sin su empuñadura de madera. Santa Fe History Museum. New Mexico. *Fotografías del autor. (Pág. 244)*

Fig 45. Estaca para la siembra, hecha con madera endurecida, nótese el extremo derecho trabajado para perforar la tierra. Museo de la Misión Tumacácori. Arizona. *Fotografía del autor. (Pág. 244)*

Fig 46. Arcabuz. s. XVII. New Mexico History Museum. *(Pág. 244)*

Fig 47. Mosquete. s. XVIII. New Mexico History Museum. *(Pág. 244)*

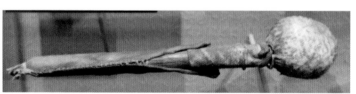

Fig 48. Modelos de macana en el New Mexico History Museum y en el museo de la Misión Tumacacori, Arizona. *Fotografías del autor. (Pág. 244)*

Fig 49. Arco largo usado por los indios flecheros o auxiliares. La longitud del arco debía ser igual a la altura del arquero. Museo de la Misión de San Luis Rey. California. *Fotografías del autor. (Págs. 244 y 373)*

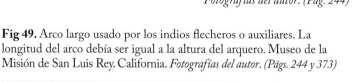

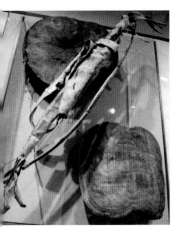

Fig 50. Arco corto, bolsa de cuero para las flechas llamada aljaba (palabra castellana de origen árabe), chimal indio y adarga española. Museo de Historia de Santa Fe. Nuevo México. *Fotografía del autor. (Págs. 244 y 373)*

Fig 51. «La Bajada». Desnivel de más de cien metros que es preciso franquear para subir hasta Santa Fe desde el bajo Nuevo México. Forma parte del Camino Real de Santa Fe, también llamado de Tierra Adentro. Se aprecian las líneas diagonales del puerto, que transitaron los refugiados que huían del alzamiento de los indios. *Fotografía del autor. (Pág. 284)*

Fig 52. El río Salado en su confluencia con el río Grande del Norte. En la actualidad tiene el nombre de río Pecos, debido al lugar de su nacimiento. *Fotografía del autor. (Pág. 297)*

Fig 53. Misión Nuestra Señora de la Concepción del Socorro de los Piros del Sur. Los indios Piro cristianos que huyeron de la revuelta con los españoles, se establecieron en la zona de El Paso, donde fundaron una misión recuerdo de la cual queda la iglesia, remodelada recientemente La fachada ca. 1900. Universidad de Texas El Paso. Archivo de Colecciones Especiales. *(Pág. 287)*

Fachada actual, característica construcción de los indios Piro. *Fotografía del autor.*

Fig 54. Misión Nuestra Señora de la Concepción del Socorro de los Piros del Sur. Interior de la iglesia en la actualidad. La misión fue fundada en octubre de 1680 y acogió a sesenta familias de indios Piro y 15 familias españolas que llegaban refugiados del Nuevo México tras la revuelta. *Fotografía del autor. (Pág. 287)*

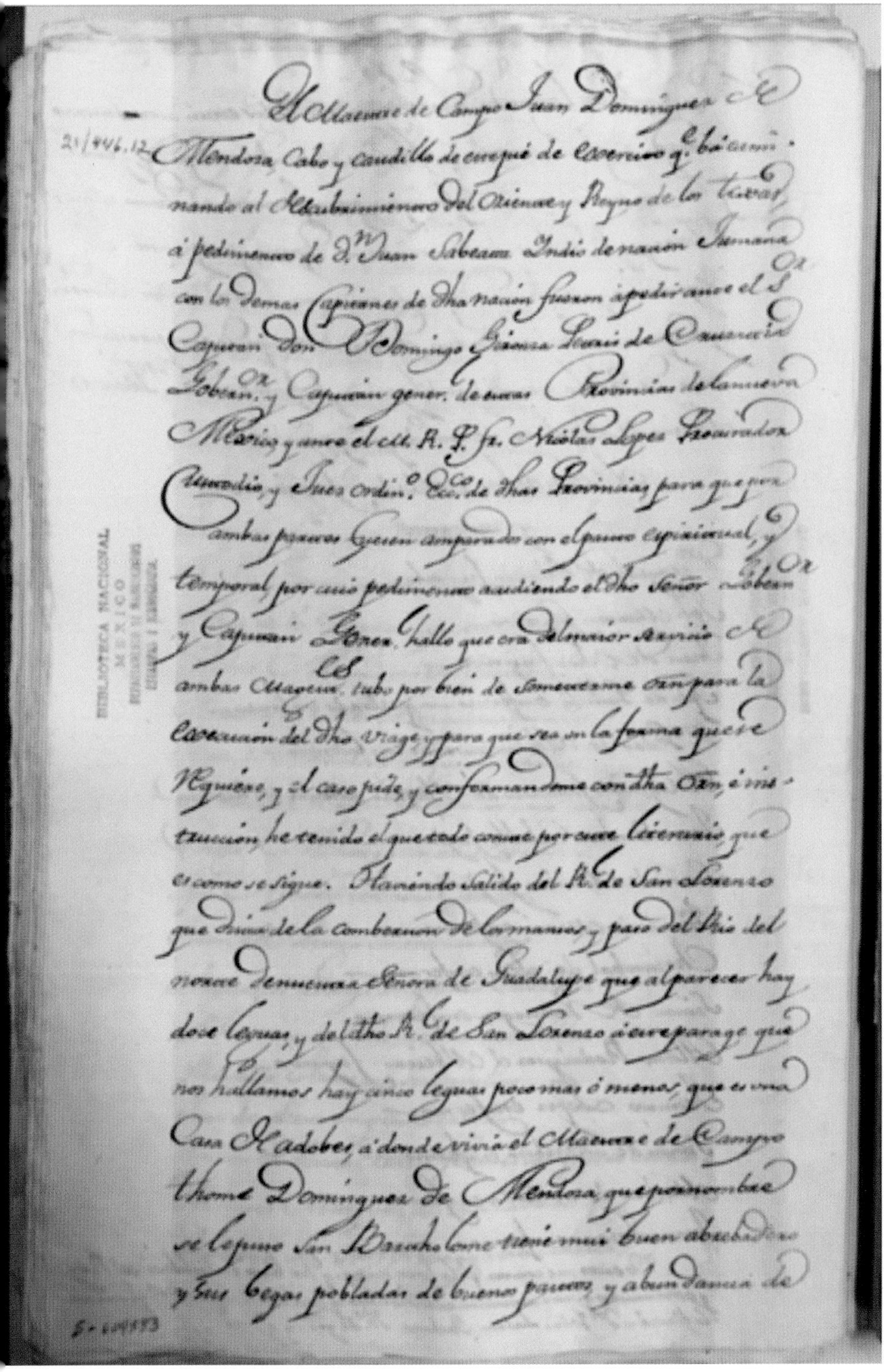

El Maestre de Campo Juan Domínguez de
Mendoza, Cabo y caudillo de cinquenta de caverios y beci-
nando al descubrimiento del Oriente y Reyno de los Tixas,
á pedimiento de D. Juan Sabeata, Indio de nación Jumana
con los demás Capitanes de dha nación fueron á pedir ante el S.
Capitán don Domingo Ximena Luna de Caverio
Lobean, y Capitán gener. de estas Provincias de la nueva
México, y ante el R. P. fr. Nicolás Lopes Procurador
Custodio, y Juez ordin. Ecco. de dhas Provincias para que por
ambas partes fuesen amparados con el poder espiritual, y
temporal, por cuio pedimiento auediendo el dho Señor Lobean
y Capitán Gener. hallo que era del maior servicio de
ambas Magestes tubo por bien de someterme em para la
Caverion del dho viaje, y para que sea en la forma que se
requiere, y el caso pide y conformandome con dha Orn, é instrucción he venido el quederlo como por eso teneremis que
es como se sigue. Haviendo salido del R. de San Lorenzo
que dista de la combersion de los manssos, y paso del Rio del
norte de nuestra Señora de Guadalupe que al parecer hay
doce leguas, y del dho R. de San Lorenzo á este parage que
nos hallamos hay cinco leguas poco mas ó menos, que es una
Casa de adobes, á donde vivia el Maestre de Campo
thomé Domínguez de Mendoza que por nombre
se le puso San Bernabe que tiene mui buen abrebadero
y sus begas pobladas de buenos pastos, y abundancia de

Fig 55. Relación de la expedición de Juan Domínguez de Mendoza en 1684 al descubrimiento del oriente y Reyno de los Texas. *Fotografía del autor.* Documento en el archivo franciscano de la Biblioteca Nacional de México. En 21/446.12 página 70. *(Pág. 296)*

Fig 56. Cota de Malla. s. XVII. New Mexico History Museum. *Fotografía del autor. (Pág. 307)*

Fig 57. Cuera larga. s. XVII y XVIII. Museo del Ejército. Toledo. *Fotografía del autor. (Pág. 307)*

Fig 58. René Robert Cavelier de La Salle. Paradigma de la propaganda francesa. Aun no consiguiendo ninguno de sus objetivos, apropiándose de los éxitos ajenos, tanto españoles como franceses, no dejando herencia alguna sobre el territorio, aunque fuese en forma de topónimos, ha pasado a la historia como la figura más relevante de la Francia colonial, por encima incluso de LaFayette gracias a la maquinaria propagandística tanto francesa como norteamericana que, durante los últimos 300 años, ha fabricado toda una narrativa épica y heroica en torno al personaje. Placa conmemorativa en el fuerte Jackson a orillas del río Mississippi. *Fotografía del autor. (Pág. 325)*

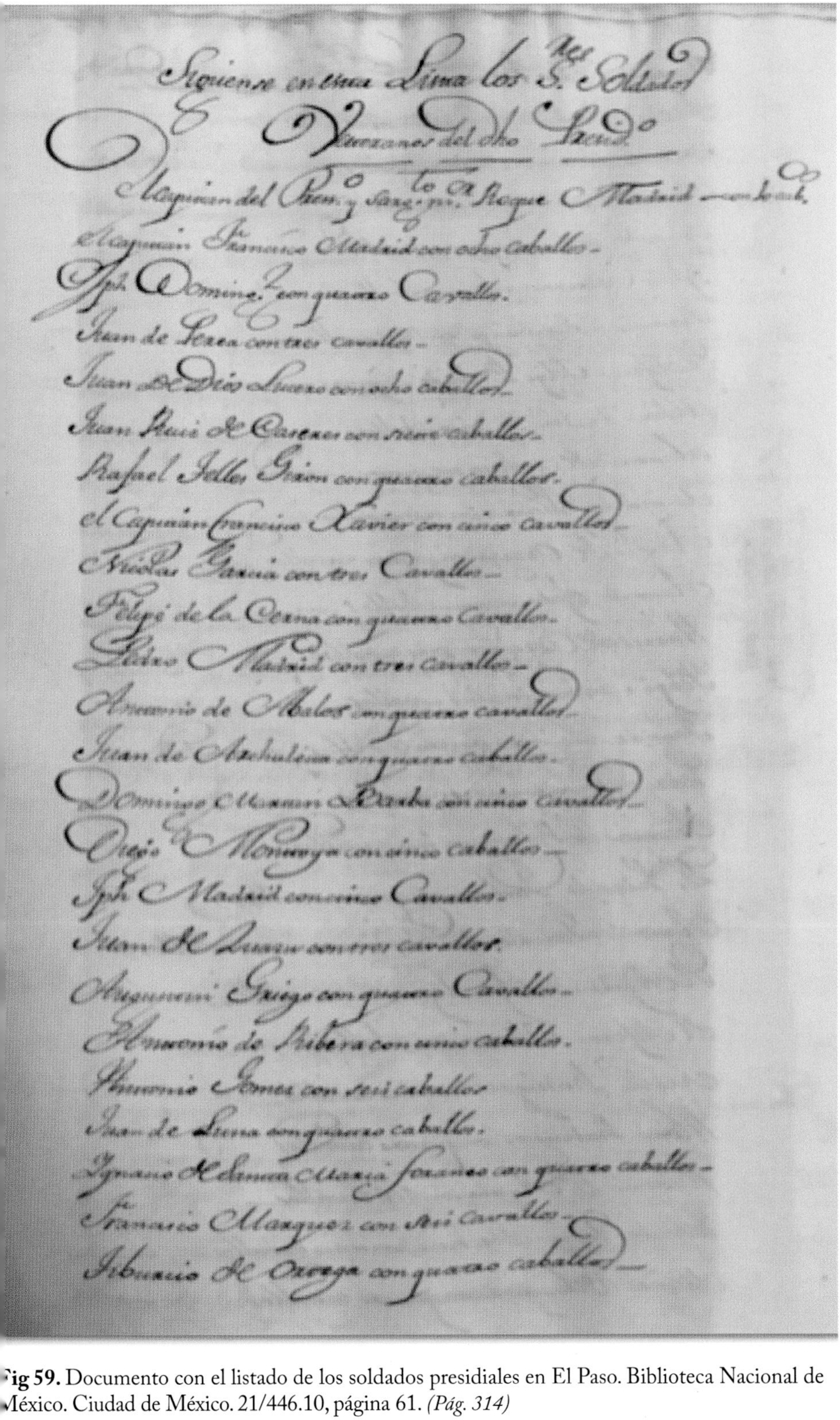

Siguense en esta Lista los S. Soldados
Vezinos del dho Presidio

El Capitán del Presidio y Sargento Mayor Roque Madrid — con dos caballos

El Capitán Francisco Madrid con ocho caballos —

Joseph Domínguez con quatro Caballos.

Juan de Perea con tres caballos —

Juan de Dios Lucero con ocho caballos —

Juan Ruiz de Cáceres con siete caballos —

Rafael Téllez Girón con quatro caballos.

el Capitán Francisco Xavier con cinco caballos —

Nicolás García con tres Caballos —

Felipe de la Cerna con quatro Caballos —

Pedro Madrid con tres caballos —

Antonio de Abalos con quatro caballos —

Juan de Archuleta con quatro caballos —

Domingo Guzmán de Barba con cinco caballos —

Diego Montoya con cinco caballos —

Joseph Madrid con cinco Caballos —

Juan de Lucero con tres caballos —

Augustín Griego con quatro Caballos —

Antonio de Ribera con cinco caballos —

Antonio Gómez con seis caballos —

Juan de Luna con quatro caballos —

Ignacio Ximénez Marcos Franco con quatro caballos —

Francisco Márquez con seis Caballos —

Tiburcio de Ortega con quatro caballos —

Fig 59. Documento con el listado de los soldados presidiales en El Paso. Biblioteca Nacional de México. Ciudad de México. 21/446.10, página 61. *(Pág. 314)*

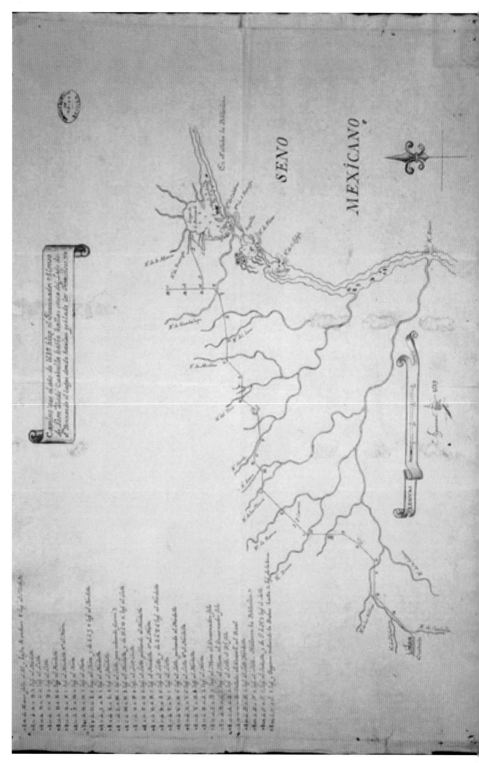

Fig 60. Mapa de la ruta seguida por la expedición de Alonso de León de 1689 a la descubierta de la población de los franceses en la Bahía del Espíritu Santo, actual Matagorda. Documento en el Archivo General de Indias, Sevilla. En 27.17-MP-MEXICO.86 *(Pág. 338)*

Fig 61. Reproducción de una casa radicional de los indios caddo utilizando rqueología experimental. Caddo Mounds State Historical Site, Texas. *(Pág. 348)*

Fig 62. Interior de la misma casa de arqueología experimental. *(Pág. 348)*

Fig 63. Reproducción moderna de la iglesia de la Misión de San Francisco de los Tejas, cerca de la localidad de Weches, Texas. Localizada en el lugar donde se supone se encontraba la original misión, aunque es muy probable que la iglesia nunca tuviese tal aspecto al no ser un edificio de tradición arquitectónica española. *Fotografía del autor. (Pág. 349)*

Fig 64. Las lágrimas de San Pedro, en la sierra Chiricahua. Arizona. Fotografía del autor. *Fotografías del autor. (Pág. 374)*

Fig 65. Estatua dedicada a Sor María de Jesús de Ágreda en el municipio de Ágreda, Soria. A las puertas del convento que nunca abandonó. *Fotografía del autor. (Pág. 354)*

Fig 66. La sierra de Chiricahua vista desde el ojo de agua de San Simón. Arizona. *Fotografía del autor. (Pág. 387)*

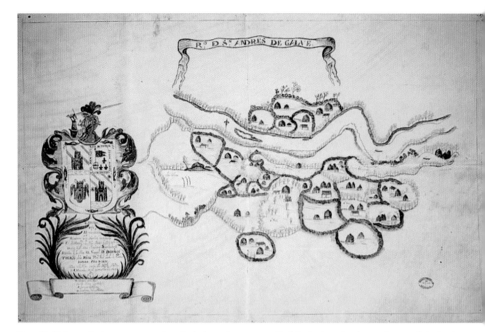

Fig 67. Mapa de la provincia donde habita la nación Caddodacho. Archivo General de Indias. Sevilla. MP-México, 90. *(Pág. 360)*

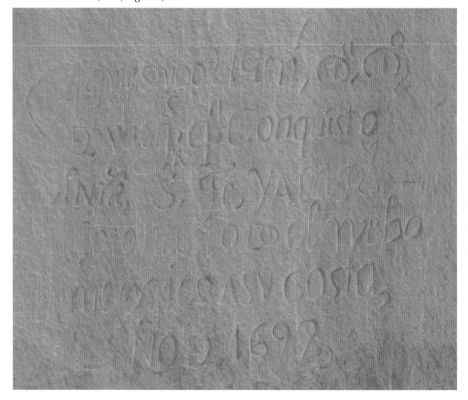

Fig 68. Inscripción de Vargas en el lugar conocido como El Morro, al este de la población de Acoma. «Aquí estuvo el general don Diego de Vargas, quien conquistó a nuestra Santa Fe y a la Real Corona todo el Nuevo México a su costa, año de 1692». *Fotografía del autor. (Pág. 395)*

Fig 69. (A) En las secas sierras del sur de Arizona, nopales, lechuguillas, maguey y cactus saguaro son la única vegetación en cientos de kilómetros a la redonda. *Fotografía del autor. (Pág. 390)*

Fig 70. (B) Iglesia del Presidio de Janos, donde se encuentra enterrado el capitán Terán de los Ríos. *Fotografía Ingeniero Manuel Alderete. (Págs. 306 y 393)*

Fig 71. Monumento que representa todo lo que los españoles llevaron a Nuevo México. *(Pág. 409)*

Fig 72. Restos de la Iglesia Nueva de la Misión de San Bernardo. Guerrero, Coahuila, México. La iglesia era un proyecto muy ambicioso con basílica en forma de cruz de 31 metros de largo realizada en sillares de arenisca, que nunca vio su fin. *Fotografía del autor. (Pág. 411)*

Fig 73. El paso de Francia en el río Grande, desde la orilla mexicana. *Fotografía del autor. (Pág. 411)*

ya hispanizado presidial Francisco Mamá. Al igual que otras naciones, sus capitanes firmaron la paz con el maestre de campo Montaño.

Con el paso de los días, fueron pasando ante Montaño todos los grupos indios que se encontraban alzados, quienes traían con ellos a toda su chusma.[293] Parece que todos venían siguiendo las indicaciones que el maestre Montaño les había dado en la primera entrevista:

> *Les mandó y encargó viniesen con toda paz y quietud, sin hacer daños ni robos como solían hacer en parte ninguna, y que de hacerlos estuviesen advertidos habían de ser rigurosamente castigados. Y así mismo les mandó que hiciesen sus casas, viviesen en policía, acudiendo a rezar la doctrina cristiana teniendo mucho respeto a sus doctrineros. Procurando sembrar sus milpas, criar gallinas y lo demás que las reales ordenanzas de su majestad en este caso disponen, a todo lo cual estuvieron atentos y habiéndolo entendido mediante don Pedro, indio de su misma nación y ladino en lengua mexicana, dijeron que así lo harían y cumplirían como se les mandaba y ordenaba por su merced.*

La vida para los rebeldes no era ni mucho menos fácil. Los asentamientos españoles se caracterizaban por ser permanentes, facilitando con ello la acumulación de víveres y provisiones, y proveyendo una relativa seguridad. En el momento de alzarse en rebelión los indios dejaban todo atrás y, perseguidos por los presidiales, tenían que vivir muy precariamente en zonas montañosas, de difícil acceso, y con contadas fuentes de alimento. Por tanto, era muy común que, tras un tiempo de teórica libertad, tratasen de buscar la paz y regresar a la vida en los pueblos. Una vez disfrutado un mejor nivel de vida era muy difícil regresar al anterior.

Las armas y protecciones que cargaban los soldados presidiales hacían de sus caballos animales realmente lentos, en cambio los indios, cuando lo necesitaban, podían moverse muy rápido. Solo los guerreros a caballo y ligeros de peso eran inalcanzables para los soldados, pero cuando debían de migrar como grupo, acarreando a sus mayores, sus pequeños y todas sus pertenencias, el tiempo que empleaban se duplicaba o triplicaba. De forma que, como ya hicieron anteriormente otros grupos, los tobosos pidieron asistencia al maestre porque a falta de cuatro días para llegar a Atotonilco, no les quedaba nada más que llevarse a la boca. Una vez más, el maestre de campo generosamente les envió una mula cargada con comida para completar su viaje.

El 31 de octubre de 1645 llegaron al presidio de Atotonilco el gobernador Cristóbal, y los capitanes Cristóbal Zapata, y Juan Bellaco, con otros setenta y seis de sus indios, hombres y mujeres, que vinieron a firmar la paz con los españoles. Con la firma, los tobosos, al igual que las demás tribus se comprometían a ser aliados de los españoles, y

---

[293] Chusma o gandules son formas en que se referían a la gente, y que, al igual que el vocablo vago, que se refiere a las personas que vagaban por el territorio sin destino concreto, han evolucionado a nuestros días en un sentido peyorativo, aunque en aquellos tiempos eran de uso común y no necesariamente negativo.

ayudar cuando fuera necesario en la defensa o ataque a otras tribus en rebelión. Todo lo aceptaron, aunque expresaron su pesar porque en ocasiones se les achacaban a ellos daños que hacían otras naciones, a lo que el maestre les dijo que, si en adelante hacían lo que se les mandaba, como cooperar en la captura de salteadores y ladrones de ganado, y vivir en su poblado de acuerdo a las leyes, tanto civiles como eclesiásticas, estarían dando muestras de su lealtad y recuperarían la buena fama perdida. Después de eso, sellaron las paces con abrazos, que era la manera en que se hacía entonces.

Una vez más, la exhibición de fuerza, por un lado, la paciencia de los negociadores españoles por otro, y el perdón de los crímenes pasados, posibilitaron que se alcanzasen las paces con gran número de naciones nativas. Cierto es que, por separado, ninguna alcanzaba gran número de efectivos, pero la suma de todos ellos en alianzas los convertía en un enemigo peligroso para los españoles y para la estabilidad de la región.[294]

Las continuas revueltas y la precariedad de las paces conseguidas hicieron ver al virrey la necesidad no solo de establecer nuevos presidios sino de reforzarlos. Establecer el Presidio de Cerrogordo fue una decisión tomada mientras Montaño negociaba las paces con los indios en el Presidio de Atotonilco, pero desde la toma de decisiones hasta su puesta en práctica pasaban siempre varios meses.

Parece que los problemas a solventar eran económicos. Las arcas reales pagaban el sueldo de los soldados, pero no había dinero suficiente para financiar la construcción de edificios y muros de defensa, y teniendo en cuenta que el establecimiento favorecía las haciendas de los más ricos, fue a ellos a quien se pidieron donaciones. No todos colaboraron con dinero, algunos lo hicieron en especie, y no todos lo hacían generosamente, dándose casos de picaresca.

En 1631, en San José del Parral se encontró una buena veta de plata, tan importante que dio nombre al distrito de minas que se encontraba entre el río Conchos y el alto Florido, lo que incluía la provincia de Santa Bárbara. En solo un año la población llegó hasta las 300 personas. En los alrededores también se encontraron metales, en San Diego de Minas Nuevas, actual Villa Escobedo, y en San Francisco del Oro. Debido a esa importancia minera, a Parral se trasladó la residencia del gobernador Luis de Valdés,[295] bajo cuyo mandato se llevó a cabo la pacificación de los tobosos, conchos y salineros.

La riqueza se dejaba ver en las calles de Parral, donde había tiendas en las que comprar productos de lugares tan lejanos como Europa o el Extremo Oriente. Tiendas de dulces y frutas traídas desde las provincias del sur completaban la oferta. La población de españoles peninsulares era muy reducida, siendo la mayoría mestizos o indios.

Antes de la rebelión de los Tobosos las mercancías eran transportadas mediante recuas de mulas o carros de un eje, que era todo lo que permitían los caminos reales

---

[294] Narrativa obtenida de documentos en Archivo de Hidalgo del Parral, en microfilm rollo 1645A, fr. 227-243.
[295] Natural de Granada, y caballero de la Orden de Santiago.

en algunos tramos. A la ida cargaban productos para el consumo humano y materiales como el mercurio para las minas, y a la vuelta el cargamento era de metales preciosos. Tras la revuelta, las órdenes fueron que todo transporte llevase escolta de soldados presidiales.

El establecimiento del presidio de San Miguel de Cerrogordo se propuso al principio de la rebelión y no entró en funcionamiento hasta meses después de la pacificación tobosa. Este presidio fue el primero de tres en establecerse en una nueva ruta, mucho más al este del ya conocido Camino Real de Tierra Adentro. Este cambio de ruta evitaba la travesía de territorios habitados por los indios en rebeldía.

Para el gobernador Valdés, el coste de poner fin a la rebelión tobosa, calculado en unos 50.000 pesos, era algo difícilmente asumible, y siempre tratando de ganar puntos con el virrey mostrando una buena administración, defendía que el nuevo presidio no tendría coste alguno para las arcas reales. Los soldados para la guarnición se sacaban de otros presidios localizados en zonas ya pacificadas, y los comerciantes financiaban la construcción, después de todo, a ellos y a los propietarios de las minas era a los que más beneficiaba la protección de los soldados. Los donantes tenían una idea diferente sobre la solidaridad con la Corona, sobre todo cuando esta no se ejercía de forma voluntaria.

La colecta se inició el 26 de septiembre de 1646, y la contribución inicial era de 12 pesos. Se documentan largas listas con recibos por las donaciones, e incluso estos simples documentos revelan datos importantes para conocer la vida en Parral en aquellos momentos. Algunos de los comerciantes pagaban en especie, como las telas finas, que eran traídas de Europa ya que en la Nueva España solo se confeccionaba el algodón, 6 varas de paño común tenían un valor de 12 pesos, y 6 metros de tela valían 6 pesos.

La falta de voluntad de los habitantes llevó, en algún caso, a emplear la fuerza:

> *En el Parral en el dicho día, mes y año dichos, el dicho sargento mayor, don Luis de Enciso, en virtud del dicho mandamiento, sacó forciblemente de Gonzalo Rodríguez Amparo doce pesos en reales para la dicha formación y mandó se le dé testimonio y lo firmó.*

La colecta prosiguió en la localidad de San Diego unos días más tarde, y allí también alguno colaboró por obligación:

> *En San Diego en este dicho día, mes y año, el dicho señor sargento mayor requirió a Pedro Alonzo, mercader en este real, con el mandamiento del señor gobernador y capitán para que diese los doce pesos que contiene el dicho mandamiento para hacer el presidio del Cerrogordo en que su majestad pide ser servido, y habiendo oído el dicho requerimiento no obedeció el dicho mandamiento y dijo no tenía de que pagar dichos pesos, por cuya razón el dicho señor sargento mayor le mandó sacar un plato de plata quintada que pesó dos marcos menos una onza y dos tembladeras viejas de plata del rescate, que pesaron dos marcos menos onza que mandó vender para que de ello coste su ofrecimiento el dicho sargento mayor. Don Luis de Enciso.*

Otras aportaciones se hacían en trigo, maíz, o incluso harina:

> *En el dicho valle de San Bartolomé en dicho día, mes y año dicho, dio donativo a*
> *su majestad el capitán Pedro Ronquillo de Anaya para ayuda de formar el presidio del*
> *Cerrogordo, diez quintales de harina y diez fanegas de maíz y lo firmó el capitán Pedro*
> *Ronquillo de Anaya.*

El listado de todas estas donaciones confirma que en esos momentos la fuerza presidial todavía no era profesional, estaba compuesta en su mayoría por comerciantes, hacendados, y otros profesionales que tenían su participación en el presidio como una segunda actividad. El repartimiento de tierras entre los soldados, otra práctica muy usual, servía como parte del pago por sus servicios, convirtiendo a muchos de ellos en propietarios y comerciantes de los frutos de esas tierras.[296]

Reclutar soldados para el presidio no era tarea fácil, la escasa paga alcanzaba únicamente para el pago del equipo y su mantenimiento, y los riesgos eran muchos, la vida en la frontera siempre fue muy dura. Por otra parte, con el objetivo presente de recortar gastos de donde fuera necesario, los gobernadores y virreyes estaban más preocupados del número que de la calidad. Los mandos eran casi siempre detentados por españoles de la Península, y a veces por criollos, pero entre la soldadesca se encontraba una mayoría de mestizos e incluso indios hispanizados.

Como es lógico, los salarios de los soldados crecieron con el tiempo, aunque siempre fueron insuficientes. En el listado de soldados arcabuceros[297] de a caballo para el presidio nuevo del Cerrogordo se aprecian las cantidades que cada uno percibía, de acuerdo a su escalafón. Así el capitán del presidio, también denominado general, iba a percibir mil pesos de oro común en plata de forma anual. El cargo recayó en Juan de Barraza, quien ya había sido capitán del Presidio de Tepehuanes y era un militar con mucha experiencia.

La recluta se inició en el pueblo del Tizonazo. Con el grado de alférez se reclutó a Carlos de Barraza, natural de Guanaceví, en la Nueva Vizcaya, e hijo del anterior, de edad de 20 años, alto de cuerpo, con un lunar pardo grande en el brazo izquierdo.[298] Aunque era una persona muy joven como para tener un cargo de tanta responsabilidad, lo cierto es que los capitanes de los presidios elegían como segundos a personas de su total confianza, y para el capitán su hijo lo era. En cuanto a los demás reclutados y siguiendo las órdenes y deseos del gobernador, se hizo la selección entre los que ya servían en otros presidios. Muchos salieron del de Santa Catalina de Tepehuanes, pero también del de San Hipólito.

En el real y minas de San Juan de Indé se reclutaban gentes que no habían servido anteriormente, vecinos del Parral o del mismo San Juan de Indé, e incluso de la novo-

---

[296] Los documentos para esta narrativa se encuentran en el Archivo de Hidalgo del Parral 1646A, 116-123.

[297] Militar armado con un arcabuz.

[298] En un momento de la historia en el que no existía la fotografía, se hacía necesario añadir descripciones del cuerpo para, en el futuro, reconocer sin duda a las personas.

hispana Guadalajara. También a indios como Antonio, gobernador de los conchos, a quien se pagaban 200 pesos al año o a Francisco el Hurto, indio salinero y gobernador de una ranchería a quien se le pagaban cien pesos anuales en plata.

No fueron muchos los españoles peninsulares que se alistaron. Uno de ellos fue Juan Calderón, que era «*natural de los reinos de Castilla*». Entre estos españoles también se encuentra algún caso excepcional:

> En el real y minas de San Juan de Indé en 17 de octubre de 1646 años, ante el señor gobernador se presentó Julián de Zamudio, natural de la villa de San Sebastián, por un delito de muerte, y está sentenciado en tres años de servicio personal sin sueldo en un presidio, y su señoría le tuvo por presado y le conmutó el destierro y servicio sin sueldo en un año preciso desde hoy día de la fecha y lo firmó.[299]

A diferencia de los primeros presidios establecidos en el siglo XVI que eran de pequeño tamaño, y en los que las plazas a cubrir no pasaban de cinco, el presidio de mediados del siglo XVII requería de una mayor fuerza militar y, a pesar de los esfuerzos, en el caso del presidio de Cerrogordo, la nómina no cubría las expectativas. El gobernador tuvo que emplear otros métodos:

> Don Luis de Valdés, caballero del Orden de Santiago, del consejo de guerra en los estados de Flandes, gobernador y capitán general de este reino y provincia de la Nueva Vizcaya por su majestad.
>
> Por cuanto tengo despachada primera orden al real y minas del Parral y otras partes para que se alisten algunas plazas en el nuevo presidio del Cerrogordo con el sueldo de 350 pesos en plata al año, que el excelentísimo señor conde de Salvatierra, virrey de la Nueva España, fue servido de situar en la real caja de este reino, y parece que no ha surtido efecto, y conviene con toda brevedad hacer apretadas diligencias, en cuya virtud ordenó al capitán Bartolomé Sarmiento, justicia mayor y capitán a guerra del real y minas de San Joseph del Parral y al capitán y sargento mayor don Luis de Enciso y Valdés procuren se alisten hasta 12 plazas voluntarias, y en caso que no se pueda, se la hagan causas a los vagabundos y personas que no sirven en la república de nada, antes la inficionan, y se les ordene, a usanza de guerra, con autos sueltos, a servicio personal en dicho presidio de Cerrogordo con el sueldo dicho, por convenir tanto al servicio de su majestad, paz y quietud de este reino. Y los autos, los hará el dicho justicia mayor y ambos cumplirán esta orden como espero de sus personas. Hecho en el real y minas de San Juan de Indé, en primero de octubre de 1646 años. Don Luis de Valdés. [300]

El objetivo marcado por el gobernador era cubrir veinticuatro plazas de soldado mandados por un capitán. Los referidos capitanes reclutadores incluidos en la orden anterior salieron a cumplir sus órdenes, y a mediados de octubre se había cubierto el cupo.

---

[299] La condena a presidios era algo tipificado en el código penal, tema que ya se trató en el capítulo correspondiente en esta misma obra.
[300] Documentos extraídos del Archivo de Hidalgo del Parral, microfilm 1646A 212-222.

ALONSO DE LEÓN «EL VIEJO» (1636-1655)

Regresando a la crónica del Capitán Alonso de León, este nació y se educó en la Ciudad de México, emigrando al Nuevo Reino de León en 1636. Desempeñó varios cargos importantes, como el de procurador general, alcalde mayor y capitán a guerra de la villa de Cadereyta, y de procurador en Ciudad de México y España para el gobernador del Nuevo Reino de León, Martín de Zavala.

De sus experiencias escribió en primera persona diversas relaciones que conforman su obra, la cual completó, según él mismo, con un necesario contexto histórico que obtuvo *«escudriñando archivos e informándose de personas antiguas y más cercanas a los primeros descubridores»*, obra que terminó en torno a 1649. Su hijo, Alonso de León el «joven», también capitán de presidio, llegaría a ser gobernador de Coahuila y Tejas.

El capitán escribió una obra[301] que solo puede ser considerada como referente en el conocimiento de lo sucedido en la Nueva España, sus habitantes y su geografía, sin olvidar los hechos de los que fue testigo por su condición de militar y político.

> *Del modo de vivir de los indios: viven en anarquía, habitan por montes de bajíos, mudándose de una parte a otra, dividiéndose o juntándose las familias como se les suele antojar... La mayor ranchería que hacen suele hallarse de quince chozas a modo de campanas, las forman en hileras o en media luna, fortaleciendo las puntas con otras dos chozas, y esto es mayormente cuando tienen guerras, que cuando no, cada familia o rancho, o dos juntos andan por los montes, viviendo dos días aquí y cuatro acullá. Más no por esto salen del término y territorio que tienen señalado con otra ranchería si no es con su permiso.*
>
> *Viven en unos bajíos de zacate o carrizo[302] a forma de campana, con las puertas bajas, que les obliga a entrar agachados, en medio tienen de ordinario lumbre, la tienen más por costumbre que por necesidad de luz, pues a ellos lo propio es estar a oscuras. Duermen en el suelo con algún heno o zacate a la cabecera, y algunos en algún mal cuero de venado, si lo tienen. Es gente muy puerca, no usan el barrer y toda la porquería está, así en el rancho*

---

[301] *Historia de Nuevo León, con noticias sobre Coahuila, Tejas y Nuevo México, por el capitán Alonso de León.* Escritas en 1649 y publicadas en 1909 por Genaro García en sus documentos inéditos o muy raros para la historia de México, tomo XXV.
[302] El zacate es la hierba y con bajíos se refiere a la altura de sus casas.

como fuera de él, y es de vergüenza y causa asco y horror llegar a una ranchería, según las inmundicias que hay y hedentina, pues suele un hombre apenas hallar donde poner el pie. No se lavan las manos, y caso que se bañen, más es por refresco que por limpieza, cualquier parte del cuerpo le tienen de manteles.[303]

Andan los varones desnudos, en carnes, y tal vez se ponen unas suelas en los pies, atadas con unas correas, que llaman cacles, para defensa de las espinas. Los cabellos largos traen caídos atrás, con una correa de venado que les da la punta a las nalgas, o sueltos, como más quieren. Píntanse las caras en general, cada nación con diferentes rayas, y otros todo el cuerpo a la larga, atravesadas, derechas las rayas, o ondeadas, cual suele estar la tireba. Algunos tienen, de la coronilla a la frente, pelado y rayado, que nacen las rayas de las narices, llámanlos calvos o pelones, y esta parte pelada unas naciones la tienen más ancha que otras, pero todas muy lisa.

No difieren las indias de ellos, en las rayas muy poco, ni en lo demás. Ellas cubren sus partes deshonestas con heno o zacate o unos torcidos[304] que hacen de cierta yerba, como lino, y sobre eso suelen, las que lo tienen, ponerse como faldellín un cuero de venado atrás y otro delante, este más corto que da a las espinillas, del cual cuelgan cuentas o frijoles o frutillas duras o otros géneros de caracoles, dientes de animales que hacen un ruido al andar que tienen por muy gran gala. Suelen traer otro cuero colgando al hombro como cobija. Otras naciones se visten con unos zamarros hechos de pellejos de conejos que, al modo de San Juan Bautista se lo echan al hombro.

Es gente cruel, feroz naturalmente, vengativos, y guardan mucho tiempo el enojo. De buenas estaturas, muy ligeros, que andan y corren como un caballo. Bien agestados, algunos agujéranse las orejas y ternillas de las narices, donde se meten palos, plumas o huesos por gala. Son de corta capacidad, sin ningún discurso, prontos a hacer cualquier mal o traición, y si hallan ocasión no la pierden, inclinados a hurtar, es gente mentirosa, vaga y enemiga de todo lo criado, no cultivan la tierra, ni siembran, viven libres, en ociosidad.

En invierno comen mezcale, que hacen cortando las pencas y la lechuguilla,[305] y aquel corazón hacen en barbacoa, dura dos días con sus noches en cocer, y aquel jugo o carnaza comen, mascándolo y chupándolo, tiran las hebras, por encima de lo cual andan y duermen, y esto dura mientras el tiempo no calienta, porque entonces se les daña. Faltándoles la comida, las vuelven a coger pisadas y resecas al sol, las muelen en unos morteros de palo, y aquel polvo comen. Esta comida es caliente, no de mucha substancia, pues en este tiempo andan flacos y agalgados, es purgativa, cómenla caliente y fría, como más les agrada, puede guardar muchos días.

El verano, y desde que empieza a brotar el nopal, lo comen. La flor de la tuna y la misma tuna pequeña, en barbacoa, que hay gran copia en toda la tierra, esto les dura mientras no madura, que entonces los hombres traen una redecilla cada uno con que la cogen, limpian y comen con mucha facilidad, no desechando más que el hollejo, bien chupado. De esta hay muchos géneros, unas mejores que otras, y todas malas, pues la mejor no llega a la peor de la Nueva España. Hacen su pasa de ella, unas veces entera, otras partidas a la larga, tendidas al sol en algunos petates o en el suelo.

Comen por este tiempo el mesquite, que hay en abundancia, cómenlo desde que empieza a sazonar hasta que está seco, y entonces lo muelen en sus morteros, y lo comen en nopales

---

[303] Se limpian las manos en cualquier parte del cuerpo.
[304] Tejido a modo de tapete.
[305] Tipos de cactus.

abiertos, llámenle mezquitamal, es comida de muy gran substancia, caliente y seca, hácelos engordar en este tiempo. Hay muchos géneros de frutillas silvestres que no faltan en todo el reino, de manera que, el verano comen las frutas, el invierno las raíces, y entonces andan como puercos, osando el campo por sacarlas.

Donde les coge la noche duermen, hacen lumbre donde quiera, estregando unos palos con otros con mucha facilidad. Son grandes cazadores y así, cuando salen, no dejan cosa viva. Corren como un venado, la carne del cual es la mejor que tienen, y en matándolo lo dejan, y envían a sus mujeres otro día por él, y ellas por el rastro lo hallan y lo traen, es suyo del cazador el cuero y no come la carne, repártense entre todos. No hay ave ni animal que no comen, hasta los inmundos y ponzoñosos, como son culebras, víboras, ratones y de los demás, excepto el sapo y lagartija. Son así ellos como ellas grandes pescadores, pescan de diversos modos, con flecha, encandilando el pescado de noche, con redes, entrando a buscarlos a sus cuevas, hácenlo en barbacoa con tripas y suelen, de dos días de muerto, no les fastidia el hedor, y así, cualquier cosa de ocho días muerta, con gusanos, la comen.

Son glotones, epicúreos, flojos y holgazanes. Sus mujeres son las que, de día y de noche, buscan las comidas y las hacen, mientras ellos duermen o se pasean, y suele un indio tener un montón de tunas a la cabecera cuando se echan, tamaño como una fanega de otro cualquier género, y aquella noche, sin levantarse la cabeza lo come todo y aún amanece hambriento a pepenar las cáscaras que ha tirado. Comen sal, y si les falta, comen un género de yerba como romerillo, quemada y hecha ceniza, en su lugar.

Beben cualquiera agua muy bien con las manos cuando están en ella, y cuando lejos, cargan las indias doce o catorce nopales huecos, llenos de agua, sin que aquellas babazas le quiten el gusto.

Toda cuanta solicitud ponen en hacer pasa y mezquitamal, que podían tener para todo el año descansadamente, les dura solo el tiempo que las frutas verdes, caso de notar cuan poco proveídos son, pues los consumen en sus glotonerías, sin cuidado de guardar para mañana, comiendo más por satisfacer el vientre sin hartarse, que por conservar como hombres la vida. Levantándose ansiosos por la mañana a buscar el sustento de aquel día.

Entre esta gente de este reino es tan usado que así del enemigo como del amigo comen la carne humana, con esta diferencia: que la del amigo comen en fiestas y bailes, a fin de emparentar con el difunto, la carne hecha en barbacoa y los huesos bebidos y molido el polvo en el diabólico brebaje de su peyote, con que se emborrachan. Mas la del enemigo la comen por vía de venganza, por costumbre que tiene, como gente habituada a comer cuantas carnes e inmundicias hay, y medio crudas. Guardan siempre el casco de arriba de la cabeza, y beben y comen en ellos, y me ha acontecido mandar quemar en una ranchería veinte y treinta juntos, cosa horrible y monstruosa. Una india ladina de hacia la sierra que llaman Tamaulipa la Vieja, informándome de ella, me dijo que la carne del amigo la comían las mujeres de la ranchería, y los varones no. Que los huesos si bebían todos en común. También los huesos muelen en seco, medio quemados, y los revuelven con el mezquitamal.

El autor es un pozo de información, trata también de los mitotes, las reuniones que tenían los indios ya fueran fiestas o asambleas. Las hacían para preparar sus guerras con españoles u otras naciones, y también para celebrar las paces, y en verano para celebrar la abundancia de comida. En todos los mitotes había abundancia de peyote, que conseguían a cualquier coste, si no lo tenían en su territorio iban a comprarlo con pieles y flechas, que era su moneda. A los invitados a los mitotes les enviaban una flecha, sin punta si era para celebrar, y con punta y ensangrentada si era en preparación para la guerra. Nadie osaba renunciar a una invitación y para ese día se pintaban el cuerpo por completo. Ese día se cazaba en cantidad o se vaciaba la despensa, si es que la había. Llegando los invitados se ponían cerca sin saludarse ni hablar palabra, al no ser costumbre en ellos, después de un rato se sentaban y comenzaban a hablar.

Al principio de la noche encendían un fuego grande, para el que habían recogido abundante leña, y por música tocaban unas calabazas rellenas de piedrecillas, y unos palos de diferentes maderas que hacían diferentes sonidos. El baile consistía en formar dos ruedas de gente en torno al fuego, con los pies muy juntos, los codos hacia afuera, y las espaldas encorvadas, dando saltitos adelante, casi arrastrando los pies, y tan juntos que la barriga de uno tocaba los glúteos del de delante, en una duración de cuatro a seis horas sin parar, cantando con palabras sin sentido, pero con consonancia y todos a una. Bebían el peyote hasta que caían borrachos por completo.

Tenían curanderos o chamanes, usualmente los más viejos de la tribu, que *«con los más ridículos visajes y acciones»* convencían a todos de su buen hacer. Todas sus curas las basaban en chupar la parte que dolía, llevando en la boca algún carboncillo, piedra, espina o hueso, para después dar arcadas y, expulsando lo que llevaban en la boca, mostrar así a los enfermos que el mal había sido extraído. *«Con este embeleso y la fuerza de la imaginación, que es poderosa, consiguen sanar al enfermo»*.

Algunos pueblos usaban del sacrificio religioso, cuando alguna persona importante en la tribu estaba a las puertas de la muerte, sacrificaban uno o varios muchachos para que la muerte se los llevase en lugar del moribundo.

> *No temen los rayos, si hay tempestades con muchos truenos, dan gritos y también sale alguno de carrera de su rancho y como que está colérico, se va hacia la nube y le tira piedras, palos y tizones, y haciendo visajes, y vuelve a su rancho como si hubiera hecho alguna hazaña de consideración, más confiado de que con aquello había de sosegar la tempestad.*

Alonso de León trata también otros temas como las relaciones familiares y sexuales:

> *No se puede afirmar si son las mujeres de un varón solo o si son comunes a todos, y son tan fáciles en esto, que sin causa eligen el marido que quieren, y así hay en una ranchería, india que tiene cuatro o cinco hijos y cada uno de su padre. Y teniendo tres o cuatro mujeres, duerme el indio en medio de ellas, que entre ellas no hay celo, antes mucha conformidad. Sin empacho ni vergüenza, duermen asimismo los hijos y otros hombres en el ranchillo, que están todos acurrucados, en cuya presencia, eso sea de día que de noche, tienen sus actos carnales y otros, que es vergüenza decirlos.*
> *No guardan grado de afinidad, ni consanguinidad. Suelen tener un indio, hija y madre a un tiempo, y dos o tres hermanas y otras parientas muy cercanas, sin escrúpulo ni novedad, y asimismo a las que sus hermanos han tenido, corriendo la misma razón por ellas que por ellos. Y a su lascivia y libertad, no hay doncellas entre ellos que con el inestimable tesoro de la virginidad llegue a los diez años... Entre estos ciegos hay algunos*

que, siendo varones, sirven de hembras contra naturaleza, y para conocerse andan en el propio traje de las indias, y cargando su huacal[306] y haciendo los propios ministerios que ellas, sin que por ello él se afrente ni ellas lo menosprecien.

De igual forma habla del nacimiento y los entierros:

> *Las embarazadas no dejan de trabajar y cargar su cesto lleno de comidas hasta el último momento, y cuando les dan los dolores del parto, en la parte donde le dan, que suele ser a una o dos leguas de su ranchería, si hay algunas indias con ella, se hinca de rodillas, casi sentada, las nalgas en el suelo, reclinada un poco de pechos, y las compañeras le menean la barriga por los costados, y le aprietan por bajo de la boca del estómago, hasta que llega la hora y, a cuatro pujos, echa la criatura por detrás, a modo de los perros, está un ratillo así, soliviada para que caigan las pares,[307] y caídas, con las uñas cortan el ombligo por donde les parece, y sin amarrarlo, como los animales, bañan a la criatura, si hay agua cerca, y si no, ensangrentada la cargan. Luego recogen la carga, sin que haya servido el parto más de aquella pequeña dilación, y vuelven a la tarde a su ranchería con sus comidas. Y si hay diez ríos que pasar, los pasa, y no deja de buscar, ni de comer, cosa que da cierta admiración.*
>
> *A los difuntos que no han de comer, los entierran en el campo, y por guardar el cuerpo de animales que no lo desentierren, siembran la sepultura de nopales o hacen un cercadillo con ramas. A otros los queman y la ceniza entierran.*

La muerte, el hambre, la enfermedad o la vejez no eran cosa que a los indios que describe el capitán Alonso de León les preocupase lo más mínimo. No se cuidaban entre ellos y si un niño de la edad que fuera se quedaba huérfano, era abandonado a su suerte. De la misma forma que hacían con los enfermos o los viejos.

Por tanto, no es de extrañar, tras haber leído esta relación, que la llegada de las misiones y los frailes, con las leyes católicas bajo el brazo, supusiese un grandísimo problema para los indios, y el choque cultural generase tantas y repetidas sublevaciones. Los españoles traían orden, la monogamia, la medicina, el trabajo, la mesura, la limpieza, y la correcta alimentación, en definitiva, muchas limitaciones que los indios no estaban dispuestos a aceptar. Además, los religiosos derrocaban a los chamanes, que eran los gobernantes en la sombra, y como se suele decir, con la Iglesia hemos topado, en otras palabras, con la idolatría y los chamanes hemos topado *(Fig. 40 Cuadernillo)*.

En cuanto a las armas que usaban en el Nuevo León y, probablemente en gran parte de la América del Norte, Alonso de León, como militar, hace un buen repaso de ellas *(Fig. 39 Cuadernillo)*:

> *El arco le hacen del tamaño del que le ha de gobernar, de diferentes géneros de madera, y los mejores y más correosos, según dicen ellos, son los de raíz de mesquite. La cuerda es de las hebras que salen de la lechuguilla, tan bien torcida y puesta, que parece hecha de una pieza, cual un bordón de un arpa, si bien es del gordor de seis o siete bordones.*

---

[306] Del Náhuatl *uacalli*, cesto de forma de caja cuadrangular.
[307] La placenta.

Las flechas son de un carrizo[308] delgado y duro, curado al fuego, en el un extremo una muesca que encaja en la cuerda, porque no resbale de ella, del cual extremo ponen unas plumas, cual dos y cual nación tres, unas de cuatro dedos de largo, otras de más y otras de menos. Estas, o están pegadas con un betumen que llaman sautle, o amarradas en sus extremidades con unos nervios de venado, tan bien puestos que no hay nudo ni se ve dónde acaba la ligadura o donde empieza.

Al otro extremo de la caña ponen una vara tostada que entra en la caña y hace tope con el primer nudo de esta, amarrándolo asimismo con los nervios de venado, quedando tan fuerte y ajustada que solo en las materias diferencia. En la parte del palo que queda fuera hacen una muesca y en ella ponen una piedra puntiaguda que es a forma de hierro de lanza, haciendo unos arpones, atrás, que cuando entra en alguna parte se queda allá la piedra. Esta la amarran con el nervio o pegan con sautle y queda, de una u otra suerte, fuertísima. Es de pedernal y algunas hacen de hierro si lo hallan a las manos. La flecha tiene de largo media braza del tirador.

En el brazo izquierdo, casi desde la muñeca al codo, se ponen de cuero de coyote u otro animal, una tira que la hace cuatro o cinco dobleces, amarrada, la cual sirve de defensa al daño que la cuerda, al tirar podía hacer en el brazo. A esto le llaman bastidor, en donde también atan un hacha de pedernal muy fina que usan para defenderse, y con la que se puede dar una puñalada como con un fierro.

Su pelear es: cuando sienten flaqueza y ellos se hallan con fuerza no dejan pasar la ocasión, aprietan al enemigo. Más si no se hallan tan poderoso, no hay gamos como ellos por los montes, sin reparar en que van desnudos y que todos los géneros de árboles y monte que hay son espinosos. Suelen alcanzarlos algunos tan llenos de espinas, que parecen toros garrocheados o llenos de jaras. No se diferencia el coger esta gente en nada al montear las fieras, que hasta en eso se le semejan. Algunos delincuentes se cogen en parte donde no puedan escaparse, por ser llano distante del monte, como saben que los han de ahorcar, pelean desesperados hasta que los más o todos quedan muertos, que suelen hacer daños matando algunos caballos o hiriendo algunos soldados antes de morir.

Son traidores, si está una compañía parada, aunque haya posta en el real, si es oscura la noche y hay matorralillos o zanjón grande, suele ir un indio arrastrándose hasta llegar cerca de los compañeros y tira algunas flechas para ver si puede hacer daño, y aunque se alborota todo y salen a correrlo a los alrededores, él se está quedo y, en desaguando todos, se va retirando a poner en salvo. También lo suelen hacer por matar al guía…

Si pelean unos con otros o dan albazo a alguna ranchería, llegan de golpe y matan a cuantos topan, no respetando sexo ni edad, preciándose de esto, y saquean lo que les parece, y los demás queman, y a los muertos los desuellan el casco superior de la cabeza, como un palmo casi alrededor, con cabello y todo, al cual pellejo, por enjugarle y ponerlo en la forma que les parece, le envuelven por la carnaza una piedra hecha ascua, que le consume la humedad, hasta que parece cola de yegua desollada. Ponen en un palo como media asta, y tantas llevan como cabelleras. Tirando vuelta a su ranchería van pegando fuego al camino, señal de victoria y cuando van cerca les responden los que quedaron en guarda de las mujeres con humos iguales, convocan a los vecinos a mitote y lo celebran.

---

[308] Caña del género Phragmites.

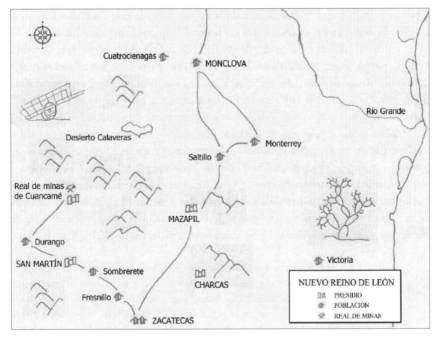

Mapa con el Nuevo Reino de León. *Elaboración propia.*

No estaban los indios muy interesados en la conversión. Con pocos motivos se sublevaban y volvían a su vida anterior, abandonando las misiones. En opinión de Alonso de León, la falta de suficientes frailes era una de las razones, y que no hubiese entre estos, gente con *«don de lenguas»* otra. Cada nación hablaba una lengua distinta, y aunque se sabe que estaban agrupados en diferentes grupos lingüísticos, las diferencias dentro de estos hacían difícil la comunicación, incluso entre naciones del mismo grupo.

En muchos casos se comunicaban por señas, método que funcionaba para lo más básico. A los niños que eran acogidos en casa de españoles o con alguno de los religiosos, *«se les enseñaba la lengua castellana y mexicana»*[309] olvidando la nativa. A fin de cuentas, esta aculturación tendría una motivación práctica más que política, la unificación lingüística para facilitar el trabajo de los frailes y conseguir una rápida cristianización. A las autoridades españolas les daba igual si esta se conseguía a través del español o del náhuatl, por encima de cualquier interés nacionalista. Se debe recordar que, en América, el uso obligatorio del español para comunicarse llegó en una época tardía, de la mano de la dinastía borbónica. Hasta ese momento la prioridad había sido la comunicación

---

[309] Recibían educación en español y náhuatl.

y la información, y esta se obtenía usando la lengua que cada grupo nativo tenía con el empleo de intérpretes o «*lenguas*», que era le nombre que se le daba entonces.

A partir de 1650 la crónica de Alonso de León fue continuada por Juan Baptista Chapa, quien durante muchos años figuró como el cronista anónimo sobre la historia del Nuevo Reino de León. En 1651 las cosas se complicaron, el gobernador Zavala pudo introducir un topo entre los indios enemigos, un indio de nación tacuanama llamado Francisco que consiguió información valiosísima sobre dónde se encontraba la ranchería india, y quién era su caudillo. Allí estuvo un tiempo Francisco con ellos, «*aplaudiéndoles sus designios, y enterado de los que tenían, que era hacer una gran junta y mitote a su usanza, en donde confieren todas sus malas intenciones contra los españoles*».

Se comisionó al capitán Alonso de León para que reuniese hombres y fuese a atacar la ranchería enemiga. Juntó dieciocho soldados y algunos indios amigos, saliendo de la Cadereyta, y llevando como guía al indio Francisco, se encaminó a la sierra de Papagayos. El grupo salió de noche recorriendo las siete leguas que había hasta la sierra.

> ...*Y por haberse errado la vereda, fue forzoso atravesar un gran monte muy espeso, que todos los soldados salieron hechos pedazos de su ropa, y yo, que iba en esta compañía, perdí una pistola de bronce muy buena, que se me cayó de la cintura, sin que la sintiese; y habiendo llegado al amanecer, a las faldas de la sierra, habiendo, a prima noche, despachado a la guía para que, espiada la junta, nos saliese en parte señalada a encontrar y nos llevase a donde estaba, nos erró. Y fue aclarando el día, al mismo tiempo que se nos apareció un mizquillo*[310] *que nos comenzó a ladrar; retirándose, lo seguimos, y él se metió por una veredilla que iba a dar a la ranchería donde vivía el indio cabeza de bando, Cabrito, y siguiéndola, la divisamos, cerca de una barranca, al pie de la sierra.*

Los ladridos del perrillo pusieron en alerta a los indios que emprendieron la huida y se protegieron en la sierra de Papagayos, que estaba a sus espaldas. Escaparon todos los hombres pudiendo capturar únicamente a seis indias que no fueron tan ágiles. El soldado Luis de Zúñiga vio medio cuerpo tratando de esconderse en una de las peñas y pensando que era hombre disparó su arcabuz, la bala rebotó en el peñasco y a punto estuvo de alcanzar al cronista Chapa en la frente.

Los indios en fuga no pasaban de siete u ocho, y ya estaban muy lejos en la sierra, fuera de tiro. De modo que en la ranchería se preparó una trampa para ellos. Escondidos en las cuatro casas se quedaban cuatro soldados con todo su armamento, mientras la compañía se iba con las presas, entre las que se encontraba la mujer de Cabrito.

> *Como los indios vieron nuestra ida, y que estábamos ya en distancia de media legua y que íbamos entrando en un monte, bajaron de la sierra a los ranchos y, antes de entrar en ellos, los empezaron a flechar ...Salieron los soldados afuera, apretándoles las llaves de*

---

[310] Diminutivo de cuzco, del náhuatl, perrillo.

los arcabuces a un tiempo, y ninguno prendió fuego; flechó uno en una mano al alférez Andrés de Charles, que fue uno de los emboscados, alzó de nuevo el gatillo, disparó, y lo mató, y los demás huyeron.

A la mujer de Cabrito la tenían presa en casa de Alonso de León, pero este tuvo que ir a Zacatecas a solucionar unos negocios, lo que aprovechó la mujer para escaparse, dando después cumplida información a su marido de todo lo que vio en la casa, la distancia a la que estaba de la villa, casi media legua, y la poca gente que tenía para la defensa. No tardó Cabrito en levantar diez rancherías con las que atacar la casa y después asolar la villa, pero no tuvo suerte ya que dos días antes del ataque el capitán ya estaba de vuelta.

A medianoche estaba toda la gente de la casa durmiendo, salvo una mujer que oyó ruido en la ranchería de indios pacíficos que vivían allí, al lado de la casa. Estos venían retirándose porque en el bosque, que estaba a la otra orilla del río, había mucho movimiento de los indios de Cabrito que venían a atacar. Subió las escaleras y dio aviso al capitán, también despertaron a Chapa que vivía en la casa de Joseph de León, hermano impedido del capitán. En calzones blancos cogieron sus armas, estando ya los indios bastante cerca de la casa dando alaridos.

El capitán montó a caballo junto a otro vecino de nombre Antonio Cortinas, quedándose fuera mientras toda la gente se refugiaba en la casa fuerte, que era de piedra. Mientras los dos de a caballo iban arcabuceando a los indios para sujetar el cerco que estos venían haciendo, desde la casa fuerte también se daba algún *«pelotazo»*. Quiso el capitán enviar a su hijo mayor Juan de León en un caballo sin silla para que diese la alarma en la villa y enviasen refuerzos, pero su mujer lo impidió con miedo de que se lo matasen.

…por lo cual y no ser tiempo de mostrar cobardía, subí yo a caballo, estando convaleciente de unas pestíferas tercianas que me habían dejado en malísimo estado de flaqueza, y ya en este tiempo tiraban los indios muchos flechazos a los de a caballo y a las ventanas y puertas, con la claridad que les daban las llamas de un jacal al que habían pegado fuego. Puesto yo en pelo en el caballo, para que pudiera pasar sin riesgo, disparó el Justicia Mayor[311] un arcabuzazo a los indios que había cercanos del rumbo que había de llevar, con que, interín que ellos huyeron de temor, pude pasar y, ganando una lomita, me derribo el caballo, por lo cual pasé a pie a dar aviso a la villa.

Mientras Chapa llegaba a la villa a avisar a Luis de Zúñiga y Juan López, en la casa la lluvia de flechas obligó a los dos jinetes a bajarse de los caballos y refugiarse en la casa fuerte, defendiéndola desde la puerta, que tenían entreabierta para poder disparar. La mujer del capitán *«insigne matrona»*, les estaba dando la pólvora y las balas que tenían almacenadas en ese refugio. Una de las veces que abrieron para disparar, una flecha entró

---

[311] El cargo principal que en ese momento detentaba el capitán Alonso de León.

e hirió a la mujer en la garganta sin excesiva gravedad, por suerte la flecha dio primero en el quicio de la puerta y perdió fuerza.

> *Finalmente, duraría el cerco como media hora; y llegando, como va referido, los dichos Luis de Zúñiga y Juan López, arrebataron con tanto ímpetu, cada uno por su callejón, que tenía la casa dos, sobre los enemigos, que largaron el cerco, y mataron a uno que remaneció cerca de la casa; y el indio Cabrito, que llevaba cargado un colchón, alcanzándolo Juan López en el rio, y habiendo largado dicho colchón, le metió por las espaldas una espada ancha, que le atravesó, y al sacarla le abrió grande abertura en el vientre, que se le salían las tripas, y con ellas en la mano fue a dar a su tierra. Según se supo después, murió dentro de tercero día, y por testamento que hizo, vocal, dejo encargado a sus compañeros que, si querían vencer a los españoles, les hurtasen todas las bestias, que, quitadas estas, los cogerían como pollos...*

No hizo mucho más daño el ataque a pesar de la cantidad de enemigos que se congregaron, salvo algunos jacales que estaban cerca de la casa fuerte que se quemaron y el robo de algo de ropa. Al amanecer, se reconoció el rastro por donde había venido el enemigo, que fue por la otra orilla del río, y es que habían llegado tantos y con tanta huella, que habían llegado a formar vereda. Se recogieron más de mil flechas en el patio y alrededor de la casa, de las que aquella noche tiraron. Se supo después que, al pasar los indios el rio, un indio capitán de la nación icaura les fue dando a cada uno un soplo en el corazón para infundirles valor.

Luis de Zúñiga resultó herido, y es que cuando arremetió con su caballo al grupo de enemigos por el callejón, entre la casa principal y la casa fuerte, le dieron un flechazo, que de no ser porque lo paró una costilla, lo habría atravesado, aun así, sangró abundantemente y pasó la noche con mucho dolor, pero se recuperó muy rápido.

> *...adquiriendo él y el dicho Juan López título de dos valientes soldados, por la osadía que tuvieron en acometer a seiscientos indios. Dio el Justicia Mayor noticia de este suceso al Gobernador, quien averiguo haberse hallado diez naciones de indios en esta refriega, ...algunos salieron de Monterrey, que está a siete leguas de la villa de Cadereyta, se hallaron en el cerco y amanecieron de vuelta en Monterrey, para que se reconozca la agilidad de estos bárbaros.*

No por haber dado muerte al cacique Cabrito cesaron las hostilidades. Al año siguiente, la cuenta de muertos siguió creciendo acompañada de numerosos robos. El gobernador, bastante minorado en su fortuna por haber tenido a los soldados de Cerralvo pagados de su bolsillo, además del equipamiento, y unos cuatrocientos caballos que se decían de lo mejor, decidió enviar despacho al conde de Alba que era entonces el virrey de la Nueva España.

En la carta pedía el establecimiento de dos presidios, uno con doce soldados y capitán para la villa de Cerralvo, y el otro de ocho con capitán para Cadereyta. Ya de paso aprovechó el correo para pedir que le enviasen todos los atrasos a la Caja Real de Zacatecas. La contestación, muy en la línea de las autoridades españolas, fue la de hacer una junta de hacienda para comprobar que los gastos fuesen legítimos. Aunque todo el proceso burocrático se demoró, finalmente se concedieron los dichos presidios. Se reclutaron los soldados en Zacatecas, a los oficiales les llegó el sueldo hasta los 725 pesos, mientras los soldados cobrarían 450.

Al conde de Alba le sucedió el duque de Alburquerque, quien encargó los primeros servicios a los recién formados presidios. Debían ir a descubrir el río de Palmas, que entra al seno mexicano *«por descubrir tierras y saber rumbos, por lo que pudiera importar en lo de adelante»*, para lo que se dio comisión al capitán Alonso de León, para que con treinta hombres saliese a esta misión. El mismo año de 1654, se propuso la búsqueda de un galeón que se perdió en tiempos de Carlos V, con un cargamento de reales, que decían los indios que habían aparecido por montones en la costa. No se debió dar mucho crédito a este tema cuando finalmente la expedición no llegó a salir.

No se alcanzaba la paz por muchos esfuerzos que se hacían. Aquel año de 1654 pasó relativamente tranquilo, pero el de 1655 se volvió a lo habitual y conocido:

> *Una noche dieron en la vaquería que tenía el capitán Alonso de León en el valle del Pilón,[312] dando cerco con mucho alarido a una casilla en que vivía el mayordomo, llamado Miguel Ángel, hombre de valor, que al instante salió con su arcabuz a la defensa, por si podía librar a su mujer e hijos, y apenas se había asomado a la puerta, cuando de un flechazo lo mataron. Saquearon la casilla y llevaron a la mujer e hijos, y porque uno pequeño lloraba, lo estrellaron sobre una piedra. Entraron por la boca y puerto que llaman del Pilón Chico, con la presa de personas y cortas alhajas y, caminando como cuatro a cinco leguas, se encaramaron en una sierra. Noticiado el Gobernador D. Martin de Zavala de esta mala nueva, mandó formar una compañía para que saliese a este castigo, la cual dio a cargo del capitán Gregorio Fernández...*

Acampó el real en valle del Pilón, y caminando de noche recorrió las cinco leguas que les separaban de la sierra donde estaban refugiados los indios. Parece que los españoles no se dieron cuenta de lo bien fortificada que tenían la defensa, de modo que, a medio camino subiendo las laderas, los indios soltaron varias rocas grandes que rodando se llevaron la vida de tres de los mejores soldados, suerte que los demás pudieron esquivar las piedras más grandes y salvar la vida. Uno de ellos pudo protegerse tras una pequeña roca, mientras el alud pasaba por encima de su cabeza. Allí se quedó escondido hasta que anocheció, por temor a ser descubierto y muerto por los indios. A la mañana siguiente llegó al real con la alegría de todos, que le habían dado por muerto.

El mismo grupo de indios hizo un ataque similar al año siguiente, en otro lugar mataron al poblador español y se llevaron a su mujer y a los niños, dejando a los soldados con la misma incapacidad para responder. El único consuelo era que las dos mujeres pudieran sobrellevar mejor la cautividad, a la que estaban condenadas con la llegada de los nuevos secuestrados.

---

[312] El río Pilón está al sur de la ciudad de Monterrey, atravesando la sierra cercana.

Visto que no los podían desalojar de su fuerte en la sierra les prepararon una trampa. Solían estos indios ofrecerse a trabajar como jornaleros en las haciendas, y tras ver las defensas y riquezas en ellas, esperaban al mejor momento para acabar con los dueños. De modo que, utilizando como cebo a otros indios, les fueron a ofrecer trabajo donde estaban, el cual aceptaron, y estando en la hacienda los engatusaron para entrar a una de las habitaciones en la que les iban a dar ropa como regalo, pero quienes les estaban esperando eran los soldados bien armados con sus arcabuces.

Fueron capturados y después ajusticiados veintidós de ellos en la horca. Todos eran de nación hualahuises. Algunos fueron perdonados por juventud o por menor implicación en los delitos. A su capitán, que se llamaba Martín, lo perdonó el gobernador a condición de que se redujesen a misión, lo que se consiguió, cristianizándose la mayoría de ellos. Nunca fue buena política ajusticiar al cacique de una tribu y las autoridades españolas lo sabían. Una vez descabezados y sin mando las tribus se podían convertir en un avispero. Era mejor mantener el poder establecido.

Quince años después, en la misión solo quedaban unos diez indios de esa nación, el resto ya vivía en pueblos junto a otros indios. Las mujeres secuestradas con sus hijos fueron liberadas, lo que llenó de alegría el reino.

LA REBELIÓN TARAHUMARA
(1648)

En la Nueva Vizcaya, el horizonte se oscurecía con una nueva rebelión. En este caso, la nación Tarahumara atacaba San Felipe, y solo unas horas después, el alcalde mayor de Parral, Fernández de Carrión,[313] pidió a sus vecinos, y a todo aquel que pudiera empuñar un arma, que se presentase a filas.

Entre los indios alzados y Parral no había fuerza militar que se opusiese. Parral era la población más importante en el norte y no fue difícil para el alcalde reunir 150 milicianos en menos de un día. Los milicianos habían sido requeridos por el alcalde mayor y en caso de no hacerlo serían multados con cien pesos, y para que nadie alegase que no se había enterado de la llamada a filas, el pregón leyó la orden en la plaza principal y *«en las esquinas acostumbradas»*. Aquí se reproduce parte del documento con los 149 milicianos:

En el real del Parral en 2 días del mes de junio de 1648 años, en cumplimiento del auto y bando de la otra parte y el general Juan Fernández de Carrión, justicia mayor y capitán a guerra de este dicho real, parecieron las personas y vecinos de él y manifestaron las armas que tuvieron:

1. El capitán Diego de Alarcón Fajardo, diputado de este real, se manifestó ante su merced el cual espada y daga, arcabuz, pólvora y balas, cuera y cota, y su caballo armado, para las refacciones que se ofrecieren en este real.

2. Sebastián González de Valdés, diputado y encomendero por su majestad, manifestó su persona, caballo armado, cota y cuera y las demás armas necesarias.

3. El sargento mayor, Juan Pérez de Vergara manifestó su persona y un caballo armado, de todas armas, cota, cuero y arcabuz para las ocasiones que ofrecieren del servicio de su majestad.

4. Jacinto, caballo, arcabuz, espada y daga.

5. El capitán Lucas Mejía de Aguilar, manifestó su persona y arcabuz, cuera y cota, espada y daga y las demás armas necesarias para el servicio de su majestad.

6. El capitán don Alonso Botello, manifestó su persona, cuera y arcabuz y las demás armas necesarias.

7. El capitán Alonso Muñoz de Rivera manifestó su persona, cuera y chimal, espada y daga y las demás armas necesarias.

---

[313] Nacido en Burgos, en 1604. Durante cuatro años combatió a los rebeldes tarahumaras. De 1654 a 1660 fue teniente de gobernador de la Nueva Vizcaya.

8. Alférez Gregorio de Urbalejo, espada, daga, arcabuz, caballo y chimal.
9. El alférez Toribio de Ebía manifestó su persona, espada y daga, cuera y chimal y lo demás necesario.
10. Joseph de las Marinas manifestó su persona, cuera y chimal, espada y daga, y caballos de armas y lo demás necesario.[314] (Fig. 40 a 50 Cuadernillo)

El presidio más cercano era el de Cerrogordo y contaba con 24 soldados, por tanto, la milicia era cinco veces mayor, algo nada desdeñable. Cuando el presidio llegó a Parral, su comandante, Juan de Barraza, tomó el mando de la milicia y, seleccionando algunos milicianos como apoyo, salió a campo, dejando el resto de la milicia con el alcalde Fernández de Carrión, a defender Parral. No todos los milicianos tenían caballo, lo que pudo ser motivo de peso para dejarlos defendiendo la ciudad.[315]

Los tarahumara eran el grupo más numeroso de indios desde la ciudad de México hasta Santa Fe. En un principio su evangelización fue un éxito, durante cuarenta años permanecieron fieles a la Corona, pero la llegada a su territorio de los mineros españoles trastocó completamente su universo y fue el origen de sus rebeliones. Conocemos bien lo sucedido en la rebelión Tarahumara, entre otros muchos documentos, por el relato que hizo el padre José Pascual,[316] valenciano que llegó a la tierra de los tarahumaras en 1639, iniciando la evangelización que tuvo bastante éxito hasta el año de 1648. Los tarahumaras se encontraban repartidos en ocho pueblos atendidos por tres frailes, en los que incluso se llegaron a construir iglesias. Junto a José Pascual había un fraile de la provincia de Flandes, natural de Gravelines, llamado Cornelio Godínez, que en realidad se apellidaba Beudín, pero hispanizó su apellido. El trabajo más difícil que estos frailes tenían no era evangelizar a los que vivían en los pueblos, era evangelizar a los que vivían en las serranías.

Todo parecía ir sobre ruedas hasta que en el año 1648 se produce la revuelta de cuatro capitanes indios, quienes sentían que la labor de los frailes estaba socavando su poder. Se pusieron en pie de guerra contra los tarahumaras ya cristianizados, matando a muchos y consiguiendo que los demás se revelaran contra el nuevo orden. Entre ellos había uno que tenía el poder sobre los demás, llamado Sopegión.

Alguno de los tarahumaras que permanecían fieles a los españoles fue a dar la alarma a los frailes, y se supo entonces todo lo que estaba ocurriendo. Los frailes alertaron al gobernador, quien no creyó que la cuestión mereciese mayor atención. Días después, crecidos por lo conseguido en el primer ataque y sin represalias, lanzaron un nuevo ataque a San Francisco de Borja,[317] donde se criaba buen ganado y la comunidad tenía

---

[314] El documento original aporta el listado completo de los 149 milicianos.
[315] Documentos en el Archivo de Hidalgo del Parral, 1648, 181–187.
[316] Archivo General de la Nación, Historia 19. También se puede encontrar en *Documentos para la Historia de México*, Vol. III, pp. 179-209 (México: 1857).
[317] San Francisco de Borja estaba al noroeste de San Felipe en el río de San Pedro. Se estableció en 1642, y era un puesto con iglesia que visitaba el misionero de San Felipe. En 1676 se le dio el rango de misión.

ya fundada su iglesia. Después de la misa, el día del Corpus, el padre envió a cinco españoles y cincuenta tarahumaras fieles a que recogieran el ganado en los pastos de la zona, aunque sin la debida celeridad. Se les hizo de noche cuando recibieron el ataque de los enemigos.

La escaramuza fue en aumento y los defensores se fueron replegando hasta una de las casas del pueblo, donde pudieron refugiarse, pero los atacantes eran muchos y pudieron escalar a los tejados de la casa, abriendo una brecha en ellos e incendiándola. El humo obligó a los defensores a salir de la casa, los que se quedaron dentro perecieron por el humo, los que salieron murieron a manos de los indios. Los cinco españoles y unos cuarenta indios de otras naciones, que estaban ayudándoles, murieron. Los tarahumaras fieles salvaron la vida por ser de la misma nación que los atacantes.

La noticia recorrió rápidamente la comarca. El siguiente pueblo en ser atacado sería San Felipe, cuyo cacique o principal, llamado Pedro el Colorado, aunque también tarahumara, era y se mantuvo fiel a los españoles, y nunca admitió el tlatole[318] que le intentaron dar los sublevados. El padre de aquella congregación consiguió enviar a alguien a pedir socorro a Parral, de donde el general Juan Fernández de Carrión envió sin dudarlo diez españoles con un cabo, que llegaron esa misma tarde cuando el pueblo ya se encontraba dividido. La mitad apoyaba a los rebeldes y el resto a los españoles.

Así les llegó la noche cuando oyeron el alarido, la señal que los indios utilizaban para lanzar el ataque. En la iglesia encerraron a las mujeres, mientras los de arco y flecha se apostaron fuera para defenderla, y los soldados atacarían a los rebeldes a caballo. El enemigo, tras sufrir muchas bajas, emprendió la retirada, y en el camino a su ranchería pasaron otra vez por San Francisco de Borja, llevándose el ganado que allí quedaba.

Viendo que la revuelta iba a mayores, esta vez sí, el gobernador determinó la expedición de castigo. Con cien españoles y doscientos indios flecheros de los sinaloas, llegaron primero a San Gerónimo Huejotitán.[319] El padre José Pascual iba en el grupo, ya que conocía muy bien la lengua de los tarahumaras, además, *«socorrió a la expedición de municiones de boca y guerra»* de las que no escasearon en ningún momento.

La estrategia de los indios era la de esperar a las columnas de soldados en las subidas a los puertos, donde los caballos eran muy difíciles de manejar y los arcabuces no tan efectivos, y en el camino a la ranchería de los sublevados había que franquear una serranía. Tuvieron fortuna los españoles porque, con la ayuda de todo el pueblo, pudieron tener todo listo antes de tiempo y adelantar un día la salida de la columna, con lo que franquearon el puerto antes de ser tomado por el enemigo, a quien se encontraron en la bajada. Viendo los indios que habían llegado tarde a la emboscada, volvieron a la carrera a su ranchería para defenderla. Eran tantos que el rastro dejado era imborrable en el tiempo de lluvias en que se llevó a cabo la expedición, según fray Pascual, *«parecía camino usado de muchos años»*.

---

[318] Palabra Náhuatl que significa conferencia.
[319] Huejotitlán, a 50 kilómetros al suroeste de San Felipe. Fundada en 1640.

Siguieron con la marcha y acamparon cerca del poblado rebelde. Las órdenes del comandante eran de no pelear con los tarahumaras, sino procurar reducirlos con «*medios suaves*», los mismos que se habían utilizado en las rebeliones anteriores. De modo que se envió una escuadra a negociar con los indios, pero con la orden de no hacerles daño alguno, ni a sus personas ni a sus casas. Sin saber cómo, ya que el fraile no fue testigo, la situación derivó, la escuadra no obedeció las órdenes, probablemente por ser voluntarios, e hizo todo el daño posible. Se quemaron chozas y barracas, y se arrasaron sus cultivos. A esto siguió una lucha sin cuartel en la que ambos bandos pelearon con mucho valor, los indios se emplearon con saña y los españoles usaron sus arcabuces, y al cabo de dos horas la batalla comenzó a amainar y los indios a retirarse.

Para no dar pie a un nuevo ataque tras el reagrupamiento de los indios, el comandante dio orden de marcha, pero antes hubo de recomponerse el grupo y hacerse cargo de los heridos. La columna se movía con lentitud debido a su tamaño. Se dispuso la vanguardia o batallón y la retaguardia, de forma que estuviesen listos para repeler un nuevo ataque. Caminaron durante lo que quedó del día hasta que llegaron a un amplio descampado donde pararon a pasar la noche. El campamento estaba en tensión sabiendo que los indios acostumbraban a atacar de noche, de modo que se estableció la guardia necesaria. Aquella noche no se produjo un ataque general, pero el acoso de flechas fue constante causando algunos heridos de los que no murió ninguno, ya que las flechas eran lanzadas desde tan lejos que llegaban sin fuerza, pero sobre todo porque esta nación aún no usaba veneno en ellas, lo que sí hizo posteriormente. Según fray Pascual:

> Es tan eficaz el veneno que usan que no necesita para matar a uno que llegue a sacar sangre la flecha, y como es muy fácil el hacerlo, nos mataron muchos después, que morían rabiando. Algunos los privaba luego de los sentidos de que fui testigo de vista, causa era ésta del horror que todos tenían a estas guerras, que para quitarlo dispuso Dios que un indio tarahumara diese la contraseña,[320] con que después que la enseñó y dio, no murió ninguno de los nuestros de los heridos de sus flechas.

Desde allí se siguió camino al Parral, ya que, a ojos del padre y del capitán, la gente voluntaria que llevaban no era apropiada para esa ni para ninguna otra guerra. No lo indica, pero posiblemente se refería a la quema de casas de los indios cuando aún se estaba negociando con ellos.

El gobernador de la Nueva Vizcaya no cejó en su esfuerzo de atraer a los tarahumaras a la obediencia del rey. Más tarde, envió al general Juan de Barraza con sus soldados desde el Presidio de Cerrogordo, para convencer a los indios de firmar las paces. A juicio del fraile no eran los tarahumaras un pueblo traicionero sino defensor de lo que juzgaban suyo, como parece que demostraron en las tres guerras que tuvieron con los españoles. El capitán Barraza entró a la tierra tarahumara, pero no encontró a nadie, se

---

[320] El antídoto.

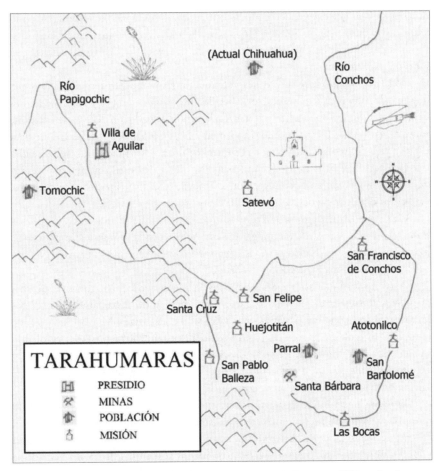

El territorio ocupado por los Tarahumaras, al norte de Durango. El Presidio de Cerrogordo, al sur de la Misión de Las Bocas, era el más próximo.

habían refugiado en una serranía inaccesible, y en su búsqueda y asedio, los soldados invirtieron semanas.

Mientras tenía lugar este intento de pacificación, había llegado de España un nuevo gobernador para la Nueva Vizcaya, Diego Guajardo Fajardo,[321] caballero de la Orden de Santiago, quien, al tanto de lo que ocurría y sin demora, se puso a trabajar, levantando voluntarios y entrando al dicho territorio a encontrarse con el general Barraza. Con el nuevo ímpetu los españoles entraron muy fuerte a la primera fortificación que los indios habían hecho en la sierra, y estos, a pesar de luchar valientemente, no vieron

---

[321] Fue gobernador de la provincia desde 1648 a 1653.

otra opción más que emprender la huida. Esta acción de los españoles impresionó tanto a los indios que enviaron a uno de los suyos, llamado Don Pablo, a tratar las paces. La condición impuesta para el perdón fue la de entregar a los cuatro cabecillas de la rebelión para ajusticiarlos.

Don Pablo aceptó las condiciones, reunió a un grupo numeroso de los suyos que deseaban la paz y fueron a buscar a los cabecillas, los mataron y trajeron sus cabezas. Los demás volvieron a la obediencia y aceptaron la segunda condición del gobernador, que todos bajasen de los picos y serranías a vivir en una nueva población que se fundó para ellos, la villa de Aguilar,[322] en la que el control de futuros levantamientos sería mucho más fácil para los españoles. No fue un castigo, ya que la villa se encontraba en el centro de la Tarahumara, en un buen lugar donde el agua, la leña y los pastos abundaban: el verde valle del río Papigochic.

Allí se quedaron algunos soldados con un cabo, donde se construyó un puesto militar y a donde se trasladaron unos pocos españoles a poblar junto a los Tarahumaras. También se envió a un fraile y se inició la construcción de una misión llamada Nuestra Señora de la Purísima Concepción de Papigochic.

La paz no duró mucho tiempo. Los pocos españoles que se asentaron en el pueblo, que según el padre eran solo cuatro, no se portaron bien con los tarahumaras, y estos fueron a dar quejas a fray Godínez, que había sido el designado para la fundación de la misión. El fraile no supo o no pudo defenderles como ellos esperaban, perdiendo su confianza. Por otra parte, los tarahumaras nunca dejaron sus creencias ancestrales y seguían teniendo multitud de hechiceros que, ante la pérdida de poder a manos de la Iglesia, no cejaron en el empeño de socavar dicha confianza.

Los indios atacaron la casa del misionero, como siempre de noche. El único soldado que vivía en la misión no era mucha defensa para la muchedumbre que rodeaba la casa, así que, dispuestos a morir, abrieron la puerta y salieron. Los echaron una soga al cuello y los llevaron arrastrando hasta la iglesia, donde los acabaron a flechazos. Cuando se descubrieron los cuerpos, estaban desnudos uno a cada lado de la cruz que el fraile había levantado en el cementerio de la misión. Después, la turba fue a la villa y acabó con los españoles que allí había. Algunos pudieron escapar en un primer momento, pero murieron flechados en su huida.

Al día siguiente y cuando los levantiscos se retiraron, los indios que vivían en la villa pudieron mandar aviso a San Felipe y el fraile lo remitió al gobernador en Parral. El general Barraza fue inmediatamente a socorrer a los de la villa. Poco después se despachó otro grupo de soldados. Ambos grupos se unieron y fueron al lugar donde los indios se habían fortificado, una gran peña rodeada por dos arroyos.

Se vio con fuerzas el capitán enviado desde Parral y tomó la vanguardia, a pesar de su falta de experiencia con los tarahumaras, dejando a Barraza en retaguardia con algunos soldados, quien accedió únicamente por no tener un conflicto con el capitán.

---

[322] Actualmente es Guerrero, Chihuahua.

Empezó la lucha al amanecer y se prolongó hasta la tarde. En la refriega resultaron heridos algunos soldados e indios amigos, y viendo que no podían tomar la peña, se retiraron al campamento, donde el general Barraza había fortificado como buenamente pudo. La noche la pasaron en vela, mientras los indios pidieron ayuda a sus rancherías que les fue llegando sin pausa. A la mañana siguiente, el fraile que acompañaba a los soldados cantó misa, y tras la misa los indios pasaron de defensores a atacantes, bajaron de su risco y se lanzaron contra el campamento. La acción se prolongó hasta la caída del sol, y lo mismo hicieron los seis días siguientes. Siempre dejaban al fraile decir misa antes de atacar.

Los indios atacaban y se retiraban, y vuelta a empezar. En una de aquellas el capitán y varios soldados salieron en persecución, pero no era más que una treta y a punto estuvieron de morir todos, escapando de milagro, aunque sí capturaron los indios a uno de los soldados a quien después darían muerte a la vista de todos, gritándoles que después lo asarían y se lo comerían.

En aquel momento se decidió levantar el campamento y regresar a la villa de Aguilar, pero los indios, al verlo, no estuvieron dispuestos a permitirlo, lanzando un nuevo ataque. Los soldados veían que el número de atacantes crecía por momentos mientras que el suyo disminuía por los muertos y heridos. Aquella noche, y siempre en palabras del fraile, vino Dios a verlos y trajo consigo una enorme tormenta con mucha lluvia y frío. Los soldados hicieron las acostumbradas fogatas, ensillaron y cargaron los caballos, y los indios amigos siguieron con sus cantos mientras los soldados con la caballada huían en la noche. Al cabo de un rato y como estaba planeado, los flecheros amigos dejaron de cantar fingiendo que se habían quedado dormidos y siguieron a los soldados en la huida.

Caminaron lo más rápido que pudieron recorriendo esa noche diez leguas, alejándose del campo de batalla lo más posible. Caminaron otro día más con su noche sin descanso y llegaron a la villa de Aguilar. Agotados, dieron gracias por la oportuna tormenta que los salvó de una muerte segura, ya que aquella noche les llegaron nuevos apoyos a los enemigos, más de mil indios que elevarían la cuenta a más de dos mil atacantes. Para hacerles frente se contaban cincuenta españoles y poco más de doscientos flecheros amigos, ya todos muy cansados y sin pólvora ni munición.

Alertado el gobernador de lo sucedido, se encaminó al mismo lugar con otra expedición. Cuando llegaron, los tarahumaras no tenían tanto apoyo, de modo que se decidió a atacar sin dar tregua, siendo este primer ataque repelido por los enemigos, que causaron algunos heridos, los cuales murieron esa misma noche debido al veneno con que impregnaron sus flechas.

Al día siguiente, otra vez asaltaron la peña que estaba muy bien defendida, incluso con sus mujeres, lo que no evitó que en la batalla cayera el cacique principal de ellos, el mismo que había matado al fraile y al soldado en la villa cuando se produjo el levantamiento. Ya sin capitán, los indios esperaron a la noche para huir. Las bajas en el bando español eran tres soldados y varios indios, e incluso el gobernador fue herido llegando a estar muy enfermo por efecto del veneno. A pesar de estar en esas condiciones, el gobernador ordenó la persecución de los huidos, lo que no dio fruto por las continuas lluvias que hacían penosa la marcha. Llegaron al puesto de Tomochic,[323] en donde el río venía muy crecido y no pudieron cruzarlo a la orilla donde se encontraban los indios.

Era el gobernador un hombre obstinado, y pretendía permanecer en el puesto hasta que el río menguase y poder pasar al otro lado. Le costó mucho al fraile convencerle de desistir, y lo consiguió en parte por el estado en que este se encontraba, pero principalmente por el miedo que tenían todos a las flechas enemigas, por las que un simple rasguño significaba la muerte. Finalmente, se resolvió volver a la villa, donde el gobernador pasó largos días de cama, con fiebres y fuertes dolores que hacían temer por su vida.

A su regreso a la actividad, en lugar de más expediciones de castigo decidió enviar negociadores para tratar la paz con los rebeldes. El mensajero fue muy bien recibido y su trabajo propició una paz duradera, o eso creyeron los españoles. En los meses siguientes se trató de repoblar la misión en la villa de Aguilar, con el trabajo de fray Jacomé Antonio Basilio, de la provincia de Nápoles. El éxito fue muy limitado porque los indios no querían regresar a la misión. Luego se descubrió que sus planes eran otros.

Un día aparecieron en el horizonte un gran número de indios acaudillados por un nuevo capitán llamado Tepóraca o Hachero. Capitán de carisma que había conseguido sumar a su causa incluso a los más fieles a los españoles, aquellos que habían luchado codo con codo con los soldados en los anteriores intentos de pacificación. El único en quedar del lado español era Don Pablo, quien tuvo que escapar con toda su gente y abandonar su ranchería, por el odio que le tenían, al ser tan amigo de frailes y soldados.

El capitán fue con sus soldados al encuentro, en un intento por tratar la paz, lo que no llegó a producirse al ser recibidos con flechas, respondiendo los españoles con arcabuces. El escarceo duró media hora. Mientras, otro grupo de enemigos se llevó todo el ganado, no salvando ni mulas ni caballos, y dejando la villa sin comida ni animal con el que huir. Con esto se contentaron aquel día. Por la noche, sus cánticos de alegría se oyeron en toda la comarca. Sin despuntar el día atacaron la misión. Con las estacas usadas para la siembra, que encontraron en la huerta, perforaron los muros de adobe y prendieron fuego a la casa. Algunos de los de dentro tomaron las armas y salieron a pelear, hasta que no pudieron más, cayendo muertos. Los que no salieron con las armas tuvieron que salir de igual forma, empujados por las llamas. De acuerdo con el relato del fraile, los hicieron pedazos, mientras al capitán y a otros dos los ahorcaron. De la misma forma acabó fray Basilio, colgado del brazo de la cruz y acribillado a flechazos *(Fig. 45 Cuadernillo)*.

Las noticias de lo sucedido empujaron al gobernador a ordenar la retirada de los frailes de todos los pueblos de la comarca. Las intenciones de los indios eran acabar con ellos y, al no encontrarlos, arrasaron todas las misiones e iglesias que encontraron a su paso. Terminado esto volvieron a sus tierras, desde donde enviaron mensajeros a San Felipe y a San Gerónimo Huejotitán para sumar a sus pobladores a la revuelta, llegando a amenazarlos de muerte si no lo hacían. No tuvieron mucho éxito en sus

---

[323] A 40 kilómetros al sudoeste de la villa de Aguilar.

sermones, por lo que, en las semanas siguientes, hasta cinco veces atacaron en gran número con la intención de acabar con los frailes, siendo repelidos por los soldados en cada una de ellas.

En aquellos momentos le llegó al gobernador orden del virrey de ir con todo lo que pudiese a castigar a los tobosos, que también se habían alzado. No dejó de expresar fray Pascual su preocupación por la desprotección que iban a sufrir esas tierras precisamente en el peor momento, respondiendo el gobernador que allí dejaba al capitán Juan Fernández de Carrión, con gran experiencia en la plaza, para que cuidara de todos.

Una vez que los tarahumaras estuvieron al corriente de la partida del gobernador no perdieron el tiempo en atacar los asentamientos, para acabar con lo que habían empezado. Hasta dos mil indios juntó el Hachero bajo su mando, y así estaban, ya listos para asaltar los pueblos, cuando les llegaron noticias de que el gobernador, que había solucionado rápidamente el problema de los tobosos, había tomado la ruta del poblado tarahumara y los estaba atacando en su retaguardia. Las escaramuzas fueron continuas durante varios días, hasta que un soldado joven acertó con un disparo de arcabuz al que parecía capitán de los atacantes, lo que probablemente hizo que los indios se fueran en retirada. Aquello sucedió en un momento en el que los españoles ya estaban sin pólvora ni munición, sin saber cómo defenderse. La batalla acabó con dos españoles y varios indios amigos muertos. La compañía de soldados también se retiró para reagruparse con el grueso de la expedición.

Una vez todos juntos, fueron a atacar otra fortificación de los indios con el mismo resultado. Tras horas de enconada lucha todo acababa en tablas. Los indios hirieron hasta a cuarenta y dos soldados. El gobernador decidido a terminar con la revuelta, rodeó a caballo la peña buscando un camino para ascender, sin miedo a las flechas que le pudieran lanzar. No fue el caso, al mando de los sublevados en ese promontorio estaba un indio llamado Diego de Lara, quien había sido ayudante del gobernador en años anteriores y había dado orden a los suyos de no flechar al español. Esa noche, el jefe indio sacó a los suyos de la peña sin que se dieran cuenta los españoles, que a la mañana se vieron aliviados de no tener que atacar la posición, con el riesgo de perder muchos más soldados.

El gobernador se había quedado sin ideas de cómo castigar a los sublevados y de cómo poder bajar de paz a los inocentes de las montañas, cuando le llegaron dos apoyos importantes. Por un lado, un grupo grande de soldados que había dejado reconociendo la tierra de los tobosos, y por otro, un buen grupo de indios amigos que no habían podido llegar antes por encontrarse los caminos infestados de enemigos. Estos indios eran también tarahumaras y, por tanto, conocían las tácticas y lugares de los indios enemigos, lo que fue de gran ayuda.

El gobernador encomendó la campaña a un experto capitán llamado Cristóbal de Narváez quien, a pocas leguas, dio con algunos enemigos a quienes capturó para luego enviarlos a los alzados con mensajes de paz, que los indios aceptaron de buena gana porque, al igual que los españoles, estaban totalmente exhaustos y habían sufrido numerosas bajas.

La paz fue firmada, los indios fueron bajando de las montañas, familias enteras que estaban en muy mal estado por el hambre. El gobernador no solo los perdonó, también los agasajó y les dio de comer. El perdón llegaba con una condición, había que prender al instigador, el Hachero, que sin más dilación fue entregado por ellos mismos, y ahorcado en un árbol. Nunca mostró arrepentimiento por haber levantado a su gente, pero sí expresó su pesar, por verlos bajar de las montañas de paz y volver a poblar en las misiones. La ejecución fue pública, ya que debía servir de ejemplo. Cuando expiró, sus mismos compañeros alzados lo acribillaron a flechazos. Según fray Pascual, parecía un erizo.

Semanas más tarde llegó al territorio una peste tan fuerte que, en algunas rancherías, no quedó un alma viva. Tras ello, los tarahumaras quedaron tan disminuidos que pasarían cuarenta años antes de volver a alzarse en rebeldía.

LA RELACIÓN DE DIEGO
DE MEDRANO[324]
(1654)

Medrano era un criollo de «buena familia», nacido en la ciudad de Durango en 1615. Pertenecía a la Compañía de Jesús, y parece que su desempeño, en las diferentes posiciones que detentó, fue siempre excepcional, como eclesiástico y como administrador, lo que le generó numerosas recomendaciones. Bachiller en letras y teología, llegó a ser considerado un experto en temas indios, recibiendo el encargo del visitador real, Juan de Cervantes Casaus, de preparar un extenso informe del que aquí se hace un resumen.

El informe parece que pasó de mano en mano por los distintos estamentos, ya que contiene notas al margen de escribanos desconocidos. Todas sus aportaciones fueron recogidas por el visitador en su propio informe, lo que hace ver que fueron tenidas en cuenta, aunque para 1660 poco se había hecho por solucionar los problemas revelados por fray Medrano. La llegada de un nuevo virrey llevó a Medrano a actualizar y reescribir su informe, y remitirlo nuevamente a la autoridad en aquel año.

Parece que los problemas presupuestarios, reales o figurados por los burócratas, impidieron la puesta en práctica de sus recomendaciones, y tal y como vaticinó en sus escritos, los problemas en el territorio fueron creciendo hasta que, en 1680, se perdió completamente el Nuevo México, forzando la aplicación de muchas de sus ideas.

El primero de sus informes fue escrito en Durango, capital del reino de la Nueva Vizcaya, el día 31 de agosto de 1654. Uno de sus primeros párrafos deja claro por dónde va encaminado el escrito, la crítica abierta y directa al sistema existente. El párrafo se refiere al Presidio de Cerrogordo:

> *Ningún efecto bueno ha resultado de este presidio, avilantez sí y mucha en los indios, y mayores, y más continuados los daños después de su fundación, que antes que se fundase. El capitán, las veces que se ha hallado con todo el número de soldados de la situación (que han sido pocas), ha hecho punto menos que nada. Está cargado de años y de achaques, unos dicen que no ha obrado por haberle coartado la mano los gobernadores, y lo cierto*

---

[324] Las dos relaciones de Medrano se encuentran en el Archivo General de Indias, Sevilla, en Guadalajara 68.

es que jamás ha estado bien gobernado el presidio, siempre han faltado no sólo caballos armados, que es el principal nervio de esta milicia, más aún armas ordinarias en los soldados. Este defecto y el que los indios no vean ensayos y escaramuzas cotidianas ni otra alguna militar disciplina, ha despertado en ellos, y aun en nosotros, el mal concepto que del caudillo se tiene. Aviva e incita los ánimos de los bárbaros a perpetrar las atrocidades que cada día se están experimentando, fáltales el temor y sóbrales la osadía con particular vilipendio de nuestras armas.

Los fines de la fundación del presidio justos y santos fueron, y muy bien advertido este medio, si se usara bien de él, más las veces que ha habido espada, ha faltado el brazo y las más todo junto, puesto que los soldados, ocupados unos en arrieros y otros en estafetas y correos,[325] *no han asistido al principal ministerio y presto veremos siete de este presidio y dos del de Santa Catalina, fundadores del de la infausta Villa de Aguilar, muertos a manos de los tarahumaras.*

Como ya se vio y se verá a lo largo de esta obra, las luchas de poder internas entre las autoridades condicionaron muchos de los documentos. A veces es posible confrontar documentos de fuentes diversas y tener una idea más aproximada a la realidad, mientras en ocasiones debemos conformarnos con una única fuente. La conocida afición de la Compañía de Jesús por interferir en política, y Medrano era jesuita, generó una gran cantidad de documentos de este tipo, en el que la autoridad, personificada en el capitán de un presidio o en el mismo gobernador, es vapuleada sin ningún miramiento. No sucede lo mismo con los virreyes de turno que, por su rango, parece que estaban por encima del objetivo de Medrano y los jesuitas.

El documento de Medrano referencia a los tarahumaras, aunque como en otros temas lo hace de oídas. Su territorio, según Medrano, era una tierra muy fértil con abundante agua, pastos, serranías húmedas y de regadío. Calculaba el número de indios en esta nación en más de 10.000 de arco y flecha, que multiplicado por cuatro o cinco nos daría el número final de habitantes. Se dedicaban al cultivo de maíz, frijol y otras legumbres, en tanta cantidad que comerciaban con los españoles, a quienes proveían de maíz y frijoles. También criaban gallinas, ovejas, algún ganado y caballos. Siendo apacibles y trabajadores, no se habían mostrado agresivos en momento alguno ni se habían sublevado junto a los tepehuanes, teniendo en cuenta que eran vecinos. Ni se sabía que fueran guerreros valientes y belicosos como luego demostraron en el campo de batalla. A diferencia de otros grupos nunca utilizaron la emboscada para atacar a los soldados, sino que los citaban en tiempo y lugar para la batalla.

Esta evolución sufrida por los tarahumaras, de pacíficos agricultores y comerciantes a formidables guerreros, parece que fue provocada por el comportamiento hacia ellos de algunos españoles, quienes compraban sus productos al por mayor para después revenderlos con incremento considerable en las poblaciones, ocasionando con ello ten-

---

[325] Una de las misiones siempre fue la de llevar el correo, y a esa labor se destinaban varios soldados.

siones entre productores y consumidores finales, provocando la ruptura de las buenas relaciones y desembocando en la guerra que en el capítulo anterior se relataba.

Medrano también hace referencia a la situación de tobosos y salineros, de los que no tiene buenas palabras. Los tobosos eran pocos en número y vivían en una tierra árida poco apta para el cultivo, y esto los empujaba al pillaje como medio de subsistencia. Pillaje tanto de españoles como de otras naciones indias más productivas. Los daños que causaban de continuo a personas y haciendas provocaron la promulgación de una real cédula en 1628, en la que se proponía la aniquilación de este pueblo. Lo que, según Medrano, o no se llevó a la práctica o, si lo fue, *«han resucitado otros indios de su tamaño»*.

La sucesión de gobernadores y virreyes debía hacerse con la entrega de novedades al sucesor. Puede que por maquillar los resultados cuando expiraba el gobierno, o por adelantar méritos, la información sobre el estado de las cosas, que se pasaba de un gobernador a otro, no fuese realista. Parece que la aniquilación de los tobosos y los salineros nunca se llevó a efecto, como se verá más adelante.

Los salineros recibían otros nombres como meresalineros, cabezas, matarajes, negritos, colorados o bausarigames, y eran calificados por Medrano como los más haraganes y traicioneros de cuantos poblaban la Nueva España. No cultivaban ni trabajaban ni se vestían, y se dedicaban a asaltar las recuas, caravanas o caminantes en los caminos cercanos a su territorio, a los que mataban con saña. Y si el transporte iba bien defendido por soldados, se llevaban su peaje a base de mendigar la harina, los maíces o los bastimentos, dádiva que conseguían a pesar de las armas, más que nada por evitar la confrontación con ellos. Era casi un chantaje. Todo les servía, ganado, caballos, ropas, incluso la plata de las minas, de la que conocían su valor y la comerciaban con otros grupos.

No se les puso remedio en tiempo y forma, un problema camuflado que se pasaba de gobernador en gobernador, hasta que se hizo demasiado evidente para ocultarlo cuando, en solo seis años, acabaron con todo el ganado mayor y la caballada de aquellas serranías. Se estima que más de 14.000[326] cabezas de ganado robaron entre ellos y los tobosos hasta finales de 1654, sin contar las muertes de los animales cuando no podían llevárselos, lo que ocasionaba muchos quebraderos de cabeza al no tener animales con los que hacer el tiro de los carros, tanto en los campos como en las minas.

El número de vidas cobradas crecía de forma vertiginosa, seis personas en el camino de Durango a San Juan del Río, ocho en los de los Charcos y Santa Catalina, once en Atotonilco, siete en Sextín de Cañas, y eso hasta agosto de 1654. El año anterior la cifra era mayor, y en seis años más de 300 personas.[327]

---

[326] Añadido al margen: «30.000 hasta finales de 1659».

[327] Añadido al margen en el documento original: «En la ocasión que este papel se escribió, pasaban de 700 personas las muertas a manos de los indios, y a los fines del año de 1659 pasan de 3,000 en la [Nueva] Vizcaya y en jurisdicciones de Nueva España y [Nueva] Galicia».

Los guerreros salineros se estimaban en seiscientos, que se encontraban repartidos por el territorio a modo de cuadrillas, con lo que sus ataques se prodigaban por toda la Nueva Vizcaya. Tenían un control absoluto de todos los caminos que llegaban al Parral desde los principales asentamientos españoles. El territorio en el que vivían se llamaba el Tizonazo, cuyo nombre ya no proveía de una buena imagen, recibiendo el nombre de salineros del territorio, un páramo estéril, sin pasto, agua ni montes. De un paraje a otro se podían contar hasta 30 leguas[328] sin agua, con lo que entrar a castigarlos por parte de los soldados era poco menos que suicida.

Por otra parte, la guerra emprendida contra los tarahumaras necesitó del empleo de enormes recursos tanto humanos como materiales, que todavía no se habían recuperado. Y Medrano, además de hacer una revisión de lo acontecido en esa guerra, como buen jesuita, daba su opinión sobre todo ello. Revisión que viene muy bien para contrastar la información que se veía en el capítulo anterior.

Según Medrano, la solución a los problemas del territorio y a la guerra tarahumara tampoco llegó de la mano del gobernador Diego de Guajardo Fajardo, quien tomó posesión del cargo en 1648. Las sucesivas acciones emprendidas por este gobernador, aunque valientes, habrían encendido aún más los ánimos de los tarahumaras. Nada más acceder al puesto entró a las tierras de los tarahumaras, castigó a algunos de ellos y recuperó los setecientos marcos de plata que llevaban consigo los arrieros asesinados el año anterior. Tomando algunos prisioneros que fueron vendidos en *«pública almoneda»* en el Parral.

> *En esta sazón fundó el gobernador el presidio de Papigochic y puso en él siete soldados del Cerrogordo y dos del de Santa Catalina y empezó a poblar la Villa de Aguilar, así llamada porque se puso juntamente con el presidio en el medio del fertilísimo valle del Águila que le riega con facilidad el río llamado Papigochic...*

Tanto el presidio como la misión jesuita y la villa se edificaron en el lugar donde los indios sembraban su maíz. Obviamente todo se hizo sin el permiso de ellos, quienes vieron enfurecidos cómo se les quitaba uno de sus sustentos. Tampoco un presidio tan corto de soldados era suficiente para mantener sujeta a una población tan grande de indios, en que, según la estimación de Medrano, tocaban a 500 indios cada soldado. Difícilmente podían defenderse a sí mismos como para defender un trecho tan grande de camino como el que va de Sonora a Parral.

> *Pedían los tarahumaras con repetidas instancias que les desembrasen sus tierras y les quitasen la villa y presidio, y les volviesen sus hijos y mujeres, fundando en derecho natural esta pretensión, y que haciéndoseles bien, pasase de parte de los españoles; le harían ellos a los que trajinaban el camino de Sonora y a los regateadores de maíces como lo habían hecho en los gobiernos pasados, y lo que más es que no pondrían impedimento a los doctrineros para la predicación del evangelio.*

---

[328] 140 kilómetros.

El dinero de la venta de los esclavos ya se había gastado, y se había invertido mucho en la construcción de la villa y presidio, de modo que ni el gobernador ni la Compañía estuvieron dispuestos a desandar lo andado. Los tarahumaras disimularon su rabia y sentimiento, esperando una buena ocasión para la venganza.

> *Cautivaron en diferentes veces más de 400 muchachos, muchachas y mujeres; la mayor parte se vendió y la restante pereció miserablemente en la cárcel del Parral porque no hubo compradores. Bajó el gobernador al Parral y, continuando contra el dictámen de los bien entendidos y prácticos la conservación del presidio y población de la villa, trató de enviar ministros de doctrinas y consultó el señor obispo que le advirtió que en aquella materia debía entrar con más tiento y escrúpulo y no proceder en lo demás con tan atropellados pasos...*

De absoluto desastre se puede calificar esta administración del gobernador Guajardo que sembró de furia el territorio. Los tarahumaras se rebelaron y arrasaron con todo a su paso, personas, animales, haciendas, nada se salvó:

> *...acometieron los tarahumaras a la villa y presidio de Papigochic, y lo asolaron todo, sin dejar una tan sola persona viva. El caso fue que habían mudado los soldados de profesión, porque a la sazón que los mataron, los hallaron todos con yuntas de bueyes arando tierras para sembrar, y no fue de admirar que lastimados los indios, gozasen de tan buena ocasión. Mataron al padre Jácome Antonio Basilio de la Compañía de Jesús y siete soldados del presidio de Cerrogordo y dos de Santa Catalina: buen modo de fundar villa y presidio a real expensas y ganar cédula real de agradecimiento por estas poblaciones.*

Parece que el gobernador no hizo otra cosa sino echar más leña al fuego ya descontrolado. Desprotegió completamente la provincia por las levas de reclutas que solicitó, a quienes llevó consigo durante meses, no solo a los indios flecheros, sino también a todo aquel que pudiera empuñar un arma. El número de los tarahumaras era tan superior al de los españoles, que de alguna forma tenían que engordar su número frente al enemigo:

> *El gobernador entró en busca de los tarahumaras para castigarlos y dejó sin castigo y a su albedrío a los tobosos y salineros que nos buscaban tan irritados que, desde entonces, a cualesquier español que encuentren, les sacan los ojos y lenguas vivos y hacen en sus cuerpos diferentes anatomías, nunca usadas hasta este tiempo en que se dio principio al decaimiento de la minería y a la ruina y destrucción general de todos, por no corregir desde sus principios y atajar este cáncer.*

Enfocar las acciones en los tarahumaras representó una ocasión de oro para los salineros, que supieron aprovechar perfectamente. Se hicieron dueños y señores de los puestos, haciendas y poblaciones españolas. En el Presidio de Cerrogordo, en el que la dotación ya era muy reducida, el gobernador dejó únicamente cinco soldados, que suficiente tenían con defenderse cuando los salineros y tobosos atacaban. Algunas haciendas eran básicas para el abastecimiento de poblaciones más avanzadas y aisladas, como la de Naiza, de donde se llevaron a un español vivo y cuatrocientas reses, lo que llevó al dueño de la hacienda, el capitán Alonso Díaz, a despoblarla por no poder defenderla. La cascada de problemas siguió su desarrollo, ya que la hacienda de Naiza daba suministro a la población de Mapimí, dejando a sus habitantes en muchos casos sin otra opción que cerrar las minas y abandonar la población. Los pocos que quedaban fueron atacados al año siguiente, causando numerosas muertes, y los pocos que sobrevivieron tomaron la decisión de abandonar el territorio, quedando los indios como dueños de todo.

Los salineros y los tobosos se habían convertido en una prioridad. En septiembre de 1652 se organizó una bien equipada expedición para entrar al territorio toboso y castigarlos. A final de mes, los soldados y sus aliados flecheros ya habían sitiado el peñol de San Miguel o de Nonolat, donde mataron a trescientos guerreros e hicieron prisioneros a más de doscientos jóvenes de ambos sexos. Al menos eso decía el informe del gobernador, pero Medrano en su informe lo niega, haciendo referencia a los informes de los capitanes Barraza y Lebario, quienes dijeron *«que se había dado fin a la guerra sin haber muerto ni castigado un tan sólo peón cabeza ni salinero»*. Parece que el gobernador mintió para justificar el enorme gasto de la Real Hacienda que había supuesto su expedición de ocho meses por el territorio.

Los capitanes también relataron que en aquel lugar encontraron *«una multitud inaudita de osamenta de caballada y mulada, que habían robado y muerto aquellos indios»*, lo que indicaría el final que habían tenido los animales robados.

Sigue Medrano fustigando sin descanso al gobernador Guajardo, de quien dice que, una vez atacados los tobosos, regresó a la Tarahumara, donde tras meses de escarceos y negociaciones finalmente alcanzó la paz, y *«el gobernador les concedió lo que ya pedían antes de la guerra y antes del enorme gasto de recursos»*: cambiar de lugar el presidio y villa de Papigochic y el regreso de los cautivos.

En cualquier caso, era una guerra que no se podía ganar, haciendo aún más inútil el gasto y más difícil de explicárselo al rey:

> *…propalar que se iba a hacer guerra formal a aquella nación era ir a la letra contra de los justificados mandamientos de su excelencia, y contra expresa cédula de su majestad, en que manda que no se haga guerra a los tarahumaras y no ser su real voluntad que se gaste en esto su real hacienda, sino que los redujesen por medios suaves y espirituales.*

Aún quedaban los salineros, que atacaban San Lucas, Guatimapé, Cuencamé, el Parral y Atotonilco, matando a todo ser viviente y robando miles de reses. Para cuando el gobernador salió de la Tarahumara no quedaba piedra sobre piedra en toda la provincia. Desde el virreinato llegaron cartas anunciando la sustitución en el gobierno, con lo que Guajardo se apresuró a enviar emisarios de paz a los salineros. Después del enorme gasto debía, al menos, entregar a su sucesor un territorio en paz. Sin tiempo material para entrar de guerra a castigar a los salineros, se ofreció una paz no merecida, la cual aceptó el cacique Santiago, el más importante de los capitanes salineros, que veía recompensados de esta forma todos los crímenes, perdonados con la condición de que atacasen a los tobosos y acabasen con ellos, para lo cual, además, se les dieron bastimentos.

Este último acuerdo dio mucho que pensar a Medrano, quien se hacía muchas preguntas, porque según el gobernador había acabado en su totalidad con los tobosos, pero luego pedía a los salineros que les hiciesen la guerra, con lo que parece plausible la idea de que los trescientos gandules[329] que el gobernador clamaba haber matado, no lo habían sido en realidad, mintiendo y exagerando sus informes. Todo esto quedaba desvelado con la llegada del nuevo gobernador, Enrique Dávila,[330] quien por orden del virrey redujo a pueblo a setenta indios tobosos con sus familias.

Las naciones indias eran muy diferentes entre sí en su carácter, lo que se había comprobado durante más de un siglo. Lo que funcionaba con un grupo no lo hacía con otros. Así, regalar a los indios para reducirlos a pueblos no era, según Medrano, la manera de tenerlos sujetos, ya que, una vez consumida la comida que les daban, desaparecían en una noche, llevándose la caballada y lo que podían arramplar, como acostumbraba a hacer este grupo de tobosos.

Los regalos ocasionaban problemas, celos y envidias. Si los agraciados eran una nación grande, la inversión se hacía astronómica, y si eran pocos, las envidias causadas en otras naciones daban al traste con todo. También resultaban ofendidos los indios flecheros amigos que, viendo que a los agresores se les daba ropa y bastimentos, empezaban a decir que era más rentable alzarse que ayudar a los españoles y derramar su propia sangre al servicio de la Corona sin premio alguno.

Había algo que resultaba pernicioso en extremo para la provincia, y era el robo de la caballada. Los animales eran necesarios para todos, mineros, criadores y agricultores, quienes, al perder los animales, no podían seguir con su actividad. Aunque tampoco podían quejarse abiertamente de sus penurias, porque iba en contra del prestigio del gobernador de turno, y este se encargaba de silenciarlos y que sus quejas no llegasen al virrey ni mucho menos al Consejo de Indias, con lo que el «inexistente» delito quedaba sin castigo.

Parece que esta cuestión quedó solucionada con el nuevo gobernador, Enrique Dávila y Pacheco, pero el estado en el que recibió el reino de la Nueva Vizcaya requería un trabajo enorme. Un día recibió aviso de siete ataques en diferentes partes de la provincia, siendo imposible acudir a todos ellos. En ocho meses de gobierno ya habían muerto más de ochenta personas, pero no tenía forma de solucionarlo, ya que el dinero de la Hacienda Real que se había gastado el anterior gobernador le dejaba a él sin recursos para formar alguna expedición de castigo, debiéndose contentar con los recursos humanos existentes que, como se lleva viendo, eran totalmente insuficientes.

---

[329] El mismo Medrano explica el significado de la palabra gandul en su carta. Se refiere a los indios adultos, tanto mujeres como hombres, al ser, según él, una palabra de carácter genérico.

[330] Gobernador con experiencia, al haber gobernado el Yucatán en dos periodos distintos.

Los pobladores, mineros, familias y mercaderes estaban en desbandada, mientras, los indios enemigos envalentonados y sin castigo, y este era, a ojos de Medrano, el principal problema. Para él, las anteriores rebeliones de acaxees, tepehuanes y otras naciones se habían apaciguado por el empleo de la fuerza, que se había aplicado con el establecimiento de presidios en los puntos más necesitados. Siempre según su opinión, el de San Hipólito y el de San Sebastián podían cambiarse de lugar, ya que no eran necesarios allí donde estaban, los indios en aquellas partes ya se habían cristianizado y eran pacíficos. El Presidio de Santa Catalina sí era necesario para frenar a los tepehuanes, que aún estaban en proceso de pacificación, y también para proteger los caminos de la zona. Y el de Cerrogordo era imprescindible, pero era necesario cambiar al capitán por otro más activo y dedicado.

Los salineros campaban por el territorio, atacando cuando querían, escapando sin oposición y no respetando ninguno de los acuerdos de paz que se alcanzaba con ellos. Teniendo en cuenta que con cada acuerdo recibían una carga completa de utensilios, ropa y comida, no es extraño que el juego que practicaban fuera el de mentir descaradamente en sus intenciones, ofrecer la paz, que siempre era breve, y volver a las andadas.

La proposición de Medrano para solucionar el problema de los salineros no era descabellada, y se basaba en lo practicado en España para acabar con la beligerancia morisca, y que no era sino repartir a los indios por toda la Nueva España en grupos muy pequeños. También proponía lo que puede ser el germen de las Compañías Volantes:

> *...de los presidios de San Hipólito y San Sebastián se haga un cuerpo, añadiéndole por ahora otros cuatro soldados del de Santa Catalina, para que, gobernados por un despierto y celoso caudillo, corran incesantemente la tierra desde Conchos a Atotonilco, restrictamente, y poniendo nuevo capitán en el de Cerrogordo, corran ocho soldados de este presidio la distancia que de él hay hasta el dicho puesto de Atotonilco, y otros doce del de Cerrogordo a Cuencamé, sin parar...*

En cuanto al territorio, la sugerencia de Medrano recuperaba lo que ya se había puesto en práctica anteriormente, y al parecer con considerable éxito, de poblar el territorio con familias tlaxcaltecas y tonaltecas, naciones ya hispanizadas tiempo atrás. El ejemplo eran Sonora y Sinaloa, que en aquel momento se encontraban muy pobladas, pacíficas, y con más de 40.000 indios bautizados que habrían sido imposibles de manejar con un único presidio de 50 soldados de no haber sido por la ayuda tlaxcalteca.

Medrano era totalmente partidario de la mano dura con los indios, lo que veía como la única solución posible. Después de todo, tenía su puesto en la catedral de Durango, en contacto con una congregación cristianizada e hispanizada, pero no estaba en contacto diario con los indios en misión alguna.

El resto de la relación de Medrano refería la necesidad de acrecentar la presencia de los jesuitas en la zona, lo que no podía ser de otra forma siendo él mismo de la Compañía. La sugerencia que hacía a las autoridades virreinales era la de retirar a los franciscanos de las congregaciones que ya gestionaban para que fueran ocupadas por jesuitas como única forma de hacerlas florecer. No tiene por qué ser una descripción de la realidad sino la visión de una parte interesada, ya que ambas congregaciones se repartían el territorio y el contacto creaba discrepancias y conflictos de interés. La expulsión de la Compañía de Jesús, años después, acabaría con dicho conflicto.

Por otra parte, en sus escritos hace uso sin rubor de la exageración como forma de conseguir sus objetivos, de la misma forma que muchos hicieron antes, como Bartolomé de las Casas. No es extraño que estos informes y el propio Medrano estén tan bien considerados por la historiografía norteamericana. Uno de los capítulos a los que hace referencia es el de la rebelión xixime sofocada en Xocotilma,[331] al que cita de esta forma:

En este punto de Xocotilma, se juntaron 800 indios xiximes dejando a distancia sus armas, y sabido por el gobernador que la paz que daban era fingida y poco estable mandó echarles cerco y los pasó a todos a cuchillo, con que no ha vuelto más esta nación a conspirar.

En realidad, los xiximes que llegaron a presencia del gobernador no pasaban de doscientos, y allí se ajustició a los diez cabecillas únicamente, poniendo a los demás en cautiverio, narrativa muy alejada de la fantasía de Medrano que nunca abandonó la retórica ácida y agresiva a lo largo de su escrito.

---

[331] Relación de lo sucedido en esta misma obra, en página 153.

RELEVO EN EL NUEVO REINO DE LEÓN (1661-1664)

Para cobrar todo lo adeudado y reconocidos sus trabajos en la gobernación del Nuevo León, el gobernador Martín de Zavala debía presentarse en el Consejo de Indias y acreditar todo ello punto por punto. En su lugar envió a España al que había nombrado procurador, Alonso de León, con quien envió un documento[332] en el que relataba todos los sucesos acontecidos en los veintiocho años de su gobernación, y los objetivos cumplidos.

Había establecido la ciudad de Monterrey con más de cien vecinos a los que ayudó económicamente en la construcción de sus casas, dándoles herramientas para trabajar el campo, semillas y animales, habiéndose establecido más de dieciséis haciendas y otras dos *de sacar plata*. También se fundó el Real y Minas de San Nicolás de Salinas, con seis minas de plata, labores de pan y ganadería mayor y menor. El Real de Minas de San Gregorio, junto a Cerralvo, donde había cuatro minas de plata y mucha ganadería.

Según declaraba, de las minas y sin contar lo que se había sacado de plomo y creta para la construcción, que se habían llevado a Zacatecas, Parral y Sombrerete, habían salido tres millones de marcos de plata, con los ingresos para la Real Hacienda que eso implicaba. Hizo caminos y los mantuvo limpios de árboles y matorrales. Decía haber gastado un millón de pesos durante su gobernación, en el mantenimiento de las guarniciones militares y en las expediciones de castigo que se habían necesitado, lo que parece una gran cantidad si no se tuviese en cuenta su dilatada carrera de veintiocho años. Con los éxitos de Alonso de León, consiguió el hábito de la Orden de Santiago, y se le pagaron los atrasos que reclamaba en *ciento y tantos mil pesos*.

El capitán Alonso de León inició el viaje de vuelta y habiendo llegado a Cádiz desde Madrid con intención de embarcarse en la flota, aparecieron a la vista ochenta navíos de Inglaterra, con lo que el viaje se suspendió. La flota de Indias que ya se encontraba lista para zarpar fue descargada y sus barcos preparados para la guerra.

---

[332] Alonso de León, 1649, *op. cit.*

Alonso de León «el joven»,[333] que entonces contaba dieciséis años y se encontraba en España acompañando a su padre, le pidió permiso para embarcarse en la Armada y combatir a los ingleses, haciéndolo en calidad de aventurero y sin sueldo. Tiempo después, y llegado su momento, el joven Alonso de León sería fundamental en la conquista de la provincia de los Tejas.

Los siguientes años fueron de calma y sosiego en el Nuevo León, pero no fue así en 1661. Se habían aliado varias naciones de indios al sur de la sierra de Papagayos, y comenzaban a hacer daños en Cadereyta, robando manadas de yeguas. Fue necesario reclutar una compañía con buen número de soldados. En esos años, los presidios seguían siendo una tropa destinada al mantenimiento del orden, pero cuando se salía a hacer un castigo era necesario reclutar entre la población a milicianos, con lo que hablar de cualquier uniformidad entre la tropa es inútil, teniendo que aportar cada uno sus propias armas, que habitualmente eran distintas del resto de pobladores.

La compañía partía al mando del capitán Diego de Ayala, quien fue en compañía del capitán Diego Rodríguez que, aunque estaba impedido, era un hombre de mucha experiencia militar y podía dar buenos consejos. Establecieron el Real cerca de Cadereyta y salieron a espiar las rancherías de los indios. Algo debieron oír los indios para que, cuando los soldados dieron el golpe, en la ranchería no quedaba nadie, pero había muchas hogueras aún humeantes por lo que pensaron que el número de indios era mucho mayor.

Fueron a pedir refuerzos al gobernador, quien convocó a todo el que pudo, incluso viviendo lejos de Monterrey. Todos llegaron al punto de reunión en la hora requerida menos el capitán Alonso de León, que apareció un poco más tarde con una orden del gobernador en que le nombraba cabo principal de la fuerza formada, lo que parece no sentó muy bien al capitán Ayala, pero quien, viendo lo bien que fue recibido Alonso de León por la tropa, prefirió no discutir la decisión del gobernador.

Pronto dieron con el rastro de una fuerza bastante grande de indios que iba caminando por el sur de la sierra de Papagayos, en dirección al oriente. Unos días después les dieron alcance y en la refriega capturaron algunos cabecillas, ahorcando a seis de ellos que reconocieron ser culpables, con lo que parece que se sosegó la tierra durante un tiempo.

Más tarde, en el mismo año, Alonso de León fue a buscar sal a las salinas de San Lorenzo, por la grave escasez que había de ella en todo el reino. Con él fueron veinte soldados, hicieron una carga abundante y en el viaje de vuelta, en el llamado arroyo del Encadenado, Alonso de León sufrió un «achaque», repetición de otro que le tenía impedido de la mitad del cuerpo y que, esta vez, le dejó totalmente inválido. Sus hombres lo llevaron a hombros hasta su casa, en el valle del Pilón, con una parihuela que hicieron de emergencia con palos. Dos meses más tarde fallecía el viejo capitán, que

---

[333] Continuó la obra de su padre, llegando a ser capitán de presidio y gobernador de Coahuila y Tejas.

tantos y tan buenos servicios había hecho a todos. Según Juan Baptista Chapa, todo el reino sintió mucho la pérdida.

En 1663, los indios del norte comenzaron a hacer internadas. Eran probablemente apaches quienes atacaban a los viajeros que transitaban los caminos. De todos los alrededores, incluyendo la Nueva Vizcaya, llegaron soldados a formar compañías para intentar dar castigo a dichos indios. También llegó una compañía bastante grande de indios tlaxcaltecos, que venían muy bien armados y provisionados. Todas se pusieron al mando del sargento mayor Juan de la Garza, hombre de mucha experiencia.

Fueron ciento y tantos hombres, ochocientos caballos, ochenta cargas de harina, mucho bizcocho y otros pertrechos necesarios, y llegaron a la tierra de los enemigos, en distancia de más de setenta leguas de esta ciudad. Dieron cerco a la ranchería, cuya nación se intitulaba Cacaxtles, y mataron hasta cien indios en la refriega que tuvieron con ellos, y no peligró ningún español, aunque algunos salieron heridos. Se prendieron a ciento y veinte y cinco de todas edades y sexos, que, traídos a esta ciudad, dispuso el gobernador el que fuesen sacados afuera del Reino, a la ciudad de Zacatecas, y así se ejecutó. Habiendo durado esta Jornada cinco meses largos, en que se gastaron muchos pesos, así por parte del gobernador como de los vecinos y del Saltillo, conque parece se fue sosegando algún tanto la tierra con esta entrada que se hizo.

El gobernador, Martín de Zavala, era hijo natural[334] del general Juan de Zavala, un minero muy rico de la ciudad de Zacatecas. Su padre lo envió a estudiar a Salamanca:

…a los reinos de Castilla donde juzgo que tuvo estudios mayores, porque, según su modo de conversación y discursos y estilo elegante en escribir cartas, sindicaban muchas letras, su conversación fue muy agradable, y a cada uno hablaba en su lengua; la latina la pronunciaba con tanta elegancia como la materna; la toscana la sabia tan al natural, que parece se había criado en la ciudad de Florencia, y tenía más de ochenta libros en esta lengua, de Historia y otras materias muy agradables, de que soy testigo y que me prestó algunos de ellos. La vizcaína y la flamenca no las ignoraba y, finalmente, fue hombre singular en todo, digno de mayores oficios que los de este corto gobierno.

El gobernador Zavala aceptó el cargo muy joven, y permaneció en él durante treinta y ocho años. Fue capaz de pacificar el territorio, invirtiendo en él y en sus gentes toda su fortuna y herencia, la que había extraído de sus minas. Una prueba más de que las riquezas del territorio permanecieron en él, teniendo en cuenta, además, que los impuestos, denominados quintos reales, se dedicaban en gran medida al mantenimiento de la seguridad y al desarrollo de la Nueva España y su población.

A Zavala se le podría considerar como el padre del Nuevo León, sin embargo, los actuales habitantes de este estado mexicano desconocen incluso su existencia, englobándolo con el resto de los administradores españoles. En 1664 moría al frente de su

---

[334] No era hijo de legítimo matrimonio, de ahí el adjetivo de natural.

cargo sin dejar sustituto o descendiente, a pesar de que, por orden real, tenía derecho a nombrarlo. En cambio, dejó dicho en su testamento que el Nuevo León lo gobernase el cabildo de Monterrey hasta que el virrey enviase un sustituto.

El cabildo pasó notificación al virrey para que nombrase sustituto. La responsabilidad recayó en el general León de Arza, caballero de la Orden de Santiago, con *«facultad de dar y repartir todo lo que daba y repartía el gobernador Martín de Zavala»*. No fue tarea sencilla sustituir a Zavala, ya que, según Juan Baptista Chapa, el gobernador daba sustento en secreto a muchas viudas de su gobernación, mujeres de soldados muertos en servicio y otras, por lo que el nuevo gobernador se encontró con un gasto no conocido que no pudo recortar por no empezar con tan mal pie su caminar en el Nuevo León.

En la parte militar, Alonso de León sustituía a su padre con el mismo tino. Después de un ataque indio, salió con nueve compañeros, la mayoría pastores ya que el valle en el que se produjo el ataque no estaba aún poblado, y al día siguiente alcanzó a los indios en el puesto que llamaban Labradores. A la puesta de sol se produjo el enfrentamiento, en el que hirieron a un indio de nación hualahuis. No les faltaba valor a los españoles cuando se enfrentaban a los indios, pero a veces no todo se solucionaba con valor. En frente tenían a setenta indios, y con compañeros tan poco experimentados era si cabe más difícil. De la primera lluvia de flechas salieron despavoridos casi todos los acompañantes, quedando solamente uno al lado de Alonso de León. Tuvieron suerte al matar de un disparo al que parecía ser líder del grupo y a algún otro indio, de forma que el resto se retiró, porque en enfrentamiento tan desigual lo más fácil habría sido morir en el intento.

Los ataques de los indios del norte iban en aumento, salían en varias escuadras no solo a los caminos, sino hasta a las poblaciones. Decidió el gobernador nombrar cuatro capitanes para que recorriesen los puertos del valle de las Salinas, Nacatas, Muertos y otros para atajar los ataques. Entre ellos estaba Alonso de León, quien se iba turnando con los otros capitanes por distintas partes del territorio, cada uno con treinta hombres.

Pronto se vio que los ataques se centraban en las proximidades de Saltillo, por lo que su alcalde mayor formó allí mismo una buena compañía, a la que se unió otra que salía desde el Nuevo Reino de León con treinta soldados. Se juntaron ciento tres soldados y ochocientos caballos, con setenta cargas de provisiones. Salieron en dirección al río Bravo en busca de los cacaxtles, que se habían mostrado muy belicosos. A medio camino se les unieron más de trescientos indios boboles, al mando de Ambrosio de Cepeda, que sabía hablar varias de las lenguas que manejaban los indios del norte.

> *Estaban los enemigos metidos dentro de un monte. Diéronles el cerco, de madrugada, que no se pudieron escapar, si bien se resistieron valerosamente, porque el monte era muy espeso y los españoles no lo podían penetrar, con que a balazos iban matando a los que divisaban. Un indio muy ladino, de los enemigos, llamado Juan intentaba persuadir a los españoles que cesasen en la pelea, porque querían dar la paz, y se reconoció que esta era astucia para tener lugar de atrincherarse, como lo hicieron, formando cerco de trozos de árboles, nopales y ramas, para su defensa, con que, viendo la entretenida y paz fingida, continuaron los nuestros su cerco y duró la pelea hasta la oración.*

Se mataron a cien indios y cogieron setenta piezas, entre chicos y grandes. Una india vieja tocaba una flauta, animando a los indios, también fue presa, y los indios amigos la pedían para comérsela, y no pudiéndolo conseguir, ni jamás se permitiera semejante crueldad, por vengarse de ella, sabiendo que un muchacho de la presa era pariente de ella, lo procuraron secretamente aquella noche haber a las manos y, sin que se supiese, se lo comieron, cosa que no se pudo remediar.

De la pelea grande que hubo, salieron heridos veinte y dos españoles, aunque ninguno peligró, murieron dos indios de los amigos, y otros salieron heridos. Y habiéndoseles acabado las flechas, andaban a palos con los españoles e indios amigos. Sucedió en el cerco que, andando el general Fernando con su arcabuz cazando, entrando en el monte, topó una rama de árbol en el gatillo y se le disparó, y metió las balas por el cerviguillo al caballo, de que murió luego.

Poco después llegó un nuevo gobernador, que no tardó en nombrar a Alonso de León como capitán del Presidio de Cadereyta y alcalde mayor de la villa. Después, el capitán se hizo imprescindible y su carrera fue meteórica. En 1683 era nombrado gobernador en funciones, sustituyendo al enfermo Echeverría, quien moriría días después. Estuvo en el cargo nueve meses, hasta que fue nombrado el marqués de San Miguel de Aguayo.

REBELIÓN EN NUEVO MÉXICO
(1680-1693)

La pérdida del Nuevo México fue el hecho central que dominó la política española en las décadas siguientes. La revuelta de los indios pueblo bloqueó la colonización de más territorios al norte. El descontento de los indios había crecido y la inacción de las autoridades españolas para atajar las asonadas no hacía sino darles más fuerza. El éxito de los pueblo para deshacerse de los españoles envalentonó a las tribus vecinas, especialmente a los seminómadas que vivían en torno a los asentamientos españoles del Nuevo México.

Ya venían los apaches haciéndose notar en las décadas anteriores, atacando los pueblos españoles, tanto en el Nuevo México como en la Nueva Vizcaya, y la gran sequía de 1670 incrementó los problemas. Las misiones debían trabajar más para cubrir las pobres cosechas, y la generosidad de los frailes alimentando a todos los que llegaban a las misiones no era bien vista por los indios que vivían en ellas, quienes no solo eran los únicos en trabajar, sino los que más sufrían los ataques de los que después venían pidiendo alimento.

No se puede achacar la revuelta a una única causa sino a la acumulación de varias. Los indios pueblo nunca necesitaron de los españoles. Ninguno de los españoles que por allí transitó tuvo un plácido recibimiento, y en el caso de Oñate, el resentimiento fue a mayores porque el grupo no venía de visita sino a quedarse, y no era un grupo pequeño.

Los pueblo eran un grupo de naciones de indios con cierto avance sobre los nómadas de la llanura y otros grupos ya conocidos por los españoles. Eran una sociedad muy bien organizada que debía enfrentarse a una dura climatología de inviernos fríos y veranos secos. Su vida era el río, que proveía agua para los cultivos, muy bien organizados en regadíos, sin nada que envidiar a los de la península ibérica. Allí crecía básicamente maíz, judías y calabazas, cuyas cosechas debían ser perfectamente administradas para poder pasar los inviernos sin escasez, llegando a tener más de una cosecha almacenada en previsión de la llegada de sequías.

En cuanto a la población, esta había alcanzado el punto de equilibrio, aquel en que la comida era suficiente para todos sin llegar al desperdicio. Equilibrio que saltó por los aires con la llegada de la expedición de Oñate. El retraso de más de dieciocho meses en la partida provocó que los pobladores españoles iniciasen el viaje con menos de lo necesario para llegar a destino y poder mantenerse un año hasta recoger la primera cosecha. Por tanto, dependían de lo que pudieran conseguir de los indios locales. La escasez llevó a Oñate a poner impuesto a los indios en ropas y sobre todo en maíz, había muchas bocas que alimentar. Las reservas de los indios pronto se agotaron y las relaciones se tensaron. Llegó una primera hambruna y el más fuerte sometió al más débil. Situación que derivó en una primera revuelta de los locales tewas en 1606. Muchos indios abandonaron sus pueblos, buscando cobijo en tierras alejadas de los españoles. Los primeros años fueron muy duros hasta que se alcanzó el nuevo punto de equilibrio.[335]

La relación que mantenían los pueblo con los apaches cambió radicalmente con la llegada de los españoles. Hasta ese momento se había basado en el intercambio comercial, pero el sometimiento de los tewas y su cristianización no fue bien visto por los apaches. Por el norte, los taos, picurís y pecos se aliaron con los apaches, acosando a los tewas, habitantes del sur, en las proximidades del pueblo español de San Gabriel. Los tewas pidieron ayuda militar a los españoles con los que formaron un frente común, tal y como relata fray Francisco de Velasco en el memorial que escribió en 1609. Este enfrentamiento se prolongó durante todo el siglo XVII.

El Nuevo México no conoció el sosiego en ningún momento. En 1607 se fundó Santa Fe por Juan Martínez de Montoya, y tres años más tarde se la nombró capital del Nuevo México por orden del gobernador Pedro de Peralta. Allí se estableció presidio para dar seguridad a toda la provincia. Peralta había ido a suceder a los Oñate, padre e hijo, por orden del virrey Luis de Velasco en su segundo mandato. Juan de Oñate había caído en desgracia y el propio rey pidió al que fue su valedor, el virrey Velasco, que lo llamase a Ciudad de México. Una vez fuera de su gobernación, y tras haber perdido su fortuna en la empresa, enfrentó cargos por el maltrato a los indios y a los colonos, que resultó en la condena al destierro de por vida del Nuevo México, y de cinco años de la Nueva España, de forma que se estableció en España en 1614 sin volver a pisar América.

El nuevo gobernador Peralta trató de calmar los ánimos, una misión realmente difícil ya que había muchas facciones enfrentadas, con la Iglesia como principal actor, pretendiendo detentar todos los poderes, tanto el civil y el militar, y por supuesto el eclesiástico. Al cabo de dos años, el comisario eclesiástico excomulgó a Peralta y lo encarceló durante casi un año, hasta que el virrey se interpuso y lo liberó, enviando en su lugar un nuevo gobernador, Bernardino de Ceballos. Peralta, tras su liberación, fue absuelto y continuó su carrera en la administración con bastante éxito.

El nuevo gobernador estuvo en el cargo cuatro años y también fue excomulgado por el comisario eclesiástico Isidro Ordóñez, quien clamaba que él tenía el mismo poder

---

[335] Carta del capitán Luis de Velasco al Virrey, 22 de marzo de 1601. Investigación Valverde, testimonio Herrera. Investigación Valverde, testimonio Rodríguez. 30 de julio de 1601. En Hammond y Rey, *Don Juan de Oñate: Colonizer of New México*. University of New Mexico Press. 1953. El documento original se encuentra en el Archivo General de Indias de Sevilla, dentro del Expediente Oñate que veíamos en capítulo anterior.

que el papa de Roma y que los gobernadores debían obedecerle. Cuando Peralta pudo salir de la cárcel y llegar a México fue interrogado por la Inquisición, tras lo cual, fray Ordóñez fue reclamado por el Santo Oficio, apartándole de cualquier cargo y recibiendo la reprimenda de la Inquisición.[336]

Las disputas entre los distintos gobernadores y los frailes iban en aumento, y un nuevo gobernador, Eulate, fue enviado en sustitución de Ceballos. Ya no estaba fray Ordóñez, pero fray Perea se mostraba igual de beligerante. En lo militar todo iba sobre ruedas, consiguiendo pacificar las revueltas de los jumanos en las Humanas, otras en los jemez, en los picuríes y en la provincia de Zuñi, donde los indios se encontraban en plena guerra civil, luchando entre ellos. También pudo pacificar el pueblo de Acoma que, una vez más, se había sublevado tras recuperarse de los eventos de veintiséis años atrás.

Los frailes le acusaban, como siempre y como a todos los gobernadores, de abusar de los indios. Pidió permiso para tener a un indio joven y huérfano como sirviente, obligándose a mantenerlo y educarlo en el cristianismo y los frailes hicieron un escándalo de ello. Acusaciones que se refutaron por los líderes indios, a quienes el gobernador había defendido muy bien ante los apaches, y los había apoyado ante las abusivas requisitorias de los frailes para trabajar en la construcción de los enormes templos que estos pretendían.

En 1625 Eulate fue sustituido por el almirante Felipe de Sotelo Osorio y fue de regreso en el tren[337] de vuelta a México de 1626. Parece que llevaba consigo a varios esclavos para vender en la capital, además de haber utilizado parte del tren para cargar sus pertenencias y otras cosas para vender. No se sabe cómo pudo ser aquel viaje de vuelta de seis meses, porque en el mismo tren viajaba su archienemigo fray Perea.

A su llegada a México Eulate fue denunciado por Perea. En la vista no quedó claro quién decía la verdad y en qué grado, pero los antecedentes en las dos gobernaciones anteriores, con los dos gobernadores excomulgados, uno de ellos encarcelado, y el abuso de poder del comisario eclesiástico, no jugaron a favor de la acusación. El apoyo de los capitanes indios terminó de inclinar la balanza de parte del gobernador Eulate quien, después de todo, no parecía tan mala persona como lo pintaban los frailes. Todo acabó con el pago de una multa, pero en lugar de una reprimenda o una pena mayor, fue nombrado gobernador de Isla Margarita, en la actual Venezuela, un buen premio tras las penurias pasadas en la lejana frontera norte. El virrey y la Inquisición, la autoridad civil y militar, y la eclesiástica, entendieron que, en este conflicto, Eulate era el menos culpable. Eso sí, le hicieron devolver los esclavos al Nuevo México. Los indios eran intocables, y allí donde se encontraba la Corona o sus oficiales se les protegía de todo y de todos, hasta de sí mismos.

---

[336] Peralta, Pedro de. Documento en los archivos estatales de New México.
[337] Con tren se refieren a la caravana de mulas y carros que viajaba protegida por una escuadra de presidiales.

El Nuevo México estaba a dos mil quinientos kilómetros de Ciudad de México, las provisiones de la capital llegaban esporádicamente en el mejor de los casos.[338] Era un viaje de seis meses en los que la mitad transcurrían por los territorios más peligrosos de América. Santa Bárbara era el último puesto español. A partir de ahí y hacia el norte había que atravesar el territorio de los tobosos, tarahumaras y cualquiera de los pueblos nómadas que habitaban el norte.

Ante la falta de comunicación con otros lugares de la Nueva España, los españoles que allí vivían adoptaron más costumbres indias que los indios las españolas, tanto en alimentación como en vestimenta y otros aspectos culturales. Tampoco era muy difícil que esto ocurriera porque la gran mayoría de los habitantes eran mestizos o indios hispanizados. Pasaron los años y los españoles fueron perdiendo fuerza numérica y cultural con los indios. Los nuevos pobladores llegaban con cuentagotas a tan apartado lugar, haciendo que la población española se estancara, mientras que la india crecía.

El sustituto de Eulate, Felipe de Sotelo Osorio, no mejoró las relaciones entre Iglesia y autoridades en Santa Fe. Hasta parece que el virrey lo eligió de forma expresa para atar en corto a los religiosos. Osorio era militar profesional, de la Armada, llegando a alcanzar el grado de almirante, y no era católico practicante. Nada más llegar a Santa Fe, repudió a la Iglesia diciendo que habían convertido su gobierno en una dictadura para los habitantes. El enfrentamiento entre unos y otros derivó en una nueva denuncia de los frailes a otro gobernador, lo que entró desde entonces en las costumbres locales. La Inquisición estudió el caso sin mayor repercusión, terminando su mandato incluso después de la fecha prevista.

El siguiente en pasar por la gobernación de Santa Fe fue Francisco de Silva Nieto, quien estableció otro tipo de relación con los religiosos. Tendría tiempo de ello en el viaje de ida, que compartió con el inquebrantable fray Perea.[339] Silva Nieto ayudó a los frailes en la fundación de nuevas misiones entre los indios, principalmente entre los siempre difíciles zuñis. En junio de 1629 Silva formó una expedición a los zuñi con 30 soldados, 10 carretas, 400 caballos y un grupo de frailes. Allí compraron una casa para los religiosos que se convirtió en la primera iglesia de la provincia.

También hubo de reconquistar una vez más la recalcitrante Acoma. La derrota que años antes habían sufrido los indios frente a las fuerzas de Zaldívar sirvió, sobre todo, para que los españoles fueran temidos por todo el Nuevo México, evitando con ello mucho trabajo innecesario, ya que la sola presencia de los soldados mantenía pacífica la provincia, según apunta Charles Lummis:[340]

---

[338] El tren pretendía partir cada tres años llevando todo tipo de bastimentos, y los oficiales y civiles que viajaban en uno u otro sentido, aunque por diversas razones se podía retrasar hasta el año siguiente.

[339] Fray Esteban Perea escribió un informe al rey sobre todos los acontecimientos en el Nuevo México.

[340] Lummis, Charles F. (1893), *Los exploradores españoles del siglo XVI*.

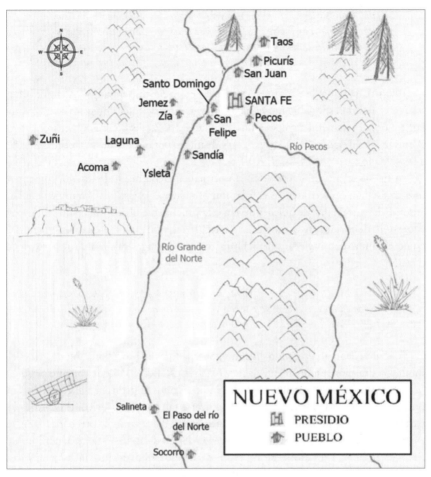

Nuevo México. Entre Santa Fe y El Paso había 600 kilómetros.

En 1629, fray Juan Ramírez, «el apóstol de Acoma», salió solo de Santa Fe para fundar una misión en la encumbrada ciudad de feroces bárbaros. Se le ofreció una escolta de soldados, pero él la rehusó y salió a pie, enteramente solo y sin más armas que su crucifijo. Recorriendo con dificultad su penoso y arriesgado camino, llegó al cabo de muchos días al pie de la gran «isla» de la roca, y empezó el ascenso. En cuanto los indios vieron a una persona extraña, y de la gente que ellos aborrecían, corrieron hasta el borde del risco y le lanzaron sus flechas. En aquel momento, una niña de Acoma, que estaba en el mismo borde de la ingente roca, se asustó de ver la saña de su gente y, perdiendo el equilibrio, se despeñó al precipicio.

Pero quiso la providencia que solo cayese unos cuantos metros sobre un reborde arenoso cerca de donde estaba fray Juan, y donde no podían verlos los indios, quienes supusieron que había caído hasta la sima. Fray Juan se acercó a recogerla y la llevó sana y salva hasta arriba, y al ver este aparente milagro, los indios quedaron desarmados y lo recibieron como a un mago. El buen hombre vivió en Acoma más de veinte años, amado por los naturales como un padre, y enseñando a sus atezados conversos con tanto éxito que, con el tiempo muchos de ellos sabían el catecismo y podían leer y escribir en español.

La cristianización de estos pueblos tuvo un coste enorme en sangre. Algunos como los jemez fueron especialmente recalcitrantes, la lista de frailes muertos se hizo muy larga. Los zuñi mataron a golpes a fray Letrado en 1632, los hopis envenenaron a fray Porras un año después, fray Martín de Arvide murió por disparo de un arcabuz, robado a los soldados.

La Iglesia se encontraba en conflicto permanente con casi todos los gobernadores, que no estaban muy contentos con las imposiciones eclesiásticas. Y también con las autoridades virreinales, de quienes decían estar totalmente olvidados, como refleja fray Alonso de Benavides en su memorial de 1630, en el que también habla de penurias como el clima, con inviernos de ocho meses y ríos congelados la mayor parte de la estación:

> *…baste decir que en el momento de decir misa se protege el cáliz por ambos lados y aún con esta precaución el vino se congela. Cada invierno, un gran número de indios se congelan en el campo y los españoles tienen sus orejas, pies y manos congeladas.*

Por Santa Fe fueron pasando distintos gobernadores en procesión, ninguno de ellos cambió la situación mínimamente, la mayoría iba buscando el enriquecimiento personal sin hacer mucho por los frailes ni por los indios. Todos se dedicaban al comercio, sin prestar atención a la gobernación. Al encontrarse tan lejos de México, el control por parte del virrey era muy difícil, y todos sin excepción disfrutaron de prebendas como la encomienda, plenamente vigente en el Nuevo México de 1643. El gobernador Luis de Rosas se enfrentó a un motín de sus propios soldados, nada menos que setenta y tres de los ciento cincuenta que había en Santa Fe. La revuelta estaba instigada por los frailes y contó con el apoyo de numerosos indios. Finalmente, este gobernador fue encarcelado y, estando preso, lo asesinaron los soldados.

El virrey envió a Alonso de Pacheco y Heredia como nuevo gobernador, con la secreta misión de descubrir a los asesinos y castigarlos. En julio había atado todos los cabos e inculpado a ocho de los asesinos ajusticiándolos por decapitación, tras ello sus cabezas fueron ensartadas en picas clavadas a lo largo y ancho de la plaza de armas de Santa Fe. Los familiares de los ajusticiados denunciaron al gobernador y los frailes vieron en ello la ocasión de oro. Formaron juicio contra Pacheco, del que no se obtuvo ninguna conclusión ni sentencia, después de todo cumplía órdenes del virrey. Por su parte, el gobernador maquinó con los indios para que se opusieran a los frailes.

Todas estas trifulcas entre gobernadores y frailes generaron kilométricos documentos, usados hoy día para acusar a España de crímenes contra las poblaciones indígenas, pero ni aun estudiando todos esos documentos es posible llegar a saber quién tiene la culpa en cada caso, por las mentiras y exageraciones de los implicados. Tampoco el destino era mínimamente atractivo para administradores competentes, para ellos siempre era un paso «para algo mejor» y, sabiendo que no iban a poder hacer fortuna ni prestigio, intentaban pasar su mandato tomando lo que podían, que tampoco era mucho por la pobreza del territorio. Sin dejar de contar con las continuas denuncias, con más o menos base, que recibían por parte de los frailes.

Fernando de Argüello, decimotercer gobernador en el Nuevo México, tuvo conocimiento de que los pueblo comenzaban a negociar con los apaches. Los pueblo habían pasado de pedir a los españoles que los defendieran del saqueo apache, a negociar y aliarse con los apaches para acabar con los españoles. El principio del fin se aproximaba.

Durante la gobernación de Argüello, entre 1644 y 1647, se produjo la revuelta de los jemez y sus aliados apaches. Tras apaciguarla con no poco esfuerzo, ahorcó a veintinueve indios jemez, encarcelando a otros cuarenta. Esto no debió de parecerle prudente a la Corona pues, hacia el final de su mandato, se pidió al gobernador que retornase a México para responder de sus actos. Pero nunca llegó, desertó por el camino y se esfumó en el territorio.

Era el turno de Luis Guzmán y Figueroa, y casi sin tiempo de aposentarse ya había sido denunciado por fray Andrés Suárez por las sempiternas causas. Los conflictos entre los religiosos y el gobernador eran constantes y alcanzaron un punto en el que el mismísimo rey tuvo que intervenir en la disputa, aunque con escaso resultado.

El siguiente fue Hernando de Ugarte y la Concha, que también tuvo que hacer frente a su rebelión jemez particular, en este caso, los jemez se habían aliado con los navajos y otros indios pueblo. Tras el nuevo intento y su pacificación nueve de ellos fueron ahorcados por traición y algunos más se vendieron como esclavos. Bajo su mandato salió la expedición de 1650 desde Santa Fe, que iba a tomar contacto con los indios Tejas, a cargo de los capitanes Hernán Martín y Diego del Castillo, de la que hablaremos más adelante.

Entró en escena el gobernador Juan de Samaniego y Jaca, en sustitución de Ugarte. Traía un nuevo talante, pero también tuvo que enfrentar nuevos problemas. Por aquellas fechas los apaches estaban empleando una nueva estrategia. Entraban a los pueblos, sobre todo los de indios, aunque también de los españoles, y cuando los veían pobremente defendidos, secuestraban a la población para después pedir rescate por ellos. Si el rescate se retrasaba o no llegaba tenían a los secuestrados en régimen de esclavitud. En una ocasión se llevaron del pueblo de jumanos un total de veintinueve mujeres y niños. Samaniego organizó la expedición de castigo al mando del capitán Juan Domínguez de Mendoza, quien junto a sus tropas pudo rescatar a los secuestrados y castigar a los apaches.

El siguiente año, los navajos atacaron el pueblo de Jemez, quienes no mucho antes habían sido aliados suyos contra los españoles. Las alianzas entre los indios fueron siempre muy volátiles. En el ataque mataron a diecinueve jemez y se llevaron a treinta y cinco mujeres y niños. La expedición volvió a salir con Juan Domínguez de Mendoza al frente. Según se dice los españoles entraron en el pueblo navajo cuando estos estaban todos juntos celebrando una ceremonia. Parece que murieron más de doscientos guerreros navajos y se capturaron 211 personas, contando a las treinta y cinco secuestradas que fueron liberadas. A la vuelta a Santa Fe, fray Antonio de Ibargary amenazó al gobernador por haber castigado a los indios sin consultar a los frailes. Aunque parece que el gobernador ya estaba acostumbrado a ello porque a poco de instalarse en el gobierno ya había recibido diecisiete denuncias de los franciscanos, por las cosas más triviales.

En 1654 envió otra expedición de exploración al río Nueces en Tejas, al mando de Diego de Guadalajara y Bernardo Quirós, en la que también iba Juan Domínguez de Mendoza, y de la que también se hablará en el capítulo de Tejas. El gobernador fue sustituido por Juan Manso de Contreras, quien, como ya era tradición, también empezó con muy mal pie en la gobernación. Por satisfacer a los frailes promulgó una legislación que iba en contra de la religión que los indios pueblo practicaban, ocasionando enorme resentimiento entre ellos. Y también cultivó muchos enemigos entre los pobladores españoles, a los que la insistencia virreinal de importar gobernadores desde España o la Ciudad de México comenzaba a aborrecer. Santa Fe ya contaba con población asentada y con cierto poder, y querían tener para ellos la administración de la provincia.

El punto de no retorno hacia los hechos que llegarían veinte años después se dio con la llegada de Bernardo López de Mendizábal, que era hombre de gran experiencia, había estado en política, en el ejército, y al parecer también poseía estudios teológicos, con lo que tenía muy por la mano los tres estamentos de la presencia española en América.

Empezó fuerte, prohibiendo a los franciscanos que hiciesen trabajar a los indios si no les pagaban su salario, sin respetar, además, la libertad de culto. Como reza el ya muy antiguo dicho popular «con la Iglesia hemos topado», recibió un total de treinta y tres cargos por malversación y mala práctica, y una acusación por judaísmo del Santo Tribunal, al ser nieto de otro acusado.

Las posturas eran irreconciliables, el poder civil quería limitar el poder religioso y viceversa, la primera acusación fue por blasfemia. El gobernador respondió negándose a dar la bienvenida al nuevo comisario eclesiástico y prohibiendo a los frailes que castigasen físicamente a los indios. Los frailes contraatacaron al gobernador con cargos de explotación laboral y secuestro de apaches para ser vendidos como esclavos. Por otra parte, la no asistencia a misa de forma regular por parte del gobernador y su mujer levantó las sospechas de judaísmo. El gobernador, por su parte, acusó a los frailes de tener contactos sexuales con las mujeres de su parroquia, y a su vez, los frailes lanzaron la misma acusación a Mendizábal, quien, en respuesta, dobló el sueldo de los indios que trabajasen en las misiones o para los pobladores españoles, reconociendo el derecho de los nativos a practicar su propio culto, y el de renunciar a acudir a misa cada domingo. Además, aleccionó a los indios para que, si eran castigados corporalmente por esa razón, pudieran responder contra los frailes. También se enfrentó a la censura de los religiosos sobre todas las prácticas indias ajenas a las permitidas por el catolicismo, permitiendo los bailes indios hasta en el mismo palacio del gobernador, en Santa Fe. Era, de lejos, el gobernador más conflictivo que habían enfrentado los religiosos.

Sobre estas disputas internas había un problema de fondo muy real, la escasez de soldados, que era la causa principal de no poner fin, de forma definitiva, a los asaltos de los apaches, que se multiplicaban. El problema empeoró con el tiempo, y los ataques de castigo de los soldados no hacían más que enfurecer a los nómadas. Para compensar la falta de soldados se reclutaban a los indios pueblo, que pasaban semanas en las campañas contra los enemigos, desatendiendo sus campos y cosechas. Uno de los frailes descargaba toda lo culpa sobre Mendizábal en una carta[341] que fray García de San Francisco envió al virrey en los primeros meses de la gobernación de López de Mendizábal, de quien decía que:

> …ha enviado ya más de setenta indios, hombres y mujeres, para ser vendidos. Esto es algo que su majestad y los señores virreyes han prohibido bajo pena de caer en desgracia, cese de su cargo y perdida de sus propiedades, pero no se ha prestado ninguna atención a estas prácticas, gracias a las cuales los indios han generado un odio mortal a España y a la sagrada fe…
>
> El cuatro de septiembre de este año de 1659, el gobernador ha enviado un ejército de ochocientos indios cristianos y cuarenta españoles con el objeto de capturar prisioneros.

Prisioneros que luego eran supuestamente vendidos en el Parral para el trabajo en las minas. Es cuando menos difícil de creer, ya que esto se producía cuando Mendizábal llevaba solo dos meses en el cargo, poco tiempo para establecer una red de esclavismo organizado, y cuando a los anteriores gobernadores se les habían hecho acusaciones parecidas. Según los frailes, este negocio esclavista estaba dejando pingues beneficios al gobernador Mendizábal y las capturas hacían aumentar el odio de los apaches contra todos los residentes del Nuevo México, incluso contra los indios por no rebelarse contra los españoles. El fraile seguía:

> …ocasionó una gran hambruna y la pérdida de vidas el que el ejército fuese enviado fuera cuando el maíz estaba madurando, hay ochocientos cuarenta campos de maíz arruinándose sin sus dueños, a merced de los osos y otras bestias salvajes…

La suerte de Mendizábal estaba echada, un año permaneció al frente hasta que fue relevado por Diego de Peñalosa, y probablemente su mandato fue más largo por la lentitud de los correos. De otra forma habría acabado mucho antes. En Ciudad de México, su antecesor, Juan Manso de Contreras, que era muy afín a los franciscanos, organizó una revuelta administrativa contra él, convenciendo al virrey de que había que sacarle de la gobernación. En el Nuevo México, los frailes amotinados amenazaban con abandonar la provincia, incluso enviaron cartas con sus quejas apoyadas por los pobladores, que ahora tenían que pagar a los indios que les trabajaban, ya que las encomiendas seguían funcionando en aquella provincia. En cambio, tenía el apoyo de los indios, tanto los de las misiones como de los pueblos.

---

[341] Carta del padre custodio y los definidores al virrey, 11 noviembre de 1659.

Finalmente fue relevado por Diego de Peñalosa, quien ofreció a Mendizábal una salida honrosa si le regalaba sus posesiones en el Nuevo México, a lo que Mendizábal se negó marchando a Ciudad de México, se supone que con intención de salvar su carrera, mientras Peñalosa expropiaba todas sus posesiones en la provincia. La compra le salió gratis. Peñalosa buscó pruebas en la gobernación para acusar al anterior por malversación ante la audiencia, las encontró o las fabricó, y Mendizábal fue acusado y encarcelado. Poco más tarde moría de unas fiebres en prisión. Tras su muerte, los cargos fueron levantados sin culpa, y su mujer pudo exhumar su cadáver y enterrarlo apropiadamente ya que, como reo, le habían enterrado en la fosa común, cerca de la cárcel.[342]

Sin duda alguna, las acciones del gobernador Mendizábal abrieron los ojos de los indios pueblo, quienes seguramente supieron por primera vez de los derechos que tenían de acuerdo a las leyes españolas, lo que se confirma por los hechos acontecidos en 1680. Tampoco es posible saber con certeza quién decía la verdad en este caso o en los anteriores, pero sí se constata la lucha de poder entre los tres estamentos, en principio solo la Iglesia y la administración civil, pero después también con el poder militar, ya que los oficiales del presidio querían también entrar al reparto de los cargos públicos que les eran continuamente vetados por el virrey, quien enviaba administradores desde México sin dar oportunidad a los locales. Por otra parte, estas luchas de poder generaron una cantidad inverosímil de documentos que, desde hace dos siglos, se han manipulado continuamente para crear una narrativa interesada, documentos que no tienen por qué reflejar la verdad, sino luchas políticas y personales de aquel tiempo, y que en muchos casos contienen acusaciones exageradas e inventadas, o medias verdades en una maraña imposible.

En lo que respecta a Diego de Peñalosa,[343] en un principio parecía el elegido por los frailes. Su turno comenzó en 1660, y terminó en 1664 tan abruptamente como el resto de los gobernadores, nada menos que siendo declarado blasfemo y hereje por un tribunal católico, aunque este puede ser un caso en el que las continuas acusaciones de los frailes tuviesen algo de base. Ya venía del Perú, donde había sido alcalde y de donde tuvo que salir al galope para evitar el arresto por desobediencia. Llegó al virreinato de México, donde se alistó en el ejército llegando a ser teniente, para después ser administrador real en la ciudad de Michoacán. En el Nuevo México, durante el primer mes de su gobernación se dedicó a recoger pruebas en contra del anterior gobernador entre los habitantes. Hasta setenta denuncias reunió en ese mes, consiguiendo el enjuiciamiento de Mendizábal.

En cuanto a su política no deja de ser llamativo que fuese calcada a la de Mendizábal: prohibición de la esclavitud indígena, posibilidad de mantener su religión, y equiparó el

---

[342] La información para la elaboración de esta narrativa sobre la gobernación en Nuevo México se ha sacado íntegramente del *State Records Center and Archives of New Mexico*, con acceso en línea a los documentos y sus transcripciones, en srca.nm.gov.
[343] Nacido en Lima en 1621.

sueldo obligatorio para los indios que trabajaban al de los españoles. Durante el segundo año llegaron las primeras demandas. Fray Alonso de Posada, recién llegado al Nuevo México, utilizó su poder religioso y llegó a excomulgar al gobernador por su negativa a que el religioso gozase de una encomienda. El gobernador lo llevó a prisión, desde donde fray Posada envió comunicaciones a la Inquisición. Tan solo nueve días después hicieron las paces y se perdonaron, pero las cartas ya iban en camino. Para evitar ser encausado, el gobernador se escapó a Ciudad de México, aunque finalmente no pudo escapar al Santo Tribunal que lo persiguió, arrestó y encarceló en 1665. El tribunal le confiscó las propiedades que le había quitado a Mendizábal, y terminó siendo condenado al exilio.

Tras ello viajó a Londres para proponer al rey Carlos II la invasión de la Nueva España, pero fue rechazado. Después pasó a Francia, ofreciendo a Luis XIV el mismo plan, acabando de igual forma, en una historia que se verá en otro capítulo. En Francia murió, olvidado de todos.

A partir de aquí la gobernación se convirtió en un correcalles. Las acusaciones iban de un lado a otro, hubo gobernadores en funciones y otros encarcelados, y los religiosos no se quedaban atrás. Mientras todo esto sucedía, el control sobre los indios se perdía sin remedio. El único que parecía inamovible era el capitán Juan Domínguez de Mendoza que, con sus éxitos militares, como el alcanzado en Gila contra los apaches gileños, gozaba del apoyo de toda la población.

En 1665 se producía una revuelta instigada por los apaches, con la colaboración de los indios piro del Senecú y los del pueblo de Socorro. Tenían el plan de matar al gobernador, que en ese momento era Fernando de Villanueva, y a todos los frailes, para después esclavizar a todos los indios cristianos. La revuelta tuvo lugar, pero sin alcanzar los objetivos principales —parece que todavía no era su momento—, aun así, fueron capaces de matar a diecisiete personas entre soldados e indios cristianos. El gobernador castigó severamente a los principales cabecillas, perdonando al resto de los sublevados.

En los años previos a la revuelta de 1680 llegaron varias sequías consecutivas provocando hambrunas que afectaron a todos. Fray Juan Bernal escribió una carta a las autoridades en ciudad de México. Era primero de abril de 1669:

> *Desde hace tres años no se ha recogido una sola mazorca. El año pasado de 1668 muchos indios murieron de hambre, quedando muertos en los caminos, en las riberas, en sus tiendas. Hubo pueblos donde más de 450 indios murieron de hambre. La misma calamidad persiste, porque debido a la falta de dinero, no hay ni una fanega de maíz o trigo en todo el reino. Por dos años la comida de los españoles, hombres y mujeres, han sido los cueros de las vacas que tenían en sus casas (…) Y la más grande desgracia es que no se puede encontrar ya ni un pequeño trozo de cuero que comer.[344]*
>
> *…la tierra entera está en guerra con la dispersión de los apaches, quienes matan a todos los indios cristianos que encuentran. Ningún camino es seguro, todos viajan con riesgo de sus vidas…*

---

[344] Fray Juan Bernal al tribunal desde el convento de Santo Domingo, 1 de abril de 1669.

Las desgracias nunca vienen solas, con la falta de alimentación llegaron varias epidemias que se llevaron por delante a casi la mitad de la población, sin respetar orígenes.

Los soldados eran incapaces de defender los pueblos indios, que eran atacados continuamente por los apaches, en una guerra de guerrillas para la que el sistema español de presidios no estaba preparado. En 1673 atacaron el pueblo Zuñi de Hawikuh matando a doscientos habitantes junto al fraile que allí estaba, y llevándose en torno a mil indios cristianos con ellos, en su gran mayoría mujeres y niños, además de todos los animales. Son incontables las tribus que desaparecieron de esta forma. Los apaches mataban a todos los hombres adultos y se quedaban con el resto, que eran asimilados en su tribu o vendidos como esclavos, ya que ellos tenían también acceso al mercado de esclavos.

Los ataques fueron aún más fuertes en los pueblos del sur como el Senecú y Las Salinas. En el primer pueblo mataron a fray Alonso Gil de Ávila con cinco flechas en el pecho. En Abó saquearon y quemaron el convento tras acabar con fray Pedro de Ayala, a quien desnudaron, pusieron una cuerda en su cuello arrastrándole por la misión y matándole finalmente a golpes de macana.[345] *(Fig. 48 Cuadernillo)*

El decaimiento en poder y presencia de los españoles llevó a los indios pueblo a preguntarse si en verdad necesitaban la administración española y su religión, ya que estos no podían defenderlos de sus atacantes. Para contrarrestar, desde México se envió a un nuevo gobernador, Juan Francisco Treviño, quien pensó que faltaba mano dura. De un plumazo prohibió las kivas,[346] destruyendo muchas. Esto atacaba directamente a las tradiciones que los pueblo tenían desde tiempos inmemoriales. También ordenó el arresto, escarnio público y encarcelamiento de cuarenta y siete chamanes. Cuatro fueron sentenciados a morir en la horca y colgados públicamente. Fue demasiado para los indios. Setenta guerreros entraron en casa del gobernador y amenazaron con matarle a él y a todos los españoles si no liberaba a los chamanes, ante lo cual Treviño claudicó, dando la idea a los indios de que, si se unían en una revuelta, podían echar a los españoles del Nuevo México.

El asalto al palacio del gobernador se produjo cuando los indios sabían de su menor protección. Juan Domínguez de Mendoza, el maese de campo, estaba con el presidio defendiendo los pueblos de cristianos. En 1675 Treviño le envió al territorio navajo con cuarenta presidiales y 300 auxiliares pueblo. En la batalla murieron bastantes navajos y se liberó a los prisioneros cristianos y españoles que allí mantenían. Al año siguiente Tomé Domínguez de Mendoza, hermano del anterior, armó una expedición y salió al castigo de los apaches que continuamente atacaban Socorro y el Senecú.

Dos años después Treviño se retiraba con más pena que gloria. Fue sustituido por Antonio de Otermín, pero el brazo fuerte de Treviño, Francisco Xavier, siguió en el puesto de secretario de gobernación y guerra con Otermín, y este tenía la mira puesta

---

[345] Bastón de madera endurecida a fuego, con una gran protuberancia en la punta.

[346] Edificio grande, semienterrado, de forma circular, que servía como lugar de reunión social y religioso.

en uno de los chamanes, por ser el principal instigador del enfrentamiento con los españoles, se llamaba Popé y era el sanador del pueblo de San Juan. La persecución contra él le llevó a refugiarse en Taos, desde donde pudo organizar la revuelta y a donde los tentáculos de Francisco Xavier no llegaban. En el mayor secreto fue consiguiendo apoyos en toda la provincia, e incluso llegó a asesinar a su propio yerno, que tenía una gran filiación con los españoles, para que no desvelase sus planes.

El momento elegido fue el 13 de agosto de 1680.[347] Prácticamente todos los pueblos estaban de acuerdo en el complot, pero el día 9, tres de ellos abandonaron la asonada y dieron la alarma al gobernador. El día 10 los indios mataron a fray Juan Pío, y a punto estuvieron de conseguirlo con el soldado Pedro Hidalgo, que a duras penas pudo escapar. Dijo que en Tesuque los atacó una turba de indios, todos pintados y armados al uso de guerra, la cara pintada con un polvo blanco y marcas rojas de sangre. Ese día llegaban heridos otros dos soldados, les habían lanzado una lluvia de flechas y un disparo de arcabuz, del cual los indios disponían y habían aprendido a disparar. Precisamente traían noticias de que, un día antes, en el pueblo de Santa Clara, habían matado a dos soldados y robado toda la caballada y ganado que los españoles tenían. Tras esto, los habitantes de ese pueblo se refugiaron en la casa del sargento mayor para su protección. Hasta allí se envió una escuadra para recogerlos e intentar escapar del ataque de los teguas y los jemes.

El día 12 de agosto la escuadra regresó sin éxito. Todos los caminos estaban infestados de indios cristianos alzados, y no permitían el paso hacia el pueblo de Santa Clara. Entre este pueblo y Santa Fe no quedaba pueblo fiel a los españoles. La nómina de muertos engordaba con cada informe: mataron a fray Luis de Morales y a fray Tomás de Torres, y secuestraron a los hijos del capitán Francisco de Anaya. En otro pueblo encontró muertos al capitán Francisco Ximenes y a su familia, y a una madre viuda con sus diez hijos, algunos muy niños todavía. En el pueblo de Nanve habían matado a varias familias, y en el de Santa Clara había otros dos muertos más. Los ganados habían sido robados y las casas quemadas y destruidas.

El día 13 de agosto el gobernador Otermín tomaba la decisión de agrupar a todos los españoles en Santa Fe de forma urgente, y fortificar el palacio para la defensa. La orden escrita de Otermín daba la noticia de más muertes. Entre el día 13 y el 20 (no queda claro en el documento) llegaron mensajeros a Santa Fe diciendo:

> ...*que todos los indios de los pueblos de los Pecos, San Cristóbal, San Lázaro, San Marcos Galisteo y la Ciénaga estaban alzados y tenían más de quinientos indios en camino a Santa Fe, para asolarla y acabar con el gobernador y todos los españoles, para quedarse con todo el reino por suyo y aprovecharse de las españolas y de las haciendas.*

---

[347] Las transcripciones de documentos que relatan lo acontecido en Nuevo México se encuentran en: «Autos Tocantes al alsamiento de los yndios de la provinçia de la Nueba Mexico», en Juan A. Sempere-Martínez y Damián Bacich. San José State University.

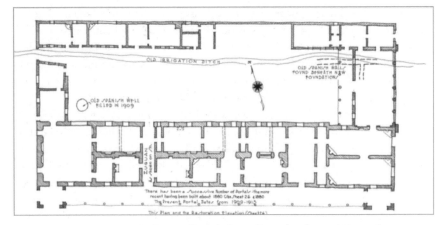

Plano de planta del Palacio Real de Santa Fe, realizada en 1933 para la reconstrucción y documentación arqueológica. Se aprecia el paso de la acequia a través del patio, que sería derivada por los indios durante el asedio. La fortificación improvisada incluiría la plaza de armas que aún existe frente al palacio. Imagen Wikimedia commons. NPS NM HABS NM,25-SANFE,2- (25 of 26).

Y que venían en camino esperando a todos los indios teguas, taos, pecuries y apaches para, entre todos, dar saco a la villa y acabar con todos los vecinos. Al mando venía un indio cristiano llamado Juan Tagno, que iba a caballo, con arcabús, espada y daga, cuera y todas armas de español.

…el jefe indio pidió dialogo y entró a la plaza para hablar con el gobernador, traía consigo dos cruces, la una colorada y la otra blanca, para que su señoría escogiese. La colorada significaba guerra, y la blanca que desamparasen el reino. El gobernador dijo que excusaría la guerra porque no la había buscado, y que se aquietasen que les perdonaría los delitos cometidos… Con esta respuesta, haciendo menosprecio y mofa, recibieron en su campo al dicho indio con clarín y alaridos, repicándole las campanas de la ermita de San Miguel, que prendieron fuego seguidamente.

Mandó el gobernador salir una escuadra a desalojarlos del citado barrio de San Miguel que estaban acabando a fuego, y el enemigo los recibió con tanta furia que obligó a salir en persona al dicho señor gobernador con la más gente que le asistía, durando la refriega casi todo el día, donde se mataron a muchos enemigos, y ellos hirieron a muchos de los nuestros por venir con los arcabuces y las armas que habían quitado a religiosos y españoles, y muy bien prevenidos de pólvora y balas. Con que, fortificados de las casas las tronearon[348] y pelearon todo el día.

Y estando ya casi vencidos, con mucho número de indios muertos, quitándoles cantidad de bestias y pegádoles fuego en las casas para acabarlos, les vino el socorro de los indios teguas, taos y pecuries que se arrojó por otro lado de la villa, con que fue fuerza

---

[348] Tronera en un agujero en el muro para poder disparar a través de él.

acudir su señoría al reparo, dejando a los tagnos y pecos que estaban vencidos porque los
que llegaban de refresco no se apoderasen de la villa y ser ya casi a puestas de sol, con que
se pusieron en huida dichos tagnos y pecos quedando sitiados los españoles y la villa, de
los indios teguas, taos y pecuries.

El sitio duró nueve días, durante los cuales los indios quemaron cuanta construcción encontraron en toda la provincia. Se las ingeniaron para cortar el agua que llegaba
al palacio del gobernador, con lo que se les murió de sed mucho ganado que tenían
allí guardado. Se hicieron repetidas ofertas de paz que siempre fueron respondidas
con burlas y risas por los indios. Popé había conseguido juntar 2.500 guerreros y tal
número parecía inasumible por los soldados aun con la mejor de las defensas, ante lo
que el gobernador tomó la decisión de evacuar para no morir allí encerrados, aunque
salir no iba a ser fácil.

Acordó su señoría con las personas de más experiencia trabar batalla campal con el
enemigo otro día en guerra rota, que era el mejor y más seguro medio morir peleando
que de hambre y sed, encerrados dentro de las casas reales.
Y dispuesto y ajustado al día siguiente al salir el sol, les avanzó su señoría con las
pocas fuerzas con que se hallaba, e invocando el nombre de la Virgen Santa María los
descompuso y atropelló desalojándolos de las calles y casas donde quedaron destrozados y
con pérdida de más de trescientos indios, algunos arcabuces, cantidad de bestias, y todo
su pillaje y bagaje. Porque fueron de huida más de mil y quinientos indios del ejército de
todas las naciones del reino y fueron prisioneros en las casas cuarenta y siete indios que
murieron arcabuceados...

El patio del palacio en 1912. Muy parecido debió lucir durante el asedio,
con los animales y caballos allí protegidos. Fotografía Jesse Nusbaum.
Palace of the Governors Ph. Arch. (NMHM/DCA), Neg. No. 61541.

Estos fusilados declararon antes de morir que Popé los tenía atemorizados con que, si volvían a Taos sin haber acabado el trabajo, él mismo los mataría. Sus órdenes eran matar a todos los frailes y hombres, incluso los niños de pecho, dejando solo a las mujeres y niñas. El recuento para los españoles era de cuatro soldados muertos en la batalla, junto al maese de campo Andrés Gómez, además de los ya mencionados anteriormente, y varios heridos, entre ellos el mismo gobernador, que recibió un balazo en el pecho que pudo parar la cuera, posiblemente por la distancia o la inexperiencia del tirador. La cuenta de heridos entre todos los españoles fue de «*muchos*».

El día 21 de agosto, con el apoyo unánime de todos los sobrevivientes, se tomó la decisión de encaminarse al pueblo de la Ysleta, el asentamiento más al sur de todos los del Nuevo México. Se tenía noticia de que allí se había refugiado también un grupo grande de pobladores y soldados. Los que no pudieron llegar a Santa Fe o a Ysleta se daban por muertos, no sin razón. Los sublevados acabaron con todo, el fuego redujo a nada las casas, iglesias, ganado y, sobre todo, a la gente:

> *Tomó su señoría resolución y se salió marchando de esta villa en todo estilo militar hasta llegar al pueblo de la Ysleta, adonde se dice están los vecinos del río abajo recogidos con el teniente general de aquellas jurisdicciones.*
>
> *Y todos en un cuerpo, unidas las fuerzas (…) con atención a que hoy se hallan más de mil personas dentro de las casas reales, y que de todas ellas no hay ciento varones que puedan pelear y todas las demás son mujeres y niños. Y que forzosamente han de marchar a pie por los campos a vista del enemigo. Y así se ejecute luego la salida a mejorarse de puesto, y antes que el enemigo se recobre del descalabro que ha tenido, y acometa con fuerza en el campo y destruya tanta familia, con que se determinó marchar hoy dicho día hasta una legua de esta villa a campaña descubierta y llana (Fig. 51 Cuadernillo).*

Ya iniciado el camino, muy lentamente por ir muchos a pie, el día 23 encontraron a un indio de los alzados que se escondía en un sembrado, lo llevaron ante el gobernador y dio información de que los indios rebeldes se preparaban para atacarlos en el camino que los llevaba hasta el pueblo de Santo Domingo, en el río Grande del Norte. Para ello tenían que pasar el peligroso puerto de «La Bajada» en el que era fácil organizar una emboscada *(Fig. 51 Cuadernillo)*.

> *El día 24, a poco más de una legua de camino, se descubrió una tropa de enemigos, en dos mangas encima de unas mesas y peñascos haciendo humos de aviso. Y llegando al pueblo de Santo Domingo, se hallaron detrás de la iglesia cinco cuerpos de españoles muertos y señales dentro del convento de haber peleado y muerto a los padres predicadores, que estaban enterrados fuera de la iglesia en una sepultura grande.*
>
> *Durmieron en el poblado y al día siguiente continuaron la marcha, vieron unas vacas sueltas en la otra banda del río. Y pasando un soldado llamado Juan Ramos, reconoció ser grueso de dichos enemigos que estaban de emboscada, los cuales le dispararon dos arcabuzazos al dicho, y viendo que eran descubiertos y que no habían logrado su maldito intento, se levantaron todos de donde estaban oculto y se vino a la orilla de dicho río del norte, que venía crecido y no se vadeaba, mucha cantidad de indios de a caballo y mayor número de a pie haciendo muchas demostraciones de guerra, dando muchos alaridos.*

Los enemigos atravesaron el río a nado, siguiendo al Real que se había puesto en marcha. En el camino encontraron a un indio cristiano que iba con su mujer y otra india, pero antes de llegar al Real le interceptaron los rebeldes y le quitaron a las dos mujeres sin que pudiera hacer nada. El indio pudo escapar porque unos soldados que iban en retaguardia del Real salieron al encuentro de los atacantes y pudieron defenderle, no así con las mujeres. Los rebeldes siguieron toda la jornada al ejército, que ese día recorrió dos leguas hasta llegar al pueblo de San Felipe, que también estaba vacío. Allí acamparon y no vieron más indios hasta el anochecer, momento en que algunos a caballo se acercaron para reconocer el campamento español sin adentrarse. Se dejaron ver claramente en lo alto de las mesetas, probablemente haciendo números sobre cuál sería el mejor momento para atacar. Al día siguiente, al amanecer, volvió a ponerse en marcha el Real.

> De aquí se marchó con todo cuidado y vigilancia hasta la angostura de la casa de Cristóbal de Anaya, adonde declaró el dicho indio Antonio que fue apresado en los cerrillos, que se habían de arrojar los enemigos. Y dando orden su señoría que todo lo eminente se coronase de soldados de a caballo y se dispusiese la gente para recibir al enemigo, fue pasando el real, prosiguiendo su marcha. Y se descubrió en las mesas mucha más cantidad de enemigos con golpe de caballada y ganados, los cuales se estuvieron quietos sin hacer acción ninguna, mirando desde lo más encumbrado la marcha y Real.
>
> A poco más trecho, se llegó a otra casa del capitán Agustín de Carbajal, donde se halló la casa abierta, robada toda y los ganados, y en la sala de la casa muerto al dicho capitán, a su esposa, a una hija doncella, otra mujer y sus hijos y demás familia no pareció. De allí a muy poco trecho, se llegó a la casa del capitán Cristóbal de Anaya, a donde se halló la casa robada y los ganados y todos sus bienes, y a él, su mujer, seis hijos y otras personas hasta número de doce todas muertas, desnudas y en la puerta de la calle. Aquí paró el ejército, habiendo marchado más de diez leguas y mandó su señoría que se examinase el indio tagno, que se vino a incorporar a la salida de Santo Domingo, para que declare todo lo que supiere de las traiciones y designios del enemigo.

El indio estaba al servicio del capitán José Nieto porque nació y se crio en su casa. Un día llegó hasta allí otro indio llamado Bartolomé, cantor mayor del pueblo de Galisteo que, llorando, le preguntó por qué estaba allí, avisándole de que la provincia entera estaba alzada contra los españoles, que los rebeldes querían matar al padre custodio y a los demás frailes y a los españoles.

> Y han dicho que el indio que matare a un español cogerá una india por mujer, y el que matare cuatro tendrá cuatro mujeres, y el que matare diez o más tendrá al respecto otras tantas mujeres. Y han dicho que han de matar a todos los criados de los españoles y a los que supieren hablar en castilla y también han mandado que a todos les quiten los rosarios y los quemen. ¡Anda vete! Que quizá tendrás ventura de llegar a donde están los españoles y te escaparás con tu mujer una huérfana que tienes.

La causa de la rebelión según la declaración de este indio era por «el trabajo que tenían con españoles y religiosos, porque no les dejaban sembrar ni hacer otras cosas de su menester».

También dijo que los rebeldes habían matado a los frailes de los pueblos de Galisteo, Pecos y San Marcos, además del padre custodio. El capitán José Nieto, y otros españoles y soldados, también fueron asesinados junto a sus mujeres e hijos, robándoles sus haciendas y ganados. Solo salvaron la vida de tres mujeres que se llevaron con ellos, pero como después participaron en la batalla de Santa Fe, donde muchos resultaron muertos y heridos, los demás se enojaron y mataron a las tres mujeres y a alguna más que tenían.

El día 26 de agosto continuaban camino hacia el pueblo de Sandía. Allí no había un alma, la puerta de la iglesia estaba «*troneada*»,[349] y el convento destrozado, sin puertas en las celdas, y todo saqueado. No pararon porque los indios que les seguían habían aumentado en número de forma considerable, siguiéndoles por ambas márgenes del río y disparándoles con un arcabuz sin mucho tino. Tampoco cesaban en sus típicos alaridos, y llevaban con ellos una gran parte del ganado y caballada que habían saqueado, de forma que el gobernador ordenó la formación de cincuenta soldados a caballo para guerrear con los indios. Al momento de cargar salieron todos huyendo, subiéndose a los montes cercanos. Viendo Otermín que las construcciones se iban a quedar para disfrute de los alzados, dio orden de quemar todo el pueblo. Luego se supo que los que allí vivían recibieron la alerta a tiempo y pudieron abandonar la población y refugiarse en el pueblo de la Ysleta, al sur.

> *De aquí se marchó para la estancia de doña Luisa de Trujillo, que hay más de tres leguas, y queriendo pasar el río a nado los soldados para recoger mucha cantidad de vacas que estaban de la otra banda en la hacienda del teniente general Alonso García, llegó primero el enemigo a caballo y lo recogió todo y se lo llevó.*

El ejército se componía de más de mil personas, la mayoría mujeres y niños como ya se ha dicho, y salieron de Santa Fe con lo puesto, por lo que conseguir ganado con el que alimentarse en las jornadas siguientes, hasta alcanzar lugar seguro, era cuestión de vida o muerte, pero los enemigos los estaban copando en todo momento sin darles opción alguna. Siguieron caminando cuatro leguas por la margen izquierda del río, todo el camino jalonado de haciendas en ambas orillas, todas ellas calcinadas y destruidas, sin ganados que recoger. Por el camino encontraron un indio a caballo que apresaron e interrogaron, el cual dijo que el teniente general y los religiosos se habían escapado tanto de Sandía como de los Jemez y Zia, y el día del alzamiento se habían congregado en el pueblo de la Ysleta, para después seguir camino todos para el Paso del río del Norte. Al día siguiente continuaron camino hacia Ysleta y el lugar se encontraba desierto:

> *Con que viéndose su señoría sin dichos españoles y su Real pereciendo de bastimentos y caballada, y que no le podía socorrer persona ninguna, y haber veinte días y más que marchaba la gente que seguía al dicho teniente del río abajo, acordó de salir marchando hasta poder dar aviso a los de adelante como lo hizo desde la hacienda de Francisco Valencia.*

---

[349] Se hacían agujeros en paredes y puertas para poder disparar a través de ellos.

El grupo del teniente general no se había ido muy lejos. Sabiendo que los indios atacarían la población, se refugiaron seis leguas al sur de ella, y allí se encontraban cuando les llegó noticia de la llegada de Otermín a la Ysleta. No le gustó nada al gobernador que el teniente general se fuese de la población en lugar de defenderla, pero los muchos civiles que iban con él eran la prioridad para el teniente general Alonso García. El caso es que Otermín decretó su arresto y juicio *por haber abandonado el puesto sin su permiso*.

El maese de campo y teniente general se defendió de las acusaciones diciendo que con sus hombres había recorrido toda la provincia, encontrándolo todo arrasado, y le habían llegado noticias de que Santa Fe había caído y todos sus habitantes junto con el gobernador habían muerto. Por el número de testigos que firmaron en su apoyo entre los soldados, y encontrándose entre ellos el capitán Juan Domínguez de Mendoza, no parece que el teniente Alonso García tomase una mala decisión, además, esta se tomó tras una junta de guerra en la que todos dieron sus pareceres y por unanimidad decidieron abandonar la villa.

Entre las causas conocidas para tomar esta decisión, se encontraba que apenas les quedaba munición, solo lo que tenían en sus bolsas, y algunos las habían perdido también. Los enemigos se habían apoderado del armero y todo lo que había en él, municiones y más de ciento cincuenta arcabuces. También los caballos y suficiente ganado para sustentar a las naciones apaches durante más de cuatro meses, con lo que podían haber sitiado a los españoles en el pueblo de la Ysleta, donde no les quedaban municiones ni para un día. Este consejo de guerra generó páginas y páginas de escritos, contraescritos, notificaciones, pruebas testificales y demás formalidades, como era de rigor en la España de la época. Finalmente, el gobernador Otermín se dio por satisfecho y declaró a Alonso García libre de toda culpa, regresando a sus obligaciones como maese de campo y teniente general. Es seguro que Otermín necesitaba que todo quedase por escrito ante una catástrofe tan importante como la pérdida del Nuevo México.

El día 6 de septiembre y marchando más al sur todos juntos, descubrieron una polvareda que resultó ser los 30 hombres y el maese de campo Pedro de Leyva, que venían de la escolta que habían hecho a los religiosos que llevaban la caja con la limosna del rey, y que venía en carros a cargo del padre Francisco Ayeta. Desde luego, no venía nada mal el incremento de treinta soldados para la defensa del Real.

En esos momentos había dos Reales separados por dieciséis leguas, el de Otermín con poco más de mil personas en un lugar frente al poblado de Socorro. Y el que había escoltado el teniente general Alonso García y que protegía a unas mil quinientas almas *(Fig. 53 y 54 Cuadernillo)*. Los dos se encontraban en una situación muy precaria, no quedaba nada para comer y el lugar era desértico en extremo. En el Real al sur se encontraba fray Diego de Párraga que con poco tacto y sin conocimiento del estado en que se encontraba el Real de Otermín, envió una carta a este diciéndole que iban a continuar su jornada más al sur por la grave necesidad de comida en la que se encontraban.

La respuesta de Otermín fue contundente:

Reverendo Padre Predicador Diego de Párraga hoy recibo carta de vuestra paternidad que me parece que es la primera que he tenido en todo el tiempo de su gobierno, en que me insinúa que ese real tiene mil quinientas almas y que por habérseles acabado el bastimento se puede esperar una gran ruina, por lo cual, o los provea yo o mande que prosigan el viaje hasta cerca de El Paso, donde allí puedan tener socorro. (…) Recia cosa es que en un paraje desierto como este y de tantas leguas de la villa, se le pida bastimento equivalente para el sustento de más de mil quinientas personas a un hombre que viene con mil bocas, después de haberse visto en los riesgos tan manifiestos de un sitio de los enemigos de tantos reencuentros y choques con ellos, y que por último hubo de salir abriendo camino con las armas en la mano trayendo toda la gente de su cargo a pie y descalzos, sin bastimento alguno, no solo por no haber más, dado caso que lo hubiera, por no haber en que traer, fiado desde luego en la Providencia Divina. Como no nos ha faltado su Divina Majestad, poniéndonos mesa franca en las campañas de elotes[350] calabazas y otras semillas …

Pues con haber hecho retirar al enemigo con tanto daño suyo, bien pudiera quedarme en casa siquiera aquel tiempo que pudiera hacer un poco de matalotaje[351] para mi viaje hasta la Ysleta.

Y que desde el pueblo de la Ysleta para acá vengo con las tripas arrastrando por alcanzar la gente de este Real, para que unidos y en un cuerpo trate de ver y discurrir la mejor forma que se pueda tomar en la conservación de nuestras vidas. Y ahora que estoy tan cerca de conseguir juntarnos me sale Vuestra Paternidad con que dé orden para que se vayan marchando la vuelta de El Paso.

Padre mío, si Vuestra Paternidad se quiere ir solo haga lo que le pareciere, pero ese Real no conviene al servicio de Dios ni de Su Majestad. Y si hoy están a pique de padecer ruina por los bastimentos que se les va acabando, digo que esa ruina acá desde luego la padecemos porque no tenemos bastimento ninguno más que el de un poco de carne de ovejas y vacas… iré poco a poco caminando a juntarme con ese Real para que así, juntos, estemos más seguros de cualquiera invasión de los indios apaches, pues estamos en medio de su tierra. Guarde Dios a Vuestra Paternidad muchos años.

Parece que el gobernador Otermín no estaba con muchas ganas de lidiar con la Iglesia en esos momentos, teniendo en cuenta, además, el largo historial de enfrentamientos entre Iglesia y gobernación que tenía el Nuevo México.

Desde el lugar en que se encontraban, Otermín mandó mensajeros a El Paso donde se encontraba fray Ayeta, para que les enviase provisiones en varios carros para dar de comer a tanta gente como llevaba, ya que aún les quedaban muchas leguas hasta el destino y parecía claro que no lo iban a conseguir. No siendo suficiente, decidió recorrer las sesenta leguas con doce hombres y presentarse ante fray Ayeta con el fin de agilizar el envío. A cuatro leguas de las nuevas misiones que se habían establecido en El Paso, se encontró con fray Ayeta, que iba con veinticuatro carretas cargadas con todo tipo de bastimentos y ropa.

Y por estar crecido el río del Norte por las muchas avenidas de nieves y aguas, y haber salido de madre y derramádose por todas las vegas, caminos y ancones, para ver si se podía

---

[350] Maíz.
[351] Equipaje y provisiones.

vencer tan grandes dificultades de no poder rodar los dichos carros por tantos atascaderos,
pues las bestias en que caminó dicho gobernador y capitán general y los soldados que le
seguían se atascaban en los caminos hasta las corvas.

Fue tanto el afán de fray Ayeta por ir a socorrer, que fue él mismo quien, conduciendo la primera de las carretas, se metió en el río para cruzarlo, y con la crecida estuvo cerca de morir ahogado, perdiéndose la primera carga. El río no era vadeable, de modo que cargaron lo que pudieron en una recua de mulas y la enviaron con los soldados al encuentro del Real.

El 29 de septiembre y con intenciones de ir a la reconquista, Otermín pasó lista a los soldados que tenía disponibles en el Real, refiriendo también sus armas y caballos:

Francisco Xavier, secretario de gobernación y guerra, pasó la inspección con seis
caballos muy flacos que no podían servir, espada, daga, cuera, arcabuz y chimal, había
perdido todos sus bienes en el alzamiento, llevando de familia cuatro hijas, dos hijos y
una criada. Juan Lucero de Godoi declaraba espada, daga y arcabuz, un caballo flaco y
cuatro hijos mancebos que podían tomar armas, todos desnudos y sin ningunas armas,
cuatro hijas doncellas y cinco sirvientes.

El Maese de Campo Tomé Domínguez de Mendoza, pasó muestra con todas armas de su
persona, cuatro hijos soldados todos con armas de su persona, treinta caballos con que todos
sirven a Su Majestad, flacos y trabajados. De estado casado y con cuatro niños. Los tres hijos
casados, con ocho hijos de sus familias y cincuenta y cinco personas de todos, criados y criadas,
chico y grande. Y en este conflicto y alzamiento mataron los alzados treinta y ocho personas
españolas todas como son hijas, nietos, yernos, hermanas y sobrinos y sobrinas y cuñados.

El Maese de Campo Pedro de Leyva pasó muestra con tres hijos suyos que todos sirven a Su
Majestad, todos con todas armas de su persona y veinte y cinco caballos que les sirven a todos,
algunos en buenas carnes y los demás flacos. Le mató el enemigo a su mujer, a dos hijas doncellas
y dos hijos soldados, estando en el pueblo de Galisteo, tres nietos y una nuera, y de treinta per-
sonas de servicio que tenía le dejó tres el enemigo, robado de toda su hacienda y la de sus hijos.

El capitán Roque de Madrid pasó muestra con tres caballos flacos y dos bestias mulares
flacas y cansadas, todas armas de su persona, con mujer y cuatro hijos chicos, robada su
casa del enemigo, sumamente pobre.

Los anteriores son solo una muestra del extenso listado que incluía las 2.500 personas que habían conseguido arribar a la población de Salineta, unas pocas leguas al norte del pueblo de Nuestra Señora de Guadalupe de El Paso. El panorama era desolador. Todos eran soldados, siendo sus hijos mayores también soldados y con ellos llegaban sus familias, o lo que quedaba de ellas. Tomé Domínguez de Mendoza había perdido hasta 38 familiares, y a Pedro de Leyva le habían dejado únicamente tres hijos, también soldados. Al estar los soldados de servicio, no habían podido proteger a sus familias, la gran mayoría había perdido familiares directos, mujeres, hijas e hijos, pequeños y grandes. Difícil imaginar la tristeza con que llegaron a destino. Todos llegaban extenuados y habiendo perdido todo. Por mucha motivación que tuviera Otermín de ir al contraataque, este debía esperar.

Las cifras varían mucho y no hay documento que dé un número creíble para los evacuados. Otermin iba al sur con unos mil refugiados, y su teniente de gobernador García llevaba consigo unos mil quinientos, pero cuando las dos columnas se juntaron y llegaron a Salineta, el recuento ofrecía 1.946 personas. La diferencia puede estar en los pobladores que abandonaron la partida y se fueron más al sur, desoyendo la prohibición de Otermín. De los 1.946 en el listado, 837 estaban registrados como sirvientes o «*indios mexicanos*» y otros 281 estaban en un grupo sin identificar. De los llamados españoles, 131 eran nativos del Nuevo México y solo dieciséis habían nacido en México o España. El resto hasta completar la cuenta eran indios pueblo cristianizados.[352]

Tampoco hay datos precisos en cuanto a los muertos, Otermin referenció 400 pero no se puede comprobar. Se listaron 148 desaparecidos, reclamados por los que llegaron a Salineta, a los que se suman los 21 frailes asesinados, pero la cifra real nunca se sabrá.

En 1598, llegaron doscientos cincuenta pobladores. Diez años después solo quedaban sesenta. La cifra subió ligeramente con la llegada del gobernador Peralta, acompañado de dieciséis soldados y ocho frailes. En 1661 fray Alonso Posadas se lamentaba de que apenas quedaban cien españoles entre los que se contaban mulatos y mestizos. Las cuentas de Otermín en el verano de 1680 reflejaban unos pocos españoles peninsulares o criollos, no más de veinte. El grueso de la población eran mestizos e indios cristianos.

En El Paso había una presencia permanente de misioneros franciscanos desde 1650. Misiones que atendían a los suma, janos, concho y chinarra. Los refugiados llegaron con mucho miedo tras lo sucedido en Santa Fe, solo con la ropa puesta, por lo que las promesas de una próxima reconquista retuvieron a algunos, pensando que su estadía sería temporal. Muchos otros percibieron que El Paso aún estaba cerca de los indios rebeldes y su ataque seguía siendo posible, así que pidieron permiso al gobernador Otermín para ir más al sur, cerca de la ciudad de México a ser posible, a lo que el gobernador se opuso, ya que su pretensión era reconquistar la provincia y para ello necesitaba todas las manos disponibles. El gobernador de la Nueva Vizcaya emitió una orden a petición de Otermín por la que se condenaría a muerte a todo aquel que se saltase la prohibición de abandonar El Paso.

Para Otermín la retirada fue una humillación difícil de sobrellevar. Desde el primer día en El Paso comenzó a preparar la reconquista, pero había algo más de lo que preocuparse. Los rebeldes podían seguirles los pasos y atacar también en El Paso, y los indios pueblo no eran la única amenaza en la zona, los apaches eran extremadamente móviles y para ese momento ya se habían dejado ver por allí e incluso más al sur. Había que reforzar la defensa y la reconquista debía esperar. Por otra parte, se temía que otras naciones en el entorno de El Paso decidiesen sumarse a la revuelta, principalmente los janos, mansos y sumas, cuyo número era considerable.

---

[352] Carta de fray Ayeta al virrey, El Paso, 16 de septiembre de 1680. Registro y lista de pagos hechos a los refugiados, El Paso, 22 de septiembre de 1681. Schooles «Civil Government and Society».

Finalmente, el gobernador Otermín inició la reconquista en noviembre de 1681, partió con 146 soldados, y 112 indios auxiliares de las naciones piro, manso, jemez y tiwa. También iban varios frailes junto a fray Francisco de Ayeta. El listado de la expedición revela que solo veinticinco de los soldados llevaba consigo una panoplia completa y caballada. El resto llevaba poco más que adarga y un puñal. Dos meses tardaron en llegar a los primeros pueblos los que eran afines a los españoles. Desde allí y con la ayuda de los indios pensaban atacar Taos y los pueblos del norte donde se encontraban los rebeldes.

A Otermín se le escapó un pequeño detalle, formando parte de su expedición iba también el secretario de gobernación y guerra Francisco Xavier, a quien los indios achacaban el mal trato que al parecer les había dado, y la reacción no se hizo esperar, los indios abandonaron sus poblados dando la espalda a Otermín y su plan. En enero de 1682 llegaron informes de que los indios del norte habían vuelto a formar un gran contingente con la intención de atacar a los españoles, que habían establecido una cabeza de puente en el territorio. Al grupo no le quedó otra opción más que dar la vuelta de regreso a El Paso.

La reconquista de Otermín fue un estrepitoso fracaso. Dos años después, era relevado por Domingo Gironza Petriz de Cruzatti, y lo primero que este acometió fue la formación del Presidio de Nuestra Señora del Pilar y Glorioso San José del Paso del Norte, dedicado a parar las futuras invasiones y pacificar los asentamientos de los refugiados. Un presidio de cincuenta plazas con soldados traídos de la Nueva Vizcaya y de Sonora, a razón de 315 pesos de sueldo. Lo que tampoco era mucho teniendo en cuenta que una fanega de maíz tenía un valor de cinco pesos y una res cuatro pesos.

La temporalidad del refugio se convirtió en permanencia y en la zona había dos mil bocas más que alimentar, lo que causaría mucha tensión con las comunidades indias que habitaban en las misiones. La tensión se transformó en la revuelta Suma de 1684, que tuvo lugar en Janos y Casas Grandes, para después contagiarse a otros centros al sur de El Paso.

El Nuevo México se perdió por muchas razones, principalmente por el deterioro de la convivencia entre frailes y gobernadores, que empezó muchas décadas atrás, siendo muy mal ejemplo para los indios. Pero también por el prolongado uso del sistema de encomiendas, incluso después de ser abandonado en otros lugares de América. La única función del Presidio y los soldados era la de proteger a toda la población, incluyendo por supuesto a los indios cristianos, pero la incapacidad para cumplir su cometido frente a un enemigo tan numeroso como los apaches, empujó a los indios a negociar con ellos y dejar fuera a los españoles. Por otra parte, el Nuevo México estaba lejos de la capital y sus autoridades virreinales, sufriendo un cierto abandono y asilamiento.

Mientras tanto, en el norte, Popé fue depuesto por sus propios seguidores, quienes sufrieron con su nuevo «mesías» lo que no habían padecido con los españoles. Popé se convirtió en un autoritario dictador que asumió también el liderazgo religioso de los pueblos aliados, en una mezcla de costumbres indígenas con rituales cristianos. Él casaba y descasaba a voluntad, bautizaba e impartía misa, tomó el lugar de los frailes, predicando un cristianismo *sui generis*, porque tras tres o cuatro generaciones, los indios cristianos que habitaban la región ya ni recordaban sus ancestrales costumbres.

A pesar de estas y otras pruebas documentales, la narrativa actual, implementada desde todas las instituciones en el Nuevo México, trata de encumbrar a Popé como el héroe que nunca fue, que lideró una revuelta amistosa en la que se invitó a los españoles a abandonar el Nuevo México en paz, narrativa en la que se obvia las muertes violentas de en torno a mil personas en ambos bandos, y se oculta que, de los refugiados y asesinados españoles, la inmensa mayoría eran indios cristianos, mestizos, negros y mulatos, con una ridícula cantidad de españoles de origen europeo. Por supuesto tampoco se hace mención a que, poco tiempo después, los mismos indios acabaron con él por su comportamiento tiránico y que al cabo de diez años la mayoría pidieron el regreso de los españoles.

LOS TEJAS
(1650-1684)

La historia hispana de Tejas está bastante bien documentada, aunque es la gran desconocida para el público en ambas orillas del Atlántico. Las crónicas, diarios, relatos e informes son tan numerosos que es necesario realizar una selección de los más relevantes, para establecer una narrativa de los acontecimientos. Las crónicas también describieron la geografía física y humana del territorio en primera persona por participantes en las expediciones del siglo XVI, exploradores como Cabeza de Vaca o Hernando de Soto.

España dominaba el Golfo de México, cerrado por la Florida, las principales islas del Caribe y la península del Yucatán. Pocos se atrevían a entrar en ese mar controlado por la Armada española. Hernando de Soto había tomado posesión de todas las tierras alrededor del golfo en nombre del rey de España, y principalmente el río Mississippi, al que llegaron el 8 de mayo de 1541, y al que bautizaron con el nombre de río de la Palizada ya que, en aquel momento, el río venía crecido y cargado de árboles arrancados. Poco más se hizo después, los cuatro principales intentos en la zona habían acabado en desastre.

Ponce de León fue incapaz de establecer población en la Florida, expulsado por los indios en la península.[353] A Tristán de Luna lo echaron de Pensacola los elementos, cuando un huracán apareció a los tres días de echar el ancla, sin darles oportunidad de descargar los barcos. Aguantaron allí un año hasta que fueron rescatados. De Pánfilo de Narváez quedaron literalmente cuatro, desgastados por los indios locales.[354] Finalmente, Hernando de Soto se vio con más fuerzas o más capacidad que el anterior, y pensó que no iba a repetir los mismos errores, o que la fortuna le iba a ser más propicia. En 1542 unas fiebres acabaron con su vida y sus hombres lo hundieron en las aguas del Mississippi, puede que, como cuenta la leyenda, para que los indios no descubriesen su

---

[353] La jornada de Ponce de León con la bitácora de su primer viaje se puede leer en *Historia general de los hechos de los castellanos en las Islas y Tierra Firme del mar Océano que llaman Indias Occidentales,* también conocida como *Décadas,* de Antonio de Herrera y Tordesillas.

[354] En *Naufragios,* de Alvar Núñez Cabeza de Vaca.

condición de mortal, o simplemente para que no se profanase su tumba.[355] De entre los 600 al inicio, no fueron muchos los supervivientes que llegaron a México.

El resultado de estas expediciones vino a constatar que los indios no estaban dispuestos a colaborar en el establecimiento español en la zona. La población de Tejas quedó en un proyecto de futuro que se ponía en la nevera,[356] a la espera de que las condiciones cambiasen. No por ello se abandonó Tejas, las expediciones al *gran reyno de los tejas*, a veces más grandes, a veces más pequeñas, otras apenas una patrulla, siguieron produciéndose a lo largo de los años.

Como ya veíamos en los dos capítulos dedicados al Nuevo México, dos expediciones, una mandada por Zaldívar y la otra por el mismo Juan de Oñate en 1601, entraron a Tejas desde la zona norte del Nuevo México, siguiendo el curso del río Arkansas y el del Rojo, hasta llegar al territorio Caddo, en la zona que hoy comparten los estados norteamericanos de Arkansas, Texas y Luisiana.

En 1650, Hernando de Ugarte y la Concha, gobernador del Nuevo México, envió otra expedición desde Santa Fe, con los capitanes Diego del Castillo y Hernán Martín al mando de sus soldados y la habitual compañía de indios flecheros, para explorar la zona centro del actual Texas. Viajaron unos 840 kilómetros hacia el sudeste, siguiendo el camino que, en 1632, había tomado fray Juan de Salas, cuando fue a visitar a los jumanos que vivían en los alrededores del río Concho,[357] al que parece dieron tal nombre por la existencia de conchas con perlas.

Llegaron a este paraje del río de las Nueces y nación de los jumanas, adonde estuvieron de asiento más de seis meses, así porque los indios les mostraron afecto, como por haber hallado en aquel puesto suficiente y sobrado bastimento. Y en el tiempo de dichos seis meses, sacaron del río cantidad de conchas que quemándolas despedían algunas perlas, que si bien no tenían el oriente de finas, por ser de agua dulce, mostraban serlo.

Y caminaron estos dichos capitanes el río abajo en derechera del Oriente con reclinación al sur, por las naciones de los que llaman cuitoas, escanjaques y ahijados, y después de haber andado como cincuenta leguas, llegaron a los límites de la nación que llaman tejas,[358] y no entraron dentro de su distrito por reconocer ser muy dilatada y haber mucha gente.[359]

---

[355] Son varios los cronistas que relataron la jornada de Hernando de Soto. La del Inca Garcilaso probablemente sea la más completa, aunque no fue contemporáneo. El caballero de Elvas, Luis Hernández de Biedma y Rodrigo Rangel, son los otros cronistas que sí estuvieron en la expedición.

[356] Lugar donde se conservaba la nieve. Utilizado para la conservación de alimentos con frío natural.

[357] El río Concho está en la cabecera del río Colorado de Texas. No confundir con el río Conchos en el actual Coahuila, México.

[358] La nación llamada Tejas es conocida probablemente desde la expedición de Coronado, o la de Hernando de Soto, en la primera mitad del XVI.

[359] La relación de esta expedición se encuentra en el archivo franciscano de la Biblioteca Nacional de México. En 21/446.12.

Cuando el capitán de los tejas tuvo conocimiento de la llegada de los soldados hizo salir a uno de sus tenientes para conocerlos. Al regreso de la expedición a Santa Fe, trajeron consigo unas perlas que enviaron al virrey Luis Enríquez de Guzmán, quien decidió enviar otra expedición más preparada para el efecto.

Cuatro años más tarde, también desde Santa Fe, salió el sargento mayor Diego de Guadalajara con treinta soldados, entre los que se encontraba un muy joven Juan Domínguez de Mendoza, y con ellos doscientos indios flecheros que, siguiendo el mismo rumbo que la expedición anterior, atravesaron el territorio jumano.

> *Donde hallaron cantidad de indios de la nación jumana, y queriendo proseguir su viaje, estos mismos indios advirtieron al dicho sargento mayor que los cuitoas, escanjaques y aijados estaban de guerra, y el dicho cabo y capitán, para reconocer si era así, envió al capitán Andrés López y algunos indios cristianos y muchos de los jumanas que salieron de buena gana a reconocer dichas naciones, quedándose el dicho capitán en aquel paraje con el resto de soldados.*
>
> *Y habiendo caminado el dicho capitán con los doce soldados e indios cristianos y jumanas como treinta leguas al oriente, dieron con una ranchería de indios de la nación cuitoas, con quienes tuvieron una guerra bien reñida y reconocieron que los indios de la nación escanjaques y de la nación de los ahijados en diferentes tropas iban entrando a socorrer a los cuitoas, con quienes estaban peleando, y después de haber durado la batalla casi un día, quedando por los nuestros la victoria, y con pérdida de muy pocos indios nuestros y muchos de los contrarios, y cogiendo los vencedores los despojos y prisioneros que llegaron a doscientos, fardos de gamuzas, de antas y cueros de cíbolas, se volvieron al puesto de los jumanas y río de las Nueces, en donde estaba asentado el Real.*

Como dice el documento, los tres pueblos cuitoas, escanjaques y ahijados estaban en guerra entre ellos, hasta que aparecieron los soldados españoles acompañados de su gran comitiva de indios. En ese momento todos ellos dejaron sus rencillas y se aliaron contra los soldados, quienes seguramente permanecieron en retaguardia, pendientes de dar las ayudas que los indios auxiliares y los jumanos que los acompañaban necesitasen. El texto refiere pocas bajas entre los indios flecheros, pero no nombra a los soldados, que solo eran doce, por lo que se deduce que estos no entraron en batalla, algo muy habitual en las expediciones españolas, reservar los caballos para el último caso.

Los escanjaques, emparentados con los apaches, eran viejos conocidos de los soldados. Fueron los que se enfrentaron a Juan de Oñate provocando la retirada de este, como se veía en el capítulo correspondiente, y seguramente acabaron también con el grupo de Umaña y Leyva, del que solo sobrevivió un indio que contó lo sucedido. No eran, desde luego, un grupo al que doce soldados españoles hubieran podido enfrentarse en solitario. Por otra parte, los jumanos los tenían como sus enemigos ancestrales y aprovecharon la ocasión de ir junto a los soldados y sus indios auxiliares para cobrarse viejas deudas. La historiografía norteamericana refiere, sin embargo, que esta fue una expedición a la captura de esclavos que poder vender.

Una vez todos los españoles reagrupados en el Real, emprendieron regreso a Santa Fe, en un recorrido total de 3.200 kilómetros en el que emplearon nueve meses.

Otra expedición importante fue la mandada por el maestre de campo Juan Domínguez de Mendoza, que había tenido un desempeño muy importante en los acontecimientos de 1680 en Santa Fe. En esta expedición se encontraba en el momento cumbre de su carrera, con 52 años y una carrera militar que inició muy joven, ya que con apenas veintitrés años participó en la expedición de Diego de Guadalajara.

Pertenecía a la familia más acomodada del Nuevo México, todos ellos militares del Presidio de Santa Fe. Para esta expedición fue ascendido a teniente general y maestre de campo por el gobernador del Nuevo México, Gironza Petriz de Cruzatti, en aquellos momentos establecido en la localidad de El Paso. El maese de campo salió de El Paso en diciembre de 1683, y siguiendo el curso del río Grande recogió a medio camino a fray Nicolás. Iban con él algunos de los soldados del Nuevo México refugiados en el Paso, que ya formaban parte de su presidio *(Fig. 55 Cuadernillo)*.

> *El maestre de campo Juan Domínguez de Mendoza, cabo y caudillo de este pie de ejercito que va caminando al descubrimiento del oriente y Reyno de los Texas, a pedimento de don Juan Sabeata, indio de nación jumana... Habiendo salido del Real de San Lorenzo[360] en 15 días del mes de diciembre de 1683.*
>
> *...En este paraje que por nombre se le puso nuestra señora del Pilar de Zaragoza,[361] que dista del de la Santísima Trinidad ocho leguas poco más o menos, en 17 días del dicho mes y año, llegamos a este dicho paraje a donde hallamos una ranchería cuantiosa, sin otras que pasamos todas de nación sumas, gente pobre que solo se sustenta con mezcal, que son palmas cocidas.[362]*
>
> *Y todas las dichas rancherías me pidieron favor, y ayuda contra los enemigos comunes de nación apaches, llegando generalmente el que ya estaban dispuestos los más de ellos a hacerse cristianos como ya con efecto lo eran mucha parte de ellos, reduciéndose a lo poblado, alegando que los dichos apaches no los dejaban en las tierras, y viendo que en que modos pedían justicia, les ofrecí toda ayuda y amparo de vuelta de viaje. Y en lo alto de una loma hice colocar una cruz.*

La expedición siguió el curso del río Grande durante los siguientes días. A veces el río transcurría muy encajonado, con altos acantilados a ambos lados y hacía difícil encontrar un lugar para dar de beber a la caballada. Aquí y allí iban encontrando ran-

---

[360] Unos kilómetros al sur de El Paso del Norte.
[361] Allí donde paraban el lugar era bautizado, y sin duda, reflejado en un mapa. Mapas que en muchos casos y a diferencia de los documentos, no han llegado a nuestros días, al ser muy codiciados. Los norteamericanos, que llegaron a estos territorios siglos después, llevaban mapas españoles.
[362] El tronco de la palma del maguey o mezcal. Eliminadas las hojas, era cocido bajo tierra durante varios días. En tiempos prehispánicos se destilaba una bebida llamada Pulque y hoy se elabora un licor de alta graduación.

cherías pequeñas de indios, que según el diario los salían a recibir con alegría, muchos de ellos ya cristianizados. En esa parte, los sumas eran mayoría.

Allí donde podían, el capitán Domínguez pedía a sus hombres que hicieran una cruz de considerable tamaño, que era colocada en lo alto de alguna loma cercana para ser vista por quien transitase el lugar. Dichas cruces sirvieron durante décadas, si no siglos, como hitos, complementando los mapas que se iban realizando sobre el terreno, siendo mencionadas en algunas crónicas posteriores de otras expediciones que por allí pasaron, costumbre que sigue hoy día, viéndose cruces en lo alto de algunos montes.

> *El día 29 del dicho mes y año llegamos a este paraje que por nombre se le puso la Navidad en las Cruces, por las que tenían las rancherías que están pobladas de la una y otra parte del río del norte, y dichas rancherías son de gente de la nación julimes, gente política en la lengua mexicana,[363] y que todos siembran maíz y trigo en donde alcanzamos a los reverendos padres predicadores fray Nicolás López, custodio de las provincias de la Nueva México, y al padre Juan de Zavaleta, comisario del santo oficio…*

Hablaba de la Junta de los Ríos, lugar en que el río Conchos desemboca en el río Grande. Allí estaban los frailes desde hacía años trabajando en la conversión de las naciones que lo habitaban. A partir de aquí siguieron varias jornadas descendiendo por el Río del Norte para después desviarse al este, guiados por Sabeata, el capitán de los jumanos, que conocía un camino más corto para llegar a los Tejas. En lugares tan secos como los que recorrió esta expedición, era primordial tener guías indios que conocieran los manantiales que jalonaban sus rutas. De otra forma habría sido imposible llegar a destino. De ojo de agua en ojo de agua podían llegar a los ríos que cruzan Texas de norte a sureste.

> *En 13 de dicho mes y año[364] salimos del dicho paraje ultimo anterior y llegamos a este paraje del río Salado que viene del Nuevo México, y es su corriente del norte al oriente, hay otra tanta agua al parecer como en el río del norte, y el agua por si turbia y gorda, aunque tratable, no tiene árboles ningunos, solo está muy poblado de mesquites y buenos pastos, celebrose misa y no se colocó la cruz por no haber madera a propósito… (Fig. 52 Cuadernillo)*

Siguieron por la margen del río Salado hasta llegar a una ranchería bastante grande cuyos indios salieron a recibirlos con bastante alegría. La mayoría llegaba caminando, pero otros iban a caballo. Llevaban una cruz de madera de unos dos metros de alto «*muy bien hecha, pintada de colorado y amarillo y clavado con un clavo que llaman de tajamanil*[365] *que la dicha santa demostraba el haber tiempo que la tenían hecha*».

---

[363] La lengua náhuatl de los Meshicas.

[364] Enero de 1684.

[365] Tabla delgada y cortada en listones que se colocan como tejas en los techos de las casas. *Diccionario de americanismos. Asociación de academias de la lengua española.*

También sacaron una bandera pequeña de tafetán blanco que tenía en el medio dos cruces muy bien cosidas de tafetán azul. Los indios, conocidos por el nombre de hediondos, tenían un arcabuz sin llave, y lo dispararon pegándole fuego con una mecha, lo que fue respondido por dos tiros de arcabuz de los soldados. Parece que el maestre de campo no estaba muy confiado, a pesar del recibimiento, y dio orden de no desmontar. Solo desmontaron de sus mulas los frailes, quienes con mucha devoción se hincaron de rodillas y besaron la cruz que traían los indios, pasándola después a todos los soldados, quienes sin desmontar también la besaron. A cambio, los indios besaron el hábito de los frailes.

Los indios insistieron en que todos los soldados se hospedaran en sus jacales hechos de tule, que crecía en abundancia en las márgenes del río. El maestre de campo, con muy buenas palabras, declinó la oferta. Acamparon el Real *«en un alto a usanza de guerra»*. La caballada que llevaban era muy numerosa, cada soldado siempre con varios caballos de refresco, y esto hizo temer que los indios preparasen una emboscada para hacerse con todos los animales. En aquel lugar permanecieron una semana estacionados dando un respiro a los caballos y poniendo en orden armas y provisiones.

Estando allí se juntaron todos los capitanes indios, y con el gobernador Juan Sabeata como portavoz de ellos, pidieron una reunión con el maestre de Campo. Le pedían, le rogaban, que hiciese la guerra a los apaches, por ser enemigos de ellos y también de los españoles, a lo que Domínguez accedió, y con esas intenciones siguieron su ruta, en la que, días después, se encontraron con una nación llamada *«de los arcos tuertos»*, que vestían como los sumas y parecían ser de la misma nación.

El día 2 de febrero llegaban al río de las Nueces. No le pusieron ese nombre por que hubiesen encontrado nogales en sus márgenes, sino porque los indios lo llamaban así.

El 5 del dicho mes (febrero), y año salimos de este paraje que por nombre se le puso el arcángel San Miguel, a donde estuvimos dos días y medio, repastando la caballada por estar flaca (…) hay en dicho paraje un río caudaloso que no se sabe su nacimiento porque viene por debajo de tierra, y sale por unas peñas a donde quedó colocada una Santa Cruz, en lo alto de la boca para donde sale dicho río. Lo exquisito del nombre de este dicho paraje es Donde viven los Perros, porque salen de a dentro de la agua cantidades de perros de todos colores, del mismo tamaño que los demás perros, y son de la misma especie, aunque criados en agua. Dicen que son más bravos, despedazan a la gente, y mismo hacen con los toros de cíbola y vacas que llegan a beber inmediatos a la roca, cuya osamenta de vacas y toros vimos, y asimismo el excremento y rastro de dichos perros.[366]

El dicho río corre al oriente, el agua cristalina y buena, y en el dicho paraje fueron los primeros nogales que topamos porque sus vegas tienen muchos bosques de ellos, y se cogieron

---

[366] Se refiere con toda probabilidad a lobos, que viven y cazan en manadas, pudiendo acabar con los bisontes, tienen pelaje de diversos colores y no se asustan del agua. El coyote en cambio es un animal solitario que vive en zonas secas alimentándose de animales de pequeño tamaño.

muchas nueces con que se abasteció el Real que solo veníamos comiendo. (…) y también tienen mucha conchería y variedad de peces, y encinales muy encumbrados y tan gruesos que se pueden hacer carros de ellos y otras cosas más voluminosas. La variedad de plantas son muchas y de gallinas monteses que al cuarto del alba hacían mucho estruendo.

Todas sus vegas muy capaces y fértiles, y entre sus bosques muchos sarmientos y ojos de agua y muchos tunales, y todo lo dicho de una parte y otra del río, abrevaderos de ganados de cíbola tan inmediatos a los caminos que no es posible juntarlos. Tuvimos siempre amenazándonos un temporal de agua, más fue Dios servido que no descargó, solo si, en la última noche que fue tempestad con aire. Los enemigos apaches hurtaron nueve bestias, las siete de los indios jumanos y las otras que fueron un macho y un caballo.

El gobernador de los jumanos, Juan Sabeata, que acompañaba a la expedición desde su salida de San Lorenzo, había estado tratando con insistencia de convencer al maestre de campo para que atacase a los apaches. Domínguez escuchaba las quejas del gobernador de los jumanos sobre el particular sin faltar un solo día. Quizá por ese motivo, la sospecha del militar ganaba enteros a cada momento.

En 19 de dicho mes (febrero) y año salimos de este paraje del señor San Diego y llegamos a el del que le pusimos del Ángel de la Guarda, que dista del anterior cuatro leguas poco más o menos, y en el dicho distrito se paró en medio por accidente del mal tiempo, a donde nos cayó un grandísimo aguacero tempestuoso, y los accidentes de los espías que repetidas veces nos traían nuevas supuestas de que el enemigo apache estaba y convenía el parar, cuyas astucias y siniestro modo de proceder fue todo movido de Juan Sabeata, que en todos no nos ha dicho verdad, así en dichos parajes en las orillas de un río que se va a juntar con el principal que llaman el de las perlas (…) en dicho paraje despaché espías jumanas con dicho Sabeata por los fraudes en que se le ha cogido fueron en su compañía dos indios piros.

El día 16 de marzo llegaron a un lugar a la orilla de un río que define como San Clemente, donde permanecieron hasta el 1 de mayo. Entre ambas fechas no se escribió entrada alguna en el diario. En la siguiente, el panorama había cambiado sustancialmente. Domínguez decía que no podían sustentar la gran guerra que les habían dado los apaches desde el norte, con varios ataques de día y noche, produciendo algún herido. A los ataques se habían sumado los salineros, que llegaban desde el Reino de la Vizcaya, matando a dos indios amigos de la nación hediondos, que habían salido a cazar y se quedaron dormidos.

«Y por hallarme sin fuerzas y con pocas municiones, tuve por bien la dicha vuelta». A los soldados les escoltaban un total de dieciséis naciones, y en los días que estuvieron en San Clemente llegaron otras cuarenta y ocho, y otras muchas que estaban esperando, ya que los embajadores enviados habían dicho que llegarían más tarde. El maestre de campo continúa su interesante relato:

Sucedió en dicho paraje un caso notable, y fue que a Diego Varela le picó en el dedo pequeño una víbora del agua, cosa mortífera de veneno que, dentro de tiempo de cuatro

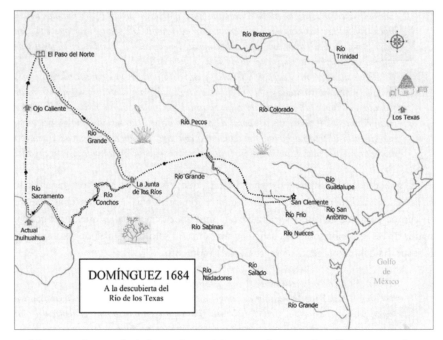

Mapa con el recorrido de la expedición del maestre de campo Juan Domínguez y fray Nicolás López, «A la descubierta del Reyno de los Texas».

credos, le subió el veneno al estómago con el dolor tan vehemente, que juzgamos todos que luego muriera, más fue Dios nuestro señor servido que el padre predicador custodio trujese consigo la contrayerba para todo género de veneno, y curándolo su paternidad reverenda con sus mismas manos la parte mordida, dándole a beber la dicha yerba, le hizo luego evacuar cantidad notable que parecía carbón, ha sido nuestro señor servido de prestarle la vida.

Matáronse en este paraje de San Clemente 4.030 reses[367] el común del Real de españoles e indios. Estos son solamente las reses grandes que entraron en el dicho Real, no contando las que quedaban perdidas en el campo solo por quitarles las pieles, ni contando el becerraje pequeño que traían al dicho Real que fue mucha cantidad.

Y para que vaya con toda especificación irán por sus nombres las dichas naciones. Primeramente, la nación jumana, los horrorosos, los vestonijunes, los achubales, los cujalos, los joremez, los gediondos, los siacuelas, los suajos, los ysuchos, los cujacos, los caulas, los hinchis,

---

[367] El bisonte era la principal fuente de comida, y todos, junto con los indios que los acompañaban, comieron de ella durante mes y medio, motivo de tan abultada cuenta. Como aquí se ve, los indios también mataban muchos bisontes y lo hacían solo por las pieles, que luego comerciaban, principalmente con franceses.

los ylames, los cumquibacos, los quitacas, los quicuchabes, los quasenareos, y los anasines, estas naciones son las que nos estaban acompañando.

Las que estábamos esperando son las siguientes, gente del río de los Texas,³⁶⁸ que me habían enviado recaudo que vendrían, los huicasique, los ayeli, los aguidas, los flechas chiquitos, los echancotes, los anchimos, los bobidas, los ynjames, los dijus, los calabrotes, los unojitas, los juamas, los yoyehis, los acanis, los humes, los viris, los conchumuchas, los jeandans, los ynzas, los pojues, los quisabas, los payabunas, los papanes, los puchas, los puguahyanes, los ysconis, los jojumas, los pagayames, los abas, los bajuneros, los nouraches, los sapulchas, los tobitis, los puchames, los aban, los oranchos, todas las cuales naciones no se pudieron esperar por las causas dichas, más quedan seguros de nuestra parte, y hecho pacto con las naciones que nos asistían y sus Embajadores…

…se fueron para su tierra con el indio que los gobernaba que es cristiano y capaz en la lengua megicana y castellana, y con las demás naciones que nos asistían, cogimos por diferente rumbo que el del principio traíamos, y solo se nos quedó con algunas familias Juan Sabeata que temeroso de su mal obrar se huyó, el cual trató con algunas naciones de que nos mataran y sabiendo dicho Sabeata que por las naciones mismas los cuales obraron con mucha fidelidad con los españoles y sintiendo el mal obrar del dicho Juan Sabeata que se puede juzgar que ya le habrán muerto…³⁶⁹

Aunque el relato es un poco ambiguo, por los datos y distancias que en él se referencian, la expedición pasó mes y medio en el lugar, al que llamaron del río de San Clemente, topónimo que no se conserva hoy en día, pero que puede ser el río Frío o bien el Atascosa. No parece que llegasen hasta el de Medina o el de San Antonio. Después emprendieron el regreso por diferente ruta. Según el relato, el camino de ida se quedaba a la derecha, por lo que iban transitando al sur del anterior. Precaución que se tomó para evitar la emboscada de los indios tras descubrirse la traición que tramaba el gobernador Sabeata.

El caminar se les hizo lento, unas cuatro o cinco leguas los días que caminaban. A las numerosas paradas para recuperar caballada, se sumaba el envío de espías para saber qué había delante, lo que obligaba a pasar un día en cada campo esperando el regreso de las avanzadillas. Un día se perdió un muchacho que había salido a cazar conejos, Francisco de Archuleta. Seis días esperaron su aparición y, temiendo lo peor, retomaron su camino.

No faltaron los bisontes para comer en todo el tiempo, en gran cantidad, pero las siguientes expediciones, en el siglo XVIII, siempre llevaban consigo muchas vacas para esta función. No está clara la razón, posiblemente el número de estos animales menguó por la caza, o sus migraciones cambiaron el rumbo. Otras fuentes de alimentación eran

---

³⁶⁸ No habla de los indios tejas, habla de la gente que vive en el río de los Tejas, diferencia importante, por lo que hay que buscar en el entorno del río algo que pueda recibir ese nombre. Curiosamente, todos los ríos en Texas, pero principalmente los que están al este, tienen una inmensa población de árboles Tejos, la teja americana, el *Taxodium distichum*.

³⁶⁹ La historia de Juan Sabeata con los españoles no acaba aquí, lo que indica que no murió como vaticinaba el maestre de campo Domínguez.

las nueces, las uvas silvestres de gran tamaño que encontraban en los arroyos secos, o los pavos, a los que llamaban gallos de la tierra, y también encontraban venados, pero estos se mostraban esquivos y difíciles de cazar.

> *El dicho día 22 de mayo, llegamos a este paraje a ponerse el sol al río Salado, a donde fue Dios nuestro señor servido que topásemos el rastro del dicho Francisco de Archuleta, que se había perdido días antes. Los indios de la nación que llaman Gediondos se apartaron sin pedir licencia ni avisar, matáronse tres reses y sirva de advertencia que llegamos al dicho río Salado mucho más debajo de donde dejamos al dicho río a la ida...*

El perdido Archuleta de alguna manera encontró el camino de vuelta, y al caminar más ligero iba por delante de la expedición. Buscando un vado en el citado río Salado, actualmente llamado Pecos, fueron a dar con el camino que llevaron a la ida. El día 12 de junio llegaban a la Junta de los Ríos, donde se encontraron una congregación de unos quinientos indios pertenecientes a las siete naciones, que habían dado la obediencia al rey. Pedían que se les asignasen seis sacerdotes porque, según ellos, no tenían suficiente con los dos ministros que con ellos trabajaban.

> *...tenían ya hechas seis iglesias de madera, que después las harían de adobes, y a pedimento del dicho reverendo padre custodio puse la presente que, por falta de papel, su paternidad reverenda no hizo el pedimento por escrito.*
>
> *En 13 de junio de 1684 estando todos juntos, los gobernadores y capitanes de aquella jurisdicción, les pregunté que si sabían habían tenido noticias de que en algunos tiempos hubiesen entrado algunos españoles o ministros de justicia, el cual hubiese aprehendido posesión, los cuales respondieron unánimes y conformes que no (...) que no han visto españoles ni más religiosos que los que estábamos presentes, por lo cual, y ver que pertenecía al Nuevo México, aprehendí posesión en nombre de la Real Cathólica Majestad, con todos los requisitos necesarios, dándoselo a entender a los dichos gobernadores y capitanes,[370] los cuales me pidieron que les nombrase cuatro capitanes, para mejor acudir al servicio de ambas majestades, en cuyo nombre les entregué y di los bastones.*
>
> *El 14 de dicho mes de junio de 1684 salimos de la dicha Junta de los Ríos, cogiendo la derrota del río de Conchos para el del Sacramento, por noticias que tuvimos de que por el camino del río del Norte, que endereza a la conversión de los mansos y Paso del río del Norte, que dista de dicha Junta de los Ríos cien leguas poco más o menos, de tierra en partes áspera y de muchas angosturas y ser forzoso el pasar el dicho río del Norte cuatro veces, y estar crecido y con mucho peligro de pasarlo, además de las dichas noticias que nos dieron de que estaba toda la comarca de las bárbaras naciones que asisten en el dicho río del Norte alzadas y en particular la nación de los Sumas, con otras muchas naciones, las cuales nos estaban esperando de guerra, tuve por bien, con acuerdo de todos los soldados, de coger dicha derrota por hallarme con pocas fuerzas y por estorbar que los dichos enemigos no consiguiesen sus malos designios...*

---

[370] Con gobernadores y capitanes se refiere a los jefes indios, a los que se daba tal denominación sin tener relación con el rango militar español ni su pertenencia a este.

En la Junta de los Ríos se quedaron fray Nicolás López y los otros frailes que le habían acompañado en esta expedición. La ruta escogida para el regreso a El Paso abandonaba el curso del río del Norte y remontaba el río Conchos, el cual tuvieron que vadear en numerosas ocasiones de una banda a otra, y donde encontraron también muchas rancherías con cuantiosa población.

Con el paso de los días llegaron a la confluencia del río Conchos con el río Sacramento, y de allí al pueblo y misión de Julimes, donde pudieron recuperar la caballada tras varios días de descanso. Por suerte para ellos, esta ruta recorría territorios ya poblados de españoles. Haciendas, misiones y pueblos se sucedían, pasando de uno a otro alternando días de marcha con largos descansos de una semana en cada punto. La caballada era el valor más importante que tenían y no querían acabar unos animales que llevaban trabajando más de seis meses.

Finalmente, alcanzaron el Paso del río del Norte el 18 de julio de 1684.

LA REBELIÓN SUMA EN EL PASO
(1684)

La revuelta tuvo lugar en Casas Grandes, en mayo de 1684, donde no había una fuerza militar propiamente dicha. En esos momentos, el presidio más cercano era el de El Paso, en donde se encontraban los refugiados del Nuevo México, quienes pusieron muchos reparos en enviar los soldados a Casas Grandes. Cuando finalmente lo hicieron los soldados encontraron algunas novedades en el comportamiento de estos grupos indios con respecto a otros, pues tenían una pasmosa habilidad para evaporarse sin dejar rastro después de atacar.

Los suma, janos y mansos eran una alianza de considerable tamaño, y por supuesto, como todo puede ir a peor, los apaches formaban parte de ella. La experiencia con ellos en la revuelta del Nuevo México no auguraba nada bueno.

El capitán Roque Madrid nació en Nuevo México en 1644, y escapó junto a su mujer e hijos de la revuelta de los pueblo. Se convirtió en un activo militar durante su exilio en El Paso y Casas Grandes. Era capitán del Presidio de El Paso y conocemos su relato por una carta al gobernador y capitán general de la Nueva Vizcaya. La misiva fue escrita en San Diego, localidad a quince kilómetros al suroeste de Casas Grandes, confluencia de los ríos Piedras Verdes y San Miguel.

Había salido del Río del Norte siguiendo el rastro de los indios mansos. A la llegada a un paso de montaña y faltando aún un par de horas para que amaneciese, decidió parar por ser peligroso pasar el puerto sin luz. Ya con las primeras luces del día, y comenzando la bajada, vio un fuego y a unos apaches que salían huyendo al ver a los soldados. En la persecución por los cerros, los indios fueron a protegerse en una cueva, los soldados pusieron pie a tierra y asediaron la cueva recibiendo algún flechazo desde el interior, el objetivo era capturarlos vivos para conseguir información, principalmente de lugares para abrevar, porque los caballos y mulas ya iban flaqueando. Tras la refriega, uno de los indios fue capturado ileso mientras el otro recibió algunas heridas de lanza que le fueron atendidas. La información que dieron los apaches capturados no fue útil ni fiable.

Los mansos eran una nación seminómada. Su principal asentamiento se encontraba en las riberas del río Grande, en la zona de El Paso, hablaban la lengua uto azteca y parece que estaban relacionados con los suma y los jumano. La mayoría estaban viviendo de forma pacífica en la misión de El Paso y en la de Samalayuca, justo al sur de la anterior, pero había una facción que se había alzado y preocupaba a los españoles.

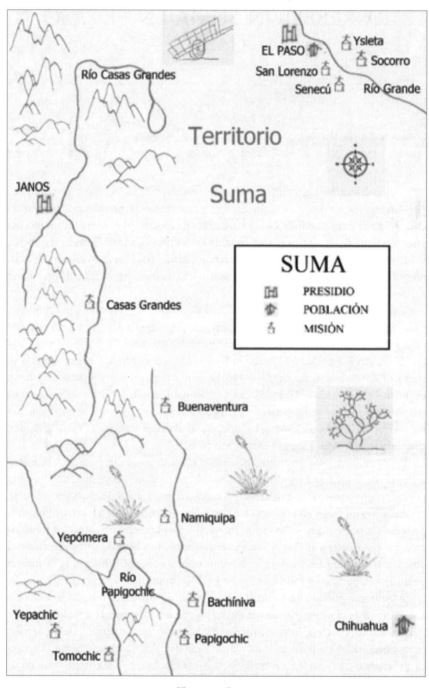

Territorio Suma.
Tras la revuelta se estableció el Presidio de Janos *(Fig. 70 Cuadernillo)*.

Los soldados tuvieron que caminar veinticuatro horas seguidas para llegar a los ojos de agua, y ello con la caballada y los hombres ya exhaustos. Al día siguiente, y tras recuperar fuerzas, se prosiguió con la marcha, siguiendo el rastro de los mansos, que se encontraban escondidos en la Sierra de las Carretas.[371] Tras llegar allí se comprobó que la aspereza del terreno hacía inútil la carga de caballería, por lo que el ataque sería a pie. Justo al amanecer, empezaron los escarceos, que muy pronto pasaron a la categoría de guerra abierta. Para el final del día aún seguían luchando. La cuenta final fue de más de cuarenta indios muertos y muchos heridos. En el lado español más de cincuenta heridos, además de otros cuatro indios flecheros de nación piros y tiguas, amigos de los españoles.[372] El informe fue escrito el 3 de octubre de 1684 y firmado por el capitán Roque Madrid.[373]

Tras ello, el capitán y su grupo retornaron a El Paso[374] desde Casas Grandes, dando informe de lo acontecido al gobernador del Nuevo México, Domingo Gironza Petriz de Cruzatti,[375] quien reclutó a todos los hombres que pudo para hacer frente a las amenazas que la alianza indígena representaba. El equipo mínimo que cada recluta debía aportar era un arcabuz, una libra de pólvora y al menos quince balas, espada, adarga, cuera y dos caballos. La mayoría eran refugiados del Nuevo México. El gobernador ordenó al capitán del presidio que pasara revista a sus tropas con el fin de tener todo listo en caso de ataque de los indios *(Fig. 56 y 57 Cuadernillo)*.

El propio capitán Madrid disponía de arcabuz, espada, daga, cuera, morrión, adarga, veinte balas y una libra de pólvora, doce caballos armados[376] y dos mulas en pelo.[377]

---

[371] La sierra de Carretas está a 60 kilómetros al sudoeste de Janos, en la presente delimitación de Sonora.

[372] Los piros y tiguas pertenecían al grupo de los indios pueblo del centro de Nuevo México y habían permanecido fieles a los españoles en la revuelta de 1680.

[373] Documento en el Archivo General de la Nación en México, en «Provincias Internas 37».

[374] El nuevo presidio de Nuestra Señora del Pilar y Glorioso San José se estableció en El Paso por el Gobernador Gironza en 1683, Roque Madrid fue asignado como su primer comandante.

[375] Domingo Gironza Petriz de Cruzati nació en 1650 en Aragón, y llegó a la Nueva España en 1680 como soldado profesional. Fue gobernador y capitán general del Nuevo México desde 1683 a 1686 y fundó el Presidio de El Paso. En 1688 intentó reconquistar la provincia sin éxito, volviendo a ser gobernador desde 1689 a 1691. En 1693 le nombraron capitán vitalicio de la Compañía Volante de Sonora, cargo en el que permaneció ocho años muy ocupado conteniendo las asonadas, como la revuelta de los pima en 1695.

[376] Con los caballos armados se refiere teóricamente a los que disponen de silla de montar, punto que ofrece dudas, ya que las sillas eran bastante caras y no era de utilidad llevar caballos de refresco cargados con sillas que no se usaban. Además, el alto índice de muertes entre la caballada provocaría que las sillas fuesen abandonadas junto al caballo por no tener forma de transportarlas sin estos.

[377] Con la expresión «en pelo» se refiere a los animales que no disponían de silla de montar.

A continuación del capitán fueron declarando el resto de los oficiales, lo que nos da una variedad en el equipamiento en uso por los soldados presidiales en aquel momento. No parece que el morrión[378] fuese muy popular entre los soldados, ya que únicamente el capitán hacía uso de él. También se veían carabinas y mosquetes, armas más modernas y ligeras que el arcabuz, con mayor alcance y menor tiempo de recarga. En algún caso la cuera era sustituida por la cota de malla.

Entre los soldados presidiales se producían bajas, unos por muerte frente al enemigo, como el alférez Juan de Lagos, que fue muerto junto a nueve indios auxiliares en una emboscada el 2 de junio de 1684, y otros muchos que lo hacían por deserción. En aquellos momentos a los soldados se les pagaba por campaña, no eran un cuerpo permanente, y usualmente sus ingresos mayores provenían de sus haciendas, con lo que el abandono de su puesto no era algo extraño, a poco que viesen en peligro sus posesiones y familias o la campaña fuese más complicada de lo que esperaban al comienzo.

Dos soldados huyeron con su equipo estando de guardia, incluso antes de salir la expedición, otros dos más ya en campaña, y también estando de guardia. Poco más tarde se envió una cuadrilla a una misión, y el capitán al mando de ella, Alonso de Aguilar, se quedó en el Parral junto a otro soldado, volviendo al campamento únicamente dos. Hasta el herrero se puso en fuga con la caballada que guardaba, habiendo de salir a recuperarla a campo abierto. Esta sangría de personal era cubierta con nuevas reclutas que se hacían sobre la marcha.

En el valle de Casas Grandes,[379] que era otro foco de revueltas, el capitán Ramírez de Salazar pedía socorro, acosado por los sumas, janos, jocomes,[380] mansos, chinarras[381] y conchos, entre otras naciones indias. La revuelta[382] la hacían los indios cristianos y pronto atraerían a su causa a los que aún no habían aceptado la reducción española. El capitán juntó a una docena de hombres, a los que se unían unos treinta arcabuceros que el gobernador Gironza había enviado con el capitán Juan Fernández de la Fuente, que salió a su encuentro.

---

[378] Casco metálico de origen italiano usado tradicionalmente por la infantería en Europa y España.

[379] El valle de Casas Grandes empezó a poblarse en 1663, cuando los sumas pidieron el establecimiento de una misión. Algunos colonos españoles provenientes de El Paso se establecieron en el valle, como el capitán Gracia. Allí se construyó la iglesia de San Antonio de Padua de Casas Grandes.

[380] Los jocomes estaban relacionados con los suma y los janos, poblaban el noroeste de Chihuahua y se introducían en Nuevo México y Arizona. Fueron asimilados por los apaches.

[381] Los chinarra habitaban al sur de Casas Grandes en las regiones altas de los ríos San Miguel y Santa María.

[382] El 6 de mayo de 1684 los suma y los janos atacaron y quemaron la misión de Nuestra Señora de la Soledad en Janos, a unos 60 kilómetros al noroeste de Casas Grandes. Desde ahí la revuelta se propagó a Casas Grandes, donde quemaron las casas de los suma cristianizados, en San Antonio de Padua.

Todos juntos llegaron a la sierra del Diablo, cuyo nombre ya anunciaba las dificultades que entrañaba. En la reseca sierra, el caluroso junio daba ventaja a los indios, quienes superaban en gran número a los soldados. La tropa lo intentó, pero hubo de retirarse dando gracias por no tener pérdidas, ni entre los suyos ni entre los indios amigos que los acompañaban. Muy negras debieron ver las cosas cuando al día siguiente tomaron la decisión de retirarse cada uno a su jurisdicción esperando tiempos mejores.

Tras esta retirada, los informes fueron enviados con urgencia para dar aviso del problema generado con los indios. El gobernador de la Nueva Vizcaya, Joseph de Neyra y Quiroga, aunque preocupado, no tenía otra cosa que enviar salvo sus buenos deseos, ya que también estaba ocupado con otras naciones sublevadas en El Parral.

Los problemas del capitán no eran pocos. A la falta de hombres de guerra se unía también la de caballos, y en un puesto tan disperso como el suyo, la caballada se hacía imprescindible. La opción que le quedaba, ante la negativa involuntaria del gobernador, era la de pasar a la vecina provincia de Sonora, donde el alcalde mayor sí disponía del equipo y los soldados necesarios. Por otra parte, los indios rebeldes también atacaban sus poblaciones talando las milpas a los indios cristianos y robando animales a los vecinos, de modo que la pacificación también le convenía. De Sonora salió la gente necesaria, tanto de arcabuceros como de indios amigos, que en el camino se juntaron con la reducida fuerza del capitán Ramírez de Salazar.

Recorrieron sierra tras sierra sin tener contacto con los sublevados y finalmente resolvieron ir a El Paso, donde los mansos también andaban revueltos y probablemente se habrían reunido con el resto. Allí añadieron más hombres a la expedición, aportados por el gobernador, y juntos siguieron el rastro durante varios días, sin saber que los indios habían dado la vuelta y por otros caminos se dirigieron al valle de Casas Grandes, totalmente desprotegido.

La poca defensa que quedaba en Casas Grandes consiguió refugiarse en la iglesia y los daños a las personas fueron mínimos, aunque todo lo demás fue arrasado, quemadas las casas y robados los animales, incluyendo el ganado menor, lo que dejó a los habitantes sumidos en la pobreza y sin nada que comer ni casa donde vivir, habitando durante nueve meses en la iglesia. En total les robaron unas dos mil cabezas de ganado mayor y caballada, y otras dos mil de ganado menor. De igual forma arrasaron todas las minas y haciendas que se encontraban en la zona.

Llegada la columna a Casas Grandes lo único que pudieron certificar fue la devastación. Tuvieron noticia en ese momento de que los atacantes estaban a unas cinco leguas de distancia, guarecidos en una sierra:

> ...todos juntos entramos en dicha sierra donde hallamos juntos los enemigos, y aunque procuramos por diferentes caminos reducirlos, su obstinación era tal que no daba lugar a su rendimiento, este avance duró casi todo el día peleando con ellos ya por lo alto de la sierra ya por las barrancas, y ya por entre peñas de tal suerte que rendido ya el ejército de andar a pie, perdidos los caballos, sillas, capas, y otras muchas cosas siendo motivo de esto la multitud de enemigos, la aspereza de la sierra y que era forzoso andar a pie, y viendo también que ya de los nuestros estaban más de treinta hombres malheridos, determinamos, como pudimos salir destrozados, todos apedreados, y todos derrotados.

Las pérdidas fueron muchas, pero aún había que hacer el trabajo. A los quince días se congregó a más gente de guerra, principalmente indios de las naciones amigas con los pocos españoles que quedaban de la anterior batalla. Tercer intento y parecido resultado, la batalla duró todo el día, muriendo mucha gente entre los sublevados, siendo arrestados algunos indios cristianos entre los suma. Aún con todo, los indios se desenvolvían a la perfección en las sierras, consiguiendo escapar el resto sin grandes problemas.

La desesperación cundió entre los pobladores que pedían permiso para despoblar los asentamientos, ya que, a pesar de ser muy buenos para la crianza de reses, estas solo servían para alimentar a los indios que las robaban. El permiso fue denegado y recibieron órdenes de no salir del citado valle de Casas Grandes. Al cabo de unos días se recibieron noticias de que se había producido una junta muy numerosa de indios en un lugar llamado Ojo Caliente. Rápidamente se juntaron cien indios amigos y apenas veinte españoles a caballo que salieron en busca de los rebeldes. La misión era poco menos que suicida. En frente había más de dos mil enemigos y la única ventaja para los españoles era el campo abierto en que se encontraban.

> ...*fueron tales los impulsos con que les acometimos, tal el destrozo que en ellos hicimos y tanto lo que se mató de enemigos, que a gritos se nos metían entre los caballos, pidiendo la paz, la cual en nombre de Dios Nuestro Señor y de su majestad que guarde quedando dentro del término de quince días, volverse los cristianos a sus pueblos, y toda la demás canalla a sus territorios.*

Las autoridades españolas querían mantener a toda costa la frontera, pero tampoco parecían tener los recursos suficientes o la capacidad para hacerlo, de modo que todo se sustentaba en los sacrificios que hacían los colonos y los pocos soldados que los protegían. Tras esta victoria el capitán fue a Parral a dar cuenta de lo sucedido al gobernador y a pedir ayuda desesperadamente, porque, aunque se había conseguido el éxito en esta ocasión, eso no garantizaba en modo alguno la paz futura.

El capitán decía que no podía tolerar más ni era capaz de mantener a los vecinos en sus casas, porque no tenían ni que vestir, ni que comer, ni podían salir a trabajar, pasando las noches en vela cuidando que no les robasen la escasa caballada que les quedaba. Lo único que había en lugar tan apartado era el riesgo de perder la vida. El capitán le dio un ultimátum, si no le daba la ayuda que tenía solicitada, abandonaría su puesto.

En contestación el gobernador dijo que informaría al virrey y que mientras llegaba la respuesta se mantuviese en su puesto. Mientras tanto, le enviaría más colonos, de los que llegaban derrotados del Nuevo México, para que poblasen en Casas Grandes y en Janos,[383] asegurándoles el ganado suficiente y buenas tierras para cultivar.

---

[383] En la zona de Janos y Casas Grandes había una misión franciscana desde 1663, Santa María de las Carretas, pero fue destruida en 1684, en esta revuelta. Se encontraba en el río Carretas, al suroeste de Janos cerca de la hacienda que lleva el mismo nombre. Lo mismo sucedió con Nuestra Señora de la Soledad de los Janos, en el mismo pueblo de Janos, con-

De acuerdo a las palabras de Ramírez de Salazar, nadie nuevo llegó al valle, ni colono ni soldado, y teniendo en cuenta que la carta, de la que aquí se hace un resumen,[384] va dirigida al virrey en la ciudad de México,[385] parece que la visita al gobernador no tuvo el más mínimo efecto a ojos del capitán Ramírez de Salazar. Lo que si llegaron fueron noticias de que los indios, aunque en un primer momento cumplieron la palabra dada de solicitar la paz, estaban otra vez alzados, tanto en Sonora como en la Nueva Vizcaya.

Como no podía ser de otra forma, la misiva del capitán Francisco Ramírez de Salazar cayó muy mal en el pueblo de Nuestra Señora de Guadalupe de El Paso, donde residía el gobernador Domingo Gironza Petriz de Cruzatti, quien acusó al capitán de informar siniestramente al gobernador en Parral.[386] Cayó tan mal que provocó una investigación, impulsada en gran medida por Gironza quién convocó testigos, para aclarar el tema, pero principalmente para limpiar su nombre.

> *...mandó su señoría que el maestre de campo, Francisco Gómez Robledo,[387] alcalde ordinario[388] actual haga parecer ante sí a todos los cabos de guerra que en tiempo de su señoría lo han sido y debajo de juramento declaren las veces que se ha socorrido a dicho alcalde mayor de Casas Grandes y quienes han sido los que han llevado dicho socorro...*

Uno de los declarantes fue el capitán Roque Madrid, del presidio de San Joseph en El Paso, quien en su declaración desmontó la versión de Ramírez de Salazar. Según Roque, el apoyo desde El Paso había sido constante, no solo en soldados sino también en pertrechos, que salían siempre del bolsillo del propio gobernador, al no tener la provincia recursos por su pobreza.

> *...viendo la tierra y hallándola infestada de los enemigos comunes de nación apache, le mandó salir a este declarante con una compañía de veinte y cinco soldados de los del presidio de su cargo hacerles castigo a los dichos enemigos apaches y dicho gobernador y capitán*

---

struida en el mismo año y quemada también en la revuelta de 1684. En 1686 se estableció un nuevo presidio, San Felipe y Santiago. En 1717 el pueblo y otra iglesia con el mismo nombre fueron fundados de nuevo. Otras misiones en la zona, en el río Santa María, eran la franciscana Santa Ana del Torreón, destinada a los sumas, probablemente al sur de la actual Galeana, y también la de San Pedro Alcántara de Namiquipa, a los conchos, en el mismo río. Y la de Santa María de Nativitas de Bachiniva, para los tarahumaras. Todas ellas recibieron ataques y varios de los frailes fueron asesinados.

[384] El original se encuentra en el Archivo General de la Nación en México, en Provincias Internas, 37,6.

[385] El virrey era Tomás Antonio de la Cerda y Aragón. Estuvo en el cargo desde 1680 hasta 1686.

[386] Este enviaría la misiva del capitán al virrey.

[387] Gómez Robledo era de una familia bien posicionada, en Nuevo México. Su familia fue acusada de judaísmo, pero tras el juicio inquisitorial en México fue absuelta.

[388] El alcalde ordinario gobernaba una población y hacía la función de juez de primera instancia.

general dio todos los bastimentos necesarios a su costa y mención y le alcanzó en sus mismas tierras a los dichos enemigos en el Cerro Agujerado donde se les dio el avance y les quitaron unas bestias que habían llevado hurtadas de los pueblos cristianos de la Ysleta y Senecú[389]…

De acuerdo a este testigo, que hizo un relato pormenorizado de todas las ocasiones en las que los presidiales salieron a castigar a los rebeldes, en una de ellas se encontraban reunidos muchos indios de diversas naciones, y al ver llegar a los soldados con los indios auxiliares, los recibieron con una carga de flechas, a lo que los españoles respondieron con otra carga de arcabuces que mató a unos cuantos y asustó al resto, quienes se arrojaron al río Grande, lo que fue aprovechado para quemar los asentamientos y obligarlos a regresar a los pueblos españoles.

…y que por cuarta vez dice este declarante salió por mandado del señor gobernador y capitán general con otros cincuenta soldados veteranos del presidio y ciento y setenta indios cristianos de arco y flecha a castigar a los enemigos de nación apache y volver a dar guerra a los dichos apóstatas y sus aliados, porque se tenía noticia querían arrojarse en una noche a quemar el convento y este pueblo, y habiéndoles pisado todas las partes y lugares donde solían poner sus rancherías las hallaron desiertas y despobladas y que los dichos apóstatas no parecían y que así mismo a todos los que fueron a esta función los avió su señoría de bizcocho, carne, y otras mantenimientos y muchas bestias con que lo avió de las de su andar a los soldados veteranos porque no las tienen. Y en esta ocasión después de haber pasado muestra personalmente en la plaza de armas habiéndoles llevado demás de los bastimentos chocolate, azúcar, tabaco, chanchacas[390] hasta para los indios cristianos que iban a dicho viaje…[391]

Más de cien indios cristianos reforzaron la expedición de castigo, a quienes el gobernador bastecía incluso con calzado, no solo con comida, para que pudieran hacer frente al enemigo con garantías. Finalmente, y tras estas declaraciones de los testigos, el gobernador quedó exonerado, dándose por archivado el caso.

No mentía el gobernador cuando dijo que había equipado a los soldados de su bolsillo, ya que estos carecían de lo más mínimo como era la ropa. En septiembre de 1684 el gobernador Gironza encargó un censo, una *«muestra general de todos los moradores, con razón de todas las personas que contiene cada familia, el de su mantenimiento y vestuario, como de armas y caballos para su defensa».*[392]

---

[389] Las misiones de la Ysleta y la de Senecú están cerca, al sureste de El Paso. Se establecieron para los indios Tigua y Piro, que venían refugiados junto a los españoles de la revuelta de 1680 en el Nuevo México.

[390] Panela, un dulce a base de miel de la caña de azúcar.

[391] El documento está en el Archivo General de la Nación en Ciudad de México, en Provincias Internas 37,6.

[392] Doc. Archivo Franciscano de la Biblioteca Nacional de México, Ciudad de México. 21/446.10, pág 61.

La revista comenzó en el pueblo de Corpus Christi de la Ysleta por el procurador general del Nuevo México, Severino Rodríguez, y a continuación se hace referencia solamente a los casos más representativos:

> *Familia del capitán Joseph Telles Girón, que consta de diez personas, no tiene basti-mento ninguno ni milpas,[393] preguntado por qué, dijo que se le secó por la falta de agua como es constante. De vestuario muy indecente, casi en carnes. Tiene dos caballos, silla, arcabuz, espada y daga.*
>
> *Familia del capitán Diego de Luna que consta de 29 personas, no tienen bastimento sino el que adquieren con una poca de leche que sacan de unas cabras que tienen que son 20. Milpa no la tiene por la razón arriba dicha, tiene seis caballos, armas, silla y espada. El vestuario unos con alguna decencia, otros rotos, y los criados en carnes.*
>
> *Familia de Apolinar Martín, consta de diez personas pobres de solemnidad.*
>
> *Familia del capitán Juan de Valencia, su hijo, que consta de nueve personas, no tiene bastimento porque la sementera se le perdió, por haber salido a algunas funciones precisas que se han ofrecido a castigar al enemigo. De vestuario, el dicho su esposa y dos hijitos con indecencia, los demás en carnes. Tiene 12 caballos, silla, arcabuz, cuera y espada.*
>
> *Familia de Juan de Archuleta que consta de 13 personas, tiene sembrada una milpilla que al parecer cogerá seis fanegas de maíz, porque desde que comenzó a madurarlo comenzó a coger para comer. De vestuario con mucha indecencia unos, y los otros en carnes vivas, tiene un caballo y silla.*
>
> *Luego incontinente vine a este Real de San Lorenzo que hoy está a una legua de El Paso, y en la conformidad dicha hice la visita que es como sigue:*
>
> *Familia del sargento mayor Luis Granillo que consta de quince personas, no tiene basti-mentos ni milpa porque no hubo tiempo con la mudada de Guadalupe[394] a este puesto donde ahora se halla que, aunque hizo la diligencia como era tarde y el agua de la acequia faltó se quedó la semilla sin brotar. Y en lo que toca al vestuario el dicho no está muy decente, su esposa algo y los demás en carnes, tiene seis bestias, silla, arcabuz, cuera, espada y daga.*
>
> *Familia de Pedro de Leyva que consta de 8 personas, no tiene bastimento, porque una milpilla que sembró se la han ido comiendo en elote,[395] de vestuario en la misma forma que los demás, tiene seis caballos, silla, arcabuz y espada.*
>
> *Familia de Juan Pacheco que consta de siete personas, no tiene bastimento ni milpa, tiene 14 cabras con cuya leche se sustentan. De vestuario como los demás, tiene tres caballos, silla, arcabuz y espada.*
>
> *Familia del capitán Antonio Márquez que consta de 13 personas, no tiene bastimento ni milpa, porque el tiempo de la siembra andaba fuera buscando algunos trapos para taparse las carnes, cuya diligencia fue de muy poco valor, así el vestuario suyo y el de su mujer es como los demás, y los restantes de la familia en carnes. Tiene 10 cabras y tres bestias, silla, arcabuz, espada y daga.*

---

[393] Sembrados o sementeras.

[394] El Paso. En ese momento se habían mudado a San Lorenzo.

[395] Con el maíz usualmente hacían harina al secarse la planta. El elote es la mazorca de la planta que se comía hervida antes de madurar.

> *Luego incontinente pasé a este pueblo de Nuestra Señora de Guadalupe de El Paso...*
>
> *Familia de Bartolomé Romero consta de tres personas, tiene dos fanegas de maíz que acabó de coger de una milpa que sembró que algo se comieron de elote y parte de ella se le perdió por falta de agua. De vestuario tan indecentes que andan con las carnes de fuera. Tiene su silla, arcabuz, espada y daga.*
>
> *Familia de Sebastián Monrroy que consta de cinco personas, de bastimento cogió 20 fanegas, de vestuario unos trapos que traen encima. Tiene caballo y silla.*
>
> *Familia de Salvador Durán consta de 14 personas, no tiene bastimento porque, aunque sembró se perdió todo, de vestuario muy indecentes y las criaturas en carnes. Tiene dos caballos, silla y arcabuz.*

En la Ysleta vivían 21 familias y casi 200 personas. En el Real de San Lorenzo la cuenta llegaba a 34 familias y más de 300 personas, y las 54 familias que vivían en El Paso pasaban de las 500 personas, de las que aquí se ha hecho un resumen de lo más significativo. Del Nuevo México tuvieron que huir con lo puesto, lo abandonaron todo, y tras pasar cuatro años en la zona de El Paso, apenas tenían nada con lo que vivir. La tierra en El Paso era mucho más seca que en el norte. La vestimenta, que siempre había sido un producto escaso y muy caro, en esos momentos era imposible de conseguir y lo poco que tenían lo vestían los adultos, dejando a los niños desnudos.

Muchos eran soldados del presidio y mantenían su equipo de defensa, aunque las cueras y adargas escaseaban tanto como la ropa. En los listados también se cuentan las viudas de los soldados fallecidos con sus familias. Una vez establecidos ya no podían cambiar de residencia, y los hijos se convertían también en soldados presidiales.

El listado de la tropa del presidio:

> *Lista de los señores soldados del Presidio de San Joseph en las provincias del Nuevo México.*
>
> *Los soldados foráneos:*
> *El capitán don Alonso de Aguilar con seis caballos y una mula.*
> *El alférez Diego Hidalgo con cinco caballos y una mula.*
> *El sargento don Miguel de Pedrosa con cinco caballos.*
> *... (hasta 32 soldados).*
> *Veteranos del dicho presidio:*
> *El capitán del presidio y sargento mayor Roque Madrid, 10 caballos.*
> *Tiburcio de Ortega con 4 caballos.*
> *... (hasta 24 soldados).*
> *Todos los cuales, dichos señores soldados están actualmente sirviendo sus plazas, con armas ofensivas de arcabuces, espadas y lanzas, y los más tienen armas defensivas...*
> *Lista de soldados fugitivos y muertos:*
> *Don Miguel de Salazar, fugitivo.*
> *Joseph Martín, fugitivo.*
> *Joseph de Padilla, enfermo. Quebrado un brazo.*
> *Don Pedro de Villasur. Ausente con licencia.*
> *... (hasta 16 soldados). (Fig. 59 Cuadernillo)*

El Presidio de Santa Fe, trasladado a El Paso entre 1680 y 1693, fue lugar de cumplimiento de condenas al ser el más alejado de cualquier otro puesto civilizado. Algunos convictos eran condenados a servir en presidios, donde hacían funciones de soldado y habitualmente recibían el mismo sueldo que cualquier otro soldado regular. Por otra parte, las deserciones eran mayores en estos presidios, y en el de Santa Fe en particular, porque tras la retirada de 1680 y el establecimiento en El Paso, tanto pobladores como soldados buscaron la forma de poblar más al sur en lugares con menos riesgo, o incluso de establecerse en la Ciudad de México.

Las autoridades del Nuevo México, que pretendían reconquistar a la mayor brevedad el territorio perdido, trataron de evitar el éxodo de los refugiados llegando a decretar la pena de muerte para los desertores, aunque la situación de extrema pobreza de soldados y pobladores que se veía en este capítulo empujó a muchos a arriesgar y ponerse en fuga.

Volviendo a la revuelta, fue este un evento muy sangriento. En octubre de ese año de 1684 los sumas y conchos alzados mataron a la familia de Archuleta, a Juan el padre, a su mujer y a sus hijos, trece personas en total. En la revista de septiembre habían declarado no tener que vestir ni que comer, y su equipo de soldado se reducía a un caballo y una silla.

Los cabecillas fueron ejecutados, junto a los asesinos de la familia Archuleta. La rebelión no aflojó su intensidad por ello, y la fuerza presidial no parece que estuviera equipada para hacer frente.

No tiene el rey nuestro señor vasallos más valientes en su Corona, pues cogiendo yo la punta para el avance, todos sin reparar en que iban desarmados y cuasi desnudos, se arrojaron al peligro como leones, de que siento señor que es lástima que estén tan mal parados, siendo cosa que se podrá remediar con facilidad, y que vuestra excelencia con su cathólico pecho y celo que tiene en el Real servicio, reparar esta falta con enviar cien mallas y petos, y otros tantos morriones, porque las cueras que los pobres vecinos tenían y los arcabuces, los han vendido para comer, los cincuenta que vuestra excelencia me dio repartí entre los soldados del presidio, y otros cuatro cajones que yo traje de ellos, entre los soldados veteranos, pues aunque estos últimos fueron a mi costa, no he reparado en perderlos. También se hallan los dichos vecinos a pie totalmente, y es falta tan grande de que puede resultar un inconveniente grande, y también era fácil su remedio siendo vuestra excelencia servidor.

La respuesta del fiscal del virrey a la petición de Gironza no necesita comentario:

…lo que se ofrece es que todos deben estar con prevención de armas en aquel país, que actualmente está de guerra y alzamiento de indios, y dicho gobernador debió cuidar de que no las vendiesen, mayormente cuando se les ha acudido por cuenta de su majestad con todos los socorros que se ha podido, y les repartió los cuatro cajones que refiere haber llevado de arcabuces, los cuales y demás armas que hubieren enajenado dichos vecinos, se saquen siempre que fueren menester de poder de las personas que las tuvieren, estando prontas, y cerca de aquel país para que puedan defenderse con ellas dichos vecinos, y asistir a las operaciones precisas, y en cuanto a las mallas y morriones, no es género que hay por acá para poderlo remitir.

La respuesta sigue a lo largo de cuatro páginas en las que la fiscal culpa de todo al gobernador Gironza, al que tilda de fantasioso por pretender reconquistar el Nuevo México sin hacer un solo disparo, mientras no era capaz de pacificar el territorio que tenía asignado, que en esos momentos se encontraba en llamas.

Le echaba en cara también que había cobrado el sueldo completo de 25 plazas de soldado presidial cuando no había cubierto las plazas, o que le habían financiado la fortificación del presidio de El Paso sin haber siquiera comenzado las obras. También le reprochaba que hubiera enviado una expedición con el maestre de campo Juan Domínguez *«a la descubierta del Reyno de los Texas»*, cuyo único servicio era informativo al no haber dinero en las cajas reales para acometer nuevas poblaciones. Y hasta llegaba a darle consejos sobre agronomía diciéndole que si las milpas y sembrados se habían secado era porque la única acequia que tenían era insuficiente para abastecer todas las tierras, siendo necesaria la construcción de otra mayor.

En definitiva, no le dijo nada que un empleado quisiera escuchar de su jefe. Lo cierto es que unos años más tarde el gobernador Gironza había cesado y era capitán de un presidio. La promoción que buscaba todo gobernador había resultado inversa.

El fiscal en Ciudad de México envió un requerimiento a fray Nicolás López, que como se ha visto, era el custodio en la provincia del Nuevo México, quien contestó con un extenso informe en el que hacía revista a la situación en la frontera norte, y lo acontecido durante la rebelión suma y su viaje al descubrimiento del Reyno de los Texas. El documento, imposible de reproducir en esta obra, no solo por lo extenso sino también por lo repetitivo con lo ya visto en este capítulo, venía a defender la labor del gobernador Gironza y solicitaba a las autoridades las mismas cosas que había solicitado el gobernador y que tan desairadamente le había negado el virrey a través del fiscal. Por supuesto, el informe del fraile no sentó nada bien en el virreinato que, con una nueva comunicación, incluía esta vez al fraile en el reparto de culpas, afirmando que aun a pesar del tiempo que llevaban en la provincia, no habían hecho nada para aliviar el sufrimiento de los locales, del que tanto se quejaban.

En el repaso a la situación, el fraile declaraba que la sublevación de los indios no había dejado piedra sobre piedra desde el pueblo de Nuestra Señora de Guadalupe de El Paso, hasta el de Parral, habiendo muerto o despoblado todos los españoles que en esa amplia zona se encontraban. Por otra parte, en sus ataques, los indios estaban acaparando los animales de la provincia, y tanto en caballada como en rebaños, el robo alcanzaba a muchos miles de cabezas. La estrategia que seguían los indios tenía mucho sentido. Sin animales para comer o transportar, el imperio se derrumbaba, los españoles despoblaban el territorio, y este volvía a manos de los indios, la mayoría de ellos ya cristianos, quienes pensaron, quizá con algo de razón, que no necesitaban a los españoles para manejar el territorio por sí mismos una vez aprendido todo de estos.

ESTABLECIMIENTO DE NUEVOS PRESIDIOS (1684-1688)

Presidios en la Nueva Vizcaya y Coahuila. Se aprecia la acumulación de presidios a lo largo del Camino Real de Tierra Adentro, comenzando por el de Cuencamé hasta el de Julimes, continuación de los que ya existían en Zacatecas y Durango.

l Imperio español tenía un problema de imposible solución, la comunicación. En nuestros días es muy fácil caer en el error del presentismo y creer que las facilidades tecnológicas que hoy tenemos eran algo común trescientos años atrás. La noticia de la pérdida del Nuevo México debía, en primer lugar, llegar a la Ciudad de

México. Los presidiales se encargaban del correo, y eran varios los hombres asignados a su protección.

Por otra parte, se debía seguir la escala de mando. Un alcalde, o incluso un gobernador, no podían comunicar directamente con el rey, y no porque hubiera una ley escrita que lo prohibiese, sino porque las distintas autoridades que formaban la escala debían formar parte del mensaje que finalmente alcanzase a ser leído en la Corte. A las largas distancias entre la frontera norte y el rey, había que añadir el tiempo que los distintos escribanos empleaban para reproducir las nuevas cartas, que incluyesen las sucesivas firmas, además de hacer las copias necesarias para su archivo.

Del centro administrativo del virreinato en la Ciudad de México, las cartas debían llegar al lugar de embarque, y de ahí, pasando por la Habana, llegaban o no, dependiendo de la navegación, a España. Recibidas en puerto pasaban al Consejo de Indias, que valoraba y trasladaba a la Corte, y tras su lectura y evaluación, el rey emitía una contestación que iniciaba el viaje de regreso a Ciudad de México, con repetición de todas las escalas. El proceso requería de más de un año en el mejor de los casos. Para cuando las órdenes del rey llegaron a El Paso, sobre lo que se debía hacer, la situación era otra, se habían producido más revueltas y las hostilidades amenazaban el norte de la Nueva España.

En la misiva del rey, en ese momento Carlos II, se daba orden al virrey de establecer dos nuevos presidios bien surtidos, el primero en Cuencamé[396] y el segundo en El Gallo,[397] en el territorio de los tobosos al sudeste de Parral. Para ello daba autorización al gasto que fuese necesario, a pagar de las cajas reales. Pero el virrey[398] no se sabe si tenía otras intenciones o simplemente se tomó las ordenes con excesiva calma. Lo cierto es que seis meses después ninguno de los dos presidios había sido establecido, lo que causó el enfado del monarca con reprimenda formal al virrey.

> *...considerando que aquel reino es uno de los más fértiles de todo género de frutos y minerales de plata y oro que hay en las Indias (…) ha parecido deciros lo mucho que se ha extrañado que en materia de tanta importancia como ésta, tomase la junta una resolución tan tibia como la de los medios que se propusieron en ellas para ocurrir prontamente a tan grave urgencia; y que a vos os hubieseis conformado con parecer cuando la obligación de vuestro puesto os debía empeñar a que valiéndose de todos los medios posibles, acudieseis al reparo de tan fatal suceso yendo en persona a la reducción de estos indios. Pues de despreciarse un caso como éste y no haberse aplicado en tiempo el remedio conveniente, sucedió la pérdida del Nuevo México. Y cuando no tuviese facilidad vuestra ida, debíais haber enviado a su ejecución con algún cabo o cabos militares, hábiles para*

---

[396] Cuencamé, a 120 kilómetros al noreste de Durango, donde se descubrió plata, habría sido ocupado desde finales del XVI. Aunque la sublevación de los tobosos y los salineros ocasionó el total abandono del lugar a mediados del XVII. El Presidio de Cuencamé se estableció en El Pasaje, 15 kilómetros al noroeste.

[397] San Pedro del Gallo estaba al norte del río Nazas, a unos 90 kilómetros de Cuencamé.

[398] Tomás Antonio de la Cerda y Aragón, marqués de la Laguna.

la acción y hasta 40 y 50 armas, municiones y gente pues para una cantidad tan corta como ésta no parece no podía haber dificultad que lo imposibilitase; que caso que haya sucedido semejante desgracia os cayera cargo de residencia,[399] y a los ministros que concurrieron en dicha junta causándome igual reparo que para lo que convocasteis para una materia de esta importancia, no pudiendo ignorar vos los robos y muertes que en vasallos míos han ejecutado los indios alzados que me ha sido de gran desconsuelo, no hubieses llamado sujetos militares y prácticos de aquel reino para la más acertada resolución y que a toda fuerza y providencia humana no hayáis atendido a atajar semejantes daños de tan superiores consecuencias y perjuicios a mis dominios en la América.

Nuevas comunicaciones llegaban a la Corte sobre el riesgo de perder también la Nueva Vizcaya, y en el ir y venir del correo, nuevos presidios habían sido añadidos a la lista por parte del rey, para frenar la propagación de la revuelta. Había que establecer cuatro presidios y doblar la guarnición de veinticinco a cincuenta soldados en los que ya había. El armamento también debía mejorarse, los arcabuces eran obsoletos, y debían sustituirse por veinticinco nuevos mosquetes para cada guarnición.

…en ejecución de lo que os mandé por el despacho citado de 16 de junio de este año habréis dado la providencia necesaria para evitar tan perjudiciales inconvenientes y dispuesto se hagan los dos presidios de a 25 soldados cada uno en los parajes de Cuencamé y el Gallo.

He resuelto ahora se haga otro en el de San Francisco de Conchos[400] y que cada uno de ellos tenga por lo menos un número de 50 soldados, pues se considera que esto (y más ahora) necesario para reprimir la ferocidad de aquellos indios respecto de la dificultad que tiene en entrar a hacerles guerra especialmente los tobosos y sus aliados, por la aspereza de las tierras eso que habitan y que en más de cien leguas no se encuentran ríos ni fuentes. Y que por el medio de estos presidios se aseguran diferentes poblaciones de minas que están expuestos…

…Y que para la provisión que habéis de hacer de cabos para los dichos tres presidios haya de preceder nómina de mi gobernador de la Nueva Vizcaya y que ha de ser en soldados que hayan servido en los de aquel reino o compañía de campaña de mayor reputación y crédito, …con calidad que este nombramiento ha de ser de por vida sin que vos ni el dicho gobernador podáis quitarles estos puestos (…) o si no que sea a mayores empleos, o por otra causa justa (…)

…Y que para atajar la osadía de los indios rebelados que se arrojan en los parajes y presidios guarnecidos de los españoles y afianzan más la seguridad de estos, deba de haber en cada uno de los 4 de Cuencamé, el Gallo, San Francisco de Conchos y Cerrogordo 25

---

[399] Inspección oficial de las cuentas y acciones llevadas a cabo por los oficiales del rey en el desempeño de sus funciones. La inspección era obligatoria al final de su mandato, pero en este caso sonaba a clara amenaza.

[400] San Francisco de Conchos era una misión franciscana a 90 kilómetros al noreste de Parral. El presidio, como era habitual, se situó a una legua de la misión, para evitar la interacción de los soldados con los indios de la misión. El presidio tenía forma de pueblo, con casas y una iglesia, aunque sin muro de protección, configuración que después se vería en otros asentamientos como el de la villa de Béxar en Texas.

mosquetes de prevención[401] los cuales os mando los remitáis de la armería de esa ciudad y más dos quintales de pólvora cada año precisa y puntualmente para ocurrir a semejantes intentos, porque los arcabuces de que usan los soldados no son de tanto efecto por cortos y de poco alcance. Señalándoles a cada uno de los cabos de los dichos presidios de Cuencamé, el Gallo y San Francisco de Conchos 600 pesos de sueldo al año y a los soldados de ellos lo mismo que a los que sirven en el presidio del Cerrogordo (...)

En los primeros meses de 1686 los trabajos de construcción ya se habían iniciado. El tercer presidio se establecería en San Francisco de los Conchos, en el río Conchos, al noreste de Parral, y el cuarto estaba destinado a Casas Grandes, aunque no llegó a materializarse en esa localización sino en Janos, donde la alianza entre los suma y los apaches preocupaba mucho.

...Y así mismo os mando que luego y sin dilación alguna, hagáis junta general en que concurran personas militares y prácticas de aquellos parajes y con su parecer y el del dicho mi gobernador, discurráis la forma de hacer la guerra de una vez caso de resolverse, y determinarse así en dicha junta a los indios conchos y demás naciones alzadas, éstas en tierras llanas abundantes de todos bastimentos y ríos, y poderse manejar en ella la caballería para sujetarlos con más facilidad. Aplicaréis a buscar y prevenir los medios de gente y armas, caballos y pertrechos que se necesitan para esta operación, haciendo vos y ellos mayores esfuerzos para la consecución y valiéndose para ello de los medios, y arbitrios que vuestro celo puede discurrir y hallar en beneficio y ahorro de mi real hacienda; prefiriendo esta empresa y urgencia a otra cualquiera que pueda ofrecerse y sobreseyendo por ahora en las nuevas conquistas de las Californias,[402] por considerarse ésta por la de mayor gravedad por la circunstancia de ser el reino de la Nueva Vizcaya antemural del de Galicia y de esa Nueva España, prometiéndome de vuestras obligaciones que atenderéis al cumplimiento de estas órdenes con la aplicación y cuidado que pide materia de este tamaño.[403]

La falta de acción del virrey en la primera orden de establecimiento provocó la desconfianza del rey, quien desde ese momento presionó a los distintos gobernadores y virreyes para que estos presidios estuviesen siempre en perfecto estado de revista. En 1688 llegaba un nuevo virrey que traía instrucciones con respecto a los presidios, y en 1691 el gobernador de la Nueva Vizcaya recibió una reprimenda por no seguir las ordenes de forma expresa. Con cada carta real se exigía una confirmación de cumplimiento de las órdenes.

Ante esta situación los presidios debían ser reforzados con las milicias locales cuando las necesidades lo requerían. De hecho, todas las poblaciones de cierto nivel disponían

---

[401]   Eran los que se entregaban a la milicia para la defensa en caso de necesidad. Después debían ser entregados a la armería del presidio.

[402]   Se refiere a lo que fue tratado en el capítulo anterior sobre el almirante Atondo y Antillón, y la controversia que se había originado con el gobernador.

[403]   El documento está en el Archivo General de Indias, Sevilla, en Guadalajara 147.

de su propia milicia, ya que las amenazas eran muchas, y mientras los presidiales recibían el aviso de un ataque y llegaban hasta el lugar, la milicia debía cubrir la defensa.

La población más importante de la Nueva Vizcaya era Parral, y en 1686 organizó una leva para tener la milicia prevenida en caso de ataque. 52 milicianos fueron alistados. El general Juan Hurtado de Castilla, gobernador de la Nueva Vizcaya, daba la orden:

> *Por cuanto es necesario estar con la prevención y vigilancia que se requiere para las operaciones de guerra que se pueden ofrecer contra los indios rebeldes a la real corona así en este real como en sus contornos y jurisdicciones, por haber salido mucha gente de ellas con el señor gobernador y capitán general[404] de este reino en busca del enemigo, por tanto por el presente ordeno y mando a todos los vecinos estantes y habitantes de este real y sus jurisdicciones, mercaderes y tendejoneros[405] que en ella se hubieren que desde hoy día de esta fecha en adelante tengan cada uno una bestia, mulas o caballos, una libra de pólvora, otra de balas y demás armas convenientes a usanza de guerra para lo que se pudiere ofrecer contra dichos indios enemigos; y para reconocer si cada uno tiene todo lo referido mando que dentro del término de tres días a la publicación de este bando se manifiesten ante mí con todas las armas y caballos como se les manda todo lo cual cumplan so pena de cien pesos en reales aplicados para gastos de guerra de este reino y además de que se pasará a la demostración que convenga contra los inobedientes y para que llegue a noticia de todos y ninguno pretenda ignorancia, mando se publique este bando a son de caja de guerra y se ponga razón de haberlo hecho al pie de él. Dado en el real y minas de San Joseph del Parral en 24 de marzo de 1686.*

Se había perdido el Nuevo México, y las provincias del norte estaban en llamas con múltiples revueltas. La política de dádivas, que había funcionado bien, no tenía efecto con los nuevos grupos, y la llegada de los apaches desequilibraba la situación. Había que emplear métodos más agresivos. Las naciones rebeldes conseguían arruinar lo poco que se conseguía en la cristianización de las pacíficas. Por otra parte, se estaba ampliando de forma considerable la fuerza militar en la zona, pero aun con esa mejora, el número de soldados era tremendamente inferior al de los indios en rebeldía.

Juan Isidro de Pardiñas y Villar de Francos, caballero de la Orden de Santiago, fue a «hacer las Américas» con el objetivo de hacerse un nombre y dar el salto social y económicamente. En 1684 compró en Madrid el puesto de gobernador de la Nueva Vizcaya por 35.000 pesos. La cantidad venía a ser su salario de seis años y para ello tuvo que empeñarse. El problema es que la gobernación que él compró no estaba libre, de forma que tuvo que esperar tres años durante los cuales le dieron la alcaldía mayor de Puebla. Cuando finalmente se pudo hacer cargo de la posición, el estado en que se encontraba la Nueva Vizcaya no era nada halagüeño. Trató de prevenir al virrey sobre

---

[404] Se refiere al anterior gobernador, Gabriel José de Neyra y Quiroga.
[405] Tenderos.

la deteriorada situación sin mucho éxito, hasta que, en 1690, se perdió el precario equilibrio. Los tarahumaras, que habían permanecido en calma durante décadas, se alzaron nuevamente en rebeldía y amenazaban Parral.

En Sonora se rebelaron también los indios pimas, matando a mucha gente de misiones y pueblos. En los combates con los presidiales de Sinaloa, que fueron los encargados de sofocarlos, murieron unos cincuenta indios de una de sus rancherías, de entre las más pacíficas, cerca de Teuricachi en Sonora. Las mujeres y los niños fueron capturados y llevados a Sinaloa como prisioneros de guerra justa, lo que irritó al gobernador Pardiñas, quien castigó a los soldados e inició un proceso de compensación con los dichos pimas, que eran una nación muy numerosa y difícil de apaciguar.

Nada sirvió, el golpe a la ranchería hizo levantarse en armas a toda la nación Pima. Para hacerles frente se pusieron todos los recursos, setenta vecinos de Sinaloa y los presidiales de Casas Grandes[406] a las órdenes del capitán Juan Fernández de la Fuente, junto a treinta y seis vecinos del lugar. Los pimas arrasaban con todo a su paso y en los pueblos de Torreón, Guadalupe y Bocas[407], los que no fueron muertos despoblaron el territorio huyendo hacia lugares más seguros en el sur. Toda la tropa e indios auxiliares no fueron suficientes y desde Santa Rosa el gobernador envió cuarenta soldados. Según el gobernador *«no se podían impedir los daños ya que la fuerza de soldados pagados era insuficiente»*.

Además, en la zona de Parral se había alzado también la nación chiso[408] junto a los tobosos y sus aliados, que ya llevaban años atacando a los españoles allí donde los encontraban. Para intentar poner límite a estos ataques se envió una expedición de castigo con el capitán Juan de Retama al mando y cuarenta de sus soldados de los cincuenta con que contaba en el Presidio de Conchos, dejando en retaguardia a vecinos e indios flecheros. La misión debía internarse en territorio enemigo unas ciento cincuenta leguas.

El resto de los presidios en la gobernación tenían sus propios problemas. El Presidio de Cerrogordo se encontraba en continuo asedio, y solo contaba con veintitrés soldados, de modo que bastante hacía con defenderse. Y en el Presidio del Gallo se estaba construyendo la fortificación, por lo que los cincuenta soldados no podían moverse del lugar, un paraje despoblado y de mucho riesgo. El de Cuencamé, que tenía cincuenta soldados asignados, tenía mucho trabajo cuidando las minas de San Juan del Río, al norte de Durango, y la propia ciudad, que desde hacía un año recibía también ataques en las proximidades, y cuyo obispo, alarmado, pedía escolta día sí y día también. Su capitán, Juan Bautista Escorza, debía también asistir en las fronteras de Parras y Saltillo, donde redujo a indios enemigos como los cabezas, rama de los salineros, y a los mamorimames que compartían su territorio.

---

[406] San Antonio de Casas Grandes, establecido en 1686 y trasladado a Janos más tarde, donde recibió el nombre de San Felipe y Santiago.

[407] Santa Ana del Torreón, al sudeste de Casas Grandes. San Miguel de las Bocas, al sur de Parral.

[408] Nómadas que vivían en el norte de Chihuahua y el actual Big Bend tejano.

En la provincia de Coahuila y con la ayuda de Don Diego,[409] un indio capitán de los quetzales, había conseguido también la reducción de su nación, pero las reducciones tenían un coste económico. Había que proveer a los indios con elementos que los mantuviesen en paz y sujetos a pueblos, y el gobernador Pardiñas ya había agotado su presupuesto, de forma que envió cartas a los virreyes. De la primera no recibió contestación porque el virrey estaba agotando su mandato y se encontraba a la espera del relevo, en la segunda carta[410] pedía la ampliación del presupuesto para poder culminar los éxitos logrados.

Para terminar de colmar de complicaciones su gobernación, llegaban noticias de que los franceses se habían asentado en Tejas, y el virrey había pedido que cada presidio aportase diez hombres para que el capitán Alonso de León el joven, del presidio de Coahuila, realizase una expedición a Tejas para expulsarlos. Tampoco habían estado Coahuila y su capitán sin trabajo. En 1687 se habían alzado los coahuiltecos, por la supresión, dos años antes, de los almacenes que les surtían de los productos de paz.

La carta llegaba a Ciudad de México y era recibida por el nuevo virrey, el alcarreño Gaspar de la Cerda Sandoval Silva y Mendoza, conde de Galve, al frente del virreinato desde 1688 a 1696, quien no desaprovechó la ocasión para reprender al gobernador:

«*El segundo día de mi llegada a México recibo una carta de vuestra merced de 18 de octubre, acompañada del duplicado de otra escrita a mi antecesor[411] en 29 de julio, que el contenido de ambas se reduce a representar el estado de ese reino las repetidas alteraciones de los indios a los gastos que ocasionan a que no alcanzan los seis mil pesos de paz y guerra a que sólo puedo responder por ahora, no habiendo hecho aún mi entrada pública en esta ciudad.*

Que vuestra majestad procure elegir y usar de los medios más suaves de paz para con los indios así por ser esto más conforme a la voluntad de su majestad, como por excusar, añadir gastos a su real hacienda que tan exacta se halla. Y más en estas provincias donde por los nuevos presidios que se han acrecentado de dos años a esta parte, tengo entendido se consume más de lo que le fructifican y habiéndose conservado hasta aquí sin ellos y llegado hasta seis mil pesos los que con nombre de paz y guerra se libran, no habiendo sido (como estoy informado) el principio más que dos, se halla uno más asistido que ninguno de sus antecesores y estándolo también de su celo y obligaciones al real servicio, quedo seguro que teniendo presente lo referido obrará muy conforme a ellas.

Y en cuenta a el exceso cometido por el cabo del presidio de Sinaloa, que dice un día ocasionado la alteración de los indios pimas de Sonora. Es necesario proceder al castigo y que vean así ellos como los demás que se corrige y se les da satisfacción, y de haber hecho me dará

---

[409] Fue quien ayudó al franciscano Juan Larios a contactar a las naciones coahuiltecas al norte de la provincia.
[410] El documento se encuentra en el Archivo General de Indias, Sevilla, en Guadalajara 147.
[411] Melchor Portocarrero Lazo de la Vega, conde de la Monclova, madrileño nacido en 1636, soldado de larga tradición familiar que había perdido su brazo en Dunquerque. Fue virrey de la Nueva España desde 1686 a 1688, cuando fue nombrado virrey del Perú.

vuestra majestad cuenta. Y acerca de dar ministros de doctrina que instruya a los indios de Coahuila, reducidos con su capitán don Diego en el ínterin que se da providencia, se valdrá vuestra majestad de los misioneros más vecinos de la Compañía de Jesús para que no les falte el pasto espiritual, que es el único fin de todo este negocio.

Y porque me expresa vuestra majestad que había suspendido la orden dada por mi antecesor a los capitanes de los presidios, para que cada uno dé diez soldados al capitán Alonso de León, que lo es del de Coahuila para la ejecución de lo que se le ha mandado, si no hubiera tiempo de aquí a principio de enero en que cabe revalidar como revalido, la orden se lo desaprobará a vuestra majestad mucho porque por ninguna urgencia ni otro ningún pretexto se ha de dejar de cumplir y ejecutar lo que está mandado. Guarde Dios a vuestra majestad muchos años. México, 24 de noviembre de 1688».

FRANCESES EN TEJAS
(1685-1689)

El conocimiento tan amplio de Tejas que habían proporcionado las distintas expediciones quizá dio pie a un exceso de confianza de las autoridades españolas, que pensaron que ningún otro poder europeo podría conseguir lo que España había sido incapaz, domar a los indios y establecerse en Tejas. Por otra parte, aunque no hubiese asentamiento, no se dudaba de que aquel territorio formaba parte de la Corona española.

Desgraciadamente, todo cambiaba cuando, en 1682, un pequeño grupo de franceses se colaba por la puerta trasera. René Robert Cavelier, Sieur de La Salle[412] *(Fig. 58 Cuadernillo)* bajaba desde los Grandes Lagos por el río Mississippi. Junto a él iba su teniente Henri de Tonty, italiano de origen, quien dejó escritas varias cartas por las que conocemos los pormenores de esta primera aventura del señor de La Salle. Tomaron posesión en nombre del rey de Francia, a pesar de que el río Mississippi ya había sido reclamado para la Corona de España durante la expedición de Hernando de Soto-Moscoso, ciento cuarenta años antes. Y como España nunca destacó en la defensa de sus derechos, lo que había sido territorio de la Corona desde 1540, aunque fuese de forma únicamente nominal, pasó de la noche a la mañana a ser propiedad del rey de Francia. No fue algo banal, ya que Francia reclamaba toda la cuenca del río Mississippi y sus tributarios, lo que, en la práctica, suponía un tercio del actual territorio de los Estados Unidos. Y no solo eso, los franceses reclamaban también la tierra hasta la desembocadura del río Pánuco, en plena Nueva España, incluyendo Tejas.

Mientras Tonty se quedaba en América al frente del Fuerte San Luis en el río Illinois, La Salle emprendía viaje a Francia con el fin de armar una ambiciosa expedición, con colonos que fundasen pueblos a lo largo del río Mississippi, remontando el río desde el Golfo de México. Para ello necesitaba el apoyo del rey francés, quien acababa de recibir a un viejo conocido, el español Diego de Peñalosa, antiguo gobernador del Nuevo México, del que había sido desterrado, y tras pasar sin éxito por Inglaterra había llegado a Francia, donde conoció y se casó con una rica mujer que le facilitó el acceso

---

[412] En Henri Joutel, «Journal historique du dernier voyage que feu M. de La Sale fit dans le golfe de Mexique, pour trouver l'embouchure, & le cours de la riviere de Mississipi». E. Robinot, Paris, 1713.

al rey. El rey francés recibió el proyecto de Peñalosa, aunque temiendo una encerrona del español buscó a un francés para llevar la empresa a cabo.[413]

La propuesta[414] escrita de Peñalosa al rey francés, aunque no lo parezca, es un documento de tremendo interés por muchos motivos, aunque no se llevase a cabo, ni por él ni por el francés La Salle, que hizo caso omiso a las certeras indicaciones del español:

> *Para la empresa se pretende reunir mil o mil doscientos filibusteros franceses de la costa de Santo Domingo, gente aguerrida, acostumbrada al clima, al modo de vivir de aquellos países, a batir a los españoles en todas partes, a saquear sus poblaciones y a prender sus bajeles en el golfo de México en que estos filibusteros hacen frecuentes cruceros.*
>
> *Se propone el nombramiento de jefe principal… el Conde de Peñalosa, criollo, es decir indio de raza española, descendiente de los primeros conquistadores del país…*
>
> *Se propone no solo hacerse dueño de Pánuco, sino a obligar a los habitantes del país a llevar los víveres necesarios, tanto para conservar el puesto que proyecta fortificar y guarnecer con franceses, como para ir a Nueva Vizcaya por camino de unas 80 leguas, que asegura le es particularmente conocido, y que no encontrará en él españoles que se opongan al tránsito. Que con la misma facilidad se hará dueño de las minas y de la provincia de Nueva Vizcaya que… no cuenta más de quinientos españoles naturales, dispersos por todo el territorio, y casi todos incapaces de defensa, debilitados por los placeres, y por no haber tenido nunca ocasión de guerra. Que una vez en el país con mil franceses, y aun con menos, se posesionará en absoluto, cojerá gran riqueza enviándola a Pánuco para su transporte a Francia.*
>
> *Solamente de la provincia de Nueva Vizcaya podrá sacarse fácilmente cada año 20 a 25 millones de libras de barras de plata, y traerlas a Francia a menos costo que lo hacen los españoles, porque estos, en vez de llevar la plata que extraen de las minas directamente a Pánuco, la hacen trasportar en mulas a la ciudad capital de México, y esto porque el virrey y los oficiales de hacienda que allí están establecidos quieren tener derechos de esta plata, que a gran costo reexpiden en mulas desde México a Veracruz, donde se hacen todos los embarcos en la flota española.*
>
> *La provincia de la Nueva Vizcaya no tiene ninguna fortaleza, y será tomada antes que el virrey, que está en México, lo pueda saber. Que no bien se presenten los franceses con él en Pánuco, los indios, mestizos, mulatos, negros y también los criollos, se alzarán contra los españoles naturales, cuya tiranía no pueden soportar más que los criollos son los que más detestan a los españoles naturales, a los que llaman cachupines en injuria, porque los maltratan y los privan de todos los empleos.*
>
> *Los medios para conservar la conquista, se encontrará la misma sencillez, acordando a los habitantes exención de una parte de los impuestos excesivos que pagan a los españoles, y que además del trabajo personal y el de las minas, ascienden al quinto de todo lo que ganan, pudiendo reducirse al décimo, a fin de establecer la autoridad del rey y hacer amar a la nación francesa.*
>
> *Que el virrey no puede poner en campaña más de quinientos españoles, sean cualquiera sus esfuerzos, por causa del escaso número y de estar dispersos en un territorio inmenso, donde son necesarios para la sujeción de los del país, de forma que un soldado español manda en ocasiones una gran región, y es especie de milagro que tan escaso número de hombres dominen tan vasta extensión y tantos pueblos mal intencionados que reducen a la extremidad de la esclavitud más dura.*

---

[413] F. Stanley (pseudónimo) 1962. *The Odyssey or Juan Archibeque*. University of California.

[414] En *Don Diego de Peñalosa y su descubrimiento del reino de la Quivira*. Cesareo Fernández Duro, 1882.

Y esta leva de quinientos españoles no cabe hacerse en menos de seis meses, tanto por reconcentrarlos desde los países lejanos, como por reunirles mil mulas, cuando menos, que son escasas y están ocupadas en el transporte de las barras de plata, no habiendo español establecido en el país que quiera ir a la guerra sin cabalgadura y bagaje.

Que a menos que el virrey se pusiera a la cabeza, no llegaría la cuarta parte de ellos hasta Nueva Vizcaya y que, por el espanto de semejante conquista, no osaría el virrey apartarse de la capital, temeroso de que la ausencia fuera causa de sublevación general en el país, fatigado de la dominación española, y que aun en el caso de que avanzara con los quinientos españoles, bastarían cien filibusteros franceses a detenerlos en un desfiladero de montañas por donde precisamente habían de ir.

De lo dicho por Peñalosa se debe separar el grano de la paja, entendiendo que es un escrito con el ánimo de convencer al rey francés, es de rigor poner las cosas muy fáciles. Aunque no deja de poner sobre la mesa algunas de las carencias de la administración española en América. Infravalorar a los españoles se habría convertido en un error monumental en un intento de conquista como ese, pensando que los españoles eran una especie importada que se podía extirpar, y no la mezcla ya indisoluble de indios y españoles en que se habían convertido las Indias occidentales, cuyos habitantes defendían mucho mejor sus posesiones y a la Corona que los propios peninsulares.

También habla, con poco conocimiento parece, de las condiciones de vida de la población, del odio a lo español y el futuro amor a lo francés basando todo en la hacienda y recolección de impuestos, cuando lo que pretendía era la extracción directa de toda la riqueza novohispana sin dejar nada para el territorio. En cualquier caso, parecen frases destinadas a convencer al monarca de invertir en la invasión.

Pensar que los hispanos locales iban a ser una presa fácil de los filibusteros franceses por su supuesta tibieza en lo militar, raya en lo absurdo, teniendo en cuenta que los españoles llevaban siglo y medio combatiendo una despiadada y cruenta guerra contra los indios, y su adaptación al territorio superaba con mucho la de cualquier otro europeo. Por no mencionar la histórica imbatibilidad española por tierra y mar frente a los franceses.

En cambio, sí acertaba en otros aspectos en los que España mostró dificultades durante todo el periodo americano, como que habría tenido para levar una cantidad aceptable de soldados y hacerlo en tiempo, o el escaso número de la fuerza y su dispersión. Al menos en Norteamérica, España no estaba preparada para hacer frente a un ejército europeo. Los presidiales enfrentaban a los indios, pero un ejército organizado habría sido muy distinto.

La propuesta de La Salle era aún más fantasiosa. El francés, que ya había bajado por el río Mississippi, pretendía ahora remontarlo:

El señor La Salle ha adquirido tanto crédito entre los salvajes, que asegura no necesita más de doscientos franceses para la conquista de aquella provincia, rica en minas, proponiéndose extraer toda la plata y embarcarla en el río que ha descubierto.

Como su fuerte San Luis, se halla a cuatrocientas leguas de la costa, tiene designio de construir otro trescientas más abajo, en sitio en que los buques mayores puedan remontar. Allí reunirá el ejército de salvajes, que afirma puede ascender a 15.000 hombres armados a uso de la tierra, para entrar a su cabeza con los 200 franceses en Nueva Vizcaya, conquista que considera fácil con los tales salvajes, que está seguro de alimentar y organizar de modo que los españoles, en el estado en que se hallan, no sean capaces de resistir.

Parece que La Salle estaba muy perdido en América, lo que no habla muy bien de las autoridades españolas, que se dejaron arrebatar un territorio tan importante como lo que daría en llamarse La Luisiana, por el simple hecho de que el inepto La Salle navegase corriente abajo por el Mississippi en unas canoas indias. Los franceses eran ya, en aquel momento, los reyes de la propaganda, y una vez más no defraudaron en el caso del señor de La Salle. Y tampoco después, cuando Pierre Margry, en su obra *Mémoires*,[415] escrita en torno a 1880, decía de La Salle que era «*uno de los hombres más grandes que han cooperado al descubrimiento del Nuevo Mundo*», y Mirabeau, que se refería a él diciendo que «*después de Colón y de Cortés, es seguramente la figura más notable en la historia de los principios del continente*».

Puede que tan desmesurada adulación no se ajustase a la realidad. La Salle tenía un único objetivo, el comercio. Los establecimientos, las exploraciones, las alianzas, todo estaba enfocado al comercio, principalmente de pieles, de castor en el norte, de bisontes en el sur, y de cualquier animal que le proporcionase negocio. Ciertamente bajó por el Mississippi, pero negó que diez años antes que él hubieran bajado sus compatriotas Jolliet y Marquette, y con mucha desvergüenza se arrogó el descubrimiento, sabiendo también, como sabía, que ciento cuarenta años antes por allí había navegado Hernando de Soto, reclamando la tierra para España, y que Moscoso había salido por la boca del río con sus bergantines camino de México. Como La Salle lo hacía todo a mayor gloria de Francia, recibió todo el apoyo de su Corona para consumar la apropiación de los honores.

Pero quien pisa, por fuerza genera enemigos. De la misma Francia le llegaron críticas de tener un «*insufrible amor propio*» y de usar extrema dureza con sus empleados, también de inestabilidad y soberbia, por lo que había sufrido intentos de asesinato y los hombres a su mando desertaban. A pesar de todo, allí se encontraba en audiencia con el rey francés, relatándole su primer viaje y presentándole el segundo. Según su plan:

El otro medio de conseguir la conquista de la provincia de Nueva Vizcaya estriba en remontar el llamado por los españoles río Bravo, que por suerte es el mismo designado por los salvajes con el nombre de Mississippi, y el que acaba de descubrir hasta el mar el señor de La Salle, gobernador por el rey del fuerte Frontenac de Nueva Francia…

…el objeto principal del dicho señor La Salle en el descubrimiento, ha sido hallar un puerto en el golfo de México donde puedan establecerse sólidamente los franceses, con el fin de ganar los de los españoles a la primera ruptura. El éxito ha sido completo, pues el río que ha descubierto es puerto excelente, pudiendo remontarlo los buques mayores más de cien leguas y los menores sobre quinientas leguas con completa seguridad…

---

[415] Margry, Pierre (1876), *Mémoires et documents pour servir a l'Histoire des origines françaises des pays d'Outre-mer.*

...que las regiones que atraviesa el río no han sido descubiertas por ninguna otra nación de Europa y nadie puede disputar la propiedad a S. M. y que el dicho río pasa muy cerca de la Nueva Vizcaya, habiendo encontrado el señor La Salle en las orillas, salvajes a los que ya tiene sometidos para servirse contra los españoles de esta provincia y echarlos por completo de la Nueva Vizcaya.

No hizo falta que La Salle le insistiese mucho al rey. Este juntó a los dos, Peñalosa y La Salle, en un proyecto que compartirían apoyándose mutuamente. Desde las colonias francesas en el río Mississippi podrían atacar y conquistar la Nueva España. Al rey francés se le abrieron los ojos por quitarle a los españoles las minas de plata al norte de Ciudad de México. No se sabe si tan ambicioso plan era solamente para conseguir la financiación, o es que La Salle se creyó su propia fantasía.

De esta manera hizo Hernán Cortés, simple capitán español, la conquista del imperio de México, que por entonces era uno de los más ricos y florecientes del universo, como que su emperador ponía sobre las armas un millón doscientos mil hombres, destruidos por muy pocos soldados españoles, con los cuales dirigió grandes ejércitos de indios, cuya amistad tuvo la habilidad de ganar. El plan se hubiera estimado visionario y, no obstante, se cumplió y ha producido inmensos tesoros a España. Nuestros franceses pueden hacer lo que hicieron los españoles. No son inferiores en valor ni en celo por el servicio de su rey, además, no tendrían que habérselas con millones de hombres, sino con pocos españoles, que la molicie y los placeres han vuelto tan cobardes como los indios que antes conquistaron.

Quien hacía esta disertación en la cresta de la ola era el ministro de marina francés, Segnelay, ciego valedor de La Salle, quien tras la fallida aventura entró en el túnel del descrédito del que nunca se recuperó, el mismo que obtuvo Peñalosa quien, en 1688, tan solo un par de años después del desastre de La Salle, intentó volver a España presentándose en Guipúzcoa y solicitando plaza nada menos que de almirante, como si sus aventuras se hubiesen olvidado. En Madrid, donde ya conocían los pormenores de su traición, se pasó en secreto la orden de «echarle la mano», lo que no se consiguió porque Peñalosa había desaparecido. Debió sospechar algo. Finalmente, murió en París en la más absoluta miseria.

La Salle creía que el río Grande del Norte o Bravo era el mismo río que el Mississippi y, además, pensaba que los barcos oceánicos podían remontar los ríos sin importar el calado, hasta 2.500 kilómetros o quinientas leguas tierra adentro, lo que, por otra parte, le habría puesto en la latitud de Canadá. Queda claro que su fuerte no era la geografía ni la navegación, ni mucho menos el cálculo de distancias. Tamaña incompetencia y soberbia se unieron, y dieron como resultado lo que se narra a continuación, explicando perfectamente el desarrollo de los acontecimientos y sus causas.

En cualquier caso, el rey francés picó el anzuelo y la expedición recibió el beneplácito y la financiación de la Corona. Dos años se tardó en armar la expedición que se proveyó generosamente, incluso más de lo solicitado. Contaba con cuatro barcos, 280 colonos, 100 soldados, 30 voluntarios, varias sirvientas, bastantes artesanos, cantidad de sirvientes y seis frailes recoletos. Pero en medio del Atlántico la realidad era mucho más dura que los simples números, *«mis tenientes reclutaron a una pandilla de miserables mendigos, jorobados y mutilados, que no sabían ni disparar un mosquete».* Ni uno solo de los artesanos pudo reparar nada a bordo cuando se necesitó, *«solo sirven como carnaza para los tiburones»,* diría La Salle después de partir.

Partieron de La Rochelle en julio de 1684, en cuatro barcos, el *Joly* de cuarenta cañones, la *Belle,* fragata de seis cañones regalo del rey francés, el *Aimable,* que llevaba todo el equipaje, y el *St. Francis* con las provisiones y la munición.

La expedición estaba condenada al fracaso desde la partida. Por el camino murieron casi la mitad de los integrantes, algo por otra parte muy habitual en aquellos tiempos, como se demuestra en otras expediciones. La idea y el mando de La Salle fue un despropósito. La opinión de todos, y sobre todo de los capitanes de los barcos, fue ignorada y despreciada en todo momento. El barco que transportaba la colonia tenía capacidad para 125 personas y se cargó a 240. A la llegada al golfo se perdió uno de los barcos y cayó en manos españolas. Registros franceses hablan de la existencia de un espía español, ya que solo capturaron el barco más importante, el de las provisiones y la munición, el *St. Francis.*

El desastre de La Salle pudo ser causado, además de por lo ya mencionado, por la propia propaganda francesa de la época, que modificaba los mapas al gusto o los distorsionaba haciendo las posesiones francesas mucho más grandes. El mapa siguiente, elaborado por fray Hennepin e impreso en Utrecht en 1698, nos da alguna pista.

La Nueva Francia que representó el fraile estaba sobredimensionada en comparación a la realidad. Si se compara este mapa con los actuales se ve claramente que la desembo-

América del Norte, por Louis de Hennepin Utrecht 1698.

cadura del Mississippi la situó en el lugar en que se encuentra la bahía de Matagorda, justo en el lugar en que fue a echar el ancla La Salle.

El río Grande del Norte no aparece, y el que sube hasta la Santa Fe, al que llama de la Magdalena, está desubicado y posiblemente confundido con el Pánuco. Las colonias británicas son casi inexistentes, y la Luisiana aún no existe. Esta configuración concuerda perfectamente con lo que decía La Salle sobre que el río Bravo y el Mississippi eran el mismo río, y que remontando por él podrían llegar a la Nueva Vizcaya.

Todo puede estar relacionado con que fray Hennepin era el cronista de la primera expedición de La Salle, en la que transitó el Mississippi hasta su desembocadura, y que dio comienzo en 1679. Como era la norma en todo lo relacionado con La Salle, su relación con el fraile recoleto era terrorífica. Hennepin era la representación de la formalidad, además de ser religioso, y La Salle era un hombre lleno de humanas debilidades, por lo que no había forma de asociar caracteres tan dispares.

Ambos exploraron los grandes lagos y Hennepin los cartografió al detalle. Tras esto se encaminaron al río San José, donde fundaron el fuerte Crevecoeur, la actual Peoria, en Illinois, donde separaron sus caminos. La Salle regresó a pie a Frontenac a buscar provisiones, mientras el fraile prosiguió camino por el río Illinois hasta el Mississippi.

Allí fue capturado por los Sioux y después de un tiempo fue rescatado por el aventurero Daniel Greysolon. Hennepin y La Salle no se volvieron a encontrar. El francés bajó por el Mississippi hasta el golfo de México y el fraile regresó a Europa, donde escribió el libro *Description de la Louisianne*, en el que incluía el mapa adjunto. Después viajó a Inglaterra, escribió otro libro, mejoró su mapa y se lo dedicó al rey inglés. Para entonces hacía varios años que se había establecido la Luisiana y su fundador La Salle había muerto asesinado, por lo que, sabiendo la enemistad que se tenían, es probable que Hennepin no representase la Luisiana en su mapa por haber sido obra del noble francés. Sobre ello decía:

> *Aquí es donde quisiera que todo el mundo supiera el misterio de este descubrimiento que he ocultado hasta ahora para no infligir pena al Señor de La Salle, que quería toda la gloria y el conocimiento secreto de este descubrimiento para él solo. Por eso sacrificó a varias personas para evitar que publicaran lo que habían visto y frustraran sus planes secretos.*

En su segundo libro Hennepin afirmó que había explorado todo el Mississippi antes de La Salle, pero el enorme error en su mapa parece decir lo contrario.

Volviendo a la expedición francesa, la captura del barco con las provisiones obligó a reabastecer la flota en Haití. Aprovechando la ocasión, muchos colonos desertaron y otros enfermaron. La Salle también enfermó, retrasando dos meses la expedición y aumentando la tensión entre él y el capitán de navío Beaujean, con quien no había comunicación alguna. Tras recuperar el señor de La Salle la salud, partieron hacia el Mississippi, pasaron frente a su desembocadura sin entrar en ella por orden de La Salle, probablemente siguiendo el mapa de Hennepin en contra de la opinión de Beaujean, lo que desató las discusiones entre ambos, y fueron a Matagorda pensando La Salle que aquella era la desembocadura del río.

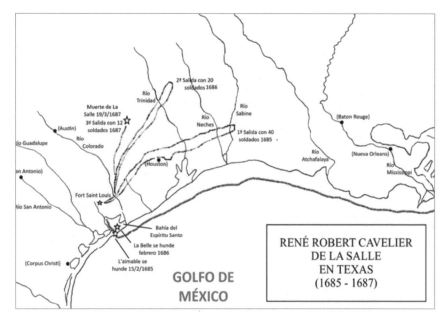

Mapa con los movimientos de La Salle en Texas entre 1685 y 1687.

De cualquier forma, este error y muchos otros terminaron costándoles la vida. Relataba Cabeza de Vaca en su *Naufragios* que, al pasar con sus bergantines por la desembocadura del río, la fuerte corriente que este traía los empujó cuatro o cinco leguas mar adentro, pasando enormes trabajos para recuperar la línea de la costa, lo que no pudieron lograr los otros tres bergantines, perdiéndose para siempre con Pánfilo de Narváez y el resto de los supervivientes de aquel desastre. Siendo tal la fuerza del río, se hace difícil pensar que la carraca y los navíos franceses pudieran remontar el río cientos de leguas como pretendía el noble francés. En caso de haber sido factible, eso los habría llevado no ya a cientos, sino a miles de kilómetros lejos de la Nueva Vizcaya y sus minas de plata.

La costa tejana es abierta y poco profunda, protegida por una barra de arena en toda su longitud y con escasos accesos a la laguna interior que se forma tras ella, un barco puede embarrancar con facilidad y encontrarse aún a varios kilómetros de la playa. El único acceso que La Salle encontró fue el de la actual bahía de Matagorda, que entonces se llamaba del Espíritu Santo. El primero de sus barcos, *La Belle*, consiguió franquear la entrada, pero el *Aimable*, sobrecargado por mucho, encalló y zozobró, perdiéndose prácticamente toda la carga que iba a bordo, principalmente herramientas, munición y equipaje. Era 15 de febrero de 1685.

Un grupo de hombres fue a tierra a reconocer, y sin saber de dónde aparecieron unos indios que los tomaron prisioneros. Una escuadra salió en su búsqueda encontrando unas canoas sobre la playa interior y allí dejaron hombres de guardia esperando a que regresaran los indios. Cuando lo hicieron, ya de noche, mataron a los guardias. Los días siguientes fueron de desguace del barco. Las cuadernas y la tablazón sirvieron para la construcción de un precario fuerte en el interior de la Bahía.

Una vez descargada la *Joly*, el capitán Beaujean partió de vuelta a Francia con un grupo de descontentos y sin despedirse de La Salle. Según Margry, el capitán Beaujean se maravillaba con el caos y la inconsistencia de La Salle, *«no es hombre de mar ni de guerra que ni sabía calcular los víveres que iba a necesitar, y es solo capaz de dirigir a colegiales o salvajes»*. Parece que La Salle se inmiscuía en las decisiones y la disciplina que ponía el capitán en su barco, promoviendo conflictos caprichosos entre la marinería.

El poblado se estableció a orillas de un arroyo salobre, conocido hoy como el arroyo Garcitas, en una zona de pastos, sin defensa natural alguna, y lo que era peor, sin árboles en muchos kilómetros a la redonda con los que fortificar el poblado o usarlos como leña. Construyeron una palizada con ramas y barro, seis casas y una iglesia. Los tejados de las casas estaban hechos con piel de búfalo, curiosa elección en uno de los puntos de la geografía americana donde más llueve.[416] Los ocho cañones que llevaba *La Belle*, el único barco que les quedaba, fueron instalados en la palizada.

Para entonces, La Salle ya sabía que aquel lugar no era la desembocadura del Mississippi, y también sabía que se encontraba en territorio español y que, de ser descubierto, podría enfrentar terribles consecuencias. No tardó en salir en búsqueda del río Mississippi con la mitad de sus soldados. Los españoles podían aparecer en cualquier momento y poner fin a su colonia. En el Mississippi, que era su destino original, sabía que tendría mayor protección que en la bahía en la que se encontraba. En la primera excursión empleó seis meses, y llevó consigo al joven L'archebeque.

A la vuelta, La Salle se encontró con que el único barco que le quedaba había roto sus amarras en un temporal con vientos muy fuertes del norte, y a la deriva y sin tripulación atravesó la laguna, destruyéndose contra la barra de arena que la cerraba. Casi trescientos años después, los arqueólogos encontraron los restos del barco sumergidos, y durante las correspondientes excavaciones arqueológicas apareció un cargamento de miles de cascabeles,[417] La Salle debió pensar que serían una buena moneda de cambio con los indios, aunque sin duda eran de poca utilidad para la supervivencia del grupo.

Las expectativas se fueron reduciendo, el objetivo militar era imposible y La Salle necesitaba al menos acreditar la fundación de una población para no volver ante su rey con las manos vacías. El problema era que el lugar elegido no cooperaba, la búsqueda de ayuda había fracasado y regresaba de su «excursión» con bastantes menos soldados de

---

[416] Narrativa a partir de: Henri Joutel, *Journal historique du dernier voyage que feu M. de La Sale fit dans le golfe de Mexique, pour trouver l'embouchure, & le cours de la riviere de Mississipi...* E. Robinot, Paris, 1713.

[417] *La Belle. The Archaeology of a Seventeenth-Century Vessel of New World Colonization*. Ed. James E. Bruseth, Amy A. Borgens, Bradford M. Jones and Eric D. Ray. Texas A&M University Press. 2017.

los que se llevó, sin encontrar ni rastro del Mississippi ni ayuda entre los indios. En su viaje, entró en contacto con numerosas tribus, pero no encontró ayuda en ellos, todos le decían que eran aliados de los españoles. Con la pérdida del barco había perdido también su última opción, la salvación.

Seguro que se acordó mil veces de los triunfalistas informes que tanto Peñalosa como él mismo habían presentado al rey unos años antes. Tras descansar, inició otra expedición por tierra. Esta vez partió con solo veinte hombres, no le quedaba mucho más, colonos y soldados iban muriendo por las enfermedades, la escasa salubridad y la falta de bastimentos y provisiones. Una vez más llevó consigo al muchacho L'archebeque.

Con muchas penurias llegó al campamento de los cenis, que era como los franceses llamaban a los indios tejas. Fue providencial porque estaban al límite, sin nada que comer y enfermos. Los tejas los alimentaron y los sanaron. De vuelta en su campamento con solo ocho de los veinte, algunos por deserción, otros perdidos, asesinados o dejados a su suerte por enfermedad, se dio cuenta de que le quedaban únicamente cuarenta y ocho colonos de los trescientos que tenía a la salida de Francia, y que la única opción que le quedaba era encontrar el camino a Canadá, donde serían bien acogidos.

La desesperada colonia celebró la Navidad, y en enero de 1687 La Salle volvía a intentarlo con lo poco que le quedaba, doce hombres. Ese viaje sería el último. Su propia gente se amotinó y lo asesinó, para después ir matándose unos a otros. Dejaron su cuerpo desnudo para que los animales lo consumieran rápido y borrasen las huellas del crimen. Aunque estuvo cerca, en ninguna de sus expediciones encontró el anhelado Mississippi.

Uno de los soldados que desertó de los malos tratos y fue a vivir con los indios declaró, años más tarde, que se fugó porque La Salle había matado por su propia mano a varios de sus compañeros, principalmente los enfermos *«y que no citaba los que hizo fusilar, ahorcar y marcar con hierro»*. Aunque esta declaración pudiera ser exagerada, no deja de sembrar la duda y de apoyar lo que ya se sabía. Aunque Margry no dice de quién se trata, sí menciona que estaba tatuado como los indios y sobrevivió, lo cual reduce los posibles a L'archebeque o Grillot.

La crónica de su teniente Henri Joutel, quien le acompañó hasta el último momento, nos relata extensamente y con detalle lo sucedido. Tras la muerte de La Salle, el cronista Joutel siguió adelante junto a unos pocos hombres y alcanzó el río, remontándolo hasta los Grandes Lagos, desde donde partió hacia Francia y años después publicó la memoria de lo sucedido. L'archebeque, al que habían implicado en la muerte de La Salle, a pesar de su juventud y de no haber manchado sus manos de sangre, tuvo miedo de regresar a Francia y enfrentarse a un tribunal, por lo que decidió quedarse con los tejas. Después de todo, la vida con ellos era más sencilla que en el asentamiento de la bahía.

Mientras esto sucedía, a la capital de la Nueva España habían llegado noticias de que los franceses se habían asentado en Tejas. La conmoción entre las autoridades fue tan grande que todo quedó en un segundo plano. La prioridad absoluta era deshacerse de los franceses, quienes quiera que fueran. Solo unos años después de apropiarse de la Luisiana ya estaban en el norte de la Nueva España. Se debía hacer algo y con urgencia.

LA FUNDACIÓN DE TEJAS
(1689-1694)

E l Camino Real que iba a los Tejas y pasaba por el lugar que hoy ocupa la ciudad de San Antonio, era un camino que los indígenas venían utilizando desde hacía siglos, si no milenios. En los ojos de agua que dan origen el río San Antonio y al arroyo de San Pedro se producía anualmente un intercambio entre todas las naciones indias que habitaban lo que hoy es el sur de los Estados Unidos. Allí llegaban naciones como los jumanos, que venían de la Junta de los ríos Conchos y Grande, y los tejas, que vivían en el este de Tejas, a mil kilómetros de los jumanos. Y salvo los apaches, que eran enemigos de todos, el resto de las naciones tenían, en mayor o menor medida, buena relación con los españoles, con lo que la obtención de información por las autoridades virreinales era constante y muy fiable.

Varias fueron las expediciones enviadas por mar y por tierra a la caza y captura de los franceses. Primero se envió un único barco al mando de Juan Enríquez Barroto y Antonio Romero, que recorrió la costa sin encontrar rastro de la población francesa. Después se enviaron otras expediciones por mar, que encontraron los restos del barco de La Salle encallado en la barra de arena, a la parte interior de la bahía, pero al no ver a los franceses los dieron por muertos.

Por otra parte, los informes de los indios hablando de asentamientos franceses en la zona contradecían los de los marinos. En concreto uno que llamó la atención. Según la declaración, había un francés tatuado a la manera indígena que vivía entre los indios como su capitán. Este resultó ser Jean Gerry, que fue apresado por los soldados españoles en un enfrentamiento con los indios a quienes gobernaba, que le tenían por un dios y no querían dejarlo marchar. Así lo cuenta Juan Baptista Chapa, que iba con el general Alonso de León en la tercera de sus expediciones por tierra:

> *…tuvo noticia de cómo, adelante del Rio Bravo, que dista cuarenta y dos leguas del Presidio de Coahuila, estaba un francés en una ranchería grande y que lo tenían los indios en mucha veneración, con cuya noticia se resolvió pasar allá con solos diez y ocho hombres de los que le parecieron de su satisfacción, y por seis jornadas llegó a la dicha ranchería, que estaba veinte y cinco leguas más adelante del dicho río Bravo. Habiendo dejado el real en buena parte, y con solo trece hombres, se fue llegando a la habitación donde estaba el dicho francés, que era una sala hecha de cueros de cíbola, y habiendo dispuesto que diez de los soldados se quedasen a caballo, se apeó el dicho General Alonso de León junto*

al capellán, y el general Mendiondo, y entraron dentro de esta habitación, no obstante a
que había en esta ranchería más de seiscientos indios, y en la dicha habitación cuarenta
y dos de posta, con sus armas en las manos.

En lo más cómodo de ella, estaba sentado sobre unas cíbolas, en forma de estrado, el dicho
francés, y dos indios le estaban haciendo aire y otros limpiándole el rostro. Habiendo llegado
cerca del dicho francés el dicho religioso, no hizo más acción, sin salir de su asiento, que hincar
las rodillas y besar la manga del hábito, y al dicho gobernador y general Mendiondo, hacerles
una gran cortesía, dándoles la mano y diciendo: yo, francés; y al dicho gobernador le preguntó
con cuidado que cuantos eran los que venían, a que previniendo la malicia con que se lo debía
preguntar, le respondió que muchos.

…El dicho francés estaba rayado el rostro al uso de los indios, y sabía muy bien la
lengua materna de ellos. Le hizo saber, por interprete, el dicho gobernador, de cómo
había de ir con él, y aunque lo resistió, y lo mismo hicieron los indios, no obstante, con
industria lo sacaron de la habitación, y lo subieron en un caballo y caminaron con él al
real, acompañándole muchos indios de la ranchería, aunque descontentos por su traída,
con que llegaron con él a la población de Coahuila.

El francés era natural de San Jean D'Orleans, o eso declaró, así como otras muchas cosas todas inventadas a las que el gobernador no dio crédito, despachando al prisionero a la Ciudad de México, por ver si el virrey, conde de la Monclova, tomaba al respecto una decisión después de haberlo interrogado también. Parece que la llegada del francés a la capital suscitó gran interés, por ver a un cristiano rayado a la manera de los indios. Toda la ciudad pasó a verlo.

Tras interrogarlo, el virrey tomó la decisión de ordenar una nueva entrada a la tierra adentro llevando como guía al dicho francés. Nuevamente se dio la confianza al gobernador Alonso de León que, con cien hombres, entrase a descubrir la población francesa. El inusual número de soldados fue motivado seguramente por las mentiras que había contado el francés en el interrogatorio acerca de los dos castillos muy reforzados de cañones y arcabucería. Se pretendía entrar en 1688, pero diversos problemas lo impidieron, de modo que, hasta la salida de la expedición al año siguiente, con una climatología más propicia, el gobernador Alonso de León se dedicó a fundar Monclova, dándole tal nombre en honor el virrey conde de la Monclova que se encontraba al final de su mandato, esperando el relevo que le habría de dar el conde de Galve.

En total, y en años casi sucesivos, salieron cinco expediciones terrestres comandadas por el capitán Alonso de León, con la orden de encontrar y expulsar a los franceses del que siempre se había considerado territorio español.

Como se viene comprobando a lo largo de esta obra, el proceso de población e hispanización del territorio al norte de la Nueva España fue un proceso lento, no exento de problemas, en el que los intentos de acelerarlo habían resultado en desastre como el caso del Nuevo México, o estaban precariamente establecidos. Es seguro que el tiempo habría llevado a la colonización de lo que hoy es el estado de Texas en un proceso natural, como se había hecho en los territorios más al sur, pero la llegada de noticias acerca del establecimiento francés empujó a las autoridades virreinales a ser más agresivas en el asentamiento de poblaciones en el conocido como *«Reyno de los Tejas»*.

El primer intento se hizo a petición de los indios hasinai, que era el nombre real de los texas o tejas, quienes solicitaron el establecimiento de misiones en su territorio. Este proceso fue relatado extensamente por fray Isidro Félix de Espinosa en su *Crónica Seráphica*, pero sobre todo en los documentos que nos han llegado de sus protagonistas. Para esta expedición, junto al capitán Alonso de León viajaba fray Damián de Massanet, a quien debemos agradecer las muchas cartas que escribió relatando las expediciones.

Fray Damián de Massanet fue un hombre de carácter. Natural de Mallorca, llegó a la Nueva España en 1683 en un grupo de veinticuatro franciscanos que establecerían el Colegio de la Santa Cruz de Querétaro, lugar donde se formarían los futuros misioneros que irían a la fundación de misiones. En 1687 llegó a Coahuila, y en 1688 fundó la misión nueva de Caldera, llamada San Salvador del Valle de Santiago. Hoy día el lugar se llama Santiago de Valladares, pueblo cercano a Candela. Fue nombrado comisario de las misiones que se establecerían en Tejas en 1690. Tras la posterior retirada de las misiones en 1693 sus pasos se difuminan. Estuvo en Guatemala en 1713 y parece que regresó a Mallorca, donde existe una lápida con su nombre.

Una de sus cartas tiene gran importancia para comprender mucho de la historia tejana. Es la que dirigió a Carlos de Sigüenza y Góngora y que lleva por título «Descubrimiento de la Bahía del Espíritu Santo y río de los Tejas».[418] Extensa carta, de más de veinte páginas de la que aquí se hace un extracto.

Como introducción hace un resumen de lo acontecido en las primeras dos expediciones del capitán Alonso de León, infructuosas en la búsqueda de la población francesa y en el descubrimiento de la bahía del Espíritu Santo. En la primera expedición siguió el curso del río, al que bautizó con el mismo nombre con el que los indios lo conocían, algunos lo llamaban Bravo y otros Grande. Llegó hasta el mar y sin poder cruzar el río se dio media vuelta a su presidio. En la segunda expedición sí fueron capaces de cruzar el río, pero tampoco encontraron rastro de la población francesa.

Una de las principales motivaciones que traía el padre Massanet en su viaje a la Nueva España era la de saber más sobre la historia de María de Jesús de Agreda, ya que en Madrid le habían dado una carta suya sobre los descubrimientos que la abadesa había hecho de las naciones indias en sus momentos de bilocación.[419] En la carta se hablaba de la Gran Quivira y de otros muchos nombres que después coincidieron con la realidad. En América, diversas tribus muy alejadas geográficamente la conocían con el nombre de señora de azul.

Massanet cuenta que, mientras esperaban al momento idóneo para iniciar la expedición de 1689, llegaron al presidio de Coahuila unos indios que dijeron haber estado

---

[418] Carta en el Archivo General de Indias, y consultada en: *Texas Historical Association*. Quarterly vol. 2 nº 4. Página 258. Massanet (1690: 258).

[419] Supuesta capacidad de algunas personas para encontrarse en dos lugares al mismo tiempo.

en las casas de los franceses, que eran muy numerosos, y tenían muchas armas y «*unos arcabuces muy grandes*», refiriéndose a las piezas de artillería. Uno de ellos se ofreció a guiar a los españoles hasta el poblado francés, en donde dijo que también había frailes. Alonso de León, que en ese momento ya era gobernador de Coahuila, recibió a los indios junto a fray Massanet, quien lo relata en su carta:

> *La relación que vuestra merced me pide del descubrimiento de la bahía del Espíritu Santo y río de los tejas[420] es la siguiente:*
>
> *El año de mil seiscientos y ochenta y cinco dio orden el excelentísimo señor virrey que era entonces el señor Conde de Paredes, Marqués de la Laguna al Marqués de San Miguel de Aguayo, el cual era actual gobernador del Nuevo Reino de León para que despachase una compañía de soldados de a caballo por las costas del mar del norte (…) y dicho gobernador envió cincuenta hombres y por cabo de ellos al capitán Alonso de León. Dicho cabo con sus soldados llegó a la costa del mar, y siguiendo la costa pasaron el río Bravo con harto trabajo, este río es mismo del paso del Nuevo México y los indios de este mismo río le dan diferentes nombres, porque unos le llaman río Bravo, río Grande, y río Turbio. …llegaron a otro río que llamaron el río Solo, este al entrar a la mar dicen hace una laguna, la cual no pudieron pasar y se volvieron al Nuevo Reino de León, sin haber tenido noticia alguna de la bahía del Espíritu Santo, y menos de los franceses que estaban poblados en dicha bahía. …*
>
> *Y para dicha jornada salieron de los presidios de la Vizcaya cuarenta hombres, y del Nuevo Reino de León otros cuarenta. Formáronse de toda la gente tres compañías. Por cabo principal el capitán Alonso de León.*
>
> *Salimos de Cohaguila a veinte y tres de marzo, año de 1689. Fuimos hasta el río del norte que en dicha Cohaguila llaman río Grande, y nos fue guiando el dicho indio Juanillo. …Fuimos caminando para el nordeste, …hasta llegar al río de Nuestra Señora de Guadalupe. Y en este paraje pregunté a dicho indio si faltaba mucho para llegar a las casas de los franceses, porque estando de ellas distancia en un día y noche pudiésemos algunos adelantarnos para registrar la población sin ser sentidos. Respondiome el indio que había de aquel río a dicha población como 15 leguas (Fig. 60 Cuadernillo).*

En avanzada salieron veinticinco hombres con el capitán de León y fray Massanet guiados por los indios. En retaguardia se quedó el resto con la recua, con orden de seguir más despacio y de ver si salía algún indio.

> *…y de salir, que lo cogiesen, sin hacerle daño alguno (…) los de retaguardia vieron salir un indio de un monte mui espeso y lo llamaron, y el indio fue para ellos sin resistencia alguna, …llegó el indio y los dos que llevábamos le preguntaron si por allá había algunos hombres blancos, de los que vivían más adelante, y dijo que los que había más adelante que vivían en casas que ya no había, porque hacía dos lunas que los indios de la costa los habían matado a todos, menos algunos muchachos que se habían llevado, y que él vivía en la ranchería de los indios Emet y Lavas, la ranchería estaba como dos leguas del rumbo que llevábamos, para la bahía del Espíritu Santo.*

---

[420] Segundo documento que hace referencia a la existencia de un río llamado de los tejas.

Fuimos con el indio a la ranchería que dijo y llegamos a ella como a las tres de la tarde, luego que los indios nos sintieron ganaron el monte y nos dejaron la ranchería y los perros cargados,[421] que como huían no pudieron arrearlos aprisa. El mismo indio que nos guiaba entró en el monte y los llamó, y dijo éramos amigos y que no tuviesen miedo. Salieron algunos y entre ellos el capitán, los cuales nos abrazaban y nos decían techas, techas que quiere decir amigos, amigos. De los primeros que salieron, salió un muchachón como de veinte años, el cual traía un manto de fraile recoleto, y reconociendo era manto de fraile le dimos una fresadilla y se la quité. Y dijeron dichos indios como hacía dos días habían pasado dos franceses con los indios Tejas.

Según la historiografía norteamericana, este es el primer momento en que los españoles escucharon la palabra Techas, y decidieron ponerle tal nombre al territorio. Según esta teoría, desde ese momento, año 1689, el nombre fue evolucionando hasta que se convirtió en Texas, pero lo cierto es que esta carta de Massanet se titula *Al descubrimiento del río de los Tejas*, y en ella se menciona a los indios Tejas un total de 33 veces. Por otra parte, el reino de los Tejas se menciona en diversos documentos españoles desde al menos 1606, 80 años antes de esta carta, lo que invalida por falso el origen indígena del nombre del actual estado norteamericano de Texas. A pesar de esta evidencia, el origen falso del nombre es repetido hasta la saciedad por todos los estamentos públicos y privados tejanos, incluyendo sus libros de texto escolares.

El nombre podría haberse dado a estos indios por vivir en una zona y un río con una infinita población de árboles de la especie *Taxodium*, conocidos en la actualidad como *Cipreses calvos de los pantanos*, pero de enorme similitud biológica con la *Teja*, como así lo indicó Linneo al darle su nombre científico, que en latín quiere decir «el que se parece al Tejo».

Volviendo al relato de los hechos, llegaron al río de San Marcos, y como venía muy crecido y no se podía cruzar, se pidió a uno de los indios locales si podía atravesarlo y llevar una nota escrita hasta los franceses, y que si lo hacía le darían un caballo. El capitán Martínez escribió la carta porque sabía francés. El indio partió y la avanzada se dio media vuelta hasta el río Guadalupe, donde estaba acampado el Real. A su llegada les dieron noticia de que se había producido una estampida entre los caballos perdiéndose cincuenta, y que por ir a recogerlos también se había perdido un soldado.

El soldado estuvo perdido cuatro días, en los que encontró unos indios que estaban desollando una cíbola, estos le invitaron a pasar la noche en su ranchería, dándole de comer carne de cíbola y otras cosas. Al día siguiente llegó un indio con tabaco, y por señas, el soldado entendió que le pedían lumbre para encenderlo. Puede que, por miedo, junto con la lumbre salió de su petate el frasco con la pólvora, que se abrió por accidente y se derramó sobre su ropa sin que se diese cuenta. La lumbre que encendió

---

[421] Chapa en Alonso de León, 1649, dice que iban 12 o 14 perros cargados con pieles de cíbola. Deberían ser perros grandes porque la piel del bisonte, por sí sola, tiene un peso elevado.

prendió la pólvora derramada y le produjo quemaduras en medio cuerpo, desde la cabeza a los pies.

Los indios se asustaron mucho por el accidente, de modo que fueron a buscar su caballo, lo ensillaron, y lo subieron a él al estar totalmente incapacitado. Después le llevaron hasta el campamento sin entrar en él, dejándole muy cerca, por el miedo que tenían de que les culpasen a ellos del incidente. Al día siguiente salió el campamento hacía donde estaba la población francesa.

> Llegamos como a las once del día, hallamos seis casas no muy grandes, hechas de palos y embarradas de lodo, techadas de cueros de cíbola, otra casa más grande en donde cebaban marranos, un fuerte de madera de la armazón de un navío que se perdió. Tenía el fuerte un cuarto bajo que servía de capilla para decir misa, tenía otros tres cuartos bajos, arriba tenía un alto sobre los tres cuartos que servía de almacén y en él hallamos como seis cargas de fierro sin otros pedazos desparramados y acero.
>
> Hallamos ocho piezas y tres pedreros de fierro pequeños, las mayores serán como de seis libras de bala. Las piezas y un pedrero quedaron enterradas, y dos pedreros trujo el capitán Alonso de León. Había mucha ruina de armas, que los indios habían quebrado de escopetas, carabinas y alfanjes, pero no dejaron los cañones, solo se halló uno.
>
> Hallamos dos cuerpos sin enterrar, los cuales enterré y puse una cruz en la sepultura. Había muchos libros rotos y muchos marranos muertos. Tenían dichos franceses un pedazo de tierra cercado con palos, en dónde sembraban maíz, poca cosa, un almacigo de espárragos, hallamos lindas escarolas.

El pueblo estaba en muy mal lugar, alejado de las fuentes de agua y leña, y el arroyo que corría al lado era muy salobre, «tanto que en cinco días que el real estuvo parado enfermó toda la caballada». Los indios que vivían allí hacían pozos para el agua de beber. Entretanto, llegó el indio con la respuesta de los franceses, la habían escrito en la misma carta que se les envió, pero usando almagre[422] como tinta:

> Jesús María. Je rezeui la vostre agreable par laquelle avous nos mandes que voues estes tout poroche nous prious da voir la bonte de tandre, nous sommes desapere deum plus loint je ne pas manque de les enboye cluriher si tot quil seront venece nous, ne manque vot daide vous venir salier on crespee cretiene nous ne manquerot par de bous retirer parmes le cretiene il ya de ya lon tans que nous sommes parmi barbies qui nont ni fociabes loua e, mesieur tout que je reciteur la votre je ne pras manque de partir pour alle rechercher les autres Mesieur, Je suy votre tres umble et tres obeissent serviteur. Larchebeque de Bayone.[423]

Tampoco era muy letrado el francés por la cantidad de faltas que contenía el texto. El alférez Martínez, que hablaba francés, la tradujo diciendo que había dos franceses allí y que otros dos se habían ido más adelante a otra ranchería, que los había ido a llamar

[422] Arcilla roja.
[423] En Alonso de León 1649, *op. cit.*, pág. 334.

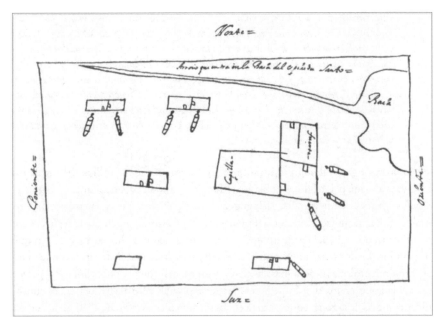

Plano a mano alzada del fuerte St. Louis por Alonso de León incluido en su derrotero.
Documento en el Archivo General de la Nación, Ciudad de México.

y que en unos días estarían todos de vuelta para presentarse ante el gobernador. Que estaban ya cansados de andar entre bárbaros. Al mensajero se le dio el caballo prometido.

Con el pasar de los días vieron que los franceses no aparecían, de modo que fueron a buscarlos, y llegando a la ranchería los encontraron allí, desnudos, con una gamuza que les tapaba las vergüenzas, y tenían las caras y el cuerpo rayados al uso de los indios.

El derrotero de la expedición,[424] redactado por el capitán Alonso de León, sirve para completar la narrativa de lo sucedido. Sobre todo, en algún punto de mucho interés como las causas de la pérdida de la población francesa, que no duró mucho tras la muerte de La Salle. Los franceses rescatados de los indios, Jean L'Archebeque[425] y Jacques Grollet,[426] a quien el capitán llamó Jacomé, declararon sobre la muerte de los suyos:

> *…de un achaque de viruelas habían muerto más de cien personas, y que las que quedaron, estando en buena amistad con los indios de toda aquella comarca, nunca se*

---

[424] Documento en la Biblioteca Nacional de México, Archivo Franciscano, caja 1, exp. 12 y 13, fol. 126v-133v.

[425] El pobre dominio del francés de los españoles hizo pensar a uno de los frailes que este era arzobispo, lo que no era cierto. Tenía 22 años y era natural de Bayona.

[426] Mayor que L'Archebeque y natural de La Rochelle.

recelaban de ellos; y que hacía poco más de un mes que habían llegado a la población cinco indios con pretexto de venderles algunas cosas y como los franceses no sospechaban nada, los fueron todos a ver a la casa y sin armas (…) y saliendo una escuadra de indios que estaba oculta en el arroyo, los mataron a todos a puñaladas y palos; y entre ellos mataron dos religiosos y un clérigo, ya habían saqueado todas las casas, y que ellos no se hallaron presentes por haberse ido a los Texas; y que habiendo tenido nuevas de este suceso, se vinieron cuatro de ellos, y habiendo hallado muertos sus compañeros, enterraron hasta catorce personas que hallaron y quemaron casi cien barriles de pólvora, porque los indios no se la llevaran.

La historiografía defendió durante mucho tiempo que los indios del lugar, los karankawa, habían atacado el poblado acabando con todos sus habitantes y comiéndoselos después. De hecho, los cartógrafos franceses dijeron que en la costa tejana los indios eran antropófagos, creencia aún vigente. Lo cierto es que, hasta la fecha, no se ha encontrado evidencia arqueológica de la consumición de los cuerpos.[427] Lo que ningún historiador norteamericano hace es referirse a la epidemia de viruelas que asoló el asentamiento, matando a más de cien personas, casi toda la población. No parece casualidad que, en los años inmediatos, sucesivas oleadas de viruela azotasen las comunidades indias de la zona, como se verá en los documentos escritos de 1691 en adelante.

Muchos años antes, en la primera mitad del siglo XVI, los karankawas tuvieron contacto con Cabeza de Vaca,[428] y se mostraron escandalizados cuando este les dijo que se había alimentado de los cuerpos de sus compañeros. Por otra parte, estos indios eran magníficos pescadores y no parece que tuvieran escasez de proteínas en su alimentación, y tampoco existe registro documental o arqueológico que apoye su canibalismo. Tras el ataque y saqueo de los restos se llevaron a varios niños franceses, que no habían caído enfermos y que tampoco fueron consumidos.

Años más tarde, los españoles conocieron muy bien a los karankawas, ya que los asentaron en la misión de la Bahía del Espíritu Santo. Esta misión estuvo situada, en un primer momento, frente al presidio español que se estableció sobre las ruinas del francés. Tras la desaparición de la misión fueron recogidos en la Misión de San Antonio

---

[427] La zona fue ampliamente excavada en 1999 por Jim Bruseth y Jeff Durst, arqueólogos de la *Texas Historical Commission*, encontrándose solo tres osamentas enterradas por los españoles en 1689. Una mujer de 25-35 años con un flechazo en la espalda y un golpe en la cabeza, un hombre de 30-45 años con dos golpes en la cabeza, uno de ellos con perforación, estaba enfermo de sífilis, y un niño de 7-10 años. El estudio dental reveló que sufrían de malnutrición e infecciones. No se encontraron más cuerpos por lo que se desmiente que los franceses enterrasen al menos catorce, dando crédito a la declaración de Alonso de León, quien creía que los habían echado al río y se los comieron los caimanes. En cuanto a los que murieron de viruelas antes del ataque, pudieron seguir la misma suerte o haber sido incinerados.

[428] Información en *Naufragios*, de Alvar Núñez Cabeza de Vaca.

de Valero. Ningún documento español, después de siglos de relación con esta nación, hace mención al supuesto canibalismo. Volviendo a la narrativa de Massanet y De León:

> *La casa principal de esta población es de madera de navío fecha en forma de fuerte*
> *y el techo de tablazón y otro techo con corriente para el reparo de las aguas. Y también*
> *de tablazón y junto de ella, sin división, está otro aposento, aunque no tan fuerte, que*
> *debía de servir de capilla en que celebraban misa. Las otras cinco casas son de palizada*
> *y aforradas con lodo por dentro y fuera y los techos de cueros de cíbola, bien inútiles*
> *todas para cualquier defensa. Estaban junto al fuerte ocho piezas de artillería de fierro*
> *de mediano porte de a cuatro y seis libras de bala, tres pedreros muy viejos, que les faltan*
> *las recamaras…*
>
> *Buscamos los demás difuntos y no pudieron descubrirse, que discurrimos los echaron*
> *en el arroyo y se los comieron los caimanes, por haber muchos. …En el marco de la puerta*
> *principal del fuerte estaba puesto el año que poblaron que fue el año de mil seiscientos*
> *y ochenta y cuatro…*

La colonia se mantuvo durante más de cuatro años, entre 1684 y 1689, tiempo suficiente, según la historiografía estadounidense, para defender la idea de que, durante esos años, Texas perteneció a Francia.

De regreso al campamento, con los franceses venía también el gobernador de los tejas, quien entabló conversación con Massanet, llegando al acuerdo de establecer misiones en sus pueblos. Españoles e indios tejas estuvieron juntos varios días en los que se afianzó la alianza, quedando en que, al año siguiente, en otra expedición, se establecerían las misiones. Después los grupos se separaron, los indios hacia el este a sus dominios y los españoles hacia el oeste camino de Coahuila. A la llegada, el capitán Alonso de León despachó a los franceses a Ciudad de México para ser interrogados por el virrey, quien dio orden de vestirlos muy bien y enviarlos con las urcas[429] a «*Spaña*».[430]

Al llegar a España, y tras los interrogatorios, nadie encontró motivos para colgarlos o condenarlos, se les consideraba más presos políticos que criminales. Para lo que sí sirvió fue para que en el Consejo de Indias viesen la necesidad y diesen las órdenes para el establecimiento de un presidio en la bahía de Panzacola y la fundación de una población.

A los franceses se les envió de vuelta a la Nueva España, donde los pusieron a trabajar en las minas de Zacatecas en 1692. Poco después apareció por allí un reclutador pidiendo soldados pobladores para hacer la reconquista del Nuevo México, y se enrolaron. En 1693 estaban en el Presidio de El Paso, donde se encontraron a otro componente de la expedición La Salle, Pierre Meunier, que se hispanizaría como Pedro Muñí.

Volviendo a la narrativa, las noticias del fatal destino de la expedición La Salle causaron alivio en el virreinato, aunque el peligro continuaba y había que buscar solución, en Tejas no había asentamiento español y eso era una invitación a otras potencias para

---

[429] Barcos de transporte que iban a España una o dos veces al año.
[430] Así se refiere a España en varias ocasiones.

hacerlo. Fue Alonso de León el que escribió al virrey para hablarle de cuáles creía que eran las necesidades para la fundación de pueblos en la vasta provincia de los Tejas.

Era necesario el establecimiento de varios presidios, en el río Bravo, en el Zarco, en el de Guadalupe y otro en la bahía del Espíritu Santo. En realidad, lo que hacía era promediar dos presidios entre el río Bravo o Grande, y la tierra de los Tejas en donde, de llegar a poblar, sería necesario un presidio más. No fue una decisión rápida, como nada lo era en la Nueva España. Se comenzó por autorizar el establecimiento de las misiones entre los Tejas, al ser una cuestión urgente, y para ello se ordenó una nueva expedición.

Para el año siguiente de 1690, el capitán Alonso de León volvió a recibir orden de armar una expedición, en este caso mucho más ambiciosa, que no solo limpiase de franceses la provincia, sino que estableciese misiones entre los Tejas. Llevaba ciento diez soldados, veinte de los presidios de la Vizcaya, los más cercanos a Coahuila, cuarenta reclutas, alistados en Sombrerete y Zacatecas, y los demás del Saltillo y Nuevo León. Con ellos iban doscientas vacas, cuatrocientos caballos, cincuenta escopetas y suficiente pólvora y balas. Las órdenes para esta nueva expedición eran:

> …que se registrase la bahía del Espíritu Santo y se supiese si habían quedado algunos franceses y de los que había o si nuevamente habían venido otros, y que se quemase el fuerte de madera que tenían hecho los franceses. Que el dicho capitán Alonso de León, desde la bahía del Espíritu Santo, avisase al gobernador de los Tejas si quería que entrasen en su tierra los ministros del santo evangelio como había prometido el año antecedente al padre fray Damián Mazanet, y que si quería llevasen y acompañasen a los religiosos que fuesen con todo cuidado…
>
> Salimos de Cohaguila para los Tejas al veintiocho de marzo de 1690, cuando salimos no habían llegado los veinte soldados de la Vizcaya…

Ni llegaron a tiempo ni enviaron aviso, lo que causó gran preocupación en el capitán Alonso de León, quien no podía esperarlos ni retrasar más la salida, ya que había muchas otras cosas que resultarían afectadas gravemente de no salir cuando estaba planeado.

Los veinte soldados debían venir de los presidios de Cuencamé y el Gallo. Su retraso tenía una justificación. Por cabo de los diez soldados de Cuencamé iba un mulato llamado Antonio Martincho. Recién llegados al Saltillo, donde hacían parada para descansar, un par de soldados de Martincho ocasionaron una trifulca con las autoridades locales. Después se dieron a la fuga y se refugiaron en el campamento militar. Hasta allí llegó el alcalde mayor, que era la otra parte en la trifulca, para pedir explicaciones a Martincho por el comportamiento de sus soldados. Se pidieron disculpas y se hicieron las paces.

Al día siguiente parece que el alcalde mayor se vanaglorió de las disculpas recibidas, lo que llegó a oídos de Martincho, quien se ofendió y en compañía de cuatro de sus hombres fue a casa del alcalde mayor:

> Con él al fin fueron a las casas reales, y Martincho dejó a los cuatro soldados a la puerta y él se entró sin avisar en el aposento donde estaba el alcalde mayor con un Religioso de Cohaguila, y al entrar sacó la espada y tiró una cuchillada al alcalde mayor en

que le quitó un buen pedazo de la cabeza y le cortó un brazo, del cual ha quedado manco. Y un mulato que quiso favorecer a su amo le dio un revés con la espada que le partió la cabeza. El religioso quitó la espada a Martincho y a este tiempo la gente del lugar acudía a la puerta para favorecer al alcalde mayor, pero los soldados que la guardaban no los dejaban entrar. Después, por el corral fue entrando la gente y sería como las diez del día saliose Martincho, y con sus compañeros subieron a caballo y se volvieron al real que tenía puesto en casa de Guaxardo. Toda la gente del lugar salió armada tras ellos...

Después de muchas Razones y de haberse defendido, Martincho se dejó prender porque el que llevaba la comisión, que era Gerónimo Montes de Oca le aseguró la vida. Aquella noche le dio sentencia el mismo alcalde mayor y se la notificó en la cama él mismo, y fue de ser apeloteado[431] a usanza de guerra. El día viernes 21 de marzo de 1690 en la plaza del Saltillo se apeloteó a Martincho.

Tras el ajusticiamiento del cabo Antonio Martincho los soldados abandonaron el pueblo y siguiendo el rastro fueron en camino a alcanzar al resto de la expedición. El día treinta de abril, más de un mes después del suceso, los veinte soldados de Parral llegaban a la otra orilla del río Guadalupe, donde se encontraba el Real acampado. Primero llegaron dos en avanzadilla, a decir que *«los compañeros venían atrás, desaviados de caballos y bastimento, con lo cual el gobernador les envió recurso de lo uno y lo otro».*

Los soldados presidiales eran básicamente una fuerza policial, mantenían el orden en el territorio que tenían asignado, y su número era siempre escaso, por lo que, de aportar muchos soldados a una expedición como esta, el presidio faltaba al cumplimiento del servicio. De modo que cada presidio aportaba una cantidad de soldados presidiales y algún oficial para su mando, y el resto se debía completar reclutando nueva soldadesca. A veces los nuevos se quedaban en el cuerpo presidial, y las más eran despedidos cuando acababa la expedición. En las reclutas se conseguía lo que buenamente se podía, la paga era corta, el riesgo mucho y las penalidades del servicio no compensaban el dinero, de modo que nunca se cumplían las expectativas de reclutamiento, ni de número ni de calidad.[432]

Así se quejaba fray Massanet:

...los cuarenta de Zacatecas eran los más sastres, zapateros, albañiles, mineros, en fin, ninguno de ellos era para coger el caballo en que había de caminar aquel día, porque así que lo soltaban no lo conocían más.[433] Las sillas tan malas que no podían ser peores. De esta manera fuimos caminando por el mismo rumbo que está expresado en el diario,[434] que

---

431 Fusilar.
432 Cuando se hacía una recluta de nuevos soldados era común dar preferencia a la gente con oficio y con familia, por encima de sus habilidades militares, ya que los soldados hacían la doble función de militar y colono para poblar el territorio. Y el entrenamiento como soldado era algo que se podía conseguir después.
433 Descriptiva forma de decir que el caballo se escapaba sin posibilidad de recuperarlo.
434 El derrotero escrito por los militares, que se conserva en muchos casos junto al diario que el capellán de la expedición solía llevar para las descripciones menos militares.

se hizo de dicha jornada. Lo que noté fue que la primera vez que fuimos, hallamos muchos indios en todos los ríos y parajes, y esta vez llegamos a reconocer la bahía del Espíritu Santo y volvimos al río de Guadalupe sin haber hallado un indio en toda la tierra. Llegamos al fuerte que habían hecho los franceses (…) No vimos señal alguna de que hubiere habido franceses, todo estaba como lo habíamos dejado el año antecedente. …yo mismo pegué fuego al fuerte, y como hacía mucho aire en media hora se vio el fuerte reducido a ceniza.

Era la ora de medio día, después bajamos a la costa de la bahía por toda la orilla del arroyo …y algunos soldados de los del Reino de León, dijeron se querían bañar, para tener qué contar en su tierra, y decir se habían bañado en el mar, y esto es de tanta estimación y lauro que han traído frascos de agua del mar, y después en su tierra de Monte Rey por grande favor de experimentar como es el agua de la mar. La primera vez que fuimos había un soldado en Cohaguila, que era criollo y su padre se llamaba Fulano de Escobedo, el cual supo que se trataba de ir a la bahía del Espíritu Santo escribió un papel al capitán Alonso de León, suplicando que le hiciese el favor de llevar en su compañía a su hijo Antonio, para que tenga que contar cuando sea viejo.

Algunos comentarios de fray Massanet son realmente interesantes y nos ayudan a tener una clara idea sobre determinados aspectos de la vida en la frontera:

…hallamos unos cueros de cíbola arrimados a un árbol, que servían de hacer sombra, mucha carne de cíbola seca y fresca, tres gallos de la tierra[435] que estaban asando, lenguas y ubres de cíbola que estaban muy buenas, que parecían jamones. No se les quitó, cosa alguna, antes bien les dejamos un manojo de tabaco, unas navajitas, y unos listones, y nos apartamos. Dormimos aquella noche en una lomita cerca de dicho paraje, como a dos tiros de arcabuz, y los soldados con cuidado velando. Como a las nueve de la noche vi de atizar la lumbre que tenían dichos indios, y entonces dije al capitán Alonso de León: o aquí hay muchos indios, y por eso no tienen miedo de nosotros, o los que hay, viendo que no les quitamos cosa alguna, antes les habemos dejado, es buena gente y se quieren dar de paz.

A la mañana siguiente, el fraile pidió a uno de los soldados que se quitase la cota malla y se la diese al indio guía, porque este iba a ir solo a ver cuántos indios había en el campamento que habían visto la noche anterior, y de paso ver si querían amistad con los españoles. Mientras, el capitán de León y los soldados montaron a caballo en previsión que el enviado necesitase socorro. Hasta allí fue el indio guía, y al llegar le salió al paso un indio con la cara rayada. Estuvieron largo rato hablando por señas «que es la lengua más general» y al ver que el indio que iba con los españoles estaba «rayado» como él, perdió el miedo y se acercó a hablar con los soldados. Resultó ser un indio de nación tejas que estaba cazando cíbolas junto a su mujer y su hijo.

Siguieron su camino y en cuatro días llegaron al río de San Marcos, donde encontraron indios que dijeron que en una ranchería próxima había dos franceses. El capitán

---

[435] Pavos.

Vendedor de petates en algún lugar de América. La hoja de palma permanece impermeable al agua y el polvo, manteniéndose fresca.

fue acompañado de unos soldados y allí encontraron a Pedro Muñí, parisino de unos veinte años, y Pedro Talón, francés canadiense de unos once años. Tenían escopetas y munición además de veinte reales de plata españoles y ochenta doblones de oro de a cuatro franceses. Según Massanet, *«Los doblones luego de una mano a otra se volvieron 39»*.

Según refirieron los mensajeros enviados, cuatro franceses se habían comunicado con los indios tejas para que los acogiesen, pero el gobernador los había rechazado porque eran muy amigos de los españoles y sabían que estos tenían guerra con los franceses.[436]

Se comunicó al gobernador tejas que los españoles estaban en camino para visitarle y este salió de su pueblo a recibirlos. al día siguiente se encontraron con él y catorce de sus guerreros, que se estaban bañando en un riachuelo. Al ver a fray Massanet fue

---

[436] Estos franceses pudieron ser Henry Tonty y otros tres compañeros que, bajando del fuerte Illinois en el que estaban, llegaron a la zona en la búsqueda de La Salle, al no haber recibido noticias suyas.

a abrazarle y se sentaron a «*parlar por señas. Aquella noche se dio forma de vestir a dicho gobernador para que entrase vestido en su pueblo, y que viese su gente que hacíamos mucha estimación de él*». Tres días más tarde, 22 de mayo de 1690, llegaban al poblado de los tejas. Como en todos estos encuentros, los españoles llevaron una gran carga de regalos para los indios, ropa y «*alhajas*». El gobernador insistió mucho en que el capitán de León y los frailes y oficiales se aposentaran en su casa.

> *El día que llegamos llovió mucho, y aquel año había llovido poco y los maíces tenían ya mucha necesidad de agua. Y en once días que estuvimos todos los días llovió muchísimo. La tarde del día que llegamos estaba el gobernador en la tienda con nosotros y una india vieja, le llevó para comer una olla grande de frijoles guisados con nueces molidas y tamales.*

La carta de Massanet prosigue con una descripción muy detallada del pueblo y las costumbres de los tejas. Habla de sus casas redondas de madera cubiertas de hierba en los tejados y sin ventanas. La única luz era la que entraba por la puerta, hecha de madera al estilo de las castellanas. Con un altillo en su interior que servía de despensa, y un fuego en el centro que no apagaban nunca, y con muebles de madera muy bien tallada. Sus camas en alto, con el somier hecho de mimbre sobre el que se colocaban cueros de cíbola sobre los que dormían. El almacenamiento lo hacían en grandes cestos de mimbre y la cocina en grandes ollas de barro cocido. Alonso de León se refiere a este tema también:

> *…el gobernador de los tejas nos llevó a su pueblo principal, el cual se compone de mucha cantidad de familias en sus casas de madera y zacate redondas, muy altas y capaces, y dentro de ellas tienen sus techos donde guardan su maíz, frijol y bellota para el sustento de todo su año. Y alrededor de la casa, de la parte de adentro, sus camas altas en qué dormir con sus bovedítas hechas de petate[437] a modo de carro, con mucho aseo.*
>
> *Tienen muchísima cantidad de ollas y tinajas en qué tener agua y cocer atole y tamales, que hacen de maíz, el cual muelen con morteros; tienen sus bancos en qué sentarse de madera labrados de una pieza cada uno. Siembran mucha cantidad de maíz, frijoles, calabazas y sandías, beneficiándolo con azadones de madera que hacen ellos (Fig. 61 y 62 Cuadernillo).*
>
> *Es gente muy afable y agasajadora y muy partidos unos con otros y en tanta cantidad de milpas que siembran no se hurtan un elote tan sólo unos a otros, ni lo prueban los mismos dueños, ni de las demás semillas, hasta haber dado a un indio que tenían por ministro las primicias para que las ofreciera a Dios; que esto han observado siempre, y el tal indio ministro de ellos tiene sus hechuras de santos y una cruz muy grande, con su modo de oratorio o capilla donde hace su ofrecimiento a Dios.[438]*

---

[437] Estera, esterilla o alfombra tejida de hojas de palma, habitualmente usada como colchón por los indios.

[438] La existencia de una cruz en el oratorio del chamán, probablemente de su primer contacto con la expedición de Hernando de Soto o con los numerosos contactos que tuvieron con españoles en otros lugares.

En los días que estuvieron allí y siempre junto al gobernador, fueron a ver lugar en el que establecer la misión, no muy lejos del poblado indio, pero apartados para que no se considerase intromisión. Un día fueron a cortar madera, que en aquella zona era muy abundante, y juntos los soldados con los indios construyeron la iglesia y estancia de los frailes en tres días *(Fig. 63 Cuadernillo)*. Hicieron un altar, y clavaron el estandarte real que tenía por un lado el Cristo y por otro la Virgen de Guadalupe, se cantaron varias misas y el *Te Deum Laudamus*.

> *Estos indios Tejas han tenido siempre un indio viejo que entre ellos era el ministro y el que ofrecía a Dios las ofrendas. El modo que tenían era que cosa de comer no la probaban sin que primero llevasen parte de ello a su ministro para ofrecerla de lo que sembraban como es maíz, frijoles, sandías, calabazas, y la carne que traían de cíbola (…) Luego nos sentamos a comer y dije al gobernador lo sentase a su lado, y dicho ministro el primer bocado que tomó hizo en lugar de bendición el tirar afuera del plato en forma de cruz o como quien señala los cuatro vientos o partes principales del mundo.*
>
> *Después de comer le dimos ropa para él y su mujer y quedó mui contento. Después nos dijo un indio que dicho ministro les había dicho a todos: ahora vosotros no haréis caso de mi porque estos ministros que han venido son verdaderos ministros de (Ayimat Caddi), que en su lengua quiere decir gran capitán y este nombre daba a Dios…*

La misión recibió el nombre de San Francisco de los Tejas, y una vez bendecida había que decidir qué hacer con la protección. El capitán Alonso de León pretendía dejar cincuenta hombres formando presidio. Según Massanet, *«nunca fue menester dejar soldados en los tejas para resguardo de los religiosos, no había necesidad por estar los indios muy de paz y amigables»*, siendo suficiente con que dejase tres soldados para la protección de los frailes.

Lo cierto es que, al principio, era el propio gobernador de los tejas quien pedía que se quedasen muchos más soldados. Lo de la conversión estaba bien, pero el capitán de los tejas tenía otros intereses para que los españoles se establecieran en sus tierras, principalmente los militares. Tenían muchos enemigos en el oeste[439] y los soldados les vendrían muy bien para defenderse y atacar a sus enemigos.

Finalmente quedó solo un soldado con cada religioso. Fray Massanet pudo convencer al capitán de los tejas de que, al no ser familias sino soldados solteros, estos podían causar algún altercado o molestar a las mujeres de los indios. Así lo veía De León:

> *…discurrimos el no dejar más soldados; por haber hecho reparo en los principios el indio gobernador de que cómo habían de quedar los soldados que me pedían sin mujeres que los cuidaran y que podrían inquietar algunas de su pueblo. El cual pueblo principal tendrá de catorce a quince leguas, que por atajarnos un río que pasa por medio del pueblo no lo anduvimos todo, y en lo que vimos sólo habrá más de cuatro mil personas.*

---

[439] Los eternos y más temibles enemigos de los tejas eran los apaches.

> *También nos dio razón el indio gobernador y los dos franceses, de que hay otros muchos pueblos a los alrededores y para el norte y nordeste están los pueblos de los cadodachos que son muy grandes y toda es gente que siembra y guarda para su año, y que cinco días de camino a la ligera para el norte andan dos religiosos con sus báculos y cruces, y que les enseñan la doctrina cristiana y los bautizan, y que no saben de dónde han venido ni por dónde.*[440]
>
> *También le vino aviso al indio gobernador cómo los cuatro franceses*[441] *se habían vuelto luego tres jornadas de su pueblo, enviándole a decir que se volvían porque éramos sus enemigos y que mirasen que les habíamos de quitar sus mujeres e hijos y todo cuanto tenían, que éramos malísima gente, y que nos dijeran de que parte veníamos, que a la siembra del maíz volverían a verlos, que los tres de ellos eran los que habían pasado a la cañada por aquella provincia y el uno era de una población que está en un riachuelo que entra en la mar adelante de la Bahía del Espíritu Santo, y que en el medio de los tejas y dicha población de franceses está un río muy caudaloso que sólo en canoas o barcas se puede pasar, como lo hicieron estos cuatro franceses para venir a los tejas. La guerra que continuamente tienen los tejas es con los indios apaches que están de la parte del poniente de su población.*

Llegado el momento de la despedida, los españoles emprendieron el regreso a Coahuila, pero antes, el fraile habló con el gobernador y le pidió que cuidase a los frailes que allí quedaban en la misión, a lo que el gobernador dijo:

> *Yo cuidaré a los padres de manera que cuando tú vuelvas no tendrán queja alguna que darte de mí, y con todo seguro están y pueden quedar. Después le dije que me holgaría que su hermano y otro de sus parientes viniesen conmigo para que viesen nuestra tierra y llevar muchas cosas para ellos, y que nuestro gran capitán, el señor virrey los deseaba ver y los quería mucho. Y luego me dijo que su hermano y otros dos parientes y un sobrino suyo vendrían conmigo y con advertencia de que me dijo: estos que llevas no consientas que nadie les mande nada, ni que los hagan trabajar, de dónde se ve que entre ellos hay nobleza y se distinguen los nobles de la gente ordinaria.*

Llegaron al río de la Santísima Trinidad y aun siendo junio lo encontraron muy crecido, por lo que no pudieron pasarlo. En ese momento el hermano del gobernador de los tejas se sintió enfermo y se volvió a su pueblo. Después de una semana y viendo que la crecida no menguaba, fabricaron una balsa de madera para pasar las cargas, y la caballada la pasaron a nado perdiendo algunos caballos ahogados.

Por el camino de vuelta encontraron unos indios que dijeron haber visto a unos jóvenes franceses cautivos de los indios de la costa. Hacia allí fue el capitán con veinte soldados, era en la costa de la bahía donde había estado el fuerte francés.

> *…en donde estaban los dos francesitos y francesa; y trató el gobernador de su rescate con los indios, agasajándoles y agradándoles para conseguirlo, y, siendo así que se les dio*

---

[440] Posiblemente franciscanos recoletos franceses como los que llevó La Salle, que bajarían del Canadá.

[441] Cuatro franceses que con Tonty, buscaban supervivientes de la expedición francesa.

todo lo que pedían, sin duda como no vieron más que diez y seis de los nuestros, se les dio algún ánimo de que los habían de matar, porque con mucha osadía comenzaron a pedir por el rescate todos los caballos que los nuestros llevaban y aun la ropa que llevaban puesta, entreteniéndolos con que iban a buscar uno de los otros francesitos, que estaba dos leguas en distancia de allí, y con efecto lo trajeron; y prosiguiendo sus osadías, trayendo cada uno muchas flechas con su arco y adargas, iban pidiendo cosas exorbitantes y con amenazas que, de no dárselas, los habían de matar a todos, como luego instantáneamente lo pusieron por ejecución, comenzando a flechar con mucho ímpetu, con que se pusieron los nuestros en defensa y les mataron cuatro indios e hirieron a otros dos; se fueron retirando; hirieron asimismo dos caballos, con lo cual y habiendo ya agregádose los dos francesitos y la francesa, vinieron siguiendo los nuestros su derrota, y en cuya refriega le dieron a nuestro gobernador dos flechazos, llevándole el sombrero, del uno, y el otro fue en un costado, sin duda por la buena cota que llevaba.

Son varios los documentos que mencionan el uso de la cota de malla en lugar de la cuera, equipo que ya existía en esos años de final del XVII, como ya se veía en capítulos anteriores. Si las usaban en combinación, o si tenían preferencia por una u otra, no lo sabemos. Otro factor en lo que respecta a la uniformidad es el de la temporalidad de muchos de los soldados que iban en estas expediciones. Uniformidad que no se conseguiría hasta que toda la fuerza fue permanente y profesional.

Siguiendo con la narración, tras rescatar a los franceses continuaron camino hasta llegar al río Grande, a donde llegaron el 12 de julio de 1690. Allí se quedaron doce días por venir el río muy crecido. Al final hicieron unas balsas con cueros de cíbola para que pasaran los soldados que no sabían nadar. Uno que no sabía se arrojó al agua pensando que podría pasar y terminó ahogándose. De cualquier forma, el Real se quedó más tiempo esperando a que se pudiera vadear, por ese motivo, el gobernador escribió el informe para el virrey y lo envió con uno de los capitanes que había ido a la expedición desde Ciudad de México. En ella le hacía saber al virrey que el viaje había llevado mucho más tiempo debido a varias razones, entre ellas los muchos recados que tuvieron que hacer en busca de los cinco franceses que había rescatado, a la llegada hasta los tejas y el desvío hasta la bahía, sin contar con que la caballada iba débil *«por la mucha seca que hubo a la salida»*.

En el informe, el capitán Alonso de León hace una interesante descripción del territorio, de interés porque la modificación antrópica de la zona, realizada en los dos últimos siglos, ha dejado muy poco del paisaje que encontraron los españoles:

La tierra de la bahía hasta los tejas es tierra muy fértil y abundantísima de aguas, pastos y maderas y en partes muchísima cantidad de cíbola, venados y gallinas de la tierra, árboles frutales como son moras y otro género a modo de albérchigos, uvas y zarzamora y endrinas y nogales.

…si no se puebla así en los tejas como en el Río de Guadalupe y puerto de la Bahía del Espíritu Santo (…) ni se podrá trajinar a la provincia de los tejas ni se podrán reducir muchísimo número de infieles que hay por estas partes, que todos ellos están pidiéndome ministros a imitación de los tejas, y que teniendo ya los franceses tan reconocida esta tierra y el puerto de

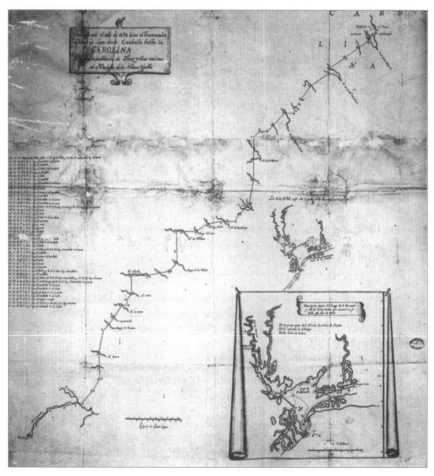

Mapa con el derrotero de la misión de 1690 mandada por Alonso de León.
Documento en el Archivo General de Indias, Sevilla, en MP-México, 88.

la bahía donde entran a hacer carne, agua y leña, se podrán apoderarse así del puerto como de la provincia de los tejas, que es de muchísima consecuencia, y podrán ser de muchísimo perjuicio a toda la Nueva España.

...los dos muchachos, con haber poco más de un año que los llevaron de la poblazón, cuando la azotaron, no saben hablar su lengua sino la de los indios; son hermanillos de la francesita y del uno de los que cogí primero, el más pequeño; todos ellos están rayados con una raya en el rostro; los tendré en casa hasta que vuestra excelencia me mande lo que he de hacer de ellos.

Quemamos el fuerte de madera que tenían en la bahía. Los veinte soldados de los dos presidios de Cuencamé y el Gallo me alcanzaron una jornada adelante del río de Guadalupe y pasaron conmigo hasta los tejas, lo han hecho muy bien en todo el viaje; y así mismo los que vinieron del Reino de León y las demás partes, han andado muy puntuales. De la caballada se nos han cansado y muerto muchas por las muchas mariscadas que hemos hecho, y haber salido maltratada con la nevada que antes de la jornada tuvimos.

Se deben de flete cuatro meses y medio que tardaremos, si no hay nuevos accidentes, en llegar con las recuas al Saltillo y Reino los tres meses, por haberles pagado mes y medio adelantado, a razón de cinco pesos y medio cada mes por cada mula, que son ciento y setenta y siete las mulas que fueron fletadas; que, siendo servido vuestra excelencia, de mandarlos librar en la parte que vuestra excelencia gustare, se ajustara la paga de dichos fletes a los dueños de dichas recuas, que va encargado el capitán don Gregorio Salinas de remitir la libranza de la paga de los arrieros. Va juntamente el francés grande llamado Pedro Muni, por si fuere necesario tomarle su declaración u otra resolución que vuestra excelencia fuere servido de tomar con él.

Se ve que fray Massanet estaba feliz de cómo había resultado la fundación entre los tejas. Pleno de satisfacción, en aquellos momentos no veía aspecto negativo alguno. Parece que la negatividad la enfocaba en otra dirección. La relación entre Massanet y los soldados nunca fue buena, eran dos polos opuestos obligados a entenderse por las autoridades. El carácter autoritario y poco conciliador de Massanet no era del agrado del gobernador, que probablemente solo acataba las órdenes del fraile porque este tenía el soporte del virrey. Esto se desprende del relato de Massanet, quien destina muchas líneas a quejarse sin velo alguno de los soldados, los oficiales y del mismo gobernador Alonso de León, y que incluso se refiere a sí mismo en repetidas ocasiones, en tercera persona, como el protagonista de este épico momento. Al final de su carta, no perdió la ocasión de criticar al gobernador de la forma más acida y personal posible:

El capitán León llevó un compadre, el señor capitán fulano de tal, tan noble que por él nunca faltaron cuentos y chismes. Tan caritativo que solo su compadre León bebía chocolate, los demás agua tibia. Tan comedido que madrugaba a beber chocolate y después con los demás volvía a beber. Tan cuidadoso que se desvelaba y a medianoche iba a sacar el chocolate de las cajas, y quizás, de estos desvelos nació el que, habiendo de dejar por orden de su excelencia doce arrobas de chocolate y otras tantas de azúcar a los religiosos, no dejó más que seis.

En cuanto al original interés que Massanet traía de España y que era el recabar información sobre el poder de bilocación que tenía la monja María de Jesús de Ágreda, el fraile termina su carta con el siguiente párrafo:

… Y por no tener más tiempo solo referiré lo más particular de todo, y fue estando en el pueblo de los Tejas, después de haber repartido ropa a los indios y al gobernador, una tarde dijo dicho gobernador de los Tejas que le diesen un pedazo de bayeta azul para mortaja y enterrar a su madre cuando muriese. Yo le dije que de paño sería mejor y dijo que no quería otro color sino el azul. Preguntele que misterio tenía el color azul, y dijo dicho gobernador que ellos querían mucho el color azul, y enterrarse particularmente con ropa de este color, porque en otro tiempo los iba a ver una mujer muy hermosa la cual bajaba de lo alto y dicha mujer iba vestida de azul y que ellos querían ser como dicha mujer, y preguntándoles si había mucho tiempo dijo el gobernador no había sido en su tiempo, que su madre que era vieja la había visto y los demás viejos, de donde sebe

claramente fue la madre María de Jesús de Agreda, la cual estuvo en aquellas tierras muchísimas veces,[442] como ella misma confesó al padre custodio del Nuevo México, y las últimas veces que estuvo fue el año de 1631, como consta de la declaración que hizo a dicho padre custodio del Nuevo México (Fig. 65 Cuadernillo).

El virrey conde de Galve, pidió un informe a fray Damián Mançanet (con esta ortografía firmó). Quería una descripción detallada de la geografía física y humana de la región. Este documento aporta algún dato nuevo no reflejado en los anteriores por lo que completa y complementa lo ya visto.

Saliendo de la misión de San Salvador, a cinco leguas al nordeste, a la punta de la Sierra de Santiago, está un ojo de agua con muy buenas tierras para sembrar y mucha madera de pino y encino cerca; los indios que viven en dicho puesto son dos naciones grandes, que son los alasapas y los tacaguitses, los cuales este año sembraron maíz que les dí yo la semilla. De este puesto referido para el noroeste está el Río de las Sabinas, que distará como diez leguas; este río tiene mucho pescado, madera de sabino,[443] las tierras muy buenas y el agua mejor.

Desde aquí, el fraile hace relación de todas las naciones que se fueron encontrando en el camino hasta la tierra de los tejas, tomando como referencia los ríos que iban atravesando. Curiosamente no menciona uno que tendría capital importancia en la historia de la Tejas española como es el río de San Antonio, y aunque de seguro lo cruzaron, le pudieron dar el nombre de arroyo del León, como se puede ver en el mapa de su derrotero, entre el río de Medina y el arroyo Salado, nombres que ambos mantienen hoy en día.

Coincidiendo con el gobernador De León, el fraile pensaba que era necesaria la fundación de una población o poblaciones a medio camino entre el este de Tejas y la Monclova, que en aquel momento era el punto de partida de todas las expediciones, y para ello sugiere el río de Guadalupe, por ser el que desagua en la Bahía del Espíritu Santo, hoy conocida como Matagorda, lugar estratégico, según él, para impedir el asentamiento de los franceses que ya la conocían bien. Las recomendaciones de ambos se llevaron a efecto décadas después, el Imperio se movía muy lentamente.

Fray Massanet tenía fama de problemático. Los enfrentamientos que tuvo, primero con el capitán De León, y después también con el capitán Terán de los Ríos, parece que apuntalan esa afirmación. Por otra parte, la intromisión en otros menesteres diferentes a los propios de las misiones seguramente le generaron esa fama. En este informe entra

---

[442] Cuando fray Massanet dice «estuvo», se refiere a que estuvo allí por medio de la bilocación, porque la monja nunca abandonó Ágreda, municipio de la provincia de Soria, en España.

[443] *Sabino* es sinónimo de *Texo, Tejo, Texa, Teja*, aunque ese nombre lo reciben dos especies muy distintas de árbol. Mientras el sabino en la península ibérica es un árbol pequeño, también llamado *Junípero*, en México se llama *Sabino* al *Ahuehuete*, y al *Ciprés Calvo de los Pantanos* en los Estados Unidos, que son la misma especie, *Taxodium* por su nombre científico.

a valorar el sueldo de los soldados, el abuso de los oficiales sobre ellos, y temas de funcionamiento interno de los presidios:

> *Y si acaso vuestra excelencia se determinare a tomar resolución en poblar dicho puesto y Río de Guadalupe, me parece que se podía facilitar la gente que fuere menester, señalando vuestra excelencia para dichos pobladores soldados se les pagase adelantado el sueldo, como se estila en todos los presidios, y el sueldo ordinario que su majestad da a los soldados de presidios ya se sabe son cuatrocientos y cincuenta pesos. Y juntamente, por haber de ser soldados y pobladores, se les diese adelantado, junto con el sueldo, lo que su majestad da a los pobladores de tierras nuevas que son doscientos pesos, como se dieron a los de Coahuila. Y para que dichos soldados pobladores lograsen su sueldo, y para alentarlos más, podía vuestra excelencia señalarles pagador fiel, que no tuviese trato alguno en dicho dinero; sí que diese el dinero en reales y no en otros géneros, como acostumbran muchos, que lo que acá vale cuatro hacen fuerza a los pobres soldados para que lo tomen por doce.*
>
> *Y para el mayor acierto, en suposición de enviar vuestra excelencia españoles a poblar dicho puesto, los españoles habían de estar a la entrada de la bahía y los indios que quieren y piden ministros para poblarse en el nacimiento de dicho río, en dicho puesto o en otra parte de dicho río, si fuere más conveniente. Y no me parece conveniente el que los españoles vivan en pueblo de indios, y menos que el cabo o capitán de dichos españoles tenga jurisdicción en dicho pueblo de indios. Los indios que tengan en su pueblo un capitán protector para que los gobierne y rija y ampare; y aunque el sueldo de protector son quinientos pesos; por no hacer gastos a su majestad, se podía pasar la protecturía del Mazapil a dicho pueblo; porque el protector del Mazapil es protector sin indios, porque hace muchos años que se acabaron los indios.*[444]

Otra expedición se formó al año siguiente en 1691, esta vez al mando del capitán Domingo Terán de los Ríos, quien había sido nombrado gobernador de los tejas por el virrey conde de Galve tras la muerte de Alonso de León, que había vuelto enfermo de la última expedición a los tejas en 1690 y en marzo del año siguiente moría.

Las órdenes de Terán eran abastecer las misiones fundadas el año anterior, fundar otras nuevas, explorar el territorio y buscar posibles asentamientos franceses. La expedición salía del Presidio de la Monclova el 16 de mayo de 1691, y con tanto por hacer, estaba previsto que regresase al año siguiente. El diario derrotero de la expedición da comienzo el día:

> *Miércoles 16 del referido mes y año: se dio principio a la marcha pasando muestra general a usanza militar y prevencionales que corresponden a la jornada del real Presidio de Coahuila en demanda del reino de los Texas y demás provincias que corren al norte.*[445]

---

[444] Los indios hispanizados dejaban de considerarse indios. Con «se acabaron» se refiere principalmente a que no quedaban indios gentiles, no a que hubiesen sido eliminados físicamente.

[445] Documento en Archivo General de la Nación, Ciudad de México, en *Provincias Internas*, vol. 182. Fol. 453r.

Probablemente por simple egocentrismo, el gobernador Terán rebautizó todo lo que ya tenía nombre español. Los ríos y otros accidentes geográficos recibieron nuevos nombres, lo que ha venido causando complicaciones posteriores tanto a historiadores como a las autoridades. Por suerte sus cambios no perduraron, y los topónimos conocidos actualmente son los que recibieron su nombre antes de la expedición de Terán de los Ríos. Su diario derrotero termina cada día con el nombre que le dio al punto en el que hicieron noche, además de las preceptivas leguas recorridas y el rumbo.

> *El día 18 corrimos nuestra marcha y rumbo a la banda del sur del río debajo de Nadadores entre dos cerros que en las antecedentes jornadas nombraron baluartes, y en la presente intitulé los dos farallones. Hicimos alto esta noche sobre el referido río en parte competente y diputada dominando el terreno, y en el hallamos un álamo grande que dominaba los demás, habiendo granjeado siete leguas al referido reino, la tierra llana y de buenos pastos, y a este sitio intitulé Nuestra Señora de Guía.*

Al grupo de presidiales de Coahuila se le unió después un grupo del Presidio de la Caldera. El día 13 de junio llegaban al arroyo del León, y que también fue rebautizado por el gobernador:

> *El día 13 en marcha nuestro real estandarte y campo al referido rumbo este, habiendo marchado cinco leguas en terreno y vegas que lo compone diputado y competente de los más agradables de esta Nueva España, con todo hizo alto nuestro real sobre la ribera de un arroyo que le compone y adorna muchedumbre de árboles, sabinos, sauces, tarayes, mimbres, y robles y otros muchos, y a este intitulé el de San Antonio de Padua por haber arribado en su día a él, donde hallamos ciertas rancherías en las cuales se mantiene la nación payaya, observados sus movimientos reconocí en ellos docilidad, cariño, inclinación natural a nosotros y muy partidos y la circunstancia de ser diputada para formar reducciones, la primera en el río Grande en su presidio, y otro aquí y en esta distancia se les acercarán diferentes naciones.*

De entre todos los cambios en la toponimia introducidos por Terán de los Ríos, este fue el único que ha llegado a nosotros, y fue precisamente el más importante, el que daría nombre a la ciudad de San Antonio.

La expedición se fue retrasando por diversas circunstancias como las varias estampidas que dio la caballada, que resultaron en la pérdida de cien caballos. También las 1.700 cabezas de ganado menor que se llevaban para las misiones y con las que atravesar ríos de forma continua no era tarea fácil. Sea como fuere, el día 2 de agosto, probablemente impacientados por la lentitud del viaje, y muy cerca del poblado de los tejas, los frailes siguieron camino sin avisar:

> *El día 2 como a las 9 de la mañana, los referidos padres del Santo Evangelio, sin causa ni motivo alguno ni ninguno, y sin despedirse de mí, continuaron la marcha, operación tan extraña que originó a todo el campo bastante desvelo y cuidado, a causa de no haber acordado el modo de nuestra entrada, y discurriendo en continua inquisición los motivos que les podía originar a ello se tomó resolución continuar la marcha el día siguiente.*

Por su parte, fray Damián de Massanet también relataba el viaje como había hecho en otras ocasiones. Junto a él iban fray Francisco Hidalgo y otros 12 religiosos. Salieron el día 16 de mayo de la misión de San Salvador del valle de Santiago en Coahuila, donde se quedaba a cargo el cura Juan Bautista de Cepeda. En demostración de la política española en América, en que, una vez convertidos los indios de una zona, las misiones dejaban su función a la administración eclesiástica y los misioneros avanzaban en el territorio y en la conversión de otras naciones de indios.

En doce días y ya todos juntos habían llegado al paso del río Grande, travesía en la que invirtieron cinco días para pasar todos los rebaños, recuas y caballada.

Todos los soldados y arrieros empezaron a pasar el ganado de ovejas y cabras, y todo lo pasaron a caballo, porque el paso del río tiene de ancho un tiro de mosquete, con mucha corriente el agua, no puede pasar el ganado por su pie, ni hay maderas para hacer balsas. Dicho día pasaron la mayor parte del ganado, aquella noche como a las once se levantó un huracán tan espantoso, y con tanta violencia que los mesquites grandes que hay en aquel paraje los tronchó, las tiendas las arrancó y llevó como si fueran una paja, duró como tres horas, y en todo este tiempo llovió y caía el agua que parecía la vertían a cántaros, todo este contratiempo aguantamos sin más abrigo que el rezar muchas veces la letanía a la virgen santísima y la rogativa a los santos que tenía señalados para patrones de nuestro viaje y buen suceso. El sábado dos a mediodía acabaron de pasar el ganado menor con mucha felicidad, a las cinco de la tarde ya el río venía muy crecido que no se podía pasar...

...El miércoles trece de junio salimos de San Basilio después de haber dicho misa y caminamos al nordeste cuarta al este asta salir de unas lomitas tendidas de monte, encinos, y mesquites, la tierra muy andable, entrando a la tierra llana se camina al este y antes de llegar al río hay otras lomitas de encinos grandes, el río tiene mucha arboleda de álamos, sabinos, encinos, morales, y muchas parras, hay mucho pescado y en aquellos llanos muchas gallinas de la tierra, este día hubo tanta cíbola que atropelló la caballada, y se llevó cuarenta caballos, los cuales con arto trabajo de los soldados los juntaron otra vez con la demás caballada, en este paraje hallamos la ranchería de los indios de nación payaya, es nación muy grande, y la tierra en donde viven y habitan es muy buena, a este paraje puse por nombre San Antonio de Padua por ser su día, y en lengua de los indios se llama Yanaguana, caminamos este día cinco leguas.

El jueves catorce y día de Corpus no se caminó, por estar aquellos indios presentes mandé poner una cruz alta, y delante de la misma cruz se hizo una enramada de álamos, en la cual se puso el altar, dijeron misa los religiosos todos, y a la misa mayor asistió el gobernador Don Domingo Terán de los Ríos, el capitán don Francisco Martínez, y los más de los soldados, los cuales dispararon muchos tiros, y al alzar la ostia hicieron salve con toda la arcabucería, a todo lo cual se hallaron presentes todos aquellos indios.

Después de la misa di a entender a dichos indios, por el capitán de los indios de nación pacpul, como aquella misa y los arcabuzazos que los españoles habían disparado eran todo en obsequio, festejo y alabanza que dábamos a Dios Nuestro Señor en agradecimiento del beneficio y mayor fineza que su divina majestad pudo obrar con nosotros, que fue el dexarse sacramentado debaxo de los accidentes de pan y vino, que eran los que habían visto alzar en la misa. Después les repartí rosarios, navajuelas, abalorio, cuchillos y tabaco, al capitán le di un caballo, tenían en medio de la ranchería (que es decir en medio del pueblo) una cruz alta de madera que dixeron que sabían que los cristianos en sus casas y pueblos ponían cruces, y que las respetaban mucho...

Otro día cuando salimos dicho capitán payaya en acción de agradecimiento dixo que él quería acompañarnos y guiar hasta la ranchería de los indios chomanes y juntamente mando a cuatro indios de su gente que fuesen ayudado a los españoles en arrear los ganados y demás que se les ofreciese.

En este lugar se fundaría años más tarde la villa de Béjar, en la que se establecería la misión de San Antonio de Valero y el Presidio de San Antonio de Béjar. No es de extrañar que la Misión de Valero tuviese bastante éxito y que atrajera a otras cuatro misiones, viendo la disposición que mostraban los payayas a la cristianización, principal nación de cuantas habitaban el valle del río San Antonio. En comparación con el relato de Terán ya visto, destaca que ambos se arrogan el haber puesto nombre al río de San Antonio:

El viernes quince de Junio salimos de San Antonio de Padua y caminamos al este cuarta nordeste por tierra llana sin monte, en el camino muchas lomitas tendidas de encinos, todo el día caminamos al mismo rumbo y fueron cinco leguas, paramos en un arroyo de agua que en partes no corre,[446] hubo mucha cíbola y en los esteros[447] caimanes y pescado en abundancia, a este puesto nombré Santa Crescencia por ser su día, en lengua de los indios se llama Smatiniguiapacomisem que quiere decir río en donde hay colores para pintar las adargas.[448]

El viaje continuó y al cabo de unos días se encontraron con un grupo de indios que llegaban a caballo al encuentro de los frailes. Traían unas cartas escritas por los frailes que se habían quedado en los Tejas el año anterior. Las cartas avisaban de la incidencia de una epidemia de viruela que había afectado duramente a la población de los Tejas llevándose la vida de fray Miguel de Fontcuberta.[449]

Estos indios llegaban todos a caballo, y vivían en una ranchería en los alrededores del río Guadalupe, que después daría en llamarse Ranchería Grande. Según Massanet vivirían en ella unas tres mil almas. Allí pasaron dos días y a ojos del fraile había «*demasiada comunicación*» entre indios y españoles o quizá confianza, lo que no gustó mucho al gobernador Terán, quien ordenó la salida y continuación del viaje para acampar a dos leguas de distancia del poblado.

---

[446] El territorio por el que caminaba la expedición está formado por una capa de tierra orgánica de poco espesor que el agua elimina en los cauces de los arroyos y ramblas de agua de lluvia, dejando al descubierto la base de piedra caliza, facilitando un proceso kárstico de aguas y corrientes subterráneas.

[447] Lagunas.

[448] Se refiere posiblemente a la existencia de arcillas de distintos colores usadas para decorar sus escudos.

[449] La población francesa de la bahía del Espíritu Santo se vio esquilmada en 1689 por la viruela.

Aquella noche vinieron los capitanes a nuestro real y truxeron cinco muchachos cautivos,[450] los cuales dieron al gobernador Terán y a los soldados por trueque de caballos. Los cautivos son hijos de los indios de nación muruame que viven a los contornos del Rio de Guadalupe, estos tienen paz con los indios de la costa de la Bahía del Espíritu Santo.

Hasta el río San Marcos llegaron el martes tres de julio, y desde allí se envió al capitán Francisco Martínez con veinte hombres a la bahía del Espíritu Santo, iban a recoger las provisiones y soldados que llegaban por mar, enviados desde Veracruz. El resto de la expedición se quedó acampada en la orilla del río San Marcos, al no ser suficientes los veinte soldados que había para conducir los rebaños. Desde el otro lado del río unos indios llegaron diciendo que todo estaba en orden y que en la misión habían plantado el maíz, pero más allá de los tejas vivían los caddodachos, y de allí sí venían noticias preocupantes:

…a su tierra de los Cadodachos habían aportado diez hombres blancos compañeros de los que vivían en la Bahía del Spiritu Santo, y que les habían repartido mucho abalorio, cascabeles grandes y otras cosas no conocidas de los indios, estos hombres blancos dijeron dichos indios que habían venido de la parte donde sale el sol y que viven en aquellas partes a la ribera de un rio.

Los que habían ido a la bahía por refuerzos y provisiones se reintegraron al grupo y tampoco traían buenas noticias. El barco no había llegado y volvían de vacío, antes de regresar dejaron una carta al capitán de los indios coaucosi o cocos, para que si llegaba algún barco español se la diese y que mandase algún mensajero a darles aviso en los tejas.

Aquella noche llegaron indios de nación choma, conocidos por los españoles como jumanos. Traían veinte caballos de los muchos que habían perdido los españoles en esa expedición. En realidad, iban con la intención de matar a todos los españoles, así se lo revelaron a fray Massanet los dos guías indios que llevaba, y que eran los mismos que le habían ayudado mucho en las anteriores entradas a territorio de los tejas. Nadie durmió aquella noche, todos alerta y esperando a que los indios rompiesen la paz para *«acometerles luego con fuerza y acabarlos»*.

Al ver los indios que los españoles no se descuidaban, abandonaron la idea de atacar:

El viernes veinte por la mañana y antes de salir el sol ya los indios sabían cómo nosotros habíamos estado con cuidado aquella noche por lo que ellos tenían pensado y discurrido. Domingo Terán no tubo quietud hasta que a los mismos indios les repartió

---

[450] Práctica muy habitual entre los indios, principalmente apaches, quienes crecían en número conquistando otros pueblos a los que, tras matar a sus guerreros adultos, tomaban a las mujeres y niños y los integraban en su grupo. En ocasiones, y sabiendo que los frailes siempre aceptaban en las misiones a los huérfanos, estos se convertían en apetitoso botín en las guerras indias. Como rescate solían pedir caballos.

fresadillas, navajuelas y tabaco, el día antes le había dado a Juan (Sabeata) capitán de
dichos indios un arcabuz y después esta misma mañana le dio pólvora y balas de donde
acabaron de inferir dichos indios el que los españoles les tenían miedo, recibido todo lo
referido se fueron dichos indios y nosotros quedamos en el mismo paraje.

Como se ve a lo largo de esta obra en diversos documentos, los indios eran poco dados a respetar las paces. Los españoles eran vistos como otro grupo más que competía con ellos por los recursos y el territorio. Esta ausencia de respeto por los soldados podría deberse al reducido número de estos, que estaban siempre en abrumadora desventaja numérica. A las continuas revueltas había que añadir el incumplimiento de las paces firmadas. Incluso los grupos con un largo historial de alianza con los españoles podían convertirse en enemigos poco menos que de un día para otro. La única manera de conseguir la pacificación continua y definitiva era con la sumisión total de una determinada nación.

Volviendo al diario de Massanet, el miércoles 1 de agosto el fraile tomó la decisión de adelantarse a la expedición, al encontrarse cerca de destino y por el lento caminar de esta. Al día siguiente, llegaban los frailes a la misión de San Francisco de los Tejas. Tres leguas antes de llegar eran esperados por los dos frailes que quedaban con vida, y por el gobernador de los tejas, y según cuenta el fraile, los indios los recibieron con los brazos abiertos y muy tristes por la gran mortandad que la viruela había causado.

Massanet no critica el trabajo de Terán de los Ríos como sí hizo con Alonso de León, pero no parece que la relación entre ambos fuese buena. Según decía Terán, los frailes habían desaparecido sin despedirse un día antes de llegar, lo que solo puede considerarse como una falta de respeto a su autoridad. Seguramente el gobernador no tuvo el mismo recibimiento y agasajo que le dieron a Massanet y que en su día recibió Alonso de León. Por otra parte, la carta de Massanet fue escrita el 20 de agosto, más de dos semanas después de su llegada, cuando Terán de seguro habría llegado ya, y no hay en esta misiva referencia a esta cuestión, la que sí nombra Terán. Tampoco se refiere al gobernador en el resto de la carta, la cual está escrita casi siempre en primera persona como si todas las decisiones las hubiese tomado el fraile sin contar con la autoridad militar.

A su llegada a la tierra de los tejas, el panorama que encontraron no era nada alentador. La epidemia había arrasado las poblaciones, justo después de la que acabó con los colonos franceses en el fuerte San Luis. Aquel año fue duro, el verano muy seco y el invierno especialmente frío, con mucha lluvia y heladas, lo que afectó en gran medida a los soldados presidiales, tanto en la salud como en la moral *(Fig. 67 Cuadernillo)*.

No fue posible fundar las nuevas misiones, muy al contrario, el gobernador de los tejas pidió a los españoles que se fuesen de su territorio. En enero de 1692 el grupo de soldados emprendía el regreso a la Monclova, dejando atrás únicamente las dos misiones que ya existían. Allí se quedó fray Massanet y algunos de sus compañeros con la esperanza de que los ánimos se calmaran y pudieran remontar la situación.

No mucho tiempo después, los frailes perdieron el apoyo de los indios que les negaron toda ayuda, llegando a estar al borde de la inanición. La causa de esta enemistad fue la obsesión de los frailes por bautizar a todos los que estaban al borde de la muerte, lo que había llevado a los indios a asociar el bautismo con el contagio, y muchos no deseaban ni acercarse a las misiones por temor a ser contagiados.

Al año siguiente, otra expedición comandada por el nuevo gobernador, Gregorio Salinas Varona, llegaba a las misiones para encontrarlas en muy mal estado. Las provisiones dejadas por Terán de los Ríos un año antes hacía mucho que se habían agotado, y los frailes sobrevivían precariamente. Sin indios a los que adoctrinar, se tomó la difícil decisión de retirar las misiones. El primer intento de población había fracasado.

La carta de Damián de Massanet al virrey Conde de Galve de 1693, escrita en la Misión de San Francisco de los Tejas, habla de la situación y las razones para la retirada. La distancia era demasiado grande para que la llegada de provisiones fuese regular. El mismo problema tenía la comunicación. En octubre fray Massanet envió dos soldados con una petición de socorro, pero al llegar al río Colorado no pudieron atravesarlo por venir crecido, el invierno había sido muy lluvioso y no bajó el nivel del cauce hasta mediados de abril. Tanta agua llovida provocó una inundación en las misiones y el pueblo de los tejas que arrampló con todos los animales y cultivos. Nada se pudo salvar, ni las semillas. Llovía sobre mojado, ya que el año anterior, 1692, había traído una hambruna importante en la que, según el fraile, las indias llegaban a la misión pidiendo algún trozo de cuero de vaca que comer. A eso se sumó la llegada de otra epidemia que se quedó durante seis meses.

La llegada del gobernador Salinas con provisiones no pudo ser más oportuna, les quedaba comida para dos semanas a lo sumo. La expedición se quedó únicamente el tiempo necesario, cinco días para dar descanso a la caballada, y de vuelta se llevaron noticias de la situación de los franceses en la zona:

> *Las noticias que he podido adquirir de los franceses que por acá pasaron, fue de que vivían a la orilla de un río muy grande,[451] que está más allá de los cadodachos, como cuarenta leguas y que eran ocho hombres, no más. Después han dicho los indios, de que los indios con quien vivían los mataron este invierno pasado; yo no aseguro la verdad, porque estos indios no la conocen, y ha pocos días que Bernardino, el indio que vuestra excelencia vio en esa corte tiene un vestido bueno de francés, y me dijo que los indios de nación nacace, lo habían traído de otros indios de los que viven hacia el puesto de dichos franceses.*
>
> *Dos religiosos descalzos que el otro año quedaron se van ahora. Quedo con mi compañero, que es del colegio de la Cruz de Querétaro, tres donados, dos muchachos y ocho soldados; otro mozo queda también, que por todos somos diez y seis. Todos los soldados que quedan son los que había de antes; quedan más forzados que voluntarios,[452] por no haber consentido don Gregorio el que se vayan y no haber otros que quisiesen quedar, por decir que es poco el sueldo y también por el mucho riesgo de indios a que estamos expuestos, como verá vuestra*

---

451 Podría tratarse del río de las Sabinas, el Rojo o incluso el Mississippi.

452 Esto no es del todo cierto, como comprobaremos más adelante.

excelencia en el informe de todo que va adjunto con ésta, en el cual hablo lo que siento, según Dios, y lo que sé y he visto, así yo como los padres y soldados que quedamos. Sólo suplico a vuestra excelencia la resolución de la materia que sea en su tiempo, porque yo sólo quedo a aguardar la resulta.

El bastimento de carne que queda son diez bueyes, que hay para diez semanas. Ya teníamos resuelto de salir un día después de Santiago si no había venido el socorro. Acá, señor, no hacemos nada, ni esperanzas; porque los indios, el querer a los españoles es por lo que vuestra excelencia les ha enviado y no por querer dejar sus hechicerías, abusiones y engaños del demonio, ni he podido conseguir el que se junten para la doctrina. Ya veo yo que vuestra excelencia tiene mucho a que atender, suplico a la piedad de vuestra excelencia resuelva lo más breve que pudiere lo que habernos de hacer; si no se ha de hacer fuerza a los indios para que sean cristianos y que haga presidio que los sujete, podrá vuestra excelencia con brevedad dar orden a don Gregorio para que con veinte hombres a la ligera vengan a sacarnos, y para ello no será menester hacer gasto alguno para nosotros, ni que nos traiga nada, sino que venga la orden de salir, que acá ya hay ahora harina que llevar, en acabándose la carne. Yo no podré detener los soldados de que nos desamparen, o se huyan. Antes que entren los fríos, es menester tener acá la resolución.

Las penurias pasadas habían domado el fuerte carácter de Massanet, quien ahora pedía la presencia de un presidio que diese protección frente a unos indios mucho menos pacíficos de lo que él mismo pensaba a su llegada, dos años antes. Junto a su carta, Massanet acompañaba un informe del estado de las misiones en Tejas, a petición del virrey:

Lo primero, que hasta ahora estos indios no han querido juntarse, ni asistir a la doctrina cristiana, ni oír rezar. Lo segundo, que los indios a quien ellos llaman cona, que son los que curan los enfermos, por el interés que tienen en la cura, les dicen que no se dejen bautizar, porque el agua que les echamos los mata, y aunque muchos que ya se estaban muriendo, después de haber recibido el agua del bautismo, no murieron, no por eso se quieren desengañar, sino que están ciegos en sus errores. Lo tercero, que algunos y muchos que han muerto bautizados, después de muertos, no han querido que se entierren en sagrado, sino que ellos los entierran en el campo, según sus ceremonias y abusiones de poner dentro de la sepultura comida y otras cosas, de que ellos usan, porque dicen que van a otra tierra, así el cuerpo como el alma.

Lo cuarto, que no quieren creer que hay un Dios, sino que dicen que los españoles tienen un Dios que les da ropa, cuchillos, hachas, azadas y todo lo demás que han visto entre los españoles; y que ellos tienen otro Dios, que les da maíz, frijoles, nueces, bellota y demás cosas del campo, con agua para los sembrados; que por donde sale el sol es el camino que ellos tienen para ir al cielo, y que el cielo lo hicieron sus antepasados, y para ello pusieron un cerro muy grande, que dicen está más tierra adentro de los cadodachos, y que cogieron la mitad de la tierra y la pusieron allá arriba, y que eso es el cielo; que allá siembran maíz y hacen todo lo demás que acá en el mundo.

Lo quinto, que no hacen diferencia de religiosos a seculares, que han dicho muchas veces que, si todos no vamos con ellos a la guerra y a matar sus enemigos, que nos volvamos a nuestra tierra; y el estar nosotros acá atribuyen a conveniencia y que su tierra es la mejor del mundo.

Lo sexto, que todas las veces que he llamado al capitán para que llame a su gente y les diga que vengan a la doctrina, ha hecho ausencia por mucho tiempo, diciéndoles que en todo los engañamos; y obran con tanto rigor con nosotros, que, si la paga no va por delante, no darán cosa alguna, aunque sea que no les sirva. Lo séptimo, que ya va para cuatro años que en esta tierra entraron los religiosos y, tras de no haberse querido reducir estos indios a la doctrina ni a nuestra santa fe, desde el primer año, en diferentes ocasiones, han hecho juntas para tomar resolución y matarnos, o por su mal natural o por la codicia de lo que tenemos...

... El décimo, que pretenden por una parte los religiosos la conversión de sus almas, dándoles en todo buen ejemplo, y por otra parte los soldados dan mal ejemplo, descalabrando cada nonada indios, por sus mujeres...

... para que estos indios sean cristianos y se conviertan a nuestra santa fe católica, son menester tres cosas: la primera, que haya fuerza de soldados, que forzados sólo serán; la segunda, buscar parajes al propósito y esos se hallarán muy lejos; la tercera, el que vivan juntos y no como ahora que están muy desparramados.

La lista del padre Massanet era interminable y aun clamaba que eran solo los agravios más importantes, habiendo otros muchos que impedían la cristianización de los tejas. El cambio en su forma de pensar era radical y parece que no habría fuerza en la tierra que le pudiera hacer cambiar de opinión. La solicitud de rescate era apremiante, con la llegada del invierno los caminos para regresar a la Monclova se harían impracticables y todo podía terminar en desastre.

El 17 de febrero de 1694 Massanet dirige una nueva carta al virrey Conde de Galve en la que relata la retirada de los tejas. El ambiente había degenerado considerablemente desde el anterior informe, probablemente con la ayuda de los franceses, y los españoles temían por sus vidas. La conversión de los tejas era improbable por dos razones principales, la primera es que se encontraban un escalón por encima de los cazadores recolectores que habitaban otras partes del territorio, los tejas cultivaban la tierra, tenían su propio dios, y estaban muy bien organizados, por tanto no necesitaban lo que los españoles les ofrecían, es decir protección y comida, los dos elementos que habían sido cruciales en la conversión de otros pueblos menos avanzados. Y, en segundo lugar, habían asociado las prácticas religiosas con la propagación de las epidemias, de modo que querían tener a los frailes lo más lejos posible.

La situación era más que crítica, su gobernador, otrora muy amigo de los españoles, había enviado mensaje a otras naciones de indios y a los franceses para que les ayudasen a matar a los españoles. El momento elegido para el ataque sería al inicio de los fríos. El acoso comenzó en agosto, los indios mataban a todo caballo y vaca que se alejaba de los demás, y al ser reprendidos por ello, respondían sin vergüenza alguna que *«lo hacían porque les daba la gana, y no tenían miedo de los españoles».*

Luego determiné con todo secreto nuestra retirada y salimos el día 25 de octubre del año pasado de 1693; sólo pude sacar los ornamentos, cálices, crismeras y demás alhajas de plata, todo lo que fue de hierro y cobre con los pedreros quedó enterrado, las campanas en su lugar, y al salir se quemó la misión. Salimos con harto cuidado de día y de noche, y a cuatro jornadas reconocimos que golpe de gente nos seguía y todas las mañanas, acabados

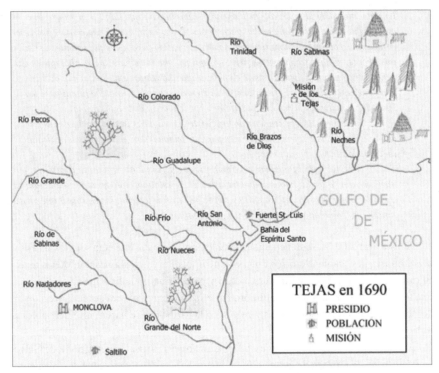

Mapa de la Tejas española en 1690. Las expediciones seguían un camino más o menos recto entre el Presidio de Monclova y la Misión de San Francisco de los Tejas.

de salir de los parajes daban humazo en el mismo paraje en donde habíamos dormido, y esto duró hasta cerca del Río de San Marcos, nunca supimos qué gente era ni llegaron a hacernos mal alguno, sea Dios bendito.

Lo que Massanet no hacía era aceptar responsabilidad alguna por la situación. En su carta sigue culpando a los demás, soldados principalmente, del fracaso, y a pesar de lo que declaraba, parece que no todos los españoles estaban conformes con la retirada. Durante los años en que las misiones estuvieron entre los tejas, los soldados asignados tuvieron tiempo de confraternizar con los indios, de tal forma que, a la partida, hubo dos que desertaron y se quedaron allí. Luego se supo que habían desenterrado y repartido entre los indios las cosas que se enterraron a la salida. Y llegando al río San Marcos otros dos se regresaron a los tejas, intentando llevarse la caballada con ellos, aunque sin conseguirlo.

Al porte de esta fue el alivio que tuve en los tejas de los soldados que allá quedaron, porque era toda gente sin obligaciones, dejados de la mano de Dios y entregados al vicio con las indias.

El regreso a Coahuila no fue fácil, la comitiva no llevaba guías y estuvo perdida cuarenta días, acabando todas las provisiones que llevaban, y para culminar, según relata el fraile, aquel año no encontraron ni una sola cíbola que matar. Finalmente, el 17 de febrero de 1694 hacían su entrada en Monclova.

Uno de los soldados que desertó y quedó a vivir entre los tejas fue un joven Joseph de Urrutia que, con el paso de los años y el perdón por la deserción, llegó a ser capitán del Presidio de San Antonio de Béxar. Las autoridades virreinales pensaron que la experiencia que tenía con los indios, tras haber vivido con ellos durante varios años, era un valor inestimable para manejar el presidio, y parece que no se equivocaron.

El último comentario de Massanet destila un gran resentimiento hacia estos desertores, a los que no desea nada bueno. Es posible que la intransigencia demostrada hacia todos, soldados e indios, fuera la causa por la que estas misiones no tuvieran éxito, algo que nunca se desvelará al haber sido fray Massanet el único que escribió acerca de lo sucedido.

LA PIMERÍA
(1695)

En la rebelión de los pimas fue necesario combinar la fuerza de cuatro presidios, los de Sinaloa, Sonora y la Nueva Vizcaya, lo que supuso reunir al ejército español más numeroso que se había visto hasta ese momento en aquellas tierras. El territorio en el que se iba a mover no había sido reconocido con anterioridad, motivo por el que el gobernador de la Nueva Vizcaya requirió la elaboración de un completo diario sobre la expedición y no solamente un derrotero como era la usanza.

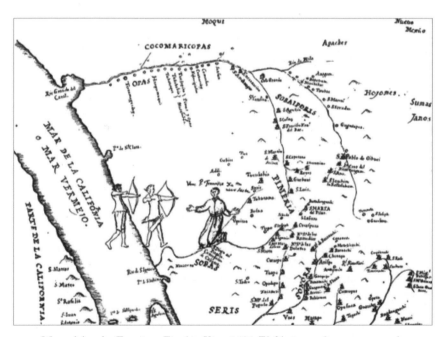

Mapa del padre Francisco Eusebio Kino, 1696. El dibujo en el mapa muestra la muerte del padre Francisco Javier Saeta a manos de los indios pima en la misión de Caborca. Extraído de la biografía original de Saeta escrita por Kino. Biblioteca Nacional de México.

La expedición tuvo una duración de cuatro meses, durante el verano de 1695. En la primavera de ese año, uno de los grupos que componían la nación Pima atacó la misión que había establecido el joven jesuita Francisco Xavier Saeta,[453] matando al fraile y causando enormes destrozos. El gobernador de la Nueva Vizcaya, en ese momento Gabriel del Castillo, con el temor de perder el territorio como en el Nuevo México, reunió la fuerza más grande que pudo encontrar para hacer campaña contra los sublevados pimas.

Los tres principales protagonistas de esta expedición fueron Domingo Gironza Petriz de Cruzatti, que había sido gobernador de la colonia del Nuevo México en el exilio de El Paso diez años antes, y era en esos momentos el comandante del nuevo presidio de Sonora. Juan Fernández de la Fuente, comandante del Presidio de Janos, el cual estaba siempre asediado por los indios janos, jocomes, sumas y apaches. Y Domingo Terán de los Ríos[454] que venía de servir en Tejas en la última expedición de fray Damián de Massanet. Tras cesar en su puesto en Tejas había recibido la comandancia del Presidio de Gallo.

El gobernador Castillo ordenó a Terán de los Ríos reunir a sus hombres y ponerse en camino al Presidio de Janos, donde debía unir fuerzas con el capitán Fernández de la Fuente, y juntos marchar a Sonora, donde tenían que sumarse a los soldados de Gironza y varios cientos de indios aliados. El objetivo era pacificar de una vez por todas a los pimas y vengar la muerte del padre Saeta. Otro Jesuita, Eusebio Francisco Kino,[455] tendría un destacado papel en esta campaña.

El capitán Fernández de la Fuente era responsable de mantener el diario de la expedición,[456] del que aquí se hace un extracto de sus doscientas páginas. Redactado en primera persona, nos transmite los estados de ánimo por los que pasó el capitán a lo largo de la campaña, una de las más épicas de la historia española en Norteamérica. El diario se inicia en el Real Presidio de San Felipe y Santiago de Janos a 7 de junio de 1695, momento en que el capitán Terán de los Ríos llega con sus cuarenta hombres del Presidio de San Pablo del Gallo a encontrarse con Fernández de la Fuente en Casas Grandes.

[453] Siciliano, nacido en 1664. Jesuita desde los 15 años, ordenado en 1692 en México. El padre Kino lo tomó como pupilo y le dio su propia misión.

[454] Domingo Terán de los Ríos nació en Burgos, en torno a 1640. En su primer destino como joven oficial sirvió a las órdenes de su tío Juan Terán de los Ríos en Potosí, Perú. Antes de servir en el Nuevo Santander, fue nombrado alcalde mayor de las provincias de Sinaloa, Sonora y California.

[455] Eusebio Francisco Kino nació en 1645 en Segno, en el Tirol. Estudió en el colegio jesuita alemán de Trento, y entró a la Compañía de Jesús en Innsbruck, Austria, en 1661. Se especializó en ciencia y matemáticas, y se le ordenó ir a la Nueva España en 1681. Su primera misión fue en la Baja California. En 1687 llega a la Pimería Alta, donde se convirtió en uno de los más reconocidos misioneros. Murió en 1711 en Magdalena.

[456] Documento en el Archivo de Hidalgo del Parral, microfilm 1695, 5-208.

Allí leyeron las órdenes que había enviado el gobernador Gabriel del Castillo,[457] al parecer con cierto alivio. Debían juntar una fuerza que parase los ataques indios en diferentes pueblos de la provincia de Sonora, en los que «*a guerra de fuego y sangre*» se habían enfrentado a pequeños grupos de soldados españoles saliendo victoriosos, lo que había inflado su orgullo y atraído a su causa a otras naciones muy numerosas en guerreros.

En la alianza india que se enfrentaba a los españoles estaban los janos, jocomes, mansos, sumas, chinarras y apaches, todos habitantes de lo que se llamaba la Pimería.[458] Esta formidable alianza habitaba en las ásperas sierras y bajaba a los valles para atacar los poblados y transportes españoles, sin que se pudiera hacer mucho por combatirlos salvo defenderse con dificultad.

Al menos se intentaba el castigo. En alguna ocasión se conseguía capturar a algún indio o algún pequeño grupo con el que tratar de dar ejemplo, pero aquello daba aún más vigor a la revuelta. Históricamente, cuando se alcanzaba la paz con los indios, estos la rompían en poco tiempo, a pesar de la fidelidad con que la Corona cumplía el tratado. Esta siempre vio más perjuicio en hacer la guerra que en perdonar las afrentas.

Allí estaban los dos capitanes, Domingo Terán de los Ríos y Juan Fernández de la Fuente, preparando un plan de guerra que no se antojaba fácil, uno con cuarenta soldados, el otro con treinta y seis y sesenta indios amigos de arco y flecha. Una semana más tarde, todos prevenidos y abastecidos para más de dos meses, salían formando escuadras de soldados ante la falta de indios espías que les pudiesen avisar de los peligros del camino.

El plan era recorrer y escudriñar las sierras de Carretas, en Medio, el Sarampión, las Ánimas, San Bartolomé, los Embudos, Pitaícache, y los valles de Batepito y San Miguel,[459] combatiendo a los indios si se los encontraban, y en caso contrario reunirse todos en el campamento del capitán Domingo Gironza Petriz de Cruzatti, que se quedaba en retaguardia para asistir donde hiciera falta con lo que hiciera falta, abastos, gente o caballos. Para informar a Gironza debían enviar un mensajero a diario, con el rumbo y derrotero.

---

[457] Nació en Madrid. Gobernador de Puebla entre 1688 y 1692. Gobernador de la Nueva Vizcaya en 1693.

[458] Los apaches fueron asimilando muchas naciones menores. Podían hacerlo por medio de alianzas o como resultado de guerras. Acababan con los hombres adultos y se quedaban con las mujeres y los niños.

[459] Mucho de lo mencionado se encuentra en la sierra que separa los estados de Sonora y Chihuahua al sur de la frontera con los Estados Unidos. La sierra de Carretas está junto a la actual hacienda del mismo nombre. La sierra de En Medio está al noroeste de la llanura de Carretas. El valle de San Miguel podría ser el actual valle de las Ánimas al suroeste del Nuevo México. Las sierras del Sarampión, Embudos y Pitaicache se encuentran unos kilómetros al sur de la frontera. La sierra de las Ánimas se encuentra sobre el valle del mismo nombre al sur del Nuevo México. Y finalmente, el Batepito es la confluencia del río Fronteras y el río San Bernardino en el extremo norte del estado mexicano de Sonora.

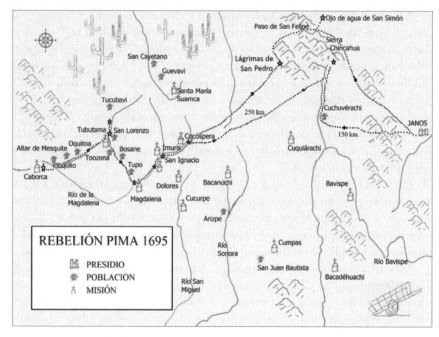

Recorrido de la expedición. Los soldados estuvieron a ambos lados
de la actual frontera entre los Estados Unidos y México.

El capitán Gironza debía, además, juntar a todos los indios amigos que pudiera.
Para ello, los españoles contaban habitualmente con gente de las naciones yaqui, seri,
tepoca, ópata y, entre los pimas, también había algunos leales a la Corona. Debía hacer
acopio entre los frailes y vecinos de la mayor cantidad de caballos y provisiones que se
pudieran comprar, y tenerlos a disposición en la frontera de Teuricache.[460]

La expedición partió a las cuatro de la tarde del día 17 de junio de 1695, recorrieron
cinco leguas, y llegaron a las nueve de la noche al aguaje de la Palotada,[461] donde hicieron
noche. A partir de aquí las marchas las harían de noche, tratando de no ser vistos por
los indios que habitaban en las sierras circundantes, la de En Medio y la de Carretas. El

---

[460] Teuricache se encontraba en al valle de Corodéguache. En 1620 se intentó poblar, pero no
prosperó por la agresividad de los indios y su aislamiento. Veinte años después se construyó
un fuerte que desapareció.

[461] Cinco leguas al noroeste de Janos. En la actualidad en esa distancia se miden 14 kilómetros, que no corresponde con los 5,5 kilómetros en los que se establece cada legua. Esto
indica que en aquellos momentos las leguas se contaban de forma no muy precisa, por la
distancia que habían recorrido en una hora.

sigilo no era el único motivo, el siguiente aguaje,[462] el de San Antonio, se encontraba muy lejos y el consumo de agua y energía era mucho menor para hombres y animales si viajaban de noche, sobre todo en un entorno tan desértico.

Las escuadras se iban adelantando al Real[463] con orden de reconocer los bosques, ríos y llanuras, para encontrar rancherías de indios y, de ser así, enviar a dos soldados de vuelta al Real a dar aviso.

En 24 de junio, estando en los bosques de Cuchuvérachi[464] a la hora que iba saliendo el sol, volvimos a descubrir los rastros de los enemigos que iban para la junta de los ríos,[465] puesto y camino para las fronteras de Teuricache y partido de Huásabas. Y reconociendo que los rastros iban muy frescos, aligeramos el paso yendo siempre para el camino que llevaban. Y habiendo colado más de dos leguas, desde lo alto de una barranca divisamos a los enemigos que estaban sobre una loma dando alaridos. Y presumiendo tendrían la chusma allí y que la habían despachado para esperarnos y pelear mientras colaba a asegurarla la chusma, que es lo que siempre hacen, fuimos sobre ellos. Y habiendo llegado a todo correr les dimos con los arcabuces la primera carga recibiéndonos los enemigos que estaban en lo alto de la loma favorecidos de una barranca empinada.

Y viendo que nos habíamos estrechado entre la barranca y un arroyo hondo, seco, cubierto de monte de mesquite que estaba por la mano izquierda a la parte del oriente y al poniente el bosque del río de mucha espesura donde habíamos entrado sin ver el cerco que nos venían echando, porque éstos que estaban emboscados no dieron alaridos ni se mostraron hasta que nos vieron dentro. ...donde lograron herirnos cuatro soldados y a un indio amigo. Y viendo el daño y que no hacían caso de los arcabuces y que se venían a las riendas, mandamos echar mano a las lanzas y espadines y cerrando con ellos a todo correr los desbaratamos y pusimos en huida. De suerte que en el alcance y en la pelea, en sólo los vistos, quedaron muertos treinta gandules de los más briosos.

Y sin embargo de ser la tierra muy fragosa y áspera, de arroyos hondos, bosques y cerros, los seguimos por breñas y malos países más de cuatro leguas, llevándolos siempre desparramados sin que tuvieran lugar de juntarse ni pararse a flechar hasta que todos los caballos, con el mucho calor, se nos asolearon y en el todo se llegaron a parar. Que viendo ellos un mal cerro de mal país y bien alto, se juntaron en lo alto como unos ochenta indios con todos dónde, aunque con trabajo, unos a caballo y otros a pie fuimos subiendo y con nosotros hasta treinta indios amigos. Allí se pararon a pelear y llegamos a estrecharnos. De suerte que habiéndoles dado algunas cargas con los arcabuces cayeron de ellos siete u ocho indios muertos, por lo cual se fueron

---

[462] Aguaje era el lugar donde se podía tomar agua, normalmente un manantial o incluso un abrevadero.

[463] Nombre que recibía el grueso del ejercito con todos los pertrechos y animales.

[464] Cuchuvérachi estaba a 35 kilómetros al sudeste del actual Agua Prieta. En la confluencia del río San Bernardino con los embudos de Cajón Bonito.

[465] Nombre de varios lugares, el más conocido es la confluencia de los ríos Grande y Conchos, pero la denominación se daba a toda confluencia importante de ríos. Aquí se refiere a la de los ríos Bavispe y Batepito, a 40 km al sur de Cuchuvérachi. Huásabas está en el río Bavispe, a 120 km al sur de esta confluencia.

retirando por tan mala tierra que así por la falta de los caballos como por estar nosotros y los soldados y gente amiga bien fatigados no los pudimos seguir, por lo cual nos fuimos retirando a topar el real y la caballada que venían caminando.

Volvimos viendo los muertos y buscando algunas espadas y trastes que se habían caído en la pelea y todo se halló. Y en la ranchería hallamos dos guerreras[466] y una espada, un justacol,[467] una silla, dos adargas, toda ropa conocida de los soldados que han muerto los enemigos. Y asimismo hallamos nueve cabalgaduras, siete caballares y dos mulares, muchos cabrestos y la carne fresca de un toro y algunas cabezas de mescal. Y al pie de la loma, hallamos una india de nación suma pasada de un balazo que, aunque estaba mal herida, por medio de un soldado llamado Cristóbal Granillo, inteligente en la lengua suma, le pregunté que de qué nación era y dijo que era suma y cristiana, que se llamaba Teresa.

Y habiéndole preguntado que dónde iba con toda aquella gente y dónde tenían la ranchería y chusma. Dijo que la ranchería estaba en la sierra de Chiricahua con todas las mujeres y muchachos y algunos viejos y mocetones. Que ella y otras siete mujeres habían salido con aquellos hombres y que habían caminado tres días. Que iban todos con intención de dar en casa de Salvador Moreno, matar la gente y traerse la caballada y ganados que pudieran. Y que de camino querían dar de emboscada en el pueblo de Huásabas. Que habían dicho que de allí a tres días habían de dar en dichas poblaciones. Y no pudo declarar otra cosa porque la sangre que echaba por la boca la ahogó quedándose muerta. Por lo cual pasamos a cogerle declaración a otro indio que había cogido vivo, sin herida ninguna (…) le preguntamos de qué nación era y en lengua castellana, aunque algo cerrado, dijo que era Chinarra, que hacía poco tiempo que se había juntado con los Janos.

Y preguntándole que dónde iban y dónde quedaba la chusma, respondió lo mismo que la india Teresa (…) paramos a orillas del río para refrescarnos nosotros y dar algún descanso a la caballada y mulas de carga que de continuo trabajo de las marchas y correduras estaba toda bien fatigada. Allí conferimos que sería bueno y acertado el salir marchando como a las cuatro de la tarde para el aguaje de San Bernardino, que estaba de distancia como seis leguas. Y que llegados a dicho aguaje dejaríamos el real guarnecido y saldríamos con cincuenta soldados, con tres o cuatro caballos cada uno, para ver si podíamos alcanzar a darle a la ranchería donde estaba la chusma antes de que tuvieran aviso…

Al aguaje de San Bernardino[468] llegaron a la una de la madrugada y, aunque vieron los rastros de los indios e hicieron intento de seguirles una vez dejaron bien establecido el Real, lo cierto es que, con la caballada exhausta, incluso la de reserva, y los indios flecheros totalmente agotados, decidieron permanecer en dicho aguaje a recuperar fuerzas.

Los indios amigos que acompañaban a las expediciones españolas eran una fuerza que rara vez iba montada. Caminaban o corrían, según fuese necesario, siguiendo a los caballos, y en este caso, según señala el capitán Fernández, llevaban caminadas dieciocho leguas[469] desde que salieron. Tres días subiendo y bajando sierras y luchando contra el

---

[466] Chaqueta.
[467] Palabra en desuso, chaquetilla corta.
[468] Localizadas en el río San Bernardino en la actual frontera entre Arizona y Sonora.
[469] El equivalente a 90 kilómetros.

enemigo. Su labor era fundamental en la estrategia presidial. No se habla solamente de algún guía, que también iba con los soldados, sino de una proporción mínima de uno a tres en expediciones de castigo como esta. Algunos vivían en las misiones siendo ya cristianos, y a todos se les pagaba y mantenía por cada día que estaban acompañando a los soldados.

Tenían varias funciones. La primera era la de hacer número, ya se ha mencionado en repetidas ocasiones que los presidiales estaban siempre en inferioridad numérica a veces de forma abismal, y con los indios auxiliares esta diferencia se hacía menos notoria. La segunda era su ligereza y su adaptación al territorio, cargaban con muy poco peso y podían meterse por lugares imposibles para los caballos.

Finalmente, en los combates cerrados eran insustituibles, debido al limitado poder del arcabuz español, muy lento en su recarga. Tras la descarga, los caballos debían retirarse a una distancia de seguridad para poder recargar a salvo de los arqueros enemigos. Por otra parte, los alaridos de los indios asustaban a los caballos bastante más que el fuerte sonido de los disparos de arcabuz, al que ya estaban acostumbrados, con lo que la carga del arcabuz en esas condiciones era un proceso difícil y lento. Mientras los soldados recargaban, los indios auxiliares mantenían agazapados a los enemigos con sus flechas.

En campo abierto la lucha era muy favorable a los soldados al poder hacer efectiva la superioridad del caballo, ya que, en ese momento, los indios todavía no lo manejaban. Los rebeldes eran habitualmente indios cristianos, sin haber tenido acceso a comprar caballos o aprender a usarlos en combate. Años más tarde todo cambiaría, cuando caballos e indios se hicieron inseparables, cabalgando incluso mejor que los españoles.

Tanto los rebeldes como los indios auxiliares[470] eran básicamente infantería, salvo contadas excepciones, por lo que podían usar el arco largo, que tenía una longitud muy similar a la altura del guerrero. Cuando apaches y comanches, principalmente, empezaron a hacer uso de los caballos, sus arcos también cambiaron, ya que el arco largo no se podía manejar cabalgando, teniendo que usar arcos más cortos empleados de forma horizontal.

En 29 días del mes de junio de 1695 años, estando nosotros, los generales don Domingo Terán de los Ríos y Juan Fernández de la Fuente, en los Chupaderos de las Lágrimas de San Pedro,[471] a la hora que iba amaneciendo, mandamos arrimar la caballada. Y habiendo ensillado todos los soldados y cargados los bastimentos, salimos marchando con vanguardia, batallón y retaguardia. Y habiendo andado como una legua, en un mesquital,

---

470 Para ampliar conocimientos acerca de los indios flecheros: Güereca, Raquel E. (2013) *Las Milicias de Indios Flecheros en la Nueva España.* Tesis de Máster. Universidad Nacional Autónoma de México.

471 El chupadero es un manantial muy escaso del que apenas corre un hilo o unas gotas de agua, de ahí el nombre de chupadero y el de lágrimas. Probablemente se trate del actual *Sulphur Draw* en Arizona, al este de la sierra de Chiricahua.

hallamos un ojo de agua y al pie de él más de cuarenta montones de cenizas divididos, y alrededor de cada uno camas de zacate.[472] *Y viendo que la rastrería y las cenizas de las lumbres eran muy frescas, preguntamos al indio apresado que cuándo habían estado los enemigos en aquel paraje, y respondió que allí habían hecho noche, que después iban a dar a las fronteras, de allí proseguimos marchando. Y habiendo andado como tres leguas, descubrimos una fila de rastros muy frescos que iban para una cañada de monte espeso*[473] *que está en dicha sierra de Chiricahua (Fig. 64 Cuadernillo).*

Y habiendo despachado al cabo Francisco de Medrano con unos soldados para que reconociese si había algunos ranchos, lo cual ejecutó. Y habiendo vuelto, nos dijo que había algunos ranchos despoblados de poco tiempo y que en uno de ellos hallaron lumbre encendida y que el rastro iba subiendo a la sierra. Y preguntándole al indio apresado de nación Chinarra, llamado Pascual, que qué gente había vivido allí, dijo que todas las naciones y que cuando se mudaron a donde estaba la ranchería sólo quedaron dos ranchos de apaches.

De ahí proseguimos. Y habiendo marchado como dos leguas por las veredas muy frescas, entrando con nuestro Real por la boca de una cañada,[474] *oímos gritos y alaridos que nos daban desde los dos altos picachos algunos enemigos, por lo cual hicimos parar el Real y dejándolo guarnecido, salimos con sesenta soldados y ochenta indios amigos. Y entrando el arroyo por la izquierda a la parte del sur, en muy áspera tierra, nos gritaron los enemigos. Allí revolvimos ganando un cerro arrimado a los picachos, donde paramos por no poder manejar los caballos.*

De allí vimos a los enemigos que en gran número venían saliendo por lo más áspero. Y habiéndoles gritado que bajaran a pelear, se acercaron algunos a distancia de tiro de mosquete. Allí empezaron a hablar en lengua castellana y a decir que no querían pelear sino dar la paz, a lo cual les respondimos que allí estábamos para pelear. Que si querían la paz se la admitiríamos en nombre de Dios y del rey nuestro señor, con tal de que bajasen de la sierra a asentarla. Y dijeron que bajarían al Real y la asentarían. Allí les dijimos que teníamos vivo y preso a un indio chinarra y dijeron que lo querían ver. Y habiéndoselo mostrado nos lo pidieron diciendo que si se lo entregábamos nos darían todos los cautivos que tenían en su poder de la nación Ópata cristiana.

Que viendo estas razones, despachamos al indio con una cruz y antes de que llegara a donde estaban sus compañeros bajó un indio cristiano, llamado Agustín, de nación Chinarra, ladino en la lengua castellana, sin armas y se abrazó con el intérprete que teníamos a tiro de pistola, que estaba a pie, el cual era un soldado llamado Cristóbal Granillo, muy inteligente en la lengua suma.

Y habiéndose sentado los dos y empezado a hablar, bajaron los capitanes de las naciones janos, jocomes, sumas, chinarras y mansos, los cuales se sentaron con nosotros y dijeron que querían la paz y no la guerra. Que entregarían a los cautivos y que les entregásemos las bestias que les quitamos en la pelea el día de San Juan. A lo que le dijimos que se las entregarán los cautivos y bajarán con sus chusmas a nuestro Real y que se les guardaría toda la fidelidad que como cumpliesen lo referido. Y que en el todo quedarían ajustadas las paces.

---

[472] Hierba, pasto.
[473] Podría ser el actual *Cave Creek Canyon*.
[474] Probablemente sea *Turkey Creek* en Paradise, Arizona.

No parece que las intenciones de paz de los indios fuesen reales. Su comportamiento en los días siguientes dio mucho que pensar a los soldados e hizo crecer aún más la desconfianza. Al ser preguntados por qué querían la paz respondieron que se les había aparecido un hombre viejo metido en el arroyo con el agua hasta la rodilla, y que les había dicho que ya bastaba de guerra y que pidiesen la paz a los españoles. Decían tener mucho miedo al viejo, quien les dijo también que de no hacer lo que les pedía, sus ríos y aguajes se secarían y no llovería en años, y que no tendrían para comer tunas ni mesquite ni maguey ni semillas.

> De allí nos bajamos al Real que estaba como a un cuarto de legua, y con nosotros bajaron el gobernador de los janos y el Tabobo[475] de los jocomes y otros capitanes y mocetones de todas las naciones. Y habiéndoles dado todos los tlatoles que se requieren, quedaron de bajar otro día con toda su gente y cautivos al Real. Y habiendo cerrado la noche, dijeron se querían ir a su ranchería y les dimos a todos tabaco, pinole,[476] carne y harina y se despidieron muy contentos quedándose algunos en nuestro Real.

Al día siguiente no se presentaron como habían quedado, en su lugar enviaron hasta tres correos diciendo que no podían bajar con toda su gente por estar algo lejos, y porque la noche anterior, viendo que los capitanes y mozos que bajaron al real tardaron en volver, creyeron que los españoles los habían matado, y las mujeres y los niños habían huido a lo más áspero de la sierra. Que por esperar a que volviesen se habían tardado y que por esta razón no podían bajar:

> Que fuéramos hasta donde tenían las cruces,[477] que allí estaría toda la gente y tendrían a los cautivos y se ajustarían de una vez las paces, por cuyas razones mandamos que se previnieren sesenta soldados y toda la gente amiga para que fueren con nosotros.
> Y estando todos a caballo y prevenidos, marchamos la cañada adentro como un cuarto de legua, y antes de llegar donde estaban las cruces, como a dos tiros de arcabuz, nos salieron a recibir algunos indios y entre ellos el Tabobo y capitán de los jocomes, el que nos dijo que los esperáramos debajo de unos árboles porque andaban juntando la gente que se había desparramado por los picachos.
> Y diciéndole que se dieran prisa y que nos avisaran cuando fuera hora, se fue y como a las once del día nos enviaron a decir con un indio chinarra, llamado Agustín, que esperáramos, que todavía no se había juntado la gente, al cual reñimos diciéndole que fuera y les dijera a los capitanes y a toda la gente que para qué andaban con tantos embustes, que si querían paz

---

[475] No está clara su función ni la etimología del nombre, pero parece ser el capitán principal de los jocomes.
[476] Harina de maíz o trigo molida y tostada. Se comía añadiéndole agua y formando una papilla.
[477] Algunos grupos indios utilizaban la cruz como símbolo de paz, no necesariamente relacionado con la simbología religiosa. Probablemente, al ver a los españoles usar la cruz para sus ceremonias religiosas, la asociaron con un símbolo de paz que usaron desde entonces.

como la habían pedido se les daría y que si querían guerra allí estábamos para dársela y pelear con ellos. Y habiéndole dicho otras muchas razones se partió a dar el tlatole[478] y volvió como a las doce del día diciendo que subiéramos, que ya estaba esperando toda la gente.

Y habiendo subido la ceja del arroyo, sobre una loma arrimada a un alto peñol donde había mucho monte y barrancos, vimos muchos ranchos despoblados y fuera de ellos, en un llanete, tres cruces seguidas, y detrás de ellas cuatro indios viejos en fila sentados de rodillas y algunos indios entre el monte, todos con sus armas y muchos con hojas de espadas puestas en palos a modo de chuzos[479] y otros en sillas de españoles con arcabuces y espadas.[480] Y habiendo llegado a las cruces, alabamos al santísimo sacramento y algunos de ellos hicieron lo propio allí.

Preguntamos que qué significaban aquellas cruces y aquellos hombres de rodillas sin armas y los demás con ellos metidos en el monte entre los barrancos, que a dónde estaban las mujeres y muchachos cautivos. Y habiendo bajado algunos capitanes, dijeron que tenían miedo las mujeres y muchachos, que no los podían hacer bajar y que, con la huida de aquella noche, se habían desaparecido las más mujeres con los cautivos. Que los juntarían y que a la tarde los tendrían allí y estarían todas sus mujeres y muchachos. Que les lleváramos los caballos que les habíamos quitado y alguna carne, harina y tabaco. A lo cual respondimos que andaban con dos mil mentiras que si querían pelear que allí estábamos. Que nosotros les habíamos dado la paz en nombre de Dios y del rey y que no se la habíamos de quebrantar con tal de que cumpliesen todo lo que habían quedado.

Por más que presionaron a los indios no consiguieron que estos sellasen la paz y entregasen a los cautivos, pero al estar estos supuestamente cubiertos en las sierras y bosques no vieron los capitanes forma de atacarlos y hacer algún daño, de modo que se retiraron al Real, donde poco después, volvieron a recibir la visita de muchos hombres y mujeres de nación Suma, unos cien según la crónica, a los que, como era habitual en las expediciones españolas, se daba de comer copiosamente e incluso se les daban regalos. Venían de nuevo con el mensaje de que ya estaban juntando a su gente y a los cautivos y que volvieran los españoles al punto de reunión. Ya eran las seis de la tarde y los capitanes vieron más inteligente decirles que ya era un poco tarde y que mejor se verían al día siguiente en el Real, porque los soldados ya no se iban a desplazar a ningún otro lugar.

No se sabe cuál fue el resultado de estas conversaciones, ya que el diario posiblemente perdió alguna página. Se reanuda la narración 15 días más tarde sin más noticia sobre lo sucedido anteriormente. Teniendo en cuenta que la rebelión continuó, parece que las conversaciones no llegaron a buen puerto. La oferta de paz de los españoles era que se redujesen a pueblos, en los lugares que cada nación decidiese, en donde un fraile los educaría en el evangelio, algo que, a tenor del relato, ya sabían, porque muchos hablaban español y tenían nombres del santoral.

---

[478] Mensaje, sermón, conferencia.

[479] Posiblemente uno de los primeros usos por parte de los indios de las lanzas que portaban los soldados.

[480] Material que habrían saqueado en algún ataque a poblaciones españolas.

Dos semanas más tarde, el 16 de julio, la expedición se encontraba en el pueblo y valle de Cocóspera,[481] a las puertas de la tierra de los pimas rebeldes. El plan era que una escuadra de cincuenta hombres y gente amiga atacaría por la espalda a la ranchería enemiga que se encontraba a varios días de marcha. Como era habitual, caminarían de noche, mientras el Real llevaría otro rumbo.

La ranchería de Tucubavi[482] era la primera que se iban a encontrar por la parte norte y desde allí, bajando por el río de Tubutama, se encontrarían rancherías enemigas a ambas márgenes, a quienes harían la guerra hasta llegar al pueblo de Caborca,[483] que fue donde mataron a fray Saeta. En total unas cincuenta leguas, al final de las cuales este grupo y el Real se encontrarían.

Antes de partir el día 17 se pasó revista a las fuerzas. A la numerosa gente española de cuatro presidios, cerca de doscientos soldados, se unían los indios flecheros de diversas naciones. El gobernador de los conchos, Juan Corma, venía con treinta. El capitán Juan María Salvatierra, del pueblo de Cocóspera, de nación pima, trajo diez indios con él. Del pueblo de Santa María[484] venía Juan Eusebio, también pima, con doce. El gobernador Cara Gentil de nación sobaipuris[485] llegaba con diez guerreros. Otros ocho pimas venían con su capitán Domingo Gironza.[486] Pedro Banico de los curis[487] traía doce compañeros. Los ópatas, del pueblo de Arizpe, colaboraban con ocho indios capitaneados por Isidro Sauri, y más ópatas de los pueblos de Banámichi, Aconchi, Huepac y Sinoquipe[488] llegaron con Juan de María, once en total. Finalmente, los gobernadores del valle de Guevavi[489] y del pueblo de San Cayetano[490] llegarían más tarde con cuantos hombres pudieran juntar.

El día 18 se hizo una junta de guerra entre los tres capitanes, en la que se llegó a la conclusión que el plan previamente concebido no era el mejor. La separación entre las escuadras y el Real iba a ser muy grande, más de doce días sin tener noticias unos de otros, y no se iban a poder ayudar en caso de surgir alguna complicación. Por otra

---

[481] Este valle estaba en la Pimería Alta, en un afluente del río Magdalena. A unos 35 kilómetros al suroeste de la actual Cananea. Allí se estableció una misión jesuita en 1689.

[482] Al noroeste de Tubutama, en el río Altar.

[483] A 70 kilómetros al sudoeste de Tubutama.

[484] Santa María Suamca, en la actual Santa Cruz, Sonora. Allí se estableció una visita.

[485] Pertenecían a los pimas y vivían en el río San Pedro, en el sur de Arizona.

[486] Capitán de los pimas, no confundir con el capitán Gironza Petriz de Cruzatti. Era usual que al momento del bautismo los indios eligieran el nombre de españoles con los que tenían relación o admiración.

[487] Curis puede ser Ures, en el río Sonora, 60 kilómetros al noreste del actual Hermosillo, en la Pimería baja.

[488] Junto con Arizpe estos pueblos se encuentran en el río Sonora, lugar de misiones jesuitas desde 1640.

[489] A 10 kilómetros al noreste de Nogales, en el río Santa Cruz.

[490] San Cayetano estaba en el río Santa Cruz, cerca de Tumacácori, actual Arizona.

parte, los indios amigos decían que el mayor número de enemigos se encontraba en las rancherías de Bosane, Toozona, la Magdalena y del Tupo, que se encuentran cerca del pueblo de Caborca.[491] De modo que finalmente se tomó la decisión de no repartir las fuerzas y partir todo el campo[492] junto. Estando próximos a estas rancherías se adelantarían ochenta soldados con todos los indios amigos y tratarían de lograr algún albazo[493] en los indios enemigos que habitasen en esas rancherías.

Nada se dejó al azar, se seleccionaron los caballos, apartando los que estaban «cojos y mancos y maltratados» que se iban a quedar en Cocóspera al cuidado de los frailes. También se dejó cualquier carga que no fuese imprescindible, y al cuidado de todo ello y de la población se dejó a doce soldados de la compañía del capitán Gironza.

A las seis de la mañana del día 20 se juntaron todas las fuerzas en la plaza de armas de Cocóspera, allí escucharon misa del padre Eusebio Francisco Kino y después se encaminaron río abajo. Dos leguas más tarde pararon a recoger 80 reses en la estancia de los misioneros, que iban a servir para alimentar al ejército en esta campaña. En ese lugar se desató una enorme tormenta de agua y rayos, uno de los cuales mató a un soldado y su caballo. Mal presagio.

Al día siguiente continuaron camino. Por delante despacharon al ganado, de caminar más lento, con una escuadra de soldados. Previamente escucharon misa ofrecida por el jesuita Agustín de Campos[494] que iba a ser el capellán de esa expedición. Partieron y, tras recorrer seis leguas, llegaron al pueblo de San Joseph de Imuris.[495] Allí encontraron el pueblo quemado y muerto el ganado mayor y menor, en lo que pudo ser estrategia de tierra quemada. Establecieron el Real y a las seis de la tarde salió una escuadra de sesenta soldados y cincuenta indios flecheros hacia el pueblo de San Ignacio situado a tres leguas.

También lo encontraron arrasado, la iglesia y casa del fraile, los jacales[496] y casas de los indios, todo. Ni rastro de amigos o enemigos. De allí siguieron al pueblo de la Magdalena, dónde tuvieron la misma vista, ni un alma y todo quemado. En vista de esto

---

[491] San Ignacio y Magdalena están en el río Magdalena al sur de Imuris. Tubutama está en el río Altar, lugar de la misión del padre Kino. Tupo estaba muy cerca de Magdalena, al oeste. Bosane estaba cerca del actual Rancho Busani, a 30 km al sur de Tubutama. Y Toozona estaba a pocos km al este de Bosane.
[492] El Real y las escuadras, toda la fuerza militar en su conjunto.
[493] Ataque contundente.
[494] Agustín de Campos nació en 1669 en Sigena, Huesca. Entro en la Compañía de Jesús en Aragón en 1684 y se ordenó en 1692. Fue destinado directamente a Sonora tras su ordenación. Tuvo una carrera larga, cuarenta y tres años, participando en numerosas expediciones al norte de Arizona.
[495] En el río Magdalena en su confluencia con el río Cocospera, a 75 kilómetros al sur del actual Nogales.
[496] Habitáculo, de construcción pobre, barro, ramas y cañas, utilizado por los indios como almacén o vivienda.

se despacharon dos escuadras al mando de sendos cabos para que por ambas márgenes del río fuesen reconociendo los bosques, en los que no encontraron a nadie, ni rastros viejos ni nuevos. Únicamente divisaron el de una persona descalza que parecía del día anterior y que se dirigía a Tupo, pueblo de enemigos a seis leguas de allí.

Allí decidieron reagruparse y esperar al Real. Cuando llegó, el capitán Terán de los Ríos salió con sesenta soldados hacia Tupo, a donde llegaría al amanecer del día 23 y, tras enviar espías[497] para ver si había enemigos, atacaría sin dilación. Con esta escuadra iba también Cristóbal, indio pima que serviría de interprete, y cada soldado llevaría dos caballos para tener siempre uno fresco. Llegados a Tupo encontraron la ranchería deshabitada, sin rastro del enemigo, siguieron una legua más hasta llegar a la Ciénaga de la Matanza, en cuyos alrededores encontraron a tres indios que huían por el camino que iba a la ranchería del Bosane, pudiendo apresar a uno de ellos y no pudiendo detener a los otros dos para evitar que diesen la alarma en su ranchería.

El indio apresado fue interrogado y declaró que los indios rebeldes estaban repartidos en diferentes parajes, separadas las naciones. Viendo si podían llegar a Bosane antes que los huidos diesen la voz de alarma, el capitán Terán se lanzó con su escuadra a cubrir las seis leguas que distaban. Mientras, el capitán Fernández esperaba en la ciénaga a tener alguna noticia de Terán.

Allí estaba cuando recibió una carta del padre Kino con un mensajero pima que daba noticia del ataque de los indios en el pueblo de Cucurpe, de donde se llevaron una manada de yeguas y caballos, flechando las mulas. Parece que la frustración estaba haciendo mella en el capitán que, por esperar noticias, buenas o malas, de Terán de los Ríos, se encontraba impedido para salir en busca de los enemigos en Cucurpe, que estaba en la dirección contraria a donde había salido Terán.

A las tres de la tarde llegaba al Real el gobernador de los yaquis, llamado Juan Andrés, venía de avanzadilla de un grupo de cincuenta y ocho indios flecheros de esa nación, que como venía a caballo se había adelantado. Al preguntarle cuándo llegarían respondió que al día siguiente, ya que la gente venía «destropeada» por haber caminado más de ciento treinta leguas.

El día 24 y sin noticias de Terán, el capitán Fernández despachó a dos tenientes con veinte hombres hacia la ranchería de Bosane con el fin de tener alguna nueva de la escuadra. Media hora después llegaban los cincuenta y ocho indios yaquis que fueron acomodados junto a su capitán.

…como a las dos de la tarde, llegaron a este Real los tenientes Antonio Solís,[498] Francisco de Medrano y demás soldados que con ellos habían ido y me dijeron que habían ido sobre el rastro que llevaba la caballada de la escuadra del general don Domingo Terán

---

497 Exploradores.
498 Militar de talento, estaba a las órdenes de Gironza en la Nueva Vizcaya desde 1680, llegando al rango de alférez. Su papel en la matanza de la Ciénaga de Tupo terminó por costarle su carrera militar.

y que vieron que nunca iban por camino derecho a ninguna ranchería, porque llegaron a la del Bosane. Y como una legua más acá, por unas lomas y un mesquital espeso, iba el rastro de la escuadra de dicho general sin haber llegado a la ranchería. Que, yendo sobre el rastro, vieron que iba dando muchas vueltas enderezando hacia el pueblo de Tubutama, que dista de este paraje, como diez a once leguas. Que por parecerles que el indio apresado los andaba engañando y que ya pudieran estar de vuelta en este Real. Por no errarlos y hacer falta para lo que se pudiera ofrecer, se habían vuelto a darme esta razón. Que no sabían fijamente en la parte donde podrían hallarse dicho general, don Domingo Terán de los Ríos y demás soldados…

…Y como a las doce de la noche, llegaron a este Real cinco soldados y vecinos de los que habían ido con el general don Domingo Terán de los Ríos, quienes me dijeron que dicho general los despachaba para que me dijesen que en el pueblo de Tubutama estaba parado con la gente de la escuadra de su cargo esperando a que yo fuese con todo el Real para que nos incorporásemos en dicho pueblo…

Terán de los Ríos había encontrado finalmente una ranchería de indios enemigos, con los que había tratado de hablar mediante el intérprete que llevaba, el indio Cristóbal, y también por el indio apresado llamado Xavier, para que no peleasen y aceptasen la paz que se les ofrecía, ya que no tenía nada contra ellos si no habían tenido que ver en la muerte del padre Saeta. Que solo venía a castigar a los culpables de dicha muerte y a los que habían promovido el alzamiento. Los demás serían perdonados.

No atendieron a ninguna de estas razones comenzando a flechar a los intérpretes y a los soldados desde la espesura del bosque. Los soldados fueron retrocediendo hasta encontrarse fuera del alcance de las flechas, en campo abierto, donde poder aprovechar los caballos. Los más valientes entre los indios abandonaron la protección del bosque para hacer la guerra a los soldados, momento en que estos se lanzaron sobre ellos con las lanzas y los espadines. En cuestión de segundos yacían once indios y el resto se habían puesto en franca huida por la espesura de los bosques.

En la ranchería consiguieron apresar a cuatro indias, con dos muchachos y dos niñas de pecho. Allí encontraron también diversos ornamentos de los que habían sido sustraídos de la iglesia del padre Saeta. También encontraron treinta caballos cargados que habían sido abandonados por los indios en su huida. Los indios fugados de la ciénaga el día anterior les habían dado noticia de la llegada de los soldados, y sin más demora planeaban cambiar de lugar para evitar encontrarse con ellos.

Allí hicieron campamento, y al día siguiente recibieron otro ataque, repelido de igual forma, murieron otros cuatro indios y los demás huyeron. El resultado para los soldados había sido de dos hombres heridos sin mayor gravedad y dos caballos muertos.

A la mañana siguiente, el Real levantó campamento y se encaminó al pueblo de San Pedro Tubutama donde se encontraba la escuadra de Terán de los Ríos, a donde llegaron pasado el mediodía. Terán le dijo a Fernández que, sin ninguna convicción, había enviado a una de las indias apresadas a las rancherías alzadas con el mensaje de paz que ya se había intentado anteriormente, la entrega de los cabecillas y el perdón para el resto.

El plazo que se habían dado era de tres días, al final de los cuales y si no había noticias de la mensajera, se haría la guerra a los indios.

Entretanto, se envió al teniente Francisco Medrano, al sargento Domingo Grajeda, y a un indio pima llamado Juan Antonio, a reconocer los cuerpos de los doce indios muertos en las anteriores peleas, por ver si alguno de ellos era de los cabecillas de la rebelión como erróneamente se creía. El indio Juan Antonio, que los conocía bien, fue mirando todos los cuerpos y no encontró a ninguno de los cabecillas, pero sí conoció a dos de los muertos, que eran del pueblo de Tubutama, uno llamado Pedro que había sido paje del padre Saeta, y el otro Cristóbal, que había sido alcalde y fiscal[499] de la ranchería del Bosane.

Tubutama tenía mala defensa por estar muy cerca de los bosques, y tampoco había una mala hierba que pudiera comer la caballada, así que, al día siguiente, se tomó la decisión de recorrer las tres leguas que les separaban de la misión que se encontraba río arriba, hacia el norte. Por el camino se encontraron con varias yeguas y dos mulas, más tarde cuatro vacas, todo perteneciente a la misión, a la que llegaban a las once de la mañana.

Eran las cuatro de la tarde y no había noticia de la india mensajera, así que se interrogó formalmente al indio apresado y a dos de las indias que quedaban, la tercera era ciega, y por tanto, no se la interrogó, al no tener conocimiento de los parajes que solían habitar los enemigos. El alférez Francisco de Acuña, de la compañía volante del capitán Gironza, hizo las veces de intérprete al dominar la lengua pima. El soldado Cristóbal Granillo hizo de intérprete en lengua ópata. También debían estar presentes dos indios de dichas naciones en función de testigos. Al ser todos ellos cristianos, se les hizo jurar por Dios nuestro señor y la señal de la cruz, formalismo usado en aquellos tiempos.

> *Y en conformidad de lo dicho, hicimos traer ante nosotros al indio pima preso con un par de grillos, al cual se le preguntó por medio de los dichos intérpretes, si era cristiano o gentil. Dijo ser cristiano y que se llamaba Xavier y lo había bautizado el padre Eusebio Francisco Kino en el pueblo de Nuestra Señora de los Dolores y que es natural de la ranchería del Bosane.*

La declaración del indio Xavier fue enrevesada y larga, y el relato de ella que hace el capitán Fernández en su diario no es fácil de comprender, aunque se puede consultar en su integridad en el documento original. En las primeras preguntas parece que titubeó y contó una historia que no tenía mucho sentido para los interrogadores:

> *Y diciéndole que dijera la verdad, si había él ido con ellos o no, porque en lo que lleva dicho no lleva fundamento. Que sin miedo dijera la verdad, que de decirla no se le haría ningún agravio y de cogerlo en mentira sería castigado, a lo cual dijo que sí había mentido, pero que diría la verdad.*

---

[499] En las misiones el indio fiscal tenía diversas funciones. Persona en la que delegaba el gobernador o alcalde.

A partir de ese momento la historia cambió, el indio dijo que se juntaron hasta diez indios de varias rancherías poniéndose en camino al pueblo de La Magdalena, donde recogieron pedernales para las flechas, y que de allí fueron al pueblo de Nuestra Señora de los Dolores para juntar caballada, en total siete caballos, y que a las mulas las flecharon porque, aunque querían llevárselas también, se apartaban de ellos y no las podían arrear en el camino que ellos querían llevar. Pararon a hacer noche cerca de la ciénaga, donde al día siguiente vieron llegar a los soldados y huyeron.

Informó que en la ranchería donde él vivía había unos veintiocho indios, pero que mujeres había muchas porque estaban todas las viudas y muchachos de los que murieron en la ciénaga años antes, cuando el teniente Antonio de Solís y sus soldados llegaron para castigar a los sublevados. Su ranchería se encontraba en un aguaje de poca agua que, cuando se iba secando, criaba gusanos, y que de allí habían ido a coger trigo, matar carne y juntar caballada a las misiones circundantes.

> *Y habiéndole preguntado que si sabe la causa de haberse alzado los indios de los pueblos y rancherías referidas, y que por qué causas habían muerto al padre Francisco Xavier Saeta en el pueblo de Caborca, y al indio Antonio de nación ópata, mayordomo del padre Daniel Janusque,*[500] *misionero de este pueblo del Tubutama. Y por qué lo habían querido matar a dicho padre, dijo que al padre de este pueblo nunca lo quisieron matar, porque lo querían mucho. Que sólo quisieron matar a los ópatas, que eran tres porque no eran de su nación y porque el Antonio, que era mayordomo de dicho padre, había azotado al caporal*[501] *de esta estancia, que era gentil...*

Parece que una vez más, la espita que encendió la revuelta no fueron las acciones de los frailes sino las rencillas existentes entre indios de diferentes naciones. El caporal que recibió el castigo de los ópatas tuvo que sujetar a sus compañeros para que no matasen también al padre jesuita, diciendo que al fraile *"él lo quería mucho"*, también añadió el declarante que el padre habría tomado la decisión de abandonar la misión porque *"los indios de la zona daban muestras de no quererle, y le mataban las vacas y las bestias"*. Según el indio Xavier, al padre Francisco Xavier Saeta lo mataron los indios del pueblo de Caborca, pero no sabía por qué causa.

El interrogatorio prosiguió y reveló datos interesantes de lo sucedido años antes en la Ciénaga del Tupo. Allí, el teniente Solís, había reclamado que bajasen los indios principales de todas las rancherías a pedir la paz, debían entregar a los cabecillas de la rebelión y serían perdonados. Los indios, a decir del declarante, habían bajado de buena fe, pero no llevaban entre ellos a los cabecillas de la rebelión, quienes habían huido. No se sabe por qué, los soldados mataron a bastantes de los que bajaron y perdonaron al

---

[500] Daniel Janusque nació en 1661 en Pressburg, Bratislava. Entrando en la Compañía de Jesús en 1678. Misionero en Arizpe, Tubutama y San Miguel de Oposura, actual Moctezuma, dónde murió en 1724.

[501] Jefe secundario, cabecilla.

resto quienes, de regreso en su ranchería, unieron fuerzas y fueron a quemar iglesias, casas y los pueblos de Imuris, San Ignacio y la Magdalena.

El levantamiento tenía pues un trasfondo histórico. La expedición encabezada por el teniente Solís años antes, en la que el oficial se extralimitó y contravino las órdenes del virrey de proteger a los indios a toda costa, y emplear la fuerza como último recurso. El oficial fue juzgado y castigado por ello, pero el daño que causó a la Corona fue muy grande, echando por tierra años de trabajo en la consolidación del territorio. La declaración del testigo siguió:

Y habiéndole preguntado, que si sabe que determinación tienen los gobernadores y cabezas de las referidas rancherías que están alzadas, que diga si están para dar la paz o hacer guerra. Dijo que, hace pocos días que se juntaron todos los indios donde fue la pelea, que allí tuvieron tlatole y que todos los gobernantes y capitanes culpaban al caporal, diciéndole que por él se bajan fuera de sus pueblos con sus hijos y mujeres, huyendo por sierras y barrancas sin tener que comer. Que ya tenían noticia de que venían muchos españoles e indios a hacerles guerra. Que por esto les obligaba a irse a las sierras donde morirían de hambre ellos y sus hijos. Que sentían que sería mejor pedir la paz y estar quietos en sus pueblos y rancherías. Y que a esto respondió el caporal, que por qué habían de dar la paz. Que si no eran hombres para pelear con los españoles, que él sabía pelear y que los españoles tiraban un tiro con los arcabuces y luego daban a huir. Y que todos le respondieron: «si eres tan valiente en viniendo los españoles, te veremos como peleas». Y que todos le echan la culpa a dicho caporal de todo cuanto les ha sucedido.

El interrogatorio prosiguió con la declaración de la india María.

En esta estancia del pueblo del Tubutama en 27 días del mes de julio de 1695 años, estando nosotros, los generales en este paraje, como a horas de las seis de la mañana, mandamos traer ante nosotros a la india María presa citada por el indio Xavier en su declaración. Y habiéndole preguntado por medio de los intérpretes nombrados, si era cristiana y es bautizada y de qué pueblo es natural, dijo ser cristiana y que la bautizó el padre Eusebio Francisco Kino en el pueblo de Tubutama de donde dice ser nacida.

La india María ratificó todo lo que había dicho el indio Xavier el día anterior. Al padre Saeta lo habían matado los indios del pueblo de Caborca sin un motivo aparente, mientras huía de su misión. Sobre lo sucedido en la Ciénaga del Tupo dijo que, entre los que habían bajado a pedir la paz, se encontraba un grupo que usaba los ornamentos textiles robados en la misión a modo de taparrabos. El teniente Solís ordenó su arresto y los indios se pusieron en fuga. En la refriega parece que murieron no solo los que portaban los ornamentos sino alguno más. Dijo haber sido testigo de todo lo sucedido y que, en el ataque posterior a los pueblos, participaron todos los indios de la comarca.

Y habiéndole preguntado qué causas o motivos tuvieron para ir a quemar los pueblos e iglesias y casas de Imuris y San Ignacio y la Magdalena, y quienes fueron los que hicieron causas para conseguir la junta de indios. Responde que el gobernador del pueblo de

Bosane envió los tlatoles por todos los pueblos y rancherías diciendo que, aunque a él le habían perdonado los españoles, por haberle muerto a un hermano suyo y a sus parientes en la Ciénaga del Tupo quería coger venganzas, que así era forzoso juntarse para ir a matar a los españoles y quemar los pueblos. Y con este tlatole se juntó la gente de dieci-nueve pueblos y rancherías sin que quedara indio, desde los desnudos hasta los sobas[502] y todos estos contornos. Y que se juntaron en el Araupo y de allí fueron por la sierra que está en frente del pueblo de Imuris. Se descolgaron, y viendo que no hallaron españoles, quemaron la iglesia y las casas, y mataron los ganados menores y mayores que hallaron. Y que de allí, pasaron vía recta el mismo día y quemaron el pueblo de San Ignacio y el de la Magdalena. Que los ganados menores los mataron todos y sólo se aprovecharon de cargar los cueros. Que los ornamentos y cálices y ropa del padre de todas las iglesias lo tienen entre todos hecho pedazos.

Y habiéndole preguntado que si sabe o ha oído decir que el padre de esta misión y el de Caborca les hicieron algunas vejaciones a ellos, a sus mujeres e hijos, o por qué los hacían venir a misa o al rezo si los castigaban mucho. Responde que los padres los hacían trabajar mucho y si alguno faltaba lo solían las justicias azotar y el padre los solía reñir porque no acudían a la iglesia a oír misa ni a rezar, que por esto se enojaban algunos de sus parientes.

Y habiéndole preguntado por qué causa, cuando quemaron los pueblos de Imuris, San Ignacio y la Magdalena, no habían peleado con los naturales de dichos pueblos ni matado a ninguno, grande ni chico, dijo que por qué los habían de matar si eran sus parientes, que sólo el capitán de San Ignacio les decía a los de su pueblo que pelearan con los enemigos pero que ninguno peleó. Que todos se juntaron y estuvieron hablando unos con otros. Que sólo quemaron algunas casas de los cristianos.

Allí seguía el Real a 3 de agosto, esperando que regresaran los mensajeros que habían enviado de entre los indios que tenían presos, quienes portaban mensajes de paz solicitando a los alzados que bajasen de los montes y sellasen las paces con los españoles. La oferta de paz contenía la condición de que entregasen a los cabecillas de la rebelión, que según los testigos interrogados eran el fiscal mayor que era un indio llamado Diego, y el caporal, los dos que habían solivantado a todas las naciones para que se alzaran contra los españoles. Las intenciones parecieron buenas, pero ninguno de los mensajeros regresó.

Tampoco los soldados tenían muchas opciones. De entrar a los montes a castigar a los rebeldes el éxito no estaba asegurado, los bosques eran impenetrables y las sierras no eran aptas para los caballos, y abandonar las riberas del río, y situar el Real en zona más propicia para hacerles la guerra a los indios no parecía recomendable, por la falta de pastos en lugar tan árido. La opción menos mala era la de continuar río abajo hacia el pueblo de Caborca, a 20 leguas, pero tampoco era garantía al haber perdido ya el efecto sorpresa.

Aún tenían en su poder a un indio preso y decidieron enviarle con el mismo mensaje de paz que llevaron los anteriores, pero esta vez se ofreció a ir con él un indio joven,

---

[502] Otro grupo de pimas. Vivían al noroeste de Caborca.

natural del pueblo de la Magdalena que, de cualquier manera y fuera cual fuera la contestación al mensaje, bajaría a comunicarlo.

La situación no era buena para los soldados, ya llevaban muchos días de campaña sin resultados y se hallaban imposibilitados de hacer la guerra como debían, de modo que hicieron una junta de guerra con todos los oficiales de alto y bajo rango para tomar una decisión consensuada. No conocían el terreno, los recursos comenzaban a escasear, tenían a muchos enfermos entre la tropa y los indios amigos, incluido el capellán Agustín de Campos. Y la lista se alargaba cada día por resfriados y fiebres, causados por dormir a la intemperie en un valle tan húmedo y destemplado.

Los últimos mensajeros fueron enviados con el ultimátum de que, de no aceptar las condiciones y resistirse a entregar a los dos cabecillas, se les haría la guerra a fuego y sangre «llevando a cuchillo chico y grande sin reservar sexo ni edad». No parece que fueran a cumplir su amenaza, dada la situación en la que se encontraba el ejército. Lo que sí hicieron fue despachar a catorce soldados con las mulas para que, a la mayor brevedad posible, trajesen una carga completa de harina y otros bastimentos de los que ya andaban escasos.

Los indios se hicieron esperar, y solamente bajaron a pedir la paz los pimas del Bosane, que se unieron a los pimas amigos que iban con el ejército español. Para el día 15 de agosto la situación había mejorado mínimamente, las cargas con alimentos habían llegado y al menos una de las naciones había aceptado la paz. Los propios indios nombraron un capitán general y un gobernador, a los que se entregó el bastón de mando, explicándoles que el bastón representaba al rey y su portador debía ser obedecido como si del propio rey se tratara. También se les dijo que no se les asignaría ningún otro fraile por el momento, teniendo en cuenta que habían matado a los dos que se les había proporcionado. La Corona debía ver convencimiento antes de volver a enviar religiosos.

La petición de entregar a los dos culpables seguía vigente, y los pimas, alegando que no sabían dónde se encontraban, pidieron dos meses para capturarlos y entregarlos vivos o muertos, junto con las joyas y cálices robados en el asalto a las iglesias. Los entregarían al capitán más cercano, o al padre Kino en el pueblo de Los Dolores.

Poco a poco iban bajando al pueblo de Nuestra Señora de los Dolores el resto de las naciones sublevadas. La voz se había corrido sobre la oferta de paz de los españoles y con el paso de los días los ánimos entre los indios se iban calmando. A pesar de ello, todavía quedaban algunos recalcitrantes como los oquitoa, de los que, además, se había recibido noticia de estar acogiendo a los cabecillas buscados.

Los capitanes Terán y Fernández hicieron planes para ir en su búsqueda, en un principio moviendo todo el Real, aunque después, siguiendo el consejo del padre Kino, se dejaría el Real en el pueblo y solo se desplazaría una escuadra. El padre temía que, con la continua llegada de indios de diferentes naciones al pueblo, no todos ellos viniesen de paz y se causase algún problema.

El día 24 formaron una escuadra con lo que había aprovechable. Los soldados enfermos y todo aquel que no estaba en óptimas condiciones se quedó en el Real. El padre Kino había entregado más provisiones y cantado misa, y como a las cuatro de la mañana se dio orden de arrimar la caballada para ensillar, cargar y salir río abajo. Horas después llegaban a una legua del pueblo de Caborca, a donde enviaron adelante una escuadra de soldados para que «*fuesen cortando la tierra*» e inspeccionasen si había rastros.

La escuadra encontró rastros, pero según ellos iban desparramados en diferentes direcciones, y al seguir algunos de ellos, todos se iban juntando después en un arroyo no muy lejano, desde donde después se volvían a desparramar en varias direcciones. Los indios estaban tratando de confundir a los posibles perseguidores. Tras seguir los nuevos rastros, todos se volvían a concentrar en una sierra muy alta, en la que finalmente se perdió el rastro por ser terreno rocoso y de muy difícil acceso. Ante esto, toda la escuadra junta regresó a la Ciénaga de Tupo, que fue rebautizada como Ciénaga de la Matanza.

Los indios parecían cansados de vivir en las sierras, pasando hambre y sed, con sus familias sufriendo penurias, y si habían arrasado los pueblos había sido, en primer lugar, por un sentimiento de venganza por las muertes causadas por el teniente Antonio Solís, pero principalmente porque habían sido arrastrados por los instigadores. Los años que habían pasado reducidos en pueblos, con la administración de los misioneros, habían sido de mucha tranquilidad y crecimiento, y su deseo era volver a vivir en paz. Una vez selladas las paces, se les dio carne y harina y se les despidió para que fuesen a sus rancherías.

El día 31 de agosto se levantó el Real y a las seis de la mañana iniciaron el regreso, y como dos horas más tarde llegaron al pueblo de Tupo, donde vieron en el camino muchas cruces y arcos que habían puesto los indios, quienes salieron muy contentos a recibir a los soldados. Unos alegres por volver a sus casas y otros también, por ver el trabajo realizado y los indios en paz y regresando a sus pueblos. Los soldados siguieron su camino y a las diez de la mañana entraban en el pueblo de la Magdalena.

La primera parte de la misión se había cumplido, no como se esperaba, pero parecía que los indios de la zona habían aceptado las paces y volvían a la obediencia pacífica a la Corona y a la Iglesia. Pero aún tenían pendiente la segunda parte, los janos y sus aliados.

En este momento surgió un problema que afectaría a la misión mucho más de lo que parecía a primera vista. El capitán Terán de los Ríos dijo que «*tenía algunas diligencias que hacer en la provincia de Sonora del servicio de su majestad*», por las que iba a ausentarse junto con algunos soldados cerca de quince días. No lo vio muy bien el capitán Fernández de la Fuente, quien pensaba, con razón, que si se detenían tanto tiempo los indios amigos se irían y los soldados se enfermarían con tiempo tan destemplado allí donde estaban. Las pocas provisiones que tenían se gastarían en la espera y entraría el invierno sin haber tenido ocasión de hacer castigo a los janos.

Fernández no pudo convencer a Terán, que se quedó en la Magdalena con sus soldados mientras Fernández emprendió camino hacia Cocóspera, donde le esperaban cien indios amigos. En el camino pasaron por San Ignacio, donde los indios habían regresado y estaban limpiando y reparando la destrucción en la iglesia y las casas. Mientras el capitán Terán se ausentaba de la expedición, el resto inició el regreso a Janos, haciendo alto en la sierra de Chiricahua a comprobar si aún había indios rebeldes allí.

El día 16 de septiembre, ya con el capitán Terán de regreso de sus diligencias, se encontraban los tres capitanes reunidos en un arroyo que salía de la sierra de Chiricahua *(Fig. 66 Cuadernillo)*. La noche anterior habían enviado al teniente Solís con treinta y seis soldados a inspeccionar la sierra en búsqueda de rebeldes, y en caso de encontrarlos e iniciar pelea debían hacer *«humazos»* para avisar al resto del Real.

De aquella sierra era mucha la humareda que salía aquella mañana. A toda prisa arrimaron la caballada, y mientras ensillaban enviaron por delante a los doscientos indios amigos. La retaguardia cargaría todo y se encaminaría después a la sierra.

Atrás se quedaban treinta soldados con Terán de los Ríos, que se encontraba enfermo. El documento no lo refleja, pero a partir de este momento toda la expedición comenzó a caer enferma. Si Terán de los Ríos, que regresaba de su visita a Sonora, trajo algún virus y contagió a todos, o si los apaches y sus aliados envenenaron alguno de los ojos de agua en su huida, nunca se sabrá, pero junto a la tropa también enfermaron los caballos y mulas, muriendo muchos.

A dos leguas se encontraron a un soldado que venía a dar novedades. Relató que al amanecer habían llegado a una ranchería recién abandonada, desde donde pudieron ver a los indios huyendo por los picachos, y que, aunque les gritaron en lengua suma, no quisieron parar ni responder. En la ranchería encontraron todas sus cosas, no habían tenido tiempo de empacar. Había trastes de huacales, gamuzas y carne de caballos que acababan de matar, también había caballos vivos y un burro, viendo por el hierro que eran animales robados de la misión de Cuquiarachic.

Según dijo el soldado, la escuadra del teniente Solís estaba esperando en la ranchería a que se incorporase el grueso de ejército, y no había urgencia en llegar allí a pesar de los humos que habían alarmado a los capitanes. El mensajero fue enviado a comunicar el mismo mensaje al capitán Terán en retaguardia, mientras el ejército proseguía su marcha poco a poco para no cansar a los caballos y a la gente amiga que iba caminando.

Tras recorrer cuatro leguas llegaron a la ranchería, donde hicieron un alto para que los caballos cogiesen resuello y se incorporasen todos los indios flecheros, que por ser rampas muy empinadas venían todos resoplando. Fue cuando vieron que por un cerro venía bajando un indio al que, ya estando más cerca, le hablaron sin tener contestación. Fue el propio intérprete quien se dio cuenta de que el indio no respondía por ser ciego y sordo.

Más tarde se encontraron con otro indio, al que se le preguntó por la razón de la huida de toda la ranchería, a lo que respondió que la gente se había asustado de ver un ejército tan numeroso y pensaban que venían a castigarles por el robo de las bestias. El indio resultó ser de nación jocome, hermano de un conocido del capitán Fernández. Dijo que algunos de los jóvenes, por tener hambre todo el pueblo, habían ido a robar algunos animales.

> *…le dije yo, dicho general Juan Fernández de la Fuente, que fuera y juntara la gente de la ranchería y que por la mañana, bajara con algunos principales a vernos y hablar en el real, que ya estaba a la boca de la cañada donde él lo estaba mirando. Que no importaba que hubieran hurtado bestias. Que bien podían venir con todo seguro que no*

les haría ningún agravio como no se les había hecho en otras muchas ocasiones que habían bajado de paz. Que, aunque la habían quebrantado muchas veces, atendiendo nosotros a lo que nos mandaba el rey, nuestro señor, les perdonábamos una y muchas veces todos sus delitos. Porque la voluntad de su majestad, que Dios guarde, y nuestra, no era otra que el que se poblasen y viviesen quietos en sus tierras, sustentándose de sembrar maíz, frijoles, calabazas y otras semillas, como lo hacen las naciones amigas de los españoles, y que ellos conocen como son los conchos, ópatas, sobaipures, pimas y otros muchos. A lo cual respondió que todos estaban en hacerlo como se lo habían propuesto tantas veces. Que ya estaban hartos de padecer trabajos y muertes.

El indio fue puesto en libertad para que transmitiera el mensaje, mientras el ejército inició la bajada a donde se encontraba el Real.

En 20 días del mes de septiembre de 1695 años, estando nosotros, los generales Juan Fernández de la Fuente, don Domingo Gironza y don Domingo Terán de los Ríos, en este arroyo de la punta de la sierra de Chiricahua[503] a la parte del norte, habiendo amanecido, por estar muy achacosos de enfermedad nosotros, los generales don Domingo Terán y don Domingo Gironza, sin poder montar a caballo[504] ni atender a cosa alguna por la gravedad del achaque, dijimos a dicho general Juan Fernández de la Fuente dispusiera en todo lo que le pareciera más conveniente al Real servicio. Y yo, dicho general Juan Fernández de la Fuente, aunque me hallaba con la calentura, mandé traer ante mí la india que el día antes había bajado a nuestro real.

La india aportó información muy valiosa, en primer lugar, desveló que los informadores que hasta ese momento habían tenido los españoles habían mentido en sus declaraciones, principalmente en la voluntad de paz de los indios sublevados. También confirmó las alianzas entre janos, jocomes, sumas y mansos, algo ya sabido de todos, pero no así de que los apaches formasen parte de esa alianza, lo que era realmente preocupante. Con respecto a los apaches dijo que los había oído decir que ellos no querían ninguna paz con los españoles, que lo único que deseaban era vengar las muertes y apresamientos que los soldados les habían hecho.

Por cuyas razones di orden que luego, al instante, se previniesen sesenta y cuatro soldados de todas las compañías y se entresacaron de los que estaban buenos, y asimismo cien indios amigos, los más de nación ópata y conchos y algunos pimas, de los pocos que habían quedado de esta nación por haberse huido los demás.

Y habiendo racionado para cuatro días a todos los referidos, di orden al teniente Antonio de Solís que cada soldado llevase tres caballos cuando menos, y que con dicha gente de guerra y la india por guía fuesen a la parte donde decía se hallaba el gobernador de los jocomes, que hiciera por darle de albazo viendo si podía lograr el pasar a cuchillo

---

[503] Podría estar en el actual *Apache Pass*, entre las sierras de Chiricahuas y Dos Cabezas.

[504] Al ser una enfermedad general, podría deberse a beber en algún manantial contaminado de forma natural o intencionada por los indios enemigos. El seco verano hizo que las opciones para obtener agua fueran pocas.

todos los grandes y que de tener noticia de otra ranchería no perdiera la ocasión de lograr algún buen suceso. Que si daba con muchos enemigos en mala tierra donde pudieran necesitar socorro diera un humazo en señal de pedir socorro, y que iría yo en persona a dárselo, aunque fuera con soldados enfermos.

Con esta orden salió dicho teniente a las cuatro de la tarde, y a las siete llegó un soldado que traía a un indio amarrado por las manos. En camino a las rancherías la escuadra había apresado a dos indios que estaban escondidos en un arroyo, y que, a pesar de hacer frente con sus armas y viéndose rodeados por los soldados, finalmente se habían entregado. El teniente pedía que se le cogiera declaración porque en el momento de apresarlo «*se había emperrado y no quiso hablar palabra*».

Y habiendo llamado al intérprete, le pregunté de qué nación era. Y aunque le hablaban en su lengua, no quería responder sino haciendo mil visajes hasta que con cordeles le quise dar tormento, diciéndole le había de quebrar las manos y los pies. Y luego lo había de arcabucear si no hablaba y decía la verdad de que supiera y le fuera preguntado. A lo cual respondió que, si no le hacía mal, él diría lo que supiera. Y habiéndole preguntado de qué nación era y de dónde venía, dijo que era jocome, y que él y otro, hacía cuatro días que habían salido de su ranchería que estaba en el Río de Gila…

Dos días más tarde aún no se tenía noticia de la escuadra del teniente Solís y la preocupación se hacía notar en el Real, donde se hacía guardia de día y de noche por ver si se descubría algún humazo.

Al fin, el 23 de septiembre llegaron al real los capitanes de los indios amigos, que se habían adelantado a la escuadra. Traían buenas noticias para los capitanes españoles, la escuadra había llegado a la ranchería de los jocomes, donde se había organizado una gran pelea en la que murieron algunos indios y habían apresado muchas mujeres y muchachos, sin haber sufrido ninguna baja. Solamente se habían perdido algunos caballos. No habían llegado al Río de Gila, que era el temor que tenían los mandos, y venían en camino al Real, bastante lentos por el grupo de prisioneros que traían.

…a las dos de la tarde fue llegando a este real dicho teniente Antonio de Solís, quien entró marchando en forma de campo, hechas dos filas a la larga y en medio la chusma, y por los costados toda la gente amiga, quienes traían algunas cabelleras de los indios que habían muerto, que es la seña de su victoria, y entraron dando muchos alaridos y los soldados haciendo salva con los arcabuces.

El retraso en volver al Real se produjo porque el indio que habían apresado los había engañado y guiado de cerro en cerro para no llevarlos hasta la ranchería. El juego duró hasta que uno de los soldados vio a lo lejos a dos indios, y siguiéndolos toda la compañía se toparon con la ranchería que buscaban.

Entre los doce muertos en la batalla se encontraban el gobernador de la ranchería, algunos jocomes y varios apaches. Otros muchos escaparon por entre las rocas y los árboles. Entre los apresados había tres hombres adultos y dos mujeres de avanzada edad.

Todos fueron interrogados y de las declaraciones se determinó que estas dos mujeres eran las hechiceras y responsables, en gran parte, de que los jocomes formasen parte de la rebelión, por la influencia que ejercían sobre el gobernador. Tanto las hechiceras como los tres hombres adultos fueron ejecutados. Tras morir arcabuceados los colgaron en una horca para castigo y temor de los que los viesen.

Había también dos indios suma entre los apresados a quienes se perdonó la vida, con la misión de ir a su ranchería y entregar un mensaje a su gobernador. Si pedían la paz y se reducían a pueblos no los atacarían, pero si permanecían en rebeldía se les castigaría al igual que se había hecho con los jocomes.

> *Y aunque se hallaban muy enfermos dichos generales don Domingo Terán y don Domingo Gironza y otros muchos soldados españoles y gente amiga, sin embargo, determinamos salir marchando de este paraje, para lo cual mandamos arrimar las caballadas a el Real. Y por no poder andar a caballo dicho general don Domingo Terán, por ser mucho su achaque, le mandamos hacer un tapeste[505] a modo de andar para que en hombros de los indios amigos pudiese ir con algún descanso.*
>
> *Y habiendo cargado todas las cargas de bastimento y montados a caballo todos los soldados, despachamos por delante al teniente Antonio de Solís para que con veinte soldados fuese reconociendo las cañadas y arroyos de dicha sierra de Chiricahua hasta llegar al puerto que está entre dicha sierra y la de las Animas, que de dar con algún aguaje nos avisase siendo suficiente para la gente y caballada de este campo.*
>
> *Y que fuese con cuidado por si se topaba de improviso con algunos enemigos. Que procurase cogerlos vivos o muertos y que de tener muchos, nos diese aviso haciendo un humazo. Y que de no haber dado con agua ni con indios hasta haber llegado a dicho puerto, dejase allí un soldado y que prosiguiese con toda la escuadra de soldados hasta ver si en los arroyos de dicho puerto, que caen a la parte del oriente, hallaban agua, que de todo nos avisase (Fig. 69 Cuadernillo).*

Al otro lado del puerto encontraron agua, no en mucha cantidad, pero suficiente para todos. No parecía haber más aguada en muchas leguas a la redonda y el sol ya se estaba poniendo, además, los enfermos venían muy *«descaesidos»* y muchos se habían tirado en el camino al no poder caminar por el frío y la fiebre. La acampada era obligatoria en esas condiciones. Al lugar lo bautizaron como Puerto de San Felipe[506] y se encontraba entre la sierra de Chiricahua y la de las Ánimas.

Al día siguiente, 25 de septiembre, a las seis de la mañana, mandaron arrimar las caballadas y salieron marchando con intención de ir a hacer noche en unos ojos de agua que estaban al pie de un cerro, entre las sierras de las Ánimas y la de Santa Rosa,[507] para desde allí adelantar espías al río de Gila y a la ciénaga y arroyos de Santa Rosa.

---

[505] Parihuelas, armazón con dos palos y una lona o tablas que los une para llevar una carga a hombros.
[506] Actual *Apache Pass*.
[507] Actual sierra del Pinaleño, unos 80 kilómetros al noroeste.

Los planes se empezaron a torcer cuando al llegar a los ojos de agua, estos se encontraban secos. El capitán Fernández, con una escuadra, se adelantó al Real, en búsqueda de alguna aguada, pero pronto llegaron a él dos soldados para decirle que los capitanes Terán y Gironza venían muy enfermos, tanto que Terán de los Ríos estaba recibiendo la extremaunción del padre capellán. Allí pararon porque el estado de gran parte del ejército, incluyendo los indios amigos, era lamentable. Los pocos sanos fueron a buscar agua con tinajas a lo alto de la sierra, consiguiendo dar agua a toda la caballada con mucho trabajo.

Al amanecer del día siguiente se tomó la decisión de dar media vuelta, viendo la imposibilidad de llegar al río Gila[508] y la sierra de Santa Rosa. La situación sanitaria era tan mala que no había soldados sanos para la guardia y cuidar la caballada. A doce leguas hacia el este llegaron a los ojos de agua de San Simón, donde hicieron mansión por algunos días, tratando de recuperar a hombres y animales. Todavía aguantaba el capitán Terán, aunque todo hacía ver que estaba viviendo sus últimos días. Echaron todo el día en el camino, llegando de noche a destino. Muchos de los indios enfermos se quedaron en el camino por no poder caminar jornada tan larga y dura.

Los ojos de agua de San Simón[509] se encontraban en medio de las sierras de Chiricahua, San Bartolomé y las peñas de Alonso Peres, lo que no era nada tranquilizador porque era territorio de los apaches y las demás naciones rebeldes. Algunos enfermos sanaban, otros morían. La noche del 28 enterraron a un indio amigo.

Durante los días que estuvieron allí enviaron escuadras a los cuatro puntos cardinales para tener buen conocimiento del territorio, ver si había algún enemigo y, principalmente, planificar el regreso sin ser sorprendidos en una emboscada. Una de las escuadras llegó hasta el lugar en que, dos meses antes, se habían firmado las paces con los indios de la ranchería de Bosane, sin ver a ningún indio ni rastro fresco de ellos. La declaración del cabo a su regreso fue demoledora, le parecía que, en cuanto los soldados abandonaron el lugar para dirigirse a la tierra de los pimas, los indios que habían prometido la paz y reducirse a pueblos habían incumplido su palabra, regresando a sus rancherías en el monte y a la rebeldía. Todo el esfuerzo había sido en vano.

Todo empezaba a encajar. Tanto las declaraciones de los apresados como los rastros que iban encontrando en los caminos decían que todas estas naciones se estaban trasladando al Río Gila, donde se aglutinaban en torno a los apaches.

El capitán Fernández de la Fuente se lamentaba:

> *…el habernos dado la paz fue por hallarse oprimidos de las armas y del hambre. Y luego que pasamos a hacer la guerra a los pimas rebeldes, volvieron a hacer los robos que son públicos como lo han hecho muchas veces que han dado la paz, no guardándola más*

---

[508] Probablemente en los alrededores del actual Safford, Arizona.
[509] En el actual Ciénaga Ranch, en el valle de San Simón, unos 40 kilómetros hacia el este.

tiempo que el que tienen presentes las armas, por lo cual sentimos son dignos de hacerle la guerra a fuego y sangre como ellos la hacen y han hecho por tiempo de catorce años.

El día 29 se hizo junta de guerra. El motivo, según el diario de Fernández de la Fuente:

…el de hallarse el capitán Terán muy a los últimos de su vida y tan privado que por sí no puede dar su parecer, aunque en lo poco que habla y se le entiende dice que, respecto a hallarse muy fatigado y tener toda la gente de su cargo muy enfermos, conviene que se retiren las armas. Esto se le ha entendido y aunque dice lo firmará, no puede según se halla.

En la junta estaban presentes todos los oficiales, se juntaron en la tienda del capitán Gironza Petriz de Cruzatti y todos fueron dando su opinión libremente sobre lo que se debía hacer a continuación. La pregunta que obligadamente se debía contestar era la de si se podía persistir en buscar a los enemigos o no. Teniendo en cuenta que las órdenes venían del rey y el cumplimiento del deber en cualquier ejército español era sagrado, era muy necesario dejar por escrito, de forma consensuada y unánime, las razones por las que se fallaba en dicho cumplimiento.

El alférez Villegas hablaba en nombre del capitán Terán para decir que llevaban cinco meses fuera de sus presidios y se hallaban faltos de todo mantenimiento. De su compañía, había veinticinco soldados muy enfermos, además del capitán y él mismo, y solo nueve soldados podían ser de algún servicio.

El cabo Nicolás de la Higuera[510] dijo que, de veinte soldados que tenía a su cargo de la compañía del general Manuel de Agramont y Arce, se hallaba al presente con siete de dichos soldados muy enfermos. Que sentía en su conciencia y por la experiencia que le asistía, que se debían retirar las armas hasta tiempo más oportuno de poder hacer la guerra.

Y el teniente Antonio de Solís dijo que según reconocía los muchos enfermos que hay al presente en todas las compañías de este campo, y los indios enfermos que se hallan son muchos y pocos los buenos. Y que todos los gobernadores y capitanes así Conchos como Ópatas y Pimas están aclamando por irse a sus tierras, y que de querer persistir en campaña se huirían como lo han hecho más de ciento y setenta indios de la nación Pima y Ópatas. Y que según lo retirado que consta están los enemigos allá, por imposible se puedan seguir con los pocos soldados que hay buenos, respecto a que para entrar a la tierra de apaches y donde consta estar las naciones rebeldes, era menester que todo el campo se hallase en forma de poderlo hacer para persistir algún tiempo en tierra tan dilatada, y de tanto número de enemigos que se hallarán juntos y en parajes donde no se les pueda ofender sino es con mucho número de soldados españoles y gente amiga. Que según la experiencia que le asiste siente que este campo, según está de enfermos, y que cada día

---

[510] El capitán del Presidio de Sinaloa, Agramont y Arce, había delegado la expedición a Higuera que actuaba como comandante de la compañía.

van a peor y cayendo y recayendo los que están buenos, no se puede levantar para entrar a hacer la guerra a tierra tan dilatada, que esto es lo que siente en Dios y en su conciencia y que este es su parecer...

Tras la junta y por unanimidad se decidió desistir en el intento y retirarse cada compañía a su presidio. El capitán Fernández de la Fuente expresaba sin quererlo en sus palabras el desánimo por lo acontecido. Los rebeldes habían salido reforzados, se temía la pronta venganza por los ataques de los soldados, y a los enemigos se les veía cada vez más numerosos y crecidos al ver que los españoles se iban en retirada. El invierno llegaba, y era precisamente la época más favorable para los ataques indios que se esperaban en las fronteras de Sonora y Casas Grandes.

Esa noche, recibieron la visita en su tienda de uno de los soldados de la compañía de Terán, quien venía a comunicar que su capitán había muerto a esa misma hora. El capitán Fernández se trasladó a la tienda de Terán donde certificó que había muerto de forma natural. Dio orden de vestirlo y fajarlo, y tomó la decisión de no enterrarlo en aquel lugar sino de llevarlo al Presidio de San Felipe y Santiago de Janos a la mayor brevedad, relevando mulas y caballos con siete de sus soldados para que fuera enterrado con honores en la iglesia del presidio *(Fig. 70 Cuadernillo)*. A la una de la madrugada la comitiva se ponía en camino.

Al día siguiente, 30 de septiembre, se hacía el reparto de prisioneros entre las compañías.

> *Y por lo proveído en el auto de arriba sobre lo que resultó de la junta de guerra, como a las once del día, repartimos por iguales partes toda la presa de las cuarenta y tres mujeres y muchachos apresados, apartando primero una muchacha y un muchacho para el señor gobernador y capitán general de este reino, don Gabriel del Castillo, y otra para el general don Manuel de Agramonte, capitán del presidio de Sinaloa y lo demás se repartió entre todas las compañías y entre nosotros dichos generales por iguales partes quedando todos muy gustosos.*

A las dos de la tarde se ponían en marcha. El capitán Gironza con sus soldados por las fronteras de Sonora, y el capitán Fernández con los suyos y los del capitán Terán. Doce horas más tarde llegaba la columna de Fernández a los ojos de agua de Santo Domingo, tras recorrer doce leguas. Allí paró el Real a descansar y esperar a la caballada.

Solo tres horas más tarde volvían a ponerse en marcha. Los indios y soldados enfermos a caballo, por delante, el camino hasta los ojos de agua del Alemán,[511] donde llegaban a medio día, aunque, por desgracia, el agua no era suficiente para la caballada, por lo que tuvieron que proseguir marcha hasta el aguaje del Álamo Hueco, en la sierra del mismo nombre, a donde llegaron a las seis de la tarde tras más de doce leguas de

511 Manantiales en la sierra de Álamo Hueco, al suroeste del Nuevo México.

camino. Al día siguiente recorrieron otras doce leguas hasta el aguaje de la Palotada, y finalmente, el 3 de octubre de 1695 y tras recorrer las cuatro leguas que faltaban, llegaron al Presidio de San Felipe y Santiago de Janos.

Los apaches venían siendo más que una molestia desde el momento del primer contacto, cuando probablemente fueron ellos los que acabaron con Estebanico el negro y sus 300 acompañantes, allá por 1539. Con la conquista del Nuevo México en 1598 pasaron de ser una molestia a un problema en crecimiento, y tras un siglo de enfrentamientos eran ya la principal amenaza para los españoles en Norteamérica, situación que pondría en peligro la propia existencia del virreinato en su frontera norte y que estaría presente hasta el final de la presencia española en estas tierras.

LA RECONQUISTA DEL NUEVO MÉXICO (1692-1697)

Mientras se ponía fin a la revuelta de los pimas, se llevó a cabo la reconquista del Nuevo México que, tras la revuelta de los indios pueblo en 1680, se había perdido de forma humillante. Como ya se veía anteriormente, la colonia española se instaló en El Paso, esperando a que se hiciera algo para recuperar los territorios perdidos, pero eso no era una tarea ni mucho menos sencilla ni barata, y la Caja Real se encontraba exhausta, algo nada fuera de lo común en esta zona del Imperio español.

El impuesto real para todas las actividades, sobre todo las minas, era el denominado quinto real, aunque con el objetivo de incentivar el asentamiento en los territorios era habitual que, durante un tiempo, el impuesto se redujese al décimo o al veinte[512], o incluso se llegase a la exención del pago durante un periodo de 10 o 20 años, sobre todo si eran indios. De una forma u otra, parece que las arcas reales nunca estuvieron sobradas, y los presidios, las misiones y el presupuesto de paz y guerra se llevaban cualquier posible ingreso en cada gobernación.

Diego de Vargas Zapata Luján Ponce de León Zepeda Álvarez Contreras y Salinas, marqués de la Nava de Barcinas, fue nombrado gobernador del Nuevo México por el virrey Gaspar de la Cerda Sandoval, conde de Galve. Su mérito fue mostrarse dispuesto a pagar por la reconquista *(Fig. 68 Cuadernillo)*. En febrero de 1691 llegaba a El Paso del río del Norte para hacerse cargo del puesto de gobernador. Además del dinero parece que tenía una mayor comunicación con el virrey de la que había tenido su antecesor, Gironza Petriz de Cruzatti, quien pudo cometer el error de solicitar dinero de forma continua, y no había peor prensa que esa en el virreinato.

En agosto de 1692 Diego de Vargas, a su propia costa, organizó y lideró la expedición de reconquista.[513] Mas que una reconquista física, lo fue diplomática. En un principio el objetivo era inspeccionar el territorio, ver la animosidad de los indios y las posibilidades de llevar a cabo una reconquista real. Durante cuatro meses anduvieron por las otrora poblaciones españolas, reconociendo el terreno y haciendo diplomacia.

---

[512] El cinco por ciento.

[513] *The Vargas Project*, University of New Mexico, John L. Kessell, ed., «Remote beyond Compare».

Fue un éxito que se basó en las dotes negociadoras de Vargas, quien se ganó la confianza de algunos de los lideres locales en los pueblos de mayor importancia de la región.

Sin duda, también ayudó que la antigua alianza de naciones indias que había expulsado a los residentes españoles, hacía años que se había roto por la rivalidad en el liderazgo. El indio Popé había encarado el camino de la dictadura y fue repudiado por la mayoría de los capitanes indios. Por otra parte, los pueblos estaban cada vez más acosados por los apaches y veían con buenos ojos la alianza con los españoles y su fuerza militar, que para este viaje estaba compuesta por cincuenta soldados presidiales, diez vecinos armados, y un centenar de indios auxiliares de nación pueblo que habían permanecido fieles a los españoles durante la revuelta de 1680.

La buena nueva de la reconquista viajó desde Santa Fe en un correo el 16 de octubre de ese año, primero a El Paso y de allí a Ciudad de México, a donde el mensajero Diego Varela de Losada llegó el 21 de noviembre de 1692, lo que supuso una gran labor propagandística, ya que Vargas consiguió el apoyo de la Corona con 40.000 pesos, sin haber conquistado realmente el territorio. Esta fue una reconquista simbólica, la real tuvo un coste mucho mayor en sangre y esfuerzo y se llevó a cabo al año siguiente.

Con el dinero conseguido de la Corona, Vargas pudo reunir a una centena de soldados con familia, la mayoría reclutados para la ocasión, como siempre se hacía para repoblar el territorio. No tenían experiencia militar, pero con la ayuda de algunos veteranos pronto la obtendrían. En total iban setenta familias y una cantidad no especificada de indios auxiliares. También formaban parte del grupo dieciocho frailes franciscanos.

Aunque algunos de los exiliados en 1680 decidieron regresar al Nuevo México, los más de doce años que habían pasado provocaron que muchos de los primeros pobladores se hubiesen reubicado en otras zonas, principalmente en la Nueva Vizcaya. Por lo que para la reconquista se reclutaron nuevos colonos, y entre ellos tres viejos conocidos, los franceses L'Archebeque, Grollet y Pedro Muñí que, tras la reconquista, se establecerían en Santa Fe como soldados del presidio. Todos juntos salieron hacia el norte desde el pueblo de Nuestra Señora de Guadalupe de El Paso del Norte el día 4 de octubre de 1693.

Siguiendo corriente arriba el río Grande se separaron de él por la difícil ruta de la Jornada del Muerto. Este atajo ahorraba varias jornadas al viaje, aunque la falta de agua en su recorrido lo hacía difícil y había que transitarlo en temporadas menos exigentes de calor. Tras superar esta dificultad llegaban a la primera población, y ya se veía entonces que la buena actitud de los indios un año antes se había disipado. Quizá esperaban únicamente apoyo militar contra sus enemigos, pero cuando vieron llegar una expedición relativamente grande, se temieron que el reparto de tierras y recursos no les fuera favorable y se repitiesen las condiciones que provocaron la revuelta doce años antes.

Esta fría recepción no fue lo peor que afrontó Vargas. En la villa de Santa Fe, y en el palacio del gobernador, se atrincheraron los teguas y los tanos, quienes se negaron a rendir el asentamiento. Vargas asentó el Real:

> ...en el paraje que llaman Camino de Cuma a la falda del monte... como a dos tiros largos de escopeta de la villa de Santa Fe... habiendo visto las incomodidades del tiempo

de nieves y el riguroso invierno que con tanta fuerza va entrando, y que la vecindad que el señor gobernador y capitán general ha conducido hasta este puesto, y que hombres, mujeres y niños están a pique de perecer todos sin albergues ni chozas donde poder reparar lo riguroso del tiempo, y hallarse hoy los indios apostatas del pueblo de Galisteo, apoderados de las casas reales, habiendo demolido la iglesia hasta los cimientos y todas las demás casas de los españoles...[514]

Vargas invirtió dos semanas de negociaciones sin ningún éxito, durante las cuales el adelanto de los fríos y la nieve provocaron que más de veinte pobladores muriesen por congelación, la mayoría niños de corta edad.

En veinticuatro días del mes de diciembre... precisado de reconocer lo riguroso del temporal y de los clamores de la vecindad de este dicho campo... vino el reverendo padre custodio con sus religiosos diciéndome que era mucha la enfermedad y que las criaturas a toda prisa se iban muriendo, que ya iba veintidós enterradas que su paternidad reverenda también se hallaba muy malo... que era insufrible el temporal que de no tener reparo dicho campo de vivienda era imposible conservarse...

No hubo lugar para más diplomacia. El gobernador ordenó el ataque para el que contó con el apoyo de 140 guerreros pecos que llegaron ese día y que estaban en guerra con los indios atrincherados:

En veintinueve días del presente mes de diciembre... habiendo los indios de dicho pueblo amurallado amanecido en él, constantes en su rebeldía... diciendo a voces que en breve llegarían de todas partes en su favor y que sin reservas a ninguno nos matarían y que a los religiosos los tendrían algún tiempo por sus esclavos, haciéndoles cargar leña del monte y que después los matarían a todos como lo hicieron la vez primera...

Y serían ya las ocho poco más cuando habiendo ya remudado caballos todos y repasado la dicha gente de guerra y a los demás pobladores que igualmente tomaron las armas, se les amunicionó y vino el reverendo padre lector fray Diego Reynos y a todos hizo una breve plática... que oímos de rodillas, y habiendo repetido el acto de constricción nos echó la absolución... y montando a caballo todos, y el alférez del real estandarte llevando en él la efigie de nuestra señora de los remedios... dando orden yo, dicho gobernador y capitán general, llegando a la línea y paraje proporcionado para romper la guerra... y apenas nos vieron cerca cuando repitieron los dichos enemigos sus furiosas cargas, así de jaras y flechas como de muchas piedras con hondas que tiraban, con alaridos que me obligó luego a decir a dicha gente: Santiago, Santiago mueran estos rebeldes.

La mayor parte del escuadrón desmontó de sus caballos, no eran de ninguna utilidad cuando de asaltar una muralla se trataba. Una parte del ejército se lanzó a tomar los baluartes, y la otra a tomar las fortificaciones y trincheras. Estos últimos consiguieron

---

[514] Documento *en The Huntington Library*, San Marino, California; *Ritch Collection*: MS. RI25, fols. 87r-130v.

tomar una de ellas, la que daba al torreón principal, y tras ello, con escalas intentaron subir al torreón, amparándose en las adargas y chimales. Los honderos y arqueros estaban poniendo muy complicado el asalto, de modo que el gobernador dio orden de romper la puerta principal, para lo que no fueron muy eficaces las hachas que llevaban, aunque sí consiguieron hacerle algunas aberturas, de modo que la prendieron fuego. Operación nada fácil ya que desde las troneras los indios lanzaban flechas que provocaron cuatro heridos. Se hizo lo mismo con la otra puerta del recinto, lo que dio acceso al interior, aunque este estaba defendido desde unos parapetos altos y amurallados desde los que los defensores tenían ventaja sobre los atacantes.

Eran las cuatro de la tarde cuando se tuvo noticia de que a los defensores les llegaban refuerzos desde sus pueblos. Hacia allí fueron tres escuadras de soldados con los aliados pecos, que les hicieron abandonar la idea de llegar hasta el palacio sitiado, con una carga en la que mataron a cinco enemigos. Aunque no por ello abandonaron, y después de una hora volvieron a organizarse, siendo repelidos nuevamente con otra carga de caballería que acabó con cuatro enemigos, poniendo en fuga al resto.

Caída ya la noche el asedio continuaba, intentando que no se escapase ninguno de los enemigos atrincherados en el palacio del gobernador. Nadie durmió. Desde fuera los soldados disparaban a los de dentro en la oscuridad. Uno de los disparos dejó malherido al capitán indio y a otros muchos defensores. Esto, unido al cansancio, hizo

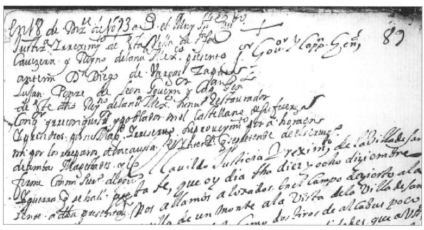

En 18 de diciembre de 1693 años, el muy santo cabildo, justicia y regimiento de esta villa de Santa Fe, cabecera y reino de la Nueva México, presentó ante mí, don Diego de Vargas Zapata Luján de Ponce de León, gobernador y capitán general de este dicho reino de la Nueva México, su nuevo restaurador, conquistador y reconquistador, y poblador de él, castellano de su fuerza y presidios... Así reza el documento inicial por el que Diego de Vargas daba cuenta de lo sucedido en la reconquista del Nuevo México en 1693. Documento en la Biblioteca Huntington, en San Marino, California; dentro de la Ritch Collection: MS. RI25, folios 87r-130v.

que a punto de amanecer los soldados se las ingeniasen para subir al torreón principal y rendir la plaza.

En el torreón se izó el estandarte con la virgen de los Remedios y una bandera, y se instaló una cruz. Los prisioneros fueron desalojados y se registraron todas las dependencias del recinto. Vargas dice que salieron *«cincuenta y cuatro gandules»* junto con el malherido capitán Antonio Bolssa, condenando a todos los hombres adultos a la pena de muerte.

A las dos de la tarde de ese día los centinelas divisaron a lo lejos a un grupo muy numeroso de gente de los pueblos, que se encaminaban al presidio. El gobernador dio orden de montar a ochenta de sus soldados. El resto de los pobladores y familias rápidamente recogieron sus cosas y carros, y los metieron en el palacio del gobernador, ocupando las dependencias en las que aún apareció algún indio más, siendo ejecutado también, lo que elevó la cuenta a setenta ajusticiados y nueve muertos en la refriega y dos que se suicidaron ahorcándose. La comitiva que se acercaba a Santa Fe para ayudar a los sitiados se dio media vuelta al comprobar que la plaza había caído en manos de los soldados.

Las mujeres y niños fueron condenados a diez años de servidumbre, al término de los cuales debían ser establecidos en pueblo y adoctrinados en la fe católica. De modo que fueron repartidos entre los pobladores y soldados, para que cada uno se hiciese cargo de unos pocos a los que pudiese controlar. La entrega tenía condiciones, como que no podían estar encadenados en forma alguna sino libres. Debían tratarlos bien o perderían el derecho sobre ellos y serían entregados a otra persona. Tenían que llevarlos a presencia del fraile dos veces al día, mañana y tarde, para ser educados y adoctrinados, encargándose estos de velar por que los indios fuesen bien tratados, y denunciar a quien no lo hiciese. El intercambio o venta de los indios estaba prohibido, *«pues solamente les doy el uso de su servicio, no la propiedad»*. Finalmente les prohibía también sacarlos de la provincia. *«Quedaron en dicha forma por ahora seguros y amparados en sus mismas casas, y sustentados sin tener desamparo ni maltratamiento, sino antes bien en el todo con toda atención asistidos de los dichos, sus amos»*.

Tras ello, de todas las casas se sacaron y juntaron las semillas que en ellas había almacenadas. De las que se hizo un reparto proporcional para que, llegada la primavera, pudieran hacer la siembra. Había maíz, frijoles, habas y algo de lenteja.

Tan solo un día después llegaban noticias de que los xemes y los queres se habían aliado con los apaches navajos para, en el plazo de cuatro días, atacar todos juntos a los españoles, acabarlos y quedarse con toda la caballada y el ganado. La comunicación entre unos y otros se hacía intercambiando un trozo de tela o cuerda en el que se hacían nudos, uno por cada día hasta el momento de la asonada. Parece que de esa forma intentaban mantener en secreto el complot, lo que no sabían es que algunos pueblos eran aliados de los españoles y les iban a informar de sus planes.

Los diversos pueblos indios estaban desunidos, enfrentados entre ellos. Los rebeldes habían subido al pueblo de Taos, el más norteño de todos, y amenazaban ahora a los cercanos pecos con acabar con ellos, por haber ayudado a los españoles. Juan, el capitán de los pecos, llegaba al palacio del gobernador el cuatro de enero, tan solo unos días después de la victoria española, a pedir ayuda a Vargas, quien dio orden al capitán Roque Madrid que, con treinta soldados, fuerza suficiente, fuera a ayudar al capitán pecos. Tras la pacificación, el Presidio de Santa Fe se estableció formalmente.

La resistencia encontrada en Santa Fe prometía reproducirse a lo largo de todo el territorio y alargarse en el tiempo durante años, y lo conseguido pendía de un hilo. Las pérdidas ocasionadas por la revuelta de 1680 fueron tan grandes que la Corona no podía permitirse el lujo de caer en los mismos errores. Para esta segunda colonización se tuvo especial cuidado en no ofender a los fieles pueblo, con los que había que llegar a alianzas que permitieran la defensa de los asentamientos frente a los indios enemigos.

Pero el hombre propone y Dios dispone. Cualquier población necesita provisiones, y las que llevaron los españoles no eran suficientes para aguantar un año hasta tener la primera cosecha, de modo que, no tardando mucho, tuvieron que volver a esquilmar las despensas de los indios, y como no podía ser de otra forma, se produjo el enfrentamiento.

Para empeorar las cosas, el 23 de junio de 1694 un grupo grande de pobladores españoles y sus familias llegaban a Santa Fe, tras nueve meses de viaje desde la Ciudad de México. Casi 220 personas entre niños y adultos, que eran esperados ansiosamente por los primeros pobladores llegados meses antes, quienes no veían el momento de recibir refuerzos para mantener la provincia. Casi 2.500 kilómetros de marcha, el camino real de Santa Fe, también llamado de Tierra Adentro, fue cubierto en su totalidad.

Hacia el final de aquel año de 1694 Vargas había restablecido la autoridad en los pueblos, a excepción del norte, en la siempre rebelde Taos y en Picurís, y en la zona oeste en Acoma los pueblos zuñi y los hopi, donde se refugiaban los que huían de los españoles.

El 9 de mayo de 1695 otras cuarenta y cuatro familias llegaban de la Nueva España para reforzar la presencia española entre los pueblo. Estando en posición de fuerza, el gobernador Vargas expropiaba las tierras de cultivo de muchos indios para entregárselas a los nuevos colonos, le había costado mucho encontrar voluntarios para poblar el territorio y no estaba dispuesto a dejarlos caer por falta de tierras. Además de ceder las tierras, el aumento de la población requería aún más provisiones de las despensas indias, y por encima de todo eso, aquel invierno fue tremendamente duro.

Los frailes fueron los primeros en percatarse de los planes para una nueva rebelión, dando la alarma al gobernador Vargas, quien no dio mucho crédito a los religiosos, pensando que tenía todo muy bien atado.

El 4 de junio de 1696 un nuevo levantamiento se llevaba las vidas de cinco frailes y veintiún pobladores. Pero el gobernador Vargas no era un mal estratega después de todo, tratando muy bien a la mitad de los pueblos de la zona, Pecos, Tesuque, San Felipe, Santa Ana y Zía, que se mantuvieron fieles, consiguió que la revuelta no ganase adeptos. Con los guerreros de estos pueblos fieles pacificó a los rebeldes. Tras seis meses de enfrentamientos fue capaz de controlar totalmente la zona en 1697. Por otra parte, esta revuelta había sido instigada por los capitanes y chamanes de esos pueblos, y ni siquiera sus propios vecinos estuvieron realmente convencidos de ello. Tras la pacificación, Vargas dejó su cargo.

Tampoco esta paz fue definitiva, ya que, como reconocía el diputado en Cortes por Nuevo México, Pedro Baptista Pino, en 1812, «*el Nuevo México lleva 118 años de continuas guerras con las 33 naciones de gentiles que la rodean, y no ha perdido hasta ahora un palmo de tierra de sus límites*».[515]

Solo diez años después de esto, en 1707, los colonos que acompañaron a Vargas se encontraron con un panorama pobre, con escasez de provisiones, con la amenaza constante de los nómadas apaches y la de un nuevo alzamiento de los pueblo. Esta preocupación era compartida por el gobernador de la provincia que, como era la norma, pedía una junta de guerra con los principales capitanes del reino.

> *En la villa de Santa Fe,[516] cabecera de este reino y provincias de la Nueva México, en 3 días del mes de octubre de 1707 años, el almirante don Joseph Chacón Medina Salazar y Villaseñor,[517] caballero del Orden de Santiago, marqués de la Peñuela, gobernador y capitán general de este reino y provincias de Nuevo México, castellano de sus fuerzas y presidios por su majestad.[518]*

Así comenzaba la carta con la que el gobernador del Nuevo México emplazaba al capitán del Presidio de El Paso, Antonio Valverde y Cosío,[519] y a otros oficiales a una junta de guerra en la que evaluar las medidas a tomar en la solución del problema apache. En palabras del gobernador, «*aquella jurisdicción se halla sumamente invadida de las naciones apaches enemigas, que continuamente han estado hurtando las caballadas y ganados, de dicha jurisdicción*».

Y como todo en el Imperio español debía quedar registrado, de acuerdo a la mayor burocracia que han dado los tiempos, en la junta de guerra el escribano jurado tomó buena nota de las respuestas de cada asistente. Así, Juan Páez Hurtado[520] decía lo siguiente:

> *…soy de parecer que para refrenar el orgullo, avilantez y osadía con que los innumerables indios infieles de la dilatadísima nación apache, hostilizan todos los pueblos de este reino, continuamente entrando los de El Paso del río del Norte con muchas muertes,*

---

[515] Pedro Baptista Pino y Juan López Cancelada. *Exposición Sucinta y Sencilla de la Provincia del Nuevo México y Otros Escritos*. Editor Jesús Paniagua Pérez et al. (2007). Universidad de León.

[516] Santa Fe fue capital del Nuevo México de 1610 a 1680. En 1693 la capitalidad retornó a la población.

[517] El almirante Joseph Chacón Medina Salazar y Villaseñor, marqués de la Peñuela, al frente de 1707 a 1712.

[518] El documento se encuentra en los Archivos Españoles del Nuevo México. Rollo 4, diapositivas 48 a 61.

[519] El general Antonio Valverde y Cosío llega al Presidio de El Paso en 1699. Le dieron el rango de general en 1710, y desde 1717 a 1722 fue gobernador del Nuevo México.

[520] Juan Páez Hurtado llegó con la reconquista y sirvió como capitán del Presidio de Santa Fe. En 1717 se hace cargo del Nuevo México como gobernador.

en los españoles e indios cristianos, robándoles los pocos ganados y caballadas con que se mantienen, hallo por conveniente, el que los cien soldados presidiales se forme dos escuadrones de a treinta soldados cada uno, con cabos de satisfacción y experiencia, con igual número de indios amigos cristianos para que se alternen el uno y el otro, para seguir a dichos enemigos apaches y castigarles su audacia cuando venga a ejecutar lo ya referido. Y si acaso vinieren por dos partes a un tiempo, como de ordinario sucede, por divertir las armas, pueden seguirlos cada cabo por su rumbo para que por este medio tenga esta vecindad el alivio en la seguridad de sus ganados, dejando para resguardo de la caballada del presidio los cuarenta restantes para las demás urgencias que cada instante se ofrecen.[521]

Los apaches estaban formados por diversas tribus, aunque no está claro si eran un mismo pueblo con distintas ramas o una alianza. En la lengua hablada por los zuñi, apache significaba «el enemigo». Todos tenían en común la lengua, denominada atabascana. Entre todos ellos, los navajo, primos de los apaches, fueron reducidos en una reserva en los mismos territorios que ocupaban ancestralmente. Otras tribus como los faraones en cambio eran nómadas, aunque su territorio estaba al este del río Grande. Los gila vivían al oeste, en el río Gila, y eran los más desconocidos para los españoles, salvo por alguna refriega que tuvieron con ellos a finales del siglo xvii.

El día 22 de septiembre los apaches faraones atacaron el pueblo de los pecos, el pueblo de indios más grande de la provincia. El enemigo juntó ciento cincuenta guerreros, todos a caballo, y en el ataque lograron matar al gobernador y a otros dos indios, dejando uno muy mal herido, a lo que siguió el saqueo del pueblo como era su costumbre. En su alcance salió el capitán Juan Paz Hurtado con treinta y seis soldados y ciento treinta caballos, cabalgando sin descanso tres días con parte de sus noches, y ni con esas pudieron darles caza porque les sacaban dos días de ventaja.

Sin éxito, la tropa debió regresar al presidio *«con la caballada maltratada»*. El daño a los animales fue tan grande que el capitán dudaba que pudieran recuperarse en todo el invierno, que en esa zona era siempre muy riguroso por sus hielos y nieves, dificultando la alimentación e incluso la bebida al estar los pastos cubiertos de nieve y los arroyos congelados. Y como toda ocasión era buena para la queja y poner en aviso a los jefes sobre los problemas de la tropa, el capitán no la desaprovechó:

...adelantarles a dichos presidiales a lo menos el sustento, pues la causa de mandar su majestad (Dios le guarde) se paguen los sueldos enteros adelantados y no por tercios, como en los demás presidios de la Vizcaya, fue teniendo consideración verdaderamente católica a que este mísero reino es el último de la cristiandad en este nuevo mundo, falto de todo recurso humano. Pues en las demás partes de esta Nueva España (sea la que fuere) hay vecinos que suplen al soldado, y al caballo y al vestuario y al sustento; pero en éste, el soldado suple al vecino lo que en las demás partes el vecino al soldado. Y de faltarles

---

[521] Documento en Archivo General de la Nación de México, Ramo Historia, Vol. 38, fols. 82r-107r.

con dichas asistencias se imposibilitarán en el real servicio, vendiendo los caballos para mantenerse y vestir su desnudez.

Y si teniendo 450 pesos de sueldo y las municiones, por cuenta de su majestad, no se podían mantener, sin que los señores gobernadores antecesores de vuestra señoría les supliesen cantidades adelantadas a más de su sueldo (cómo lo harán hoy, con dieciocho pesos y seis reales menos de su sueldo[522]) y sin el alivio de las municiones, que su majestad como tan católico de su cuenta les daba a estos el año pasado de 1703. Y no paró aquí la liberalidad de su majestad para con los soldados de este reino, sino que se extendió a darles ración de carne, como a los demás vecinos pobladores, todo el tiempo de la conquista; teniendo presente el excesivo trabajo que padecieron...

La respuesta a la queja llegaba tres años después, en 1707, y aunque no solucionaba el problema, al menos no lo agravaba. Por suerte para los presidiales, aún quedaban muchos años hasta que Rivera llevase a cabo su inspección y posterior reglamento, en el que se produciría un gran recorte en sueldos y complementos, dejando a los soldados poco menos que en paños menores, siendo común tener que vender su equipo para subsistir, como veremos en otro volumen.

A su vez, el capitán Antonio Valverde y Cosío daba su opinión:

...digo, señor, que mi principal sentir es, el que vuestra señoría consulte, al excelentísimo señor virrey de esta Nueva España, el poco avío y corriente con que se hallan las armas de este reino y en especial las de mi cargo. Porque si hasta aquí las he mantenido iguales, como vuestra señoría vio en las muestras que ejecutó al pasar por aquel presidio, ha sido con los cortos créditos que he tenido en la ciudad de México y estos a la fecha de hoy los tengo suspendidos a causa de las cantidades que tengo retenidas en la real caja. Y hacia a esto, que es lo principal, no se da providencia, será imposible aún el mantener la guerra defensiva, de que se seguirán perniciosas consecuencias; pues la experiencia me enseña que, en el enemigo común de este reino, que es la dilatada nación de los apaches, en no haciéndoles oposición, se propasan a sus maldades de robos y homicidios; siguiéndose a esto el que los indios domésticos se inquieten en viendo desflaquecidas las armas, solicitando coligaciones con dichos apaches...

Pero estoy cierto, que siempre que no se viniere con cuidado y estas armas no estuvieren con toda vigilancia y con el avío necesario, podrá correr algún mal contratiempo, y éste, ejecutado, habrá de ser el reparo a fuerza de mayores gastos a la real hacienda, como se practicó el pasado año de 1696, que además de perder los pocos ganados que tenían los vecinos, costó muchas vidas, con las de cinco religiosos. Y estos recelos existirán más prontos mientras se mantuviere en su profanidad y apostasía la dilatada y numerosa nación de la provincia de Moqui[523] que es donde salen los convocos, inducimientos y confederaciones según lo que ha descubierto nuestro conocimiento.

---

[522] Hace referencia a la cantidad que les iban a descontar a cada soldado presidial de la Nueva España para pagar los sueldos de la nueva compañía volante que se creaba en el río Grande.

[523] La provincia de los Moqui parece referirse al territorio de la nación Hopi, situado al noreste del actual estado de Arizona. Fue la nación que más se resistió a la cristianización.

Otro de los asistentes a la junta de guerra, Juan de Uribarri[524] decía lo siguiente:

> *…digo señor, que siendo tantas, tan numerosas y cercanas las naciones que hostili-*
> *zan e invaden este reino y sus jurisdicciones, es imposible el que las armas de él tengan*
> *ni aún moderadas treguas, según el atrevimiento continuo de los dichos enemigos. Pues*
> *ha sucedido (y no pocas veces) acometer por todas partes, obligando a los antecesores de*
> *vuestra señoría proveer diecisiete escoltas a diferentes fronteras, y aun así no ha ajustado;*
> *téngalo de experiencia como capitán que fui de éste y aquel presidio seis años y en ellos*
> *no tuve quince días de descanso. Y esto mismo han experimentado los demás, sucediendo*
> *el que, a la imitación de los infieles, los domésticos de los pueblos hayan intentado todos*
> *los años (menos el antecedente a éste) convocos, inquietudes y sublevaciones, que han*
> *logrado algunas, como se vio los años de 1694 y 1696, con muertes de sacerdotes, seglares,*
> *sacrilegios y robos y otras.*
>
> *…se necesitan de que estén corrientes y aviadas dichas armas para ejecutar con ellas*
> *las operaciones que los tiempos pidieren. Para cuyo efecto podrá vuestra señoría, al exce-*
> *lentísimo señor virrey, representando a su grandeza tan congruentes razones y especiales*
> *motivos para que su excelentísimo y católico celo, mande asistir y pagar a estos pobres*
> *soldados; así de lo devengado y caído, como de lo adelantado que su majestad (Dios le*
> *guarde) les concede.*

Tanto Félix Martínez[525] como Francisco Cuervo y Valdés[526] apoyaron lo ya dicho por los anteriores militares, que a la ya de por sí corta paga, esta tardaba en llegar, siendo el trabajo mucho, lo que parece tenía apesadumbrada y baja de moral a la tropa, cuando no mal equipada por no poder hacer frente a la compra del equipo necesario. Por su parte, el gobernador Salazar dio cumplido traslado al virrey de la situación y las quejas expresadas por los militares en la junta de guerra.

El Presidio de Santa Fe era un presidio peculiar en muchos aspectos. Como otros en la frontera, tenía las mismas misiones y obligaciones, a saber, la patrulla de la frontera, protección de las recuas y cordones, y visitas a los poblados. El principal era el cuidado de la caballada que, en el caso de Santa Fe, era más numerosa que en otros presidios. A eso se dedicaban 30 hombres, aunque, ante la falta de soldados presidiales en número suficiente, se cubrían con contrataciones temporales de civiles. Este presidio se encontraba a más de cien leguas del presidio más cercano, el de El Paso, lo que hacía más que improbable la llegada de ayuda en caso de necesidad. Este fue el motivo de

---

[524] El sargento mayor del Presidio de Santa Fe, Juan de Uribarri, llegó al Nuevo México con la reconquista. Se destacó en la batalla de El Cuartelejo derrotando a los apaches y los picuris pudieron regresar a su pueblo.

[525] Félix Martínez fue reclutado en España por Vargas para reconquistar el Nuevo México. Fue capitán del Presidio de Santa Fe durante muchos años, actuando como gobernador del Nuevo México de 1715 a 1717.

[526] Francisco Cuervo y Valdés fue tesorero oficial en Guadalajara, fundando la ciudad de Albuquerque. Gobernador del Nuevo México de 1705 a 1707.

que contase con una nómina cercana a los cien soldados, mientras que el de El Paso solamente llegaba a cincuenta.

Al igual que en otros presidios, había escasez de hombres y de equipamiento, y las peticiones de ampliación y de refuerzos para cubrir las bajas eran continuas. El viaje hasta la ciudad de México requería meses y el camino era peligroso, los abastecimientos nunca llegaban a tiempo y las quejas por la tardanza en el cobro de los salarios no cesaban. La provincia era mucho más pobre que las otras que formaban la Nueva España, las minas eran inexistentes y los pagos de la nómina provenían de la Caja Real de Chihuahua, lo que provocaba que el pago a los soldados en especie fuese lo más habitual. El mejor pagado recibía 450 pesos por año, y esto no atraía buenos reclutas.

El arsenal nunca estaba bien abastecido y se suponía que tenía que cubrir las necesidades de soldados y colonos. Las armas y pólvora que el reglamento requería no llegaban hasta el norte del Nuevo México en cantidad suficiente como para cubrir el remanente estipulado, de forma que, en ocasiones, los soldados debían salir a combatir con arcos y flechas como hacían los indios auxiliares. Además, una parte de la tropa estaba formada por los condenados a servir en presidios por ser este presidio el más alejado y peligroso, convirtiendo la huida en poco menos que un suicidio.

Como apoyo contaban con una milicia que sufría los mismos problemas de equipamiento que tenían los presidiales y los imprescindibles indios auxiliares,[527] quienes con el paso de los años iban convirtiéndose en soldados presidiales o formando parte de la milicia como vecinos y españoles de pleno derecho, por lo que su trabajo de apoyo a los presidiales comenzó a recaer en determinados grupos de indios nómadas. La nación de estos nómadas auxiliares dependía del enemigo al que se enfrentaban los presidiales. Si los auxiliares y los enemigos eran a su vez aliados entre ellos, podía causar una nueva guerra nunca deseada, o que ambos se uniesen en contra de los soldados.

Durante esta segunda época en el Nuevo México, la integración de los indios pueblo en la comunidad hispana fue tan exitosa que pronto crearon su propia milicia como en cualquier otro pueblo de españoles. El Nuevo México se encontraba mucho más allá de la frontera norte, y este aislamiento llevó a los gobernadores a aplicar las leyes adaptándolas a una realidad muy distinta al resto de los territorios españoles.

La colaboración con los indios pueblo fue mucho más estrecha y abierta que con cualquier otra nación hasta ese momento, ya que su fidelidad era muy necesaria, y había que alejarlos de la constante provocación de los nómadas, que intentaban minar el apoyo a los españoles.[528] Los grupos nómadas eran tan numerosos en la zona que la mejor forma de evitar que los indios pueblo se aliasen con los nómadas en rebeliones era

---

[527] Mark Simmons, *Spanish Government in New Mexico*. Oakah L. Jones, Jr. «Pueblo Indian Auxiliaries in New Mexico 1763-1821», y en «Pueblo Warriors and Spanish Conquest».

[528] Elizabeth A. H. John, Oakah L. Jones, Jr., y Ramón Gutiérrez han escrito mucho sobre la problemática afrontada por la población española e india en el Nuevo México a lo largo del siglo XVIII.

incorporarlos a la administración, en un trato de igualdad que no se dio en la primera época con Oñate.

En algunos momentos el aislamiento era visto como una desventaja, pero en otros garantizaba la independencia frente a la capital del virreinato. Tan aislados estaban que el comercio con los indios enemigos era una práctica habitual, a pesar de las restricciones que se ponían desde la capital. Entre los productos que los apaches y otras tribus nómadas intercambiaban con los colonos se encontraban los esclavos, tanto españoles como indios, que los apaches capturaban en sus razias a los establecimientos españoles. Los indios comprados a los apaches, a menudo indios ya cristianos, eran llamados «indios de rescate», y a los no cristianos se les llamaba jenízaros.[529] Este grupo solía alistarse en el presidio, puede que en señal de gratitud por liberarlos de la esclavitud apache.

Hacia la década de 1730, la presencia de grupos enemigos, principalmente apaches, había impregnado totalmente el norte de la Nueva España, y los enfrentamientos con estos grupos en el Nuevo México se habían convertido en habituales. Al noroeste de los pueblo estaban los navajo y los ute, al oeste, chiricauas, jicarillas, y gileños, al sureste los lipanes, faraones y mescaleros, y más al este sus enemigos los kiowas, wichitas y comanches.[530]

La economía de saqueo que practicaban estas naciones indias, principalmente los apaches, les llevó a asimilar muchas otras naciones que, aunque consideradas extintas o aniquiladas por la historiografía, y por algunos historiadores con menos escrúpulos, lo cierto es que pasaron a engrosar las filas de grupos más poderosos, algo que se producía de dos formas, mediante alianzas en algún caso, o a consecuencia de guerras intergrupales, en las que los apaches eliminaban a los hombres adultos y se quedaban con las mujeres y niños. La otra opción para estos pueblos era ser asimilados en la sociedad española abrazando la fe católica mediante bautismos, y adoptando nombres españoles, lo que llevaba a la desaparición como grupo y su contabilización como españoles.

El Nuevo México era una de las provincias americanas más pobres, pero no por ello dejaba de tener una gran importancia estratégica para la Corona. Hacia finales del XVII se comenzaban a ver movimientos en las colonias europeas del norte y del este, con los franceses siempre más dinámicos, lo que preocupaba a las autoridades virreinales y les motivó a recuperar y mantener su presencia en Texas y Nuevo México, todo ello a pesar del nulo rendimiento económico de ambas empresas.

En esa lucha en diferido que mantenían españoles y franceses se vieron las diferentes políticas que unos y otros emplearon. Mientras los españoles utilizaban el fondo de paz y guerra, que tan bien había funcionado en diversos momentos de la conquista del norte, dinero que se empleaba en regalos a los indios con los que comprar su fidelidad pero que nunca incluía la entrega de armas, los franceses venían armando sin ningún rubor a sus

---

[529] Oakah L. Jones, Jr., *Los Paisanos*. Ramón Gutiérrez, *When Jesus Came, the Corn Mothers Went Away*.

[530] Peter Gerhard, *The North Frontier of New Spain*.

indios aliados y a cuantos sirviesen a sus intereses, como los comanches y los pawnees, armas que llevaron a estos a expulsar a los apaches de sus ancestrales territorios. En el lado español, la escasez de armas y su obsolescencia, mal crónico de la presencia militar española en América, llevó a las autoridades locales a aprovechar el comercio con los comanches para la obtención de modernas armas francesas.[531]

Esta competencia con Francia no permitía el mínimo descuido, y desde la Corona, a través del virrey, se puso especial énfasis en hacer todo lo posible para tener a los indios de paz, por lo que el abuso sobre estos, ya fuera por los considerados españoles como por otros indios, se perseguía con especial interés. Los frailes a cargo de las poblaciones o misiones estaban alerta sobre posibles casos de abuso, y los soldados presidiales mantenían el orden, ya fuera contra civiles como contra otros soldados. Así, en Santa Fe en 1708, el virrey de turno ordenaba la investigación de la denuncia de algunos indios, como se ve en el juicio contra varios soldados presidiales acusados de abuso sobre la población local:[532]

> *Don Francisco Fernández de la Cueva, duque de Alburquerque,[533] marqués de Cuellar, conde de Ledesma y de Huelma, señor de las villas de Monbeltrán, La Codosera, Canzaita, Mijares, Pedro Bernardo, aldea Dávila, San Esteban Villarejo y Las Cuevas, comendador de Guadalcanal, en la Orden de Santiago y Debenfayán, en la de Alcántara, gentil hombre de la cámara de su majestad, su virrey, lugarteniente, gobernador y capitán general de esta Nueva España y presidente de la real audiencia de ella.*

Así hacía su presentación en cualquier documentación el virrey Fernández de la Cueva, quien, a partir de ahí y de forma farragosa, demasiado para ser reproducida en esta obra, ordenaba al capitán del Presidio de San Antonio de Janos la realización de la investigación. Antonio Becerra Nieto,[534] se encargaba de los autos por la querella presentada por Francisco Pablo de la Cruz y Juan Nicolás, indios principales del pueblo de Santa María de Galisteo, del Nuevo México, en contra de Martín García, cabo de escuadra y «*soldado del presidio y castillo de Santa Fe*», y otros seis soldados que llevó a su cargo.

El fiscal de su majestad, Joseph Antonio de Espinosa Ocampo de Cornejo, probó la culpabilidad de tres de ellos, que se hallaban presos en el Presidio de El Paso. En el

---

[531] Elizabeth A. H. John, *Storms Brewed in Other Men's Worlds. The Confrontation of Indians, Spanish and French in the Soutwest, 1540-1795*. Ramón A. Gutiérrez, *When Jesus Came, the Corn Mothers Went Away*.

[532] Documento en *The Spanish Archives of New Mexico*, rollo 4, 218-225.

[533] Fue virrey desde 1702 a 1711.

[534] Antonio Becerra Nieto tenía un largo historial como soldado en la frontera, luchando en numerosas campañas en la nueva Vizcaya a finales del siglo XVIII y con el capitán Gironza Pétris de Cruzatti en Nuevo México. Sirvió como comandante del Presidio de Janos en la Nueva Vizcaya entre 1706 y 1734.

caso de Martín García, por haber azotado a uno de los denunciantes. En el de Cristóbal Lucero, por haber matado al indio Joseph. Y a Miguel Durán por el maltrato continuado de los indios que trabajaban para él en las obras que tenía a cargo. Las autoridades se afanaban en que el castigo fuese ejemplar, porque todo lo conseguido en la conquista y pacificación de la provincia con mucho esfuerzo…

> *…se arriesga a malograrse con una sublevación en que con semejantes delitos pueden prorrumpir aquellos naturales, apostatando de la fe, como se ha experimentado por lo pasado. Pidiendo el señor fiscal de su majestad, que con parecer del señor auditor general de la guerra, se condenasen en las mayores y más graves penas y por derecho le estaban impuestas; cuya ejecución se sirviese de cometer al capitán del presidio de El Paso, para que reduciéndolos a la villa de Santa Fe, tuvieren allí cumplimiento las dichas penas y los naturales vengan en conocimiento de que se efectúa su desagravio y les sirviese de consuelo y quietud para lo que pudiese haberles turbado lo antecedentemente padecido.*

Un año más tarde llegaba la sentencia en primera instancia. A Cristóbal Lucero por el cargo de asesinato se le condenó a servir durante cuatro años en el Presidio de San Juan de Ulúa,[535] el cual tenía fama de ser muy duro con los condenados, tanto por las condiciones del lugar como por el trato que recibían del capitán. El de Santa Fe, al ser el presidio más aislado y norteño de todos, era el destino habitual de los condenados, pero en este caso se requería un castigo aún más severo. El resto fueron absueltos, al considerar suficiente el año largo que habían pasado encarcelados en El Paso, apercibiéndoles de que, en caso de reincidir, se les condenaría a una pena de seis años de presidio *«que se ejecutará irremisiblemente si contravinieren a ello»*.

No contento con ello, en segunda instancia, el fiscal elevó la petición de penas contra los reos. Para Cristóbal Lucero pidió la pena de muerte, y la revisión de la absolución para el resto. El virrey pidió su parecer al oidor real Cristóbal de Villareal, quien aconsejó mantener el castigo a Cristóbal Lucero y aumentar el de Martín García a cuatro años de presidio. A simple vista, parece que las sentencias no eran todo lo duras que un caso de asesinato requeriría, pero la condena a presidios no era cualquier cosa, los capitanes presidiales hacían trabajar en las tareas más duras y peligrosas a los convictos, teniendo con ellos una muy diferente consideración que con los soldados regulares.

Soldados regulares como los tres franceses de los que ya se trató en anteriores capítulos y que ya estaban totalmente integrados en la sociedad de Santa Fe. L'Archebeque se casó con una joven viuda mexicana de dieciséis años, Antonia Gutiérrez, con la que tuvo dos hijos, hasta que ella murió por complicaciones tras dar a luz. Después tuvo otros dos hijos con una de sus sirvientas indias. Estableció un negocio de transporte entre Santa Fe y Chihuahua que le hizo un hombre bastante rico, mientras seguía cumpliendo con sus obligaciones como soldado presidial, llegando a detentar el grado de capitán.

---

[535] Presidio establecido en la isla situada frente a la ciudad mexicana de la Vera Cruz, en el golfo de México.

Grillot, que fue destinado al destacamento del Nuevo México que se encontraba en los pueblos del sur, y que también formó familia con una mujer local. Testigos de sus esponsales fueron los otros dos franceses, como figura en el libro de matrimonios correspondiente, conservado en la archidiócesis de Santa Fe. Y Muñí, del que solo se sabe de la existencia de varias personas con tal apellido en el Nuevo México actual.

En el año 1998 se celebró el quinto centenario de la fundación oficial del Nuevo México, cuando la expedición de Juan de Oñate cruzó el río Grande y se encaminó al norte. Pocos años después, en 2003, una comisión de ciudadanos y descendientes de los españoles que fundaron la Santa Fe y el Nuevo México, encabezados por Albert Gallegos, que durante muchos años fue cónsul honorario de España en la ciudad, reunieron fondos para erigir una estatua que conmemorase la llegada española al territorio. El resultado fue una maravilla que no solo describe lo sucedido en el Nuevo México sino en toda la América española. En tres niveles habla de la llegada de los pobladores, hombres, mujeres y niños, de los frailes y de los soldados que los protegieron. Con ellos llegaron los caballos, y el resto de animales domésticos que cambiaron para siempre la vida en las Américas. También las frutas y otros alimentos que se llevaron desde España, y elementos como los libros y la música que ayudaron en la labor civilizatoria *(Figs. 71 Cuadernillo).*

EL CAMINO REAL DE LOS TEJAS.
EL SEGUNDO EJE
(1700-1704)

L a retirada de las misiones establecidas entre los indios Tejas/Asináis en 1693 no fue tan dolorosa como la pérdida del Nuevo México en 1680, pero a diferencia de esta, dejaba sin solución el principal problema por el que se había ido allí: la desprotección del territorio frente a los franceses. Aunque los franceses también estaban presentes en el Nuevo México, su peligro estratégico era mucho menor en el norte que en la costa, donde ponían en peligro todo el Seno Mexicano.

Como paso intermedio muy necesario, algo que ya indicaban fray Massanet y el capitán Alonso de León en 1690, se fundó la misión de San Juan Bautista del río Grande en 1699, seguida en 1700 por la de San Francisco Solano. En 1701 se establecía en sus proximidades el Presidio de San Juan Bautista del río Grande, primero como compañía volante de 30 soldados más el capitán Diego Ramón, que ya había estado trabajando en la zona a las órdenes del capitán Alonso de León el joven. Finalmente, en 1702 se fundaba la Misión de San Bernardo *(Fig. 72 Cuadernillo)*, por haber más naciones e indios de los que podían acoger las otras misiones. Todos ellos muy próximos, en la actual localidad de Guerrero, estado mexicano de Coahuila.[536]

El conjunto se encontraba a unos ocho kilómetros al sur del río Grande, una distancia segura ante las continuas crecidas del río, que en su parte final anegaban una gran superficie a ambos lados del cauce. Muy cerca se encontraba un vado natural en el río que en gran parte del año permitía cruzarlo sin llegar el agua más arriba del tobillo. No era el único paso, porque un par de leguas más arriba en la corriente había otro vado parecido *(Fig. 73 Cuadernillo)*.

Como ya se vio en un anterior capítulo, el capitán Alonso de León el joven fue una figura fundamental, tanto en las primeras misiones y conocimiento de lo que

---

[536] Narrativa y documentos obtenidos del exhaustivo trabajo del investigador Francisco Javier Rodríguez Gutiérrez, quien publicó el libro titulado *El sargento mayor Diego Ramón Martínez. Fuentes documentales para su estudio.* Impreso por el gobierno del Estado de Coahuila de Zaragoza en abril de 2021. El imprescindible trabajo incluye las transcripciones de los documentos más importantes sobre el establecimiento del conjunto misional y presidial en el río Grande del Norte.

después sería la provincia de los Tejas, como en la formación de la nueva provincia de Coahuila, de la que fue gobernador y fundador de la villa de la Monclova, su capital. A la muerte de este en 1691, le sucedió el capitán Diego Ramón, que se hizo cargo de forma interina.

En 1698, el Presidio de Coahuila no se encontraba en buenas condiciones, y tanto los alazapas, indios locales, como los quáramos, estaban en revuelta. Había llegado un nuevo gobernador, Francisco Cuervo y Valdés, quien, según su correspondencia,[537] tuvo que surtir de armamento y pólvora a los presidiales porque allí *«no hallé un grano»*, para que salieran a hacer castigo en las rancherías de los indios. También tuvo que aportar algunos soldados de los que él llevaba de escolta porque en el presidio no había los suficientes. Formada la compañía, salió de Santiago de la Monclova al castigo de unos indios salteadores, probablemente tobosos, que llevaban un tiempo actuando en la región…

> *…por la cortedad de las armas de mi cargo, le fue preciso a mi teniente darles en la una, castigando a seis de los malhechores que murieron en la refriega, ahogándose otro en el río Bravo, a quien tenían para su resguardo, quitándoles algunas alhajas que tenían de los robos que habían hecho en los caminos, las cuales se repartieron a los indios amigos para que, en lo de adelante espiasen al enemigo con la misma fidelidad, apresando así mismo cincuenta y tres personas, mujeres y muchachos, que traídos a mi presencia, mandé repartirlos entre los soldados que fueron a la jornada, vecinos y demás habitantes, con apercibimiento que les hice de que por ningún pretexto, venta, trueque, ni otro modo alguno los saquen fuera de la provincia, sino es que los tengan en su poder para su servicio, vistiéndolos, alimentándolos y doctrinándolos, ni darles mal tratamiento y que de hacer lo contrario los castigará con todo rigor…*

En otra página del documento encontramos más información al respecto del estado del Presidio de la Monclova:

> *Y habiendo hallado así mismo a los soldados diezmados y pobres, teniendo recibido y gastado el sueldo de este presente año adelantado, y sin armas, pues, aunque algunos tienen arcabuces no corrientes por no haber quien los aderece, y falta de pólvora que no hay en la provincia ni de donde poderse socorrer, y otros sin espada, con solo cota de malla o cuera para las funciones de las campañas…*

También remitía un listado de las familias que estaban viviendo en Santiago de la Monclova, incluyendo los que había llevado él a su costa desde Guadalajara, y las personas que la Real Audiencia de Guadalajara le entregó, condenados a servir en ese presidio, a todos los cuales se les daban *«tierras y aguas»* para alentarles a poblar.

---

[537] Documento en Archivo General de la Nación, en México, número 132, legajo 6, E-9, págs. 359-362.

La fiscalía le respondía que fuese a la población del Saltillo y Nueva Tlaxcala, para recolectar armas de las que allí no estuvieran usando para surtir a los presidiales a su cargo en Monclova, y que para la reparación y mantenimiento de las armas llevase un armero en lugar de uno de los soldados para que se encargase de ese servicio. Y que, en lo tocante a la desnudez de los habitantes, sus armas y caballos, todo eso debía salir del sueldo que recibían y ya tenían cobrado porque ese gasto no le correspondía a la Real Hacienda. La misma respuesta que habían recibido en muchas otras ocasiones otros capitanes presidiales y gobernadores y que ya se ha visto en esta obra en capítulos anteriores. Y es que el corto sueldo de los presidiales no daba para más.

En cuanto a la fundación de la villa que propone, el fomento que se le podrá dar será permitirle que la forme con las familias referidas y las demás que se fueren agregando en el paraje más a propósito que hallare donde no hubiere perjuicio a los indios, ni misiones, ni a unos ni a otras se les pudiere seguir para sus poblaciones, siembras y ganados, repartiendo a los pobladores, tierras y aguas y concediéndoles todas las prerrogativas que por leyes reales de indias están prevenidas, se les conceda pues para mantenerlos no se halla hoy la Real Hacienda en estado de poderlo hacer por los mismos empeños y atrasos que este gobernador está reconociendo en sus cartas.

En junio de 1699 se fundaba el pueblo y misión de San Juan Bautista.[538] En un principio la fundación tuvo lugar en el río de Sabinas. La misión se fundaba para los indios chaguanes, pachales, mezcales y xarames. Allí se construyó un jacal que iba a servir de iglesia, tocaron la campana y se juntaron ciento cincuenta indios. Se cantó misa, en ese momento usándose intérprete para todo, y se dio posesión de las tierras a los indios, incluyendo la saca de agua. La tierra en el margen del río de Sabinas era fértil y abundante de patos, leña, madera de sabinos y buena también para la siembra de maíz, trigo y frijol. De acuerdo a la tradición, los caciques indios de las cuatro naciones se pasearon por la tierra arrancando hierba, tiraron piedras y cortaron ramas del monte, sacaron agua y regaron la tierra, que era la formalidad con la que tomaban posesión.

…señalo para la iglesia la parte necesaria, con capacidad bastante de cementerio y todo lo demás que se acostumbra, cuya puerta ha de mirar a levante, con capacidad bastante para hospital y convento, y para Casas Reales, corral y lo demás necesario señaló la cuadra inmediata a dicha iglesia a la parte del norte. Y por plaza mayor cuadrada, término de ciento y veinte varas por cada cuadra, y las calles se formarán como en la manera que se acostumbra… y hagan sus casas de terrado, pongan sus tapetes para dormir en alto y que críen gallinas de Castilla y de la tierra, y lo demás que convenga para el aumento de dicho pueblo con lo demás dispuesto por Reales Ordenanzas. He acordado nombrar gobernador y demás oficiales de cabildo…

---

[538] El documento se encuentra el Archivo General de Indias, en Sevilla, en Guadalajara 29, R12, n 74.

Entre los indios se nombró gobernador, alcalde, dos regidores y alguacil, cargos necesarios en cualquier pueblo de España para formar la municipalidad, a todos ellos el gobernador les entregó las insignias, y les leyó sus obligaciones, entre las que estaba la de construir su iglesia, sacar la acequia y construir sus casas. Los frailes a cargo de la dicha población serían fray Francisco Hidalgo y Fray Antonio de San Buenaventura y Olivares. Hasta ese momento todo parecía ir sobre ruedas, pero tuvo lugar un acontecimiento que trastocó la planificación.

Fray Olivares estaba pensando en el retorno a los tejas para restablecer las misiones, y para ello tenían en la misión del río de Sabinas un indio texa llamado Antonio que hacía de interprete. Sin aclarar cómo, el indio resultó muerto, probablemente por enemistades con alguno de los otros indios residentes en la misión. A causa del miedo a ser castigados por esta muerte, los indios abandonaron la misión en masa y se refugiaron unas leguas al norte en la margen del río Grande. Bastante desconsolado, fray Olivares movió los hilos para que le permitieran mover la misión de San Juan Bautista del río de Sabinas a donde se encontraban los indios a orillas del río Grande. El gobernador accedió y le dio a fray Olivares la protección de catorce soldados con el capitán Diego Ramón al frente, que casi desde el primer día estuvo ocupado con la defensa, al recibir un ataque de indios enemigos.

> … y por reducir de aquellas misiones que se hallan como a los principios y aún con mayor avilantez y osadía, pues habiendo su depravada maldad ejecutado varias muertes en un albazo, que dieron muerte a diferentes soldados, quitándoles las cabezas y llevándoselas consigo, las traían actualmente por triunfo y blasón de su hecho, pasando su diabólico espíritu a confederarse aún con los pacíficos para quitar la vida a dicho padre fray Antonio de San Buenaventura, a su compañero, a los españoles e indios mansos que se hallaban reducidos en la misión, robando cuanto hallasen en ella, a que con efecto dieron principio, aunque no tuvieron ocasión de confirmar su inicua intención, pues habiendo pretendido el auxilio y cooperación de algunos de los pacíficos de la misión, éstos se la prometieron hasta dar cuenta a cuatro españoles que se hallaban en ella, quienes acompañados de los indios amigos, dieron sobre ellos, mataron nueve y aprendieron a un herido…

Según Olivares, las invasiones de los indios bárbaros eran muy repetidas y, si no le iban a poder proteger en aquellas misiones del río Grande, pedía al menos que le enviasen ayuda con algunas mulas para poder sacar las cosas de la misión y abandonarla, a pesar de la tristeza que le provocaría dejar allí a los indios ya cristianizados. Con esta petición inició camino a Ciudad de México para solicitar al virrey conde de Moctezuma la creación de un presidio en la misión de San Juan Bautista del río Grande, con el que dar protección a las muchas naciones que allí se estaban congregando y que obligaban a abrir más misiones.

Parece que la velada amenaza del fraile de abandonar las misiones caló en el virrey, que pronto dio la orden para que los soldados se establecieran permanentemente en la zona y, aunque en un principio se pidieron cincuenta soldados, finalmente se establecieron solo treinta. Veinte de ellos patrullarían la tierra y los otros diez se quedarían a proteger las misiones. La compañía volante se creó por orden[539] del virrey Sarmiento de Valladares, conde de Moctezuma, siendo Diego Ramón su primer capitán:

> *...tengo mandado formar y criar nuevamente una compañía volante, sin asiento ni forma de presidio,[540] compuesta de 30 hombres y un cabo para que, asistiendo a la misión de San Juan Bautista del río Grande del Norte, que está en los confines de la provincia de Coahuila, se emplee en correr la tierra para librar a los misioneros y habitadores de las invasiones de los indios bárbaros.*
>
> *...señalándoles de sueldo anual a cada uno 300 pesos de oro común y 500 al cabo y caudillo, cuyas cantidades, para que por ahora no las gaste la Real Hacienda hasta que su majestad, en vista de esta resolución determine lo que fuere de su real agrado, mandando prorratear y desfalcar de los sueldos que actualmente gozan los soldados de todas las compañías y presidios de Coahuila, Sinaloa, Nuevo México y demás de aquellos contornos, que la tienen de 450 pesos al año, ...cuya regulación y quita se ha de efectuar en ellas al respecto de 18 pesos, siete tomines y tres maravedíes a cada soldado, que en los 503 soldados situados en las dichas tres Reales Cajas se verifica la cantidad de 9.500 pesos que cada un año han de gozar los 30 soldados de esta nueva Compañía Volante...*
>
> *...la Real Caja de San Luis de Potosí por ser la más inmediata a estas nuevas misiones deberá pagar los nueve mil y quinientos pesos en cada un año, hasta que otra cosa se manda, y tres mil pesos más en cada dicho de los dos primeros para almacenes y socorro de maíz y novillos a los indios nuevamente reducidos.*

Este documento da una idea del tamaño sacrificio con el que se mantuvo el Imperio español a lo largo de 300 años. Las Reales Cajas se surtían con los impuestos en la forma de los ya conocidos quintos, décimos y veintes reales, y es bien sabido también que unas provincias eran mucho más rentables que otras, por riqueza intrínseca pero también por establecimiento. No podían rendir lo mismo los territorios consolidados como el de la Nueva Galicia que los recién conquistados. La falta de ingresos en esta provincia sirvió a los oficiales reales como excusa para cargar el coste del establecimiento de la nueva tropa a la nómina del resto de soldados presidiales, quienes vieron reducido su ya escaso salario.

Allí mismo también se fundó la misión de San Francisco Solano, por la gran cantidad de indios que había en la zona. El fundador de esta misión sería el padre Antonio de San Buenaventura y Olivares, que sería instrumental en el futuro de Tejas. El documento de fundación de la Misión de San Francisco Solano se redactó en 1700 desde el que llamaron como nuevo valle de la Circuncisión, en la ribera del río Grande, y la misión se dedicaba a los indios de las naciones xarame, papanac, payaguan y siaguam.

---

[539] Documento en el AGN, México, Fondo Colonial AGEC, FC, c1, f27, e27, 7f.

[540] Una vez más, el presidio es referido como una compañía de soldados y no un fuerte, fortaleza o castillo.

Un día, fray Olivares, junto a un hijo del capitán Diego Ramón y al capitán Joseph de Urrutia,[541] atravesaron el río Grande a nado, y entrando bastantes leguas al norte, en lo que hoy es el estado de Texas, encontró que en las orillas de los numerosos ríos había muchas naciones de indios que parecían pacíficos. Es posible que llegase al lugar donde luego se fundaría la villa de Béjar, actual San Antonio, que también estaba muy poblado.

No todos eran tan optimistas como fray Olivares. Otro de los grandes personajes en la historia de esta región, fray Isidro Félix de Espinosa, se refería al lugar como poco propicio para el éxito, ya que estaba ubicado junto a una ciénaga salobre y el calor agobiante del verano era muy parecido al de España, con una expresión igual a la que hoy en día se utiliza para describir el clima toledano: «*hay cuatro meses de invierno y ocho de infierno*». Seguramente Espinosa habría sido influenciado por otros muchos frailes peninsulares, ya que él era nacido en América y no llegó a conocer el clima peninsular.

Parece que fray Olivares y el capitán Diego Ramón hicieron buenas migas. Este protegía al primero y a sus misiones de los indios enemigos, por lo que su contacto personal era mayor que con el gobernador Cuervo y Valdés, quien se sentía desplazado por ello y porque ambos tomaban decisiones importantes para la provincia sin contar con su participación. El 3 de febrero de 1702, el gobernador Cuervo remite una extensa carta-informe[542] al obispo de Guadalajara, fray Felipe Galindo Chávez y Pineda, en la que denunciaba el mal estado de las misiones y del gobierno que ejercía Diego Ramón. Una vez más la rivalidad política provocaba denuncias entre los gobernantes españoles.

> *El título que le vino al capitán Diego Ramón de su capitanía, fue solicitado del padre predicador fray Antonio de San Buenaventura y Olivares con notable prevención y arte que para ello hubo.[543] El sentido de sus palabras más principales son las siguientes: que en cuanto al pagamento de los soldados no tenga intervención el gobernador de la provincia, sino es que haya de correr y corra por mano de su capitán y cabo, y que la elección del sitio o paraje en que se ha de formar el presidio ha de ser consultado y determinado por los religiosos misioneros y el cabo, sin que en esto y en lo antecedente se entrometa el gobernador...*

Según añade el gobernador, todo venía porque Diego Ramón había prometido a Olivares que le pondría a sus pies toda la provincia hasta la población de los Tejas, en que fundaría diez misiones, pero...

> *...hasta la fecha de esta, señor, en el río Grande no hay formadas más misiones que la de San Juan Bautista y San Francisco Solano que yo fundé, ni han agregado más*

---

[541] El capitán Urrutia fue el desertor que se quedó a vivir entre los tejas cuando fray Massanet abandonó las misiones allí en 1693.
[542] Archivo General de la Nación, Prov. Internas. AGEC, FM, COL. Misión de San Bernardo, C1, F6, E27, 14F.
[543] Error mayúsculo del gobernador, porque no fue Olivares sino el propio obispo, a quien va dirigida la carta, quien recomendó a Diego Ramón.

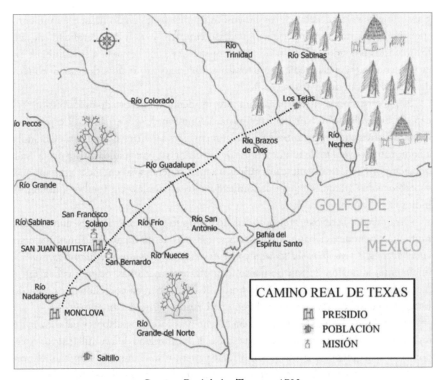

Camino Real de los Texas en 1702.

indios, ni cultivado las tierras. En este particular no me mueve la pasión ni pretendo hacer mal a nadie porque solo procuro vivir y pasar con quietud, pero no puedo dejar de condolerme de ver tan excesivos gastos como se le están haciendo a su majestad, y contra los pobres soldados de los demás presidios…

…engañando sin temor ni respeto a Dios y al Rey, de suerte que se le han dado y conseguido al capitán Diego Ramón criados que le sirvan y atiendan, cuiden y miren sus haciendas y demás cosas en que andan ocupados los soldados todos, excepto una escuadra muy corta que tiene puesta en San Juan Bautista…

Prosigue el gobernador su larguísima carta haciendo mención de otras muchas cosas de poco interés en las que repartía las críticas a Diego Ramón y al padre Olivares, todo ello envolviendo peticiones que sí eran de su interés como la deuda de tres mil pesos que la Caja Real le debía y que le tenía *«muy pobre e impedido de hacer más cosas».*

Parece que el gobernador ignoraba que el obispo al que dirigía la carta era la misma persona que había recomendado al capitán Diego Ramón para el puesto, con lo que las cartas no alcanzaron su objetivo, que el obispo intercediese por el gobernador ante el virrey.

Algún dato se puede entresacar de estos documentos para conocer el funcionamiento de los presidios. El gobernador pedía que los soldados que estuvieran casados tuviesen a sus mujeres viviendo con ellos y no en otras poblaciones como hasta ese momento sucedía. Seguramente se refería a algún caso concreto y no a la generalidad, ya que los soldados pobladores habían sido una constante y ellos llevaban a sus familias. En cualquier caso, para ello pedía que actuasen también los tribunales eclesiásticos con los despachos y requerimientos necesarios.

Al poco tiempo el virrey le pedía un informe detallado del estado de las misiones al capitán Diego Ramón, había que contrastar la opinión del gobernador. El capitán no defraudó ofreciendo la garantía de que algún enviado del virrey llegase hasta Coahuila a comprobar la verdad de lo que decía. De la misión de San Juan Bautista decía estar poblada por las naciones mezcale, yaricas y xapes, quienes a su entender eran los más soberbios y los que más habían damnificado a los españoles. Un total de quinientos indios la poblaban.

Otra misión, la de San Francisco Solano, compuesta de tres naciones, aunque más numerosas, jarames, ciabanes y payaguanes, con más de quinientas personas que eran *«muy bozales[544] pero de mejor natural y más domésticos que los de San Juan Bautista».* Y finalmente, la misión de San Bernardo, con otras tres naciones, ocanes, pacuagian y manos blancas, con cuatrocientos indios. Allí se encontraba con ellos por orden de Diego Ramón el capitán protector Joseph de Urrutia, yerno del anterior.

Diego Ramón, como todo militar, era mucho más parco en palabras y daba razón de todo con poca floritura, pero no dejaba escapar la oportunidad de apuntillar al gobernador Cuervo, a quien tachaba de incompetente y mentiroso. Tampoco el capitán Ramón era absolutamente limpio en su historial, porque en el momento de ser nombrado para el puesto ya había nombrado un procurador para que le gestionase ante los tribunales la multitud de causas que tenía abiertas, por las muchas deudas que dejaba allí por donde pasaba. Las acusaciones que recibiría en el futuro, después de este conflicto, como la de hacer contrabando con los franceses de la Luisiana, parece que apuntalan las acusaciones. A quién creer en este cruce de acusaciones se hace realmente difícil.

No se sabe si las cartas dirigidas por el gobernador Cuervo al obispo y otras personas tenían la intención de ser denuncias en toda la extensión, pero es cierto que, tras la muerte repentina del obispo, las cartas llegaron a la sede del virreinato, donde se les dio carácter oficial y provocaron una Junta General en 1702, en la que se tomaron decisiones importantes. En cuanto a los tres mil pesos que Cuervo decía que se le debían, se desestimó, ya que este no presentó documento alguno sobre la razón de los gastos.

> *En cuanto a que el capitán Diego Ramón es de natural inquieto (…) y que es mejor para obedecer que para mandar, y que ha de estar sujeto a dicho gobernador con la compañía volante que se erigió para guarda y custodia de las referidas misiones del Río Grande. En atención a que la elección de este sujeto para cabo y caudillo de esta compañía se hizo por recomendación de dicho señor obispo don fray Felipe Galindo…*

---

[544] No hablaban español.

No tuvieron efecto las quejas y denuncias del gobernador Cuervo. El 12 de octubre de 1703 se publicaba en Madrid la relación de servicios[545] del capitán del Real Presidio de San Juan Bautista del Río Grande del Norte, «*a raíz de la excesiva correspondencia del gobernador Cuervo y Valdés demeritando su trabajo*». En esos momentos a la compañía volante ya se le había dado categoría de Presidio, y Diego Ramón era su capitán.

El espaldarazo al capitán llegaba con la «*real cédula*[546] *a Francisco Fernández de la Cueva, duque de Alburquerque, virrey de Nueva España, relativa a que se aliente y apoye al capitán Diego Ramón en el adelantamiento de las misiones y reducción de los indios en la provincia de Coahuila*».

> *Duque de Alburquerque, gentil hombre de mi cámara, mi virrey, gobernador y capitán general de las provincias de la Nueva España, y presidente de la Real Audiencia de México. En despacho de 7 de diciembre de 1695 se ordenó a ese gobierno favoreciese y alentase al capitán Diego Ramón para que prosiguiese sus buenas operaciones en el adelantamiento de las misiones y reducción de los indios de la provincia de Coahuila, mediante su conocimiento y experiencia de aquella tierra y naturales, y de los buenos sucesos que había logrado con su aplicación, y que informase sobre esto y otros puntos.*
>
> *Y habiéndose recibido ahora una carta del referido capitán Diego Ramón con fecha de 30 de enero de 1703 en la que expresa sus servicios de 37 años en la América y los de su padre el sargento mayor Joseph Ramón, y que en atención a ello se le confirió el grado de sargento mayor con la Compañía Volante del presidio del Río Grande, y que según sus experiencias falta mucha tierra por conquistar desde este paraje hasta Nuevo México, Bahía del Espíritu Santo y provincia de los Texas, y que por hallarse aquel presidio solo con la guarnición de sólo 30 soldados y éstos con el corto sueldo de 300 pesos, por lo que no había podido hacer entradas en las tierras de los enemigos aunque él se había hallado en cuarenta funciones campales con la felicidad de haberlos castigado, sin más pérdida que la de dos soldados y haber quedado herido en tres ocasiones de las referidas, y que con que se aumente la dotación de aquel presidio al número de 100 soldados con el sueldo regular de 450 pesos, para poder asegurar la conquista de las tierras y indios que confinan con aquel presidio, obligándose a fundar una villa en medio de la provincia de Coahuila, sin costa para la Real Hacienda y la poblará de españoles, y tener a su devoción número competente para ello, y que para que esto tenga mejor logro suplicaba le haga merced del gobierno de Coahuila para que lo sirva, agregado a la compañía del presidio de Río Grande, uno y otro por su vida.*
>
> *…que el capitán Diego Ramón ha contribuido mucho a los buenos sucesos de las misiones de Río Grande que están a cargo de los colegios de su religión y que sería conveniente mantenerle en el presidio y Compañía Volante de él, a lo menos durante el tiempo que durase establecer misiones y pueblos que asegurasen las que están fundadas.*

---

[545] Documento en el Archivo General de Indias. «Relación de servicios del sargento mayor don Diego Ramón». Madrid, 12 de octubre de 1703.

[546] Archivo General de Indias, en Guadalajara 232, L, 9, F, 167R-170V. *Orden de favorecer al capitán Diego Ramón y las misiones del Río Grande. 10 de mayo de 1704.*

Visto en el Consejo de Indias, donde han constado estos largos y buenos servicios del capitán Diego Ramón y los de su padre, os ordeno y mando (…) que le alentéis y favorezcáis para que continúe en sus buenas operaciones y por lo que toca a la población que ofrece hacer os encargo deis parte al fiscal de dicha Audiencia, y con su acuerdo, tratéis y ajustéis la forma en que se ha de encargar Diego Ramón de esta población, …y le advertiréis que en las entradas que hiciere en las tierras de indios ha de observar las leyes que hablan de la guerra que se les ha de hacer, que ha de ser defensiva y conforme se previene en ellas, dándole ordenes e instrucciones que aseguren el cumplimiento de las expresadas leyes (…) en Salvatierra a 10 de mayo de 1704. Yo el Rey.

BIBLIOGRAFÍA

BRUSETH, James E., AMY A. Borgens, M. JONES, Bradford & D. RAY, Eric M., *La Belle. The Archaeology of a Seventeenth-Century Vessel of New World Colonization* Texas A&M University Press, 2017.

CASTAÑEDA DE NÁJERA, Pedro, *La relación de la Jornada de Cíbola*, 1562.

DE LAS CASAS, Gonzalo, *Noticia de los chicimecas y justicia de la Guerra que se les ha hecho por los españoles*, 1936.

DE LEÓN, Alonso, *Historia de Nuevo León, con noticias sobre Coahuila, Tejas y Nuevo México, por el capitán Alonso de León*, 1649. En García, Genaro, (1909) *Documentos inéditos o muy raros para la historia de México*, tomo XXV, 1909.

Diccionario Universal Latino Español, Madrid, imprenta de D. Benito Cano, 1793.

FERNÁNDEZ DURO, Cesareo, *Don Diego de Peñalosa y su descubrimiento del reino de la Quivira*. Ed. Manuel Tello. Madrid, 1882.

GARCÍA ICAZBALCETA, Joaquín, *Colección de documentos para la historia de México*. México. Biblioteca Virtual Cervantes, 1858.

GARCÍA RUIZ, Jorge L., *The Foundation of San Antonio. May 5th, 1718*. Pp. 86, 2019.

GERHARD, Peter, *The North Frontier of New Spain*. University of Oklahoma, 1993.

GÜERECA, Raquel E., *Las Milicias de Indios Flecheros en la Nueva España. Tesis de Máster*. UNAM, 2013.

GUTIÉRREZ, Ramón A., *When Jesus Came, the Corn Mothers Went Away*. Stanford University Press, 1991.

HAMMOND, George P. & REY, Agapito, *Colonizer of New México. Don Juan de Oñate: Carta del capitán Luis de Velasco al Virrey, 22 de marzo de 1601. Investigación Valverde, testimonio Herrera. Investigación Valverde, testimonio Rodríguez. 30 de julio de 1601*. University of New Mexico Press, 1953.

HERRERA, Antonio de, *Década I, libro IX*, pp. 311-316.

JOHN, Elizabeth A. H., *Storms Brewed in Other Men's Worlds*. The Confrontation of Indians, Spanish and French in the Southwest, 1540-1795. University of Oklahoma Press, 1996.

JONES, Jr. Oakah L., *Pueblo Indian Auxiliaries in New Mexico 1763-1821*. School for Advanced Research Press, 1997.

JONES, Jr. Oakah L., *Pueblo Warriors and Spanish Conquest*. University of Oklahoma Press, 1997.

JOUTEL, Henri, *Journal historique du dernier voyage que feu M. de La Sale fit dans le golfe de Mexique, pour trouver l'embouchure, & le cours de la riviere de Mississipi*. E. Robinot, Paris, 1713.

JUNQUERA, Mercedes, Ed. Gaspar de Villagra, *Historia de Nuevo México*. Ed. Historia 16, Madrid, 1989.

KESSELL, John L. Ed., *Remote beyond Compare*. The Vargas Project. University of New Mexico, 1995.

LEÓN PORTILLA, Miguel, (1995) *Francisco Tenamaztle*. México, 2005. Editorial Diana.

LOCKHART, J. y SCHWARTZS, S., *Early Latin America*. Cambridge. Pp. 292., 1983.

LUMMIS, Charles F., (1893) Los *exploradores españoles del siglo XVI: vindicación de la acción colonizadora española en América*. CreateSpace Independent Publishing Platform, 2016.

MARQUÉS DE PIDAL Y SALVÁ, Miguel, (1855). *Colección de documentos para la Historia de España. Tomo XXVI.* Madrid. Pp 383 – 384. *Instrucción y advertimientos que el virrey, Martín Enríquez dejó a su sucesor en el cargo en la Nueva España, el Conde de Coruña, Lorenzo Suarez de Mendoza. 25 de setiembre de 1580.*

OBREGÓN, Baltasar de (1584), *Historia de los Descubrimientos Antiguos y Modernos de la Nueva España.* Secretaría de Educación Pública, México, 1924.

PÉREZ DE RIBAS, Andrés, (1645) *Historia de los triunfos de nuestra santa fe entre gentes las más bárbaras, y fieras de nuestro orbe.* Ed. Alonso de Paredes, Madrid.

PINO, Pedro B. y LÓPEZ CANCELEDA, J. *Exposición Sucinta y Sencilla de la Provincia del Nuevo México y Otros Escritos.* Ed. Paniagua Pérez et al., Universidad de León, 2007.

REAL ACADEMIA ESPAÑOLA (1732) *Diccionario de Autoridades.*

REAL ACADEMIA ESPAÑOLA (1734) *Diccionario de Autoridades.*

REAL ACADEMIA ESPAÑOLA (1737) *Diccionario de Autoridades.*

REAL ACADEMIA ESPAÑOLA (2014) *Diccionario de la Lengua Española.* 23 ed.

ROBLES, Vito Alessio, *Bosquejos Históricos.* Ed. Polis. México, 1938.

ROBLES, Vito A., *Francisco de Urdiñola y el Norte de la Nueva España.* Ed. Porrúa. México, 1981.

RODRÍGUEZ GUTIÉRREZ, Francisco Javier, *El sargento mayor Diego Ramón Martínez. Fuentes documentales para su estudio.* Gobierno de Coahuila, 2021.

SCHOOLES. *Civil Government and Society.* Carta de fray Ayeta al virrey, El Paso, 16 de septiembre de 1680. Registro y lista de pagos hechos a los refugiados, El Paso, 22 de septiembre de 1681.

SEMPERE-MARTÍNEZ, Juan A. y BACICH, Damián, *Autos Tocantes al alsamiento de los yndios de la provinçia de la Nueba Mexico.* San José State University, 2017.

SIMMONS, Mark. *Spanish Government in New Mexico.* University of New Mexico, 1990.

STANLEY, F. (pseudónimo), *The Odyssey or Juan L'Archibeque.* University of California, 1962.

State Records Center and Archives of New Mexico, srca.nm.gov.

THOMAS, Hugh, *La Conquista de México.* Aims international, México, 1993.

TORQUEMADA, Juan de, *Monarquía Indiana*, págs. 640 y siguientes.

VELÁZQUEZ, Primo Feliciano, *Colección de Documentos para la Historia de San Luis Potosí.* San Luis Potosí. Tomo X, págs. XXXVIX-XXIX, 1897.

DOCUMENTOS

Centro de Estudios de Historia de México. Condumex. *Testamento de Nuño Beltrán de Guzmán.*

Archivo General de Indias, Sevilla, Justicia 267, fols. 814r-938v. *Información sobre la conducta del capitán Francisco Vázquez Coronado y su ejército durante su exploración de las provincias del Nuevo México a cargo del licenciado Lorenzo de Tejada.*

Archivo General de Simancas. SGU, LEG,7242,38. *Fortificación presidios. California.*

Archivo General de la Nación. Tierras, volumen 1783, expediente 1, f 19 y 29. *Códice de Chapa de Mota. Jilotepec. Estado de México 1703.*

Archivo General de Indias. Guadalajara 28 R.5.N.18 b (261).

AGI. Indiferente General 1092. *Copia del memorial que el Obispo de Guadalajara dio al arzobispo de México, gobernador de Nueva España, acerca de la guerra de los Chichimecas (1584).*

AGI. MP-MEXICO, 561. *Fuerte de Xalpa.*

AGI, México 220, N30 *Informaciones: Miguel Caldera.*

AGI. México, L 110, 86. *Relación de Juan Alonso Velázquez al rey sobre los chichimecas (1582).*

AGI. Guadalajara 51, número 1. *Carta de la Ciudad de Compostela del Nuevo Reino de Galicia al rey, 1 de noviembre de 1549.*

AGI. Guadalajara 28 R.5.N.18 c (266).

AGI. Contaduría, 851.

Biblioteca Virtual Miguel de Cervantes. *Memoria del descubrimiento que Gaspar Castaño de Sosa, hizo en el Nuevo México, siendo teniente de gobernador y capitán general del Nuevo Reino de León.*

AGI. Patronato, Est. 1º Caja I.

AGI. Indiferente, 416, L.5, F.22R-22V.

AGI. Audiencia de México 26, 48-D, fol. 27-28.

AGI. Patronato, 22 R 13, fol. 1266. *Expediente Juan de Oñate: Nuevo México.*

AGI. Patronato, Est. 1.ª, Caj. 1.ª.*Carta escrita al Virrey Conde de Monterrey, don Juan de Oñate, de la Nueva México, a 2 de marzo de 1599 años.*

AGI. Patronato 22, Ramo 13. Fol. 1071-1072. *Proceso contra los indios de Acoma.*

AGI. Patronato 22, Ramo 13. Fol. 1037-1085. *Proceso contra los indios de Acoma.*

AGI. Patronato 22 Ramo 13. Fol. 1130. *Expediente Juan de Oñate.*

AGI. Patronato 22, R.4. *Solicitud: Juan de Oñate: socorro descubrimiento Nuevo México.*

AGI. México 1254.

Archivo Jesuita: *Archivum Romanum Societaties Iesu.* México 14, fojas 576-584.

AGN. Historia volumen 19.

Archivo de Hidalgo del Parral, microfilm rollo 1645A, fr. 227-243.

Archivo de Hidalgo del Parral 1646A, 116-123.

Archivo de Hidalgo del Parral, microfilm 1646A 212-222.

Archivo de Hidalgo del Parral, 1648, 181–187.

AGN. Historia 19. *Documentos para la Historia de México*, Vol. III, pp. 179-209 (México: 1857).

NPS NM HABS NM,25-SANFE,2- (25 of 26). *Plano de planta del Palacio Real de Santa Fe.*

Archivo franciscano. Biblioteca Nacional de México. 21/446.12 p 70. *Relación de la expedición de Juan Domínguez de Mendoza en 1684 al descubrimiento del oriente y Reyno de los Texas.*

Biblioteca Nacional de México. En 21/446.12.

AGN. Provincias Internas 37.

AGN. Provincias Internas, 37,6.

Archivo Franciscano. Biblioteca Nacional de México. 21/446.10 página 61.

Archivo Franciscano. Biblioteca Nacional de México. 21/446.10 p. 61. *Listado de los soldados presidiales en El Paso.*

AGI. Guadalajara 147.

AGI. Y *Texas Historical Association.* Quarterly vol. 2 n° 4. Página 258. Massanet (1690:258).

Archivo Franciscano. Biblioteca Nacional de México. Caja 1, exp. 12 y 13, fol. 126v-133v.

AGN. Provincias Internas, vol. 182. Fol. 453r.

Archivo de Hidalgo del Parral. Microfilm 1695, 5-208.

The Huntington Library. San Marino. California. Ritch Collection: MS. RI25, fols. 87r-130v.

AGN. Ramo Historia, Vol. 38, fols. 82r-107r.

The Spanish Archives of New Mexico. Rollo 4, diapositivas 48 a 61.

The Spanish Archives of New Mexico. Rollo 4, 218-225.

AGN. México número 132, legajo 6, E-9, pp. 359-352.

AGN. Fondo Colonial AGEC, FC, c1, f27, e27, 7f.

AGN. Provincias Internas. AGEC, FM, COL. *Misión de San Bernardo*, C1, F6, E27, 14F.

AGI. *Relación de servicios del sargento mayor don Diego Ramón. Madrid 12 de octubre de 1703.*

AGI. Guadalajara 232, L, 9, F, 167R-170V. *Orden de favorecer al capitán Diego Ramón y las misiones del Río Grande. 10 de mayo de 1704.*

MAPAS

- Planisferio de Cantino, 1502. Biblioteca Estense Universitaria, Módena, Italia. *(Pág. 19, Fig. 1 Cuadernillo)*.
- Domingo del Castillo, Baja California y Mar Bermejo. 1539-1540. *(Pág. 21)*.
- Texas. Ca 1730. AGN. *(Pág. 42, Fig. 6 Cuadernillo)*.
- Presidio de San Juan Bautista del río Grande, 1767. José de Urrutia*. Universidad de Berkeley. *(Pág. 56)*.
- Villa de Béjar y Presidio de San Antonio de Béjar, 1767, Joseph de Urrutia. *(Pág. 57)*.
- Villa de Santa Fe, 1767, Joseph de Urrutia. *(Pág. 58)*.
- La Gran Chichimeca. Elaboración propia. *(Pág. 65)*.
- Nuevo Reino de León. Elaboración propia. *(Pág. 74)*.
- Villas de San Miguel y San Felipe de los Chichimecas. 1579-1580. RAH Cartografía C-028-009. *(Pág. 78, Fig. 14 Cuadernillo)*.
- Nueva Vizcaya. 1667. Archivo General de Indias. MP-México, 615. *(Pág. 93, Fig. 18 Cuadernillo)*.
- Nuevo México, Chamuscado 1581 y Castaño de Sosa en 1590-1591. Elaboración propia. *(Pág. 113)*.
- Sinaloa. Elaboración propia. *(Pág. 116)*.
- San Luis Potosí. Elaboración propia. *(Pág. 139)*.
- Recorrido de la expedición de Juan de Oñate (1598). *(Pág. 150)*.
- La jornada de Oñate en 1598. Vista parcial. En AGI. MP-MEXICO, 49. *(Pág. 153)*.
- Acaxees y Xiximes. Elaboración propia. *(Pág. 177)*.
- Mapa de Sinaloa mostrando la población de Sur a Norte *(Pág. 184)*.
- Tepehuanes. Elaboración propia. *(Pág. 197)*.
- Nueva Galicia en 1550. Archivo General de Indias. MP-México, 560. *(Pág. 201)*.
- Nuevo Reino de León en 1650. Elaboración propia. *(Pág. 213)*.
- Tobosos. Elaboración propia. *(Pág. 221)*.
- Nuevo Reino de León. Elaboración propia. *(Pág. 237)*.
- Tarahumaras. Elaboración propia. *(Pág. 247)*.
- Nuevo México. Elaboración propia. *(Pág. 273)*.

* Para este nombre se admiten las grafías: José y Joseph (*N. del A.*)

426

- Domínguez 1684. Elaboración propia. *(Pág. 300)*.
- Suma en El Paso. Elaboración propia. *(Pág. 306)*.
- Nuevos Presidios. Nueva Vizcaya y Coahuila. Elaboración propia. *(Pág. 317)*.
- América del Norte, por Louis de Hennepin Utrecht 1698. *(Pág. 330)*.
- Mapa con los movimientos de La Salle en Texas entre 1685 y 1687. *(Pág. 332)*.
- Mapa de la ruta seguida por la expedición de Alonso de León en 1689. *(Pág. 338, Fig. 60 Cuadernillo)*.
- Plano de Alonso de León, 1689. AGI, 27.17-MP-MEXICO.86. *(Pág. 341)*.
- Alonso de León, 1690. Archivo General de Indias, MP-México, 88. *(Pág. 352)*.
- Mapa de la provincia donde habita la nación Caddodacho. AGI. MP-México, 90. *(Pág. 360, Fig. 67 Cuadernillo)*.
- Tejas española en 1690. Elaboración propia. *(Pág. 364)*.
- Mapa del padre Francisco Eusebio Kino, 1696. De la biografía original de Saeta escrita por Kino. Biblioteca Nacional de México. *(Pág. 367)*.
- Rebelión Pima. Elaboración propia. *(Pág. 370)*.
- Camino Real de Tejas. Elaboración propia. *(Pág. 417)*.

Este libro se terminó de imprimir el 1 de septiembre de 2024, casi cinco siglos después de la primera presencia española documentada en territorio de los actuales Estados Unidos de América, una epopeya de 300 años decisivos en la Frontera Norte.